KB259976

正典풀이 上

류성태 著

원불교출판사

머리말

　세상에 이미 선보인 졸저 『대종경풀이』(상~하)와 『정산종사법어풀이』(1~3권)에 대하여 깊은 관심을 보여주심에 감사드린다. 소태산 대종사와 정산종사의 언행록을 풀이하면서 얻어진 나름대로의 경전풀이 방법론을 기반으로 『정전풀이』(상~하)를 발간하게 되었다. 원불교 기본교서로서 『정전』, 『대종경』, 『정산종사법어』를 나름대로 쉽게 풀이했다는 점에서 인재양성과 교학연구의 분야에서 조금이나마 교단에 보은하는 발판을 마련했다고 본다.

　『정전』 이해가 쉽지 않았던 공부인들에게 『정전풀이』가 교리 이해의 참고서로 활용되면 좋을 것이다. 본 저술은 교리의 등장 배경과 형성사, 교리의 의미와 현대적 의의, 관련법문, 교법의 원리와 특징, 교리간의 상관성, 단어와 숙어풀이, 보충해설, 연계사상, 고시와 연구문제 등의 정형화된 틀에서 기술하였다. 저술의 서술 방식도 교리의 다양한 이해와 교법 응용에 도움이 되도록 여러 교서의 참고와 기존 교학논문의 주석주해를 예시하였다.

　그리고 『정전풀이』 발간에 도움이 된 선행법어집 및 저서로는 『정산종사법어』, 『정전해의』(대산종사), 『교전공부』(신도형), 『원불교 정전해의』(한정석), 『정전해의』(이은석), 『교전개론』(서경전), 『정전강의』(이운권), 『원불교 정전연구』(한기두), 『원불교 교전해의』(안이정) 등이다. 필자의 『정전풀이』는 서술 전개의 형식에 있어 논문 서술이 아니라 半가공의 참고서 형식을 취했다.

　아무튼 원불교 백주년에 즈음하여 『정전풀이』(상)(하) 재판의 발간에 직·간접으로 도움을 준 분들께 감사의 말씀을 전하고자 한다. 발간에 있어 『정전』 해석의 난해한 문제에 봉착했을 때 법신불님의 위력을 통해 해법을 찾고자 하였다. 그리고 감수와 교정에 조력한 이산 박정훈 원로교무 및 이종화 교무, 인쇄에 도움을 준 원광사의 임직원 및 필자 가족에게 감사의 글을 전한다.

2011년 3월 신룡벌 서재에서

류성태 합장

목 차

총설과 표어

머리말

제 1 총서편

제 2 교의편

◇ 부 록

총설과 표어

총설-『정전』의 성립

1. 『정전』의 의미

원불교 교서 중에서 『정전』은 元經으로서 일원상 진리를 비롯한 사은사요 삼학팔조 등 교리의 기본을 밝혔으니 복혜의 근원이 되는 제1 법보경전이요 근원경전이다. 『정전』이란 불법의 정수를 밝힌 경전으로 불교의 팔만대장경을 압축한 경전과 같은 의미를 지닌다. 이른바 경전은 성인의 글과 행실을 기록한 글인 바, 『정전』은 소태산 친저의 『불교정전』을 근본으로 해서 발행되었다.

1) 『정전』은 교리의 원강을 밝혀준 元의 경전이다.

☞「정산종사 말씀하시기를 "『정전』은 교리의 元綱을 밝혀주신 元의 경전이요, 『대종경』은 그 교리로 만법을 두루 통달케 하여주신 通의 경전이라, 이 양대 경전이 우리 회상 만대의 본경이니라." 시자 이공전 사뢰기를 "『예전』 등 기타교서의 주지는 무엇이오니까." 말씀하시기를 "『예전』은 敬, 『성가』는 和, 『세전』은 正이 각각 그 주지가 되나니라"」(『정산종사법어』, 경의편 2장).

2) 『정전』은 근원을 밝힌 복혜의 원경이라면 『대종경』은 두루 통달한 통경이다.

☞「『정전』은 근원을 밝힌 元經으로 복혜가 샘솟듯, 비오듯 제조되는 원료이고 『대종경』은 두루 통달한 通經으로 복혜를 물 마시 듯, 숨을 쉬 듯 활용하게 한 經으로 각 종교의 교리와 제도와 교단의 성격, 성현들의 능력과 인격 등을 알 수 있게 하였다」(『대산종사법문』 3집, 제2편 교법 1장).

3) 『정전』은 교리의 강령을 밝힌 제일 기본되는 경전이다.

☞「이 9종교서의 내용을 각각 한말로 설명하자면 1) 『정전』은 원불교 교리의 강령을 밝힌 제일 기본경전이고, 2) 『대종경』은 대종사님 일대의 언행록이며, 3) 『불조요경』은 『금강경』 『심경』 등 연원되는 옛 경전이고, 4) 『예전』은 개인 가정 교단의 예의규범이며, 5) 『악전』은 찬송 축원 권도의 성가집이고, 6) 『세전』은 태교로부터 천도에 이르기까지의

인생 일세의 도리 강령이며, 7)『법경』은 정산종사의 일대 언행록이고, 8)『교사』는 개교 50년간의 교단 역사이며, 9)『교헌』은 교단의 기본 헌장이다」(원기 50년, 12월8일 『정화통신』/이공전, 『범범록』, 원불교출판사, 1987, p.130).

  4)『정전』은 팔만대장경이 압축된 경전이다.
  ☞「『불교정전』은 다음과 같은 특징이 있다. 1) 불교를 가르치는데 바르게 속히 들어가는 법을 쓴 책이다. 2) 인생의 요도, 공부의 요도, 윤리, 도덕, 철학이 쓰여 있다. 3)『팔만대장경』을 몰아 말하면 이『정전』 한 권에 들어 있다」(원불교사상연구원 편, 『숭산논집』, 원광대학교출판국, 1996, p.34).

  5) 경전은 성인의 글과 행실을 적은 글인 바, 『정전』은 소태산이 친히 저술한 『불교정전』을 근본으로 해서 발행되었다.
  ☞「경전은 성인이 지은 글이나 성인의 말과 행실을 적은 글을 일컫는다. 따라서 성인이 직접 집필한 경전과 후래 제자들에 의해 정리된 경전으로 구분하여 볼 수 있다. … 『정전』은 원불교 기본 교리의 강령을 밝힌 경전으로, 소태산이 친히 저술한 『불교정전』을 근본으로 해서 1962년 9월에 처음으로 발행되었다」(박광수 외2인, 『클릭 원불교』, 도서출판 동남풍, 2000, pp.34-35).

2.『정전』과 관련한 선행연구

  졸저『정전풀이』(상~하)에 도움을 준 저술들로서 원불교『정전』과 관련한 선행연구는 다음과 같다.
  1) 신도형, 『교전공부』, 원불교출판사, 1974
  2) 김대거, 『정전대의』, 원불교출판사, 1977
  3) 이은석, 『정전해의』, 원불교출판사, 1985
  4) 서경전, 『교전개론』, 원광대학교출판국, 1991
  5) 이운권, 『정전강의』, 원불교출판사, 1992
  6) 한기두, 『원불교 정전연구』(교의편)(수행편), 원광대학교출판국, 1996/1997
  7) 안이정, 『원불교 교전해의』, 원불교출판사, 1997
  8) 한정석, 『원불교 정전해의』, 동아시아, 1999
  9) 오도철 외, 『원불교 정전 길라잡이』, 교화연구소, 2000

3. 『정전』의 구조적 특징

원불교의 『교전』은 『정전』과 『대종경』으로 합본되어 있다. 여기에서 『정전』은 총서편, 교의편, 수행편 3편으로 나뉘어 있는 바, 총서편은 『정전』의 서론, 교의편은 본론, 수행편은 실천방법론을 제시하고 있다. 구체적으로 말해서 총서편은 총론으로서 시국의 흐름 및 개교의 동기와 교법의 총설을 밝혔다. 교의편은 진리 및 신앙론과 수행론으로서 일원상 진리를 비롯한 사은사요 삼학팔조 등 기본 교리를 밝혔다. 이어서 수행편은 교리 실천론으로서 원불교 수행법과 훈련법을 주로 밝혔다.

1) 『정전』의 구조는 총서편, 교의편, 수행편을 두어 각각의 특색을 지니게 하였다.

☞「『정전』 총서편은 목적 간명에 중점을 두었고, 교의편은 원리에 중점을 두었다면, 수행편은 방법에 중점을 두었다 할 수 있을 것이다」(신도형, 『교전공부』, 원불교출판사, 1992, p.221).

2) 총서편은 『정전』의 서론, 교의편은 『정전』의 본론, 수행편은 실천방법을 밝혀주고 있다.

☞「총서편은 『정전』이라는 경전의 서론이며 총론이다. 이 총서편은 개교동기와 교법의 총설로 구성되어 있다. … 교의편은 『정전』의 본론 부분으로 일원상 진리를 중심으로 각 교리의 내용을 원리에 입각하여 정리하고 있다. …『정전』의 마지막 부분인 수행편은 교의편에 설명된 교리를 공부하려는 사람에게 실천하는 방법을 밝혀주고 있다」(이성택, 『교리도를 통해본 원불교』, 도서출판 숩리, 2003, p.11).

3) 총서편은 『정전』의 총론, 교의편은 진리·신앙·수행론, 수행편은 훈련·수행실천론에 초점을 두고 있다.

☞「『정전』의 차례를 통하여 원불교 교리가 구조적인 특징을 가지고 체계화되었음을 알 수 있다. 첫째, 총서편은 『정전』의 총론에 해당한다. 원불교가 개교된 동기와 그에 따른 기본이념을 밝히고 있는 것이다. 개교의 동기와 교법의 총설이 그것이다. 둘째, 교의편은 원불교의 교리를 진리론, 신앙론, 수행론으로 밝히어 종합하고 있다. 즉 일원상은 진리론이고, 사은사요는 신앙론이며, 삼학팔조는 수행론에 해당한다. 아울러 사대강령은 원불교의 기본교리와 목표를 집약한 종합론이다. 셋째, 수행편은 교의편에 대한 구체적인 실천방법으로서 총론, 훈련론, 신앙론, 종

합론, 평가론으로 구조화되어 있다. 다시 말해서 일상수행의 요법은 총론에 해당하고, 정기훈련과 상시훈련 및 염불법·좌선법·의두요목·일기법은 훈련론이며, 무시선법·참회문·심고와 기도·불공하는 법·계문·솔성요론은 신행론이다. 아울러 최초법어·고락에 대한 법문·병든 사회와 그 치료법·영육쌍전법은 종합론이고, 법위등급은 교리를 바탕으로 실천한 정도를 평가하는 평가론이다」(고시용, 「정전의 결집과 교리의 체계화」, 『원불교학』 제9집, 한국원불교학회, 2003.6, p.275).

 4) 총서편은 시국의 큰 흐름과 교법의 요지를 밝히고, 교의편은 주요 교리를 정리하였으며, 수행편은 훈련과 수행의 방법을 제시하고 있다.

  ☞「『정전』은 처음 총서편 개교의 동기에서 시국의 큰 흐름을 살피면서 시작해서 교법의 총설에서도 불교를 비롯한 종교들의 현황에 대해 언급하면서 원불교의 요지를 제시한다. 그 다음 교의편에서 중요한 교리를 정리한 뒤, 수행편에서는 일상수행의 요법으로 시작하여 정기훈련 상시훈련 그리고 염불 좌선 참회 심고 등 구체적인 수행법이 제시된다」(백낙청/박혜명 대담, 「특별 인터뷰-희망의 21세기, 어떻게 맞이할까?」, 《원광》 303호, 월간원광사, 1999년 11월, pp.33-34).

 5) 총서편은 개벽론·일원화론, 교의편은 최고종지와 인생의 요도·공부의 요도, 수행편은 수행 훈련 활용 등을 밝히고 있다.

  ☞「『정전』=원불교 교전 제1부. 대종사 친저한 원불교의 교리원전. 총서편 교의편 수행편의 3편으로 되어있음. 총서편에서는 개벽론인 개교의 동기와 불법 및 만법의 일원화론인 교법의 총설이 있고, 교의편에는 최고 종지인 일원상, 신앙문이며 인생의 요도인 사은사요, 수행문이며 공부의 요도인 삼학팔조, 총체적 지도강령인 사대강령 등이 있고, 수행편에는 수행 훈련 활용의 각 조목과 법위등급 등이 있음. 원불교 제1 본경이요 元의 경이다」(원기 52년, 『정화통신』/이공전, 『범범록』, 원불교출판사, 1987, pp.122-123).

4. 『정전』의 변천과정

 원불교 『정전』의 기초가 된 『육대요령』(원기 17)에서 『삼대요령』(원기 19)을 거쳐 『불교정전』(원기 28)으로 이어졌다. 뒤이어 원기 47년 현 『정전』이 발간된 것이다. 중요한 것은 교서간행위원회의 교단사적 노력과 더불어 정밀한 편집 감수로 인하여 소태산 대종사의 친저 『불교정전』이 현 「정전」으로 탄생되었다는 점이다. 본 교서의 발간부서인 정화사는 교서발간의 임무를 완수하고 원기 62년 해체되었다. 하여튼 『정전』의 발간으로 원불교가 새 시대의 고등종교로 발전할 수 있는 발판이 확고해진 셈이다.

1) 『육대요령』에서 원불교 기본교리가 정립되었고, 『불교정전』은 현 『정전』의 체계를 형성하는 기본교서였다.

☞「『불교정전』의 구성 내용은 전 3권으로 되어 있다. 제1권은 개선론과 교의편, 그리고 수행편이다. 개선론은 『조선불교혁신론』을 발전시킨 것이며, 현재는 『대종경』 서품에 수록되어 있다. 교의편과 수행편은 『정전』의 중요 내용으로 되어 있다. 제2권은 금강경, 반야심경, 사십이장경, 죄복보응경, 현자오복덕경, 업보차별경 등이 실려 있고, 제3권에는 수심결, 목우십도송, 휴휴암좌선문, 의두요목 등이 실려 있다. 제2권과 제3권은 현재의 『불조요경』으로 되어 있고, 제3권 중 의두요목만 간추려 『정전』에 수록했다」(박장식, 『평화의 염원』, 원불교출판사, 2005, p.101).

2) 『불교정전』의 발행 과정은 다음과 같다.

☞「『정전』 결집이 시작된 1940년부터 대종사 열반까지의 주요 교단사항을 정리하면 다음과 같다. 1940년 4월 창립한도 제1대 2회 결산총회(2회 사업목표:경전편집 예정기한)를 계기로 경전편찬 필요성이 논의됨, 6월 25일 『회보』 65호를 끝으로 일제에 의해 종간당함, 9월 대종사, 송도성 이공주 서대원에게 초기교서를 바탕으로 경전편수를 명함, 10월 대종사, 도일차 부산에 행가하여 남부민 교당에 주석하여 목우십도송 등의 첨가를 명함, 1941년 4월 총회 이후 편수사무소를 총무부로 이관, 박장식(부장) 이공전(서기)이 편수를 담당함, 5월 11일경 「宗典序」(교법의 총설)를 지음, 12월 11일 정전 편수위원, 감정안 『宗典』(묵사본)을 정리하여 대종사께 바침, 1942년 4월 총회 후 정산종사 총무부장 취임하여 『정전』 편수 담당, 편차 재정비(제1편 개선론, 제2편 교의, 제3편 수행), 12월 『정전』 발간 청원이 전북 경찰부에 의해 '皇道 선양정신이 없다' 는 이유로 불허됨, 1943년 3월 김태흡, 교단을 대신하여 『불교정전』의 발행 허가를 조선총독부의 허가를 얻고 인쇄에 부침, 8월 『불교정전』을 발행함」(양은용, 「소태산 대종사의 열반상황-이공주 종사의 일기를 중심으로-」, 추계학술대회《소태산 대종사 생애의 재조명》, 한

국원불교학회, 2003.12.5, pp.29-30).

　3) 『조선불교혁신론』은 『불교정전』의 개선론, 『불교정전』의 개
선론은 『대종경』 서품, 『대종경』 서품은 『정전』 총서편 성격이다.
　　☞「서품은 『정전』의 총서편과 같이 총체적인 성격을 밝힌 것이다.
서품에는 원불교 교사적인 내용이 들어있다. 대종사가 일원상의 진리
를 깨쳐서 교법을 불법에 주체로 해서 교단을 창건해 나간다. 그리고
저축조합, 방언공사, 법인성사의 기초적인 일을 전개했다. 원기 5년에
초안한 『조선불교혁신론』의 내용이 원기 28년 『불교정전』의 개선론에
밝혀졌다. 원기 47년 『정전』과 『대종경』을 합간하면서 개선론은 『대종
경』의 서품에 옮겨졌다」(한종만, 『원불교 대종경 해의』(上), 도서출판
동아시아, 2001, p.16).

　4) 경전 결집의 6년차 계획 속에서 『정전』이 발간되었다.
　　☞「경전결집 6년차 계획 : 원불교의 기본교서 편수 간행 특설기관으
로서의 정화사가 사식에 예정된 9종교서의 몇 가지 보충교서를 연차적
으로 완결하기 위하여 책정한 경전결집 6년차 계획은 다음과 같다. 1)
『정전』『대종경』=원기 47년 완결, 2)『불조요경』=원기 50년 완결, 3)『
예전』『악전』=원기 52년 완결, 4)『세전』『법경』=원기 54년 완결, 5)『
교사』『교헌』=원기 56년 완결, 6) 기타 보충교서=원기 60년도까지 완
결. 이상과 같이 정화사의 기본과업인 9종 교서의 결집은 원불교 결실
총회 연도인 55주년까지 완결하고, 기타 보충교서도 원기 50년대 안으
로 완결할 방침이다」(원기 50년, 12월8일 『정화통신』).

　5)『정전』의 수정작업은 일정한 원칙에 의해 전개되었다.
　　☞「『정전』의 수정과 재간에 관한 사업을 1958년 1월 수위단회와 교
정위원회의 결의에 따라 정산종사의 친제 하에 정화사에 일임되었으나
건강이 여의치 않아 추진을 못하다가 그해 7월에 각 위원들에게 수정
대요를 "가능한 최소의 수정으로 최대의 聖旨 闡揚이 이룩되도록 하되
① 범위가 조선이나 불교에만 국한된 듯 해석될 부분, ② 주세경전의
체모에 맞지 않는 겸사나 조사어록 등에서 인거된 부분, ③ 창작 또는
활용한 자구와 표어 중 그의 본의 표현에 미치지 못한 부분, ④ 편차에
관한 부분 등에 특히 유의할 것"(『원불교 교고총간』 6권 293쪽)이라고
밝히고 있다」(박도광, 「주산 송도성 종사의 '대종사법설·법문수필
집' 2에 대한 연구」, 제18회 원불교사상연구 학술대회《소태산 대종사
와 정산종사》, 원광대 원불교사상연구원, 1999년 2월 2일, p.110).

6) 『정전』의 완정 재판의 과정은 다음과 같다.

☞「1960년 1월 18일 수위단회에서 『정전』의 자구 수정과 그 재간 사업추진에 관한 건 의결, 1960년 2월 26일~9월30일 『정전』 수정에 관한 의견안 수집, 송규 『정전』의 수정대표 4개조항 지시, 1960년 7월말 동산선원(이운권 이공전)과 荷島(김대거)에서 『정전』 수정시안 작성, 1960년 8월1일 『정전』 수정시안 작성의뢰 공한 발송(중진 수위단원5인), 1961년 12월 25일 송규 『정전』 및 『대종경』의 편수완결 촉진에 관한 특별유시 가능하면 신년 4월 이내로 편찬을 완결토록 촉구, 1962년 1월1일~7일 『정전』의 자구 수정, 1962년 1월 중순 『정전』 수정시안 자문안을 공개하고 자문진에 회부, 1962년 2월2일~23일 자문안 『정전』 수정시안(종합안)을 자문진에 회부, 1962년 2월 21일 『정전』과 『대종경』을 합간하되 책명은 『원불교 교전』으로 하기로 제5회 임시수위단회에서 의결, 1962년 3월 9일~13일 『정전』 수정자문 개요를 자문진이 감수 照覽, 1962년 5월 14일 『교전』 편수발간 예고, 1962년 6월6일~25일 수정판 『정전』 원고 全文 공람, 1962년 6월 10일 『교전』 발간에 대비한 보고 의뢰, 1962년 6월 26일~7월 5일 최종 감수위원회의 감수 완결확정, 1962년 7월 7일~16일 신도교당에서 종법사 김대거의 최종 일독으로 감정 완결, 1962년 7월 17일 종법사, 『교전』의 감정 확인에 관하여 승인 날인, 1962년 7월 24일 제6회 임시수위단회에서 『교전』의 완결 및 발간에 관한 건 의결-이공주 이운권 이공전을 교정위원으로 선임하여 인쇄기간 중의 일체사항을 위임, 1962년 7월 26일 『교전』의 완결확정 및 발간에 관하여 공한 발송, 1962년 7월 29일 1주일간 『교전』 원고 맞춤법 교열 의뢰, 1962년 8월 7일 동아출판사에서 정식 인쇄 계약, 1962년 8월 8일 동아출판사에서 인쇄 회부, 1962년 8월 9일~25일 『교전』 초교, 1962년 8월 26일~27일 『교전』 재교, 1962년 9월 7일 『교전』 3교, 1962년 9월 8일 『교전』 4교, 1962년 9월 14일 『교전』 모든 교정완료, 1962년 9월 24일 인쇄완료, 한양제본소에서 제본, 1962년 9월 26일 『원불교 교전』 발행, 1962년 10월 7일 총부에서 『교전』의 간행봉고 및 경축식 거행」(고시용, 「정전의 결집과 교리의 체계화」, 『원불교학』 제9집, 한국원불교학회, 2003.6, pp.264-267참조).

7) 『종전』에서 『교전』으로, 『교전』에서 『정전』(1962)으로 간행되었고, 과업 수행 후 원기 62년 정화사가 해체되었다.

☞「원기 62년(1977) 11월 5일, 새 회상 제2대 2회를 마감하고 3회에

접어드는 뜻 깊은 중앙교의회에서 나는 숙연한 마음으로 정화사 해체보고서를 읽어 내려갔다. 대종사 슬하에서 『정전』 원고 筆耕 이래 36년 만이요, 정화사 설립당시 사무장 겸 편수위원을 배명 후 20년 만의 일이었다. 나는 어느덧 知命의 어구에 들어서 있었고, 뒤늦게 大法洛을 매고 있었다. "원기 43년(1958) 5월 정산 스승님 교시로 전북 장수교당에 첫 간판을 걸고 『대종경』 편수위원회의 업무를 계승하여 제1차 과업인 『교전』의 편수에 착수했던 정화사가 20년 동안 막중한 과업들을 대과없이 마치고, 의원 동지 여러분 앞에 과업의 완결보고와 해체의 인사를 드리게 되었다." 이렇게 시작된 보고서는 정화사의 연혁, 과업의 수행, 전서의 법공, 자산의 처리, 자산의 인계 등을 차례로 보고한 후 마지막 인사를 드리게 되었다」(이공전, 『범범록』, 원불교출판사, 1987, p.26).

5. 『정전』 발간과 부촉법어

소태산 대종사의 변산 주석 당시에 이미 『정전』 발간의 기본 방향이 정해졌다. 소태산의 친저 『불교정전』은 그의 열반을 앞두고 편찬을 독촉하고 인쇄에 붙이며, 포부와 경륜이 이 경전 속에 들어 있으니 몸으로 실행하고 마음으로 증득하라고 부촉하였다. 주지하듯이 『불교정전』이 현 『정전』의 전신이며, 이에 『정전』을 통해서 소태산 대종사의 포부와 경륜이 드러나도록 해야 한다. 이를 위해서 『정전』을 통해 대종사의 근본성지가 드러나도록 하고 법통을 간절히 받드는 제자가 되어야 가능한 일이다.

1) 『정전』 발간은 오랜 변천 과정을 거쳤으며, 소태산의 변산 주석시에 이미 본 교서 발간의 기본 방향이 정해졌다.

☞「오늘날의 『교전』이 이 세상에 얼굴을 보인 것은 원기 47년(1962) 9월 26일의 일이었다. 그러나 이는 오늘날의 『교전』 모습이 세상에 얼굴을 보인 때이고, 그 이전부터 『교전』의 전신이라 할 책이 나와 있었다. 그 과정을 대강 알아보면 다음과 같다. 『취지규약서』(원기12년, 1927년 발행), 『불법연구회규약』·『수양연구요론』(원기13년, 1928년 발행), 『보경 육대요령』(원기17년, 1932년 발행), 『보경 삼대요령』(원기19년, 1934년 발행), 『조선불교혁신론』(원기20년, 1935년 발행), 『불교정전』(원기29년, 1944년 발행), 『원불교 교전』(원기47년, 1962년 발행). 『교전』은 이와 같은 여러 과정을 거쳐 만들어졌지만 내용상으로 보면 소태

산 대종사가 변산에 있을 때 이미 『교전』의 기반 방향이 정해졌다」(김일상, 『마음공부 길잡이』, 대산문화사, 1988, p.317).

 2) 소태산 대종사, 열반을 앞두고 『정전』 편찬을 재촉하며 감정의 붓을 들었다.

　☞「대종사 열반을 1년 앞두시고 그동안 진행되어 오던 『정전』의 편찬을 자주 재촉하시며 감정의 붓을 들으시매 시간이 밤중에 미치는 때가 잦으시더니, 드디어 성편되매 바로 인쇄에 붙이게 하시고, 제자들에게 말씀하시를 "때가 급하여 이제 만전을 다하지는 못하였으나, 나의 일생 포부와 경륜이 그 대요는 이 한 권에 거의 표현되어 있나니, 삼가 받아가져서 말로 배우고, 몸으로 실행하고, 마음으로 증득하여, 이 법이 후세 만대에 길이 전하게 하라. 앞으로 세계 사람들이 이 법을 알아보고 크게 감격하고 봉대할 사람이 수가 없으리라" 」(『대종경』, 부촉품 3장).

 3) 소태산 대종사의 열반직후 그해 8월에 『정전』이 발행되었다.

　☞「대종사는 원기 25년 9월부터 교리에 능한 제자들에게 명하여 초기교서를 통일 수정하여 『정전』의 편수에 임하게 하였다. 원기 27년(1942)부터는 편찬을 자주 재촉하고 직접 감정을 하여, 성편이 되자 바로 인쇄에 붙이도록 하였다. 그러나 일제 당국의 출판 불허로 발간이 연기되다가 김태흡(불교시보 사장)의 명의로 허가를 얻어 원기 28년(1943) 3월에 인쇄에 회부, 대종사 열반 직후인 그해 8월에 발행된 것이다」(양현수, 제96차 원불교사상연구원 월례발표회 발표요지 「원기26년판 『묵사본 교전』의 교의적 성격-『정전』 편수과정의 새로운 이해-, 원불교사상연구원, 1996년 9월 30일, p.1).

 4) 『정전』의 해석에 있어 대종사의 근본성지를 드러내야 한다.

　☞「우리의 『정전』 가운데 그 범위가 혹 지역이나 종파에 국한된 듯 해석될 부분은 이 시기에 잘 정리하여 대종사의 근본 성지를 남음 없이 드러내고 주세 경전의 존엄에 조금도 손됨이 없게 하라. 그 대체는 이미 다 정해 있으니, 더 드러낼 데는 드러내고 그대로 둘 데는 두되, 사은사요와 삼학팔조만 잘 드러나면 만고 대법이니라」(『정산종사법어』, 유촉편 2장).

 5) 『정전』의 가르침에 따라 법통을 받드는 제자가 되어야 한다.

　☞「명필이 되기로 하면 먼저 명필의 필법을 체받아서 필력을 잘 길러야 하듯이 부처를 이루기로 하면 먼저 부처님의 심법을 체받아 일일

시시로 불심을 잘 길러야 하나니, 우리는 대종사의 심법을 큰 쳇줄 삼고 『정전』의 말씀대로 꾸준히 실행하여 대종사의 법통을 오롯히 이어받는 참 제자가 되어야 할 것이니라」(『정산종사법어』, 권도편 23장).

6. 법보로서의 『정전』 편찬과 공로

주지하듯이 원불교의 법보경전이자 삶의 요경이 『정전』이다. 교조 소태산이 직접 발간을 부촉한 교리의 원경으로서 『정전』은 일원상과 사은사요 삼학팔조를 천명한 정법대도를 드러내고 있으므로 소중한 유산으로서 간직하여야 할 것이다. 곧 대종사의 포부와 경륜을 그대로 담고 있는 『정전』이므로 교단의 고난이 있을 시에도 『정전』만 간직한다면 걱정할 것이 없다. 이에 『정전』이 편찬되도록 합력한 재가출가의 공로를 새겨야 하며, 후진들로서 법보경전을 수지 독송한다면 수만 년 교운은 지속되리라 본다.

 1) 『정전』은 중생제도를 위한 법보요, 새로운 삶의 요경이다.

☞「대종사님께서 병진 3월 26일에 대각을 이루신 후 앞으로의 세상을 보시고 장차 수륙공에 있는 모든 중생을 제도하기 위하여 법을 짜 놓으셨으니, 이 법이 앞으로 세상에 맞아갈 것이며, 우리『정전』에는 새 세상을 살아 갈 길을 밝혀 주시고 모든 법을 밝혀 놓으셨다」(『대산종사법문』 2집, 제1부 교리, 원만평등한 세계건설).

 2) 『정전』은 부처님의 가르침을 전하는 법륜상전의 보경이다.

☞「법륜이 돌므로써 만 생령을 선도로 인도하는 것이니 이 법륜이 쉬지 않고 전 생령을 선도로 끌고 가도록 항상 굴려야 한다. 이 『정전』은 누구든지 받아서 어디에서든지 쉬지 않고 할 수 있는 법륜을 常轉시키는데 제일 좋은 책이다. 불법으로써 생활을 하도록 만드는 책이다」(원불교사상연구원 편, 『숭산논집』, 원광대학교출판국, 1996, p.39).

 3) 소태산의 소중한 유산인 『정전』의 진가를 알아야 한다.

☞「내가 전에 『대종경』을 두고 한국문학의 소중한 자산이라고 말한 일이 있는데, 그때만 해도 『정전』의 진가를 제대로 몰랐다. 물론 지금도 『대종경』이 이야기 재미까지 겹쳐서 처음 읽는 사람들도 쉽게 다가설 수 있다는 점에서 문학적 가치가 앞선다」(백낙청/박혜명 대담, 「특별 인터뷰-희망의 21세기, 어떻게 맞이할까?」, 《원광》 303호, 월간원광사, 1999년 11월, p.33).

4) 『정전』은 소태산 대종사의 포부와 경륜을 그대로 담고 있다.

☞「나는 1987년 1월 1일 새벽에 대종사의 성음을 받들었다. 나는 많은 질문을 올렸고 대종사는 하나하나 응답해주었다. 첫 번째 질문 "대종사님, 대종사님의 포부와 경륜을 어디에서 구할 수 있습니까?" "다른 데서 구하지 말라. 이 한권의 『정전』에 거의 표현하였노라. 이『정전』한 권을 받아서 삼켜버려라. 앞으로 세계에서 크게 감격하고 봉대할 사람이 수가 없으리라"」(조정근, 『나는 평생 아버지 흉내만 낸다』, 고려원북스, 2005, p.227).

5) 교단의 험난한 고난에도 『정전』만 있으면 걱정할 것이 없다.

☞「일제의 수난에 못 이겨 걱정을 하는 제자들에게 "절대 걱정할 것 없다. 그들도 이제 얼마 남지 않았다" 라고 하면서 용기와 희망을 심어주었다. 그래도 못 견디는 경계 속에서 화를 당하고 말 것 같다는 말씀을 드리면 "이 고비만 넘기면 문제없다. 영 안 되겠거든 『정전』이 있으니『정전』만 들고 산중으로 들어가거라. 그러나 그럴 염려는 없으니 안심하여라." 이 말씀이 지금도 귀에 쟁쟁하게 들리는 듯하다」(박장식, 『평화의 염원』, 원불교출판사, 2005, pp.107-108).

6) 『정전』 편찬에 관련한 편수위원 및 실무를 맡았던 교무들의 공로가 컸다.

☞「(원기 27년) 4월, 새 회규로 5부제가 처음 시행될 적에 나는 상산 박장식 부장님 모신 총무부의 첫 서기가 되었고 16세 꼬마 서기의 제1 업무는 부장을 도와 대종사의 『정전』 편찬에 筆耕하는 일이었다. 그리고 얼마 후 대종사께서는 나의 법명을 공전으로 고쳐주시며 "이름 값 잘하라" 고 부촉하였다」(이공전, 『범범록』, 원불교출판사, 1987, p.24).

7. 불법 전수와 『정전』

소태산이 불법을 새롭게 혁신하여 누구나 쉽게 접할 수 있도록 간명하게 밝힌 경전이 『정전』이다. 이에 유불도 삼교를 통합 활용하는 교법으로서 일원상 사은사요 삼학팔조를 천명한 대경대법이 『정전』이므로 불법이 세상에 빛을 발하도록 해야 할 것이다. 돌이켜 보면 교단 초창기 난국의 상황에서 『정전』 편수의 길이 열린 것은 새 불법 전수의 부단한 길이 열린 셈이다.

 1) 『정전』은 짧은 지면에 교법을 간명하게 정리한 경전이다.

☞「『정전』이 짧다. 원불교전서판으로 약 70-80쪽 분량이다. 그런데 이걸 바꾸어 말하면 그 짧은 지면에 불교의 그 수많은 경전에 담긴 가르침을 간명하게 요약·정리했다는 뜻이 되고, 동시에 최수운 선생 이래 한국의 민중종교가 유불선을 통합하려 했던 사상의 흐름마저 이어받아 원만하게 집대성했다고 볼 수 있다」(백낙청/박혜명 대담, 「특별 인터뷰-희망의 21세기, 어떻게 맞이할까?」, 《원광》 303호, 월간원광사, 1999년 11월, p.33).

 2) 『정전』은 불법 중심의 종교회통을 밝힌 대경대법인 것이다.

☞「소태산이 직접 저술하여 만세에 전한 大經大法이라고 믿고 있는 『정전』의 총서편 제2장 교법의 총설에서는 불교를 통한다면 만종교와 회통할 수 있다는 확신을 피력하고 있다」(류병덕, 「불교와의 관련」, 《원보》 제46호, 원광대 원불교사상연구원, 1999년 12월, p.12).

 3) 『정전』을 통해 새로운 불법이 더욱 빛을 발할 것이다.

☞「『정전』으로 해서 佛日이 참으로 增輝된다. 안개와 구름으로 불교의 진리가 가리어진 것을 다 벗겨서 『정전』으로 불일이 더 나타나게 했다」(원불교사상연구원 편, 『숭산논집』, 원광대학교출판국, 1996, p.39).

 4) 난국의 상황에 『정전』 편수의 길이 열리어 불법을 전하는 계기가 되었다.

☞「총부의 가장 시급한 문제는 『교전』 편찬이었다. 대산종사도 우리와 같이 걱정을 많이 하였다. 그러나 막연하여 애로가 많았는데 그때 마침 김태흡 스님이 시국 강연회를 한다고 익산에 내려왔다가 총부에 들렀다. … 김태흡 스님은 어떻게든 우리를 도우려고 하였다. 그분이 처음 와서 대종사를 뵙고는 "아, 많은 스님들을 뵈었지만 대종사님에 비할 사람은 없었습니다. 대종사님을 뵈오니 엄동설한에 따뜻한 방에 앉은 기분입니다" 하며 대종사 인품에 아주 깊이 찬탄을 하며 자진한 것이다. 그렇게 되니 『정전』 편수의 길이 열리게 되고 그때부터 대산종사도 같이 일을 하게 되었다」(박장식, 「장차 세계적 종교가 될 터이니」, 대산종사 추모문집1 『조불불사 대산여래』, 원광사, 2008, pp.63-65).

8. 『정전』 공부의 방법

 『정전』 연마를 효율적으로 하는 방법은 무엇보다 소태산 대종사를 친견하는 심경으로 해야 할 것이다. 그리고 일원상과 사은 사요 삼학팔조 등을 연마할 때 『정전』 전체를 염두에 두는 것이 요구되며, 구체적인 연구방법은 표어, 교리도, 총서편, 교의편, 수행편의 특징을 참조하면서 보다 심오한 접근이 필요하다. 중요한 것은 『정전』을 항상 정독하며 생활 속에서 교리를 활용하는 자세가 요구된다. 또 『정전』 연마는 선행연구를 참조할 필요가 있다. 특히 『정전』 연마에 있어 주의할 사항으로 단순 암기나 해석에만 치우치는 우를 범해서는 안 된다는 점이다.

1) 『정전』을 가슴에 품고 사는 대종사 신봉의 정신이 필요하다.

☞「(김서업 선진은 교단을 떠나 수덕사에 입산 삭발하고 비구니가 된 후) 대종사의 가르침을 몽매에도 잊지 못하여, 『정전』을 늘 가슴에 품고 살았다. 그녀의 몸은 교단을 떠났지만 그로 인해 두 사람(류병덕·한정원)의 인재가 교단에 들어와 큰 일하게 되었다」(동산문집편찬위원회, 동산문집 1 『동산에 달오르면』, 원불교출판사, 1994, pp.20-21).

2) 언제나 『정전』을 염두에 두고 모든 학설을 연마하라.

☞「『정전』을 항상 염두에 두고 모든 학설을 연마하면 교리에 더욱 밝아질 것이요, 그렇지 아니하고 학설만 들으면 머리만 산란하리라」(『정산종사법어』, 권도편 35장).

3) 『정전』 공부는 표어에서 교법의 핵심을, 교리도에서 교리전체 강령을, 이어서 교의편과 수행편으로 공부한다.

☞「『정전』 공부를 할 때 표어에서 교법의 핵심을 잡아야 하고, 교리도에서 교리의 전체적인 강령을 잡아야 한다. 그리고 교의편과 수행편으로 공부해야 한다」(한정석, 『원불교 정전해의』, 도서출판 동아시아, 1999, p.41).

4) 제일 먼저 중요하게 공부해야 할 것은 『정전』이다.

☞「제일 먼저 중요하게 공부해야 할 것은 『정전』이니 우리의 『정전』을 숙어로나 문법으로나 진리로나 막힘이 없이 능수능란하게 안다면 제 아무리 석사 박사가 질문을 할지라도 거기에 막힘이 없을 것이며, 따라서 교화에도 지장이 없이 잘 할 것이니라」(『정산종사법설』, 제1편 마음공부 22장).

5) 『정전』을 정독하고 법문을 많이 듣는 자세가 필요하다.

☞「『교전』을 정독하고 법문을 많이 듣고 또 스승의 감정을 받고 이렇게 해서 법의 물로 간이 잘 들어야 법이 소중한 줄 알고 일요일이

기다려지고 법동지를 사랑할 줄 알고 교당을 내 집같이 생각하는데 이런 사람을 특신이라 한다」(이종진, 『부처는 행복의 대상이야』, 원불교출판사, 2005, p.229).

 6) 『정전』 연마를 통해 실생활의 활용으로 나가도록 해야 한다.

  ☞「교전해의의 주체강령 : 1) 실생활에 활용하도록 할 것, 2) 평이간명하게 밝힐 것, 3) 사통오달로 밝힐 것, 4) 일원의 진리 즉 불생불멸 인과보응을 믿어 깨치는데 주로 할 것=신앙, 5) 마음공부 하는데 부합시킬 것=제생의세」(대산종사, 『정전대의』-대산종사법문 1집, 2. 교전해의의 주체강령).

 7) 각산의 『정전』 연마법을 보면 章마다 대지를 밝히고 중요 단어풀이, 문제점 방식으로 전개하였음을 참조할 필요가 있다.

  ☞「(각산의) 『교전공부』는 서론과 본문 3부 및 부록으로 구성되어 있다. 서론은 『정전』 연마의 방법론과 원불교표어, 교리도 해의로 나누어진다. 본문 1부는 개교의 동기에서부터 법위등급에 이르기까지 원불교 『정전』 전체를 해제하였다. 『정전』의 각 장, 절 별로 대지를 밝히고 중요 단어와 용어를 풀이하였으며, 교리의 해석상 제기될만한 문제점을 제시하고 이에 답하는 형식으로 해설하였다. 문제점은 동산선원 강의 중에 학생들이 제출한 문제와 본인이 교리의 심층적 이해에 필요하다고 생각한 문제를 스스로 만들어 문답형식으로 기술하였다」(박광수, 「각산 신도형의 생애와 사상」, 원불교사상연구원 편, 『원불교 인물과 사상』(Ⅱ), 원불교사상연구원, 2001, pp.203-204).

 8) 『정전』 연마에 있어 주의할 사항은 단순 암기나 해석에만 치우치는 우를 범해서는 안 된다는 점이다.

  ☞「경전은 성불의 길을 가게 하는 지도이며 이정표이다. 지도란 길을 찾는 사람이 필요할 때마다 한 번씩 확인하는 것이다. 공부인이 공부의 방향로를 찾았다면 그 길로 뚜벅뚜벅 나아가야 한다. 하지만 우리가 공부를 하면서 주어진 길을 찾아가기보다는 경전에 묻혀 이를 암기하고 해석하는 데에만 시간을 보내지는 않는지 반성해 볼 일이다. 대종사는 이미 이를 염려하였다」(권도갑, 『행복을 여는 마음공부』, 도서출판 동남풍, 2000, p.81).

9. 『정전』과 『대종경』 연마의 상관성

  원불교의 기본 교리를 밝힌 원경은 『정전』이요, 소태산 언행록으로서의 통경은 『대종경』인 바, 전자는 소태산의 친저라면 후자는 제자들이 편집한 경전이다. 이 양대 경전은 소태산 대종사의 법어가 전파되도록 정산종사의 4대경륜에 의해 완정되었다. 이에 양대 경전을 연마하는데 있어 소태산 대종사와 역대 종법사를 모시는 마음으로 연마하는 것이 필요하다. 곧 진리의 파악, 교의 이해 등에 있어 두 경전을 제1 참고경전으로 삼아야 할 것이며, 『정전』과 『대종경』을 상호 유기적으로 연마할 필요가 있다.

 1) 『정전』은 원경이요, 『대종경』은 통경이다.

   ☞「1) 『정전』 : 근원을 밝힌 원경이요, 2) 『대종경』 : 두루 통달한 통경이다」(『정전대의』-대산종사법문 1집, 1. 교전).

 2) 『원불교 교전』은 『정전』과 『대종경』의 합본인 바, 『정전』은 소태산 친저이며 『대종경』은 소태산의 제자들이 편집한 것이다.

   ☞「『원불교 교전』의 특징은 … 『정전』과 『대종경』으로 나뉘어져 있다는 것이다. 다른 경서를 보면 진리를 깨달은 분의 말씀을 후래 제자들이 편집한 것뿐이다. 그러나 원불교의 『교전』은 소태산 대종사의 말씀을 후래 제자들이 편집한 내용으로 『대종경』도 있지만 진리는 무엇이며 어떻게 믿고 알아갈 수 있는가, 그리고 그 결과는 어떤 것인가를 구체적으로 밝혀주고 있는 『정전』이 있다는 점이다. 소태산 대종사가 친히 『정전』을 지었다는 것이다」(김일상, 『마음공부 길잡이』, 대산문화사, 1988, p.316).

 3) 정산종사의 4대경륜 중 첫 번째 경륜은 『정전』과 『대종경』 등을 완정하는 교재정비였다.

   ☞「원기 46년 12월, 병상에서 물으시기를 "내가 전에 세웠던 네 가지 계획을 기억하느냐?" 시자 사뢰기를 "교재정비 기관확립 정교동심 달본명근 네 가지였나이다." 말씀하시기를 "그 내역을 설명하여 보라." 시자 사뢰기를 "교재정비는 『정전』과 『대종경』을 완정하고 『예전』『성가』 등 모든 교서를 편수하여 대중 교화의 재료를 완전히 갖추자는 것이오며…」(『정산종사법어』, 유촉편 36장).

 4) 대종사와 역대 종법사를 모시는 마음으로 『정전』과 『대종경』을 연마한다.

   ☞「출가와 더불어 대종사님 시자로 직접 모시면서 수기응변의 무량 법문을 모두모두 받들면서 하나라도 놓칠세라 깊이깊이 새겼다가 갈고

닦고 다듬어서 『대종경』과 『정전대의』와 『교리실천도해』에 담아 스승의
마음, 뜻, 행의 경륜을 만대에 전하여 만생령의 무량복음이 되게 해주었
다」(좌산 이광정, 「불일조등의 대불사」, 대산종사 추모문집1 『조불불사 대산여
래』, 원광사, 2008, pp.59-60).

5) 대소유무의 진리를 연마할 때 『정전』과 『대종경』을 두루 읽
고 활용하면서 한다.

☞「『정전』『대종경』을 읽을 때, 대자리다, 소자리다, 유무자리다 라
는 대중을 하며, 성리연마도 하고 실천하는데 도움이 되게 해야지, 글만
읽고 성리연마는 따로 한다면 그것은 시간낭비이다. 경전을 읽는 것은
실지로 활용하는데 중요한 의미가 있다」(박장식, 『평화의 염원』, 원불교출
판사, 2005, p.189).

6) 원불교 사상의 연구는 『정전』과 『대종경』에 근거해야 한다.

☞「원불교의 모든 사상은 『정전』과 『대종경』에 근거해야 한다. 『정
전』과 『대종경』의 내용은 대종사의 사상이기 때문이다. 용수는 중론을
쓰는 목적을 불타의 인연법을 밝히기 위함이라고 하였다」(한종만, 「교
전에서 본 삼동윤리의 근거」, 제21회 원불교사상연구 학술대회《21세기
와 원불교》, 원불교사상연구원, 2002.1, p.29).

7)『정전』공부는 『대종경』공부와 더불어 전개될 필요가 있다.

☞「『대종경』의 내용은 『정전』에 나타난 원불교 교리에 대한 해설,
불교와 원불교와의 관계, 신앙과 수행의 방법론, 인간으로서 마땅히 실
천해야 할 윤리적 가치, 인과보응의 이치, 영혼 천도, 미래세계에 대한
전망, 제자들에 대한 부탁 등의 다양한 법설이 수록되어 있다. 소태산
대종사의 인품, 사상, 생애, 포부 등이 생생하게 나타나 있다」(백광문, 「
예비전무출신 교육교재 개발」,《일원문화연구재단 연구발표회 요지》,
일원문화연구재단, 2005.9.23, pp.6-7).

10.『정전』해석의 과제

원불교의 으뜸 경전인 『정전』을 해석하는데 있어 교학의 쟁점
이 있을 수 있다. 예컨대 교리 해석의 과제로는 일원상 진리의
이해와 교판적 접근, 이법 중심의 신앙, 교법의 위상, 신앙호칭의
일원화 문제, 사회구원의 교리적용, 교리의 시대적 적용과 해석학
적 응용 등이 그것이다. 나아가 『정전』의 명칭과 어구 수정 등에

있어 어느 한 시대의 완성태가 아니라 앞으로 지속적인 연마를 통한 진행태라는 점을 깊이 있게 인식할 필요가 있다.

 1) 『정전』 해석에 있어 일원상 진리가 중심과제로 떠오르며, 이는 이웃종교의 사상과의 교판적 연구에 도움이 된다.

☞「『정전』 일원상 장에서 일원상 진리의 기술은 우선 동서철학사의 거성들이 현상계의 본원을 기술한 것과 일치하고 있다. 샹카라는 梵을 有塵梵과 歛塵梵으로 나누고, 후자는 아무 속성이 없기 때문에 언어명상이 돈공한 자리라 하고 전자는 이러한 근본체가 미망심을 통해 나타난 梵으로 온갖 속성을 다 가지고 현상계로 나타난다고 보고 있으며, 각을 통해 迷心이 없어지면 현상 즉 梵임을 알게 된다는 것이다. 이 관점은 일원즉 법신불은 언어도단하고 일체의 명상이 공적하나 영지의 광명을 따라 언어명상이 완연한 시방세계로 나타난다고 보는 일원상 진리와 차이가 없는 것이다」(정유성, 「원불교 과학관」, 『원불교사상시론』 1집, 수위단회사무처, 1982, pp.206-207).

 2) 『정전』 해석에 있어 이법중심의 신앙 현상이 있음을 알고 신앙 정서를 강조하는 교학연구가 필요하다.

☞「원불교 신앙은 이법신앙이 아니다. 이법신앙이어서는 안 된다. 따라서 진리신앙이라는 말은 종교적 신앙심을 약화시키는 역기능을 갖고 있음을 알아야 한다. 일부 교단의 지도자들과 일부 교무들로부터 진리라는 말을 서슴없이 쓰고 있음은 진정한 종교신앙이 무엇인지 모르거나 아니면 진정한 신앙정신이 약하기 때문이라고 볼 수 있는 것은 종교학적인 상식이다. 대종사는 진정한 신앙심은 색신을 갖고서도 천상락을 수용하고 마음의 극락을 체험할 수 있는 것(불지품 15)이라고 하였다」(서경전, 「21세기 교당형태에 대한 연구」, 제21회 원불교사상연구 학술대회《21세기와 원불교》, 원불교사상연구원, 2002.1, p.54).

 3) 『정전』으로 편제되면서 신앙호칭이 변천되어 왔으며, 이의 재정립이 필요하다는 견해가 있다.

☞「『정전』 편수의 정비과정에서 사은이 법신불사은이 된 것을 알 수 있다. 그것은 편수위원들이 합의한 몇 가지 원칙에 의하여 『정전』 편수가 행해지면서 이루어진 것으로 보인다. 그러나 누구의 발의에 의해서 심고와 기도장에 법신불이 붙게 되었는지에 대한 회의록은 『교고총간』에 보이지 않고 있다」(정순일, 「일원상 신앙 성립사의 제문제」, 제21회

원불교사상연구 학술대회《21세기와   원불교》,   원불교사상연구원, 2002.1, p.101).

4) 『정전』의 교리 항목 등에서 시국과 사회구원에 대한 문제의식을 가지고 접근해야 한다.

☞「『정전』을 주목하게 된 것은, 첫째 수행편 자체가 뒤로 가면 다시 시국과 직결된 최초법어와 고락에 관한 법문, 병든 사회와 그 치료법 등을 통해서 총서편의 문제의식과 시국관으로 돌아가서 영육쌍전법과 법위등급 장에서 정신개벽을 이룬 인간상을 제시하면서 끝을 맺는다」(백낙청/박혜명 대담, 「특별 인터뷰-희망의 21세기, 어떻게 맞이할까?」, 《원광》 303호, 월간원광사, 1999년 11월, p.34).

5) 경전의 명칭으로 『정전』의 재고가 필요하다는 견해도 있다.

☞「경전의 경우에 있어서도 ‘본교는 『정전』과 『대종경』을 교전으로 하고’ 라 하여 『원불교 교전』이라는 말을 사용한다. 여기에서 『정전』이나 『교전』은 보통명사이지 고유명사가 아니라 하여 경전의 명칭으로서는 적합하지 않다는 의견이 제시되고 있다」(손정윤, 「문학·예술사」, 『원불교70년정신사』, 원불교출판사, 1989, p.643).

6) 『정전』 이해에 있어 시대에 맞는 논리체계를 정립하고 교리해석학의 응용과 영성적 접근의 측면을 고려해야 한다.

☞「대승불교 운동과 루터로부터 비롯한 종교개혁 운동 등을 통해서 그 시대가 요구하는 새로운 논리체계로 수용했을 때 사회문화 혁명이 가능했음을 보았다. 그렇다면 교학의 방향은 교화 해석학의 새로운 방향과 영성개발적인 방향이 요구될 수밖에 없다. 왜냐하면 정서적인 언어와 다원적인 사고는 영적 개발을 통해서 가능해질 뿐만 아니라 이 시대 종교가 제시해야 할 필연적인 방향이기도 하기 때문이다」(김순금, 「21세기 원불교의 과제와 방향」, 『원불교학』 6집, 한국원불교학회, 2001.6, p.120).

7) 『정전』의 자구수정 및 재간 사업은 완성태가 아닌 진행형으로 볼 수 있어야 한다.

☞「<『정전』의 자구수정과 그 再刊事業 추진에 대하여> … 대종사님 대열반 몇 달 전에 총총히 그 편찬이 완결되어 바로 인쇄에 회부된 우리 초판 『정전』은 가뜩이나 궁핍의 도가 극심하던 일정말기 용지난 인쇄난에다가 당시 경제적 간난이 맞어울려져 용지 인쇄 제본 등 형식 면에도 초솔하고 미비한 점이 적지 않았으나 그 내용에 있어서도 시국 관

계와 제반사정에 따라 여러 가지 제약과 미비의 자취를 그대로 지닌 채 발간되었던 것은 우리가 다 같이 인증하는 터이다」(원기 45년 『원광』 32호/이공전, 『범범록』, 원불교출판사, 1987, p.121).

11. 보충해설

원불교의 근원 경전으로서 법보경전이 『정전』이다. 『원불교 전서』 제일 앞부분에 편제되어 있는 『정전』은 소태산이 직접 친제하여 만세에 전한 大經大法이 아닐 수 없다. 따라서 『정전』은 소태산 대종사의 숨결이 가장 많이 담긴 보배경전으로서 불교에서 강조되는 사리 혹 『팔만대장경』의 압축 경전과도 같다. 정전을 보배로 모시듯 우리의 곁에 간직해야 하는 이유가 이것이다.

이처럼 보배로운 만고의 경전은 소태산이 손수 감정의 붓을 놓지 않고 성편을 재촉하였다는 점에서 주목된다. 소태산은 원기 25년부터 송도성, 이공주, 서대원 등 제자들에게 초기교서를 통일 수정하여 『정전』을 편수토록 하였다. 그리고 원기 27년부터는 편찬을 재촉하고 감정을 하여, 성편이 되자 바로 인쇄에 붙이도록 하였다. 마침내 원기 28년(1943) 3월에 인쇄에 회부되었고, 6월 대종사 열반 직후인 동년 8월에 발행되었다.

오늘날 우리가 접하는 『원불교 전서』에는 『정전』, 『대종경』, 『정산종사법어』, 『예전』, 『성가』, 『불조요경』 등이 있다. 사실 1962년(원기 47)에는 『대종경』과 『정전』을 합편하여 『원불교 교전』이란 책명으로 새롭게 출판되어 오늘날 재가·출가 모두에게 수지독송되고 있다. 또 『교전』이 여러 외국어로 번역되어 세상 사람들에게도 전파되고 있음은 원기 100년 전후의 역사를 가진 교단으로서는 괄목상대의 발전으로 여간 다행한 일이 아닐 수 없다.

12. 연구과제

1) 『정전』의 의미와 위상은 무엇인가?
2) 『정전』의 각편 구조에 대하여 아는 바를 쓰시오.
3) 『정전』의 변천사는 무엇인가?
4) 『정전』의 발간과정은 무엇인가?

5) 『정전』 연마의 방법에 대하여 논하시오.

6) 『정전』과 소태산 대종사의 관계는?

13. 고시문제

1) 각편 순서 따라 그 의지를 간략히 설명하시오.

2) 원불교는 어떠한 종교인가? 『정전』 전편 교리에 입각하여 종합적으로 간략히 서술하시오.

3) 『정전』 목차를 차례대로 쓰고 각 편의 의지와 상호관계를 설명하시오.

4) 『정전』의 구성내용, 특징, 활용방안 그리고 각자 어떻게 『정전』 공부를 했는지 기술하시오.

5) 『정전』의 편별 각장을 순서대로 열거하여 그 의지를 간략히 설명하시오.

6) 『정전』 전편에 나타난 교리 중에서 원만하고 우수한 교법이라고 확신되는 점을 열거하여 간략히 그 이유를 설명하시오.

7) 『불교정전』, 『정전』, 『교전』의 공통점과 차이점?

8) 총서편에 근거하여 원불교가 후천개벽의 주세종교임을 밝히고, 교법의 지향점을 기술하시오.

9) 수행편 1장에서 7장까지 연계해서 공부의 순서와 표준목적을 정리해 보시오.

10) 수행편에 나타난 신앙문 교리의 실천방법에 대하여 논하시오.

11) 수행편 전장(17장)을 통하여 쌍전, 병진 수행하게 한 교법정신을 쓰시오.

12) 수행편 목차 절 이상을 순서대로 기록하시오.

13) 성숙한 신앙생활 환경보호에 대한 원불교의 입장을 쓰시오.

14) 사회에 일어난 U.R.로 인한 갈등을 우리 교법은 어떻게 해결할 수 있을지 그 방법을 논하시오.

15) 원불교는 어떠한 종교인가? 청년을 대상으로 『정전』에 근거하여 종합적으로 설명하시오.

16) 최근 국제사회의 갈등과 분쟁을 교법에 근거하여 분석하고 그 극복 방안을 제시하시오.

17) 心田과 『대종경』의 의의를 간단히 밝히고 『정전』의 내용을 요약하여 쓰시오.

18) 2005학년도 대학수학능력 시험에서 휴대전화를 이용한 부정행위가 전국적으로 이뤄진 사실이 적발돼 국민에게 큰 충격을 안겨주고 있다. 수십 명이 조직적으로 모의해 거액이 오고 간 경우도 있고, 대학생이나 입시학원이 連類된 경우도 있으며, 몇 해 전부터 자행된 부정행위가 대물림돼 왔다는 사실이 폭로되기도 했다(2004.12.3 중앙일보 기사). 이 사건의 분석과 바람직한 해결을 위한 교법적 대안을 기술하시오.

제1장 정전표어

제1절 표어의 의의

1. 표어등장의 의미

　표어란 원불교 사상의 특성을 단적으로 드러내는 주요 개념들로서 평이 간명한 용어를 통해 실천의지를 표명하는 슬로건이다. 현대의 과학문명과 과거불교의 한계를 직시한 소태산은 불교혁신의 의지를 개교표어 및 교리표어에 드러내고 있으며, 이는 구한말 기성종교의 무기력함을 극복하고 새 불법으로 시대화 생활화 대중화를 지향하는 그의 포부와 경륜에 부합한다. 진리적·사실적 종교를 표방한 원불교가 교리표어의 실천을 통해 제생의세를 실현하려는 점에서 그 의의가 크다.

　1) 원불교 표어는 원불교 사상의 특성을 드러내는 중요한 개념들로 개혁, 균형, 병행을 초점으로 한다.

　　☞「원불교에서 제시하는 표어는 원불교 사상의 특성을 단적으로 드러내주는 중요한 개념들이다. … 여기에 나타난 정신은 여러 가지로 조명할 수 있으나 크게 세 가지로 나누어 과학문명과 도덕문명의 균형적 발전, 현실생활과 수도의 병행, 처처불 신앙과 무시선으로 나누어 조명된다」(김홍철, 「원불교사상의 특성에 관한 연구」, 『원불교사상』 12집, 원불교사상연구원, 1988, pp.8-9).

　2) 원불교 표어는 교리를 평이간명한 문구로 압축, 실천을 유도한다.

　　☞「원불교 표어는 일반적인 의미에 있어서 심오하고 넓은 뜻을 이해하기 쉽도록 평이 간명한 문구로 요약해 놓은 것이다. … 원불교의 표어는 원불교 진리를 요약하여 간단하게 문구로서 한 것이며, 『교전』 처음에 나오는 여러 표어가 있다」(서경전, 『교전개론』, 원광대학교출판국, 1991, p.89).

3) 새 종교로서 과거불교의 출세간적 영혼구원 중심을 극복하는 데 표어의 의의가 있다.

　☞「영육쌍전법, 무시선법, 실지불공법 등과 이사병행, 불법시생활, 사사불공 등의 표어가 육신적인 생활과 경제적인 요인을 소홀히 하지 않도록 강조하고 있다. 인간 존재자의 이상형은 영적 구조가 건전해야 함과 아울러 육적 구조도 건강해야 함을 밝힌 것이다. 즉 영과 육의 균형과 조화에서 이상적 인간형을 찾으려는 노력이다. 원불교 사상이 이러한 입장을 견지하는 것은 영적인데 편중하여 救靈 위주로 치달았던 이전의 종교사에 대한 반성이며, 또한 이 점이 바로 원불교가 새 종교를 표방하고 출현하게 된 중요한 논리적 근거이다」(김성관, 「원불교 인간관」, 『원불교사상시론』 1집, 수위단회사무처, 1982, pp.61-62).

4) 구한말 기성종교의 한계를 극복, 원불교의 시대화 생활화 대중화를 지향하고자 하는 슬로건이 표어이다.

　☞「원불교 사상의 또 다른 지향 방향을 나타내는 개념인 시대화 생활화 대중화라는 표현에 주목할 필요가 있다. 이 표어는 그러한 전통적 관점에서 나타날 수 있는 한계를 인식한 데서 창출된 개념이기 때문이다. 원불교 사상이 형성된 역사적 과정을 검토해보면 그 배경을 파악할 수 있다. 원불교 사상이 태동된 19세기 말에서 20세기 초엽 우리나라의 종교상황은 전통적 유불선 3교가 시대의 변화에 주체적으로 대응하지 못했던 상황이었다」(김낙필, 「원불교학의 동양해석학적 접근」, 『원불교사상』 12집, 원불교사상연구원, 1988, p.101).

5) 원불교는 진리적 종교임을 표방하고 시대적 사명에 충실히 부응하기 위해 관련 표어들을 사용하였다.

　☞「원불교는 진리적 종교임을 표방하고 시대적 사명에 부응하며 발생한 종교임을 강조한다. 그것은 무시선 무처선 처처불상 사사불공 등의 표어에서 살필 수 있는 바와 같이 재래불교의 방편성을 극복하고 진리성의 구현을 표방하고 있음에서 알 수 있다」(홍윤식, 「진리적 종교로서의 원불교의 역사적 위치」, 류병덕 박사 화갑기념 『한국철학종교사상사』, 원광대 종교문제연구소, 1990, p.1072).

2. 원불교 표어의 종류

　원불교에서 언급되는 표어의 종류로는 크게 개교표어와 교리표어로 나뉜다. 곧 개교표어로는 "물질이 개벽되니 정신을 개벽하자" 가 있으며, 교리표어로는 처처불상 사사불공, 무시선 무처선, 동정일여 영육쌍전, 불법시생활 생활시불법 등이 있다.

1) 개교표어-물질이 개벽되니 정신을 개벽하자.

☞「원불교를 설립하게 된 동기의 강령은 개교표어에 나타난 "물질이 개벽되니 정신을 개벽하자" 이니 … 물질문명의 발전에 따라 정신의 쇠약을 초래하게 된 관계를 좀 더 자세히 살펴보면 어떠한가. 물질문명의 발달이 극도에 도달하게 됨에 따라 인욕이 점점 커지나니 이 인욕 즉 탐진치가 커짐으로써 세상 사람들은 물질의 지배를 받게 되고, 도덕과 의리가 끊어지며 개인 가정 사회 국가 인류가 혼란해지는 것이니라」(『정산종사법설』, 제9편 불교정전의해 6장).

2) 교리표어-처처불상 사사불공이 있다.

☞「처처불상이니 사사불공하는 마음으로 대해야 한다. 그러나 시비와 본말 등을 가릴 때에는 가릴 줄도 알아야 한다」(박길진, 『대종경강의』, 원광대학교출판국, 1980, p.206).

3) 교리표어-무시선 무처선이 있다.

☞「무시선 무처선 공부를 강조하여 동과 정 두 사이에 항상 공부를 떠나지 않게 하고 생활과 수행을 둘로 보지 아니한다」(한정석, 「원불교 불교관」, 『원불교사상시론』 1집, 수위단회사무처, 1982, pp.80-81).

4) 교리표어-동정일여 영육쌍전이 있다.

☞「원래 진리의 정체로 보면 동과 정이 따로 없고 주와 종이 둘이 아니기에 하나 그대로만 행하고 보면 이것이 바로 동정일여가 되고 영육쌍전인 것이다. 우주의 진리와 우리 인간은 처음부터 이처럼 하나로 되어 있다」(이현도, 「길하나 찾아드는 진리공부」, 《원광》 374호, 월간원광사, 2005. p.92).

5) 교리표어-불법시생활 생활시불법이 있다.

☞「불법시생활, 사사불공 등의 표어가 육신적인 생활과 경제적인 요인을 소홀히 하지 않도록 강조하고 있다」(김성관, 「원불교 인간관」, 『원불교사상시론』 1집, 수위단회사무처, 1982, pp.61-62).

3. 표어의 요체로서의 정신개벽

현대사회는 물질중심의 황금만능이라는 시폐가 난무하는 바, 그로 인해 나타난 인간성 상실을 극복하고 물질을 선용하며 세상을 구원할 정신개벽이 필요하다. 이에 정신개벽은 사회개벽과 인류개벽이라는 교단의 시대적 사명이자 자유와 평등을 추구하는 촉진제이므로 더욱 중생구원의 사명감으로 다가설 필요가 있다. 궁극적으로 정신개벽의 대안은 진리적 종교의 신앙과 사실적 도덕의 훈련에 의함이라고 소태산은 밝히고 있다.

1) 물질문명 위주의 발달은 황금만능의 사회병을 야기하므로 정신문명의 선행이 요청된다.

☞「현대사회의 물질문명은 발달하였으나 많은 사회병을 안고 있다. 남녀 질서의 현란, 황금만능병 등 많은 문명의 부산물들이 나타나고 있다. 이러한 때일수록 정신문명, 도덕문명의 선행이 절실히 요청된다」(박길진, 『대종경강의』, 원광대학교출판국, 1980, p.65).

2) 세상구원을 향한 정신개벽이 곳곳에서 일어나야 한다.

☞「지금 물질문명은 그 세력이 날로 융성하고 있다. 그러나 물질을 사용하는 사람의 정신은 날로 쇠약하여지고 있다. 세상을 구할 뜻을 가진 우리로서 이를 범연히 생각할 수가 없다. 천의를 감동케 하는 정신개벽의 성사가 처처에서 일어나야 한다」(조정근, 『활불이 되소서』, 원불교출판사, 2005, pp.15-16).

3) 정신문화의 황폐화와 인간성 상실을 극복하기 위해 정신개벽이 필요하다.

☞「물질개벽은 과학문명의 이기에 편승한 정신문화의 황폐화 즉 인간성의 상실을 전제한다. 이러한 外華는 서구문물의 범람을 뜻하는 것이므로 외세인식과 궤를 같이하는 것으로 판단된다」(양은용, 「소태산 대종사의 한국관」, 제21회 원불교사상연구 학술대회《21세기와 원불교》, 원불교사상연구원, 2002.1, p.136).

4) 정신개벽은 사회개벽과 인류개벽이라는 교단의 시대적 사명으로 이어진다.

☞「정신개벽을 통한 사회개벽·민족개벽이 원불교의 시대적 사명이라고 할 것이다」(한승조, 「한국정신사의 맥락에서 본 원불교」, 『원불교사상』 4집, 원불교사상연구원, 1980, p.64).

5) 정신개벽은 자유와 평등 및 인권 향상을 지향한다.

☞「자유 평등과 인권의 향상, 국제화의 가속화 등 인류가 새로운 국면을 맞이하게 된다. 새로운 질서와 새로운 사상의 개편이 일어난다. 새

로운 정신문명이 일어난다」(송천은, 『열린시대의 종교사상』, 원광대학교 출판국, 1992, p.163).

6) 중생의 무지·무관심을 일깨우기 위해 정신개벽이 필요하다.

☞「그동안 여러 가지 수련도 했다. 내적인 것도 익혔다. 이성적인 사고도 했으며 수소문도 했다. 그러나 소태산 대종사의 표현으로 말씀드리면 '정신개벽의 정오의 한때'가 되었는데, 낮이 밝은 줄을 모르고 있는 사람의 무지와 무관심에 크게 다르지 않은 듯 하다」(김지하 시인/오선명 정리, 「특별대담-좌산종법사·김지하 詩人」, 《원광》 299호, 1999년 7월, 월간원광사, p.24).

7) 정신개벽의 방안은 진리적 종교의 신앙과 사실적 도덕의 훈련을 통해서 접근된다.

☞「일찍이 아놀드 토인비도 '바야흐로 물질문명은 토끼 걸음을 하고 있는데 반해서 정신문명은 거북이 걸음을 하고 있는 것이 문제'라고 했으며, 현대철학에서도 지금은 존재불안의 시대, 죄의 불안시대라 하여 많은 문제 지적을 하고 있다. 그러나 이 문제에 대한 대처방안은 과학적 방식에만 의존하려는 것에서 크게 벗어나지 못하고 있는데 반해서 소태산 대종사는 '진리적 종교의 신앙과 사실적 도덕의 훈련'을 통해서 극복하려는 방안을 제시하고 있다. 그 의지와 경륜의 집약적 표현이 바로 이 "물질이 개벽되니 정신을 개벽하자"는 개교표어이다」(이광정, 「표어에 나타난 소태산사상」, 『인류문명과 원불교사상』(上), 원불교출판사, 1991, p.177).

제2절 개교표어

1. 개교표어의 등장배경

구한말 동도서기와 서세동점 및 열강의 각축전 속에서 19세기를 전후한 한반도에 실력양성 및 정신개조론이 등장하였다. 곧 시국의 혼돈에 대응한 민족종교의 제반 개벽운동이 전개되기에 이르렀다. 이에 소태산은 후천 개벽기에 당하여 암울한 시대의 민족 구원과 인류 구원을 위해 개교표어를 등장시켜 물질과 정신을 아우르되, 정신을 주체로 하는 정신개벽을 슬로건으로 하여 원불교의 제생의세라는 시대적 사명을 전파하기에 이른다.

 1) 동도서기론과 물질·정신개벽의 흐름이 원불교 개교정신과 통하는 면이 있다.

　☞「원불교는 앞으로 물질개벽과 정신개벽을 위하여 그리고 동도서기를 앙양하기 위해서 보다 많은 기여가 있어야 할 것 같다. 국학 진흥과 물질문명의 발달을 위하여 앞으로 보다 많은 유학생과 포교자를 보내며 문화행사와 사회봉사를 해야 하는 것이다」(한승조, 「한국정신사의 맥락에서 본 원불교」, 『원불교사상』 4집, 원불교사상연구원, 1980, p.63).

 2) 서세동점의 흐름과 동북아의 위기상황에 대응, 마음공부를 통한 정신개벽이 필요했던 것이다.

　☞「물질개벽이라는 세계적인 대세와 한반도 및 동북아의 여러 복잡한 사정이 뒤얽혀서 지탱되어 왔고, 이제 세계 전체의 변화와 한반도 남북 및 주변국들의 변화로 더는 안정적으로 관리할 수 없는 위기상황에 다다른 것이다. … 물질개벽 시대의 실상과 한반도의 현실에 대한 지식공부와 각자의 마음공부를 결합하는 정신개벽이 아니고 무슨 타개책이 있는가」(백낙청, 「통일시대 한국사회와 정신개벽」, 원광대 개교60주년국제학술회의 『개벽시대 생명·평화의 길』, 원불교사상연구원·한국원불교학회 外, 2006.10.27, p.7).

 3) 열강의 각축에서 주권은 빼앗기고 조선 5백년의 시폐 속에서 원불교는 말세 구원의 정신개벽을 모티브로 삼았다.

　☞「동아 열강의 각축장화한 한반도의 주권은 기타 일제에게 병합되

어 민족 존망이 풍전등화의 위기를 맞게 되었다는 사실이다. 이는 조선조 5백년의 누적된 弊政의 결과이기는 하지만 어쨌든 그의 마지막 종말의 시점에서 원불교는 태어났던 사실을 기억해야 할 것이다」(이을호, 「원불교 교리상의 실학적 과제」, 『원불교사상』 8집, 원불교사상연구원, 1984, p.252).

4) 19세기 전후 한반도를 중심으로 한 동서의 실력양성·정신개조론 등이 밀어닥치는 상황이었다.

☞「1920년대에 접어들면서 실력양성론은 문화운동과 자치운동으로 전개되었다. 문화운동은 사회주의적 개조론에 대응하여 성립된 신칸트학파의 관념론적 개조론에 크게 영향을 받았다. 문화운동은 신문화의 건설, 실력양성, 정신개조와 민족성 개조를 통하여 자본주의 문명을 건설하자는 주장으로 물산장려 운동과 신교육 운동으로 추진되었고 1920년대 후반에는 자치운동으로 나타나게 되었다. 조선총독부 당국은 문화운동이나 자치운동에 대해 온건노선의 체제 내 운동으로 환영하였고 이를 친일 어용적인 운동으로 유도하고자 노력했다」(신순철, 「소태산의 일본 제국주의 인식」, 『원불교학』 7집, 한국원불교학회, 2001, p.146).

5) 서구문명의 사조 침투에 대비한 민족종교의 개벽운동이 전개되었다.

☞「최수운의 동학사상은 특히 서양의 사상적 침투를 대비하기 위해 제기된 사상이었으며 그 구체적 지침으로서 후에 확립된 삼대개벽설이 있다. 삼대개벽은 정신개벽, 민족개벽, 사회개벽의 세 가지로서 이중 정신개벽은 낡은 관념에서의 탈피와 개성의 혁명을 의미한다」(최동희, 『천도교』, 원광대 종교문제연구소, 1976, p.263).

6) 개교표어는 소태산 대종사의 시국관으로서 물질에 끌리는 중생의 구제법으로 등장했다.

☞「원불교를 설립하게 된 동기의 강령은 개교표어에 나타난 물질이 개벽되니 정신을 개벽하자이니, 이 표어는 대종사께서 먼저 탐진치가 들끓는 세상을 관찰하시고 그 원인은 무엇이며, 그 구제의 재료는 무엇인가를 밝히고 있다」(『정산종사법설』, 제9편 불교정전의해, 6.불법연구회의 설립동기).

7) 초기교서에서 개교표어를 통해 정신계몽을 설파하였다.

☞「불법연구회는 "물질이 개벽되니 정신을 개벽하자" (『회보』 23호, 1936.3월), "신·구를 병진하자" (『회보』 17호, 1933, 5·6월 합병호)고

강조하여 전운이 감도는 세계정세가 과학(물질) 문명의 발달에 따른 폐해임을 적시 비판하고 이의 극복을 위해 피폐한 정신 분야의 계몽을 설파하였다. 또한 그 구체적인 실천으로 사회 개혁을, 특히 불교의 개혁을 강조하였다. 대외 인식부문에서 불교와 관련한 사회 모순의 척결을 구체화한 것은 이미 불법연구회가 초기부터 천명했던 기본 노선이기도 하다」(박영학, 「일제하 불법연구회 회보에 관한 연구」, 『원불교학』 창간호, 한국원불교학회, 1996, p.175).

2. 개교표어의 현대적 의의

물질소유의 욕구에 고통을 받는 중생들로 하여금 영혼구원에 관심을 갖도록 하여 물질문명과 정신문명의 조화적 관계를 설정한 것이 개교표어의 의의이다. 소태산 대종사는 원불교를 창립하여 정신·물질의 조화 속에서 낙원건설을 지향하였으며, 이는 원불교가 새 시대를 향도하는 의의가 된다. 곧 개교표어에는 본말이 전도되어가는 세계 사조를 직관한 세계관이자 역사의식과 현실낙원 건설의 의지가 담겨있는 것이다. 따라서 개교표어가 교조 소태산의 중생 구원의 메시지임을 알아야 할 것이다.

1) 개교표어는 영적 구원만을 목적한 것이 아니라 정신·물질문명의 조화로운 사회를 건설하려 함이 그 의의이다.

☞「개교표어를 통해 우리는 소태산이 개인의 실존적 불안을 해결하는 영적 구원만을 목적으로 한 것이 아니라 문명의 구조적 문제를 진단하고 새로운 문명의 틀을 모색하였음을 알 수 있다. 그는 물질문명의 피해를 지적하고 정신문명과 물질문명이 조화로운 이상사회의 건설을 지향하였다. 당시 제국주의의 침탈을 받은 식민지 사회의 고난을 접하고 거시적으로 그 근본원인을 물질문명의 병폐에서 찾은 것이다」(김낙필, 「원불교의 환경윤리」, 종교단체 환경지침서 I『환경, 더불어 살기』, 종교단체 환경정책실천협의회, 2006, pp.253-254).

2) 원불교가 정신개벽을 추구하는 의의는 정신과 물질이 조화를 이룬 낙원건설에 있다.

☞「대종사의 대각과 원불교 개교의 궁극적 목표는 이 땅 위에 광대한 낙원을 건설하는데 있다. 광대한 낙원은 정신적 풍요와 물질적 풍요가 조화를 이룬 상태에서 가능하다. 그러나 대종사는 정신적 풍요를 더

욱 중시하였다. 그래서 진리적 종교의 신앙과 사실적 도덕의 훈련을 낙원 건설의 요체로 삼았던 것이다」(간행위원회 편, 담산이성은정사 유작집 『개벽시대의 종교지성』, 원불교출판사, 1999, p.288).

3) 정신개벽의 의의는 새 시대, 모든 세상을 향도하는데 있다.

☞「불법연구회창건사를 통해서 교단의 정신개벽을 실행하는 일대 역사가 일제의 민족적 암흑시대 속에도 의연히 창건되어 왔음을 엿볼 수 있다. 아울러 이 창건사는 구체적인 역사의 경륜이 되어, 새 시대를 위한 교단 창건의 역사는 비단 원불교 교단의 한 곳에만 그치게 하기 위한 역사관이 결코 아니요, 새 시대에 속하는 어느 세계에까지 파급되는 역사임을 알아야 할 것이다」(한기두, 「소태산 대종사와 정산종사」, 『원불교사상』 24집, 원불교사상연구원, 2000, p.22).

4) 개교표어에는 본말이 전도되어가는 세계 사조를 직관한 세계관이자 역사의식과 현실낙원 건설의 의지가 담겨 있다.

☞「그동안 한국의 선각자들이 실학을 추구하였으나 經世를 담당했던 왕조 집권층에서는 이념과 사상을 받아들이지 못했던 것이며, 따라서 그 당시의 실학도 완전히 이론 실학에 머물렀고 마침내 國魂마저 상실되고 말았는데 민중의 저층에서 26세의 청년 소태산은 스스로 일어나 "물질이 개벽되니 정신을 개벽하자"라는 표어를 내걸고 그 당시 실의에 찬 민중들을 규합해서 실천적으로 이끌었던 것이니 그는 아직까지 실현할 수 없었던 실학의 의지를 펴려고 나타난 모습이었다. 이 개교표어는 본말이 전도되어 가는 세계 사조를 직관한 소태산의 세계관이요 창조·모방·개혁 정신이기도 했다. 그 당시 한국사회의 비판과 개조를 위한 새로운 역사의식 그리고 과학정신을 이 땅에 수용하여 조화로운 현실낙토를 건설하려고 부르짖은 것이었으며, 이는 실천실학의 종합적인 실현이기도 하였다」(류병덕, 「소태산의 실천실학」, 석산 한종만박사 화갑기념 『한국사상사』, 원광대학교출판국, 1991, p.1228).

5) 개교표어는 물질에 끌려 사는 현대인들로 하여금 정신개벽이라는 소태산의 구원 메시지를 전하는 키워드이다.

☞「갈수록 찬란해지는 外華에 욕심이 발동하여 우리의 청소년들이 자기 본연의 본분과 분수를 잊고서 물질 추구의 노예생활을 면하지 못하고 늘 끌려만 다니는 우리의 청소년들을 보면서 "물질이 개벽되니 정신을 개벽하자"라고 제도의 문을 연 대종사의 깊은 뜻을 가슴깊이 받들어 새긴다」(송정현, 「교화 어떻게 할 것인가-청년 대학생 중심으로」,

《2030세대를 위한 교화전략》, 원불교 교화연구소, 2005년 5.26, p.28).

3. 개교표어의 미래상

바람직한 미래상은 문명의 병폐를 근본적으로 해결하고 물질과 정신이 조화를 이루는 참 문명세계로서 인간의 개벽된 마음이 주도하는 세상이다. 곧 개벽된 마음이란 천지기운에 합한 상생의 심법이다. 따라서 개교표어는 폐쇄에서 개방으로, 선천에서 후천으로 나아가는 방향타로서 정신개벽을 통한 현대사회의 병폐인 환경파괴, 인종차별, 빈부차 등을 극복해 나가는 동력인 셈이다.

1) 거시적인 문명의 병폐를 근본적으로 **해결하기 위함이다.**

☞「소태산 박중빈은 교단창립의 목적이 거시적인 문명의 병폐를 근본적으로 해결하기 위함이라는 동기를 밝히고 이를 "물질이 개벽되니 정신을 개벽하자"는 표어로 압축하였다. 이는 물질문명을 선용할 수 있도록 정신의 주체를 세우고 정신문명을 발전시키는 과업으로서 소태산은 이를 정신개벽이라 부르고 있다」(김낙필, 「한국 근대종교의 삼교융합과 생명·영성」, 『원불교사상과 종교문화』39집, 한국원불교학회·원불교사상연구원, 2008.8, pp.43-44).

2) 소태산의 미래상은 참 문명세계이니, 곧 물질과 정신을 병진하는 도덕세계이다.

☞「소태산은 '참 문명세계'라는 표현으로 미래를 전망하고 있는데, 참 문명세계란 서양에서 발달한 물질문명과 병진하는, 한 걸음 나아가서는 물질문명을 선용할 수 있는 정신문명의 발달과 성숙함을 의미하는 큰 도덕세계를 이름하는 것이다」(김복인, 「미래의 종교-소태산의 전망에 근거한 고찰」, 『원불교와 21세기』, 원불교사상연구원, 2002, pp.455-456).

3) 크게 열린 미래세상은 인간의 마음이 열리는 정신개벽이다.

☞「대명국은 미래세계를 예견한 것으로 밝고 크게 열린 하나의 세계란 뜻이며, 영성소란 하나의 인류 하나의 세계를 건설하기 위해서는 먼저 인간의 마음이 열려야 하므로 정신개벽을 주재하는 집이란 뜻이다」(고시용, 「정전의 결집과 교리의 체계화」, 『원불교학』제9집, 한국원불교학회, 2003.6, p.245).

4) 선천을 지난 미래의 후천개벽은 천지기운에 합한 상생의 시

대이다.

☞「소태산이 본 지금의 시대는 묵은 시대의 끝이요 새 시대의 시작
이라 보았다. 개벽이라 불리는 역사의 매듭을 거친 새로운 시대는 이전
의 시기와 비교하여 밝고 열린 시대이므로, 미래의 사람들은 천지의 기
운에 합하여 내면의 평화를 지향하며 상생의 세계로 나아갈 것이라 소
태산은 예견하였다」(정현인, 『오늘은 부처가 없다』, 원불교신문사, 2008,
pp.156-157).

5) 개교표어는 폐쇄사회·선천시대에서 개방사회·후천시대를
지향한다.

☞「물질개벽은 지식발달이요, 정신개벽은 지혜계발이다. 폐쇄사회(선
천시대)에서 개방사회(후천시대)로의 전환기로서 즉 교통, 산업, 통신,
보도 등 나라와 세계가 문호를 개방하고 있다. 슈바이처는 물질문명은
진보하고 있으나 정신문명은 절름발이라고 개탄하였으며, 토인비는 물
질문명은 토끼걸음이나 정신문명은 거북이 걸음한다고 하였다」(서경전,
『교전개론』, 원광대학교출판국, 1991, p.92).

6) 환경문제, 인종차별, 빈부차 등의 당면과제는 앞으로 정신문
명을 통해 극복해낼 수 있다.

☞「유한한 지구 안에서 인구문제, 자원문제, 빈부의 격차 문제, 인종
문제, 환경문제, 식량문제 등 너무나 산적해 있는 문제를 과학을 통해서
해결하는 것은 불가능하다고 본다. 이는 인간의 근본인 정신을 통하여
정신문명을 발전시켜 나감으로써 해결이 가능하며 경제 문제에 있어서
도 경제학의 발전이나 산업의 발달만으로는 불가능하고 경제윤리가 고
양되고 또 실천됨으로써 인류는 경제문제를 해결해 나갈 수 있으리라
본다」(최경도, 「원불교 경제관」, 『원불교사상시론』1집, 수위단회사무처,
1982, p.216).

제3절 교리표어

1. 교리표어의 형성사

원불교 표어의 형성은 초기교서에서 특징적·종합적 의미의 집
약적 표현을 서두에 표어화했고, 점차 완성된 교리표어로 수용되
었다. 곧 교리표어는 초기교단의 『불법연구회규약』, 『수양연구요

론』, 『통치조단규약』 등에 나타나는 바, 원기 12년부터 25년까지 표어의 변천과정이 있었다. 결국 『불교정전』에서 교리표어가 정착되는 과정을 거치며 오늘의 『정전』 표어로 완정된 것이다.

1) 표어형성은 초기교서의 특징적·종합적 의미의 집약적 표현을 서두에 표어화했고, 점차 완성된 교리표어로 수용되었다.

☞「표어 형성의 배경을 더듬어보면 전체 교리의 강령적 성격을 띠고 있다. 표어의 특징 역시 최소한의 표현형식으로 최대한의 의미를 담고 있는 것이며, 초기교서가 발행되면서 그 교서의 특징적이요 종합적 의미의 집약적 표현을 서두에 표어화했다가 차츰 축조된 현행 교서의 표어 안으로 수용되었다」(이광정, 「표어에 나타난 소태산사상」, 『인류문명과 원불교사상』(上), 원불교출판사, 1991, p.170).

2) 원기 12년 『불법연구회규약』에는 불리자성왈工, 응용무념왈德이라는 표어가 등장한다.

☞「(1927년 최초교서의 발간) 『불법연구회규약』의 속표지 권두에 ‘不離自性曰工 應用無念曰德’이 나타나고, 오늘의 인지에 관련되는 판원은 萬法英昌’이라는 글이 보인다」(『불법연구회 규약』 참조).

3) 원기 12년부터 25년까지 초기교서 『수양연구요론』, 『통치조단규약』 등에 표어가 변천되고 있다.

☞「『수양연구요론』(원기 12년판) 通萬法明一心, 『통치조단규약』(원기 16년판) 日日新又日新, 『육대요령』(원기 17년판) 物質이 開闢되니 精神을 開闢하자, 『삼대요령』(19년판) 物質이 開闢되니 精神을 開闢하자, 『교강』(원기 24년판) 一相三昧 一行三昧 ○ 不增不減自金剛 身法身來本三昧, 『근행법』 첩(원기 24년판) 一相三昧 一行三昧 ○ 古佛未生前 凝然一相圓 釋迦猶未曾 迦葉豈能傳, 『근행법』 첩(원기 25년판)은 24년판 근행법과 같음」(박용덕, 『천하농판』, 도서출판 동남풍, 1999, p.60).

4) 『불교정전』에서는 관련 표어들이 정착되는 과정을 거친다.

☞「① 佛日增輝 法輪常轉, ② 法身佛 하단에 ‘古佛未生前 凝然一相圓, ③ 正覺正行, 知恩報恩, 佛敎普及, 無我奉公의 글이 있다. ④ 圓同太虛 無欠無餘 一相三昧 一行三昧, ⑤ 佛法是生活 生活是佛法 動靜一如 靈肉雙全, ⑥ 無時禪 無處禪 事事佛供 處處佛像」(『불교정전』 참조).

5) 『정전』에서는 『불교정전』 표어의 후반부분의 표어들로 정착되었다.

☞「① 물질이 개벽되니 정신을 개벽하자, ② 처처불상 사사불공, ③ 무시선 무처선, ④ 동정일여 영육쌍전, ⑤ 불법시생활 생활시불법」(『정전』 참조).

2. 교리표어의 특징

원불교의 표어는 『정전』의 교리강령을 집약한 것으로 개교표어와 교리표어가 있는 바, 교리표어는 새 종교로서 도학과 과학을 아우르며 병진, 조화, 실학의 특징을 지닌다. 이는 원불교가 생활불교를 표방하여 불법을 새 시대의 교리로 혁신하는 방법이 되었기 때문이다. 어떻든 교리표어가 원불교의 대도정법을 실천하도록 정착되어오면서 변화의 과정을 겪기도 하였다.

 1) 표어는 『정전』의 교리강령을 집약한 것이다.

☞「소태산의 실천실학은 『정전』을 저술할 당시 교리의 강령을 집약했다고 하는 표어에서 잘 드러나고 있다」(류병덕, 『소태산과 원불교사상』, 원광대학교출판국, 1995, p.183).

 2) 교리표어는 도학과 과학을 아우르는 새 종교의 특징이다.

☞「교리의 핵심을 집약한 표어들도 의미상으로 도학과 과학의 병진을 주제로 삼고 있다. 특히 영육쌍전이라는 개념은 과거의 종교적 가르침과 대조를 이루는 독특한 사상이다. 전통종교를 비판하고 새 종교인 원불교의 특징을 잘 나타낸 개념이다」(박상권, 「소태산 성리해석의 지향성 연구」, 『원불교사상과 종교문화』 32집, 원불교사상연구원, 2006.2, pp.86-87).

 3) 병진과 조화의 정신을 강조하는 것이 교리표어이다.

☞「영육쌍전 이사병행, 무시선 무처선, 물질개벽 정신개벽, 자타력 병진신앙, 삼학병진 수행 등의 교리는 곧 병진과 조화의 정신을 강조하고 있다」(손정윤, 「문학·예술사」, 『원불교70년정신사』, 원불교출판사, 1989, p.640).

 4) 원불교 표어는 실학적 특징을 지닌다.

☞「원불교의 실학적 불교사상으로 표어인 불법시생활 생활시불법, 영육쌍전, 이사병행 등은 이같은 특징을 잘 나타내주고 있으며, 이밖에 실지불공, 생활불교, 인도상요법 등이 실학사상에 근거하고 있다」(조용연, 「근대유학과 원불교」, 『정신개벽』 1집, 신룡교학회, 1982, p.36).

5) 교리표어는 생활불교로서 불법혁신의 특징을 드러낸다.

☞「원불교의 특징이라 할 수 있는 처처불상 사사불공 무시선 무처선 동정일여 영육쌍전 불법시생활 생활시불법 등은 불교사상의 진수를 뽑아온 것이다. 그동안 세간에서 유리된 이 형이상화해버린 불교철학을 세속생활로 끌어들이며 불교생활을 현실화하며 일상생활화한 것이 원불교이다」(한승조, 「한국정신사의 맥락에서 본 원불교」, 『원불교사상』 4집, 원불교사상연구원, 1980, p.53).

6) 표어는 원불교의 정법교리를 지향한다.

☞「표어정신에 어긋나면 외도이다. 개인의 언설이나 행동이 표어의 정신에 어긋나면 외도인 것이다」(원불교사상연구원 편, 『숭산논집』, 원광대학교출판국, 1996, p.38).

7) 표어를 창안한 소태산 대종사는 제자들의 의견을 참조, 수정하기도 하였다.

☞「원기 26년 1월 경진동선 중에 박장식이 소태산에게 불공에 대한 표어가 있었으면 좋겠다고 건의하였다. 이에 대해 소태산은 선원 대중에게 불공표어를 만들어 보라고 과제를 주었다. 이렇게 하여 나온 것이 사사불공 처처불상이었는데 이 안에 대해서도 소태산은 대중에게 "이렇게 하면 어떻겠느냐" 고 물어보았다. 이 표어는 후에 "처처불상 사사불공" 으로 순서가 바뀌게 되었고 『불교정전』의 불공법의 내용도 다소 수정되었다」(박용덕, 『천하농판』, 도서출판 동남풍, 1999, pp.60-61).

3. 교리표어의 이념과 상징성

『정전』의 표어는 개교표어와 교리표어로 대별되며, 여기에는 실천실학과 같이 교리의 강령을 집약하고 있다. 이 같은 표어들은 교단창립의 이념과 교단 성업의 특징을 드러내고 있다. 그리하여 각종 표어는 교단이 발전하는 과정에서 변용되기도 하면서 초기교단의 난관을 극복하고 교단 발전의 동기유발을 강하게 유도하여 왔다. 나아가 원불교의 문화 창달에 적합한 표어들이 등장하여 표어의 근본정신을 창의적으로 전승하였다.

1) 『정전』의 표어는 크게 개교표어와 교리표어로 구분된다.

☞「1) 개교표어 : 물질이 개벽되니 정신을 개벽하자, 2) 교리표어 : 처처불상 사사불공, 무시선 무처선, 동정일여 영육쌍전, 불법시생활 생

활시불법, ① 신앙표어 : 처처불상 사사불공, ② 수행표어 : 무시선 무처선, ③ 생활표어 : 동정일여 영육쌍전, 불법시생활 생활시불법」(안이정,『원불교교전 해의』, 원불교출판사, 1998, pp.61-67참조).

2) 표어는 실천실학으로서 교리의 강령을 집약하고 있다.

☞「소태산의 실천실학은『정전』을 저술할 당시(1940년대) 교리의 강령을 집약했다고 하는 표어에서 잘 드러나 있다」(류병덕, 「소태산의 실천실학」, 석산 한종만박사 화갑기념『한국사상사』, 원광대학교출판국, 1991, p.1226).

3)『정전』표어 이외의 여러 표어는 창립의 이념을 고취시키는 역할을 하여왔다.

☞「송규는 정화사 위원들에게 "福田을 만났으니 법열 속에 일을 하고 정의를 서로 주어 同連으로 정진하라"(경륜편21)고 훈시하고, 다시 '一心合力'이라는 기념 표어를 친서하여 주었다」(고시용, 「정전의 결집과 교리의 체계화」, 『원불교학』 제9집, 한국원불교학회, 2003.6, p.254).

4) 원불교의 정체성을 드러내는 것이 성업 표어의 특징이다.

☞「원불교 개교반백년 기념대회의 표어인 '진리는 하나 세계도 하나 인류는 한 가족 세상은 한 일터 개척하자 일원세계'는 원불교의 융통과 포용성을 잘 설명해주고 있는 것이다」(손정윤, 「문학·예술사」, 『원불교70년정신사』, 원불교출판사, 1989, p.640).

5) 시대상황의 표어 창출은 교단성업을 기리기도 한다.

☞「개교 반백년 기념사업회로 출범한 이 사업(개교 반백년 기념사업)은 숭산 박광전 총장을 사업회장으로 하여 "다가오는 반백주년 정성 다해 꽃피우자" "반백년 기념성업 뭉쳐서 한맘으로" "재가출가 합력하여 일원성업 이룩하자"는 표어로 개교 반백년 기념가를 널리 부르며, 교당마다 사업회를 조직하여 모든 교도들이 성금을 모으고 적극 참여하였다」(박장식, 『평화의 염원』, 원불교출판사, 2005, p.123).

6) 초기교단의 가난했던 한계상황의 극복이 소박한 표어 형식으로 나타나기도 하였다.

☞「초기제자 중 9인 동지와 더불어 혈인서천하시고 우선 불법연구회라는 임시 명칭으로써 독립적 교문을 열으시고 혁신적 敎風을 선포하시는 일방, "먹어야 배운다"는 표어로써 길룡리 해면 간석지와 장래 道場 시설의 경영으로 먼저 경제적 토대를 세우시고…」(유허일, 「대종사

성탑비명병서」).

　7) 일부 표어에는 교단의 경제자립과 공부·사업의 병행이 강조
되었다.

　　☞「산업부의 표어가 "일을 않는 자는 밥을 먹지 말자" "낮에는 하
기 싫은 일을 함으로써 공부로 삼고, 밤에는 불법의 진리를 연구함으로
써 낙을 삼자" 라고 하여 공부와 사업을 함께 병진하도록 하였다. 도산
은 보화당에 있으면서, 영육쌍전의 정신에 바탕한 공부와 사업의 발전
에 심혈을 다하면서 "德不孤必有隣 以小成大는 天理의 原則" 이라는 표
어를 공부와 사업의 표준으로 삼았던 것이다」(박도광,「도산 이동안의
생애와 사상」, 원불교사상연구원 편,『원불교 인물과 사상』(Ⅱ), 원불교
사상연구원, 2001, pp.302-303).

　8) 문화 창달을 도모하는 것에도 표어가 등장한다.

　　☞「선진 도우 여러분에게. 6년 전 본사가 처음으로 설립될 적에 법
사님은 본지의 이름을 원광이라 지어주고 또 '一圓之光 遍照十方' 의
句를 창간호 기념표어로 써준 바 있었다. '圓光' 이란 말은 일원의 광
명, 또는 원불교를 빛내라는 뜻이 될 것이요, 기념표어의 구는 그 이름
이 지닌 우람한 사명을 충실히 완수해서 동방의 한 나라에 아직도 서광
만을 보이고 있는 지금의 우리 회상을 시방세계에 두루 빛날 우주의 태
양으로 발전시키라는 기대와 축복의 뜻을 아울러 붙여준 것으로 생각된
다」(『원광』 10호의 주간인사/이공전,『범범록』, 원불교출판사, 1987,
p.89).

제2장 물질이 개벽되니 정신을 개벽하자

1. 개교표어의 의미

개교표어는 원불교 개교의 동기와 개교의 정신을 간결한 표어로 밝혀준 것이요, 올바른 문명의 발전과 인간의 주체성 확립을 도모하는 것이다. 따라서 개교표어는 물질과 정신의 일치 곧 물심일여를 지향한다. 이에 물질개벽은 과학문명이라면 정신개벽은 도덕문명인 바, 원불교의 개교정신에 따라 정신개벽으로 물질문명을 활용하는 주체가 되어야 함은 지당한 일이다.

1) 개교표어란 개교의 동기와 개교의 정신을 표어로 밝혀준 것이다.

☞「물질이 개벽되니 정신을 개벽하자는 개교의 동기와 개교의 정신을 표어로 밝혀준 것이다」(신도형, 『교전공부』, 원불교출판사, 1992, p.18).

2) 개교표어는 문명의 발전과 인간의 주체성 확립을 지향한다.

☞「개교표어의 대의를 둘로 나누어 본다. 올바른 문명 발전의 측면과 개개인의 주체성 확립의 문제이다. 문명발전의 측면은 정신문명인 도학을 발전시켜 정신문명의 주체성을 확립하여 물질문명인 과학을 올바른 방향으로 잘 활용해야 한다. 또한 개개인의 주체성 확립은 물질의 욕망에서 벗어나 정신의 자주성을 확립하여 물질을 선용해서 인간의 주체성을 확립하는 것이다」(한정석, 『원불교 정전해의』, 도서출판 동아시아, 1999, p.16).

3) 개교표어는 물심일여의 정신을 바탕하고 있다.

☞「개교의 동기에서 형식적으로 물질과 대립되는 용법으로 쓰여졌던 정신의 개념이 결국 물심일여의 정신의 뜻을 지니는 것이다. 깊이 생각해 보면 물질과 상대적으로 대립된 정신으로서는 물질을 근본적으로 극복하기가 어려우며 오히려 대립을 가중시킬 가능성도 있다. 따라서 참으로 물질을 선용할 주체를 세우려면 물심일여의 경지가 바탕이 되어야 한다는 것이 자연스러운 결론이다. 이러한 물심일여의 정신을 회복하여

도덕적 정신의 주체를 세우는 것이 정신개벽의 지향점인 셈이다」(김낙필, 「정신 개념의 연원과 특성」, 『원불교수행론 연구』, 원광대출판국, 1996, p.105).

4) 물질개벽은 과학의 영역이며 정신개벽은 도학의 영역이다.

☞「물질개벽 : 순수과학, 응용과학, 과학적 생산, 정신개벽 : 교의, 수행, 교화」(최희공, 원불교 교육부 주최 「큰 교화 경륜구현을 위한 예비교역자 교육과정 개혁을 위한 제언」(차세대 예비교역자 교육과정), 원불교중앙총부 법은관 2층 회의실, 1996년 7월 14일, p.1).

5) 물질개벽은 과학문명을 의미한다면, 정신개벽은 도덕문명을 말한다.

☞「물질이 개벽된다는 말은 자연과학이 고도로 발달된다는 의미로서 과학문명을 지적한 것이며, 정신개벽이란 인간의 정신적 가치를 향유하기 위하여 추구된 종교, 철학, 도덕 등을 가리킨 것이다」(류병덕, 『탈종교시대의 종교』, 원광대학교출판국, 1982, p.362).

6) 물질문명은 과학기술과 자본주의적 양식이라면 정신문명은 물질문명을 활용하는 주체로서 종교와 도덕이다.

☞「물질문명 또는 과학문명은 근대적 과학기술의 발전과 자본주의적 생산양식의 결과이다. 이에서 초래된 부의 확대와 인간생활의 풍요를 소태산은 물질문명으로 지칭하였다. 그리고 정신문명은 인간이 물질문명의 성과를 사용하는 주체로서 종교와 도덕으로 설명하였다」(신순철, 「소태산의 일본 제국주의 인식」, 『원불교학』 7집, 한국원불교학회, 2001, p.152).

2. 개교표어의 형성사

교리 실천을 적극 유도하는 표어들은 원불교 초기교서 『규약』 1-2에 이어 『수양연구요론』, 『통치조단규약』, 『육대요령』 등에 차례로 등장한다. 뒤이어 교리표어들은 『교강』과 『근행법』에도 등장하고 있다. 그중에서도 개교표어는 『육대요령』에 처음 등장하고 『삼대요령』에도 나타난다. 뒤이어 『회보』에 관련된 글을 발표하고, 『불교정전』에는 보이지 않다가 현 『정전』에 등장하였다.

1) 『정전』 표어들은 초기교서를 거치며 변화, 정착되어 왔다.

☞표어 변천과정 : 『규약』 1(원기 12년판) 不離自性曰工 應用無念曰

德,『규약』2(원기 19년판) 不離自性曰工 應用無念曰德,『수양연구요론』(원기 12년판) 通萬法明一心,『통치조단규약』(원기 16년판) 日日新又日新,『육대요령』(원기 17년판) 物質이 開闢되니 精神을 開闢하자, 삼대요령(19년판) 物質이 開闢되니 精神을 開闢하자,『교강』(원기 24년판) 一相三昧 一行三昧 ○ 不增不減自金剛 身法身來本三昧,『근행법』첩(원기 24년판) 一相三昧 一行三昧 ○ 古佛未生前 凝然一相圓 釋迦猶未曾 迦葉豈能傳,『근행법』첩(원기 25년판)은 24년판『근행법』과 같음」(박용덕,『천하농판』, 도서출판 동남풍, 1999, p.60).

2) 개교표어는 원기 17년『육대요령』에 처음으로 등장한다.

☞「물질이 개벽되니 정신을 개벽하자는 개교표어는『육대요령』에 처음 등장하나『불교정전』에는 수록되지 않다가『정전』에 채록된다. 나머지 교리표어는 모두『불교정전』에 처음 나타나지만 一行三昧 一相三昧라든지 古佛未生前 凝然一相圓 등 재래불교에서 널리 쓰이던 성문어구들은『정전』에 수록되지 않았다」(고시용,「『정전』의 결집과 교리의 체계화」,『원불교학』제9집, 한국원불교학회, 2003.6, p.274).

3) 원기 19년『삼대요령』에서의 개교표어는『육대요령』과 동일하게 게재되었다.

☞「원불교 표어 형성과정은『보경 육대요령』(원기 17년 4월, 발행인 이경길, 총론은 원기 16년), 題字의 옆에 '물질이 개벽되니' 왼편에 '정신을 개벽하자' 는 표어가 나오다.『보경 삼대요령』(원기 19년 12월 발행인 전세권)은『육대요령』과 동일하게 '물질이 개벽되니 정신을 개벽하자' 하심」(한기두,「표어에 대한 연구」, 원불교사상연구원과 정역위원회의 공동주최《정전연구 모임》, 1997년 3월 24일, 별지 pp.1-2참조).

4) 불법연구회는『회보』17호(원기 18)와 23호(원기 21)에 개교표어와 관련한 글을 발표하였다.

☞「불법연구회는 "물질이 개벽되니 정신을 개벽하자" (『회보』23호, 1936.3월), "신·구를 병진하자" (『회보』17호, 1933, 5·6월 합병호)고 강조하여 전운이 감도는 세계정세가 과학(물질) 문명의 발달에 따른 폐해임을 적시 비판하고 이의 극복을 위해 피폐한 정신 분야의 계몽을 설파하였다」(박영학,「일제하 불법연구회 會報에 관한 연구」,『원불교학』창간호, 한국원불교학회, 1996, p.175).

3. 관련법문

☞「지금은 물질문명이 세계를 지배하고 있지마는, 오는 세상에는 위없는 도덕이 굉장히 발전되어 인류의 정신을 문명시키고 물질문명을 지배할 것이며 물질문명은 도덕 발전의 도움이 될 것이니, 멀지 않은 장래에 산에는 도둑이 없고 길에서는 흘린 것을 줍지 않는 참 문명세계를 보게 되리라」(『대종경』, 전망품 20장).

☞「세상에 낙원이 두 가지가 있으니, 하나는 외형의 낙원이요, 둘은 내면의 낙원이다. 외형의 낙원은 과학이 발달되는 머리에 세상이 좋아지는 것이요, 내면의 낙원은 도학이 발달되어 사람사람이 마음 낙으로 생활하게 되는 것이다. 과거 요순시대에는 내면의 낙원은 되었으나 외형의 낙원이 없었고, 현세에는 외형의 낙원은 되었으나 내면의 낙원이 적으니, 우리는 내외 겸전한 좋은 낙원을 건설하기 위하여 물질이 개벽되니 정신을 개벽하자고 한 것이다」(『대종경선외록』, 14.주세불지장 7장).

☞「대범 세상에는 도덕이 있으므로 사람의 정신이 개척되고 도덕은 부처님이 계시므로 천명되며, 부처님은 또한 회상이 있으므로 그 광명을 널리 미치게 되옵나니, 부처님의 광명은 곧 세상의 등불이요 중생의 정신적 생명이옵나이다」(『정산종사법어』, 기연편 15장).

4. 개교표어의 원리

개교표어는 원불교 교화의 이념이자 후천개벽의 원리이기도 하다. 본 개교표어는 무엇보다 물질문명을 주재할 정신개벽, 곧 마음공부의 원리로 작용한다. 마음공부를 통해 정신개벽을 이루자는 것이며, 정신개벽을 통해 물질개벽도 활용하자는 뜻이다. 또한 정신개벽에는 물질과 도덕을 포함한 병행의 원리가 작용한다.

1) 개교표어는 교화의 이념이자 개벽의 원리이다.

☞「교화의 이념은 '물질이 개벽되니 정신을 개벽하자' 라는 개교표어에 잘 나타나 있다」(성도종 외, 『교당운영론』, 원불교 교화연구소, 1999년, p.13).

2) 정신개벽은 후천개벽의 원리이다.

☞「후천세계를 이룩하는 방법은 정신개벽을 통하여 가능할 것으로 이해하였다. … 후천세계의 도래를 개벽이라는 용어로 규정하는 것은 현재의 변화가 과거 그 어느 때보다도 그 변화가 전반적이라는 점이다.

즉 변화의 속도가 빠를 뿐만 아니라 그 폭이 넓고 전반적이라는 것을 말한다」(신명국, 「소태산 역사의식」, 『원불교사상시론』 제Ⅱ집, 수위단회 사무처, 1993년, p.114).

 3) 정신개벽은 마음수련을 강조하는 것으로, 이는 마음공부의 원리를 밝힌 불법의 주체화에서 비롯된다.

   ☞「정신개벽의 과업이 원불교 출현의 목적인 이상 마음수련은 중시될 수밖에 없다는 의미이다. 정신개벽의 과업은 인간의 근원적 본성을 자각하고 그 본성을 회복하여 실현하는 마음수련을 통해서만 가능하다고 보기 때문이다. 이는 소태산 대종사가 마음의 원리를 잘 밝힌 불법에 주체를 둔 연유이기도 하다」(김낙필, 「원불교학의 동양해석학적 접근」, 『원불교사상』 12집, 원불교사상연구원, 1988, p.98).

 4) 정신개벽에 있어 정신의 개념은 기술적 정신과 도덕적 정신이라는 두 원리가 작용한다.

   ☞「사람의 정신은 근본 하나라 하겠지마는 그 정신을 운용하는 방면에 따라서 기술적 정신과 도덕적 정신 양방면으로 구분, 한량없이 개벽되어가나 그 물질을 구하고 사용하는 도덕적 정신은 아직도 개벽되지 못하였음으로 이 구하는 정신과 사용하는 정신을 개벽시키자는 것이다」(『회보』 23호, 1936.3월 「물질이 개벽되니 정신을 개벽하자」/박영학, 「일제하 불법연구회 회보에 관한 연구」, 『원불교학』 창간호, 한국원불교학회, 1996, p.177).

5. 개교표어의 특징

   물질에 유혹된 인간의 욕심을 환기시키고 물질문명을 선도하기 위해 인류의 정신개벽을 천명한 것이 개교표어의 핵심이자 특징이다. 따라서 개교표어는 소태산 대종사의 경륜이 함축된 것으로, 마음 단련의 목적을 지니며, 이것은 정신문명의 주체가 되자는 뜻이다. 개교표어에 나타난 정신문명의 특징은 인간훈련, 자립갱생, 생활혁신 등으로 표출되고 있다. 그리고 본 표어는 현실과 미래의 투시, 대처방안, 구원의지가 담긴 대표적 표어로서 불교혁신의 의지가 담겨 있다.

 1) 개교표어는 이기심과 물질에 현혹된 인간정신을 일깨운다.

   ☞「 "물질이 개벽되니 정신을 개벽하자" 는 외침은 극단적 이기심에

편승한 힘의 논리에 대한 一喝이다. 동시에 물질의 효용성에 현혹된 인간정신을 일깨우는 자비의 경종이다」(간행위원회 편, 담산이성은정사 유작집 『개벽시대의 종교지성』, 원불교출판사, 1999, p.227).

2) 개교표어는 정신개벽의 사명을 강조하고 있다.

☞「개교표어와 영육쌍전은 같은 사상의 상이한 표현인데 강조점은 약간 다르다. 양자가 영육쌍전을 주장하는 점에서는 같으나 개교표어는 정신개벽의 사명을 더 강조하고 있다」(송천은, 「원불교교전 표어의 실학적 성격」, 『원불교사상』 8집, 원불교사상연구원, 1984, p.298).

3) 개교표어는 소태산의 경륜이 함축된 것으로 정신문명은 마음단련을 지향하고 있다.

☞「소태산은 정신문명은 형상 없는 사람의 마음을 단련하는 것으로, 물질문명은 주로 육신생활에 편리를 주는 것으로 그 특성을 설명하기도 한다(『대종경』, 교의품32). 이 설명은 정신문명의 성격을 비교적 폭넓게 이해하는 근거를 제시해 준다」(김낙필, 「정신 개념의 연원과 특성」, 『원불교수행론 연구』, 원광대출판국, 1996, p.98).

4) 물질문명의 선용도 의미가 있지만 정신문명이 주체가 되자는 것이다.

☞「교의품 31장이 나오기 전에는 "물질이 개벽되니 정신을 개벽하자" 는 표어의 의미는 정신이 물질에 끌려가므로 정신문명을 발전시켜서 물질문명을 선용하자는 것으로 이해를 했었다. 그러나 교의품 31장의 법문에는 물질문명도 소중하지만 정신문명을 발전시켜 정신문명이 주체가 되어 물질문명을 선용해서 정신문명과 물질문명이 병진된 문명세계를 만들자는 의미로 강조되어 있다. 개교표어의 이해 폭이 넓혀진 것이다」(한종만, 『원불교 대종경 해의』(上), 도서출판 동아시아, 2001, p.153).

5) 정신개벽은 인간훈련, 자립갱생, 생활혁신, 사회개혁과 같은 것으로 민중계몽과 생활개선이라는 특징을 지닌다.

☞「원불교가 초창기부터 주력해온 정신개조 운동과 인간훈련, 자립갱생의 개척운동, 생활혁신과 사회개혁 운동 등은 사회봉사 활동의 대표적인 영역들로서 민중계몽, 여성지위 향상, 빈곤타파, 생활개선 등 민중의 생활조건 개선과 사회적 모순의 타파에 상당한 공헌을 하였던 것으로 평가된다」(노길명, 「한국사회에 있어서 원불교의 소명-사회발전을 위한 원불교의 역할과 과제를 중심으로-」, 제23회 원불교사상연구 학술

대회《원불교개교 백주년기획(Ⅰ)》, 원불교사상연구원·한국원불교학회, 2004년 2월 5일, p.7).

 6) 개교표어는 현실과 미래의 투시, 대처방안, 구원의지가 담긴 대표적 표어이다.

　☞「개교표어에는 현실과 미래에 대한 투시, 깊은 우려, 대처방안 제시, 구원의지 그리고 그 사상이 모두 담긴 종합적 의미로서의 대표적 표어라 할 수 있다」(이광정, 「표어에 나타난 소태산사상」, 『인류문명과 원불교사상』(上), 원불교출판사, 1991, p.177).

 7) 정신개벽에는 불교혁신의 의지가 포함되어 있다.

　☞「불법연구회는 당시의 세계정세와 한반도 내의 현실정치의 핵심을 살핀 후, ① 과학문명의 해체, ② 정치현실의 수용, ③ 종교(불교)의 개혁을 천명하였다. 과학문명 해체는 당시의 치성했던 물질개벽론으로, 정치현실 수용은 동양질서 재편론으로, 불교혁신은 정신개벽론으로 정리되며 이의 실천의지를 회설 속에 담고 있다」(박영학, 「일제하 불법연구회 회보에 관한 연구」, 『원불교학』 창간호, 한국원불교학회, 1996, p.176).

6. 개교표어의 실천방법

　원불교는 진리적 종교의 신앙과 사실적 도덕의 훈련으로 낙원건설을 지향한다고 했는데, 이는 개교표어인 정신개벽을 통해서 실천 가능한 것이다. 물론 참 문명세계를 건설하기 위해 도학과 과학을 병행하는 것이 중요하며, 나아가 개교표어의 실천방안을 문화와 예술 등 다양한 측면에서 시도하여 정착시키는 길이 바람직하다. 따라서 정신개벽을 선도하는 방법의 구체화가 교학을 연구를 통해 시도되어야 한다.

 1) 정신개벽의 방법은 진리적 종교의 신앙과 사실적 도덕의 훈련이다.

　☞「정신개벽의 방법은 진리적 종교의 신앙과 사실적 도덕의 훈련이다. '물질이 개벽되니' 라는 것은 '과학문명이 일방적으로 발달되었으니 또는 발달되어 가니' 이며, '정신을 개벽하자' 는 것은 도학문명을 크게 발달시키자는 것이다. 도학문명이 주체가 되어서 과학문명을 올바르게 활용하자는 것이다」(한종만, 『원불교 대종경 해의』(상), 도서출판

동아시아, 2001, p.33).

2) 도학문명과 과학문명의 병행이 평화 안락한 참 문명세계의 지름길이다.

☞「선용의 종교는 인간이 완전한 생활을 하기 위해서 정신의 힘을 기르는 수도생활과 육신을 안락하게 하는 물질문명을 함께 하여야 한다는 정신이다. 인류의 정신세력 확장을 주로 하는 도학문명과 생활의 향상을 도모하는 과학문명이 병진하게 함으로써 평화 안락한 문명세계가 될 수 있을 것이기 때문이다」(서경전, 「21세기를 향한 원불교 교단행정 방향」, 『원불교와 21세기』, 원불교사상연구원, 2002, p.15).

3) 문화 예술을 통한 개교표어의 대중 확산을 도모한다.

☞「원기 55년 11월 28일 대구학생회가 주최한 '원불교의 밤'이 시내 KG홀에서 열렸는데 연극 "물질이 개벽되니 정신을 개벽하자" 라는 박용무 작의 원불교 개교동기에 대한 내용이 시민에게 소개되어 의미 있는 공연이었다」(손정윤, 「문학·예술사」, 『원불교70년정신사』, 원불교 출판사, 1989, p.658).

4) 정신개벽을 위해 경전교학, 응용교학, 실천교학의 상보적 연구가 요청된다.

☞「과학의 문명이 순수과학, 응용과학 기술을 함께 발전시키며 상보 체계를 구축함에 의해서 물질개벽을 이룩함과 같이 원불교학의 연구도 개교의 동기 실현과 인류의 정신개벽을 이룩하는 근거와 원동력을 제공하기 위해서는 경전교학, 응용교학, 실천교학의 연구가 상보체계를 구축해야 한다는 것이요, 이러한 의미에서 지금까지 가장 부족한 분야의 연구를 집중적으로 육성해야 한다는 것이다」(최영돈, 「자연과학의 발전과 원불교학 연구의 과제」, 한국원불교학회보 제10호 《원불교학 연구의 당면과제》, 한국원불교학회, 2002.12.6, p.81).

7. 개교표어의 연계사상

개교표어는 개화기 동도서기론에 연원하고, 동양사상의 내성외왕 정신과 상통하며, 민족종교의 후천개벽 사상 등과도 그 맥락을 같이한다. 최수운과 강증산의 선·후천개벽의 규명과 더불어 소태산이 밝힌 대명천지의 개벽론이 이와 관련된다. 과학도 인지과학, 깨달음의 과학으로서 정신성이 함께 해야 하는 것이다. 그리하여 과학일방의 사고에서 도학과 과학을 병행하는 정신개벽론은 공산주의의 유물론에 대한 대안으로서 유물론과 관념론을 아우르는 물심일여의 관점을 유도하는 면에서 회통의 의미가 있다.

1) 개교표어는 개화기 동도서기론에서 그 연원을 찾을 수 있다.

☞「정신문명의 주체를 세우고 물질문명을 수용한다는 사상은 개화기의 동도서기론에서 그 연원을 찾을 수 있다. 서양문물의 충격을 극복하기 위해 동양 도덕의 주체 하에 서양 기술을 도입하자는 것이 동도서기론이었다. 즉 동양의 道를 바탕으로 서양의 器를 채용하자는 주장이다」(김낙필, 「한국 근대종교의 삼교융합과 생명·영성」, 『원불교사상과 종교문화』 39집, 한국원불교학회·원불교사상연구원, 2008.8, p.44).

2) 개교표어는 동양철학의 내성외왕을 실현하는 것과 상통한다.

☞「동양철학의 근본정신인 '內聖外王'을 오늘에 실현하는 길은 무엇인가 생각해보면, 우리의 전통사회는 윤리나 도덕에 치우쳐 자연과학이나 사회정책의 측면에는 너무 소홀히 하였다. 그러나 현대사회는 그 반대로, 과학이나 책략은 넘치지만 내면적인 덕이나 영성은 퇴색되고 있다. 그렇다면 안과 밖의 두 가지를 종합하는 것이야말로 오늘날에 내성외왕을 실현하는 방법이 아닐까. 소태산이 처음에 내세운 "물질이 개벽되니 정신을 개벽하자"는 모토 속에는 이미 위와 같은 문제의식이 내재해 있었을 것이다」(김수중, 「양명학의 입장에서 본 원불교 정신」, 제18회 원불교사상연구 학술대회《소태산 대종사와 정산종사》, 원광대 원불교사상연구원, 1999년 2월 2일, p.37).

3) 민족종교의 정신개벽과 선천개벽에 이어 소태산의 정신개벽이 주목을 받고 있다.

☞「천도교에서 정신개벽을 주장하였고 증산교에서도 선천개벽을 설한 바 있지만 소태산의 개벽 이념은 그의 내실을 달리하고 있는 듯하다. 그것은 그가 물질과 정신을 동시에 긍정적으로 받아들인 데에서 나타난다」(이을호, 「원불교 교리상의 실학적 과제」, 『원불교사상』 8집, 원불교사상연구원, 1984, p.259).

4) 최수운과 강증산은 선·후천을 규정하였으며, 소태산은 정신문명과 물질문명이 조화를 이루는 대 문명세계를 밝히었다.

☞「수운에서의 선후천 개념은 천지창조 후 특히 천황씨 이후 수운 자신의 득도 전까지를 선천의 개념에 넣고 그 이후 5만년까지를 후천으

로 잡고 있다. … 증산 역시 자기가 살았던 시대를 시점으로 그 이전을
선천 그 이후를 후천으로 보고 선천의 특징을 상극, 후천의 특징을 조
화로 규정짓는다. … 소태산은 앞으로 다가올 큰 문명을 상징하는 뜻으
로 대명천지 혹은 양세계라 부르기도 하였다. 이는 과학으로 인한 물질
문명과 도덕으로 인한 정신문명이 크게 떨치는 세계가 도래되었음을 시
사한 것이다」(김홍철, 『원불교사상논고』, 원광대학교출판국, 1980,
pp.340-355).

5) 과학 연구에 있어 인지과학 곧 깨달음의 과학으로 유도하는
것이 바람직하다.

    ☞「이제는 정치나 경제의 시대가 아니요, 문화의 시대이다. … 물질
문제에서 사상, 철학, 과학까지 소위 '인지과학' 이라고 하는 것들, 즉
깨달음의 과학을 하지 않으면 과학도 두뇌 일변도의 연구 쪽으로만 집
중한다」(김지하 시인/오선명 정리, 「특별대담-좌산종법사 · 김지하 詩人
」,《원광》299호, 1999년 7월, 월간원광사, p.25).

6) 원불교의 정신개벽은 물질개벽을 활용하는 점에서 마르크스
의 혁명사상(생산력 증대)과 통하는 바가 있다.

    ☞「마르크스가 서술하는 자본주의 시대의 혁명성은 물질개벽이라 일
컬음직하다. 게다가 원불교의 정신개벽이 물질개벽 시대의 엄청난 생산
력 증대를 전제한다는 점에서도 마르크스와의 상통성이 확인된다. 마르
크스는 프롤레타리아 혁명을 통해 이러한 자본주의 시대를 다시 한번 변
혁한 사회와 종전 역사와의 간격을 선천시대와 후천시대의 차이만큼 본
질적인 것으로 설정한다」(백낙청, 「통일시대 한국사회와 정신개벽」, 원광
대 개교60주년국제학술회의 『개벽시대 생명·평화의 길』, 원불교사상연구
원·한국원불교학회 外, 2006.10.27, pp.3-4).

7) 소태산의 정신개벽이 중국학자들에게 주목받는 이유는 정신
이 인류의 문명세계 건설에 동력이 된다는 사실 때문이다.

    ☞「소태산의 정신개벽 사상이 중국사회와 중국학자들의 주목을 일으
키는 원인의 하나가 바로 소태산의 개벽사상 특히 정신개벽 사상이 인
류이익과 특히 중국 정신문명 건설에 유익할 뿐만 아니라 정신동력의
하나로 될 수 있다는 점이다」(김경진, 「소태산 정신개벽사상과 그 조치
및 현실적 의의」, 원광대 개교60주년국제학술회의 『개벽시대 생명·평화
의 길』, 원불교사상연구원·한국원불교학회 外, 2006.10.27, p.39).

8. 보충해설

표어란 종교나 단체의 이념을 실천으로 유도하는 강령이며, 간결한 문구로 쓰여 있어 누구나 이에 쉽게 접근할 수 있다. 표어는 그 시대상황에 직결되어 계몽적 성향을 지니는 만큼 원불교 표어도 시대변혁의 특징을 지닌다. 곧 원불교 교리를 새 시대에 적용하는 강령이며, 시대의 적용을 통해 교리실천을 유도한다.

소태산 대종사는 구한말, 개벽의 시기에 당도하여 시대적 계몽을 촉구하기 위해 교리표어와 개교표어들을 등장시켰다. 이른바 "물질이 개벽되니 정신을 개벽하자"는 개교표어는 원불교가 당시 출현한 가장 직접적인 동인이었던 것이다. 20세기를 전후하여 물질개벽이 이루어짐을 보고, 이에 뒷받침되는 정신개벽이 있어야 물질문명을 선용할 수 있다는 판단 하에 소태산은 정신개벽을 주장하였다. 세계사적으로 정신개벽을 통한 물질 선용의 의지가 나타나 있으니, 과학의 발달과 더불어 도학의 병진을 강조한 것이다. 정신개벽 운동은 우리나라만이 아니라 아시아, 유럽, 아메리카 등 인류의 시대적 과제로 등장되고 있다.

사실 원불교의 정체성은 개교표어에 그대로 드러나 있다고 본다. 개교표어는 원불교 교리 실천의 슬로건으로 등장하고 있기 때문이다. 물론 정신개벽이란 용어는 최수운 및 강증산 선사의 개벽사상과 맥락이 통한다. 당시 한국은 일제의 강점기에 있었으며, 원불교는 민중종교의 궤를 벗어나 있지 않았으므로 자연스럽게 민중의 정신사적 흐름과 함께 한 것이다. 실존철학에서도 인간의 주체성이 상실되는 것을 비극으로 보는 바, 소태산은 정신개벽이 없다면 원불교 존립의의가 사라지는 것으로 보았다.

하여튼 정신개벽을 통해서 인간의 주체적 정신이 확보되어 물질을 선용하는 길이 열리는 것이다. 그것은 물질과 정신의 병진, 나아가 정신의 물질 선용을 통해 가능한 일이다. 주지하듯이 정신과 물질은 개인적으로는 심과 신을 의미함과 동시에 영과 육을 의미한다면, 문명적으로는 정신문명과 물질문명을 의미한다. 나아가 감정의 면에서는 도덕성과 물욕을 의미하기도 한다. 환기할 것은 후천시대에는 도덕문명과 과학문명이 아우르는 이상사회가 전개될 것이며, 덧붙여 원불교가 지향하는 물질 선용의 정신가치가 강조될 것이다.

9. 연구과제
1) 물질개벽과 정신개벽의 상관성은?
2) 개교표어의 현대적 의의는?
3) 개교표어의 특징은?
4) 물질개벽과 정신개벽은 이원론이라는 시각은?
5) 개교표어에 나타난 미래상은?
6) 개교표어를 나의 삶에서 실천에 옮기는 방법은?
7) 개교표어의 교단사적 의미는?
8) 원불교 개교가 지니는 교단사적 의미는?

제3장 처처불상 사사불공

1. 처처불상 사사불공의 의미

처처불상 사사불공은 신앙문의 강령으로서 우주 만유를 불성 가진 자비불로 알고 불공하자는 것이다. 다시 말해서 천지만물의 모든 대상을 불상으로 보아 이에 불공하자는 뜻이다. 따라서 처처불상 사사불공은 우주 만물이 원만구족하고 지공무사한 일원불의 응화신임을 알아서 경외적 신앙심으로 다가선다. 덧붙여 처처불상 사사불공은 불성 소유의 인존사상과 같은 의미를 지닌다.

1) **처처불상 사사불공은 신앙문의 강령으로 천만사물에 직접 불공하여 복락을 장만하자는 것이다.**

☞「처처불상 사사불공은 신앙문의 강령으로 천지만물 허공법계는 모두 법신불이 그대로 나타난 것이므로 나의 행동에 따라 인과의 권능으로 죄복을 나타내니 청정한 마음과 경건한 태도로 천만사물에 응하여 천만사물의 산부처에게 어느 곳, 어느 때나 공경하고 두려워하는 보은의 직접 불공을 드려 현실적으로 복락을 장만하는 것이다」(한정석, 『원불교 정전해의』, 도서출판 동아시아, 1999, p.22).

2) **우주 만유를 불성 가진 자비불로 알고 불공하는 것이 처처불상 사사불공이다.**

☞「처처불상이라, 곧 우주 만유 일체를 부처님으로 알자는 것이니, 진리적으로 유정 무정이 다 불성을 가진 無非자비불인 즉 이 진리로써 일체의 物境을 대할 때 부처님과 같이 알자는 것이니라」(『정산종사법설』, 제9편 불교정전 의해, 4.표어개요, 처처불상).

3) **천지만물 곧 남녀불, 우주불, 인간불, 화초불, 물건불 등에 불공함이 처처불상 사사불공이다.**

☞「우리는 수행을 해서 佛이 되고자 한다. 그러므로 천지만물이 다 불성을 가지고 죄복을 준다는 사상을 가지지 않으면 안 된다. 이 세상은 모두가 부처이다. 남녀불, 우주불, 건곤 대지불, 인간불, 화초불, 물건불 등 모두가 부처이다」(원불교사상연구원 편, 『숭산논집』, 원광대학교

출판국, 1996, p.43).

4) 처처불상 사사불공은 우주 만유가 원만구족하고 지공무사한 부처임을 알아서 존엄한 생불로 불공하는 것이다.

☞「처처불상 사사불공은 우주 전체와 삼라만상이 원만구족하고 지공무사한 부처님이요 불생불멸로 인과보응의 권능을 행사하는 진리이며 죄복을 직접 내려주는 생불님이니 우주 만물을 대하여 모든 일을 지어갈 때마다 오직 존엄한 생불님께 직접 공양 承事하는 심경으로 살아가 무궁한 복덕을 개척하고 무궁한 복락을 누리자는 것으로 본교 신앙의 강령을 밝혀준 표어인 바, 진리불공과 사실불공을 그 구체적인 방법으로 한다」(신도형, 『교전공부』, 원불교출판사, 1992, p.21).

5) 처처불상 사사불공은 일원불의 사실적 응화신으로 진리의 위력을 지니지 않은 존재가 하나도 없다는 경외심의 신앙관이다.

☞「처처불상 사사불공 신앙 즉 우주 만유는 바로 일원불 그 자체의 구체적이고 사실적인 응화신으로서 이 세상의 모든 존재는 진리적 위력을 지니지 않은 존재가 하나도 없으므로, 모든 존재 모든 일에 존엄하신 부처님을 모시고 받드는 경건한 신앙태도로 임해야 할 것임을 강조한 신앙관이다」(노권용, 「원불교 신앙론의 과제」, 『원불교학』 창간호, 한국원불교학회, 1996, pp.27-28).

6) 세상 만물을 진리 그 자체로 보아 불공하는 것이 처처불상 사사불공이니, 人尊사상과 맥락이 통한다.

☞「처처불상 사사불공은 곧 세상만물이 부처님이니 매사에 불공하듯 하라는 것으로서 만물이 곧 진리 그 자체이며 부처님으로 규정하였다. 소태산의 이러한 진리관은 수운의 천인합일 사상이나 증산의 謀事在天 成事在人으로 표현된 인존사상과 같은 맥락에 있으면서 이의 불교적인 설명으로 이해할 수 있다」(신명국, 「소태산 역사의식」, 『원불교사상시론』 제Ⅱ집, 수위단회 사무처, 1993년, p.122).

2. 처처불상 사사불공의 현대적 의의

처처불상 사사불공은 무명에 가린 중생의 삶을 깨우쳐주는 대도정법이라는 면에서 그 의의가 있다. 곧 과거 전통불교는 우상적 개체불과 인격불에 한정하여 불공을 하는 성향이었으나 소태산은 새 시대 생활불교의 신앙관을 통해 이 세상의 일체 만물이 불성을 지닌 존재라는 전체신앙을 강조하였다. 따라서 우리가 임하는 처처에서 불성을 발견하여 일일이 불공을 함으로써 삶의 은혜를 생산하는 신앙생활의 표준이 처처불상 사사불공인 것이다. 나아가 처처불상 사사불공은 미신신앙, 개체신앙, 신비신앙, 치병신앙, 기복신앙을 그복, 미래 대안의 신앙적 의미를 지닌다. 곧 처처불상 사사불공은 현실세계의 대 혼돈에 대한 대안이자 원불교 문화운동의 방향이라는 중차대한 의의를 지닌다.

1) 처처불상 사사불공은 우리에게 무명의 전도몽상을 깨우쳐주는 대경대법이라는 면에서 의의가 있다.

☞「처처불상 사사불공의 大經大法으로 우리를 깨우쳐 준 새 부처님 대종사의 출가 제자로서 어찌 그리도 경계를 당하면 무명에 가리어 전도몽상 속에 일상생활하는 나이고 보니, 오늘의 법신불 일원상 부처님의 깨우쳐줌은 나를 다시 새롭게 태어나게 해준 경고요 대은이다」(오은성,『견성에 이르는 길』, 원불교출판사, 2008, p.117).

2) 과거의 우상적 불상신앙을 극복, 대중이 보편적으로 접근할 수 있는 일체불을 불공의 대상으로 한 점이 불공의 의의이다.

☞「일원상 사상에서 일원대도의 부처님은 모든 사람에게 즉 대중이 믿을 수 있고 숭배할 수 있는 대중화 불상으로 이끌었다. 모든 죄와 복, 즉 죄를 빌고 복을 비는 심정의 자세를 일체불·만유불 속에 죄를 빌고 복을 짓는 자세를 갖도록 하였다. 소태산은 새로운 불상관을 내놓아 과거의 의식에 치우친 우상적 불상신불을 극복하려한 점이 역력히 보인다」(서경전,『교전개론』, 원광대학교출판국, 1991, p.94).

3) 이 세상의 모든 존재물이 부처라는 안목에서 금강보주를 알아가는 것이 처처불상 사사불공이다.

☞「하나하나가 다 보물임을 깨달은 사람은 누구나 만나는 사람마다 대하는 것마다 다 귀중하게 여기지 않을 수 없는 것이다. 이 금강보주를 알아가는 일이 인간으로서 삶의 보람을 찾을 수 있는 길이다. 이것이 화엄사상이다. 대소유무의 이치를 배우면 인다라망, 이법계 사법계, 이사무애법계 사사무애법계를 깨치게 된다. 바로 처처불상 사사불공인 것이다. 팔만장경이 교리와 다 연결된다」(박장식,『평화의 염원』, 원불교출판사, 2005, p.217).

4) 처처불상은 처처에서 주인이 되며, 사사불공은 접하는 일마

다 은혜를 생산하라는 것이다.

☞「수도인의 세 가지 공부표준 ① 時時返照 공부 : 때때로 텅 빈 본
래 마음을 비춰보는 공부이다. ② 處處作主 공부 : 어느 곳 어떤 일을
하든지 자기 자신이 주역이 되고 주인이 되는 공부이다. ③ 事事恩生
공부 : 경계를 만나 육근을 작용할 때에 은혜를 생산하는 공부이다」(경
산 종법사, 「도인의 세 가지 공부표준」, 《출가교화단보》 제187호, 2007
년 11월 1일, p.1).

 5) 오늘의 원불교인에 있어 원만한 신앙생활의 표준이 처처불상
사사불공이다.

☞「원불교의 신앙은 개체신앙이 아닌 전체신앙이요 미신신앙이 아닌
사실신앙이며, 편벽된 신앙이 아닌 원만한 신앙이라 할 수 있다. 이러한
점으로 볼 때 처처불상 사사불공은 신앙생활의 표준이 된다. 그러므로
처처불상 사사불공은 원불교 신앙생활의 적절한 표현이라 할 수 있다」
(안이정, 『원불교교전 해의』, 원불교출판사, 1998, p.65).

 6) 처처불상 사사불공은 미신신앙, 개체신앙, 신비신앙, 치병신
앙, 기복신앙을 극복, 미래 대안의 신앙적 의의를 지닌다.

☞「종래의 신앙현상이 맹신적 미신신앙, 특정 사물에 대한 개체신앙,
유일자에 대한 관념적 신앙, 신성에 대한 신비주의 추구신앙, 인간의 보
편적 생존욕구상 약점을 이용한 구원신앙, 치병신앙, 기복신앙 등 이 모
든 신앙현상들이 진리적 원리에 입각한 합리와 순리의 성숙을 통해서
인생문제를 해결하려고 하는 것이 아니라 어떤 능력자나 전능자에 매달
려 그 특혜를 통해서 한량없는 욕심이나 충족하려고 하는 모습으로 전
락되었다. … 이 처처불상 사사불공은 신앙의 혼돈기에 하나의 횃불이
요 태양이 솟은 것이다. 어떠한 사물 하나도 소외하지 아니했고 오히려
거기에 소중한 신앙적 의미를 부여했다」(이광정, 「표어에 나타난 소태
산사상」, 『인류문명과 원불교사상』(上), 원불교출판사, 1991, p.178).

 7) 처처불상 사사불공은 현실세계의 대 혼돈에 대한 대안이자,
원불교 문화운동의 방향이다.

☞「소태산 선생은 일원상 법신불과 처처불상 사사불공을 세상 구원
의 혈인으로 내놓았다. 이것이 무엇인가. 다름 아닌 현실세계의 대 혼돈
에 대한 대안이다. 바로 화엄개벽이다. … 일원상 법신불과 처처불상 사
사불공을 그 숨은 차원인 화엄세계와 후천개벽으로 들어 올리는 것이
창교 100년을 준비하는 원불교 문화운동의 방향이고 바로 그것이 오늘

전 인류가 갈망하는 화엄개벽의 길을 여는 일이 아닐까」(김지하, 「일원상 개벽에서 화엄개벽으로」, 제28회 원불교사상연구 학술대회《개교100년과 원불교문화》, 원불교사상연구원·한국원불교학과, 2009.2.3, p.1).

3. 처처불상 사사불공의 형성사

처처불상 사사불공은 과거불교 신앙의 혁신적 의미가 담겨 있다. 소태산 대종사는 원기 4년 과거의 등상불 숭배를 극복하고 우주 만유를 부처로 보아 불공하도록 하면서 본 표어가 등장하는 계기가 된다. 이어서 원기 12년 『수양연구요론』에 처처불상 사사불공의 단초가 나타나며, 원기 26년 『불교정전』 초안에 교리표어가 나타난다. 원기 27년에 사사불공 처처불상의 표어를 발표한 후 원기 28년 인쇄된 『불교정전』에 관련 표어가 나타나며, 현 『정전』에서 순서가 바뀌어 처처불상 사사불공으로 정착된다.

1) 원기 4년, 소태산은 등상불 숭배를 벗어나 우주만물 허공법계를 부처로 알라고 하였다.

☞「1919년 11월 26일(원기 4년), 영광에서 소태산은 두 번째 백일기도를 마친 제자들에게 부처를 숭배하는 것도 한갓 개별적 등상불에만 귀의하는 것이 아니라 우주만물 허공법계를 다 부처로 알게 되는(불법연구회창건사. 13장, 대종사 불법에 대한 선언) 불법공부를 제시하였다. 이는 내변산에 입산하여 불교혁신론을 구상하게 되면서 구체화된다」(박용덕, 『천하농판』, 도서출판 동남풍, 1999, p.9).

2) 원기 12년 발행된 『수양연구요론』에 사은의 내역으로서 처처불상의 단초가 나타나 있다.

☞「『수양연구요론』에서의 사은은 불교의 사은을 이은 것임을 명백하게 보여주고 있는데 여기에서는 처처불상 사상의 단초도 보이고 있어서, 사은이 처처불상 사상의 본질과 불교적 사은의 카테고리를 함께 수용한 교리임이 드러난다. 초기 교단에 있어서 사은의 교리는 대체로 처처불상적 요소를 설명하는데 원용되는 것으로써 이는 전통불교의 불상 숭배를 비판하는데 사용되어졌다」(정순일, 「일원상 신앙 성립사의 제문제」, 제21회 원불교사상연구 학술대회《21세기와 원불교》, 원불교사상연구원, 2002.1, p.102).

3) 원기 26년 『불교정전』의 초안에 교리표어의 등장이 보인다.

☞「1941년(원기 26) 1월 경진 동선중 『정전』을 초안 중이었다. 당시 교리도는 사은사요, 삼학팔조, 상시응용주의사항, 교당내왕시 주의사항이 다 있는 교리도였다. 그래서 우리가 의견을 올렸다. "대각전에 법신불 일원상을 모시고 있으니 진리적으로 지시한 것이지만 팔괘기보다는 일원기로 하는 것이 어떻습니까? 교리도도 이렇게 다 넣어 놓는 것보다는 간단히 만들어 주시고 무시선 무처선에 상응하는 불공표어가 있었으면 합니다" 라고 말씀드렸다. 이에 대종사님은 미리 구상해 놓은 바가 있으면서도 우리들의 능력과 역량을 계발시키고 교리에 대한 깊은 이해와 연마 시간을 갖게 하기 위해 각자 소견대로 표어와 교리도를 만들어 오라고 하였다」(박장식, 『평화의 염원』, 원불교출판사, 2005, pp.91-92).

4) 정산종사는 소태산 대종사가 설해준 교리표어의 부연설명에서 처처불상 사사불공의 이치를 설명하였다.

☞「원기 26년, 소태산 대종사께서 게송, 무시선, 무처선 등의 법문을 내리시니 총부는 온통 법의 희열로 가득 찼다. 이때 정산종사는 총부 교감으로 있으면서 학원생들의 공부심을 진작시키셨는데, 하루는 상을 놓고 처처불상 사사불공의 법문을 설하다가 잠시 컵에 물을 따르며 말하기를 "보라! 온전하게 따르면 이렇게 물을 흘리지 않게 되지만, 만약 함부로 따르게 되면 컵이 넘쳐 물이 쏟아질 것이 아닌가. 주전자로 온전하게 물을 따르는 것도 불공이니라" 」(『정산종사법설』, 제8편 편편교리, 26.불공).

5) 원기 28년 사사불공 처처불상을 『불교정전』에 편입하였고, 현 『정전』에 순서를 바꿔 처처불상 사사불공으로 정착된다.

☞「1940년(원기 25년) 9월부터 소태산은 본회 교과서를 통일 수정하기 위하여 교리에 능숙한 제자 이공주, 송도성, 서대원에게 선·교 양종의 東派西流를 종합한 大成的 『宗典』(정전)을 편성하도록 지시하였다(원기 25년도 사업보고서). … 1941년 4월 총회 이후 편수사무가 총무부로 이관되어 『불교정전』 편수를 다시 착수하게 되었다. 원기 27년 1월 경진동선 중에 소태산이 게송, 일원상법어, 새 교리도와 표어 '사사불공 처처불상' 을 발표, 『불교정전』에 편입키로 하였다」(박용덕, 『천하농판』, 도서출판 동남풍, 1999, pp.168-169).

4. 관련법문

☞「미륵불이라 함은 법신불의 진리가 크게 드러나는 것이요, 용화회상이라 함은 크게 밝은 세상이 되는 것이니, 곧 처처불상 사사불공의 대의가 널리 행하여지는 것이니라」(『대종경』, 전망품 16장).

☞「실지불공은 천지 만물의 양계에 하는 것이요, 진리불공은 허공 법계의 음계에 하는 것이니 이를 아울러야 처처불상 사사불공이 원만히 되리라」(『한울안 한이치에』, 제3장 일원의 진리 15장).

☞「일체처 일체불에게 보은 합덕하는 산 불공법이다. 처처불상=견성=정각=혜, 사사불공=성불=정행=복」(『정전대의』-대산종사법문집 1, 4.표어해의, 2.처처불상 사사불공).

5. 처처불상 사사불공과 사은

일원의 내역은 사은이며 사은의 내역은 삼라만상이라 할 때, 사은신앙은 삼라만상을 부처 대하듯 하라는 처처불상 사사불공과 직결된다. 따라서 사은신앙은 천지만물을 모두 부처로 보고 불공하는 처처불상 사사불공과 크게 다르지 않다. 원불교의 汎佛的 신앙관 역시 사은신앙 및 처처불상 사사불공의 신앙관이라 볼 수 있다. 그리고 사은신앙은 처처불상신앙에 이르도록 하는 원리 인식와 과정이며, 사은은 법신불의 응화신으로서 만유 은혜불이 드러남이니 처처불상 사사불공과 연계되는 것이다.

1) 일원의 내역은 만유 불성으로 나타나므로 천지만물 허공법계가 부처인 이상 사은 역시 은혜의 부처이다.

☞「일원상의 대명사는 불성이라 하겠다. 어째서 그러냐 하면 과거 부처님 말씀에도 천지만물 허공법계가 부처 아님이 하나도 없다 하였으니, 모든 것이 다 부처일진대 사은이 곧 부처 아니고 무엇인가」(구타원종사 법문집 편집위원회 편, 『인생과 수양』, 원불교출판사, 2007, p.40).

2) 사은신앙은 천지만물을 모두 부처로 보고 불공하는 것이다.

☞「우리 생명의 원천으로서 제시한 사은사상은 원불교 환경윤리의 핵심 내용이라고 할만하다. 사은신앙은 나아가 천지만물을 모두 부처로 보고 모든 대상에게 경외심으로 대하라는 처처불상 사사불공 사상으로도 표현된다」(김낙필, 「원불교의 환경윤리」, 종교단체 환경지침서 I 『환경, 더불어 살기』, 종교단체 환경정책실천협의회, 2006, p.254).

3) 법신불 사은의 汎佛 사상이 곧 처처불 사상과 관련된다.

　☞「처처에 부처님이 있으므로 일원상의 마음을 가지고, 일마다 정성스럽고 공경되게 보은 불공하자고 한다. 성품으로서의 법신불은 무량한 은혜가 잠재해 있는 것으로 보고, 汎佛사상·汎恩사상을 가지고 법신불의 은혜를 깨친다」(송천은, 「일원상 진리」, 창립10주년기념 추계학술회의《원불교 교의 해석과 그 적용》, 한국원불교학회, 2005년 11월 25일, p.H).

4) 사은신앙은 처처불상신앙에 이르도록 하는 원리 인식의 과정이다.

　☞「일원상신앙이나 사은신앙은 처처불상신앙에 이르도록 하는 원리 인식의 과정이라고 보아 틀림이 없을 것이다. 그래서 교리도에서도 인과보응의 신앙문을 처처불상 사사불공으로 귀결 짓고 있다」(박상권, 「원불교 신앙론」, 『인류문명과 원불교사상』(上), 원불교출판사, 1991, p.233).

5) 사은은 법신불의 응화신으로서 만유 은혜불이 처처불상 사사불공으로 이어지는 특징을 지닌다.

　☞「사은신앙의 3가지 특징의 의미를 찾아본다. 첫째, 처처불상 사사불공의 의미로서 우주 만유는 바로 일원불의 구체적이고 사실적인 응화신이라는 범불론적 만유불의 성격을 지닌다. 둘째, 만유 은혜불의 의미로서 법신불의 응화신으로서의 만유불은 우리와의 관계에서 볼 때, 무엇보다도 우리를 한 없이 살리는 일원불의 무한생성의 은적 현현체로서서 그것은 바로 만유 은혜불이라는 汎恩論的 성격을 지닌다. 셋째, 인과 진리의 공정 원만불의 의미로서 이와 같은 사은의 무한 생성의 은혜는 무질서와 혼돈으로서가 아닌, 지극히 공정하고 원만한 인과이법을 통하여 발현된다는 것이다」(노대훈, 「원불교의 불타관」, 『원불교사상시론』 제Ⅲ집, 원불교 수위단회, 1998년, pp.79-80).

6. 처처불상 사사불공의 원리

　처처불상 사사불공은 원불교 신앙의 핵심적 강령으로서 일체불에게 정성을 바치는 원리이다. 다시 말해 만물 속에 내재한 진리불을 찾아서 불공하는 원리라는 뜻이다. 그리고 처처불상 사사불공은 불교혁신으로서의 불공원리인 바, 구체적으로 말하면 직접

불공의 원리에 입각하여 그 효율성을 극대화했다. 따라서 처처불상 사사불공은 불국토의 건설에 있어 합리성과 현실성을 반영하는 신앙원리가 작용하는 것이다.

 1) 처처불상 사사불공은 신앙의 핵심으로서 일체불에게 정성을 바치는 원리이다.

☞「원불교 신앙의 핵심이면서 종합적 표현은 처처불상 사사불공이다. 여기에서 불공이란 부처님께 정성을 바치는 의미요, 법신불께 정성을 바치는 의미요, 일체불에게 정성을 바친다는 의미이다」(좌산종법사, 「창립정신정립」, 《출가교화단보》 제124호, 2002년 8월 1일, p.1).

 2) 처처불상 사사불공은 만물 속의 진리불을 찾아서 불공하는 원리이다.

☞「일원상의 진리는 어디에 있는가. 현상 속에 있다. 대종사는 처처불상 사사불공이라 하였다. 모든 현상이 다 부처라 하였다. 이 부처는 열반한 석가모니불을 가리키는 것이 아니라 만물 속에 다 있는 진리불을 뜻한다」(장응철 역해, 『자유의 언덕-반야심경 강의』, 도서출판 동남풍, 2000, p.70).

 3) 처처불상 사사불공은 불교혁신으로서의 원불교적 불공의 원리이다.

☞「처처불상·사사불공에도 진리불공과 실지불공이 다 들어 있다고 하였다. 여기서 종래의 불교를 혁신하는 정신을 체받아야 한다. 과거의 화두선만 가지고는 안 된다. 일 없을 때는 잡념을 제거하고 일심을 양성하며, 일 있을 때에는 불의를 제거하고 정의를 양성해야 한다」(박장식, 『평화의 염원』, 원불교출판사, 2005, pp.197-198).

 4) 처처불상 사사불공은 직접불공으로 효율성을 극대화했다.

☞「부처님에게 자신의 복락을 비는 기복적 신앙의 한 형태로 불공의 의미가 퇴색되어 왔다. 소태산은 이를 바로 잡기 위해 부처를 특정한 대상에 국한시키지 않고 사사물물이 부처임을 가르쳤고, 이러한 가르침은 바로 그 대상에게 직접 공을 들이는 것이 불공의 효율성을 극대화하는 길임을 설파하였다」(박상권, 「소태산 성리해석의 지향성 연구」, 『원불교사상과 종교문화』 32집, 원불교사상연구원, 2006.2, p.104).

 5) 처처불상 사사불공은 불국건설의 원리로서의 합리성·현실성을 반영하고 있다.

☞「소태산의 불교 미래관의 수용은 그의 불국토관에서 나타나고 있다. 그가 보는 미래의 이상형은 "법당과 부처가 없는 곳이 없게 되며 부처의 은혜가 화피초목 뇌급만방하여 상상하지 못할 이상의 불국토가 되리라" (『대종경』, 서품 15장)에 있는 바, 이는 전통적 불교의 해석과는 달리 합리적 현실성에 바탕한 해석임을 알 수 있다」(한정석, 「원불교 불교관」,『원불교사상시론』1집, 수위단회사무처, 1982, p.83).

7. 처처불상 사사불공의 특징

처처불상 사사불공은 절대자를 우주 만유라는 현실로 이끌어내는 신앙적 특징이 있다. 처처불상을 깨닫는 것은 일체가 법성이며 화신불임을 아는 것으로, 이를테면 일터의 산업부원을 생불로 알라는 뜻이다. 따라서 일원즉 사은이듯이 원불교는 본체와 현상 그리고 변화를 포함하여 만유를 처처불상으로 이해하는 특징을 지닌다고 할 수 있다. 처처불상 사사불공은 원불교의 불교혁신, 곧 불법의 개혁적인 정체성을 알리는 표어인 것이다.

 1) **처처불상 사사불공은 절대자를 우주 만유라는 현실로 끌어내린 것이 특징이다.**

☞「처처불상 진리관은 모든 종교적 진리관에 혁명을 일으킨 것이다. 불교에서도 화엄 천태 밀교에 법신불이 밝혀지고 선종의 선리에서 이 문제가 밝혀진다. 그러나 법신불인 처처불을 신앙의 대상으로 하지 못하였다. 처처불상 진리관은 절대자를 우주 만유라는 직접적인 현실로 끌어내린 것이다」(한종만, 『원불교 대종경 해의』(上), 도서출판 동아시아, 2001, pp.108-109).

 2) **처처불상을 깨닫는 것은 일체가 법성이며 화신불임을 아는 것에 기초를 둔다.**

☞「법성의 자리에서 보면 일체가 法性이 변화해서 된 화신불이요, 법성과 하나된 상태로 있다. 처처불상이라고 말하기보다는 일체 만유가 佛이요, 그대로 불국토이다. 개체가 깨쳤든 못 깨쳤든 관계없이 그대로 空과 하나 되어 있다. 자기가 모를 뿐 일체가 깨친 상태로 법성과 하나 되어 있어서 평등하다」(황근창, 「물리학과 일원상의 진리」, 창립10주년 기념 추계학술회의《원불교 교의 해석과 그 적용》, 한국원불교학회, 2005년 11월 25일, p.56).

3) 산업부원을 산부처라 한 것은 처처불상의 단면적 특징이다.

☞「대종사를 비롯한 모두가 서로서로 스승이었고 제자였다. 몹쓸 며느리도 부처이고 산업부의 농원들도 부처였다. 사회의 부정이 곧 도량의 부정이요, 도량의 부정이 곧 사회의 부정이었다」(간행위원회 편, 담산이성은정사 유작집 『개벽시대의 종교지성』, 원불교출판사, 1999, p.228).

4) 일원즉 사은이듯, 본체와 현상 그리고 변화를 포함하여 처처불상으로 이해하는 특징을 지닌다.

☞「종래에는 성리단련에 있어 본체자리 호자리만 치중하는 것이 일반적이었으나 원불교에서는 본체와 현상 그리고 변화를 포함하여 처처불상적 이해를 하는 것이 특징이다. 본체와 현상 그리고 변화의 본질적 일치와 그 작용을 중시한다. 일원즉 사은, 사은즉 삼라만상이라 하고 사사불공의 관점을 가진다. 그뿐 아니라 일을 성품과 분리시키지 않고 상즉적으로 본다」(송천은, 「원불교의 성리인식」, 류병덕 박사 화갑기념 『한국철학종교사상사』, 원광대 종교문제연구소, 1990, p.1141).

5) 처처불상 사사불공은 원불교 신앙행위의 장점이자 불법의 정체성을 알리는 표어이다.

☞「중학교를 다니면서 나는 6·25를 만났다. 큰형의 종재로 인연하여 원불교에 발을 디뎠다. "처처불상 사사불공, 무시선 무처선" 이란 표어에 마음이 끌리었다」(조정근, 『계속 북을 치소서』, 원불교출판사, 2005, p.267).

8. 처처불상 사사불공의 실천방법

처처불상의 위력을 얻음은 사사불공을 해야 가능한 일이다. 한 개인의 인격불만이 부처가 아니라 삼라만상 모두가 부처라는 것을 인식하는 것도 필요하다. 이에 우리가 접하는 모든 대상에 실지불공을 하여야 하는 바, 실지불공을 하면서도 진리불공을 기반하여 생활과 신앙을 둘로 나누지 않는 자세가 요구된다. 어느 누구를 대하더라도 공경심, 곧 법신불의 응화신 곧 부처로 섬기는 것이 처처불상 사사불공의 실천 방법이라 본다. 이는 실제의 삶에서 실천으로 이어지는 실천실학의 모습으로 다가서야 한다.

1) 처처불상은 사사불공의 실천을 통해서 그 위력을 얻게 된다.

☞「원불교 처처불상 신앙의 위력은 사사불공을 통해서 드러나게 되어 있다. 소태산 대종사는 과거 불교가 진리성과 사실성을 도외시한 불공을 행함으로써 불공의 참다운 의미를 상실하고 있음을 지적하였다. 그는 우주 만유는 곧 법신불의 응화신이니, 당하는 곳마다 부처님이요 일일이 불공이라 하여 신앙의 구체적 실천방법으로서 사사불공을 제시해 주었다」(백광문, 「처처불상 신앙에 관한 연구」, 『원불교학』 제3집, 한국원불교학회, 1998, pp.53-54).

2) 한 부처만 모실 것이 아니라 삼라만상이 부처라는 것을 의식적으로 느끼고 불공해야 한다.

☞「우리는 처처불상 사사불공의 도리를 그렇게 쉽게 알려 주었으니 바로 우리가 인공을 가해서 모시고 있는 부처님만을 모실 것이 아니라 부처님을 조성하기 이전 삼라만상이 다 부처라는 것을 의식적으로 느껴야 된다」(이운권, 고산종사문집1 『정전강의』, 원불교출판사, 1992, p.139).

3) 처처불상 사사불공은 실지불공과 진리불공을 아울러야 한다.

☞「실지불공은 천지 만물의 양계에 하는 것이요, 진리불공은 허공 법계의 음계에 하는 것이니 이를 아울러야 처처불상 사사불공이 원만히 되리라」(『한울안 한이치에』, 제3장 일원의 진리 15).

4) 처처불상 사사불공은 생활과 신앙을 둘로 나누지 않는다.

☞「처처불상 사사불공으로 해야 한다. 종교신앙과 생활이 다르게 되면 아무런 보람이 없다」(박길진, 『대종경강의』, 원광대학교출판국, 1980, pp.189-190).

5) 처처불상 사사불공의 기초는 공경심에 바탕한 사람불공이다.

☞「공경은 자기를 낮추고 상대방을 섬기는 공손을 말한다. 교무의 태도가 오만하고 불손하면 사람이 따르지 않을 것이고 결국 자기 아집에 붙잡혀 그 임무를 수행할 수 없을 것이다. 그러므로 교무는 언제 어디서 어떠한 사람을 대하더라도 오직 존엄하신 부처님을 대하듯 공경하는 마음을 지닌 사람이어야 한다」(이종진, 「원불교 교무론」, 『원불교사상시론』 1집, 수위단회사무처, 1982, p.240).

6) 처처불상 사사불공은 실제의 삶에서 실천으로 다가서도록 하는 실천실학이다.

☞「처처불상 사사불공의 個·全的 신앙 : 지금의 현실 그대로가 바로 법신불의 응화신임을 알고 일상생활에서 그일 그일에 정성을 들이도

록 하라는 것이며, 의례적 형식이 아닌 실생활 속에서 부처를 모시고 섬기는 실천을 함으로써 직접 그일 그일에서 삶의 보람을 찾고 당하는 곳마다 생명을 창조하는 원동력을 발견하도록 가르친 것이니, 이는 개체 안에서 전체를 感恩케 하는 신앙이며, 卽事而眞의 현실관을 가르쳐준 것이다. 여기에 실천실학의 진체를 찾아볼 수 있는 것이다」(류병덕, 「소태산의 실천실학」, 석산 한종만박사 화갑기념『한국사상사』, 원광대학교출판국, 1991, p.1226).

9. 처처불상 사사불공의 연계사상

처처불상 사사불공의 회통적 측면을 보면 한국 전통사상의 범재신론, 불교의 범불사상, 밀교에서 말하는 尊身이 처처불상과 관련된다. 그리고 유교의 各有一太極 사상도 처처불상 사사불공의 정신과 통하는 면이 있으며, 도교와 기독교의 무소부재 사상과 통하는 바가 있다. 또 현대과학의 소립자, 원자, 분자도 종교적 입장에서 본다면 불성을 함유하는 것과 관련된다고 본다.

1) 처처불상 사사불공은 한국 전통사상의 신관인 범재신론과 회통점이 있다.

☞「수운의 천인합일 사상은 나아가 인내천, 사인여천 등으로 설명되지만 그 원류는 한국 전통 민간사상의 신관에 바탕하고 있는 것으로서 이러한 진리관을 汎在神論으로 규정하기도 한다. 즉 모든 존재가 곧 신이라고 하는 범신론적 의미를 넘어서 생존 그 자체가 곧 신과 共役的이며 同役的인 창조행위이다. 그리고 모든 현상세계는 유기체적 연관을 가지면서 시간적으로 변화해가는 과정으로서 우주적 진리의 변화와 인간의 의지는 공역적이며 동역적 사실로 이해하는 것이 범재신론이라 한다」(신명국, 「소태산 역사의식」, 『원불교사상시론』 제Ⅱ집, 수위단회 사무처, 1993년, pp.122-123).

2) 처처불상 사사불공은 불교 범불사상과 상통되는 점이 있다.

☞「원불교의 처처불 사상은 범불론적 원리에 있어서는 화엄 천태 밀교 등과 상통되는 점이 많으면서도, 그 佛에 대한 종교적·실천적 태도에 있어서는 觀法의 실천에 치중한 화엄이나 천태, 또는 신구의 三密加持 수행에 핵심을 둔 밀교와는 달리, 우주 만유불에 대한 인과적 관계를 중시하고 합리화에 바탕하여 사사불공할 것을 강조하는 점이 크게

다른 점이다」(노대훈, 「원불교의 불타관」, 『원불교사상시론』 제Ⅲ집, 원
불교 수위단회, 1998년, p.82).

3) 밀교에서 우주 만물이 모두 부처라 하여, 중생의 구원에 응
답하는 尊身이 처처불상과 통한다.

☞「처처불상이란 밀교가 말하는 所統一의 객체로서 一門의 尊을 이
루며 이는 중생구제가 大悲本誓를 바탕으로 중생의 요청을 통찰하여 그
에 應同되는 尊身을 나타내는 것과 같다. 그리고 사사불공은 一門의 尊
이 能統一의 객체인 법신불로서의 普門의 尊의 德用 隨一을 圓現하여
이를 本誓로 하여 그에 대응하는 중생의 願求要請을 충족 만족하게 한
다는 것과 같다」(홍윤식, 「원불교와 불교」, 《원보》 제46호, 원광대 원불
교사상연구원, 1999년 12월, p.31).

4) 처처불상 사사불공은 유교의 治人 治事와 상통한다.

☞「무시선 무처선은 修己의 경지라 이른다면 처처불상 사사불공은
治人 治事의 경지로서 불상과 불공의 일반화를 의미한다. 다시 말하면
사실적 도덕의 윤리적 실천과정의 종교적 배경이 아닐 수 없다」(이을
호, 「원불교 교리상의 실학적 과제」, 『원불교사상』 8집, 원불교사상연구
원, 1984, p.270).

5) 장자의 무소부재 사상이 처처불상 사사불공과 통한다.

☞「조물자, 천지의 正, 道 등이 결코 만물을 초월해서 따로 존재하는
것이 아니다. 조물자가 천지만물의 총체적 역사에서 부상(추출)된 포괄
개념이라면, 그는 이미 만물과 함께 있는 것이다. 그래서 장자는 도가
오줌, 똥 어디에도 있지 않은 곳이 없다고 하였다」(김충열, 『노장철학강
의』, 예문서원, 1995, p.301).

6) 초목국토가 성불한다든지, 유교의 各有一太極, 도교의 無處不
在가 일원상 진리에 바탕한 처처불상 사사불공과 통한다.

☞「모든 종교의 근원은 하나이며 학자의 근본 깨침의 세계도 하나이
다. 그런데 이 일원은 각자가 다 가지고 있다. 그리하여 초목국토가 함
께 성불한다든지 초목에서 신이 웃고 있다든지, 유가에서 말하는 만물
이 各有一太極이라든지, 도교에서 無處不在라고 한다든지 하는 표현이
가능한 것이다」(원불교사상연구원 편, 『숭산논집』, 원광대학교출판국,
1996, p.36).

7) 기독교 신의 신성이 만물에 나타나게 했다는 것과 처처불상
은 통하는 바가 있다.

☞「바울도 『로마서』 1장 20절에서 "신의 영원한 능력과 신성이 그 만드신 만물에 분명히 나타내 보이어서 인간이 보고 깨달을 수 있게 했다. 그러니 사람들이 무슨 핑계를 댈 수 있겠는가" 라고 했다」(박인성, 「신앙과 이성」, 『범한철학』 제13집, 범한철학회, 1996. 6, p.236).

8) 현대과학에 있어 몸체는 소립자, 원자, 분자 등에서 시작되는데 이 모든 것이 다 부처인 것이다.

☞「존재하는 모든 무생물과 생물체의 몸체는 쿼크와 소립자로부터 시작하여 원자·분자로 구성되어 있으며, 이들은 우주적 견지에서 보면 평등한 것들이며, 각각 이름이 다르나 둘이 아닌 것들이며, 진리가 화현한 것이므로 頭頭物物이 다 부처인 것이다」(황근창, 「현대 물리학과 원불교사상」, 제130차 원불교사상연구원 월례연구발표회, 원불교사상연구원, 2002.5.27, p.3).

10. 보충해설

인도의 종교개혁가 카비르(Kabir, 1440-1518)는 힌두교의 바크티와 이슬람교의 수피사상에 깊은 영향을 받았다고 전해진다. 카비르에 의하면 하나님은 사원이나 성전에 존재하지 않고 모든 곳에 존재하는 '모든 호흡의 호흡' 이라 하였다. 그의 언급은 표현만 다를 뿐 소태산 대종사가 밝힌 처처불상 사사불공의 원리와 서로 통하는 면이 있다.

중국의 소동파 역시 처처불상 사사불공과 유사한 언급을 하고 있다. 그에 의하면 "푸른 산이 법신불의 모습이라" 고 하였으며, 또한 "시냇물 흐르는 소리가 부처님 법문이라" 고 하였다. 처처가 부처이니 자연의 소리가 부처님의 법설 그대로인 것이다. 자연은 물론 인간이라면 누구나 불성을 간직하고 있으니, 어디에서나 산부처를 발견하여 불공을 한다면 그것이 바로 극락을 체험하는 것이다.

어쨌든 소태산은 규율과 교리형성을 단독으로 하명하는 일이 없었다. 불성을 지닌 대중의 뜻을 존중하고 공의에 의해서 결정하였기 때문이다. 이를테면 불공에 대한 표어도 제자들로 하여금 깊이 생각하고 궁구할 수 있도록 하고 "이렇게 하면 어떻겠느냐” 고 물어본 후 사사불공 처처불상이라 결정했으며, 이 표어는 후일 처처불상 사사불공으로 순서를 바꾸었다(박장식, 『평화의 염원』, 원불교출판사, 2005, pp.92-93). 처처불상과 사사불공의 선후가 크게 문제되는 것은 아니며, 교리를 천명함에 있어서 불성 을 지닌 제자들에게 궁구하게 하고 또 실행토록 하였다.

11. 연구과제
 1) 처처불상과 사사불공이 등장한 배경은?
 2) 처처불상 사사불공의 원리는?
 3) 일상생활에서 처처불상 사사불공의 실천방법은?
 4) 처처불상 사사불공과 관련한 자신의 체험 실례를 쓰시오.
 5) 처처불상 사사불공의 현대적 의의를 쓰시오.
 6) 처처불상 사사불공과 회통하는 일반 사상은?

12. 고시문제
 1) 무시선과 사사불공의 관계?
 2) 다음을 설명하시오 : 보은즉불공 불공즉보은.
 3) 체와 용을 O와 X로 표시 : 佛供()과 禪().

제4장 무시선 무처선

1. 무시선 무처선의 개요

☞자세한 사항은 본 저서 『정전풀이』(하) 제7장 무시선법을 참조할
것.

2. 무시선의 의의

어느 때 어디에서나 자성을 떠나지 않는 주객합일의 경지를 체
험하는 것이 무시선의 의의이다. 덧붙여 무시선은 동정간 불리선
으로, 우주의 공간을 활선도량으로 삼아 정의를 실천하는 것이
참다운 의의이다. 주지하듯이 무시선은 무처선과 같은 맥락에서
접근되는 바, 시간과 공간에 구애되지 않고 당하는 곳마다, 행동
하는 순간마다 온전한 심경을 유지해야 한다. 이를 위해서는 진
공으로 체를 삼고 묘유로 용을 삼는 무시선의 원리를 실제의 일
터에서 응용해야 하므로 일원상 활용과 삼학병진의 무시선이라
해도 무방하다. 결국 무시선과 무처선은 동정간 불의를 제거하고
정의를 양성하는 목적을 지니고 있으므로 누구나 공부심으로 임
하면 실행에 옮길 수 있다고 본다. 중요한 것은 무시선이 생활인
을 위한 대중성과 사회성을 지니며, 삶의 현장에서 체현하는데
그 의의가 있다.

1) 무시선은 자성불과 합일된 경지, 곧 지속적인 주객 합일을 체험하는 것이다.

☞「禪이란 일원의 내재적 진리로서의 자성불 그 자체와 합일된 종교
체험의 경지, 즉 절대 진리의 자기화 또는 주객합일의 전일자 체험을
말하는 바, 위에서 말한 자아완성 노력으로서의 삼학수행은 인간의 삶
전반에 걸쳐 끊임없이 지속되어야 하는 것으로서, 이를 원불교에서는
무시선이라 한다」(노권용, 「원불교 신앙론의 과제」, 『원불교학』 창간호,
한국원불교학회, 1996, p.29).

2) 무시선의 매력은 동정간 불리선법이라는 것이다.

☞「어느 때 어느 곳에서나 동정간 정신을 성성적적 적적성성하게 하고 한결되게 하여 여의자재하게 만드는 산 선법이다. 동정간불리선법 : 육근이 무사하면 잡념을 제거하고 일심을 양성하며, 육근이 유사하면 불의를 제거하고 정의를 양성하라」(『정전대의』-대산종사법문 1집, 4. 표어해의, 3. 무시선 무처선).

3) 무처선은 우주의 모든 공간을 선방으로 알고 선의 심경으로 사는 것을 말한다.

☞「무처선이라 함은 우주 곳곳을 선방으로 삼으라는 뜻이니 집안에 있으면 집이 선방이요, 들에 나가면 들이 선방이며, 회사에 나가면 회사가 선방이요, 시장에 가면 시장이 선방이며, 변소에 가면 변소가 선방임을 자각하는 등 도처마다 내가 현재 처해있는 곳이 선을 수련하는 도량이라는 관념을 가지라는 것이니라」(『정산종사법설』, 제9편 불교정전의해, 4.표어개요, 무시선 무처선).

4) 무시선의 의미에는 무처선의 의미를 포함하고 있다.

☞「무시선을 표어에서는 무시선 무처선이라 한다. 무시선은 어느 때나 하는 것이다. 무처선은 어느 곳에서나 하는 선이다. 무시선법의 내용에는 무처선의 의미까지 포함되어 있다」(한정석, 『원불교 정전해의』, 도서출판 동아시아, 1999, p.453).

5) 무시선 무처선은 어떠한 시공에서든 경쟁력을 갖춘 활선이다.

☞「무시선은 사사불공과 마찬가지로 '지금 이 순간순간의 초관리'를 잘 하는 경쟁력 있는 인간화의 공부라고 할 수 있다」(김형철, 「원불교사상의 現時性과 경쟁력」, 제13회 원불교사상연구원발표요지《소태산대종사와 원불교사상》, 원광대 원불교사상연구원, 1994년 2월 1일-2일, p.54).

6) 선이란 적적성성의 온전한 심경을 말한다.

☞「禪은 범어 禪那의 약칭으로서 唐言에 靜廬라 하여 고요한 마음이라고도 풀이하며, 적적성성이라고도 풀이하나니 우리의 본래 온전한 심경을 이름이니라」(『정산종사법설』, 제9편 불교정전의해, 4.표어개요, 무시선 무처선).

7) 무시선의 원리는 진공으로 체를 삼고 묘유로 용을 삼는 것이다.

☞「온전한 마음(진공)으로 바탕(체)을 삼고 한 마음(묘유)으로 기계(용)를 삼아 모든 경계를 능히 활용할 수 있는 통일된 정신으로써 事上

연마하는 공부법이 곧 무시선법이다」(이운권, 고산종사문집1 『정전강의
』, 원불교출판사, 1992, p.86).

 8) 교리적 관계에 있어 무시선은 삼학병진의 선법이다.

　☞「무시선은 강령에서 밝힌 바와 같이 삼학병진의 공부이다. 무시선
무처선이 왜 삼학병진의 공부가 되는가. 상시응용주의사항 1조에 의하
면 온전한 생각으로 취사한다. 이러한 뜻으로 보면 온전함이 수양이다.
수양이 잘 되어야 지혜가 밝아지고 지혜가 밝아져서 판단을 잘 해야 올
바른 실천이 된다」(한정석, 『원불교 정전해의』, 도서출판 동아시아,
1999, pp.29-30).

 9) 무시선과 무처선의 주된 목적은 동정간 일심 양성과 불의 제거에
있다.

　☞「(무시선은) 일이 없을 때 양성한 일심이 동할 때 대의를 명석하
게 파악하는 지혜로 나타나고 정의를 실천하는 데까지 이른다」(이성전,
「定靜의 유도통합적 성격」, 『원불교사상과 종교문화』 31집, 원불교사상
연구원, 2005.12, pp.59-60).

 10) 무시선과 무처선은 누구든지 쉽게 응용할 수 있는 선법이다.

　☞「어느 곳 어느 때든지 응용할 수 있는 선법이 무시선 무처선이며,
이는 대중이 다 함께 할 법이다. 사람들은 선은 어려워서 대중이 못한
다고 하지만 이 무시선법은 누구나 쉽게 할 수 있는 것이다. 선은 24시
간 정신을 차리고 하는 법이다. 이와 같이 하여 정력을 얻으면 사리가
밝아진다」(원불교사상연구원 편, 『숭산논집』, 원광대학교출판국, 1996,
pp.45-46).

 11) 생활인을 위한 대중성·사회성을 지닌 것이 무시선과 무처선이다.

　☞「고차원적 좌선의 경지를 무시한 것이 아니라 대다수의 생활인을
위하여는 도리어 무시선 무처선이 바람직함을 강조하고 있는 것이다.
이는 곧 유가에서 이른바 日用常行之道의 禪化요 禪의 일용상 行化를
의미하기도 한다고 할 수도 있다. 여기에 원불교의 생활종교로서의 대
중성과 사회성이 깃들어 있다고 본다」(이을호, 「원불교 교리상의 실학
적 과제」, 『원불교사상』 8집, 원불교사상연구원, 1984, p.269).

 12) 무시선은 삶의 현장에서 체현하는 것에 지고의 가치를 두고 있다.

　☞「원불교의 수행은 무시선 무처선의 교리표어에서 보듯 시간과 공
간의 제약을 받지 않는 선을 삶의 현장에서 체현하는 것에 최고의 가치
를 두고 있다. 이는 본격적인 선의 방법론 개발이 이루어진 중국적 선

의 전통을 계승한 것으로 볼 수 있다. 말하자면 중국선의 특징은 다양한 전통의 형성과정 속에서도 삶의 본질을 顯在化하기 위한 방식으로 그 역사가 진행되었으며, 무시선 또한 그러한 연장선 위에 있음을 의미한다」(원영상, 「선사상사에서 본 무시선법의 구조고찰」, 『원불교사상과 종교문화』 42집, 원불교사상연구원·한국원불교학회, 2009.8, p.43).

3. 고시문제

1) 좌선법과 무시선법의 각 요지를 강령적으로 정리하고 그 차이를 설명하시오.

2) 원불교 선의 특징을 논하시오.

3) 원불교 선법의 원리와 특징 그리고 방법에 대하여 설명하시오.

4) 무시선과 사사불공의 관계?

5) 무시선 공부와 사사불공 공부를 각자 별도로 하는가, 실례를 들어 설명하시오.

6) 좌선과 무시선의 일치점과 차이점을 논하고 자기의 수행경험을 밝히시오.

7) 무시선의 강령을 쓰고 자신이 이 수험기간에 무시선 공부하는 심경을 약술하시오.

제5장 동정일여 영육쌍전

제1절 동정일여

1. 동정일여의 등장배경

동정일여의 등장배경을 보면, 전통의 불교는 고요함을 추구하는 靜 공부에 치중하였으나 앞으로의 불법은 생활 속에서 실천할 수 있는 동정간 불리선이 요구되는 것과 관련되어 있다. 여기에는 또 종래의 화두 중심의 불교수행을 혁신하려는 의도가 담기어 있다. 그런데 동양철학에서 동정은 주로 우주론에서 거론되지만 소태산은 이를 인성의 수양론으로 끌어들이기도 하였다. 곧 새 불법으로 일(동)과 공부(정)를 아우름으로써 온전한 인성의 수양론에서 동정일여의 표어가 등장한 것이다.

 1) 전통의 수행법은 정공부에 치우쳤으나 일속에서 하는 공부가 참 공부요 산 불법이다.

　☞「소태산은 전통 수행법에 대하여 靜공부에 치우치는 면을 비판적으로 검토한 바 있다. 이 비판에 바탕하여 일속의 공부를 참 공부, 산 불법으로 제시하는 것이다」(이성전, 「定靜의 유도통합적 성격」, 『원불교사상과 종교문화』 31집, 원불교사상연구원, 2005.12, p.76).

 2) 일상삼매와 일행삼매 곧 동정을 아우르는 동정간 불리선의 필요성에 따라 동정일여가 등장한 것이다.

　☞「사람이 사는 데에는 동정으로 산다. 활동하는 것이기 때문에 동시가 더 많다. 그런데 불법은 정을 주로 역설하니 사람들은 불법 공부를 하기 위해서는 인간 생활을 떠나야 할 것으로 안다. 그러나 공부는 동할 때 사용하기 위한 것이다. 그래서 일상삼매, 일행삼매, 또는 동정 불리선이라는 용어가 나왔다」(원불교사상연구원 편, 『숭산논집』, 원광대학교출판국, 1996, p.46).

3) 종래 화두선 중심의 불교를 혁신하기 위해 동정간 수행을 강조한다.

☞「종래의 불교를 혁신하는 정신을 체받아야 한다. 과거의 화두선만 가지고는 안 된다. 일 없을 때는 잡념을 제거하고 일심을 양성하며, 일 있을 때에는 불의를 제거하고 정의를 양성해야 한다. 이와 같이 동정간 수행이 다 되어야 하고, 불공도 진리적인 불공과 동시에 사은 당처에 대한 사실적 불공도 다 되어야 한다」(박장식,『평화의 염원』, 원불교출판사, 2005, pp.197-198).

4) 동정의 개념은 동양철학에서 우주론에 초점을 두어 밝혔지만, 소태산은 이를 인성 수양론으로 끌어들였다.

☞「동양철학의 동정 개념은 우주적 작용에 주요 초점이 맞추어져 있으나, 이를 소태산은 인간의 심성수양에 그 초점을 맞추고 있다. 그리하여 그는 우주의 동과 정 개념을 인성론으로 끌어들여 성품의 단순한 선악판단에 머무르지 않았다」(류성태,『원불교와 동양사상』, 원광대학교출판국, 1995, p.162참조).

5) 동정일여는 세상사를 공부와 둘로 보지 않고 끊임없이 적공하는 공부를 위해 교리표어로 등장한 것이다.

☞「동정일여가 제창되는 중요한 이유의 하나는 종래 불교수행이 일반적으로 정에 치우쳐 세상일을 하면서는 해나가기 어렵게 되어 있으므로 세상일을 공부와 둘로 보지 않고 動中의 업무 속에서도 끊임없이 공부할 수 있게 하려는데 있다」(송천은,『종교와 원불교』, 원광대학교출판국, 1979, pp.520-521).

2. 동정일여의 의미

동정일여는 일이 있을 때나 없을 때를 물론하고 부동심·불방심 공부를 하여, 동정간 여여함을 통해서 편벽수행을 금하는 것이다. 곧 수행에 동정 개념을 동원하여 동하여도 분별에 착이 없고 정하여도 절도에 맞도록 동정간 불리자성의 심법으로 살아가는 뜻이다. 그리하여 동정간 진여의 본연심을 보존하고 일상삼매와 일행삼매의 삶을 전개하는 것이 동정일여의 참 의미이다.

1) 동정일여는 일이 있을 때나 없을 때를 물론하고 동정간 한결같은 마음으로 수도하는 것이다.

☞「동정일여는 일이 있을 때나 일이 없을 때에나 동정 간에 한결같

은 마음으로 공부와 생활을 하는 수도인의 생활표준을 말한 것이라 생각한다」(안이정, 『원불교교전 해의』, 원불교출판사, 1998, p.67).

2) 동정일여는 안으로 불방심을 간직하고 밖으로 부동심을 간직하는 공부법이다.

☞「동정일여는 동정간에 참 마음을 여의지 아니하여 안으로 마음을 놓지 아니하는 불방심과 밖으로 마음이 욕심에 끌리지 않는 부동심이다. 일이 없을 때는 일원상 진리를 길들여 적적성성한 일정심을 양성하고, 일이 있을 때에는 일원상의 진리를 활용하여 진공묘유의 일직심으로 정의행을 하는 것이다」(한정석, 『원불교 정전해의』, 도서출판 동아시아, 1999, p.30).

3) 동정일여는 편벽 수행이 아닌 동정간 둘 아닌 병진 수행법이다.

☞「동정일여는 원불교의 공부 방법으로서 동공부와 정공부로 나누어진다. 동은 활동, 행동, 생활, 봄, 여름, 일이 있을 때의 공부방법이며, 정은 조용함, 고요함, 가을, 겨울, 일이 없을 때의 공부방법을 뜻한다. 그러므로 수행하는 사람이 定靜만 익혀도 편벽되고 잦아들기 쉬우며, 동만 취해도 깨지기 쉽다. 동과 정은 꼭 병행되어야 하는 것이다. 일여의 뜻은 한결같으며 不二이다」(서경전, 『교전개론』, 원광대학교출판국, 1991, p.106).

4) 동하여도 분별에 착이 없고 정하여도 분별에 절도가 맞는 것이 동정일여의 공부법이다.

☞「변·불변의 진리와 동정이 따로 없는 大機에 근거하여 생활의 동정과 경계의 순역에 구애 없이 항상 한결같은 마음으로 걸림 없이 사는 여래의 심경과 천하의 중도를 표준잡아 준 표어인 바, 동하여도 분별에 착이 없고 정하여도 분별이 절도에 맞게 하는 것이 그 방법이 될 것이다」(신도형, 『교전공부』, 원불교출판사, 1992, pp.24-25).

5) 동정일여는 유사시·무사시의 경계를 따라 심신을 작용할 때 진여의 본심으로 원만행을 하자는 것이다.

☞「동정일여라, 동정이라 함은 우리의 심신작용에 있어서 유사시와 무사시를 이름이니, 우리가 경계를 따라 심신을 작용하게 될 때 항상 그일 그일에 일심을 들이대어 진여의 본심으로 원만한 행을 하자는 것이요, 무사시에는 쓸데없는 번뇌와 계교 사량으로 괴롭힐 것이 아니라 염불이나 좌선이나 呪力을 써서 나의 마음을 일심으로 만들어 진여의 자성을 회복시키자는 것이니라. 우리는 유사시, 무사시를 통하여 놓고

항상 일심과 진여의 본심을 양성하자는 것이니라. 이러한 까닭에 "정중정은 非眞靜이요, 동중정은 是眞靜이라" 하였나니라」(『정산종사법설』, 제9편 불교정전 의해, 4.표어개요, 동정일여).

6) 동정간 끌림 없는 일상삼매, 일행삼매가 동정일여이다.

☞「동정간에 끌리지 않는 공부는 일상삼매 공부요, 동할 때 통일심으로 하는 것을 일행삼매 공부라 한다」(원불교사상연구원 편, 『숭산논집』, 원광대학교출판국, 1996, p.42).

3. 관련법문

☞「무릇 사람에게는 항상 동과 정 두 때가 있고 定靜을 얻는 법도 외정정과 내정정의 두 가지 길이 있나니, 외정정은 동하는 경계를 당할 때에 반드시 대의를 세우고 취사를 먼저 하여 망녕되고 번거한 일을 짓지 아니하는 것으로 정신을 요란하게 하는 마의 근원을 없이하는 것이요, 내정정은 일이 없을 때에 염불과 좌선도 하며 기타 무슨 방법으로든지 일어나는 번뇌를 잠재우는 것으로 온전한 근본정신을 양성하는 것이니, 외정정은 내정정의 근본이 되고 내정정은 외정정의 근본이 되어 내와 외를 아울러 진행하여야만 참다운 마음의 안정을 얻게 되리라」(『대종경』, 수행품 19장).

☞「우리는 동할 때 동하더라도 심중에 주착이 없이 동하고, 정할 때 정하더라도 심중에 대중심을 놓지 않도록 하여 동과 정이 항상 일치되어 여여하도록 심신을 수련하여 원만한 심성을 양성하자는 것이니라」(『정산종사법설』, 제9편 불교정전의해, 4. 표어개요, 동정일여).

☞「동하여도 분별이 착이 없고 정하여도 분별이 절도에 맞는다. 動 : 유사시 부동심 공부 항상 챙기는 마음, 靜 : 무사시 불방심 공부」(『정전대의』-대산종사법문집 1, 4.표어해의, 4.동정일여).

4. 동정일여의 원리

도의 작용 곧 우주의 기운은 동과 정이 원래 따로 떨어진 것이 아니라 하나의 원리이므로 내정정·외정정의 수행을 하자는 것이다. 다만 현상계에는 동정의 구분이 있으므로 실제의 삶에서 동정일여의 수행이 요구된다. 즉 동할 때를 주체로 하여 선 수행을 하는 원리이면서도 동정 어느 한쪽에 편벽되는 것을 지양한다.

1) 대도는 동과 정이 둘이 아니라 하나의 원리이다.

☞「큰 도는 원융하여 유와 무가 둘이 아니요, 이와 사가 둘이 아니며, 생과 사가 둘이 아니요, 동과 정이 둘이 아니니, 둘 아닌 이 문에는 포함하지 아니한 바가 없나니라」(『대종경』, 성리품 4장).

2) 동정일여는 내정정·외정정의 수행 원리와 상통한다.

☞「소태산은 수양의 방법을 내정정과 외정정의 두 가지로 구별하고 있다. 내정정은 일없을 때에 일심을 간직하는 공부이며 외정정은 일 있을 때의 일심공부를 의미한다」(이성전, 「定靜의 유도통합적 성격」, 『원불교사상과 종교문화』31집, 원불교사상연구원, 2005.12, p.59).

3) 본체로 보면 동과 정이 따로 없으나 현상계에 나타난 동정에 따라 동정일여의 원리가 요구되고 있다.

☞「원래 진리의 정체로 보면 동과 정이 따로 없고 주와 종이 둘이 아니기에 하나 그대로만 행하고 보면 이것이 바로 동정일여가 되고 영육쌍전인 것이다. 우주의 진리와 우리 인간은 처음부터 이처럼 하나로 되어 있다」(이현도, 「길하나 찾아드는 진리공부」, 《원광》 374호, 월간원광사, 2005. p.92).

4) 동정일여는 정중동, 동중정의 상황 속에서 동중정의 禪이 주체적 원리가 된다.

☞「당처는 동정간의 생활 전체를 포함하지만 전반적으로 동중정의 선이 그 주체적 경향을 이른다」(송천은, 『일원문화산고』, 원불교출판사, 1994, pp.149-150).

5. 동정일여의 특징

동정일여의 수행은 동하여도 분별에 착이 없고, 정하여도 분별이 절도에 맞도록 하는 것이다. 구체적으로 말해서 분별성은 정할 때 요란함이고 주착심은 동할 때 요란함이니, 이 모두를 극복하는 것이 동정일여의 특징이다. 따라서 동정일여는 동정쌍수의 공부법인 것이다. 곧 불법을 새롭게 혁신한 원불교의 동정일여 공부는 동정간 여여함에 기반하여 정적인 불법을 동적으로 활용하는 점에서 그 특징이 있다.

1) 동정일여는 동하여도 분별에 착이 없고 정하여도 분별이 절도에 맞는 수행법이다.

☞「부처는 고요한 가운데 동하고 동하는 가운데 고요해서 항상 동정이 둘이 아니었다. 그러므로 우리도 동할 때나 정할 때나 보은하고 공부하여 동하여도 분별에 착이 없고 정하여도 분별이 절도에 맞아서 동과 정이 항상 자성을 여의지 않도록 하여야 하겠다」(『대산종사법문』2집, 제4부 신년법문, 원기 59년 연두법문).

2) **분별성이란 정할 때 요란함이요, 주착심이란 동할 때 요란함으로 동정일여는 이 모두를 극복하는 공부법이다.**

☞「분별성이란 정할 때의 요란함이다. 정할 때의 요란함은 부유난상이며 산란함이다. 주착심은 동할 때의 요란함이다. 애욕 재산 명예 등이 주착의 대상이 된다. 따라서 정할 때는 분별성을 없애고 동할 때는 주착심을 없애는 공부가 요란함을 없애는 공부이며 수양의 요체가 된다」(정순일, 「일상수행의 요법 주석상의 제문제」, 『원불교사상과 종교문화』 29집, 원불교사상연구원, 2005, p.107).

3) **동정일여는 동중정 또는 동정쌍수의 수행이며, 개인은 물론 교단적 수행의 방향을 제시하는 특징을 지닌다.**

☞「특히 동정일여에서 일깨워주는 점은 동시의 업무를 수행과정으로 생각하는 점이다. 이것은 동중정 또는 동정쌍수의 수행이라 볼 수 있다. 동시의 공부심이 동하는 환경 속에서도 변함없이 계속되므로 동이라 해도 결코 정을 떠나지 않은 동이다. 동중정 나아가서 동정일여는 개인의 수행방향을 제시하는 것일 뿐 아니라 종교 자체에 대한 방향제시도 된다」(송천은, 『종교와 원불교』, 원광대학교출판국, 1979, pp.522-523).

4) **동정일여는 정할 때 공부와 동할 때 공부를 완전하게 하는 것이다.**

☞「과거의 불교는 정할 때 공부를 주로 하였다. 동정일여는 정할 때 공부도 완전하게 하고 동할 때 공부도 완전하게 하라는 것이다. 불교 선방에서는 하루에 좌선을 8시간 하는데 원불교에서는 1시간씩 한다. 1시간 하는 좌선을 8시간 하는 강도로 하라는 것이다」(한정석, 『원불교 정전해의』, 도서출판 동아시아, 1999, pp.32-33).

6. 동정일여와 삼학

동정일여는 동정간 빈틈없는 수행을 하는 것으로 삼학병진의 원리가 작용한다. 곧 삼학병진이란 동정간 삼대력 얻는 공부법이다. 소태산은 삼학병진으로 동정간 공부의 요령을 제시하였으니,

일을 하려면 공부를 못하고 공부를 하려면 일을 못하는 모순을 극복하자는 것이다. 그리하여 원불교의 수행법은 동정간 삼대력 얻는 공부법으로 정기훈련과 상시훈련법 등을 제시하였다.

1) 제일 큰 공부는 동정간 삼학공부를 간단없이 하는 것이다.

☞「대종사는 "공부는 어떻게 하는 것이 제일 큰 공부이냐" 하고 물으면서 "동정간에 삼학공부를 숨 쉬듯 간단없이 해야 그것이 큰 공부이다. 사람이 숨을 안 쉬면 죽듯이 공부도 간단없이 해야 한다. 숨 쉬듯이 하면 공부심이 안 놓아진다" 고 하였다」(편집자, 「훈타원 양도신 원로교무-일심공부의 주인공」, 《원광》 298호, 월간원광사, 1999년 6월, p.30).

2) 동하고 정하는 사이에 수양력, 연구력, 취사력 얻는 법을 밝혔다.

☞「공부인이 동하고 정하는 두 사이에 수양력 얻는 빠른 방법은, 첫째는 모든 일을 작용할 때에 나의 정신을 시끄럽게 하고 정신을 빼앗아 갈 일을 짓지 말며 또는 그와 같은 경계를 멀리할 것이요, 둘째는 모든 사물을 접응할 때에 애착 탐착을 두지 말며 항상 담담한 맛을 길들일 것이요, 셋째는 이 일을 할 때에 저 일에 끌리지 말고 저 일을 할 때에 이 일에 끌리지 말아서 오직 그일 그일에 일심만 얻도록 할 것이요, 넷째는 여가 있는 대로 염불과 좌선하기를 주의할 것이니라. 또는 동하고 정하는 두 사이에 연구력 얻는 빠른 방법은, 첫째는 인간만사를 작용할 때에 그일 그일에 알음알이를 얻도록 힘쓸 것이요, 둘째는 스승이나 동지로 더불어 의견 교환하기를 힘쓸 것이요, 셋째는 보고 듣고 생각하는 중에 의심나는 곳이 생기면 연구하는 순서를 따라 그 의심을 해결하도록 힘쓸 것이요, 넷째는 우리의 경전 연습하기를 힘쓸 것이요, 다섯째는 우리의 경전 연습을 다 마친 뒤에는 과거 모든 도학가의 경전을 참고하여 지견을 넓힐 것이니라. 또는 동하고 정하는 두 사이에 취사력 얻는 빠른 방법은, 첫째는 정의인 줄 알거든 크고 작은 일을 막론하고 죽기로써 실행할 것이요, 둘째는 불의인 줄 알거든 크고 작은 일을 막론하고 죽기로써 하지 않을 것이요, 셋째는 모든 일을 작용할 때에 즉시 실행이 되지 않는다고 낙망하지 말고 정성을 계속하여 끊임없는 공을 쌓을 것이니라」(『대종경』, 수행품 2장).

3) 소태산은 삼학병진으로 동정간 공부의 요령을 제시하였다.

☞「대종사는 삼학병진을 일심·알음알이·실행이라는 쉬운 말로 동정간 공부요령을 잡고 할 수 있도록 해 주었다」(박장식, 『평화의 염원』, 원불교출판사, 2005, p.154).

4) 일을 하려면 공부를 못하고 공부를 하려면 일을 못하는 모순을 극복하기 위해 동정간 삼대력 얻는 공부길을 제시하였다.

☞「『대종경』 수행품 3장을 보면 과거 도가의 생활은 정할 때 공부에만 편중하여 일을 하자면 공부를 못하고 공부를 하자면 일을 못한다 하여, 혹은 부모 처자를 이별하고 산중에 들어가 독선기신으로 일생을 지내며, 혹은 비가 와서 마당의 곡식이 떠내려가도 모르고 독서만 하였으니, 어찌 원만한 수도생활이라 할 수 있을 것인가. 그러므로 소태산 여래는 이를 지적하고 이를 바루어 일이 있을 때나 없을 때나 동정간에 한결같은 마음으로 공부와 일을 둘로 보지 아니하고 공부를 잘하면 일이 잘되고 일을 잘하면 공부가 잘되어 동과 정 두 사이에 계속적으로 삼대력을 얻어 공부와 생활에 활력을 일으켜 큰 공을 이룰 수 있는 길을 밝혀주었다」(안이정, 『원불교교전 해의』, 원불교출판사, 1998, p.67).

5) 소태산은 동정간 정기훈련법·상시훈련법과 삼대력 얻는 삼학 수행을 밝혔다.

☞「(『대종경』) 수행품은 정기 상시의 훈련법과 삼학 수행의 길을 설명하고 공부의 대소와 정사를 구분하며 학인에게 隨機經訓한 법문들이다. 삼학 수행의 길을 밝혔다. 내정정 외정정, 동정간 삼대력 얻는 법 등 삼학 수행을 중심으로 밝혔다」(한종만, 『원불교 대종경 해의』(上), 도서출판 동아시아, 2001, p.17).

7. 동정일여와 무시선

원불교의 수행에 있어 표어로 등장하는 동정일여와 무시선은 둘 다 동정간 불리선 공부이며, 『수심결』에서는 동과 정이 常禪이라 했는데 무시선이 이와 관련된다. 다시 말해 행주좌와 어묵동정에 있어 일동일정이 동정일여요 무시선이라는 것이다. 다만 무시선과 무처선은 시간과 처소를 기준으로 삼는다면 동정일여는 동할 때와 정할 때를 기준으로 삼는다.

1) 무시선 무처선은 동정간 불리선 공부이다.

☞「원불교 훈련은 수행의 구체적 방법일 뿐만 아니라 수행의 특징이 되는 모든 교리의 이론적 근거가 된다. 원불교 수행의 특징은 삼학을 병진하여 삼대력을 원만하게 갖추는데 있지만, 무시선 무처선의 동정간 불리선 공부는 정기와 상시의 끊임없는 훈련 속에서 가능해지는 것이다

」(이성택, 「원불교 수행론」, 『원불교사상시론』 1집, 수위단회사무처,
1982, p.37).

 2) 『수심결』에서는 동과 정이 常禪이라 했는데 이것이 무시선이다.

☞「천진하여 짓는 바가 없고 동과 정이 항상 선(常禪)인지라, 자연
의 이치를 성취하거니 어찌 수상문의 대치하는 법을 빌리리오」(『修心
訣』 34章, 天眞無作하고 動靜常禪이라, 成就自然之理어니 何假隨相門
對治之義也리오).

 3) 행주좌와 어묵동정 일동일정의 수행이 동정일여이며 무시선이다.

☞「修心하고 守心하고 修行할 때가 공부하는 것이라면, 禪하고 靜하
고 定할 때도 공부라 한다. 행주좌와 어묵동정 일거수 일투족, 일동일정
을 다 공부하는 때라고 한다」(1961년 7월 3일 신축일기/동산문집편찬위
원회, 동산문집 Ⅱ 『진리는 하나 세계도 하나』, 원불교출판사, 1994,
p.39).

 4) 무시선 무처선은 시간과 처소를 기준으로, 동정일여는 동할 때와
정할 때를 기준으로 공부하는 것이다.

☞「무시선 무처선은 시간과 처소를 기준으로 한 것이라면 동정일여
는 동할 때와 정할 때를 기준으로 한 것이다. 이것은 동할 때와 정할
때의 공부를 한결같이 하라는 의미이다」(한정석,『원불교 정전해의』, 도
서출판 동아시아, 1999, p.31).

8. 동정일여의 필요성

 동정의 어느 한편에 치우치다보면 편벽수행을 하게 되므로, 동
정간 원만한 수행법으로 인격을 함양하는 것이 필요하다. 수도인
으로서 정공부에 치중해 왔던 과거불교의 편벽 수행을 극복하고,
동정일여를 유념하여 동할 때 동공부를 잘하고 정할 때 정공부를
잘 하라는 것이다. 즉 동정일여의 참 수행을 하자는 뜻이다.

 1) 동정 어느 한편에 치우침 없는 원만한 인격 형성이 필요하다.

☞「소태산 대종사가 동정일여를 내 놓은 의의는 ① 한편의 동에 치
우침이 없게 하도록 하여 원만 인격을 만들기 위함이요, ② 한편의 편
벽된 靜에 치우침이 없게 하여 활동성을 겸비하는 균형된 인간으로 지
향하게 하기 위함이며, ③ 동과 정을 항시 여의지 아니하여 불리자성의
인격을 기르도록 하기 위함이다」(서경전, 『교전개론』, 원광대학교출판

국, 1991, p.105).

  2) 동정이 한결같기가 어렵지만 수도인으로서 동정일여의 자세로 살아
야 한다.

  ☞「도가에 세 가지 어려운 일이 있으니, 하나는 일원의 절대 자리를
알기가 어렵고, 둘은 일원의 진리를 실행에 부합시켜서 동과 정이 한결
같은 수행을 하기가 어렵고, 셋은 일원의 진리를 일반 대중에게 간명하
게 깨우쳐 알려주기가 어렵나니라」(『대종경』, 부촉품 12장).

  3) 종교생활에 있어 승·속, 입산·출산, 좌선·행선이 둘 아님을 알고
실천해야 한다.

  ☞「유허일은 율곡의 불교에 대한 이해를 "勿作增減想은 무엇인가 곧
증이다 감이다 하는 생각을 없애라는 말인데 다시 말하면 부증불감의
불이문을 일컫는 것이다. 그런즉 증감이 없는 둘 아닌 진체를 알진대
儒佛이 둘이 아니오 승속이 둘이 아닌즉 저 유교학자로서 불교를 그다
지 빙탄시할 것이 무엇이며, 또는 입산·출산이 둘이 아니고 좌선·행
선이 둘이 아닌 자리를 알진대 하필 입산면벽할 필요가 무엇일까. 더구
나 물심양면으로 병진 수도하는 우리에게는 이 물작증감상 5자 법문이
또한 무상의 묘결이라고 생각한다" (『회보』 60-62호)라고 설명하였다」
(원불교사상연구원 편, 『원불교 인물과 사상』(Ⅰ), 원불교사상연구원,
2000, p.203).

  4) 동정일여의 표준을 삼음에 있어 동이 많을 때는 정공부, 정에 치우
칠 때는 동공부가 필요하다.

  ☞「 "내가 부안 변산 월명암에 간즉 '不與萬法爲侶者是甚麽' 란 문
구가 붙었는데 아무리 보아도 그 뜻을 알 수가 없었다. 그래서 마음속
에 부끄러운 생각이 들어서 객실에 들어가 앉았어도 그 문구가 머리 속
에서 떠나지를 않았다. 마침 차를 가져다주기에 받아 마시다가 홀연히
알아버렸다. 그 다음은 '만법귀일 일귀하처' 란 문구를 보았는데 역시
즉석에 알아버렸다" (이공주 수필법설, 성도기념일, 1941.12.8). 이때 소
태산은 심중에 이렇게 생각을 굳혔다. "내가 병진년 후에 보림할 시간
을 못 가졌고, 방언공사 하느라고 심신을 과로하게 썼더니 지혜가 약간
어두워졌나 보다. 조용한 수양의 시간을 가져야겠다"」(박용덕, 『돌이
서서 물소리를 듣는다』, 원불교자료실, 1997, p.13).

9. 동정일여의 실천방법

동정일여의 공부는 편벽수행을 극복하고자 하는 것으로 정할 때는 염불과 좌선, 동할 때는 그일 그일을 오롯히 하는 것이 바람직하다. 구체적으로 상시응용주의사항의 각 항목을 동과 정에 관련지어 실천하는 것이 동정일여 공부법이다. 그리고 동정일여 실천이란 일심을 놓지 않고 육근작용을 바르게 하는 것에 있다.

1) 동정일여는 각 종파의 편벽된 수행법을 원만한 수행법으로 인도하는 원불교 수행법에 기반한다.

☞「각 종교의 견해가 다른 것처럼 수행하는 방법도 다르며 편벽되어 있다. 원불교에서는 이를 종합하고 있다」(원불교사상연구원 편, 『숭산논집』, 원광대학교출판국, 1996, pp.37-38).

2) 심성수양에 있어 정할 때는 염불과 좌선, 동할 때는 그일 그일을 오롯히 한다.

☞「심성수양에 있어서도 동할 때와 정할 때가 있다. 정할 때는 염불 좌선을 중심으로 하고, 일이 있을 때는 그일 그일에 일심을 놓지 않는 것이 중심이다」(박장식, 『평화의 염원』, 원불교출판사, 2005, p.204).

3) 상시응용주의사항을 실천하는 것이 동정간 공부법이다.

☞「상시응용주의사항과 동과 정 3, 4, 5조는 정할 때 공부이며 1, 2, 6조는 동할 때 공부이다. … 상시응용주의사항 6조는 생활 속의 공부이고 교당내왕시주의사항 6조는 상시응용주의사항을 도와주고 알려주는 공부이다」(한종만, 『원불교 대종경 해의』(上), 도서출판 동아시아, 2001, pp.523-524).

4) 일동일정을 공부심으로 일관하는 것이 동정일여의 실천이다.

☞「나 혼자뿐이라서 자행자지로 부당한 일어거나 당연한 일이거나 마음가는 데로 하여도 별 관계없겠지마는 … 사람이 세상에 출두한 이상에는 일동일정을 戰兢하여 박빙을 밟음과 같이하지 아니하면 안 될 것이라」(송도성 수필, 「법설3편及감각1편-인생과 계율과의 관계」, 『월말통신』 제3호, 원기 13년 7월 말일/『원불교교고총간』 제1권, pp.21-22).

5) 동정간 일심을 놓지 않는 공부는 육근작용에 바른 행을 나타나도록 한다.

☞「동정간 일심을 여의지 않는 것이 입정이며 그 일심으로써 육근작용에 바른 행을 나타내는 것이 곧 신통이니 입정과 신통을 따로 구할

것이 없다」(『한울안 한이치에』, 제7장 기연따라 주신 말씀 28).

10. 동정일여 수행의 결과

동정일여의 수행을 오랫동안 지속하면 편벽수행을 극복하여 정혜쌍수가 되고 궁극적으로 불과를 이루게 된다. 즉 동정일여의 삼학병진 수행을 함으로써 공부인은 삼대력을 얻는다. 그리고 동정일여의 수행을 통해 내정정 외정정의 원만한 수도인으로 거듭나는 것이다. 결국 동정일여 공부를 지속하면 개인은 물론 교단적·사회적으로 더욱 성숙해지리라 본다.

 1) 정혜쌍수를 하여 동정간 상이 없어지면 궁극에 불성을 본다.

☞「정으로써 난상을 다스리고 혜로써 무기를 다스려, 동정의 상이 없어지고 대치하는 공이 다한즉, 경계를 대하여도 생각 생각이 근본에 돌아오고 인연을 만나도 마음 마음이 도에 계합하여, 자유로이 운전하고 쌍으로 닦아 곧 일없는 사람이 될 것이니, 만일 이와 같이 하면 참으로 정과 혜를 평등하게 가져 밝게 불성을 본 것이라 할 것이니라」(『修心訣』 29章, 以定으로 治乎亂想하고 以慧로 治乎無記하여, 動靜相이 亡하고 對治功이 終하면, 則對境而念念歸宗하고 遇緣而心心契道하여, 任運雙修하여 方爲無事人이니, 若如是則眞可謂定慧等持하여 明見佛性道也니라).

 2) 동정일여의 삼학병진 수행을 하면 삼대력을 얻게 된다.

☞「대종사는 삼학병진을 일심 알음알이 실행이라는 쉬운 말로 동정간 공부요령을 잡고 할 수 있도록 해 주었다」(박장식, 『평화의 염원』, 원불교출판사, 2005, p.154).

 3) 동정이 서로 바탕되니 심신간 어디에 걸림이 없다.

☞「不離體用하여 體用이 相依하고, 一如動靜이라 동정이 相資하나니, 대도는 蕩蕩하여 無有拘碍로다」(각산 신도형 저, 『如意』(각산문집Ⅱ), 원불교출판사, 1992, p.55).

 4) 동정일여의 경지는 오랜 적공을 통한 외정정 내정정의 상태를 견지한다.

☞「동정일여의 경지는 하루아침에 이루어지는 것이 아니고 오랜 세월을 두고 외정정 내정정의 무시선 공부를 계속해야 가능하다」(박광수 외2인, 『클릭 원불교』, 도서출판 동남풍, 2000, p.148).

5) 동정일여는 개인적 수행, 교단적·사회적 운동으로 전개한다면 더욱 성숙해지는 발판이 마련될 것이다.

☞「동정일여 공부는 사회운동으로 전개되어야 한다. 개인적인 수행을 하는데 정할 때 동할 때의 공부도 되지만, 범교단적으로 보면 법당에서 법회를 보는 것이 정할 때의 공부라면 교도들이 사회나 가정에서 마음 공부하는 것은 동할 때의 공부이다. 그러므로 동정일여는 중요한 의미를 갖는다」(한정석, 『원불교 정전해의』, 도서출판 동아시아, 1999, p.33).

11. 동정일여의 연계사상

원불교의 동정일여는 동양사상의 일원론적 사유를 중시하는 동양인에 있어 수양론의 생명력과 관련된다. 이를테면 이는 『주역』의 동정통일, 장자의 무위자연에 따른 동정작용, 정명도의 敬以直內 義以方外, 주자의 動靜無端, 왕양명의 事上연마에 연계된다. 기원전 500년, 서양의 그리스 철학자 헤라클리투스 역시 세상을 정적으로만 보지 말고 유동 변화함을 보라고 하였다.

1) 동양철학은 이원론적 구조보다는 동정일여, 영육쌍전 등 일원론적 철학을 보여주고 있다.

☞「유무의 이원적 구조는 음양의 상징적 대대관계에서처럼 우주 생성원리로서 무한수적 다양성을 예시할 수가 있다. 理와 氣(事), 動과 靜, 水와 火, 영과 육, 정신과 물질, 寒과 熱, 도와 덕, 禮와 榮, 군자와 소인, 선과 악, 인심과 도심 등등. 그러나 人智는 이러한 이원적 대립의 구조를 포괄적 一元으로 파악하려는 노력을 계속해 오고 있다. 현묘지도니, 묘합의 원리니, 太一之形이니 태극 또는 무극이니, 和詳의 논리니 인내천이니 진공묘유니, '한' 이니 하는 것들은 다 이러한 노력의 일단을 우리들에게 보여주는 것이다」(이을호, 「원불교 교리상의 실학적 과제」, 『원불교사상』 8집, 원불교사상연구원, 1984, p.266).

2) 동양인의 생명력이란 동정간 일원론적 사유로서 정하면 흔적이 없고, 동하면 충만해진다.

☞「중국인의 생명력은 靜하면 其小無內의 경지까지 退藏하고, 動하면 其大無外의 극지까지 充塞하여 어느 하나도 그 정신의 貫注에서 벗어나는 것이 없다」(김충열, 『중국철학산고』Ⅰ, 온누리, 1990, p.98).

3) 역학에서는 **動靜統一**을 지향한다.

☞「주역의 작자와 역학가들은 일련의 생명운동의 특징들이 서로 연계된 철학이론을 구축하게 되었는데, 예를 들면 陰陽화합학설, "神이 만물을 妙하게 변화시킨다"(神妙萬物)는 사상, "정기가 사물이 된다"(精氣爲物)는 氣化이론, 동정은 하나로 되어 있음(動靜統一)과 변하고 소통하게 하여 장구하게 함을 추구한다(變通求久)라는 이론 등이다」(유장림 지음, 김학권 옮김,『주역의 건강철학』, (주)정보와 사람, 2007, pp.17-18).

4) 장자는 동과 정이 천지자연의 도리에서 떠나지 않는다고 하였다.

☞「무지한 자는 자기를 내세워 화를 입는 일이 없고 지식을 써서 폐가 되는 일도 없으며 동정이 늘 천지자연의 도리에서 떠나지 않고 그래서 평생 동안 영예를 얻는 일이 없다」(『莊子』「天下」, 夫无知之物, 无建己之患, 无用知之累, 動靜不離於理, 是以終身无譽).

5) 송대 주렴계의 **主靜說**은 정명도에 이르러 **敬**을 통한 **動靜** 일관으로 이어졌다.

☞「주렴계의 主靜說은 일반적으로 명백히 도가적 영향을 받은 것으로 간주되고 있다. 그러나 그가 도가적 虛靜說 그대로 받아들인 것은 아니며 유가적 맥락의 내용을 강조하고 있음에 유의할 필요가 있다. 주렴계 이후 정명도는 靜 대신 敬을 강조하고 敬을 통해 진정한 靜을 얻어나가는 공부법을 제창하였다. 敬을 강조한 것은 動靜을 일관하는 공부법임을 강조하기 위함이다. "敬으로써 안을 바르게 하고 義로써 밖을 방정하게 한다는 것은 내외를 합한 도이다"(『遺書』卷11, 敬以直內 義以方外 合內外之道也)」(이성전,「定靜의 유도통합적 성격」,『원불교사상과 종교문화』31집, 원불교사상연구원, 2005.12, pp.72-73).

6) **朱子**는 동과 정의 선후가 따로 없고 체·용이 따로 없으니 상의 상자적이라 했다.

☞「물었다. 태극도설해에서 무엇 때문에 動이 앞으로 하고 靜이 뒤로 하며, 用을 앞으로 하고 體를 뒤로 하며, 감응(感)을 앞으로 하고 적막함(寂)을 뒤로 하였습니까? (주자) 답하였다. 음과 양의 기운에 대해 말하면 用은 陽에 속하고 體는 陰에 속한다. 그러나 동과 정에 끝이 없고(動靜無端) 음과 양에 시작이 없으니 앞과 뒤로 나눌 수 없다. 지금 단지 발생하는데 나아가 말한다고 해도, 반드시 동 이전은 정이고, 用 이전은 體이며, 感 이전은 寂이고 양 이전은 음이며, 寂 이전은 다시 感이고 정 이전은 동이니 무엇으로 전후를 정하겠는가」(『朱子語類』卷一

「理氣上」, 問太極解何以先動而後靜, 先用而後體, 先感而後寂, 曰, 在陰陽言, 則用在陽而體在陰, 然動靜無端, 陰陽無始, 不可分先後, 今只就起處言之, 畢竟動前又是靜, 用前又是體, 感前又是寂, 陽前又是陰, 而寂前又是感, 靜前又是動, 將何者爲先後).

7) 왕양명은 정 공부에 치우치는 것을 극복하기 위해 사상연마 공부를 주창하였다.

☞「만약 동시공부를 소홀히 하고 정할 때의 공부만을 강조한다면 이는 그늘에서 자란 나물과 같아서 힘이 없고 볕에 나오면 쉽게 시들어버린다. 따라서 왕양명의 事上硏磨說과 같은 것이 출현하였다고 본다」(원불교사상연구원 편,『숭산논집』, 원광대학교출판국, 1996, p.46).

8) 서양철학의 헤라클리투스는 세상을 정적으로만 보지 말고 동시에 유동 변화함을 보라고 하였다.

☞「헤라클리투스에 의하면 속인들은 모든 사물을 정적으로만 본다고 비난함으로써, 만물은 유동 변화하는 동시에 그 무쌍한 변화 속에도 변치 아니하는 일관된 법칙이 있다고 하였다. 즉 상대성에 절대성을 주장하며, 정적 입장에 대하여 동적 입장을 주장하였으며, 전쟁 속에서도 평화를 보았던 것이다」(김계숙,『서양철학사』, 일조각, 1993, pp.28-29).

12. 보충해설

우리가 각자의 고매한 인품을 성숙시켰을 경우, 가장 아름다운 모습의 하나는 동중정, 정중동의 상황에서 흐트러짐이 없는 모습일 것이다. 잘 알려진 예술품으로서 미론의 「원반 던지는 사람」은 운동의 한 순간, 즉 동중정을 포착하여 이상적인 아름다움을 묘사한 걸작이다. 동과 정이 걸출한 한 예술작가에 의해 표출된 원반 던지는 사람의 모습을 보면 삼매의 경지를 느끼곤 한다.

그러면 동정일여의 삼매에 진입하는 것은 어떠한 경지를 말하는가? 아마도 일상삼매와 일행삼매일 것이다. 팔타원 황정신행에게 소태산 대종사는 "一相三昧・一行三昧, 動靜一如・靈肉雙全"이라는 친필을 내려주었다. 교조 소태산이 팔타원에게 내려준 표어에 의하면 정할 때의 일상삼매와 동할 때의 일행삼매가 동정일여와 같은 맥락에서 이해될 수 있음을 말해준다. 어느 하나의 상태에 고착되지 않은 모습이야 말로 동정의 균형을 갖춘 고매하고 원만한 인품인 것이다.

수도인으로서 궁극적으로 성불을 통해 얻어지는 대각여래위란 어떠한 사람인가? 이 역시 동과 정에 흐트러짐이 없는 성자일 것이다. 소태산은 대각여래위를 설명하면서 "동하여도 분별에 착이 없고 정하여도 분별이 절도에 맞는 사람의 위니라"(『정전』, 제17장 법위등급)고 하였다. 성불과 제중을 통해 얻어지는 여래위의 인품은 이처럼 동정간 균형감각을 갖추어 어느 상황에서나 여여한 부처의 대자대비로 나타난다.

13. 연구과제
1) 동정일여의 법문이 등장한 배경은?
2) 동과 정의 관계는?
3) 동정일여의 의의는?
4) 동정일여의 수행법은 왜 필요한가?
5) 나의 동정일여 수행법을 쓰시오.
6) 동정일여와 삼학, 무시선의 관계는?

14. 고시문제
1) 체와 용을 O와 X로 표시 : 靜() 動(), 靈() 肉().
2) 동정간 삼학병진하는 공부법은?

제2절 영육쌍전

1. 영육쌍전의 개요

☞자세한 사항은 본 저서『정전풀이』(하) 제16장 영육쌍전법을 참조할 것.

2. 영육쌍전의 의의

과거의 불교는 영혼구제에 더 관심을 가진 나머지 생활불교와는 멀어지는 성향이 있었다. 이에 소태산은 미래 불교혁신의 의지로서 영혼구제와 육신·경제의 자립을 조화시켜 영과 육을 아우르도록 한 것이다. 이에 과학과 도학의 조화, 물질과 정신의 균형 등이 영육쌍전의 정신과 통한다고 보며, 이는 심신의 온전한 건강을 유지해주기도 한다. 따라서 소태산은 영육쌍전의 삶을 손수 선보였으며, 그것이 초기교단의 경제적 기반을 쌓는 계기도 되었다. 주지하듯이 영육쌍전은 공부와 사업을 병행하되 실제의 삶에서 실천을 강조하는 점에서 의의가 있으며, 이는 생활불교를 표방한 원불교 교단의 미래적 방향이기도 하다.

 1) 과거에는 물질중심 혹 정신중심의 쏠림 현상이 지속되어 왔다.

　☞「과거 경제 제일주의 시대에서는 정신을 중요시하는 사람은 경제생활을 등한시하고 경제생활에 종사하는 사람은 정신의 건강을 등한히 하여 폐단이 많았다. 지나친 물질중심주의 생활은 사람들이 물질적인 조작에 너무 많은 시간과 노력을 쏟은 나머지 인간적인 삶의 의미에 대한 근본적인 물음에 직면할 수 없어서 정신적인 궁핍을 가져왔다」(오도철 외,『원불교정전 길라잡이』, 원불교 교화연구소, 2000, p.272).

 2) 영육쌍전은 과거 종교의 혁신적 의지가 담겨 있다.

　☞「영육쌍전이라는 개념은 과거의 종교적 가르침과 대조를 이루는 독특한 사상이다. 전통종교를 비판하고 새 종교인 원불교의 특징을 잘 나타낸 개념이다」(박상권,「소태산 성리해석의 지향성 연구」,『원불교사상과 종교문화』32집, 원불교사상연구원, 2006.2, pp.86-87).

3) 영육쌍전은 영적·육적 구조에 있어 균형과 조화를 지향한다.

☞「인간 존재자의 이상형은 영적 구조가 건전해야 함과 아울러 육적 구조도 건강해야 함을 밝힌 것이다. 즉 영과 육의 균형과 조화에서 이상적 인간형을 찾으려는 노력이다. 원불교 사상이 이러한 입장을 견지하는 것은 육적인데 편중하여 救靈 위주로 치달았던 이전의 종교사에 대한 반성이며, 또한 이 점이 바로 원불교가 새 종교를 표방하고 출현하게 된 중요한 논리적 근거이다」(김성관, 「원불교 인간관」, 『원불교사상시론』 1집, 수위단회사무처, 1982, pp.61-62).

4) 영육쌍전은 심신의 건강을 위해서도 필요한 공부법이다.

☞「건강은 무엇이며, 건강관리는 어떻게 하는가. 건강은 몸과 마음 곧 인체 內 물기운과 불기운, 기와 혈의 균형과 조화로움이다. 일체가 다 마음의 짓는 바라 하였으니 건강관리는 마음건강에서 비롯함은 당연한 이치이리라」(손인철, 『몸건강 마음건강』, 동남풍, 2006, p.43).

5) 영육쌍전은 도학과 더불어 과학의 중요성을 강조하고 있다.

☞「영육쌍전법이 도학과 더불어 과학의 중요성을 강조하고 있는 부분인데 이 부분은 4대강령 중에서 불법활용, 그리고 표어 중에서 불법시생활 생활시불법 등과 연결되는 부분이다」(김도훈, 「소태산 대종사의 경제사상과 그 구현방안」, 제23회 원불교사상연구 학술대회《원불교개교 백주년기획(Ⅰ)》, 원불교사상연구원·한국원불교학회, 2004년 2월 5일, p.127).

6) 영육쌍전은 직업적 물질과 종교적 정신의 조화를 추구한다.

☞「영육쌍전은 노동자, 근로자, 경제인, 산업인, 과학자, 의사, 체육인 등이 그들의 직업적 현실 뿐 아니라 종교적 정신적인 수업도 함께 진행하는 것이 정당하다는 시각에서 볼 수도 있다」(송천은, 『일원문화산고』, 원불교출판사, 1994, p.147).

7) 소태산 대종사는 영육쌍전의 모습을 손수 보여 주었다.

☞「소태산은 교단 초창기부터 영육쌍전의 표본을 손수 보여주었다. 곧 저축조합운동과 방언공사 時 주경야독의 동정일여 공부가 바로 영육을 쌍전하고 이사를 병행하는 생활이었던 것이다」(김수중, 「양명학의 입장에서 본 원불교 정신」, 제18회 원불교사상연구 학술대회《소태산 대종사와 정산종사》, 원광대 원불교사상연구원, 1999년 2월 2일, p.34).

8) 영육쌍전은 교단의 경제적 기반을 쌓는 실력양성의 하나로 제시되고 있다.

☞「현대사회는 아무리 좋은 이념의 좋은 사업이라도 경제적 뒷받침이 되지 않으면 한갓 보기 좋은 물거품이 되어버리는 사회이다. 그러므로 일찍이 대종사를 비롯한 역대 스승들은 영육쌍전 이사병행의 정신을 확립해 주고 경제 안정을 교단실력의 하나로 설정해 주었다」(좌산종법사, 「제129회 임시수위단회 개회사 요지-후원경제 확충에 힘을 모읍시다」, 《출가교화단보》 제132호, 2003년 4월 1일, p.1).

9) 영육쌍전의 표어는 공부와 사업을 병행하되, 실천지향을 표방하고 있다.

☞「산업부의 표어가 "일을 않는 자는 밥을 먹지 말자" "낮에는 하기 싫은 일을 함으로써 공부로 삼고, 밤에는 불법의 진리를 연구함으로써 낙을 삼자" 라고 하여 공부와 사업을 함께 병진하도록 하였다」(박도광, 「도산 이동안의 생애와 사상」, 원불교사상연구원 편, 『원불교 인물과 사상』(Ⅱ), 원불교사상연구원, 2001, pp.302-303).

10) 영육쌍전은 원불교의 미래지향적 수행 방향을 밝힌 것이다.

☞「원불교의 근대화 방향으로 정신문명과 물질문명의 병존, 종교신앙과 실천윤리의 새로운 방향, 영육과 동정이 한결같은 수도방향이어야 한다」(한종만, 「한국종교의 근대화 방향-원불교의 입장에서」, 『원불교사상』 제8집, 원불교사상연구원, 1984, pp.341-345).

3. 연구과제

1) 영육쌍전법의 의의는?
2) 삼학과 의식주의 관계는?
3) 영육쌍전법의 특징은?
4) 영육쌍전법이 등장하게 된 배경은?
5) 나의 영육쌍전 생활은?
6) 병진, 병행, 쌍수, 쌍전이란 무엇인가?
7) 영육쌍전이 잘 되지 않는 이유가 있다면?

4. 고시문제

1) 체와 용을 O와 X로 표시 : 靜( ) 動( ), 靈( ) 肉( ).
2) 영육쌍전의 요지를 쓰고 자신이 그동안 영육쌍전을 해온 경

험을 약술하시오.

3) 영육쌍전법에 밝힌 원리를 쓰고 이를 구체적으로 설명하시오.

4) 영육쌍전법에 '이제부터는 묵은 세상을 새 세상으로 건설하게 되므로 새 세상의 종교는 수도와 생활이 둘 아닌 산 종교'라야 한다고 하였다. 수도와 생활이 둘이 아닌 공부는 어떤 공부를 말하는가? 영육쌍전의 원리에 입각하여 각자의 수행상에서 써라.

제6장 불법시생활 생활시불법

1. 불법시생활 생활시불법의 등장배경

과거의 불법은 불자들에게 불법과 생활이 유리되고 이분화되어 왔으므로 미래의 참 불법으로서의 역할에 한계가 있었다. 이에 소태산은 불법과 생활을 일치시키는 것을 불교혁신의 과제로 삼았다. 근대 종교사를 돌이켜 보면 기독교는 캘빈 이후 직업을 신성시하여 종교와 직업을 유리시키지 않으려고 하였다. 새 시대의 원불교 역시 불법을 새롭게 혁신하여 생활 속에서 불법을 실천하도록 하기 위해 불법시생활 생활시불법을 등장시킨 것이다.

1) 과거의 불법은 불법과 생활의 이분화된 인식 속에서 전개되었으니, 생활을 떠난 불법은 참 불법이 아니다.

☞「과거의 불법은 불법과 생활이 별리되어 불법을 하는 자는 생활을 도외시하게 되고 생활을 하면서 불법을 하지 못하는 것으로 인식되어 왔으나, 우리는 불법과 생활을 별리시키지 말고 일치시키자는 것이니, 곧 불법을 떠난 생활은 참된 생활이 되지 못하고 생활을 떠난 불법은 산 불법이 되지 못함을 먼저 잘 알아야 할 것이다」(『정산종사법설』, 제9편 불교정전의해, 4.표어개요, 불법시생활 생활시불법).

2) 조선유교와 불교는 생활과 교법이 유리된 감이 없지 않았다.

☞「옛날 유교는 보리명석이 떠내려가도 모르는 척 이론만 중시했다. 불교는 일곱 집을 돌면서 동냥하는 칠가식이 근본적인 잘못이다. 혜능은 비종교적인 일에 종사하면서도 禪의 상태에 들어간다. 그가 수행을 할 때에 佛名을 외우지 않았고 法式에 의해서 예불을 안했다. 또한 죄의 고백을 안했으며 불전에 윤회를 면하게 해달라고 기도를 하지도 않았다. 그리고 부처님의 은총으로 용서를 구하지 않았다. 그는 생활 속에서 불법을 구하며 禪의 마음으로 일관하였다. 원불교의 마음공부를 잘하면 내외 인격을 이루고 은혜의 세계를 만든다」(원불교사상연구원 편, 『숭산논집』, 원광대학교출판국, 1996, p.47).

3) 놀고먹는 폐풍을 극복하기 위해 불법과 생활이 일치되는 교리가 요구되었다.

☞「경제적 후생의 면에 있어서 자력 경제가 되도록 하고 의뢰생활, 놀고먹는 생활을 반대하며 또 과거에는 세상 욕심이 있고 보면 수도인이 아니라 하여 놀고먹는 폐풍이 치성하여 개인 가정 사회 국가에 해독이 많이 미쳐 왔으나, 앞으로는 그러한 폐단에서 벗어나야 하고 불법의 진리와 삼학이 의식주 생활을 해결하는 데도 도움주고 의식주 생활이 불법의 진리 구하는 데도 도움주어야 한다고 본다」(송천은, 『일원문화산고』, 원불교출판사, 1994, pp.152-153).

4) 기독교는 캘빈 이후 직업을 신성시하였으며, 소태산은 생활과 직업을 향상시키는 불법을 밝혔다.

☞「종래 세법은 생활과 직업을 꺼리고 생활과 직업에 대하여 콤플렉스를 갖게 하였다. 기독교에서도 캘빈 이후부터 직업을 신성시하였다. 소태산 대종사의 이 교훈은 생활과 직업을 향상시키는 불법, 건설하는 불법이 되자는 것이다」(서경전, 『교전개론』, 원광대학교출판국, 1991, p.114).

5) 원불교의 불법은 생활에서 활용하기 위함이다.

☞「나는 불법을 위하여 공부하라는 것이 아니요 불법을 생활에 써먹기 위하여 공부하라는 것이다」(『대종경선외록』 15. 생사인과장, 10장).

2. 불법시생활 생활시불법의 의미

불법시생활 생활시불법의 참 뜻은 불법을 잘 믿음으로써 생활이 잘 되고, 생활을 잘 함으로써 불법을 잘 믿음이다. 이는 불법의 실생활 활용이 중요함을 밝힌 법어이다. 따라서 생활과 불법의 완전 종합을 지향하는 것이 불법시생활 생활시불법이다. 곧 일원상을 생활 속에서 활용하여 진리와 하나가 되도록 하는 공부법인 셈이다. 쉽게 말해서 불생불멸과 인과보응의 일원상의 진리를 우리의 생활상에서 널리 활용하는 것을 뜻한다. 본 표어의 구체적 의미는 육근동작으로 불법을 생활에서 실천하는 것이다.

1) 불법시생활 생활시불법이란 불법을 잘 믿음으로써 생활이 잘

되고, 생활을 잘 함으로써 불법을 잘 믿는 것이다.

☞「불법을 잘 믿음으로써 생활이 잘 되고 생활을 잘 함으로써 불법을 잘 믿게 되어 불법과 생활이 일치의 지경에 이를지라, 이를 일러 생활시불법이라 하나니라」(『정산종사법설』, 제9편 불교정전의해, 불법시생활 생활시불법).

 2) 불법시생활 생활시불법은 실생활의 중요성을 밝힌 법어이다.

☞「표어 중에서 불법시생활 생활시불법 등과 연결되는 부분으로서, 소태산이 실생활의 중요성 즉 경제의 중요성을 항상 염두에 두고 있음을 엿볼 수 있다」(김도훈, 「소태산 대종사의 경제사상과 그 구현방안」, 제23회 원불교사상연구 학술대회《원불교개교 백주년기획(Ⅰ)》, 원불교사상연구원·한국원불교학회, 2004년 2월 5일, p.127).

 3) 불법시생활 생활시불법은 생활·불법의 완전 종합을 뜻한다.

☞「불법시생활 생활시불법은 현실적인 생활과 진리적인 불법의 완전 종합을 의미한다. 생활은 물질적 기술적 상황적 대중적인 성격을 포함하므로 불법은 이들 생활 현실을 수용하는 속에서 불법의 이상을 실현하자는 것이 이 표어의 본의이다. 따라서 시대의 불교, 생활의 불교, 대중의 불교를 지향한다」(송천은, 「원불교 교전표어의 실학적 성격」, 『원불교사상』 8집, 원불교사상연구원, 1984, p.300).

 4) 일원상을 활용하여 생활 속에서 진리와 하나되는 공부이다.

☞「불법이 곧 생활이요 생활이 곧 불법이니 불법인 일원상의 진리를 활용하여 생활을 살려내고 생활 속에서 불법인 일원상의 진리를 닦아 깨쳐 생활이 바로 불법이 되게 하자는 것이다. 절대적 진리와 생활을 둘로 보지 않는 것이다」(한정석, 『원불교 정전해의』, 도서출판 동아시아, 1999, p.36).

 5) 불생불멸과 인과보응의 불법을 깨달아 참된 생활을 누리도록 하는 것이다.

☞「불법이란 무엇인가. 이를 요약해 말하자면 불생불멸의 진리와 인과보응의 이치를 밝힌 것인데 이 이치를 깨달아 참된 생활로 누구나 영원히 잘 살도록 하는 것이 불법이라 할 수 있다. 그러므로 소태산 여래는 누구나 이 불법을 쉽게 깨달아 알아서 실생활에 활용할 수 있도록 법을 짜주었다」(안이정, 『원불교교전 해의』, 원불교출판사, 1998, p.74).

 6) 생활시불법이란 육근동작을 불법으로 하자는 것이다.

☞「생활시불법이란 육근동작을 불법으로 하자는 것이다. 삼학과 사

은이 모두 생활 속에서 불법을 실현하는 길이다. 사람이 생산 활동을 해야 한다. 금덩어리를 가지고 모셔둔 사람과 활용하는 사람이 다르다. 생활을 떠나서 도를 구한다는 것은 토끼에서 뿔을 구하는 것과 같다. 도가 반인생적이며 비인생적이라고 한다면 아무리 좋은 도라도 의미가 없을 것이다」(원불교사상연구원 편, 『숭산논집』, 원광대학교출판국, 1996, pp.46-47).

3. 초기교단의 불법시생활 생활시불법

소태산은 시국의 인식에 따른 불교혁신의 의지를 드러내었으며, 초기교단은 이에 생활과 불법을 하나로 용해시켜 생활 속의 산부처를 발견하고자 하였다. 그로 인해 출가와 재가의 형식에 구애됨이 없는 생활 속의 참 불법을 천명하였고, 초기교단의 선진들은 어떠한 직장에서든 불법을 배우고 생활화하도록 하였다.

1) 소태산은 시국인식에 따른 불교혁신의 의지를 드러내었다.

☞「근행법 '불교 대중화의 대요'의 내용이 불법의 생활화를 하기 위한 내용으로 되어 있다. ① 道場은 신자의 집중지에 두고 일상생활에 접근케 함, ② 불조정전의 심인을 體로 하고 계정혜 삼학으로서 훈련의 요도를 정함, ③ 교과서로 사용하는 경전은 평이한 문자와 통속어로써 편찬함, ④ 불제자의 계통에 있어서 재가 출가의 차별이 없이 그 지행의 고하에 따라 행함, ⑤ 영혼 천도만을 주로 할 것이 아니라 인생의 요도를 더 밝혀서 영육이 쌍전케 함, ⑥ 걸식 시주 동령 음식불공 등을 폐지하고 근로정신을 함양하며 교화에 노력함, ⑦ 결혼은 법으로 구속하지 아니하고 자유로 함, ⑧ 여자 포교사를 양성하여 여자는 여자가 가르치게 함, ⑨ 재래의 의식과 예법을 사실과 간편을 주로 하여 현대 생활에 맞도록 함」(『근행법』 4장, 원기 28년 간).

2) 초기교단의 산업부 노래가사를 보면 생활 속의 부처를 언급하고 있다.

☞「생활 중에 眞佛法은 이 밭길로 행해가고, 영육쌍전 높은 정신 괭이 끝에 드러난다. 불타 법을 전하려고 사바세계 나온 사도, 고해 중생 굽어보며 구제의 앞길 속삭인다. 대자연의 벌판에서 힘차게 뛰놀다가, 성공 개가 부르면서 밤늦게 돌아온다. 먼지 떨고 몸을 씻고 소쇄한 심신으로, 하루 일 끝마친 한가로운 등잔 아래, 단란히 모여들어 無事道人

되었어라. 화기가 애애하여 평화세계 벌어진다」(이완철, 「산업부 농원의
노래」, 1949, 『원광』 3호).

 3) 초기교단은 불법이 생활이니 재가 출가 구별이 따로 없었다.

  ☞「재가(거진출진)와 출가(전무출신) 양 켠이 대회상을 이끌어 나가
는 큰 주동이 된다. 경성지부 회원이며 의사 부인인 성성원이 종사님께
여쭈었다. "가정과 남편을 버리고 출가 수도하여 전무출신하고 싶습니
다." "불법이 생활이요 생활이 불법이다. 가정이 있고 난 뒤에야 사회
와 국가가 있다. 재가 출가가 서로 일심 합력해야만 우리 회상이 크게
발전한다"」(박용덕, 『금강산의 주인되라』, 원불교출판사, 2003, p.102).

 4) 우리가 배우거나 가르칠 바도 불법이라 했으니, 상업을 하거
나 농사를 지으면서도 불법을 전해야 한다.

  ☞「이제 우리가 배울 바도, 가르칠 바도 오직 부처님의 도덕이라 하
였고 앞으로 교법을 펴나가는 데에도 오직 불법으로 주체를 삼겠다고
하였다. … 상업을 하면서 불법을 가르치기도 하고 농사를 하면서 불법
을 가르쳐야 하지만은 글만 전문으로 가르치는 선생도 있어야 한다. 우
리는 단지 과거의 승려같이 생활해서는 안 된다」(박길진, 『대종경강의』,
원광대학교출판국, 1980, p.21).

4. 불법시생활 생활시불법의 필요성

  불법과 생활이 따로 떨어져 있다면 이는 참 불법의 본연이 아
니다. 생활 속에서 불법을 찾고, 일원상을 연마하면서 생활 속에
응용하는 것이 개벽시대의 새 불법이기 때문이다. 육신의 의식주
생활에 이어 정신의 의식주 불법이 필요한 이유가 이것이다. 따
라서 불법과 생활의 관계는 정신과 육체의 상관관계처럼 원불교
교법의 지향점이다.

 1) 과거불교는 생활과 격리된 불법이었으나 앞으로는 생활에 유
용한 불법이어야 한다.

  ☞「과거의 불교는 교리나 제도가 출세간 본위가 되어 인간의 전면적
생활과 격리되어 불법의 진리와 인간의 생활이 서로 별스런 관계가 없
고 또는 서로 반대되는 경향이 있었다. 그러므로 불법의 진리와 생활이
서로 뗄래야 뗄 수 없는 관계를 가진 일원상 진리에 입각하여 세간 생
활에서 어느 시대 누구를 막론하고 불법공부를 하여 생활에 활용시켜

세상에 유용한 사람이 되게 하는 것이다」(한정석, 『원불교 정전해의』, 도서출판 동아시아, 1999, p.37).

 2) 육신의 의식주와 정신의 의식주라는 육대강령이 필요하다.

　☞「우리가 사농공상의 직업 사이에서 의식주를 구할 때에 일심과 지혜와 실행의 삼학을 공부삼아 이용한다면 삼학을 들이댄 만큼 의식주도 따라서 구하여질 것이라. 그렇게 된다면 의식주 생활은 의식주 생활대로 좋아지고 삼학의 불법은 불법대로 진보되어 불법과 생활이 일치의 지경에 도달할 것이니, 이것이 곧 불법시생활이니라」(『정산종사법설』, 제9편 불교정전의해, 4.표어개요,　불법시생활 생활시불법).

 3) 불법과 생활의 관계는 육체와 정신의 관계로 상호 불가분의 관계이다.

　☞「도라고 하면 고상하게만 생각하고 따로 있는 것으로 안다. 말하는 데에도 도가 있고 묻는 데에도 도가 있으며 육근동작이 도를 떠나지 않는다. … 도는 생활 속을 떠나 따로 존재하는 것이 아니다. 생활 속에 내재해 있다. 불법과 생활은 마치 육체와 정신과의 관계이다」(박길진, 『대종경강의』, 원광대학교출판국, 1980, p.280).

 4) 표어 중에서 불법시생활 생활시불법이 교법의 지향점이자 대단원이다.

　☞「원불교 표어 즉 물질이 개벽되니 정신을 개벽하자, 처처불상 사사불공이나 무시선 무처선이나 동정일여 영육쌍전 등의 해석이나 말씀의 내용에 대한 결론이 불법시생활 생활시불법의 말씀이 아닌가 한다. 활불의 진면목이 여기에서 나타난다. 왜냐하면 이 말씀이 모두 불법으로써 생활을 건설하고 생활 속에서 불법을 빛내자는 취지이기 때문이다」(서경전, 『교전개론』, 원광대학교출판국, 1991, p.112).

5. 불법시생활 생활시불법의 특징

불법시생활 생활시불법은 불법과 생활을 아우르는 공부로서 깨달음과 생활을 일원화시키는 실천실학의 특징을 지닌다. 나아가 이상과 현실을 일치시킴으로써 평화와 낙원건설을 도모한다. 불법시생활 생활시불법의 교리표어는 진리의 활용성에 대한 중요도를 드러내는 일종의 교리표어라는 것이다.

 1) 불법시생활은 불법으로 생활을, 생활시불법은 생활 속에서

불법을 지향하는 성향이다.

☞「불법시생활 : 불법으로 생활을 빛내고 = 일심보은. 생활시불법 : 생활 속에서 불법을 닦는다 = 보은일심. 실생활에 부합되는 산 종교」(『정전대의』-대산종사법문집 1, 4. 표어해의, 6. 불법시생활 생활시불법).

2) 불법시생활 생활시불법은 깨달음과 생활을 일원화시킨 실천실학의 특징을 지닌다.

☞「생활과 불법이 둘이 아니다. 생활 속에서 불법을 찾고 불법을 깨달으려는 생활로서 일관될 때 소태산은 그 경지를 극락세계로 본 것이며, 이것 또한 실학정신의 원리를 잘 표현한 것이라고 본다. 스스로 깨닫고 타인을 깨우치는 자각각타의 생활을 소태산은 불법시생활 생활시불법이라고 하여 깨달음과 생활을 일원화시켰다. 이는 곧 실천실학의 사상을 잘 드러낸 것이다」(류병덕, 「소태산의 실천실학」, 석산 한종만박사 화갑기념『한국사상사』, 원광대학교출판국, 1991, pp.1227-1228).

3) 불법시생활 생활시불법은 이상과 현실을 일치시킴으로써 천지를 불국세계로 만들자는 것이다.

☞「불법시생활 생활시불법은 진리와 생활, 이상과 현실을 일치 조화시킬 수 있도록 하자는 것으로 불법의 생활화, 시대화, 대중화의 단적인 표어인 바, 불법을 신앙하고 불법을 실천함으로써 심신작용과 대인접물과 의식주의 생활을 더욱 빛낼 뿐 아니라 그 시대와 사회에 적응하고 시대와 사회를 올바로 향도하는 동시에 … 모든 생활하는 가운데서 바로 불법을 신앙하고 수행하여 불법이 곧 생활이 되고 생활이 곧 불법이 되게 해서 다 같이 활불이 되고, 온 천지를 불국세계로 만드는 것이 그 길이요 표준이 될 것이다」(신도형, 『교전공부』, 원불교출판사, 1992, p.27).

4) 불법시생활 생활시불법은 생활표어로서 평화와 낙원세계 건설을 지향한다.

☞「불법과 생활을 일치시켜서 누구나 불법을 공부하여 알아 불법으로써 생활을 빛내고 생활로써 불법을 닦게 하여 불법과 생활이 일치된 원만한 생활을 하게 하였다. … 그리하여 불법으로써 수신도 하고 제가도 하고 치국도 하고 제중도 하게 하여 평화의 세계, 낙원의 세계를 건설하게 하였다. 이것이 또한 원불교의 생활표어이다」(안이정, 『원불교교전 해의』, 원불교출판사, 1998, p.74).

5) 불법시생활 생활시불법의 교리표어는 진리의 활용성에 대한

중요도를 드러내고 있다.

　☞「원불교의 경전 특히 소태산의 어록인 『대종경』에서는 내용의 대부분을 현실에 진리를 수용하는 방법과 진리적인 생활을 하는 목적 및 방법에 대해 술하고 있다. 그리고 진리의 생활화를 밝힌 불법시생활 생활시불법을 중요한 교리표어로 제시한 점도 진리의 활용성에 대한 중요도를 잘 나타낸 것이라고 하겠다」(박상권, 「원불교 신앙론」, 『인류문명과 원불교사상』(上), 원불교출판사, 1991, p.227).

6. 불법시생활 생활시불법의 현대적 의의

　현대사회에 있어 종교의 매력으로 고립된 불법이 아니라 대중과 함께 하는 불법이어야 바람직한 불법활용이 될 것이다. 실생활에 도움이 되지 않는 불법이라면 그것은 생활불교와 거리가 멀어져 과거불교로 후퇴하기 때문이다. 물질문명 중심의 현대사회에서 불법시생활·생활시불법을 통한 정신문명의 실제적 활용이 본 표어의 현대적 의의인 것이다.

　1) 몇 사람만이 교당에 한정해서 불법을 거론한다면 이는 시대착오적인 종교요 생활불교와 동떨어진다.

　☞「소태산은 원불교인이 교당 안에서 교도 몇 사람끼리 모여서 원불교에 관해서 이야기하는 것으로 만족하는 시대는 이미 지나가고 원불교 교리를 생활 속으로, 세계 속으로 가지고 가서 생활하면서 그들과 사상적으로 대화하지 않으면 안 된다는 뜻에서 이 말씀을 하였다. 만일 그럴 필요가 없다고 고집하는 사람이 있다면 그 사람은 시대착오요 생활착오요 대중과는 멀어진다. 여기에 불법시생활 생활시불법의 참 뜻이 있다. 이 참이란 불법으로 생활을 건설하고 생활 속에서 불법을 실현하는데 있다」(서경전, 『교전개론』, 원광대학교출판국, 1991, p.113).

　2) 불법을 공부하는 의의는 실제의 생활에서 잘 살기 위함이다.

　☞「우리가 지하의 철물을 파내고, 거울을 갈아서 만드는 것은 이것을 인간에게 유익하게 활용하기 위한 것이다. 옛날같이 산중 등 조용한 곳에서 공안 문답이나 하고 있으면 무엇하겠는가? 불법을 공부하는 목적이 실생활에 잘 쓰기 위함이 아니면 아무런 가치가 없다」(박길진, 『대종경강의』, 원광대학교출판국, 1980, p.271).

　3) 물질적 생활의 중요성도 함께 강조한 것이 불법시생활이요

생활시불법이다.

☞「원불교는 물질적 생활의 중요성을 함께 강조한 데에 원불교의 면모가 躍如하고 있다. 생활시불법 불법시생활이란 이를 두고 이른 말이요, 영육쌍전의 사상도 이에 근거한 것이라 이르지 않을 수 없다」(이을호, 「원불교 교리상의 실학적 과제」, 『원불교사상』 8집, 원불교사상연구원, 1984, p.275).

 4) 불법시생활은 교단의 방향으로서 고금을 통한 실용적 불법의 방향이다.

☞「생활 전체를 불법으로 보는 불법시생활의 관점에 서기 때문에 사실상 불법과 세속생활이 서로 떠나있는 것이 아니다. 소태산 교조는 그것을 실증적으로 민중에게 가르치기 위하여 대각 후 개교 초부터 숯장사, 엿장사를 시작하며 간척지를 개간하고 황무지 개간 의약업 농축산업을 일으켰다. 이러한 교단으로 방향을 잡은 것은 생활의 토대 위에 굳게 자리잡은 실용적인 불법으로 만들기 위함이다」(송천은, 『일원문화산고』, 원불교출판사, 1994, p.152).

7. 불법의 생활화와 이상사회

 낙원세계란 생활과 불법이 일치된 사회를 말한다. 불교의 이상을 실현하는 것이란 생활 속에서 불법을 응용하는 것이기 때문이다. 곧 불법으로 현실극락을 건설하는 것은 새 종교가 지향할 바이다. 이에 우리가 살아가는 세상 모두를 수도하는 도량, 전법하는 도량으로 알고 살아가는 자세가 필요하다.

 1) 불법과 생활이 일치된 원만한 생활이 이상사회이다.

☞「불법시생활 생활시불법은 불법이 생활이요 생활이 불법이라는 말씀이니, 다시 말하면 불법으로 생활을 빛내고 생활 속에서 불법을 닦아 불법과 생활이 일치된 원만한 생활을 하자는 말씀이라 생각한다」(안이정, 『원불교교전 해의』, 원불교출판사, 1998, p.72).

 2) 생활의 현실에서 불법의 이상을 실천하는 것이 불법시생활 생활시불법이다.

☞「불법시생활 생활시불법은 현실적인 생활과 진리적인 불법의 완전 종합을 의미한다. 물질적, 기술적, 상황적, 대중적(사회적)인 성격을 포함하는 것이 생활이므로 불법은 이들 생활현실을 수용하는 속에서 불법

의 이상을 실현해야 한다는 것이 표어의 본의이다」(송천은, 『일원문화 산고』, 원불교출판사, 1994, p.149).

3) 불법시생활 생활시불법은 새 시대의 새 종교의 지향점이다.

☞「소태산 교법이 생활종교를 표방하며, 생활 속에서 종교적 품성을 가꾸어가도록 한 원불교의 표어정신 '불법시생활 생활시불법' 을 새 시대의 새 종교가 지향할 바이며, 이를 인도실천 윤리로 해석할 수 있는 타당성을 제공해준다」(박상권, 「소태산의 종교적 도덕론 연구-『대종경』 인도품을 중심으로-」, 『원불교사상과 종교문화』 29집, 원불교사상연구원, 2005, p.74).

4) 초기교단에서도 세계의 도량을 교무부로 알자고 하였다.

☞「세계를 교무부로 알자는 것은 본회의 주장이어니와 이와 같이 실행하면 어디가 교당 아닌 곳이 있겠는가. 그런고로 재가 회원으로서 원지에 흩어져서 예회 참석이 불가능한 때는 누구를 물론하고 다 이 법을 실행하였으면 공부상 진행에 실로 큰 효력이 있을 것을 자신하옵고 이 안을 제출한다」(박대완, 「在家중 예회엄수의 건」, 『월말통신』 34호/원불교사상연구원 편, 『원불교 인물과 사상』(Ⅰ), 원불교사상연구원, 2000, p.113).

8. 관련법문

☞「승려들의 실생활을 들어 말하자면 풍진세상을 벗어나서 산수 좋고 경치 좋은 곳에 정결한 사원을 건축하고 존엄하신 불상을 모시고, 사방에 인연 없는 단순한 몸으로 몇 사람의 동지와 송풍나월에 마음을 의지하여, 새소리 물소리 자연의 풍악을 사면으로 둘러놓고, 신자들이 가져다주는 의식으로 걱정 없이 살며, 목탁을 울리는 가운데 염불이나 송경도 하고 좌선을 하다가 화려하고 웅장한 대 건물 중에서 나와 수림 사이에 소요하는 등으로 살아 왔나니, 일반 승려가 다 그러한 것은 아니라 거개가 이와 같이 한가한 생활, 정결한 생활, 취미 있는 생활을 하여 왔나니라. 그러나 이와 같은 생활을 계속하여 오는 동안에 부처님의 무상대도는 세상에 알려지지 못하고 승려들은 독선기신의 소승에 떨어졌나니 이 어찌 부처님의 본회시리요. 그러므로 부처님의 무상대도에는 변함이 없으나 부분적인 교리와 제도는 이를 혁신하여, 소수인의 불교를 대중의 불교로, 편벽된 수행을 원만한 수행으로 돌리자는 것이니라」(『대종경』, 서품 16장).

☞「신앙불교, 학자불교, 실행불교를 다 갖춘 불법이 참 불법이니라」(『정산종사법어』, 법훈편 13장).

☞「불법을 생활화 시대화 대중화하여 佛恩 속에서 영생을 잘 살도록 하는 법이다」(『정전대의』-대산종사법문집 1, 4. 표어해의, 5. 불법시생활 생활시불법).

9. 불법시생활 생활시불법의 연계사상

불교 『육조단경』에서도 세간을 떠난 불법은 不離世間覺이라 하여 혜능은 생활 속에서 참선을 추구하였다. 『주역』에서는 세속의 삶에서 도를 벗어나지 않고, 유교는 실사구시의 실학으로 생활과 유학을 일치시켰다. 도가의 노자도 화광동진을 밝혀 세속과 합류하도록 하였다.

1) 『육조단경』에서 세간을 떠나 도를 찾는 것은 토끼에게서 뿔을 찾는 것과 같다고 하였다.

☞「『육조단경』에도 생활 속에서 불법 공부를 강조하는 것이 나온다. "불법은 세간에 있으니 세간을 떠나서 도를 깨칠 수 없다. 세간을 떠나서 도를 찾는 것은 토끼에게서 뿔을 구하는 것과 같다"(佛法在世間 不離世間覺 離世覓菩提 恰如求兎角)라고 말한다. 그러나 그것은 승려의 생활이지 대중의 보편적 생활은 아니었다. 원불교의 교리체계는 생활을 하면서 불법공부를 할 수 있도록 하였다. 대종사는 이념적으로만 제시한 것이 아니라 교리체계로 밝힌 것이다」(한정석, 『원불교 정전해의』, 도서출판 동아시아, 1999, p.38).

2) 혜능은 일상생활을 하면서 禪의 상태에 들어가도록 하였다.

☞「옛날 유교는 보리명석이 떠내려가도 모르는 척 이론만 중시했다. 불교는 일곱 집을 돌면서 동냥하는 칠가식이 근본적인 잘못이다. 혜능은 비종교적인 일에 종사하면서도 禪의 상태에 들어간다. … 그는 생활 속에서 불법을 구하며 선의 마음으로 일관하였다. 원불교의 마음공부를 잘 하면 내외 인격을 이루고 은혜의 세계를 만든다」(원불교사상연구원 편, 『숭산논집』, 원광대학교출판국, 1996, p.47).

3) 『주역』에서는 旁行而不流를 말하여 세속에 살더라도 도를 벗어나지 않는다고 하였다.

☞「옆으로 가더라도 음란한 데에 함께 하지 않는다」(『周易繫辭傳』 上傳 4章, 旁行而不流).

4) 유교의 실사구시적 실학정신이 불법시생활과 통한다.

　☞「세간을 떠나서 불법을 구하는 것은 좁은 길이다. 여기서 실사구
시적인 실학정신과 서로 만난다. 실지상에 불법을 건설하려 하기 때문
이다」(송천은, 『일원문화산고』, 원불교출판사, 1994, p.148).

5) 노자는 티끌세상에도 합류하는 자세(화광동진)를 가지라고
하였다.

　☞「그 빛에 화하고 티끌에 함께 한다」(『道德經』 4章, 和其光同其塵).

10. 보충해설

불법시생활·생활시불법이란 무엇인가? 쉽게 접근할 수 있을
것 같으면서도 다양한 표현으로 전개된다. 불법시생활·생활시불
법의 여러 英譯들을 참조해 보면 다양한 표현에도 불구하고 의미
는 용이하게 전달된다. 다음 몇 가지의 용례를 통해서 그 의미를
접근해 본다.

먼저 Buddhist truth is found in life, Life is Buddhist truth itself
이다. 이를 번역한다면 불교의 진리는 생활에서 발견되고, 생활은
불교의 진리 그 자체이다. 이어서 Buddha's truth is in living,
Living is Buddha's truth이다. 이를 번역한다면 불타의 진리는 생
활에 있고, 생활은 불교의 진리이다. 다음 Life is Buddha-Dharma,
Buddha-Dharma is life itself이다. 이를 번역하면 생활은 불법이고,
불법은 생활 자체이다. 그리고 Buddha-Dharma is living itself,
Living is Buddha-Dharma itself이다. 이의 번역을 보면, 불법은 생
활 그 자체이고, 생활은 불법 그 자체이다. 끝으로 Brightening of
daily life with Buddha-Dharma, Practing of Buddha-Dharma in
daily life이다. 불법으로 일상생활을 밝히고, 일상생활에서 불법을
실천한다는 뜻이다.

불법시생활 생활시불법이 표현상 다소의 차이점이 발견되지만
한결같이 불법은 생활을 벗어나 있지 않고, 생활은 불법을 벗어
나 있지 않다는 것이다. 이는 과거의 불법은 불법과 생활이 동떨
어져 있었고, 생활 역시 불법과 동떨어져 있었다는 소태산의 통
찰력에 의해 창안된 교리이다. 중국어로 이해할 경우에도 佛法是

生活·生活是佛法에 있어 '是'는 곧 '='를 뜻하므로 불법과 생활을 동일시하는 생활불교의 모습은 그대로 드러나 있다. 동서양의 언어를 막론하고 불법과 생활을 일치하자는 면에서 상통한다.

11. 연구과제
 1) 불법시생활과 생활시불법의 등장배경은?
 2) 불법시생활과 생활시불법의 의미는?
 3) 불법시생활과 생활시불법의 필요성은?
 4) 불법시생활과 생활시불법의 현대적 의의는?
 5) 나의 삶에서 불법시생활 공부의 실례를 드시오.

12. 고시문제
 체와 용을 O와   X로 표시 : 生活()과 佛法()

제7장 교리도

○ 『정전』의 교리도

1. 교리도의 등장배경

교리도는 일시에 만들어진 것이 아니며, 초기 교단사 속에서 점차 체계성을 갖추어 오면서 몇 차례 변화의 과정을 거친 후 정착된 것이다. 소태산은 열반 전, 교운을 상징하듯 거북모양의 교리도를 만방에 선포하기에 이르렀다. 그가 교리도를 선포한 것은 교리의 체계성을 도모하고 초입교도에게 교리를 용이하게 접근하도록 하기 위함이었다.

1) 오늘의 교리도가 등장하는데 구 교리도가 밑받침이 되었다.

☞「주산 선생은 8세부터 14세까지 조부님으로부터 사서삼경을 대강 배웠다 하며, 글씨는 여가로 자습자득을 하였다 하는데 그 필법이 정묘하여 숨은 명필이었나니, 나도 그분의 필적을 여러 장 가지고 있다. 대종사님이 친제한 불법연구회의 구교리도·반야심경·휴휴암좌선문 외에 액자·주련 등을 지금도 소중히 간직하고 있다」(구타원종사 법문집 편집위원회 편, 『인생과 수양』, 원불교출판사, 2007, p.58).

2) 원기 27년 경진 동선에서 소태산은 게송, 일원상법어, 새 교리도 등을 발표하기에 이른다.

☞「원기 27년 1월 경진동선 중에 소태산이 게송, 일원상법어, 새 교리도와 표어, 사사불공 처처불상을 발표, 『정전』에 편입키로 하였다」(박용덕, 『천하농판』, 도서출판 동남풍, 1999, pp.168-169).

3) 교리도는 『육대요령』, 『불교정전』, 『교전』으로 이어오면서 체계화의 과정을 겪었다.

☞「『육대요령』에서 『정전』에 이르기까지 꾸준히 계승되고 있는 것은 교리도, 사은, 사요, 삼학, 팔조, 계문, 솔성요론, 최초법어 등이다. 따라서 원불교의 기본 교리는 『육대요령』에서부터 확고하게 틀이 잡혀져 왔으며, 그 밖의 다양한 교리는 지속적으로 체계화되었음을 알 수 있다」(고시용, 「정전의 결집과 교리의 체계화」, 『원불교학』 제9집, 한국원불교학회, 2003.6, p.274).

4) 소태산 대종사는 원기 28년 동선 중 교리도를 정산종사에게 해설하도록 명하고 보설을 했다.

☞「원기 28년 1월 동선 중에 대체로 갖추어진 이 교리도가 총부 중앙선원에서 오전 『정전』 시간에 선원 대중에게 처음으로 발표되었다. 이 교리도를 칠판에 붙이고 당시 중앙선원 교감이었던 정산종사에게

교리도의 해설을 명하고 소태산 여래는 교리도를 바라보며 거북이와도 같고 사람과도 같다하며 매우 기뻐하고 흡족하게 여기는 표정이었다. 해설 도중 보설도 해주었다」(안이정, 『원불교교전 해의』, 원불교출판사, 1998, p.92).

5) 초입교도들에게 원불교 교리를 쉽게 접근할 수 있도록 교리도를 만들었다.

☞「우리가 일원상 하나만을 머리 가운데 가지고 있으면 되지만 초입자는 잘 되지 않으니 道力恩生이라 하면 교리도를 만들어 놓으신 뜻에 부합이 되지 않을까 생각한다. 교리도를 만들어 놓고 기뻐하시던 성안이 늘 잊혀지지 않는다. 어떻게 해야 우리가 교법의 진수를 알아낼 수 있을까 고민하다 이 4글자를 생각해 보았다」(박장식, 『평화의 염원』, 원불교출판사, 2005, p.170).

2. 교리도의 의미

교리도는 일원상을 종지로 한 원불교의 기본 교리를 일목요연하게 집약하여 강령으로 표현한 도식이다. 교리도에서 교법의 진수를 파악할 수 있으며, 신앙적 보은과 수행적 구도 즉 인과보응의 신앙문과 진공묘유의 수행문을 두었으니 교리의 체계화된 모습을 알 수 있다. 다시 말해서 원불교의 교리 곧 진리의 요체를 도형의 형식에 의해 총섭적으로 볼 수 있게 한 것이 교리도이다.

1) 교리도는 일원상을 종지로 하여 교법의 진수를 집약, 일목요연하게 표현한 법문이다.

☞「교법의 진수를 집약하여 일목요연하게 도식으로 표현해준 법문으로서, 일원상을 종지로 하여 신앙문과 수행문을 세워 원만한 신앙생활과 원만한 수행길을 밝혀주고, 인생의 요도와 공부의 요도로 나누어 제생의세의 묘방을 제시해 주었으며, 교리의 이념이요 교단의 목표인 사대강령을 드러내고 일원상의 내용과 전법게송을 골자로 하였다」(신도형, 『교전공부』, 원불교출판사, 1992, p.29).

2) 교리도는 쉬운 도식으로서 원불교의 기본교리를 나타낸 것이다.

☞「읽기 힘든 책이나 글을 그림이나 도형으로 나타내면 이해하기가 훨씬 쉽다. 그것은 그림이나 도형은 여러 가지 뜻을 함축적으로 잘 보여주기 때문이라고 생각된다. 원불교 기본교리를 쉬운 도식으로 그려서

나타낸 것이 교리도이다. 교리도는 원불교 전서의 가장 앞쪽에 위치되어 있는 교리에 관한 그림이다」(박혜훈, 『낱말로 배우는 원불교』, 원불교출판사, 2008, p.77).

 3) 교리도는 교리의 강령을 도식화한 것으로서 일원상 아래 진공묘유의 수행문과 인과보응의 신앙문을 두었다.

　☞「이 교리도로 말하면 교리의 강령을 도식으로 만들어 놓은 것이기 때문에 제일 위에다가 일원상을 표시해 놓고 그 일원상을 토대로 해서 한편으로 진공묘유의 수행문을 말했다. 그리고 다른 한편으로는 인과보응의 신앙문을 말했다. 진공묘유의 수행문이란 것은 자기 인격을 완성하는 길이다. … 인과보응의 신앙문을 마련한 것은 이 사회가 대단히 어지러워 전부 원망생활을 하고 그렇기 때문에 사회를 정화시킬 것 같으면 사은의 보은생활을 해야 한다는 것이다」(이운권, 고산종사문집1 『정전강의』, 원불교출판사, 1992, p.112).

 4) 교리도는 진리의 요체를 총섭적으로 대강을 잡도록 했다.

　☞「교리도란 원불교 교리체계를 일목요연하게 도표화시킨 것으로서 신앙과 수행의 구도적 표현을 구체화한 것이다. 교리의 축약된 표현양식인 교리도의 주 내용은 총섭적 차원의 일원종지를 신앙문과 수행문으로 병렬시켜 구체적으로 접근케 하여 일치화를 도모하였으며 우주만유의 근본인 사은과 죄복 보응의 연결고리를 나타냄으로써 진리의 요체를 보다 간략하게 대강을 잡도록 한 것이다」(서경전, 『교전개론』, 원광대학교출판국, 1991, pp.117-118).

 5) 교리도는 원불교 교리를 세계지도처럼 한눈으로 볼 수 있도록 도식으로 나타낸 것이다.

　☞「교리도는 원불교의 교리를 한눈으로 볼 수 있도록 도식으로 나타낸 것이다. 비유하여 말하자면 세계지도를 보아 세계 모든 나라의 영역을 한눈으로 볼 수 있듯이 원불교의 교리 전체 내용을 한 눈으로 볼 수 있도록 도식으로 나타낸 것이 곧 교리도이다」(안이정, 『원불교교전 해의』, 원불교출판사, 1998, p.76).

3. 교리도의 대의강령

 1) 일원상을 상단에 두고, 그 밑에 일원은 법신불이니 우주만유의 본원이요 제불제성의 심인이요 일체중생의 본성이라 하였다.

2) 일원상 하단의 좌우에 인과보응의 신앙문과 진공묘유의 수행
문을 두었다.

3) 인과보응의 신앙문 하단에 사은사요를, 진공묘유의 수행문
하단에 삼학팔조를 배열하였다.

4) 사은사요 밑에 보은즉불공으로 처처불상 사사불공을 배치하
였고, 삼학팔조 밑에 동정간불리선으로 무시선 무처선을 두었다.

5) 일원은 법신불이니 우주만유의 본원이요, 제불제성의 심인이
요 일체중생의 본성이라 언급한 하단에 게송을 두었다.

6) 교리도의 사방에 사대강령으로서 정각정행, 지은보은, 불법활
용, 무아봉공을 배치하였다.

4. 관련법문

☞「원기 28년 계미 1월에 대종사 새로 정한 교리도를 발표하시며 말
씀하시기를 "내 교법의 진수가 모두 여기에 들어 있건마는 나의 참 뜻
을 아는 사람이 몇이나 될꼬. 지금 대중 가운데 이 뜻을 온전히 받아갈
사람이 그리 많지 못한 듯하니 그 원인은, 첫째는 그 정신이 재와 색으
로 흐르고, 둘째는 명예와 허식으로 흘러서 일심 집중이 못되는 연고라,
그대들이 그럴진대 차라리 이것을 놓고 저것을 구하든지, 저것을 놓고
이것을 구하든지 하여 좌우간 큰 결정을 세워서 외길로 나아가야 성공
이 있으리라"」(『대종경』, 부촉품 7장).

☞「교리 실천이니 아무리 좋은 음식이라도 먹어서 영양을 만들어야 비
로소 그 음식의 가치가 나타나는 것같이, 제불제성의 교리도 각자 각자
가 실천하여 교리에 근거한 인격을 갖추어야 비로소 참다운 광명이 나
게 되고 또 이 시방세계에 비쳐갈 것이니, 무엇보다도 먼저 실천을 주
로 함은 대종사님께서 권한 바이며, 교리가 더욱 생생히 살아나가게 되
어야 진리가 새로이 드러나고 암담한 세계에 참다운 도덕이 부활될 것
이다」(『대산종사법문』 2집, 제4부 신년법문, 원기53년 연두법문).

☞「『대종경』을 십년 동안 연마하였더니 바로 내 것이 되었다. 그 후 『
정전대의』와 『교리실천도해』도 정산종사님의 부촉이 계시어 기도 올리
며 편술하였다」(『대산종사법문』 2집, 제1편 신성 13장).

5. 교리도의 형성사

원기 17년 『육대요령』에 처음 교리도가 게재되면서 교리도에 대한 관심이 증가하기 시작하였다. 이어서 원기 19년 『불법연구회규약』에서도 교리도가 등장하였으며, 원기 28년 새롭게 변모된 『불교정전』의 교리도에 이어 원기 47년 오늘의 『정전』에 교리도가 정착된 것이다.

 1) 원기 17년 『육대요령』에 처음 개교동기와 교리도를 게재하였다.

☞『육대요령』에서 처음으로 개교동기와 교리도를 게재하였다. 따라서 이는 기본 교리인 사은사요와 삼강령 팔조목을 제시한 순수 교리서이다. 2년 후에는 보경 『삼대요령』을 발간하였다. 『삼대요령』은 『육대요령』의 골격을 살리면서 첨삭 보강되었다」(이운철, 「출판언론사」, 『원불교 70년정신사』, 성업봉찬회, 1989, p.547).

 2) 원기 19년 『불법연구회규약』에는 『육대요령』과 같이 교리도를 게재하였다.

☞『불법연구회규약』은 초판 한장본 『규약』(속칭 노란가위 취지서)에 비해 판형이 적은 4×6판 49쪽에 불과한 소책자로 편차상으로는 초판 『규약』의 형식을 따르고 있으나 그 수록 내용은 달리한다. 19년도판 『규약』에는 초판의 본회 유래와 취지 설명만 그대로 살렸으나 연구인 공부순서는 일체 수록하지 않았다. 새롭게 추가된 것은 속표지 다음 쪽에 『육대요령』과 똑같은 교리도를 게재한 점이다」(박용덕, 『천하농판』, 도서출판 동남풍, 1999, p.186).

 3) 원기 26년 소태산은 교리도를 완성함에 있어 제자들에게 연마해 보라고 하면서, 손수 지우개로 수정하여 완성하였다.

☞「원기 26년 1월 경진 동선 중 『정전』을 초안 중이었다. 당시 교리도는 사은사요 삼학팔조 상시응용주의사항 교당내왕시주의사항이 다 있는 교리도였다. 그래서 우리가 의견을 올렸다. "대각전에 법신불 일원상을 모시고 있으니 진리적으로 지시한 것이지만 팔괘기보다는 일원기로 하는 것이 어떻습니까? 교리도도 이렇게 다 넣어 놓는 것보다는 간단히 만들어 주고 무시선 무처선에 상응하는 불공표어가 있었으면 합니다"라고 말씀드렸다. 이에 대종사님은 미리 구상해 놓은 바가 있으면서도 우리들의 능력과 역량을 계발시키고 교리에 대한 깊은 이해와 연마 시간을 갖게 하기 위해 각자 소견대로 표어와 교리도를 만들어 오라고 하였다. … "너희 소견도 다 좋지만 이렇게 하면 어떻겠느냐" 고 하니 누

가 반대할 사람이 있었겠는가. 대종사님 친히 지우개로 지우면서 작성한 교리도를 새로 정서하여 오게 하여 이를 공회당 칠판에 붙여놓고 "나의 교법의 정수가 여기에 다 갊아 있다. 잘 연마를 해봐라. 마치 거북이가 팔괘를 짊어지고 나온 것 같다" 하며 크게 기뻐하시던 성안을 잊을 수가 없다」(박장식, 『평화의 염원』, 원불교출판사, 2005, pp.91-92).

4) 원기 28년 『불교정전』에 나타난 교리도는 일원상을 중심으로 신앙문에 사은과 보은강령, 수행문에 삼학팔조 등이 있었다.

☞「원기 28년 『불교정전』에 나타난 교리도는 일원상을 중심으로 신앙문에 사은과 보은강령이 있고 수행문에 삼학팔조가 있으며 수행문 4면에 사대강령을 표시하고 있다. 신앙문 귀결에는 처처불상 사사불공, 수행문 귀결에는 무시선 무처선이 있다. 처음 일제의 압력에서 간행허가가 나오지 않자, 간행 허가의 방편으로 양대은을 넣고 진충보국을 사대강령에 넣었으나, 해방 후에는 이 모든 것을 빼고 사대강령에 무아봉공을 넣었다」(서경전, 『교전개론』, 원광대학교출판국, 1991, p.115).

5) 원기 28년 8월에 간행된 『불교정전』의 교리도와 33년 4월에 재판된 『불교정전』의 교리도에는 자구의 변동이 있었다.

☞「원기 28년판에는 四大主恩, 四重屬恩과 보은의 대요가 있다면 원기 33년판에는 四重恩과 보은의 대요로 바뀌었고, 삼학의 순서로서 계정혜(28년)가 혜정계(33년)로 바뀌었으며, 사대강령의 하나로 불법활용(28년)이 불교보급(33년) 등으로 바뀌었다」(안이정, 『원불교교전 해의』, 원불교출판사, 1998, pp.95-96참조).

6) 원기 47년 『교전』에 교리도는 불교보급을 불법활용으로 바꾸고 게송을 첨가하였으며 보은강령 대신에 사요를 넣었다.

☞「원기 47년 『원불교 교전』에 나타난 교리도는 『불교정전』과 대체로 같으나 게송이 첨가되고 보은의 강령 대신 사요를 넣었으며 불교보급을 불법활용으로 바꾸었으며, 법신불 아래의 1, 2, 3, 4, 5의 내용을 삭제하고 그 대신 "일원은 법신불이니 우주만유의 본원이요, 제불제성의 심인이요, 일체중생의 본성이다" 를 첨가하였다」(서경전, 『교전개론』, 원광대학교출판국, 1991, p.115).

6. 교리도와 일원상의 관계

교리도의 제일 상단에 법신불 일원상을 두어 원불교 최고의 종지로 삼았으니 진리불을 신앙화한 것이다. 그리고 일원상 하단의 좌우에는 신앙문과 수행문을 두어 신앙의 대상과 수행의 표본으로 삼도록 하였다. 교리도에 나타난 일원상의 의미는 우주만유의 본원이요, 제불제성의 심인이요 일체중생의 본성이라 하였다.

 1) 교리도 상단에 일원은 법신불이라 하였는데 이는 진리불을 대상으로 나타낸 것이다.

  ☞「교리도를 보면 맨 위의 중앙에 원상이 그려지고 그 밑에 일원은 법신불이라고 되어 있다. 이 말씀은 진리불을 대상으로 나타낸 것이 ○인데 그 이름을 법신불이라 한다는 뜻이요, 그 밑에 우주만유의 본원이요, 제불제성의 심인이요, 일체중생의 본성이라 한 것은 법신불 즉 진리불의 내용을 일반이 알기 쉽게 해명해 준 말씀이라 생각한다」(안이정, 『원불교교전 해의』, 원불교출판사, 1998, p.76).

 2) 『원불교 교헌』에서는 법신불 일원상을 본존으로 한다고 하였으며, 교리도에는 최고 종지로서 일원상을 그려 넣었다.

  ☞「『원불교 교헌』에서는 본교는 "법신불 일원을 본존으로 한다" 라고 명시하고 있다. 그런데 원불교 교리의 진수를 총체적으로 집약하여 일목요연하게 도식으로 표현한 교리도에서는 최고 종지로서의 일원상을 그려놓는다」(노권용, 「원불교 신앙론의 과제」, 『원불교학』 창간호, 한국 원불교학회, 1996, p.24).

 3) 초기교단에서는 일원상을 봉안하고 좌우에 교리도와 소태산의 영정을 봉안하였다.

  ☞「회원들은 아직 심불 일원상에 대한 이해 정도가 깊지 못하였으나 대체적으로 사은에 대한 이해와 소태산에 대한 인격 신앙은 돈독하여 불교혁신 이념에 反한 느낌마저 있었다. 1936년(원기 21) 지방교당에서도 이미 일원상을 봉안하고 그 좌우에 교리도와 같이 소태산 영정을 봉안하였다」(박용덕, 『천하농판』, 도서출판 동남풍, 1999, p.29).

 4) 교리도는 일원상을 종지로 하고 그 아래에 신앙문과 수행문을 두어 연관성을 띠게 하였다.

  ☞「교리도는 일원상의 진리를 최고 종지로 하여 사은사요를 신앙문으로 하고 삼학팔조를 수행문으로 하여 상호 연관적으로 배열되어 있어 모든 교리와 사상을 전체적으로 이해하게 된다」(서경전, 『교전개론』, 원광대학교출판국, 1991, p.118).

5) 일원은 우주만유의 본원이요, 제불제성의 심인이며, 일체중생의 본성이라 교리도에 밝혔다.

☞「일원의 진리는 우주만유의 본원이요 제불조사의 심인이며 일체중생의 성품이다. 이렇게 교리도에 나타난 것과 같이 일원의 진리를 가지고 내 개인의 인격을 양성시키고 또는 사회를 정화시켜 가도록 하기 위하여 일원의 진리를 토대로 해서 내 개인의 연격을 양성시키는 수행의 방법과 사회를 정화시키는 신앙문 이 두 가지 길을 마련해 가지고 교리를 제정한 것이다」(이운권, 고산종사문집1 『정전강의』, 원불교출판사, 1992, p.111).

7. 교리도의 특징

교리도는 원불교의 교리를 용이하게 도형으로 표시하여 전반 교리를 쉽게 다가설 수 있게 하는 특징을 지닌다. 곧 교리도는 교법의 진수와 교리의 강령이 일목요연하게 드러내는 특징을 지닌다. 교리도에 나타난 교리체계는 조직적·논리적인 바, 우리가 골를 합리적이고 과학적 방법으로 다가설 수 있게 한다. 교리도는 특히 소태산 대종사가 친제하여 선포하였다는 점에서 평이간명의 기본정신을 알 수 있다. 아무튼 원불교의 교리도는 종적인 구조로서 상징·강령·종합실천의 특성을 지니며, 횡적인 구조로서 진리핵심·신앙수행·대외실천의 특성을 지닌다. 교리도를 체득하는 일은 소태산의 심통제자가 되는 길임을 알아야 한다.

1) **교리도는 원불교의 기본교리를 전반적으로 이해하기 쉽게 다가설 수 있게 한다.**

☞「교리도는 원불교의 기본교리를 일목요연하게, 그리고 중요한 내용이 체계적으로 정리되어 있다. 그래서 교리도를 통해 원불교 교리를 전반적으로 이해하고, 쉽게 이해할 수 있다」(박혜훈, 『낱말로 배우는 원불교』, 원불교출판사, 2008, p.77).

2) **교리도는 교법의 진수와 교리강령을 일목요연하게 드러내고 있다.**

☞「교리도의 일반적 성격과 특성을 보면 교리도는 교리의 강령을 한 눈으로 바라볼 수 있게 하였으며, ① 원불교 교법의 진수가 모두 여기에 있다. … ② 새 부처님 대종사가 직접 만들어 실행토록 했으며, ③ 누구나 이 교리도를 보고 실행하여 성불제중할 수 있게 했고, ④

교리의 강령이 일목요연하게 드러나 있다」(서경전, 『교전개론』, 원광대학교출판국, 1991, p.116).

3) 교리도에 나타난 교리체계는 조직적이고 논리적이다.

☞「원불교의 교리체계는 교리도에 나타나 있듯이 그 체계가 불교에서는 찾아볼 수 없는 조직화된 면을 보이고 있다. 이는 조선조 유학이 관념 철학화하면서 조직적이고 논리적인 설명으로 발전되었던 점에서 볼 때 유학적 논리성에 일정한 영향을 받은 것으로 보인다」(신순철, 「정산종사의 유학과 송준필 선생」,《원보》제20호, 원불교사상연구원, 1983, p.2).

4) 원불교의 교리도는 과학적이고 합리적인 방법으로 실생활 속에서 깨달음으로 가도록 하는 방식이다.

☞「세상에는 많은 경전이 있지만 원불교의 교리도를 보면 과학적이고 합리적인 방법으로 실생활 속에서 깨달음으로 가는 수행 방법이 잘 체계화되어 있다」(황근창, 「물리학과 일원상의 진리」, 창립10주년기념 추계학술회의《원불교 교의 해석과 그 적용》, 한국원불교학회, 2005년 11월 25일, p.54).

5) 교리는 성인의 근본사상인 바, 교리도는 이 교리를 도식으로 천명한 소태산의 근본사상이다.

☞「도인들의 역량 심천을 보기로 말하면 법을 조직해 놓은 것을 보면 이 도인이 큰 도인이고 저 도인은 작은 도인이다 하는 것을 안다는 말이 있다. 왜냐하면 교리라고 제정해 놓은 법 자체가 모든 성인들의 근본사상이기 때문이다. 따라서 대종사의 근본사상을 알려면 교리를 도식으로 그려놓은 교리도만 보아도 확실히 알면 대종사의 사상이 어떤 사상인가를 알 수 있다」(이운권, 고산종사문집1 『정전강의』, 원불교출판사, 1992, p.111).

6) 교리도는 종적인 구조로서 상징·강령·종합실천의 성향이 있으며, 횡적인 구조로서 진리핵심·신앙수행·대외실천의 성향이다.

☞「교리도의 '종적인 구조'는 대체로 3단계의 구조(상징구조·강령구조·종합실천구조)로 나누어볼 수 있다. 교리도의 종적 구조의 첫째는 상징구조로서 제일 상단은 역시 일원상의 상징이라고 하겠다. 종적 구조의 둘째는 강령구조이며, 이는 교리도 자체가 이미 교전의 표현에 근거하여 도형으로 표시되어 왔기 때문이다. 교리도의 종적 구조의 셋째는 종합실천구조인 바, 이는 원불교 교리도의 제일 하단부분에 해당

하는 무시선 무처선과 처처불상에서 개괄적으로 하였다. 교리도의 '횡적인 구조' 는 진리핵심구조요, 신앙수행구조이며, 대외실천구조이다」(이성택, 『교리도를 통해본 원불교』, 도서출판 숨리, 2003, pp.136-155참조).

7) 교리도의 체득은 소태산 대종사의 심통제자가 되는 길이다.

☞「소태산은 열반하던 해 정월에 무시선 무처선, 처처불상 사사불공을 넣어 교리도를 완결하면서 나의 교법의 진수가 바로 이 교리도 한 장에 모두 들어 있건만 나의 참 뜻을 아는 이가 과연 몇이나 될 것인가 하면서 법문을 내렸다. 이 교리도 하나만 뚫어지게 보아도 된다. 이 교리도 하나만 통하면 바로 교법의 진수를 아는 대종사의 심통제자가 될 것이라는 말씀이다」(조정근, 『활불이 되소서』, 원불교출판사, 2005, p.24).

8. 교리도와 교리연마

교리도를 통해서 원불교 기본 교리들이 어떻게 상호 관련되어 있는가를 연마할 필요가 있다. 소태산은 교리도에 교법의 진수를 밝히고 이를 깊이 연마하라 했다. 이를테면 일원상을 중심으로 신앙문과 수행문, 사은사요와 삼학팔조, 처처불상 사사불공과 무시선 무처선, 사대강령, 게송 등에 있어 교리의 상관적 연마는 물론 체계적 접근과 이의 실천이 요구된다. 중요한 것은 교리의 전체강령을 잡아서 교리도를 연마해야 한다는 점이다.

1) 소태산은 교리도에 교법의 진수를 밝히고, 나의 참 뜻을 아는 사람이 몇이나 되는가를 물으며 깊이 연마토록 했다.

☞「원기 28년(1943) 계미 일월에 대종사 새로 정한 교리도를 발표하시며 말씀하시기를 "내 교법의 진수가 모두 여기에 들어 있건마는 나의 참 뜻을 아는 사람이 몇이나 될꼬" 」(『대종경』, 부촉품 7장).

2) 교리도에 일원은 법신불이라 규정하고, 하단에 신앙문과 수행문을 두고 게송을 두어 체성적인 면과 작용적인 면으로 연마토록 했다.

☞「교리도를 일원상을 중심해서 보면 신앙문과 수행문의 구별을 초월한다. 이렇게 보면 교리도 전체를 일원상의 진리 자체로서 이해할 수도 있다. 일원상의 성격을 법신불이라 규정하고 이를 한편으로 우주만유의 본원이며, 한편으로 제불제성의 심인과 일체중생의 본성이라

밝히고 있다. 또한 게송을 통해 체성적인 면과 작용적인 면이 신앙문 속에 포함되어 있고 수행문 속에도 포함되어 있으면서 다시 체성과 작용을 하나로 보는 진리관을 제시하고 있다」(서경전, 『교전개론』, 원광대학교출판국, 1991, pp.118-119).

3) 교리도에 진공묘유의 수행문을 두었으니, 삼학팔조 등을 통해 원불교의 수행길과 방법을 연마해야 할 것이다.

☞「교리도를 보면 일원상을 수행의 표본으로 그 오른편에 진공묘유의 수행문이라 했다. 그리고 그 밑에 삼학이라 하여 정신수양 사리연구 작업취사 그리고 그 밑에 팔조라 하여 신분의성 불신 탐욕 나 우로 되어 있고, 그 밑에 동정간불리선이라 되어 있으며, 그 밑에 무시선 무처선으로 되어 있다. 이는 원불교에서 수행하는 길과 그 방법을 간명하게 나타낸 것이다」(안이정, 『원불교교전 해의』, 원불교출판사, 1998, p.83).

4) 교리도에 인과보응의 신앙문을 두었으니, 사은과 사요를 통해 은혜 충만과 사회 혁신이 되도록 연마해야 할 것이다.

☞「(교리도에 있어) 사은은 사상적으로 윤기가 연한 줄을 알 때 자타의 한계가 없어질 것이요, 사요의 정신으로 혁신을 하여갈 때 결여된 점이 보완이 되어 원만한 사회로 진보가 되어갈 것이다. 은혜를 모르는 사회는 메마를 것이요 의리가 없는 사회는 안녕질서를 유지하기 어려울 것이다. 그러므로 사은의 자비와 사요의 의리로써 쌍전이 되어야 지상낙원이 건설되는 것이요, 恩과 義는 서로 떠날래야 떠날 수 없는 대도임을 알아야 할 것이다」(이운권, 고산종사문집1 『정전강의』, 원불교출판사, 1992, p.14).

5) 『불교정전』의 보은의 대요가 현 『정전』에는 사요로 변화된 이유를 연마해 본다.

☞「『불교정전』의 교리도에는 사요가 들어가 있지 않고 보은의 大要가 들어가 있다. 보은의 대요는 천지는 응용무념의 도, 부모는 무자력자 보호의 도, 동포는 자리이타의 도, 법률은 불의는 제거하고 정의는 세우는 도이다」(박장식, 『평화의 염원』, 원불교출판사, 2005, pp.199-200).

6) 교리도에 있어 사요가 인과보응의 신앙문에 속한 이유를 연마한다.

☞「사요가 인과보응의 신앙문에 속하는 이유는 사요가 교리 전체의 비중으로 볼 때 중대한 비중을 갖는데 사은과 같은 진리적 근거를 두지 않았다 하여 교리도에서 뺄 수 없는 것이다. 왜냐하면 교리도는 교리의 진체를 일목요연하게 밝혀준 것이기 때문이다. 그러므로 위에서

밝힌 바와 같이 인생의 요도인 점에서 사은편에 넣은 것이다. 굳이 신앙적으로 설명하자면 신앙의 방법은 곧 불공법이기 때문에 사요는 인류 상호간의 불공법인 점에서 신앙문에 속해도 무방할 것이다」(신도형, 『교전공부』, 원불교출판사, 1992, p.31).

 7) 교리도 신앙문의 보은즉불공으로서 사은 및 처처불상 사사불공을 연마해 본다.

 ☞「보은즉불공에 대한 설명은 피은의 도를 보아 그대로 행함이 보은이라 하였으니 천지 부모 동포 법률을 佛의 화신으로 볼 때에 보은행이 될 것이며, 이는 바로 사은전에 정성을 다하는 불공이라 실지불공이며 사실불공이 될 것이다. 불공이란 부처님 전에 정성을 다 바치는 마음이 곧 불공의 근본정신임을 알아야 한다」(이운권, 고산종사문집1 『정전강의』, 원불교출판사, 1992, pp.14-15).

 8) 교리도 외각의 상하좌우에 사대강령이 있음을 연마하여 본다.

 ☞「교리도 외각 상하좌우에 정각정행 지은보은 불법활용 무아봉공으로 되어 있다. 이것을 교리의 사대강령이라 한다. 원불교의 교리내용을 집약한 것이 교리도라면 이 교리도의 내용과 그 사상을 요약하여 네 가지 강령으로 밝혀준 것이 곧 사대강령이다」(안이정, 『원불교교전해의』, 원불교출판사, 1998, p.89).

 9) 궁극적으로 교리도를 통해 교리 전체적인 강령을 연마해야 한다.

 ☞「『정전』 공부를 할 때 표어에서 교법의 핵심을 잡아야 하고, 교리도에서 교리의 전체적인 강령을 잡아야 한다. 그리고 교의편과 수행편으로 공부해야 한다」(한정석, 『원불교 정전해의』, 도서출판 동아시아, 1999, p.41).

9. 교리도 도형의 상징

 교리도는 원불교의 기본 교리를 도형으로 나타낸 것이다. 그 형상은 신비의 거북을 닮은 것으로 교법의 수명과 위대함, 성인 출현의 상징적 의미에 더하여 인내, 힘, 용기 등을 뜻하고 있다.

 1) 소태산은 교리도를 보고 거북 모양이라 하며, 교법의 수명이 수만 년 지속된다고 하였다.

 ☞「교리도를 내놓고 대종사가 말하였다. "꼭 거북 모양이다. 거북은 오래 사는 것이다. 이 법도 수만 년 가리라. 삼학 팔조와 사은 법은 영

원히 변치 않으리라. 미물 곤충도, 도적도 삼학을 놓고는 살 수 없는 법이다" (조전권 전언/박용덕, 『금강산의 주인되라』, 원불교출판사, 2003, p.165).

 2) 교리도의 신령스런 거북 형상은 원불교 교법의 위대함을 상징한다.

☞「원불교 교리도의 모습은 거북이 형상을 도형화한 듯 보인다. 맨 위에 일원상이 모셔져 있고 그 아래 가운데 부분에는 일원상의 진리, 그리고 게송의 내용이 담겨져 있다. 그리고 그 좌우로 사은사요를 중심으로 밝혀놓은 신앙문, 삼학팔조를 중심으로 밝혀놓은 수행문으로 구성되어 있다. 마치 거북이 네 발의 위치와 같이 위, 아래, 좌우에는 사대강령이 담겨져 있다. 동양에서 거북이는 신령스러운 동물의 하나이고, 오랜 수명을 가진 것으로 유명하다. 교리도도 이러한 거북이 모습을 통해 원불교 교법의 위대함과 그 위대함이 오래오래 계속된다는 뜻을 추측해볼 수 있다」(박혜훈, 『낱말로 배우는 원불교』, 원불교출판사, 2008, pp.77-78).

 3) 도형으로 상징된 거북은 영물이므로 성인 출세의 전조이다.

☞「교리도가 거북이 모습으로 되어 있는데 그에 대한 유래담은 없는지? 만들어놓고 보니까 그런 모습으로 되어진 것일 것이며, 처음부터 그런 의도를 두고 만든 것은 아닐 것이다. 그러나 여기서 두 가지의 우연한 일치점을 발견할 수가 있다. 첫째, 문왕이 우주의 진리를 팔괘로 표현하였는데 그 기연이 거북이 등에 그려진 것을 유심히 본데 있었음이요, 둘째 거북이는 수명이 길기로 대표적인 동물이며 영물이라 일러왔으며 성인이 출세하려면 前兆로 출현한다는 것이다」(신도형, 『교전공부』, 원불교출판사, 1992, pp.32-33).

 4) 교리도의 거북 형상은 행운의 신, 지구, 장수, 힘, 인내, 총기 등을 상징한다.

☞「교리도의 도식은 거북이 모습이어서 행운의 신, 지구, 장수, 힘, 인내, 총기의 상징 등 동양의 전통정신을 상징적으로 나타냈다」(서경전, 『교전개론』, 원광대학교출판국, 1991, p.116).

10. 교리도의 연계사상

 원불교의 교리도는 전달방법에 있어 도형의 형식을 빌린 것이다. 교리도는 도형을 통해 일원상을 중심으로 교리를 용이하게

표현하는 점에서 『주역』의 하도낙서, 불교 선사가 전한 고불미생
전 응연일상원과 원상, 유교사상의 영향, 노장의 무극과 태극, 주
렴계의 태극도설, 율곡의 성학십도 등과 회통한다.

 1) 교리도는 『주역』의 하도낙서에 거북이가 팔괘를 갖고 나온 것과 유
사하다.

　　☞「대종사님은 계미 1월에 새 교리도를 초안하고, 평소 늘 자비하
시던 그 성안에 기쁨을 감추지 못하며 "마치 하도낙서의 고사에 거북
이가 팔괘를 지고 나온 것 같다"고 하였다. 오른쪽에는 진공묘유의
수행문, 왼쪽에는 인과보응의 신앙문, 가운데는 일원상의 내역을 넣었
다. 일원상의 내역 중 '청정법신 비로자나불' 이란 말을 썼는데, 이는
불교에 연원을 대고 있다는 말씀이다. 정각정행과 지은보은을 하면 당
연히 불교보급이 되고 무아봉공이 되므로 위의 정각정행과 지은보은은
수행 신앙의 관문이고, 아래의 불교보급과 무아봉공은 그 결과이다」(박
장식, 『평화의 염원』, 원불교출판사, 2005, p.197).

 2) 『불교정전』 교리도의 일원상은 자각선사의 고불미생전 一相圓 소식
이요, 혜충국사의 圓相과 통한다.

　　☞「(소태산 열반하던 해 발간된 『불교정전』) 교리도에는 일원상 도
형 아래 거북 모양의 도표 중앙에 5개항의 일원상 유래를 설명하고 있
다. ① 以上 圓츇은 우주 만물의 본원이요, ② 제불조사 정전의 심인이
요, ③ 청정법신 비로자나불이요, ④ 자각선사는 고불미생전에 응연일상
원이라 하고, ⑤ 혜충국사는 형식으로써 이 원상을 그려내서 법으로서
그 제자들에게 전하였다」(박용덕, 『천하농판』, 도서출판 동남풍, 1999,
p.46).

 3) 교리도나 교리의 체계는 유교적 사상과 통하는 면이 있다.

　　☞「원불교 교리체계에 직접 간접으로 끼친 유교의 영향은 적지 않
다. 그것은 우선 『정전』의 교리도나 교리체계의 유교적 영향, 『대종경』
의 논어적 편제, 『예전』의 유교적 체제와 禮儀 전통의 수용 등 형식적
인 수용 이외에 무극과 태극 등의 핵심적 교리 등을 수용하고 있으며,
성리 및 음양상승의 변용 등을 들 수 있다. 그밖에 원시유교가 간직하
고 있는 요소로서 원불교 사상 속에 용해되어 있는 것으로 대동세계의
이상, 인본주의와 인존사상, 誠敬사상 그리고 실사구시의 정신 등을 들
수 있다」(정순일, 「원불교의 삼교원융사상」, 제13회 국제불교문화학술회

의 『유불도 3교의 교섭』, 원불교사상연구원, 1992, p.118).

4) 공자의 仁을 중심으로 천명지위성, 솔성지위도, 수도지위교와 더불어 삼강오륜이 유교의 교리강령으로 전해져 왔다.

☞「모든 창생으로 하여금 仁으로 돌아가게 하신 것으로 그 교리강령을 들어 말하자면 하늘이 명한 것이 성품이요(天命之謂性), 성품을 좇는 것이 도이며(率性之謂道), 도를 닦는 것이 교이다(修道之謂教)하고 인생이 마땅히 행할 바 길은 충효열의 삼강과 부자유친 군신유의 부부유별 장유유서 붕우유신의 오륜을 차서로 정해서 수신 제가 치국 평천하의 도를 세워 놓은 것이다」(『정전대의』-대산종사법문 1집, 1.유교, 1) 공자님께서 교문을 열으신 의의와 교리강령).

5) 교리도는 교리 전개의 형식에 있어 송대 주렴계의 태극도설 등과 유사한 특징을 지닌다.

☞「圓의 像으로 진리를 표현하려 했던 전통이 이미 가깝게는 선종불교의 圓相이나 송명대 이학의 태극도 그리고 멀리는 인도의 호의 개념을 나타내는 숫자 0등에 선행해 있다」(김성관, 「원불교 일원상 상징의 융화 효능성」, 『원불교학』 제2집, 한국원불교학회, 1997, p.176).

6) 교리도는 수제치평의 유교 교리가 용이하게 드러나 있는 율곡의 『성학십요』와 유사하다.

☞「율곡 이이는 자신의 사상을 聖學으로 규정하고 주저인 『聖學十要』에서 수신으로부터 치국에 이르는 전체적 틀을 상세하게 제시하였다. 율곡의 성학은 일차적으로는 군주를 대상으로 하여 덕치를 실현할 수 있게 하자는 뜻을 지니지만 보다 넓게 인간의 보편적 이상을 제시하는 뜻도 담고 있다」(이성전, 「내성외왕의 도로서의 율곡의 성학」, 『원불교사상과 종교문화』 28집, 원불교사상연구원, 2004·8, p.201).

11. 보충해설

교리도는 원불교의 전반 교리를 도형으로 상징화한 것으로 누구나 원불교 교리에 용이하게 다가설 수 있도록 했다. 이웃종단에서는 쉽게 찾아볼 수 없는 도형 방식으로 교리 전반을 상징화함으로써 원불교의 교리가 조직적·강령적으로 접근되는 특징을 지닌다. 소태산은 열반 직전인 원기 28년(1943) 1월에 새로 정한 교리도를 발표하며 "내 교법의 진수가 모두 여기에 들어있다"

고 하였다. 교조 생전에 교법의 진수를 직접 도형으로 세상에 선보였다는 점에서 새 시대 새 불교로서의 면모를 보인다.

돌이켜 보면 교리도는 몇 차례 변화를 거쳐 왔는데, 그 대표적인 변화의 흔적을 보면 『육대요령』, 『불교정전』의 교리도와 현 『정전』의 교리도에 차이가 있다. 대표적인 예를 들면 『불교정전』에는 사요 대신 보은의 대요가 밝혀져 있다. 곧 응용무념의 도, 무자력자 보호의 도, 자리이타의 도, 불의를 징계하고 정의를 세우는 도가 이것이다. 『정전』에서는 기본적인 교리 체계가 신앙문의 사은사요, 수행문의 삼학팔조이므로 보은의 대요 대신 사요를 넣었다.

아무튼 교리도의 의의는 교리의 체계성과 도형의 상징성이다. 그것은 거북이를 닮았다는 점이며, 머리는 일원상이고 사지는 사대강령이라는 예를 들어보아도 그 상징성이 지니는 의미는 크다. 주지하듯이 거북이는 수명이 길고 신령하다는 뜻이므로 원불교의 영원한 교운를 보장하는 것이다. 새 성인의 출현도 거북이 靈物이라는 점에서 짐작 가능한 일이라 본다.

12. 연구과제

1) 교리도란 무엇이며, 도형이 상징하는 것은?

2) 교리도에 나타난 사대강령을 설명하시오

3) 교리도의 신앙문과 수행문이란?

4) 교리도에 나타난 인과보응의 신앙문과 진공묘유의 수행문은?

5) 『불교정전』의 교리도에는 사은의 실천 방법으로 보은의 대요가 있는데, 현 『정전』에 사요가 들어간 이유는?

6) 교리도의 형성과정에 대하여 논하시오.

13. 고시문제

1) 교리도의 내용을 설명하고, 왜 사은사요를 인과보응의 신앙문으로, 삼학팔조를 진공묘유의 수행문으로 하였는지 밝히시오.

2) 원불교의 신앙과 수행을 교리도에 기초하여 설명하시오.

 3) 교리도에 기초하여 교리의 대체를 설명하고, 원불교 교법의 특징을 설명하시오.

 4) 다음의 어휘를 설명하시오 : 교리도.

 5) 교리도에 인과보응의 신앙문이라한 그 이유를 밝히시오.

 6) 교리도에 진공묘유의 수행문이라한 그 이유를 밝히시오.

 7) 교리도상 4가지 신앙문에 들어있는 까닭을 설명.

 8) 교전의 교리도를 그리시오.

제1 총서편

제1장 개교의 동기

○ 「개교의 동기」의 원문

현하 과학의 문명이 발달됨에 따라 물질을 사용하여야 할 사람의 정신은 점점 쇠약하고, 사람이 사용하여야 할 물질의 세력은 날로 융성하여, 쇠약한 그 정신을 항복받아 물질의 지배를 받게 하므로 모든 사람이 도리어 저 물질의 노예생활을 면하지 못하게 되었으니, 그 생활에 어찌 파란고해가 없으리요.

그러므로 진리적 종교의 신앙과 사실적 도덕의 훈련으로써 정신의 세력을 확장하고, 물질의 세력을 항복받아, 파란고해의 일체 생령을 광대무량한 낙원으로 인도하려 함이 그 동기니라(『정전』 제1 총서편, 제1장 개교의 동기).

1. 개교의 동기의 등장배경

구한말 제국주의의 열강과 제2차 세계대전으로 인한 혼란의 격동기에 원불교가 출현하였다. 곧 서구의 물질문명이 밀려들어와 물질문명의 일방적 독주에 따른 인간소외 현상과 도덕성 타락에 위기의식을 느낀 소태산 대종사는 시대의 전환기에 대응, 물질의 노예생활을 면하고 정신을 주체로 한 도덕문명을 발전시키자고 주장한 것이 개교동기의 배경이다. 특히 원불교 창립될 당시 일제의 침탈에 따른 식민지의 병폐는 물론 기성종교의 무기력, 과거의 법과 제도에 한계가 있음을 알고 소태산은 정신개벽을 통해 인류 구원의 선봉에 서고자 하였다.

1) 개교의 동기는 구한말 제국주의 열강과 제2차 세계대전으로 인하여 국내외적으로 혼동과 혼란의 격동기에 천명되었다.

☞「개교동기의 교리 편입과정은 1932년 『육대요령』에서 처음 보인

다. 이 시기는 일본 제국주의의 파시즘화와 대륙침략 정책이 시작되던 시기이며, 이는 곧 제국주의 열강의 식민지 재편을 위한 전쟁이었던 제2차 세계대전으로 연결되었다. 제2차 세계대전으로 인하여 인류는 과학문명의 발전이 가져온 인류역사 최대의 살상과 파괴의 참혹한 경험을 하게 되었다. … 원불교 개교의 시기는 한국사에 있어서 격동의 시기였으며 세계사에 있어서도 인류가 일찍이 경험하지 못하였던 두 차례의 참혹한 세계대전을 겪었던 혼동과 혼란의 시기였음에 틀림없다」(신순철, 「원불교 개교의 역사적 성격」, 『원불교사상』 14집, 원불교사상연구원, 1991, pp.11-12).

 2) 서구 물질문명의 팽창에 따른 위기의식으로 소태산은 정신개벽의 필요성을 절감하였다.

　☞「지금으로부터 백 수십 년 이전 서세동점과 서양의 발달된 물질문명의 유입은 동양의 문화전통과 사람들의 정신적 삶에 엄청나게 큰 충격을 가져다주었다. 인류가 물질의 노예로 전락하는 것을 어떻게 막을 것인가는 당시 많은 동양사상가들이 관심을 가진 시대적 과제였다. 이는 원불교의 창시자인 소태산 대종사가 관심을 쏟은 문제이자 원불교를 개창한 중요한 개교의 동기이기도 했다」(루우열, 「한국 원불교 교의의 현대적 의의」, 『원불교사상과 종교문화』 35집, 원불교사상연구원, 2007, p.3).

 3) 국내외적으로 인류사회의 혼란에 이어 윤리가 파괴되고, 기성종교의 역할부재 및 물질중심의 인간소외 현상이 극에 달하였다.

　☞「원불교 출현의 필연적인 이유 1) 세계적으로는 1, 2차대전으로 인한 인류사회의 혼란과 불안이 고조, 2) 국내적으로는 갑오동란 이후 기성질서와 모든 윤리가 파괴되고 외국의 내침으로 인한 불안이 격심해짐에 따라 구세주를 갈망하게 되었고, 3) 사상적으로는 과학의 발달에 따라 기성종교의 교리와 기성철학 내지 모든 사상의 근본적 수정으로 인한 새로운 인생관 세계관 우주관의 개척과 새로운 윤리의 요청, 4) 法久生弊로 인한 기성종교와 도덕의 무력화, 5) 인간적으로는 과학문명의 발달에 따라 물질에 의한 인권타락과 기계문명에 의한 인간소외」(신도형, 『교전공부』, 원불교출판사, 1992, p.40).

 4) 종교의 말세현상 및 물질문명의 거센 조류로 인해 혼돈과 물질의 노예생활이 극에 달하여 참 문명세계를 전망하였다.

　☞「물질문명의 거센 조류도 모든 사상 윤리 가치가 혼돈되어 물질의

노예생활로 끌려 들어가고 있었으며 거기에 지켜졌어야 할 종교와 도덕
은 말법현상으로서 그 구심력을 상실하여 모든 인류 특히 한국민은 정
신적 지주를 얻지 못하고 있었다. 그러나 전망한 미래 세상은 일찍이
인류 문화사상 그 유례를 찾아볼 수 없었던 참 좋은 문명의 세계라 하
였다」(이은석, 『정전해의』, 원불교출판사, 1985, p.30).

5) 일제의 침탈에 따른 식민지의 고난을 겪은 소태산은 민족을 구원하
고 물질의 병폐를 정신문명에 의해 치유하고자 하였다.

☞「소태산은 물질문명(또는 과학문명)의 피해를 지적하고 정신문명
과 물질문명이 조화로운 이상사회의 건설을 지향하였다. 당시 제국주의
의 침탈을 받은 식민지 사회의 고난을 접하고 거시적으로 그 근본 원인
을 물질문명의 병폐에서 찾은 것이다」(김낙필, 「원불교의 환경윤리」, 종교
단체 환경지침서 I 『환경, 더불어 살기』, 종교단체 환경정책실천협의회, 2006,
pp.253-254).

6) 과거의 법과 제도만으로는 밝은 시대의 인류 구원에 한계가 있음을
간파하고 소태산은 정신개벽이라는 개교동기를 천명하였다.

☞「소태산 여래는 과거의 법과 제도만으로 다가오는 밝은 시대의 인
류를 제도하기 어려움을 간파하고 새로운 법과 제도의 방법을 구상하다
가 당시의 사회를 관찰해보니 과학의 발달로 서구의 물질문명이 동양으
로 물밀듯 밀려옴에 따라 물질을 사용하여야 할 사람의 정신이 물질의
세력에 미혹되어 물질의 노예가 되어감을 크게 염려하여 물질이 개벽되
니 정신을 개벽하자 하고…」(안이정, 『원불교교전 해의』, 원불교출판사,
1998, pp.103-104).

7) 원불교의 탄생을 전후한 전환기에 한국사회에서는 전통종교의 개혁
과 불교혁신이 요청되고 있었다.

☞「원불교가 발생하기 전후한 한국사회가 전통적인 종교의 개혁을
요구하고 있었던 문제이기도 하지만, 다른 한편 이는 역사적 가치의 전
환을 의미하는 것이라 생각되어 여기 주목하고 싶은 것이다」(홍윤식, 「
진리적 종교로서의 원불교의 역사적 위치」, 류병덕 박사 화갑기념 『한
국철학종교사상사』, 원광대 종교문제연구소, 1990, p.1070).

2. 개교의 동기의 의미

개교의 동기는 원불교가 창립된 이유가 밝혀진 것으로 고통 받

고 있는 인류를 구제하고자 천명한 법어이다. 곧 물질이 개벽됨에 따라 정신의 세력은 점차 약화되자 물질문명을 향도할 수 있도록 정신개벽을 강조한 것이다. 이에 진리적 종교의 신앙과 사실적 도덕의 훈련을 통해 물질과 정신의 균형적 낙원건설을 목표로 하는 것이 개교동기의 참 의미이다.

 1) 개교의 동기는 『정전』의 서편으로 원불교가 교문을 연 까닭과 목적을 밝힌 것이다.

　☞「개교의 동기는 원불교가 교문을 열게 된 까닭이 무엇인가를 밝히는 것이다. 후천개벽에 의해서 정법회상을 펴게 된 동기와 목적을 밝힌 것이다. 교법의 총설과 더불어 개교의 동기는 『정전』의 서편이다」(한정석, 『원불교 정전해의』, 도서출판 동아시아, 1999, p.55).

 2) 고통 받고 있는 인류를 구제하고자 천명한 것이 개교의 동기이다.

　☞「원불교 창립의 동기가 근본적으로 모든 인류의 구제에 있다는 것도 주목되어야 한다. 『원불교 전서』에 의하면 원불교 설립동기는 '파란고해의 일체생령을 광대무량한 낙원으로 인도하려함' 이라는 것이다. 인류의 구제에 해당하는 중생의 제도가 원불교를 창립한 목적이다」(윤사순, 「濟度意識에 있어서의 실학적 변용-원불교와 실학」, 『원불교사상』 8집, 원불교사상연구원, 1984, p.284).

 3) 정신의 세력이 쇠약해져 본말전도의 무질서한 현실을 바로잡고자 한 것이 개교의 동기이다.

　☞「개교의 뜻은 대종사 대오분상에서 관찰할 때 현재는 물론 무한한 장래를 보아 과학문명으로 인해서 물질의 세력만 확장이 되어감으로 이에 따라 정신의 세력은 극도로 쇠약해져서 윤리 도덕이 말살되어 捨本取末의 무질서한 현실을 바로잡기 위하여 밝힌 것이다」(이운권, 고산종사문집1 『정전강의』, 원불교출판사, 1992, p.16).

 4) 물질로서의 육과 정신으로서의 영의 조화적 완성을 목표로 하는 것이 개교의 동기이다.

　☞「원불교 개교동기는 영·육의 조화적 완성을 이상으로 내세우고 있다. 이를 풀어 말하면 영혼낙원과 현실낙원의 공동실현 혹은 공존적 실현이라 말할 수 있다」(송천은, 『열린시대의 종교사상』, 원광대학교출판국, 1992, p.501).

 5) 정신문명을 주체삼아서 물질문명을 선용하도록 하자는 것이 개교의

동기이다.

☞「인류의 행복을 위해 있는 문명의 이기가 오히려 불행의 씨앗이 되어가고 있으므로 이 과학문명에 대한 가치를 올바르게 고치게 하여 과학문명을 보는 문명관을 새롭게 정립한 것이 물질개벽인 것이다. 다시 말해서 정신문명을 주체삼아서 정신문명이 과학문명을 선용하고 활용하며 또 의식주의 생활을 개선하고 빈곤·질병·무지를 물리치는 진정한 과학문명의 구현이 물질개벽이라고 보는 것이다」(서경전, 『교전개론』, 원광대학교출판국, 1991, p.133).

 6) 진리적 종교의 신앙과 사실적 도덕의 훈련으로 낙원 건설을 도모하자는 것이 개교동기이다.

☞「원불교는 과학과 밀접한 관계를 갖고 있다. 과학문명의 발달로 인하여 왕성해진 물질의 노력에 인류가 노예가 되어 파란고해에서 헤맬 것을 예견하고 진리적 종교의 신앙과 사실적 도덕의 훈련으로 인류를 낙원으로 인도하려는 것이 본교 개교동기로 되었다」(정유성, 「원불교 과학관」, 『원불교사상시론』 1집, 수위단회사무처, 1982, p.200).

3. 개교의 동기의 대의강령

 1) 현하의 시대상황은 과학문명이 독주하는 시대이다.
 2) 정신의 세력은 점점 쇠약하고 물질세력은 날로 융성하여 물질의 지배를 받는다.
 3) 이에 진리적 종교의 신앙과 사실적 도덕의 훈련으로 정신세력을 확장하여 낙원을 건설하는 것이 개교동기이다.

4. 개교의 동기의 구조

 1) 현하 시국의 진단(현하~과학의 문명이 발달됨에 따라).
 2) 고해의 원인(물질을 사용하여야 할~파란 고해가 없으리오).
 3) 낙원세계 건설(그러므로 진리적~인도하려 함이 그 동기니라).

5. 단어해석

개교의 동기 : 교단을 창립한 동기를 開敎의 動機라 한다. 소태산 대종사는 1916년 4월 28일 대각을 한 후 일체생령을 구원하고자 "물질이 개

벽되니 정신을 개벽하자” 는 개교동기를 천하에 천명하였다. 『정산종사법어』 경의편 2장에 언급된 ‘설립의 동기’ 와 같은 뜻이다.

현하 : 오늘날을 現下라고 한다. 바로 눈앞이라 해서 目下라는 말도 사용되며, 현재의 지금이라 해서 現今이라고도 한다. 『정산종사법어』 경의편 58장에도 ‘현하’ 라는 용어가 나온다.

과학의 문명 : 科學의 文明이란 과학적 지식에 의해 발전되는 문명이며, 이를 물질문명이라고도 한다. 오늘날 물질문명이 발달하여 삶의 편의성이 증가했는데 문명의 利器에 의함이다. 과학의 문명에 대응하는 용어로는 도학의 문명이 있다.

물질 : 우리가 공간 속에서 감지할 수 있는 객관 실체로서 존재물을 말하는 바, 오랜 세월동안 과학과 기계문명을 통해 개발한 의식주 및 인간 주변의 환경 등 문명의 산물을 物質이라 하며, 정신의 상대 개념이다.

정신 : 물질을 초월한 것으로 마음, 영혼, 성품이라는 용어와 유사하게 쓰인다. 마음이 두렷하고 고요하여 분별성과 주착심이 없는 상태를 精神이라 한다. 철학에서 형이하를 물질계라 하고 형이상을 정신계라 한다.

쇠약 : 쇠퇴하여 약해지는 것이 衰弱이다. 여기에서는 정신력이 약해지는 것을 말한다.

세력 : 권세의 힘을 勢力이라 하며, 사물·현상이 진행되는 기세 역시 세력이라 한다. 정신의 세력이란 정신력 및 정신확장의 힘을 말한다.

융성 : 번성하고 기운차며 성대한 것을 隆盛이며, 융창이라고도 한다.

노예생활 : 소유의 주체가 되지 못하고 객체로서 현상에 끌려 속박당하는 생활을 奴隷生活이라 한다. 물질의 노예생활이 이와 관련된다.

파란고해 : 파도가 일렁이며, 일이 어수선하고 곤란한 상황을 波瀾이라 하며, 인간의 오욕칠정에 의한 역경·난경의 고통스런 세속생활을 바다에 비유하여 苦海라 한다. 파도가 몰아치는 세파 곧 물질주의, 황금만능, 윤리와 도덕의 타락이 파란고해의 실상이다.

신앙 : 성스런 존재(절대자)에 대하여 신봉과 우러름을 信仰이라 한다. 원불교의 경우, 일원상을 신앙의 대상으로 받든다.

훈련 : 인격 성숙이나 무술 단련 등을 위해 심신을 마탁하는 것을 訓練이라 한다. 원불교에서는 적공의 차원에서 자신의 법위향상과 인류구원

을 위해 동정간 정기훈련과 상시훈련을 시행한다.

　일체생령 : 살아있는 일체의 유정 생명체나 영혼세계를 一切生靈이라 한다. 『대종경』 교의품 36장과 교단품 27장의 '모든 생령' 그리고 『정산종사법어』 공도편 16장의 '만생령' 등이 이와 유사한 용어이다.

　광대무량 : 지극히 넓고 크다는 뜻에서 廣大라 하며 그 대상은 심량이나 덕·역량 등이다. 이 광대의 용어와 無量의 용어를 합하여 광대무량이라 한다. 곧 낙원세계 혹 불보살의 심량이 광대무량한 것이다.

　낙원 : 불보살의 이상세계로서 극락·천당·전반세계를 樂園이라 한다. 물질과 정신이 조화로운 세상, 불법이 편만한 세상, 상생의 은혜가 지속되는 세상, 용화회상에 미륵불이 출현하는 세상이 개벽기의 낙원이다.

6. 숙어 · 문제풀이

　1) **사람의 정신이 점점 쇠약해진다는 것은?**

　　(1) 과학문명의 발달에 따라 물질 위주의 가치가 팽배하는 것이다.

　　(2) 물질 이용에 급급하므로 삼독 오욕이 발동하여 본래의 마음을 놓고 사는 경우가 많기 때문에 나타나는 현상이다.

　　(3) 정신이 점점 쇠약해지면 물질의 노예생활을 면할 수 없다.

　　(4) 물질의 노예생활은 인간성 상실과 인간 존재의 소외인 것이다.

　2) **진리적 종교의 신앙이란?**

　　(1) 올바른 신앙으로 전래의 기복적·미신적 신앙을 극복함이다.

　　(2) 전체신앙·사실신앙·진리신앙·자타력병진의 신앙 등을 말한다.

　　(3) 일원상 진리의 정법교리를 신앙함이다.

　　(4) 신앙의 길로서 사실불공·진리불공·실지불공 등을 지향함이다.

　3) **사실적 도덕의 훈련이란?**

　　(1) 인도정의에 바탕한 사실적 수행이다.

　　(2) 편벽수행이 아닌 삼학병진의 수행이다.

　　(3) 정기훈련과 상시훈련의 동정간 훈련법이다.

　　(4) 성리연마를 통하여 깨달음으로 향하는 수행법이다.

　4) **광대무량한 낙원으로 인도한다는 것은?**

　　(1) 도학과 과학의 겸전 및 물질과 정신이 조화된 세상이다.

(2) 영육쌍전을 통한 원만한 인격 함양의 세상이다.

(3) 파란고해의 일체중생이 구원되는 세상이다.

(4) 진리적 종교의 신앙과 사실적 도덕의 훈련이 이뤄지는 세상이다.

7. 관련법문

☞「외형의 낙원은 과학이 발달되는 머리에 세상이 좋아지는 것이요, 내면의 낙원은 도학이 발달되어 사람사람이 마음 낙으로 생활하게 되는 것이다. 과거 요순시대에는 내면의 낙원은 되었으나 외형의 낙원이 없었고, 현세에는 외형의 낙원은 되었으나 내면의 낙원이 적으니, 우리는 내외 겸전한 좋은 낙원을 건설하기 위하여 물질이 개벽되니 정신을 개벽하자고 한 것이다」(『대종경선외록』, 14.주세불지장 2장).

☞「오늘을 기념하여 우리 대종사의 개교정신을 더욱 철저히 인식 체득하여 물질이 개벽되니 정신을 개벽하자 하신 제생의세의 대이상을 이 지상에 실현하기 위하여, 각자 각자가 먼저 각자의 정신개벽에 노력하여 마음 중생의 제도와 마음세계의 치료에 끊임없이 정진하는 동시에, 이 정신으로 국가와 세계에 널리 호소하며 이 정신을 국가와 세계에 널리 베풀어서, 우리가 다 같이 바라는 마음의 자유에 의한 대자유 세계와, 마음의 평화에 의한 대평화 세계와, 마음의 문명에 의한 대문명 세계를 건설하여, 영육이 쌍전하고 이사가 병행하는 일대 낙원에 모든 동포가 함께 즐기자」(『정산종사법어』, 경륜편 19장).

☞「현하 시국의 대운을 촌탁하건대 인지가 새로 개벽되고 국한이 점차 확장되어 바야흐로 대세계주의가 천하의 인심을 지배할 초기에 당하였나니, 이는 곧 대도 대덕의 대문명세계가 건설될 큰 조짐이라, 이 주의는 지극히 원만하고 지극히 공변되어 모든 낡은 국한들을 돈연히 벗어나서 육도 사생이 다 같이 위 없는 낙원에서 공존 공영하게 하고야 말 것이니라」(『정산종사법어』, 도운편 33장).

8. 개교의 동기의 형성사

원불교가 출현한 동기가 개교동기인 바, 이는 원기 17년 발간된 『육대요령』에 총론이란 이름으로 처음 등장한 이래 원기 19년 『삼대요령』에도 총론이 보인다. 원기 28년 『불교정전』에 불법연구회 설립동기라 하였으며, 원기 47년 오늘의 『정전』에는 개교의 동기라 천명하였다.

1) 개교의 동기는 『육대요령』(원기 17)의 총론으로 처음 등장한다.

☞「현하 과학의 문명이여, 물질을 사용하는 사람의 정신은 점점 쇠약하고, 사람이 사용하는 물질의 세력은 날로 융성하여 쇠약한 사람의 정신을 항복받아 물질의 노예생활을 하게 함으로, 모든 사람의 생활해 가는 것이 無知한 노복에게 治産의 권리를 상실한 주인같이 되었으니, 어찌 그 생활하는데 파란고해가 없으리요. 이 파란고해를 벗어나서 광대무량한 낙원의 생활을 건설하기로 하면 右記 공부의 요도 삼강령 팔조목과 각항 훈련의 요지로써 물질을 사용하는 정신의 세력을 확창하여, 날로 융성하는 물질의 세력을 항복받아 인생의 요도 사은사요를 지내나서, 파란고해의 노예 생활하는 일체 생령을 광대무량한 낙원으로 인도하기 바라는 바이다」(『육대요령』, 총론).

2) 원기 19년 『삼대요령』에 총론이 보이며, 『육대요령』과의 차이는 '右記'를 '아래에 기록한' 등의 문구 변화가 있다.

☞「현하 과학의 문명이여, 물질을 사용하는 사람의 정신은 점점 쇠약하고, 사람이 사용하는 물질의 세력은 날로 융성하여 쇠약한 사람의 정신을 항복받아 물질의 노예생활을 하게 함으로, 모든 사람의 생활해 가는 것이 무지한 노복에게 治産의 권리를 상실한 주인같이 되었으니, 어찌 그 생활하는데 파란고해가 없으리요. 이 파란고해를 벗어나서 광대무량한 낙원의 생활을 건설하기로 하면 아래에 기록한 공부의 요도 삼강령 팔조목과 각항 훈련의 요지로써 물질을 사용하는 정신의 세력을 확창하여, 날로 융성하는 물질의 세력을 항복받아 인생의 요도 사은사요를 지내나서, 파란고해의 노예 생활하는 일체 생령을 광대무량한 낙원으로 인도하기 바라는 바이다」(『삼대요령』, 총론).

3) 원기 17년-20년에 발행된 『회보』 등에 정신개벽과 물질개벽, 신·구 병진이라는 용어들이 등장한다.

☞「불법연구회는 물질이 개벽되니 정신을 개벽하자(『회보』 23호, 1936.3월), 신·구를 병진하자(『회보』 17호, 1933, 5·6월 합병호)고 강조하여 전운이 감도는 세계정세가 과학(물질) 문명의 발달에 따른 폐해임을 적시 비판하고 이의 극복을 위해 피폐한 정신 분야의 계몽을 설파하였다. 또한 그 구체적인 실천으로 사회 개혁을, 특히 불교의 개혁을 강조하였다」(박영학, 「일제하 불법연구회 회보에 관한 연구」, 『원불교학』 창간호, 한국원불교학회, 1996, p.175).

4) 원기 28년 『불교정전』에서는 「불법연구회 설립동기」라고 제목을 고

치고 자구도 고쳤다.

　☞「현하 과학의 문명을 따라 물질을 사용하는 사람의 정신은 점점 쇠약하고, 사람이 사용하는 물질의 세력은 날로 융성하여, 쇠약한 사람의 정신을 항복받아 물질의 노예생활을 하게 하므로, 모든 사람의 생활해 가는 것이 무지한 노복에게 치산의 권리를 상실한 주인같이 되었으니, 어찌 그 생활해 가는 데에 파란고해가 없으리요. 이 파란고해를 벗어나서 광대무량한 낙원의 생활을 건설하기로 하면 진리적 종교의 신앙과 사실적 도덕의 훈련으로써 물질을 사용하는 정신의 세력을 확창하여, 날로 융성하는 물질의 세력을 항복받아 파란고해에 노예생활하는 일체 생령을 광대무량한 낙원으로 인도하려 함이 그 동기이다」(『불교정전』, 불법연구회의 설립동기).

　5) 원기 47년 현 『정전』에서는 「개교의 동기」라고 제목을 고치고 자구를 새롭게 고쳤다.

　☞「현하 과학의 문명이 발달됨에 따라 물질을 사용하여야 할 사람의 정신은 점점 쇠약하고, 사람이 사용하여야 할 물질의 세력은 날로 융성하여, 쇠약한 그 정신을 항복받아 물질의 지배를 받게 하므로, 모든 사람이 도리어 저 물질의 노예생활을 면하지 못하게 되었으니, 그 생활에 어찌 파란고해가 없으리요. 그러므로 진리적 종교의 신앙과 사실적 도덕의 훈련으로써 정신의 세력을 확장하고, 물질의 세력을 항복 받아, 파란고해의 일체 생령을 광대무량한 낙원으로 인도하려 함이 그 동기니라」(『정전』, 제1총서편, 제1장 개교의 동기).

9. 개교의 동기와 일원상의 관계

　소태산은 대각을 통해 일원상을 세상에 천명하고, 고통받는 인류의 구원을 위하여 이 일원상을 인도상의 요법과 관련한 개교동기를 밝혔다. 이에 진리적 종교의 신앙과 사실적 도덕의 훈련으로 건설되는 낙원세상은 일원의 진리가 실현되는 세상인 것이다.

　1) 소태산은 일원대도를 각득한 후 당시 생령의 고해가 극심함을 인지하여 개교의 동기를 천명하였다.

　☞「소태산 대종사는 한국의 남쪽 변지 영광궁촌에 탄생하사 어려서부터 비범한 생각과 초탈한 행동과 수세의 저공으로 일원대도를 각득한 후 그 당시 시국을 관찰하니 생령의 고해가 점심한지라, 이에 물질이

개벽되니 정신을 개벽하자라는 표어를 외치며 불법으로써 천하 구제할 뜻을 정하고…」(구타원종사 법문집 편집위원회 편, 『인생과 수양』, 원불교출판사, 2007, p.26).

2) 일원상의 진리로서 인도상의 요법이란 곧 진리적 종교의 신앙과 사실적 도덕의 훈련과 관련된다.

☞「진리적 종교의 신앙과 사실적 도덕의 훈련을 통해 낙원세계 지향을 새 종교의 목적으로 삼았는데 이러한 목적을 달성하기 위한 여러 교설들 중에 인도를 특별히 강조하였으며, 인도정의의 공정한 법칙을 근원적 진리인 일원상 진리와 동등하게 설파하기도 하였다」(박상권, 「소태산의 종교적 도덕론 연구-『대종경』 인도품을 중심으로-」, 『원불교사상과 종교문화』 29집, 원불교사상연구원, 2005, pp.60-61).

3) 일원대도의 교법은 개교의 동기를 실천에 옮기는 무량자비의 교법이다.

☞「일원대도의 교법은 만법으로 더불어 짝할 수 없는 법이요, 무등등한 교법이요, 지고무상의 교법이요, 신묘불측의 비법이요, 원만구족의 교법이요, 무량자비의 활법이요, 진실不虛의 교법이다」(좌산상사법문집 『교법의 현실구현』, 원불교출판사, 2007, p.101).

10. 개교의 이념

원불교 개교의 근본이념은 노예해방과 낙원건설인 바, 물질의 향락에 고통을 받는 중생들로 하여금 정신개벽을 통한 심신 자유의 확산을 통해 물질세력을 항복받으며, 그리하여 낙원세계의 건설을 도모하는 것이다. 다시 말해서 원불교 개교이념을 통해 새로운 종교로서의 역할과 교조의 경륜을 환기하여 자신 구원은 물론 인류 구원에 다가서자는 뜻이다.

1) 개교의 근본이념은 노예해방과 낙원건설에서 모색된다.

☞「개교의 근본이념은 노예해방과 낙원건설로 요약할 수 있는 바, 1) 노예해방은 진리적 종교의 신앙과 사실적인 도덕의 훈련으로 정신의 자주력을 확립하는 것이다. … 2) 낙원건설은 도학과 과학을 병진하되 본말을 바루어 일생의 신낙원과 영생의 심낙원을 건설하여 일체생령이 다 같이 잘 살게 하는 것이다」(신도형, 『교전공부』, 원불교출판사, 1992, p.41).

 2) 개교의 이념은 정신개벽을 통한 심신 자유의 확산에 있다.

　☞「정신개벽은 각자 각자가 본연의 마음은 정신의 주체를 회복하는 것이라고 말할 수 있다. 나아가 이러한 마음을 회복하게 해주는 제반의 노력이 정신문명의 영역에 해당한다. … 따라서 그의 개교 동기는 정신 개벽을 통한 자유의 확산이라 압축할 수 있다」(김낙필, 「한국 근대종교의 삼교융합과 생명·영성」, 『원불교사상과 종교문화』 39집, 한국원불교학회 · 원불교사상연구원, 2008.8, p.44).

 3) 개교의 이념은 영혼낙원과 현실낙원을 겸하도록 하면서 현대인의 낙원건설 방향을 정상화하는 것이다.

　☞「낙원의 근본은 영혼낙원에 있고 현실낙원은 종속적이라는 명제는 원불교에서 현대사회에 확립코자 하는 낙원의 기본원리이다. 그러므로 두 방향을 겸하면서도 전도되어진 현대인의 낙원추구의 방향을 정상화하려는 것이 원불교 개교의 한 이념이다」(송천은, 『열린시대의 종교사상』, 원광대학교출판국, 1992, p.501).

 4) 개교 이념의 재검토 및 교단 제도 등에 대한 쇄신운동이 전개되어야 한다.

　☞「교단을 둘러싼 사회변화의 구조적 특성을 정확하게 진단하며, 사회의 구조적 변화에 적절하게 대응할 수 있도록 개교 이념을 비롯한 교단제도 전반에 대한 재검토 및 쇄신 또는 자기갱신 운동을 전개해야 한다」(박윤철, 「원불교 예비교무 지원자 감소 원인과 대응방안 연구」, 일원문화 연구재단, 2004년 4월 13일, p.12).

 5) 개교 이념과 소태산의 경륜에 입각하여 계승해야 할 것이 무엇인지를 모색해 나가야 한다.

　☞「꼭 필요한 것, 그리고 더욱 발전시켜야 할 것, 없애야 할 것 등을 구분해내지 않으면 안 된다. 말하자면 개교 이념과 대종사의 경륜에 입각하여 버려야 할 유산과 이어받아야 할 얼을 선별해야 한다」(간행위원회 편, 담산이성은정사 유작집 『개벽시대의 종교지성』, 원불교출판사, 1999, p.269).

11. 개교 동기의 특징

　개교의 동기는 후천개벽에 즈음하여 물질개벽에 따른 정신개벽을 도모하자는 것으로, 진리적 종교의 신앙과 사실적 도덕의 훈련을 중시하는 특징을 지닌다. 그리고 개교의 동기에는 교화의 방향과 정신개벽의 이념이 나타나 있으며, 크게 밝고 문명한 정토의 낙원세계 건설이 표명되고 있다. 돌이켜 보면 소태산의 개교동기에 나타난 구원관은 일제의 침략과 조선의 해체현상, 동학 농민 전쟁 등의 상황성이 반영되고 있는 것이다.

1) 개교동기는 후천개벽의 세계관으로 총체적 개방을 도모한다.

☞「개교동기의 큰 축은 후천개벽의 세계관이다. 천지가 개벽된다 함은 천지가 변함에 따라 인간도 따라서 변함을 의미한다. 부분적이 아닌 총체적인 변화이다. 한없는 열림의 시대가 도래했다고 할 수 있다. 따라서 새로운 법, 새로운 제도, 새로운 문물이 시작되는 것이다」(한정석, 『원불교 정전해의』, 도서출판 동아시아, 1999, p.55).

2) 진리적 종교의 신앙과 사실적 도덕의 훈련이 개교동기의 요결이다.

☞「구하는 정신과 사용하는 정신을 개벽시키자는 것은 결국 개교의 동기의 표현에 의하면 진리적 종교의 신앙과 사실적 도덕의 훈련으로 귀착된다」(김낙필, 「정신 개념의 연원과 특성」, 『원불교수행론 연구』, 원광대출판국, 1996, p.101).

3) 개교 동기의 특징으로는 원불교 교화의 방향과 정신개벽의 이념을 제시한다.

☞「개교동기의 특징 : ① 원불교 개교의 필연성, ② 원불교 교화의 방향제시, ③ 원불교 정전의 서론, ④ 정신개벽의 이념제시」(서경전, 『교전개론』, 원광대학교출판국, 1991, pp.147-153).

4) 개교의 동기는 정토의 세계와 같은 광대한 낙원세계를 도모한다.

☞「원불교에서는 개교의 동기에서 광대무량한 낙원세계로의 인도라는 과제를 안고 있으며, 이는 정토와 같은 이상적 세계에 대한 끊임없는 추구와 같은 맥락에서 이해하여도 될 것이다」(박혜훈, 「정산종사의 정토관」, 제19회 원불교사상연구 학술대회《정산종사의 신앙과 수행》, 원광대 원불교사상연구원, 2000년 1월 28일, p.147).

5) 소태산은 개교의 동기에 나타난 낙원세계를 대명천지, 용화회상, 크게 밝은 세상, 문명한 도덕세계 등으로 표현하고 있다.

☞「소태산 대종사는 낙원세계를 대명천지, 용화회상, 크게 밝은 세상, 크게 문명한 도덕세계, 큰 도덕세계, 참 문명세계, 슬겁고 밝은 세상으로 표현하고 있다」(서윤, 「사회구원의 차원에서 본 개교의 동기」, 『원

불교사상』 제13집, 원불교사상연구원, 1990, p.275).

6) 개교동기에 나타난 소태산의 구원관은 일제의 침탈과 조선사회의
해체현상, 동학농민 전쟁 등의 상황성이 반영되고 있다.

☞「소태산은 법성포에서 동학농민 전쟁과 한말의병 전쟁을 목도하였으며,
10여년의 구도활동을 통해 종교적 깨달음을 얻었다. 즉 한말 일제의 침략과 조
선사회 해체의 와중에서 시작된 생활 속 실천의 종교활동은 일제초기 시대상이
고스란히 반영될 수밖에 없었다」(박재상, 제162차 원불교사상연구원 월례
발표-「일제초기 국유미간지 정책과 불법연구회의 간척사업」, 2008.12.8,
원불교사상연구원, p.5).

12. 개교의 동기와 시대인식

원불교가 출현할 당시와 장차 전개될 시대는 물질 가치가 앞선
파란고해의 시대로 진단되고 있다. 이에 대응하여 인류의 등불이
되고 행복을 전하는 정신세력의 확장이 우선시되어야 한다는 원
불교 창립의 시대적 사명이 있다. 당시로서는 서세동점 및 기성
종교들의 활동이 정체되는 아노미 현상이 있었으니 종교혁신을
통한 새 종교로서 후천개벽 시대의 원불교가 출현한 것이다.

1) 개교의 동기에서는 현대사회를 파란고해로 진단하고 있다.

☞「사회를 어떠한 시각에서 보느냐에 따라서 사회 구원의 의미는 결
정된다고 본다.『교전』 개교동기에서 현대사회를 '파란고해'로 규정하
였다. 파란고해는 석가모니가 '고해'라 규정한 것과는 의미를 달리한
다. 즉 외적 상황에 의한 내적 대처 능력의 약화 혹은 상실에서 오는
사회상황을 의미하고 있다」(이현택, 「원불교와 사회윤리」, 유저『원불교
은사상의 연구』, 원광대학교출판국, 1989, p.474).

2) 현대의 근본적인 불안은 정신 세력의 취약이므로, 물질을 향도할
정신 세력의 확장이 중요하다.

☞「현대의 가장 근본적인 불안 요인은 이러한 정신 관리의 부재에서
오는 정신 세력의 취약에 있다. 그러므로 정신세력을 확장하여 정신과
물질이 주종 관계의 제 위치로 돌아갈 때 정신도 물질도 함께 찬연히
빛나서 이 땅은 광대무량한 낙원세계가 될 것이다. 따라서 우리 생령의
복조는 한량없게 될 것이다. 이것은 현대에 대한 소태산 대종사의 성확
한 진단이요 처방이다. 이러한 뜻으로 정신세력을 확장하기 위하여 진

리적 종교의 신앙과 사실적 도덕의 훈련을 주장하였다」(이광정, 『주세
불의 자비경륜』, 원불교출판사, 1994, p.57).

 3) 인류의 등불이 되는 새 종교에 대한 갈망은 시대적 요청이었다.

　☞「그 동안의 종교사나 사상의 발상을 살펴보면 반드시 역사적 배경
과 시대적 요청에 의하여 꼭 나와야 할 때 생겨났고 생겨나기를 모두가
갈망할 때 발상이 되었음을 우리는 터득할 수가 있다. 그러기에 그들은
그 시대의 대중에게 환영을 받았고 그들의 교화는 인류의 등불이 되어
온 것이다. 그러나 세계와 인류가 온통 한 덩어리가 되어 함께 물질문
명의 소용돌이 속에서 각기 행복을 추구하고 자유와 정의를 얻고자 모
두 함께 살고 있는 오늘에 과연 모두가 다 같이 귀의할 수 있는 종교라
고 한다면 어떠해야 할 것인가」(이은석, 『정전해의』, 원불교출판사,
1985, p.26).

 4) 소태산이 대각을 한 시기는 일제 무단정치의 시기였고, 독립운동의
태동기로서 서세동점에 대응할 새로운 종교사상이 요구되었다.

　☞「소태산이 대각한 시기인 1916년은 경술합방(1910)이 된지 6년째
되는 해로써 무단정치의 최전성기요, 기미 3·1운동의 태동기였다. 한편
이때는 서세동점의 추세 속에서 전통적 민족사상을 재정비함으로 서양
세력에 대항할 수 있는 새로운 사상적 체계가 요구되었다」(정우열, 「일
원상의 삼속성과 한의학 원리」, 원사연 131차 월례발표회, 원불교사상
연구원, 2002.10.10. p.1).

 5) 개교동기는 한국의 다종교적 상황에서 원불교가 성숙된 종교로 발
돋움하는 기반이 되고 있다.

　☞「원불교는 비록 그 교세는 불교나 기독교와 같이 크지는 않지만
한국의 다종교 상황에서 가장 대표적으로 성숙한 종교로 성장하고 있다
고 지적할 수 있다. 그러한 성숙의 뒤에는 "물질이 개벽되니 정신을 개
벽하자" 는 정신이 뒷받침하고 있는 것이다」(윤이흠, 「21세기의 세계종
교상황과 원불교사상」, 『원불교사상과 종교문화』 35집, 원불교사상연구
원, 2007.2, p.30).

 6) 개교동기는 원불교가 끊임없이 시대정신에 충실하도록 한다.

　☞「우리 종사님은 다못 신식이기 보다도 일층 더 나아가서 최신식이
라 하겠다. 왜 그러냐 하면 그 어른은 항상 시대정신에 순응하며 겸하
여 미래의 정도를 남 먼저 통찰하셔서 언제든지 시대에 앞서 나가니까
(이공주)」(송도성, 「對話三題」, 『회보』 제26호, 원기 21년 7월).

7) 소태산은 새로운 시대에 대한 직관적 통찰력, 곧 후천개벽 시대의 도래라는 독특한 시대인식을 제시하였다.

☞「대종사의 대각을 계기로 시작되는 새로운 종교운동의 과정에는 새로운 시대의 도래에 대한 직관적 통찰이 보인다. 미래 문명의 흐름에 관해 후천개벽 시대의 도래라는 독특한 시대인식을 제시한 것이 그것이다. 이러한 시대인식에 바탕하여 발달한 과학문명을 적극적으로 수용하고 동양의 전통 사상을 계승, 이를 주체적으로 재해석해냄으로써 새로운 가치질서를 정립하려고 노력하였다」(이성전, 「원불교 개교정신과 생명질서」, 『원불교사상과 종교문화』 39집, 한국원불교학회·원불교사상연구원, 2008.8, p.98).

13. 개교동기 실현의 주체

물질문명의 발달에 따른 물질가치가 팽배하여 물질의 노예 및 인간의 소외현상이 심화되는 상황에서 정신개벽을 향도할 주체세력으로 원불교가 등장하였다. 이에 원불교의 출가 재가, 나아가 인류 모두는 정신문명을 선도할 주체적 사명을 지니게 된 것이다. 아무튼 원불교학을 다양한 시각에서 조명함으로로써 해석학적 시각에서 이 같은 개교동기의 실현을 유도해내어야 할 것이다.

1) 오늘날 개교의 동기를 실현하기 위해서는 교역자의 역할 증대가 요구되는 시점이다.

☞「교화 교육 자선을 통해 개교의 동기를 실현하고자 하는 우리 교역자들에게는 그만큼 역할의 세분화와 역할의 증대를 요구하고 있다」(한덕천·안훈, 「교무훈련에 대한 연구」, 《현장교화를 위한 세미나》, 교정원 교화부, 교화연구소, 1997년 6월 18일, p.47).

2) 일선 교당은 인류구원으로서 개교동기를 실현할 축이 되어야 한다.

☞「비록 교당이 지역사회에 흩어져 있으며 그 규모면에서 작은 것이라 할지라도 파란고해의 일체생령을 광대무량한 낙원세계로 인도하려고 개교하였던 소태산 대종사의 개교동기 정신에 동참하는 교당이 되어야 하며, 그것은 곧 세상을 구원하는 사회교화 활동 과정이다」(서경전, 「21세기 교당형태에 대한 연구」, 제21회 원불교사상연구 학술대회《21세기와 원불교》, 원불교사상연구원, 2002.1, p.52).

3) 재가·출가는 개교 정신의 실현을 위해 성찰해야 한다.

☞「대종사나 우리 스승들이 "장차 이 회상을 통해서 일체생령을 구원하겠다"는 취지로 이 교단을 창립하였다. 이러한 스승님들의 뜻을 받들고자 할진데 "그동안 우리가 이 사회현상에 대해 무심했다. 사회의 아픔을 우리의 아픔으로 알고 그것을 해결하려고 하는 노력이 부족했다"고 반성해 본다」(제130회 임시수위단회 개회사 요지/좌산종법사, 「주세불 회상의 역할을 다하자」,《출가교화단보》제135호, 원불교 수위단회사무처, 2002년 7월 1일, p.1).

 4) 개인뿐만 아니라 사회도 개교동기를 실현하는 주체가 되어야 한다.

☞「소태산 대종사는 낙원세계를 건설하는 방법으로서 양면 접근방법을 제시하고 있다. 즉 낙원세계를 이루기 위해서는 개인의 변화와 사회의 변화가 아울러 이루어져야 함을 예시하고 있다. 그 대강령으로서는 개교동기에서 진리적 종교의 신앙과 사실적 도덕의 훈련을 들고 있으며, 교리체계 속에서 개인과 사회의 변화방법을 제시하고 있다」(서윤, 「사회구원의 차원에서 본 개교의 동기」,『원불교사상』제13집, 원불교사상연구원, 1990, p.281).

 5) 교학을 정립하는 지성들은 다양한 해석학적 방법을 통해 개교의 동기를 실현하도록 노력해야 한다.

☞「원불교 개교동기의 의의를 원불교 해석학적 방법을 동원하여 몇 가지 방향에서 접근해 보고자 한다. 첫째, 물질을 사용해야 할 사람의 정신 세력이 약하게 되는 경계상황을 경고하고 있다. … 둘째, 인류의 고통으로 다가오는 원인을 간파하라는 것이다. 고통은 정신 쇠약으로 이어진다는 면에서 이를 구체적으로 증명하는 일이 원불교학 연구에서 요구된다. … 셋째, 물질개벽을 선도할 정신개벽의 당위성을 인지하는 것이다」(류성태,『원불교해석학』, 원불교출판사, pp.37-38).

14. 개교동기의 현대적 의의

개교의 동기는 오늘날 물질에 현혹된 중생들의 가치혼돈을 막아주고, 마음 수련을 통해 인간의 본성 회복 곧 정신개벽의 중요성을 일깨우는데 의의가 있다. 덧붙여 21세기 정보화 사회에서 개교동기의 실현 방법을 용이하게 접근하는 것이라든가, 인격개조, 종교개혁, 사회혁신을 도모하는 것이 개교의 의의이다. 요컨대 광대무량한 지상낙원의 건설이 개교동기의 참 의의라 본다.

1) 개교의 동기는 물질에 현혹된 인간의 정신을 깨우치는 자비의 경종이라는 면에서 의의를 지닌다.

☞「물질이 개벽되니 정신을 개벽하자는 외침은 극단적 이기심에 편승한 힘의 논리에 대한 一喝이다. 동시에 물질의 효용성에 현혹된 인간정신을 일깨우는 자비의 경종이다」(간행위원회 편, 담산이성은정사 유작집『개벽시대의 종교지성』, 원불교출판사, 1999, p.227).

2) 물질의 노예현상이 커지는 상황 속에서 개교의 동기는 그 의의가 더욱 크다.

☞「인류가 물질의 노예로 전락하는 현상은 줄어들지 않았을 뿐만 아니라 오히려 훨씬 심각해져 가고 있다. 이와 함께 정신적 삶이라는 면에 있어서 인간의 미망은 과거보다 훨씬 심해지고 있다. 그러므로 원불교 개교의 지도 강령은 오늘날에도 여전히 중요한 현실적 의의를 지니고 있다. 심지어 인류는 정신문명이라는 면에 있어서 더욱 열심히 개벽할 필요가 있는 것 같다」(루우열, 「한국 원불교 교의의 현대적 의의」, 『원불교사상과 종교문화』35집, 원불교사상연구원, 2007, p.4).

3) 원불교 개교의 목적은 정신개벽이며, 이 정신개벽은 마음수련을 통해서 가능하다.

☞「정신개벽의 과업이 원불교 출현의 목적인 이상 마음수련은 중시될 수밖에 없다는 의미이다. 정신개벽의 과업은 인간의 근원적 본성을 자각하고 그 본성을 회복하여 실현하는 마음수련을 통해서만 가능하다고 보기 때문이다. 이는 소태산 대종사가 마음의 원리를 잘 밝힌 불법에 주체를 둔 연유이기도 하다」(김낙필, 「원불교학의 동양해석학적 접근」,『원불교사상』12집, 원불교사상연구원, 1988, p.98).

4) 개교의 동기는 미래 정보사회에 어떻게 응용될 것인가에 대한 해석학적 규명이 필요하다.

☞「개교의 동기는 앞으로 닥치는 정보화 사회의 후기현상에 어떻게 적용될 수 있는가. 이에 대한 수정 내지는 해석학적 보완작업은 필요없는가」(정순일, 제93차 원불교사상연구원 월례발표회 발표요지 「원불교학 탐구방향에 관한 一提言」, 원불교사상연구원, 1996년 3월 28일, p.3).

5) 진리적 종교의 신앙과 사실적 도덕의 훈련에 의한 인간개조, 종교개혁, 사회혁신이 원불교 개교의 의의이다.

☞「진리에 근거한 종교를 신봉하고 사실에 바탕한 훈련을 받음으로써 새로운 인격자를 양성하고 시대에 맞고 생활 속에서 신봉할 수 있으며 대중과 함께 하는 종교를 만들기 위하여 소태산은 원불교를 창립한 것이다. 다시 말하면 인간을 혁명시키고 종교를 혁신하고 나아가 사회를 개혁시키기 위한데 그 목적이 있었던 것이다」(김홍철, 「원불교의 사회개혁 방안에 관한 연구」, 『원불교사상』 1집, 원불교사상연구원, 1975, p.182).

6) 개교동기에 나타난 정신개벽과 낙원건설은 현실참여로 전개되어야 한다.

☞「분단의 아픔이 아직도 우리 민족의 커다란 응어리로 남아있는 이 때에 개교의 동기에 나타난 정신개벽과 지상낙원의 건설은 그 분단의 아픔을 외면하고는 탁상공론일 뿐이다. 정치와 종교가 동심이라면 민족적 아픔인 분단의 현실에 비록 종교일지라도 무관심해서는 안 되리라 본다」(서경전, 「21세기를 향한 원불교 교단행정 방향」, 『원불교와 21세기』, 원불교사상연구원, 2002, p.29).

15. 개교의 동기의 연계사상

개교의 동기는 구한말 민족종교의 후천개벽을 통한 낙원건설 사상과 그 맥락이 통하며, 불타의 사제 팔정도 및 불교 선각자들의 불교혁신 운동, 조선조 실학사상 및 예학파의 목적과도 통하는 면이 있다. 고금 성자들의 제생의세 정신에서 볼 때 후천시대의 개벽을 향한 원불교 개교의 동기는 교단 창립의 가장 큰 명분이다. 하여튼 개교의 동기에서 밝히는 낙원은 불교의 극락, 기독교의 천당, 도교의 무릉도원과 상통하는 의미를 지니고 있다.

1) 개교의 동기는 사상적으로 수운과 증산의 후천 낙원사상과 그 궤를 같이한다.

☞「수운은 守其心 正其氣가 그에 의하여 창도된 동학의 極意임을 밝혀 인간의 창조적 참여로서의 지상낙원을 … 증산의 사상 역시 운도설로 집약되는 바, 음양조화의 이법에 따라 필연적으로 예정되어 있는 것이 운도이며, 이 운도는 상제의 기능에 의해 바꾸어질 수 있다고 보아, 상제는 천지공사를 행하며 내세를 구원하고 지상선계를 이룩한다는 것이다」(김복희, 「낙원사상의 흐름과 개교의 동기」, 『정신개벽』 제6집, 신

룡교학회, 1988, pp.15-16).

2) 불타는 팔정도를, 소태산은 진리적 종교의 신앙과 사실적 도덕의 훈련을 강조했다.

☞「불타는 구제 방법으로 팔정도를 제시했고 소태산은 (개교의 동기에서) 진리적 종교의 신앙과 사실적 도덕의 훈련으로 구제방법을 제시한 점이 서로 다르다」(서경전, 『교전개론』, 원광대학교출판국, 1991, p.126).

3) 개교동기는 한용운의 불교유신론과 개혁차원에서 연계가 가능하다.

☞「한용운의 불교유신론이나 소태산의 불교혁신론은 민중불교로서의 일차적인 전개가 있었기에 잉태될 수 있었으며, 그를 보다 발전적으로 극복하려한데 원불교 발생의 역사적 위치를 살필 수 있다」(홍윤식, 「진리적 종교로서의 원불교의 역사적 위치」, 류병덕 박사 화갑기념 『한국철학종교사상사』, 원광대 종교문제연구소, 1990, p.1087).

4) 사실적 도덕의 훈련에 대한 강조는 조선조 예학과 실천적인 면에서 통한다.

☞「(개교의 동기에서 밝히는 것처럼) 우리 인간에게 사실적 도덕이 되어서 도덕이 추상적이거나 형식적이거나 수사적인 언어 구사로만 그치는 도덕을 뛰어넘어야 한다고 본인은 본다. 지난날 우리나라에서는 도덕을 바르게 지킨다는 명목 하에 예학파가 생겨났다. 예를 실천하기 위해서 예가 아니면 보지 말고, 예가 아니면 말하지 말며, 예가 아니면 행하지 말라고 하여 인간의 주관적 실천을 강하게 주장했던 것이다」(한기두, 『원불교 정전연구』-교의편-, 원광대학교출판국, 1996, p.28).

5) 개교의 동기는 사상적으로 세계 성자의 정신과 맥락을 같이 한다.

☞「(개교의 동기에서 본) 세계 5대성자의 근본정신 : 불타 = 대평등의 자비주의 = 대각주의, 노자 = 대해탈의 자연주의 = 무위주의, 예수 = 대희생의 박애주의 = 유화주의, 공자 = 대실천의 중도주의 = 인의주의, 대종사 = 대원만의 일원주의 = 세계주의」(『정전대의』-대산종사법문집 1, 5. 개교의 동기).

6) 개교의 동기에서 밝힌 낙원의 의미는 불교의 극락, 기독교의 천당, 도교의 무릉도원과 통하는 면이 있다.

☞「낙원세계는 원불교가 지향하는 이상세계이다. 모든 사람이 가고자 하는 세계이다. 소태산 대종사는 원불교를 개교하면서 그 동기를 세

상에 들어낼 때 파란고해의 일체생령을 광대무량한 낙원으로 인도하려 함이 그 동기라고 하였다. 낙원세계는 불교의 극락, 기독교의 천당, 도교의 선경·도원·무릉도원 등과 상통하는 의미를 가지고 있다」(김일상, 『마음공부 길잡이』, 대산문화사, 1988, p.25).

16. 보충해설

원불교가 개교한 당시의 시대적 상황이 잘 묘사되고 있는 것은 『불법연구회창건사』의 서문이다. 본 서문에서는 '격동의 시대요 일대 전환의 시대' 라고 하였다. 이에 원불교 개교의 동기를 간명하게 다섯 가지로 정리한다면 ① 새 세계의 도래와 종교 재정비의 필요성, ② 물질과 정신의 위치 정상화, ③ 진리적 종교의 신앙, ④ 사실적 도덕의 훈련, ⑤ 광대무량한 낙원건설(송천은, 『종교와 원불교』, 원광대출판국, 1979, pp.326-379)이라 볼 수 있다. 새 세계가 도래했다는 것은 원불교의 출현이 개벽시기와 맞물려 있다는 뜻이다. 이를테면 원불교의 출현을 전후하여 위정척사 운동이 있었고, 신종교의 출현과 동학혁명이 일어난 시기였으며, 서구의 동양 진출과 개화파 운동이 일어난 때였다.

이어서 종교 재정비의 필요성이란 유불도 3교와 서구종교 등의 기성종교들이 종교 아노미 현상으로 인해 새로운 종교의 출현을 기대한다는 것이다. 맥킨타이어가 개인주의적 자유주의에서 나타나는 도덕원리의 파편 내지 아노미 현상을 극렬하게 비판한 것이 비근한 예이다. 아노미 현상이란 기성종교들이 제 역할을 제대로 하지 못해 위기의식이 최고조에 달하여 기성종교가 해체된 현상을 말한다. 이때 새로운 민중종교가 등장하기 시작한다. 동학, 증산교, 원불교의 출현이 이와 관련된다. 동학은 유교의 혁신, 증산교는 도교의 혁신이라면, 원불교는 불교의 혁신을 중점에 두고 기성종교에 대응한 새 교법의 바람을 불러일으키고자 하였다.

물질과 정신의 위치를 정상화한다는 것은 물질의 발달에 따라 정신이 소홀해짐에 대한 위기의식을 갖고 양 문명의 균형감각을 도모하자는 것이다. 이에 소태산은 물질이 개벽되니 정신을 개벽하자고 하여 정신문명의 위기현상을 원불교 출현의 명분으로 삼았다. 물질의 세력이 날로 융성해짐으로 인해 사람의 정신이 미약해져 사회의 병폐가 극에 달하자 소태산은 정신개벽을 원불교 창립의 슬로건으로 삼고자 했다.

  아울러 진리적 종교의 신앙과 사실적 도덕의 훈련은 인류 정신개벽의 정도이며 방법론이기도 하지만 미시적으로는 당시 민심을 흉흉하게 했던 미신적 행태나 신비적 기행들에 대한 대응책이기도 하다. 불교의 경우 기복신앙으로 흐르는 성향이 없지 않았던 바, 소태산은 불상숭배의 허구성에 대응하여 일원상 신앙을 밝히고, 인도상의 요법으로 진리와 사실에 초점을 맞추는 정법신앙과 대도수행을 도모하였다. 물론 원불교 훈련법도 진리적이고 사실적인 방법에 근간하였다. 따라서 인도정의의 정법대도는 낙원세계 건설을 지향하고 고해의 일체생령을 구제하려는 소태산의 경륜에 잘 나타나 있다. 즉 개교의 동기에서 개교의 지상과제로 낙원건설을 천명한 것이다.

17. 연구과제

 1) 개교동기의 의의와 개교의 이념은?
 2) 원불교가 출현한 근본 이유는?
 3) 소태산이 원불교를 개교하면서 바라본 시국관은?
 4) 원불교와 이웃종교에 있어 낙원세계 건설의 방법은?
 5) 개교의 동기를 실현할 주체 세력은?
 6) 이웃종교들의 개교동기에 대하여 언급하시오.

18. 고시문제

 1) 개교의 동기에 입각하여 교법의 총설을 논하시오.
 2) 다음 어휘 '광대무량한 낙원'을 간략하게 설명하시오.
 3) 이른바 '새로운 세기'를 맞는 오늘의 시대상황에 비추어 정신의 세력을 확장하는 길을 개교의 동기에 입각하여 해설하라.
 4) 진리적 종교의 신앙에 대하여 쓰시오.
 5) 타종교(그리스도교, 불교)의 개교동기와 원불교 개교동기를 비

교하여 설명하시오.

6) 다음을 간단히 설명하시오 : 진리적 종교의 신앙과 사실적 도덕의 훈련.

7) 진리에 대한 개념?

8) 사실적 도덕의 훈련에 대하여 논술하시오.

9) 도덕에 대한 개념?

10) 개교의 동기를 『정전』에 의하여 설명.

11) 개교의 동기를 밝히시오.

12) 물질이 개벽되니 정신을 개벽하자를 인간소외의 오늘의 위기상황에서 논하시오.

13) 미약한 정신의 세력을 확장하는 길은?

14) 교무(미래의 종교지도자)로서 현대 과학문명사회에 대한 문제점을 통찰하고 그 대안을 제시하시오.

제2장 교법의 총설

○ 「교법의 총설」의 원문

불교는 무상대도라 그 진리와 방편이 호대하므로 여러 선지식이 이에 근원하여 각종 각파로 분립하고 포교문을 열어 많은 사람을 가르쳐 왔으며, 세계의 모든 종교도 그 근본되는 원리는 본래 하나이나, 교문을 별립하여 오랫동안 제도와 방편을 달리하여 온 만큼 교파들 사이에 서로 융통을 보지 못한 일이 없지 아니하였나니, 이는 다 모든 종교와 종파의 근본 원리를 알지 못하는 소치라 이 어찌 제불 제성의 본의시리요.

그 중에도 과거의 불교는 그 제도가 출세간 생활하는 승려를 본위하여 조직이 되었는지라, 세간 생활하는 일반 사람에 있어서는 모든 것이 서로 맞지 아니하였으므로, 누구나 불교의 참다운 신자가 되기로 하면 세간생활에 대한 의무와 책임이며 직업까지라도 불고하게 되었나니, 이와 같이 되고 보면 아무리 불법이 좋다 할지라도 너른 세상의 많은 생령이 다 불은을 입기 어려울지라, 이 어찌 원만한 대도라 하리요.

그러므로 우리는 우주 만유의 본원이요, 제불제성의 심인인 법신불 일원상을 신앙의 대상과 수행의 표본으로 모시고, 천지 부모 동포 법률의 사은과 수양 연구 취사의 삼학으로써 신앙과 수행의 강령을 정하였으며, 모든 종교의 교지도 이를 통합 활용하여 광대하고 원만한 종교의 신자가 되자는 것이니라(『정전』 제1 총서편, 제2장 교법의 총설).

1. 교법의 총설의 등장배경

근대에 이르러 서구의 배타적 종교가 한국에 전래되었고, 구한말 많은 민족종교들이 창립되었으나 여러 종파들로 분립하고 대립하기도 했다. 이에 새 시대의 원불교는 각 종교간 문호가 다르고 제도가 다르다 해도 각종 각파의 분열을 벗어나도록 하는 성자혼의 회통의 원리를 강조하였다. 소태산은 이 같은 종교회통의 성자정신에서 낙원건설을 도모하고자 시대화 생활화 대중화된 대도정법을 교법의 총설에서 천명하고 있다.

 1) 서구종교의 배타성은 새 시대의 종교윤리에 있어 종교간 갈등으로 부각될 수 있다.

　☞「(교법의 총설은) 유불도 3교를 통합 활용하자는 것이다. … 현시점에서 보면 동양종교는 타종교에 대한 관용성이 있는 반면, 기독교는 배타성이 있다. 동양종교는 초원에서 발생하였기 때문에 초원에서의 길은 어느 길을 통하더라도 목적지에 갈 수 있어 관용성이 있지만, 기독교는 사막에서 발생하였기 때문에 사막에서의 길은 외길밖에 택할 수 없어 배타성이 강하다고 해석하는 학자가 있다」(한정석, 『원불교 정전 해의』, 도서출판 동아시아, 1999, p.63).

 2) 구한말 각종 분파가 생겨났으나, 소태산은 모든 종교의 근본 원리는 하나임을 교법의 총설에서 밝히고 있다.

　☞「(교법의 총설 원류를 찾아서) 초기교서였던 『법의대전』 중에 "여러 교회 생겨나서 각자위시 하건만은 근본마음 모를진댄 동귀일리 알을소냐. 유도로 문을 열고 불법으로 주인삼아 차차차차 알아보니 복혜양족 얻는 법이 이갈밖에 또 있을까." 이를 보면 교법완정 이전 대종사의 사상 중에 모든 종교의 근원된 도리는 하나이요 그중에 유도·불도의 융통의 뜻을 밝히었다」(이은석, 『정전해의』, 원불교출판사, 1985, p.49).

 3) 교법의 총설은 종교간 문호가 다르고 제도와 조직 등이 다르다 해도 진리의 근원은 하나라는 것을 강조하고 있다.

　☞「(교법의 총설을 보면) 고래로 발전해 온 각 종교와 종교 사이나 종단과 종단 사이, 종파와 종파 사이에 서로 이름이 다르고 문호가 같지 아니하여 제도와 조직이며 지도방식은 다르다할지라도 그 근원에 있어서는 통일된 하나의 원리를 안다면 서로 통하지 못할 일은 없다. 모두 둘이 아닌 하나의 체성에 귀일해서 상호 권면하고 촉진해서 만생령이 안녕질서를 유지하는 지상낙원을 건설하는데 총력발휘를 하여야 할 것이다」(이운권, 고산종사문집1 『정전강의』, 원불교출판사, 1992, p.18).

4) 교법의 총설은 선천의 교리가 아닌 후천의 교리, 즉 교리의 시대화 생활화 대중화를 위한 정법대도의 등장을 밝히고 있다.

☞「(교법의 총설은) 모든 교리를 일원화하였으며 모든 제도를 현실화, 즉 시대화 생활화 대중화시켜 원만한 신앙과 원만한 수행으로써 다같이 원만한 생활을 하도록 되어있기 때문에 누구나 구제받을 수 있는 대법이 된다. 소태산 여래는 이 법을 제정해 주면서 우리의 일원종지와 사은사요 삼학팔조는 온 천하 사람이 다 알아야 하고 다 실행할 수 있으므로 천하의 큰 도가 되나니라 하였다」(안이정, 『원불교교전 해의』, 원불교출판사, 1998, p.127).

2. 교법의 총설의 의의

교법의 총설은 원불교 개교의 동기와 더불어 『정전』의 총론 성격으로, 불법을 주체로 하여 종교의 회통성을 강조하는 동원도리 정신으로 계승되고 있다. 교단의 종지로서 일원대도를 선포하여 교법의 주체성과 교법의 원융성을 드러내고 있는 것이다. 이에 교법의 총설은 일원상, 사은과 삼학, 출세간법과 세간법 등 모든 종교를 통합 활용하는 총론적 법어로서의 의미가 크다. 결국 교법의 총설에서 원불교는 개벽의 시대에 출현한 새로운 형태의 종교라 밝힌 점이 현대적 의의라고 할 수 있다.

1) 총서편 교법의 총설은 개교의 동기와 더불어 『정전』의 총론이다.

☞「『정전』의 차례를 통하여 원불교 교리가 구조적인 특징을 가지고 체계화되었음을 알 수 있다. 첫째, 총서편은 『정전』의 총론에 해당한다. 원불교가 개교된 동기와 그에 따른 기본 이념을 밝히고 있는 것이다. 개교의 동기와 교법의 총설이 그것이다. 둘째, 교의편은 원불교의 교리를 진리론, 신앙론, 수행론으로 밝히어 종합하고 있다」(고시용, 「정전의 결집과 교리의 체계화」, 『원불교학』 제9집, 한국원불교학회, 2003.6, p.275).

2) 교법의 총설은 불법을 주체로 한 통종교적 시각을 밝히고 있다.

☞「소태산이 직접 저술하여 만세에 전한 大經大法이라고 믿고 있는 『정전』의 총서편 제2장 교법의 총설에서는 불교를 통한다면 만종교와 회통할 수 있다는 확신을 피력하고 있나」(류병덕, 「불교와의 관련」, 《원보》 제46호, 원광대 원불교사상연구원, 1999년 12월, p.12).

3) 교법의 총설은 모든 종교화 화합할 수 있는 것으로, 동원도리 정신으로 이어지고 있다.

☞「소태산은 일원의 진리를 천명함으로써 모든 종교와 사상의 조화, 통일, 융통을 가능케 하였다. 따라서 원불교 교단은 동원도리에 입각한 모든 종교와 사상의 화합을 성취시켜야 할 사명과 책임을 가지고 있는 것이다」(신명교, 「원불교 교단관」, 『원불교사상시론』 1집, 수위단회사무처, 1982, p.27).

4) 교법의 총설은 일원대도의 교법을 세상에 선포하고 그 의의를 총괄한 법어이다.

☞「교법의 총설은 일원대도의 원만한 교법을 세상에 선언하게 된 근본 의의를 총괄적으로 밝혀준 말씀이다」(안이정, 『원불교교전 해의』, 원불교출판사, 1998, p.120).

5) 교법의 총설은 원불교 교법의 주체성과 강령 및 제도의 기본정신을 밝히고 있다.

☞「교법의 총설은 원불교 교법의 주체, 강령, 제도의 기본정신을 밝혔다. 교의편의 내용을 교법의 총설이 근거 지우는 것이다」(한정석, 『원불교 정전해의』, 도서출판 동아시아, 1999, p.61).

6) 교법의 총설에서 원불교는 새 시대를 지향하는 새로운 형태의 종교라는 것을 알 수 있게 하였다.

☞「원불교는 이 세상에 만일 5백개의 종교가 있다면 이들과 어깨를 겨루기 위하여 창건된 종교가 아니라 새 시대에 발맞춘 전연 새로운 형태의 종교라는 것을 교법의 총설을 통해 알 수 있다」(간행위원회 편, 담산이성은정사 유작집 『개벽시대의 종교지성』, 원불교출판사, 1999, p.100).

3. 교법의 총설의 대의강령

1) 불교는 무상대도이나 선지식이 각종각파로 분립하였고, 세계의 종교도 별립하여 서로 융통하지 못하였다.

2) 과거의 불교는 출세간으로 조직되어 일반 사람에게 맞지 아니하여 불교의 참다운 신자가 되기 어렵게 되었다.

3) 우리는 법신불 일원상을 모시고 사은과 삼학으로써 강령을 삼고, 모든 종교의 교지도 통합 활용하여 원만한 종교의 신자가

되자는 것이다.

4. 교법의 총설의 구조
 1) 불교의 무상대도와 세계종교의 별립(불교는 무상대도라~어찌 제불제성의 본의시리요).
 2) 과거불교의 출세간주의(그 중에서도~이 어찌 원만한 대도라 하리요).
 3) 각 종교의 통합활용과 원불교(그러므로 우리는~원만한 종교의 신자가 되자는 것이니라).

5. 단어해석
 교법의 총설 : 敎法의 總說은 불교의 수월성을 밝힘과 더불어 새 교법, 곧 일원상과 사은사요 삼학팔조 등을 세상에 천명하고, 각 종교의 교리가 일원의 진리에 통합 활용된다는 종교회통의 정신을 설한 법어이다.
 무상대도 : 여러 종교 중에서 불교의 수월성을 나타내는 말이며, 또는 원불교 교법을 나타내는 말로서 일원상, 사은사요, 삼학팔조가 보다 넓고 심오하므로 無上大道라 한다. 『대종경』의 서품 16~17장과 전망품 6장, 『정산종사법어』의 경의편 42장에도 '무상대도' 라는 용어가 나온다.
 진리 : 眞理란 참된 이치이며, 종교의 경우 절대자로서 하늘 혹은 하느님, 부처님을 말한다. 원불교에서는 법신불 일원상의 진리를 줄여서 진리라고 한다. 일원상 진리는 크게 불생불멸과 인과보응을 그 근간으로 삼는다. 원불교 교서에 진리라는 용어가 자주 나타나며, 『대종경』 인과품 22장에 '진리' 의 제재가 강조되고 있다.
 방편 : 중생 제도에 있어서 편리한 수단과 방법을 方便이라 한다. 부처님은 49년간 8만 4천 방편 법어를 설하였으며, 불교의 주요 경전 중의 하나인 『법화경』에도 방편품이 있다. 소태산은 『대종경』 수행품 12장에서 "선종의 많은 조사가 선에 대한 천만 방편을 열어놓았다" 고 하였으며, 실시품 5장에서 "불법의 대의는 모든 방편을 다하여 끝까지 사람을 가르쳐서 선으로 인도하자는 것" 이라 하였다. 정산종사에 의하면, 소태산 대종사는 무량방편으로 우리 중생을 제도하였다고 법어 기연편 13장

에서 말하고 있다. 또 경의편 46장에서 부처님들은 천백억 방편으로 중생들을 교화하였다고 한다.

호대 : 넓고 큰 것을 浩大라 한다. 호대의 반대는 협소라고 한다. 정산종사는 법어 응기편 39장에서 심량이 호대하다는 법어를 설하였다.

선지식 : 신앙과 수행의 적공으로 도력을 갖춘 고승석덕을 善知識이라 한다. 또 불법으로 인도하는 선각자·선지자는 그 유사어이다. 물론 선남자 선여인이란 용어도 같은 맥락이다. 『정산종사법어』 예도편 20장에 '선지식' 이라는 용어가 등장한다.

각종각파 : 여러 종교의 각 파를 各宗各派라 한다. 이를 줄여 말하면 종파라고 하는 바, 같은 종교이면서도 교리·제도·의식 등이 서로 다르거나, 서로 다르게 이해됨에 따라 나뉜 분파를 宗派라 한다. 기독교의 장로교 감리교 침례교, 불교의 조계종 태고종 천태종 등이 그것이다.

분립 : 한 종교가 갈라져서 따로 종파를 세우는 것을 分立이라 한다.

포교문 : 각 종교가 목적하는 선교와 포교의 장을 布敎門이라 한다. 그리고 각 종교의 포교·선교를 도모하는 자를 포교사라 한다. 원불교에서는 포교라는 용어보다 교화라는 용어를 더 많이 사용하고 있다.

별립 : 종파를 따로 세우는 것을 別立이라 하며, 분립이라 하기도 한다.

제도 : 단체나 공중을 위한 목적사업으로 법제화한 것을 制度라 한다. 이를테면 교육제도·장학제도·가정복지제도 등이 그것이다.

교파 : 종교의 분파를 敎派라 하며, 종파는 이와 유사한 용어이다.

융통 : 잘 유통하고, 막히면 임기응변하여 통하게 하는 것을 融通이라 한다. 종교간 융통의 관계는 종교간 회통으로 이어진다.

종파 : ☞상단의 각종각파·교파 참조.

근본원리 : 근본이 되는 원리를 根本原理라 한다. 각 종교의 성자들이 밝힌 愛, 慈, 仁, 道, 恩 등도 하나의 근본원리로 통한다.

소치 : 어떠한 일이 전개되는 이유나 까닭을 所致라 한다.

제불제성 : 모든 부처와 모든 성자를 통틀어 諸佛諸聖이라 한다. 일원은 제불제성의 심인이라는 말이 『정전』 「일원상의 진리」에 나타난다.

본의 : 참 마음 또는 본래의 뜻을 本意라 하며, 본지라는 용어도 있다.

출세간생활 : 생활형식에 있어 세간생활과 出世間生活이 있다. 형식상

출가자에게는 출세간생활이요, 재가에게는 세간생활이다. 삶의 정신적 자세에서 출가 재가를 막론하고 세간 및 출세간생활을 할 수도 있다.

승려 : 도를 닦기 위해 출가하여 직업 자체가 성직자인 사람을 僧侶라 한다. 불교의 스님, 개신교 목사, 천주교 신부, 원불교 교무 등이 있다.

신자 : 종교를 믿는 사람을 信者 또는 신도·교도라고 한다.

불고 : 돌아보거나 돌보지 않는 것을 不顧라 한다. 불교의 신자가 되기 위해서는 직업까지도 불고한다는 것은 결국 직업을 그만두어야 불교신자가 되는 것을 말한다.

불법 : 부처가 설한 교법을 佛法이라 한다. 삼법인·사제·팔정도·십이인연 등이 전통불교의 교법이라면, 생활불교로서의 원불교 교법은 일원상·사은사요·삼학팔조 등이다.

생령 : 살아있는 일체 생명체나 영혼을 生靈이라 한다.

불은 : 부처로부터 입은 은혜를 佛恩이라 한다. 또는 법신불의 은혜 곧 일원상 진리의 은혜가 불은이다. 불은은 우주만유 삼라만상에 대한 화피초목 뇌급만방으로 전개되는 대자대비의 모습으로 나타난다.

원만 : 조금이라도 부족하거나 모난 것이 없는 것을 圓滿이라 한다. 일원의 진리는 지공무사 원만구족으로 불성을 갖춘 우리에게 화현된다.

대도 : 일원상의 진리는 불생불멸과 인과보응의 이치를 담고 있는 정법으로서 大道이다. 공부의 요도와 인생의 요도로서 불법은 정법대도이다.

우주만유 : 우주를 구성하는 유정·무정, 삼라만상을 宇宙萬有라 한다. 소태산은 원불교 신앙의 대상인 일원상을 우주만유의 본원이라 했다.

본원 : 일이나 주장이 근본 되고 근원 되는 것을 本源이라 한다.

심인 : 언어나 문자를 벗어나 부처와 성자의 마음으로 깨달은 경지를 心印이라 한다. 일원상의 진리는 제불제성의 심인이다. 육조 혜능에 의하면 "나는 佛心印을 전해주고 있다"(『육조법보단경』)고 했는데, 이 佛心印은 곧 부처와 조사의 깨달은 마음이 심인과 통한다.

법신불 일원상 : 원불교의 신앙대상 호칭을 法身佛 一圓相이라 한다. 일원상 서원문을 보면 '이 법신불 일원상을 체받아서' 라는 말처럼 법신불은 일원상과 함께 사용된다. 전통불교에서는 삼신불이라 하여 법신·보신·화신불을 언급하지만, 원불교는 법신불 일원상 혹 법신불 사

은을 통칭해서 법신불이라 하기도 한다.

표본 : 매사에 본보기가 되는 것으로서 하나를 가지고 다른 물건의 표준으로 삼는 것을 標本이라 한다. 『대종경』 교의품 5장에서도 언급했듯이 일원상은 우리 인류에 있어 수행의 표본이다.

사은 : 원불교 신앙의 대상으로서 법신불 四恩이 언급되며, 천지은·부모은·동포은·법률은을 말한다. 『대종경』 교의품 4장에서 일원상의 내역을 말하자면 우주만유로서 천지만물 허공법계가 부처 아님이 없다고 하였으니 사은이 여기에 포함된다.

삼학 : 정신수양·사리연구·작업취사가 三學이며, 소태산은 "그대들은 삼학의 공부를 병진하여 원만한 인격을 양성하라"(『대종경』, 변의품 36장)고 하여 삼학은 일원상을 닮는 공부법이라 했다.

강령 : 일의 체계적인 줄거리, 이론의 핵심 항목을 綱領이라 한다. 교강 9조, 삼강령 등이 이와 관련된 용어이다.

교지 : 교의의 근본 취지를 敎旨라 하며, 이와 유사한 용어로 宗旨가 있는 바 이는 종교의 근본 취지이다.

통합활용 : 통일하여 합하는 것을 統合이라 하고 모든 것을 살려 쓰는 것을 活用이라 한다. 원불교의 회통 정신은 유불도 3교를 통합 활용하는 것에서 발견된다. 소태산은 과거 유불선 3교가 각 분야만을 교화했지만 원불교는 모든 교리를 통합하여 활용한다(『대종경』, 교의품 1장)고 했다.

광대 : ☞『정전풀이』(상)「개교의 동기」'광대무량' 참조.

6. 숙어·문제풀이

1) 불교가 무상대도인 이유는?

(1) 불법은 참된 성품의 원리를 밝히고 있다.

(2) 생사의 큰 일을 해결하였다.

(3) 인과이치를 드러내고 수행길을 갖추었다(『대종경』, 서품 3장).

(4) 불생불멸·인과보응의 이치가 소소영령하다(『정산종사법어』, 경의편 42장).

2) 각종각파로 분립하고 포교문을 열게 된 이유는?

(1) 불교 교법은 강조 성향에 따라 13종 56파로 분리되었는데, 이를

테면 선종·교종·율종이나 조계종·태고종·진언종 등으로 나뉘었다.

(2) 불교 진리는 방편이 호대하므로 선지식들이 각 종파를 세웠다.

(3) 기성종교가 오랜 세월과 환경의 변화에 따라 여러 종파로 분립해 온 것이다.

(4) 근본 원리는 하나이나 교파들 사이에 서로 일치를 보지 못하여 배타적 도그마로 전락하였다.

3) 세계 모든 종교의 근본원리는 본래 하나라는 것은?

(1) 성자들의 깨달음과 중생구제라는 성자혼은 본래 하나인 것이다.

(2) 불교의 자비, 유교의 仁, 도교의 자연은 삼교회통의 정신에서 볼 때 원불교의 일원상 진리와 하나가 된다(『대종경』, 교의품 1장).

(3) 삼동윤리의 정신에서 보면 모든 종교의 근본 원리는 하나이다.

(4) 개교반백년기념대회 표어에 나타나듯이, 진리는 하나 세계도 하나 인류는 한 가족 세상은 한 일터이다.

4) 과거의 불교는 출세간 생활하는 승려를 본위하여 조직이 되었으니 어찌 원만한 대도라 하겠는가?

(1) 출세간적인 불법은 출가 중심의 교법에 한정되어 있다.

(2) 출가 중심은 은둔, 금욕, 생활과 직업 등을 불고하는 성향이다.

(3) 출세간의 불교는 송풍나월이나 독선기신, 소승주의적 교법이다(『대종경』, 서품 16장).

(4) 원만한 교법은 출세간·세간을 아우르는 교법이어야 하는 바, 소태산은 「조선불교혁신론」을 통해 생활불교의 원만대도를 선포하였다.

5) 법신불 일원상을 신앙의 대상과 수행의 표본으로 모신다는 것은?

(1) 우주 만유의 본원으로서 신앙의 대상과 수행의 표본이 된다.

(2) 제불제성의 심인으로서 신앙의 대상과 수행의 표본이 된다.

(3) 일체중생의 본성으로서 신앙의 대상과 수행의 표본이 된다.

(4) 법신불 일원상은 사은신앙과 삼학수행의 표본인 것이다.

6) 천지 부모 동포 법률의 사은과 수양 연구 취사의 삼학으로써 신앙 과 수행의 강령을 정하였다는 것은?

(1) 일원상 진리는 신앙문과 수행문이라는 양 대문으로 나누어진다.

(2) 일원상 신앙문은 사은신앙, 일원상 수행분은 삼학수행이다.

(3) 사은은 인생의 요도이며 삼학은 공부의 요도인 것이다.

(4) 신앙과 수행의 근거가 되는 사은사요 삼학팔조는 곧 인도상의 요법이다.

7) 모든 종교의 教旨도 이를 통합 활용하여 광대하고 원만한 종교의 신자가 되자는 것은?

(1) 미래의 불법은 편벽됨이 아니라 두루 회통하는 산 불법이다.

(2) 새 시대의 교법은 모든 종교의 장점을 활용하는 교법이다.

(3) 원불교의 일원상 진리는 회통과 활용의 정신을 강조하므로 원만한 종교의 신자가 된다.

(4) 불교는 형상 없는 것을 주체삼고, 유교는 형상 있는 것을 주체삼으며, 도교는 우주자연의 도를 주체삼았으나 원불교는 이를 통합 활용한다(『대종경』, 교의품 1장).

7. 관련법문

☞「각종 각파의 분립한 시일이 오래되고 또는 各宗의 주장과 방편이 다른 만큼 신자도 또한 시비가 분분하여 포교를 서로 장해하며, 필경에는 서로 적대시까지 하여 타종교 및 外人 사회의 비평 조소를 면하지 못하게 된 일도 간혹 있었나니, 이는 다 각종각파의 소종래를 알지 못하는 데서 생함이라. 혹 各宗의 주장과 시대 변천을 따라 서로 다른 점은 있을지언정 부처님이 전해주신 그 진리와 제도의 대의는 다르지 아니한 同根 불제자로서 不睦을 생함이 어찌 석존의 본의시리요. … 그러므로 우리는 불조정전의 심인이요, 우주 만유의 근본이 되는 법신불 일원상을 수행의 표본과 신앙의 대상으로 모시고, 그 심인의 오득과 수행을 하기 위하여 계정혜 삼학으로써 공부의 요도를 정하였으며 또는 各宗의 모든 教旨도 우리 수행의 참고로 하자는 것이며, 또는 재래와 같이 불교의 신자가 됨으로써 세상일을 못할 것이 아니라 불교의 신자가 됨으로써 세상일을 잘 하자는 뜻으로써 본서를 편성하는 바이다」(『불교정전』, 序).

☞「일원상은 부처님의 심체를 나타낸 것이므로, 형체라 하는 것은 한 인형에 불과한 것이요, 심체라 하는 것은 광대무량하여 능히 유와 무를 총섭하고 삼세를 관통하였나니, 곧 천지만물의 본원이며 언어도단의 입정처라, 유가에서는 이를 일러 태극 혹은 무극이라 하고, 선가에서는 이

를 일러 자연 혹은 도라 하고, 불가에서는 이를 일러 청정법신불이라 하였으나, 원리에 있어서는 모두 같은 바로서 비록 어떠한 방면 어떠한 길을 통한다 할지라도 최후 구경에 들어가서는 다 이 일원의 진리에 돌아가나니, 만일 종교라 이름하여 이러한 진리에 근원을 세운 바가 없다면 그것은 곧 사도라, 그러므로 우리 회상에서는 이 일원상의 진리로써 우리의 현실 생활과 연락시키는 표준을 삼았으며, 또는 신앙과 수행의 두 문을 밝히었나니라」(『대종경』, 교의품 3장).

☞「부처님의 무상대도는 세상에 알려지지 못하고 승려들은 독선기신의 소승에 떨어졌나니 이 어찌 부처님의 本懷시리요. 그러므로 부처님의 무상대도에는 변함이 없으나 부분적인 교리와 제도는 이를 혁신하여, 소수인의 불교를 대중의 불교로, 편벽된 수행을 원만한 수행으로 돌리자는 것이니라」(『대종경』, 서품 16장).

8. 교법의 총설의 형성사

원기 20년에 발표된 『불교혁신론』의 총론에 「교법의 총설」의 정신을 담은 글이 처음 나타난다. 원기 26년 『종전』序에서 「교법의 총설」을 밝히었으며, 원기 28년 『불교정전』序에 본 총설이 완성되었고, 원기 47년 『정전』에서 완정되기에 이른다.

1) 원기 20년 발표된 『불교혁신론』의 총론에 교법의 총설이 나타난다.

☞「(교법의 총설이 처음 나온 교서)『불교혁신론』(원기 20년판) <총론> 중의 흐름이 교법 총설과 같은 뜻이 살아 있다」(박용덕, 『천하농판』, 도서출판 동남풍, 1999, pp.61-62).

2) 원기 26년 5월, 교법의 총설인 『宗典 序』를 지었다.

☞「『정전』 결집이 시작된 1940년부터 대종사 열반까지의 주요 교단 사항을 정리하면 다음과 같다. 1940년 1월 교역자 양성 선수학원 '유일학원' 설립 청원이 전라북도에 의해 불허됨 … 1941년 1월 대종사, 일원상게송을 설함. 4월 총회 이후 편수사무소를 총무부로 이관, 박장식(부장) 이공전(서기)이 편수를 담당함. 5월 8일 이동안(도산) 열반. 5월 11일경 「宗典 序」(교법의 총설)를 지음」(양은용, 「소태산 대종사의 열반상황-이공주 종사의 일기를 중심으로-」, 추계학술대회 《소태산 대종사 생애의 재조명》, 한국원불교학회, 2003.12.5, pp.29-30).

3) 『불교정전』序에 교법의 총설이 삽입되었으며, 이는 『정전』 교법의

총설로 이어졌다.

☞「불교의 진리와 방편이 호대한지라, 모든 선지식이 이를 많이 이용하여 각종 각파로 분립하고 포교문을 열어 많은 사람을 가르쳐 왔으나, 각종 각파의 분립한 시일이 오래되고 또는 各宗의 주장과 방편이 다른 만큼 신자도 또한 시비가 분분하여 포교를 서로 장해하며, 필경에는 서로 적대시까지 하여 타종교 및 외인 사회의 비평 조소를 면하지 못하게 된 일도 간혹 있었나니, 이는 다 각종각파의 소종래를 알지 못하는 데서 生함이라. 혹 各宗의 주장과 시대 변천을 따라 서로 다른 점은 있을지언정 부처님이 전해주신 그 진리와 제도의 大義는 다르지 아니한 同根 불제자로서 불목을 생함이 어찌 석존의 본의시리요. 또는 조선의 재래불교는 모든 제도가 산중 생활하는 승려를 본위하여 조직이 되었는지라, 세간 생활하는 속인에 있어서는 모든 것이 서로 맞지 아니하고 반대같이 되었으므로, 누구를 물론하고 불교의 참다운 신자가 되기로 하면 세간 생활에 대한 모든 의무와 책임이며 직업까지라도 불고하게 되었나니, 이와 같이 되고 보면 아무리 불법이 좋다 할지라도 넓은 세상이 다 불은을 입기 어려울지라, 이 어찌 원만한 대도라 하리요. 그러므로 우리는 불조 정전의 심인이요 우주 만유의 근본이 되는 법신불 일원상을 수행의 표본과 신앙의 대상으로 모시고, 그 심인의 오득과 수행을 하기 위하여 계정혜 삼학으로써 공부의 요도를 정하였으며, 또는 各宗의 모든 교지도 우리 수행의 참고로 하자는 것이며, 또는 재래와 같이 불교의 신자가 됨으로써 세상일을 못할 것이 아니라 불교의 신자가 됨으로써 세상일을 잘 하자는 뜻으로써 본서를 편성하는 바이다」(『불교정전』, 序).

9. 교법의 총설과 일원상의 관계

교법의 총설은 불법의 무상대도를 강조하였는데, 이는 원만한 일원대도를 신앙과 수행의 근거로 삼았기 때문이라는 것이다. 따라서 일원상을 중심으로 하여 우주 만유의 본원이요, 제불제성의 심인인 법신불 일원상을 신앙의 대상과 수행의 표본으로 모신다고 하였다. 각 종교의 교지도 만법의 조종인 일원상을 중심으로 통합 활용하자는 것이다. 곧 교법의 총설에서는 일원상을 중심으로 하여 사은과 삼학, 세간법과 출세간법을 활용한다.

1) 교법의 총설은 불교의 무상대도를 밝혔는데, 이는 법신불 일원상을 신앙의 대상과 수행의 표본으로 삼았기 때문이라는 것이다.

☞「불교는 무상대도라 그 진리와 방편이 호대하므로 여러 선지식이 이에 근원하여 각종 각파로 분립하고 포교문을 열어 많은 사람을 가르쳐 왔으며… 법신불 일원상을 신앙의 대상과 수행의 표본으로 모시고…」(『정전』. 제1 총서편, 제2장 교법의 총설).

2) 교법의 총설에 우주만유의 본원이요 제불제성의 심인인 법신불 일원상을 사은신앙의 대상과 삼학수행의 표본으로 모신다고 하였다.

☞「『정전』 교법의 총설에 "우리는 우주만유의 본원이요, 제불제성의 심인인 법신불 일원상을 신앙의 대상과 수행의 표본으로 모시고" 라고 하였다. 또한 "천지 부모 동포 법률의 사은과 수양 연구 취사의 삼학으로써 신앙과 수행의 강령을 정하였으며" 라고 밝히고 있다」(최광선 정리, 「교리테마토론-일원과 사은의 관계」, 《원보》 제46호, 원광대 원불교사상연구원, 1999년 12월, p.83).

3) 교법의 총설에서 밝힌 바, 일원상은 만법의 조종이므로 일원상 진리의 품에서 서로 넘나들며 집군성이대성을 해야 할 것이다.

☞「(교법의 총설) 만법의 조종이 되는 법신불 일원상의 진리를 모체로 해서 각자 문호를 개방하고 서로 넘나들며 집군성이대성을 하여야 할 것이다. 진리의 품에서 함께 되어 생활과 종교를 하나로 묶어 공부와 사업을 하나로 보는 평화의 사도가 되기만을 기대한다」(이운권, 고산종사문집1 『정전강의』, 원불교출판사, 1992, p.18).

4) 일원상을 근본 종지로 한 신앙 수행을 통해 모든 종교의 교지도 통합 활용하자는 것이다.

☞「원불교의 교법은 무상대도인 일원상의 진리에 근원하여 모든 종교를 하나로 보는 정신에 입각하여 있다. 모든 종교의 원리를 넘나들게 하고 종교를 세간생활에서 찾는 원만한 대도 정신에 입각하여 있다. 일원상을 근본 종지로 하고 사은과 삼학으로써 신앙과 수행의 강령을 정하여 모든 종교의 교지도 통합 활용하여 원만한 종교가 되자는 것이다」(한정석, 『원불교 정전해의』, 도서출판 동아시아, 1999, p.61).

5) 교법의 총설은 일원상을 중심으로 하여 사은과 삼학, 출세간과 세간법 등을 통합 활용하고 있다.

☞「교법이란 교리와 제도 및 의식을 총칭한 것으로 (교법의) 총설에

서 밝힌 강령을 들어 보자면 일원상의 진리를 종지로 하여 신앙의 대상과 수행의 표본으로 한다. 천지 부모 동포 법률의 사은과 수양 연구 취사의 삼학으로 신앙과 수행의 강령을 정한다. 출세간법과 세간법을 망라하여 시대화 생활화 대중화한다. 모든 종교의 교지를 통합 활용한다」(신도형, 『교전공부』, 원불교출판사, 1992, p.47).

10. 교법의 총설의 원리

교법의 총설은 불법의 수월성을 강조하면서 모든 교파의 주의 주장을 일원주의로 귀의하는 회통의 원리를 설명하고 있다. 또 교법의 총설은 각 종교가 추구하는 영성체험의 원리를 통합, 신 영성운동으로 나아가야 함을 시사하고 있는 바, 기성종교에서 새 종교로의 적실한 변화를 통한 진리통합의 원리를 제시하고 있다.

1) 교법의 총설은 불법 및 만법의 일원화 원리를 밝히고 있다.

☞「『정전』=원불교 교전 제1부. 대종사 친저한 원불교의 교리원전. 총서편 교의편 수행편의 3편으로 되어 있음. 총서편에서는 개벽론인 개교의 동기와 불법 및 만법의 일원화론인 교법의 총설이 있고, 교의편에는 최고 종지인 일원상, 신앙문이며 인생의 요도인 사은사요, 수행문이며 공부의 요도인 삼학팔조, 총체적 지도강령인 4대강령 등이 있고, 수행편에는 수행 훈련 활용의 각 조목과 법위등급 등이 있음. 원불교 제1 본경이요 元의 경이다」(원기 52년, 『정화통신』/이공전, 『범범록』, 원불교출판사, 1987, pp.122-123).

2) 교법의 총설은 모든 종파에 있어 영성체험의 원리를 통합, 곧 새 불교에 있어 신 영성운동의 원리로 귀결된다.

☞「소태산은 대각의 안목으로 이 세상을 바라보고 무엇보다도 먼저 신 영성운동이 일어나지 않으면 안 된다고 본 것이다. 그리하여 소태산은 새로운 정신세계 구축을 위한 영성체험의 방법이 가장 잘 되어 있는 것이 불교를 스스로 선택한 것이 아닌가 본다. 따라서 『정전』의 교법의 총설 장은 정신세계 구축을 위한 신 영성운동의 선언문이 아닌가 본다. 또한 이 글은 역사철학적 안목을 열어주는 글이기도 하다」(류병덕, 「21C의 원불교를 진단한다」, 제21회 원불교사상연구 학술대회《21세기와 원불교》, 원불교사상연구원, 2002.1, p.9).

3) 교법의 총설은 기성복이 아닌 적실한 맞춤복의 원리가 작용한다.

☞「(교법의 총설) 원불교 교법의 전반을 통해 보면 과거 성현들이 자주 써 왔던 말씀이지만 대종사가 말하면 그 뜻이 새삼스럽게 드러나고 그 의지가 더욱 명료해지는 것을 보고 신비하게 느껴졌다. 이런 사실을 자주 느끼던 주산종사는 대종사에게 그 뜻을 물으니 다음과 같이 답변하였다. "마치 옷을 찾는 사람에게 맞춤옷을 만드는 것과도 같으니 기성복은 자신에게 적실히 맞기 어렵지만 맞춤옷은 자신에게 적절하게 맞게 되는 것이다」(한기두, 『원불교 정전연구』-교의편-, 원광대학교출판국, 1996, p.45).

4) 모든 종교의 교지를 통합 활용한다는 것은 교리의 혼합이 아니라 근본 원리의 회통인 것이다.

☞「(교법의 총설에서) 모든 종교의 교지도 통합 활용한다는 것은 모든 종교의 교리를 모두 합친다의 뜻이 아니다. 통합이란 모든 종교의 근본 원리가 하나라는 그 정신이 통합이다. 활용한다는 것은 그 좋은 점을 상황에 맞게 잘 살려 쓴다는 것이다」(한정석, 『원불교 정전해의』, 도서출판 동아시아, 1999, p.67).

11. 교법의 총설의 특징

교법의 총설은 원불교 출현의 필연성을 여러 종교의 측면에서 밝힌 것이다. 곧 소태산은 각종각파의 교법을 교판적으로 다가서서 불법의 수월성을 드러내면서도 제도의 한계를 밝혔다. 그 대안으로서 교법의 시대화 생활화 대중화를 지향하면서 일원대도의 회통성을 성자적 입장에서 강조한 것이다. 아울러 교법의 총설은 교법의 바람직한 방향을 천명한 元經의 총론적 특징을 지닌다.

1) 교법의 총설은 원불교 출현의 필연성을 종교적인 측면에서 밝힌 것이다.

☞「교법의 총설은 개교의 동기와 함께 소태산이 원불교를 펴게 된 근본 의도를 밝혀 놓은 것이다. 개교의 동기가 원불교 출현의 필연성을 세계 역사적인 측면에서 천명한 것이라면, 교법의 총설은 종교적인 측면에서 원불교 출현의 타당성을 밝힌 것이라 할 수 있다」(간행위원회편, 담산이성은정사 유작집 『개벽시대의 종교지성』, 원불교출판사, 1999, p.98).

2) 교법의 총설에서 불교는 무상대도라고 천명하였다.

☞「정신개벽이라는 낱말은 원불교에 고유한 것으로 알지만 그것이 최수운, 강증산 선생 등의 개벽사상에 맥을 대고 있는 것도 자타가 공인하는 사실이다. 동시에 이들의 선행작업과 비교할 때 특이한 점은 무엇보다도 불교는 무상대도(『정전』, 교법의 총설)라는 가르침에 입각했다는 점일 것이다」(백낙청, 「통일시대 한국사회와 정신개벽」, 원광대 개교60주년국제학술회의 『개벽시대 생명·평화의 길』, 원불교사상연구원·한국원불교학회 外, 2006.10.27, p.2).

 3) 교법의 총설은 불법의 실용성, 곧 시대화 생활화 대중화를 강조함에 있다.

☞「소태산이 불법을 무상대도(『정전』, 교법의 총설)라고 하면서 불법의 시대화 생활화 대중화를 역설한 것도 종교의 실용성을 강조한 개념에 다름 아니다」(박상권, 「세전에 대한 연구」, 제19회 원불교사상연구학술대회《정산종사의 신앙과 수행》, 원광대 원불교사상연구원, 2000년 1월 28일, p.61).

 4) 교법의 총설은 종교의 다양성과 분파성을 성자적 입장에서 이해하여 회통하도록 한 것이다.

☞「(교법의 총설은) 인간의 현실생활과 밀접한 관계가 있는 교법이라야 하고 불법을 주체로 모든 교법이 제불제성의 본의를 실현하는 종교의 방향을 제시하고 있으며, 각 종교의 제도적인 차이, 이념적인 차이는 구별의 대상이지 차별의 대상이 아니다. 모든 종교들은 회통정신의 결여로 배타성과 광신성을 가져 융통하지 못함을 성자적 입장에서 보고 실현하도록 하고 있다」(서경전, 『교전개론』, 원광대학교출판국, 1991, p.124).

 5) 원불교 교법의 총론이자 교법의 전반을 가리키는 것이 교법의 총설이다.

☞「교법의 총설은 말씀 그대로 교법의 총론인 동시에 교법 전반을 가리키는 법문임을 알아야 한다. 교법 전반을 가리키는 법문은 교리도, 교법의 총설, 일상수행의 요법, 사대강령 등이 있다」(한기두, 『원불교 정전연구』-교의편-, 원광대학교출판국, 1996, p.52).

12. 교법의 총설의 실천방법

교법의 총설을 실천하는 길을 모색한다면 만법의 근원은 하나이므로 종교의 배타성을 극복하고 종교간 화합의 분위기를 전개하는 것이 필요하다. 교법의 총설에 나타난 하나의 진리 정신에 따라 종교연합체 같은 기구를 통해서 종교 분쟁을 조정함으로써 각 종교의 장점을 이해하고 종교간 화합을 도모하자는 뜻이다. 덧붙여 과거의 불법을 새로운 불법으로 혁신하여 생활불교를 적극 전개하는 것도 교법의 총설을 실천에 옮기는 방법이다.

1) 교법의 총설에 있어 만법의 근원은 하나이므로 하나인 진리를 실천하는 것이다.

☞「교법의 총설 원류를 찾아 교법의 기본사상을 더듬어 보면, 만법의 근원이 하나이며, 그 진리를 종지로 하여 신앙과 수행 두 문을 세우고 사은으로써 신앙의 강령을 삼고, 삼학으로써 수행의 강령을 삼은 교법은 비록 명사가 같고 표현이 일치한다 하더라도, 이 교법에 영구히 관통되어 있는 이사병행 영육쌍전 동정일여 만법융통의 사상이 결여되었다면 이는 원불교의 교법이 아님을 분명히 알아야 할 것이다」(이은석, 『정전해의』, 원불교출판사, 1985, p.50).

2) 교법의 총설은 각 종교의 장점을 이해하고 수용하여 원만한 종교의 신자가 되어야 한다.

☞「(교법의 총설을 통해) 자기종교만을 고집하는 맹신보다 모든 종교가 근본되는 진리는 하나이므로 서로 융통하고 이해하여 그 종교의 장점을 섭렵하고 종교의 주체를 세워 통합 활용하여 나가야 할 것이다」(서경전, 『교전개론』, 원광대학교출판국, 1991, p.125).

3) 교법의 총설은 종파간 대립을 예견하고 융통의 원불교적 해법을 제시한다.

☞「『정전』은 처음 <총서편> 개교의 동기에서 시국의 큰 흐름을 살피면서 시작해서 교법의 총설에서도 불교를 비롯한 종교들의 현황에 대해 언급하면서 원불교의 요지를 제시한다」(백낙청/박혜명 대담, 「특별 인터뷰-희망의 21세기, 어떻게 맞이할까?」, 《원광》 303호, 월간원광사, 1999년 11월, pp.33-34).

4) 종교회통을 주장하는 교법의 총설을 실천에 옮기는 방안으로 종교연합체 같은 기구가 필요하다.

☞「종교 이데올로기의 대결이 인류의 평화를 심각하게 위협하는 오늘날에는 국가 간의 분쟁을 조정하는 국제연합(UN)과 종교연합체(UR)

가 꼭 필요하다. 그런 구심점을 마련하는 데는 다원종교의 시대를 살아 가는 방법과 종교의 회통성을 일찌감치 터득한 우리 민족이 더 없는 적 격이라는 생각이 든다」(김삼룡, 『동방의 등불 한국』, 행림출판, 1994, pp.318-319).

5) 과거의 출세간적 불교를 원만한 대도로 변화시켜 나가자는 것이다.

☞「과거의 불교는 그 제도가 출세간 생활하는 승려를 본위하여 조직 이 되었는지라, 세간생활하는 일반 사람에 있어서는 모든 것이 서로 맞 지 아니하였으므로, 누구나 불교의 참다운 신자가 되기로 하면 세간생 활에 대한 의무와 책임이며 직업까지라도 불고하게 되었나니, 이와 같 이 되고 보면 아무리 불법이 좋다 할지라도 너른 세상의 많은 생령이 다 불은을 입기 어려울지라, 이 어찌 원만한 대도라 하리요」(『정전』, 제 1 총서편, 제2장 교법의 총설).

13. 교법의 총설과 교판정신

교법의 총설에서 밝힌 바대로 서구종교의 배타성을 극복하고, 아울러 각종각파의 난립도 극복해야 할 것이다. 또한 당시의 기 성종교는 출세간적이거나 무사안일, 청빈주의 성향이었으므로 미 래 종교는 출세간이 아닌 생활종교, 종파 분열이 아닌 회통의 종 교인 만큼 소태산이 밝힌 일원대도의 선양이 절실한 상황이다.

1) 세계의 모든 종교들이 배타적 시각에서 벗어나지 못하여 융통을 보 지 못하여 왔다.

☞「세계의 모든 종교도 그 근본되는 원리는 본래 하나이나, 교문을 별립하여 오랫동안 제도와 방편을 달리하여 온 만큼 교파들 사이에 서 로 융통을 보지 못한 일이 없지 아니하였나니, 이는 다 모든 종교와 종 파의 근본 원리를 알지 못하는 소치라 이 어찌 제불 제성의 본의시리요 」(『정전』, 제1 총서편, 제2장 교법의 총설).

2) 과거불교는 각종 각파로 난립되었으니, 이는 부처님의 본의를 망각 한 소치인 것이다.

☞「현대에 이르기까지 명맥을 이어오는 동안 각종 각파로 분립되어 각각 주장을 달리해 온 관계로 부처님의 본의를 망각하고 서로 융통을 보지 못한 일이 없지 않으며, 현대 다른 종교들도 교파가 많지마는 우 선 불교만을 들어 말하자면 불교는 원래 석가모니불을 교조로 3신불을

신앙해 오던 중 13종 56파로 불입된 때가 있었다. … 교파들 사이에 서로 융통을 보지 못했으니 이는 그 근본원리를 알지 못한 소치이며 부처님의 본의를 망각한 소치라 할 수 있다」(안이정, 『원불교교전 해의』, 원불교출판사, 1998, pp.123-124).

3) 지금까지의 종교는 출세간적 은둔과 무사안일, 금욕의 청빈에 빠져 있었다.

☞「(교법의 총설에서) 대종사는 지금까지의 종교와 도덕이 형이상학적인 이상의 추구나 정신적인 영적 순화만을 숭상한 나머지 세간생활을 도외시하고 출세간적인 은둔과 무사안일과 금욕의 청빈생활을 일삼아왔으며, 그러다보니 사물에 어둡고 세상에 어두운 쓸모없는 사람으로 전락되기에 이르렀음을 통렬히 지적하였으며, 생활과 직업을 불고하고 게으름에 빠져 놀고 있으면서 얻어먹는 폐풍이 바로 종교인이나 수도인에게서 시작되었음을 지적하였다」(이은석, 『정전해의』, 원불교출판사, 1985, p.43).

4) 교법의 총설은 불교의 간화·묵조선을 교판적으로 접근하여 통합 활용하는 것이다.

☞「(교법의 총설은) 과거 불교의 선종이나 자력 염불 등의 수양 위주와 교종 계통의 간경과 관법 위주 그리고 율종 계통의 지계 위주의 일방적인 교리와 수행을 원만하게 통합 활용하는 것이다. 또한 선의 면으로는 간화선이나 묵조선 등의 차이를 통일 지향하는 것이다」(한정석, 『원불교 정전해의』, 도서출판 동아시아, 1999, pp.61-62).

5) 불교의 각종각파 분열과 출세간 교법 등을 극복하고자 소태산은 새로운 시대의 새 불법을 창안하였다.

☞「과거불교의 문제점은 너무 두터운 울을 치고 있는 데에 있다. 각종각파로 분열되어 불법의 의미를 국한시키는가 하면, 출가승 중심의 출세간적인 형태로 되어 일반인과는 유리되는 폐단을 지니고 있었다. 깨달은 안목에서 보면 모두가 불법이요, 모두가 서로 다른 교법이 아님을 그대로 인정할 줄 아는 것이 그 중심사상이다. 그런 점에서 보면 원불교의 교법은 근본적으로 불법 그 자체인 동시에 불법을 새로운 시대에 알맞게 펼친 새 불법인 것이다」(한기두, 『원불교 정전연구』-교의편-, 원광대학교출판국, 1996, pp.72-73).

14. 보충해설

교법의 총설에서 불교는 무상대도라 하여 그 이유로 진리와 방편이 호대하기 때문이라 하였다. 하지만 세월이 흐르면서 불법을 신앙하는 교파들이 서로 분립하면서 제도와 방편을 달리하여온 만큼 참 불법의 진리가 전달되지 못하였으므로 제불제성의 본의와 어긋나게 되었다고 소태산은 교판적으로 비판한다.

특히 출세간 중심으로 전개되어온 불교는 세간생활을 하는 많은 대중들에게 제대로 전해지지 못하고 있음을 지적하고 새 시대의 새 불교의 출현을 시도한 것이 교법의 총설의 본의이다. 이에 각산 신도형 교무는 교법의 총설 大旨는 '새 교법을 제정한 근본의도'(『교전공부』, 원불교출판사, 1992, p.42)라고 하였다. 21세기의 불법은 더욱 새롭게 변화해야 하기 때문이다.

또한 교법의 총설에서 원불교는 새 불교로서 우주만유의 본원이요 제불제성의 심인인 법신불 일원상을 신앙의 대상과 수행의 표본으로 삼는다고 하였다. 이는 생활불교를 표방하고 시대화 생활화 대중화를 지향하는 교리정신을 그대로 드러내고 있다. 이를테면 교법의 총설의 요체는 생활불교 활동불교 현실불교를 지향하고 있다는 점이다. 그것은 곧 일원상, 사은, 삼학을 중심교리로 하고 모든 종교의 교지를 통합 활용하여 광대하고 원만한 종교의 신앙길을 밝히고 있기 때문이다.

15. 연구과제

1) 교법의 총설이란 무엇인가?

2) 불교는 무상대도라 했는데 그 이유를 쓰시오

3) 여러 선지식이 각종각파를 분립하여 포교문을 열어, 각 교파들이 서로 융통을 보지 못하는 이유는?

4) 과거의 불교는 출세간 중심의 종교였다는 뜻은?

5) 교법의 총설에 우주만유의 본원이요 제불제성의 심인인 법신불 일원상을 언급했는데, 왜 일체중생의 본성 부분은 빠져 있는가?

6) 불교는 무상대도라 했는데, 한국의 불교 교세가 미약해지는 이유?

16. 고시문제

1) 개교의 동기에 입각하여 교법의 총설을 논하시오.

2) 교법의 총설에 바탕하여 원불교의 종교적 지향점을 논하시오.

3) 교법의 총설에 나타난 원불교 교법의 지향점을 논하시오.

4) 교법의 총설에 밝힌 대종사님의 사상을 몇 가지로 정리하여 쓰십시오.

5) 교법의 총설에서 밝힌 본교 교법제정의 특징을 여섯 가지로 추려 쓰시오.

6) 교법의 총설에서 밝힌 '광대하고 원만한 종교의 신자' 가 되기 위한 실제적인 방법을 논하시오.

7) 교법의 총설과 서품에 근거하여 원불교 교법의 지향점을 논하시오.

8) 교법의 총설을 바탕으로 '불교와 원불교의 관계' 에 관한 대종사의 견해를 정리(설명)하시오.

9) 소태산 대종사의 과거불교에 대한 견해를 『정전』「교법의 총설」에 바탕하여 논술하시오.

10) 원불교 수행에 대해 논하시오(원리, 방법, 특징 등).

11) 다음 『정전』에 기초하여 간략히 설명하시오 : 원만한 대도.

12) 교법의 총설에 근거하여 원불교 교법의 강령과 지향점을 논하시오.

13) 교법의 총설의 대의는 무엇인가?

14) 모든 종교의 종지도 통합 활용한다는 뜻은?

15) 원불교가 주장하는 교리와 제도 면에서 특이한 점 5가지?

16) 원불교의 특징 세 가지를 들어서 설명.

17) 일원상의 진리를 신앙하는 동시에 수행의 표본으로 삼아 어떻게 수행해 나가는가?

18) 법신불 일원상을 신앙의 대상과 수행의 표본으로 한 이유?

19) 광대하고 원만한 종교에 대해 설명하시오.

제2 교의편

제1장 일원상

1. 일원상의 등장배경

일원상은 고금, 동서의 철학가들이 제반 학설로써 그 흥미로움과 圓의 가치를 전파하기에 이른다. 동양에서는 『주역』의 팔괘기가 언급되고, 이를 원불교에서는 일원상 등장 이전의 단기로 사용하였다. 그리고 인도의 바라문교 등에서 일원상이 강조된 바 있으며, 아라비아 숫자 0이 일원상에서 유래되었다는 설도 있다. 동양종교의 무극이나 태극에서도 일원상의 형상이 나타난다. 소태산은 불상의 인격신앙이나 기복신앙이 아닌, 법신불 일원상을 진리신앙의 대상이자 사실수행의 표본으로 선포하였다.

1) 일원상의 등장 이전에 會旗로 『주역』에서 유래하는 팔괘기를 사용하였다.

☞「원불교의 일원상은 1936년(원기 21)부터 널리 봉안 사용되기 시작하였고 그 이전에는 團旗 혹은 회기로 팔괘기가 사용되었다. 팔괘는 『주역』에서 유래한 것인 바 이 역시 유교적 연원의 일단을 보여 주는 것이다」(이영춘, 「원불교 사상의 유교적 연원」, 『한국근대사에서 본 원불교』, 도서출판 원화, 1991년, p.118).

2) 일원상의 역사적 출현은 인도의 바라문교에 있었고, 또 아라비아숫자 0이 圓에서 유래되었다는 설이 있다.

☞「일원상의 역사적 출현과 사용에 대한 예는 그동안 인도의 바라문교 … 일원상 사상과 상징이 고대 인도에 있었다는 것은 이미 인도 고전에 확실하게 보이는 것이고, 아라비아 숫자의 제로가 거기서 유래했다는 것은 역사적 정설로 대개 인정되는 것이다」(송천은, 「일원상 진리」, 창립10주년기념 추계학술회의《원불교 교의 해석과 그 적용》, 한국원불교학회, 2005년 11월 25일, p.A).

3) 송대 성리학에 나타난 무극·태극이나 화엄사상은 원불교의 일원상 출현의 전조로 볼 수 있다.

☞「사실상 송대 성리학은 당시의 화엄사상을 비롯한 불교적 개념을 수용하고 있으므로, 원불교의 일원상도 불교와 성리학이 공유하던 개념과 논리형식을 내포하고 있는 것으로 보인다. 실제로 소태산은 일원상을 주렴계의 태극도설에서 제시된 무극 및 태극의 개념과 일치시키고 있다」(금장태, 「한국유교사상과 소태산 사상」, 『인류문명과 원불교사상』(上), 원불교출판사, 1991, pp.481-482).

 4) 불상숭배는 기복신앙의 요소가 잠재하였으므로 일원상 신앙이 진리신앙의 대안으로 떠올랐다.

☞「소태산이 이 시대 인류의 지견이 장년기에 들고 있는 것으로 본다. 장년기는 인간 생애 중에서 모든 사리 분별이 명확해지고 합리적인 사고가 지배하는 시기이므로 이러한 시기에 들게 된 인류가 불상숭배에 대한 방편의 허구성을 인식하게 되리라는 것이다. … 이는 불상숭배에서 진리신앙에로 전환하게 될 것을 예상하고 있으며 이의 구체적인 대안으로 일원상 신앙을 제시한다」(한정석, 「원불교 불교관」, 『원불교사상시론』 1집, 수위단회사무처, 1982, p.85).

 5) 소태산은 불상숭배가 부처의 인격신앙에 국한될 수 있으므로 우주만유를 전체불로 보아 일원상 숭배로의 혁신을 가했다.

☞「불상숭배는 부처님의 인격에 국한하여 후래 제자로서 그 부처님을 추모 존숭하는 데에 뜻이 있을 뿐이나, 일원상 숭배는 그 뜻이 실로 넓고 크나니, 부처님의 인격만 신앙의 대상으로 모시는 것보다 우주만유 전체를 다 부처님으로 모시고 신앙하여 모든 죄복과 고락의 근본을 우주만유 전체 가운데에 구하게 되며, 또는 이를 직접 수행의 표본으로 하여 일원상과 같이 원만한 인격을 양성하자는 것이니, 그 다른 점이 대개 이러하나니라」(『대종경』, 교의품 12장).

2. 일원상의 의미

 일원상의 의미는 우주만유의 본원이며, 제불제성의 심인이며, 일체중생의 본성에 기반한다. 또한 일원은 사은의 본원이자 우주만유와 허공법계를 망라한 진리불이며, 원만구족한 교법의 기반이 된다. 따라서 삼라만상의 뿌리이자 우주만유의 변화원리인 일원상을 진리적 신앙의 대상과 사실적 수행의 표본으로 삼는 것이다.

 1) 일원은 우주만유의 본원이며, 제불제성의 심인이며, 일체중생의 본

성이다.

☞「일원은 우주 만유의 본원이며, 제불 제성의 심인이며, 일체 중생의 본성이며, 대소유무에 분별이 없는 자리며…」(『정전』, 제2교의편, 제1장 일원상, 제1절 일원상의 진리).

2) 일원은 천지 부모 동포 법률의 본원이다.

☞「일원은 心의 표현이요 道의 종지요 법의 正印이라 천지 부모 동포 법률의 본원이요 제불조사 범부중생의 불성이니, 이 실로 우주의 진원이요 만화의 조종이라 능히 천지를 생하고 멸하며 만물을 내고 드리며 사람의 하는 바를 따라서 능히 복도 주고 죄도 주나니, 그 엄숙하고 존숭함을 가히 무엇으로써 형용하고 비유할 바이리요」(회설-신앙생활의 正導와 그 통일책, 『회보』 제49호, 1938년 11월).

3) 일원상은 우주만물 허공법계와 진리불의 도면이요, 견성성불의 화두이다.

☞「일원상은 우주만물 허공법계와 진리불의 도면이니, 견성 성불하는 화두요, 진리 신앙하는 대상이요, 일상 수행하는 표준이니라」(『정산종사법어』, 경의편 3장).

4) 일원대도는 원만구족의 교법에 기반이 된다.

☞「일원대도의 교법은 … 지고무상의 교법이요, 신묘불측의 비법이요, 원만구족의 교법이요, 무량자비의 활법이요, 진실不虛의 교법이다」(좌산상사법문집『교법의 현실구현』, 원불교출판사, 2007, p.101).

5) 일원상은 삼라만상의 뿌리이자 우주만유의 변화 원리이다.

☞「일원상이라는 절대적인 존재는 삼라만상의 뿌리이며 우주만유의 변화하는 원리이며 꽃피고 바람 불게 하는 법칙이다. 그런가 하면 인간을 성공하게 하고 실패하도록 하는 이치이다. 그런데 이 圓의 진리는 어디로부터 태어났거나 없어지는 것이 아닌(무시무종) 것이며, 이 시공을 떠나 따로 존재하는 것이 아니라 우주만물 중에 내재해 있으며 만물에 평등하게 존재하며, 시간적으로도 언제나 함께 하는 것이지 특별한 때만 나타나는 것이 아닌 것이다」(장응철, 「원불교 생사관」, 『원불교사상시론』 1집, 수위단회사무처, 1982, p.67).

6) 일원상은 진리적 종교의 신앙과 사실적 도덕의 훈련에 의한 원만한 인격양성의 표상이다.

☞「(소태산은) 26세에 대각을 이루고 회상을 편 후 진리적 종교의 신

앙과 사실적 도덕의 훈련으로 모두가 일원상의 진리를 신앙하고 수행
하여 원만한 인격을 이루고 어느 곳 어느 때나 생활 속에서 불법을 활
용할 수 있도록 동정간 빈틈없는 훈련법을 제정해 주었다」(『대산종사
법문』 2집, 제5부 대각개교절 경축사, 원기60년 개교경축사).

3. 「일원상」장의 대의강령

 1) 일원상 진리에서는 우주만유의 본원, 제불제성의 심인, 일체
중생의 본성, 언어명상의 완연, 진공묘유의 조화를 말했다.
 2) 일원상 신앙에서는 일원상 진리를 믿는 것을 강조하였다.
 3) 일원상 수행에서는 일원상 진리를 신앙하는 동시에 수행의
표본을 삼아 원만구족 지공무사한 삼학병진의 길을 제시했다.
 4) 일원상서원문에서는 일원상 진리를 향한 서원을 밝혔다.
 5) 일원상법어는 圓相의 진리를 깨달아 육근활용으로 유도했다.
 6) 게송에서는 영원불멸한 진리를 유무의 변화작용으로 밝힘과
동시에 구공하고 구족한 일원상의 진경을 드러내었다.

4. 「일원상」장의 구조

 1) 일원상의 진리
 2) 일원상의 신앙
 3) 일원상의 수행
 4) 일원상서원문
 5) 일원상법어
 6) 게송

5. 일원상의 형성사

 원불교 일원상의 유래는 소태산이 대각을 이룬 후 천명한 대각일성
중 '한 두렷한 기틀을 지었도다' 라는 법문에서 출발한다. 뒤이어 소태
산은 구간도실 상량문에 '梭圓機日月' 이라 하여 일원의 진리를 암시하
였으며, 원기 4년 일원으로 시를 짓게 하고 원기 4년에는 금산사에서
처음으로 일원상을 그려 벽에 붙여놓았다. 원기 14년에는 익산 남중리

를 산책하며 땅에 우주의 본가로서 일원상을 그려 보였으며, 원기 17년을 전후하여 일원상이라 호칭하였다. 원기 20년에는 대각전에 일원상을 봉안하였으며, 교서로는 원기 20년 『조선불교혁신론』에 일원상이 처음 등장한다. 원기 22년부터 일원상과 관련한 글이 『회보』에 자주 등장하며, 원기 28년 『불교정전』에 일원상의 진리, 신앙, 수행을 밝히면서 일원상의 진리가 신앙의 대상과 수행의 표본으로 정착된다. 그리고 현 『정전』에서는 일원상과 병칭, 법신불 사은이라는 호칭이 나타난다.

 1) 원기 1년 4월 28일에 대종사 대각을 이루고 한 두렷한 기틀(일원상)의 진리를 설하였다.

　☞「만유가 한 체성이며 만법이 한 근원이로다. 이 가운데 생멸 없는 도와 인과보응되는 이치가 서로 바탕하여 한 두렷한 기틀을 지었도다」(『대종경』, 서품 1장).

 2) 방언공사 도중 구간도실 상량문에 '梭圓機日月'이라 하여 일원상을 의미하는 圓機라는 용어가 나타난다.

　☞「원기 3년 10월에 영광 옥녀봉 아래에 최초의 교당 구간도실을 건축할 때에 대종사는 그 상량에다 '梭圓機日月 織春秋法呂'라 쓰고 그 아래에 '松收萬木餘春立 溪合千峰細雨鳴'이라 썼다」(류병덕, 「일원상의 진리관」, 『원불교개교반백년 기념문총』, 원불교반백년기념사업회, 1971, p.75).

 3) 원기 4년 5월, 소태산은 정산에게 一圓으로 시를 짓게 하였다.

　☞「원기 2년 소태산 대종사는 시시로 가사와 한시를 읊어 『법의대전』을 편집하였으나 『대종경』 전망품 2장에 한시 11구만이 전하고 있음은 후학으로 아쉬움을 금할 수 없다. 원기 4년 5월 소태산 대종사는 송도군에게 '一圓'으로 시를 짓게 하여 '萬有和爲一 天地是大圓'이라는 한시가 나왔고, 원기 13년 삼산 김기천이 '愛見詩'를 발표하기도 했다」(손정윤, 「문학·예술사」, 『원불교70년정신사』, 원불교출판사, 1989, p.646).

 4) 소태산은 원기 4년 금산사에서 최초로 일원상을 그렸다.

　☞「대종사님께서 변산으로 들어가기 전에 방언공사 끝마치고 팔산 대봉도님과 같이 금산사 뒤 암자에 수개월 계시면서 그 곳에 최초로 일원상을 그려 안거하였다. 그때에 짚신삼아 팔며 생활하였는데 한 때에 일본 경찰들이 대종사님의 인품을 이유없이 의심하여 김제 경찰서에 연

금시키어 수일간 고초를 겪은 일도 있는 곳이다」(『대산종사법문』 3집, 제1편 신성 90장).

5) 원기 14년, 소태산은 제자들과 남중리를 산책하다가 일원상을 그려 보이며 우주의 본가임을 밝힌다.

☞「대종사 하루는 조송광과 전음광을 데리시고 교외 남중리에 산책 하시는데 … 땅에 일원상을 그려 보이시며 말씀하시기를 "이것이 곧 큰 우주의 본가이니 이 가운데에는 무궁한 묘리와 무궁한 보물과 무궁한 조화가 하나도 빠짐없이 갖추어 있나니라." 음광이 여쭙기를 "어찌하면 그 집에 찾아들어 그 집의 주인이 되겠나이까." 대종사 말씀하시기를 "삼대력의 열쇠를 얻어야 들어갈 것이요, 그 열쇠는 신분의성으로써 조성하나니라"」(『대종경』, 불지품 20장).

6) 정산종사는 一圓과 관련하여 원기 17년, 원각가를 발표하였다.

☞「지어지선 하고보면 一圓大德 결과로다 / 어화 우리 동무들아 일 원대덕 지켜내어 / 不變誠心 맹세하고 萬歲同樂 하여보세 / 장하도다 장하도다 春秋法呂 되었도다」(정산종사, 「원각가」, 『월말통신』 38호, 원 기 17년 7월).

7) 봉래제법 당시에는 대원도라 했고, 원기 17년 경 이를 일원상이라 호칭하기 시작하였다.

☞「대종사는 대각의 본체에 대한 상징적 표현을 원기 4년 이후 끊임 없이 직접으로 혹은 간접으로 표현했으며, 봉래제법 당시에는 '大圓 圖' 라는 표현으로 구체화했고, 원기 17년경에는 이를 일원상이라 이름 하기 시작했으며…」(『교사』, 원불교전서, pp.1086-1087/차광신, 「훈산 이 춘풍의 생애와 사상」, 원불교사상연구원 편, 『원불교 인물과 사상』(Ⅱ), 원불교사상연구원, 2001, p.427).

8) 일원상이 교서에 처음 등장한 것은 원기 20년 『조선불교혁신론』으 로, 등상불 숭배를 불성 일원상으로 혁신하였다.

☞「일원상이 교서에 등장한 것은 1935년에 출판된 『조선불교혁신론 』으로, 1940년 『정전』 편수가 시작되면서 일원상 교의가 구체적인 형태 를 띠고 있다」(양은용, 「주산종사수필 소태산대종사법문집 法海滴滴 의 연구」, 『원불교사상과 종교문화』 34집, 원불교사상연구원, 2006.12, p.296).

9) 원기 20년 대각전 준공과 더불어 처음으로 일원상을 법당에 봉안하

였다.

☞「1935년(원기 20) 4월 익산총부 대각전이 준공되고, 그 정면 불단에 심불 일원상이 정식으로 봉안되니, 이는 새 회상의 체계를 확립하여 종교의 체제를 완전히 갖춘 하나의 중대한 사실이었다」(박장식, 『평화의 염원』, 원불교출판사, 2005, pp.83-84).

10) 원기 22년부터 심불일원상, 일원상에 대하여, 일원상과 인간과의 관계 등의 글이 『회보』에 자주 등장하고 있다.

☞「원기 22년(1937)의 『회보』 34호(4·5월)에 필명 直養(주산종사)의 '신앙과 수양'의 글 중에 '우리의 신앙표준인 심불일원상'이라는 말이 나타나고 있다. 다시 『회보』 38호(원기22년, 9·10월)에 정산종사의 '일원상에 대하여'가 실렸고, 『회보』 40호(원기23년 7·8월)에 '일원상과 인간과의 관계'에 대한 법문이 대산 종법사의 수필로 실려 있다. 『회보』 49호(원기 23년 11월)에는 '심불봉안에 대하여'라는 교무부의 지시사항이 있는데, 이는 이미 실시되고 있는 일원상 봉안에 대하여 일원상의 표본과 표준절차를 지시하고 있다」(송천은, 『열린시대의 종교사상』, 원광대출판국, 1992, p.359).

11) 일원상의 진리, 신앙, 수행의 법어는 『불교정전』(원기 28년)에 나타난다.

☞「일원상의 진리, 신앙, 수행 법어는 『불교정전』에서 신설되었다. 일원상서원문은 『회보 49호』(원기 23) 교무부 이름으로 '심불 봉안에 대하여'라는 공식문건을 통하여 발표하였다. 소태산의 친제임을 밝혔다. 『근행법』(24년/25년판)에 '심불일원상내역급서원문' 발표, 『불교정전』에는 '심불일원상내역급서원문'이라는 제를 일원상서원문으로 고치고 일부 자구도 수정함」(박용덕, 『천하농판』, 도서출판 동남풍, 1999, p.63).

12) 원기 47년, 현 『정전』이 발간되면서 일원상과 병칭하여 법신불 사은이라는 신앙 호칭이 정착되었다.

☞「삼학팔조와 더불어 사은사요라는 교리의 근간을 이루던 사은이 일원상과 결합하면서, 사상적으로는 일원상의 내역이면서 호칭으로는 일원상과 병칭하여 '법신불 사은'이라는 독특한 용어로 정착하게 된다」(정순일, 「일원상 신앙 성립사의 제문제」, 제21회 원불교사상연구 학술대회 《21세기와 원불교》, 원불교사상연구원, 2002.1, p.90).

6. 일원상의 교리적 위상

　일원상은 원불교 최고의 종지임은 주지의 사실이다. 곧 교리도 상단에 있는 일원상은 신앙의 대상이자 수행의 표본으로서 신앙문은 사은사요, 수행문은 삼학팔조의 근거가 된다. 따라서 신앙과 수행 등 모든 교리는 일원상에 귀일되는 것이다. 곧 일원의 위력을 얻도록 사은을 두고 일원의 체성에 합하도록 삼학을 두었으니, 이를 구체적으로 접근한다면 무시선 무처선과 처처불상 사사불공을 실천하는 것이다. 아무튼 일원상은 유무를 총섭하고 체용을 통일하여 천만 사리의 근원으로서 원불교 교리적 위상에서 볼 때 최고의 종지로 신봉된다.

　1) **원불교 교리의 최고 종지는 법신불 일원상이다.**

　　☞「원불교 교리의 최고 종지는 법신불 일원상으로서, 일원상 진리를 중심으로 신앙문과 수행문을 설정하여 신앙문을 통해서 인생의 요도를 전개했고 수행문을 통해서 공부의 요도를 전개하였다. 이것이 원불교 교리의 양대 산맥이다」(김홍철, 『한국지성이 본 원불교』, 원불교출판사, 1987, p.154).

　2) **교리도 상단에 일원상을 모시고 좌우에 사은사요 삼학팔조를, 네 모퉁이에 사대강령을 넣었으니 일원상은 원불교 교리의 첫 출발이다.**

　　☞「원불교 교리도의 모습은 거북이 형상을 도형화한 듯 보인다. 맨 위에 일원상이 모셔져 있고 그 아래 가운데 부분에는 일원상의 진리, 그리고 게송의 내용이 담겨져 있다. 그리고 그 좌우로 사은사요를 중심으로 밝혀놓은 신앙문, 삼학팔조를 중심으로 밝혀놓은 수행문으로 구성되어 있다」(박혜훈, 『낱말로 배우는 원불교』, 원불교출판사, 2008, pp.77-78).

　3) **신앙과 수행 등 모든 교리는 일원상에 귀일된다.**

　　☞「신앙과 수행, 불공과 무시선 등 모든 교리를 전부 연관시키면 끝에 가서는 법신불 일원상에 귀일된다」(박장식, 『평화의 염원』, 원불교출판사, 2005, p.218).

　4) **일원상 진리의 위력을 얻는데 구체적 현상의 사은신앙을 두었다.**

　　☞「타력적 신앙의 하나로서 제기되는 사은신앙은 원불교 신앙의 특징적 측면을 두드러지게 나타내고 있는 바, 그것은 일원불의 묘유적 작용으로서의 구체적 현상을 초점으로 하여 신앙하는 것이다」(노대훈, 「원불교의 불타관」, 『원불교사상시론』 제Ⅲ집, 원불교 수위단회, 1998년, p.79).

5) 일원의 체성에 합일하도록 일원상 수행으로 삼학을 두었다.

☞「자성을 가지고 있는 무명을 물리치고 일원의 광명을 밝히어 일원의 진리에 합일하기 위해서는 끝없는 수행이 요청되는 바 그 수행의 요체로 소태산은 수양, 연구, 취사의 삼학을 교시하였다」(김팔곤, 「일원상 진리 소고」, 『원불교사상』 제2집, 원불교사상연구원, 1977, p.49).

6) 소태산은 일원상을 중심으로 무시선 무처선, 처처불상 사사불공 등 무량법문을 설하였다.

☞「교리는 우주의 원리인 일원 대도에 근본하여 … 무시선 무처선과 처처불상 사사불공의 진리로써 대중화 생활화를 목적하시와 權實 병진과 영육쌍수로써 춘풍추우 28년에 침식을 잊으시고 심혈이 닳도록 천만방편과 무량법문으로써 勤勤懇懇하시던 중…」(유허일, 대종사성탑비명 병서/원불교사상연구원 편, 『원불교 인물과 사상』(Ⅰ), 원불교사상연구원, 2000, pp.218-219).

7) 일원상은 유무를 총섭하고 체용을 통일하여 천만 사리의 근원이므로 유일무이한 무상 지위를 지닌다.

☞「정산 송규는 일원상이 유무를 총섭하고 체용을 통일하여 천만 사리가 오직 이 한 곳에 바탕되는 지대지존하고 유일무이한 무상지위라고 하였다」(박상권, 「소태산 성리해석의 지향성 연구」, 『원불교사상과 종교문화』 32집, 원불교사상연구원, 2006.2, p.92).

7. 일원상의 원리

일원상 진리에는 불생불멸과 인과보응의 이치가 품부되어 있으며, 여기에는 우주 만유가 한 체성으로서 얽어져 있다. 그리고 일원상의 원리는 회통과 합일의 원리가 바탕되어 있어서 일원상의 덕상과 은혜가 나타나며 무궁한 조화가 발현되는 것이다.

1) 일원상의 핵심적 원리는 불생불멸에 더하여 인과보응의 원리이다.

☞「일원상의 진리에서 보면 한 기운이다. 인간의 일도 강과 약이 서로 관계하고 선과 악의 짓는 바에 따라 진급과 강급, 상생과 상극의 과보가 있게 되는 것이다. 여기서의 핵심적인 원리는 짓는 바에 따라 과보가 있게 된다」(한종만, 『원불교 대종경 해의』(上), 도서출판 동아시아, 2001, p.428).

2) 우주 만유는 일원의 진리에 의해 전개된다.

☞「'일원은 우주만유의 본원이며' 라 하는데, 수 갈래의 江줄기도 상류를 따라 올라가면 발원지는 한 곳임을 알 수 있는 바와 같이 우주만유도 궁극의 절대자인 일원상의 진리에 근원하여 전개되어 있다」(김성택, 「원불교의 환경윤리」, 원기 81년도 원불교교수협의회 하계 세미나 《원불교와 환경윤리》, 원불교교수협의회, 1996년 8월 1일, p.4).

3) 만법은 하나요, 하나는 만법으로 전개되는 원리는 일원상 진리이다.

☞「만법은 참 본성이며 하나인 일원의 세계에 들어가기 위한 방편이다. 물론 만 가지 법을 모르고서는 그 세계에 들어갈 수 없다. 그러나 그 하나의 세계에 들어간 사람은 다시 만 가지 법으로 표현할 줄 알아야만 한다. 그저 없는 것으로만 해결해서는 안 된다. 만법은 하나요, 하나는 만법이다」(정순일, 「성리개념의 변화와 그 본질」, 『원불교사상과 종교문화』 35집, 원불교사상연구원, 2007.2, p.134).

4) 일원상은 회통과 합일의 원리이다.

☞「소태산의 일원사상은 종교·철학 사상사에 있어서 존재론적 입장과 인식론적 입장을 고루 밝히면서 종교와 철학적, 이념적, 사상적 갈등을 풀어내는 회통과 합일의 원리인 것이다」(박도광, 「정산종사의 공적 영지에 대한 견해」, 제17회 원불교사상연구 학술대회보 《정산사상의 현대적 조명》, 원불교사상연구원, 1998년 2월 5일, p.37).

5) 일원상은 공원정으로서 은혜와 덕 그리고 조화의 정신을 드러낸다.

☞「공원정의 진리 중에 圓은 은혜와 덕, 조화의 정신을 말하는 것으로 보인다. 공원정이 합하여 법신불 일원상 진리의 덕을 이룬다고 볼 수 있는데 이 진리는 신앙문에도 적용되는 것이다」(송천은, 「일원상 진리」, 창립10주년기념 추계학술회의 《원불교 교의 해석과 그 적용》, 한국원불교학회, 2005년 11월 25일, p.H).

8. 일원상의 특징

원불교 신앙의 대상인 일원상의 진리는 양면성 곧 변과 불변, 도와 덕 등이 있다. 또한 일원상은 신앙문과 수행문의 양 대문으로 되어 있다. 나아가 일원상의 진리는 오늘의 다종교사회에 있어 회통적 진리, 도학과 과학의 병행적 진리, 삼신불이 법신불로 일체화된 진리의 특징을 지닌다. 그리고 일원상은 순환무궁하여 인과보응의 이치가 음양상승과 같이 되는 것이 큰 특징이다.

1) 일원상 진리의 속성에는 양면성이 있는 바, 변과 불변, 이와 사, 도와 덕, 동과 정 등이 그것이다.

☞「일원상 진리의 양면성, 곧 소태산은 일원상 진리의 진면목을 설명하기 위하여 일원이 갊아있는 속성들을 양면으로 대비시켜 설명한 것을 볼 수 있다. 즉 변과 불변, 이와 사, 도와 덕, 동과 정 등이 그것이다」(김홍철, 「원불교 우주관에 관한 한 연구」, 『원불교사상』 3집, 원불교사상연구원, 1979, p.31).

2) 일원상은 우주 만유의 근본으로서 수행과 신앙과 두 길을 밝혔다.

☞「우주 만유의 근본이시요 천만 사리의 통일체인 법신불 일원상을 크게 드러내시어 수양 연구 취사의 원만한 수행 길을 밝히시고 사은 사요의 광대한 도리로써 시방세계 일체중생의 윤리를 두루 통하여 주셨나이다」(『정산종사법어』, 기연편 16장).

3) 일원상의 진리는 다종교사회에서 종교 회통의 특성을 지닌다.

☞「여러 곳에서 모든 종교들은 그 나름의 역할을 하고 있는데, 그것이 다만 일원상 진리의 일면을 표현하는 것일 뿐 배척할 성질의 것이 아니라고 말한다. 그렇게 보면 소태산은 요즈음 말하는 다종교사회의 대화이론을 몸소 실천한 것처럼 여겨져서 더욱 흥미를 자아낸다」(이은봉, 「미래종교에 대한 원불교적 대응」, 제18회 원불교사상연구 학술대회 《소태산 대종사와 정산종사》, 원광대 원불교사상연구원, 1999년 2월 2일, p.11).

4) 일원상 진리는 진리관의 회통이며, 도학과 과학의 조화와 병진을 도모한다.

☞「소태산은 이 일원상의 진리와 일원상 상징을 통해 유불선 3교 등의 진리관을 회통시키려 했으며, 종교적 진리관과 과학적 진리관의 조화와 병진을 할 수 있도록 하려 한 점에서 특성이 있다」(김성관, 「원불교 일원상 상징의 융화 효능성」, 『원불교학』 제2집, 한국원불교학회, 1997, p.176).

5) 일원불의 속성은 불교의 법신·보신·화신을 두루 갖추고 있다.

☞「원불교의 불타관인 일원불 사상은 법보화 3신불은 물론 理智悲 3속성을 두루 갖춘 불타관으로서, 이는 소태산의 대각에 의하여 천명된 일원상 진리를 바탕으로 하여 대승불교의 제불타관 내지 제불신론을 조화적으로 회통시킨 종합적 불타관이라 볼 수 있다」(노대훈, 「원불교의 불타관」, 『원불교사상시론』 제Ⅲ집, 원불교 수위단회, 1998년, p.87).

6) 일원상에는 원만성, 순환성, 절대성이 함유되어 있다.

☞「저 달을 가리키는 손가락과 같은 의미로서 일원상을 살펴보면 첫째, 없는 것이 없이 다 들어 있어서 원만하다는 뜻이다. 둘째, 돌고 돌아 순환불궁하여 무한하다는 뜻이다. 셋째, 근본에 있어서는 상대가 없는 하나라는 것, 즉 절대적 한 이치라는 뜻이다」(류병덕, 『원불교와 한국사회』, 원광대 종교문제연구소, 1978, pp.17-18).

7) 일원상 진리는 인과법칙이며 음양상승과 마음작용으로 나타난다.

☞「일원상 진리의 변화 법칙은 일정한 순환상태로 나타나는 인과이며, 이 인과의 법칙은 우주는 성주괴공, 만물은 생로병사, 사생은 심신 작용에 따른 육도변화를 말한다. 이러한 진리의 바른 작용은 우주적으로 음양상승의 도로 나타나고 심성적인 면에서는 선악간에 起滅하는 마음 작용으로 나타난다」(이성택, 「원불교 수행론」, 『원불교사상시론』 1집, 수위단회사무처, 1982, p.32).

9. 일원상의 상징

일원상은 어떤 흔적이 없으며 다만 진리를 상징할 따름이다. 곧 불상은 부처님의 형체를 가리킨다면 일원상은 부처님의 심체를 상징하는 동시에 궁극적 진리이자 이상사회의 상징이다. 또 일원상은 개체의 극복을 통한 원융성을 드러내며 모든 진리는 하나임을 상징한다. 원불교 신앙의 대상인 일원상은 개체불과 인격불을 넘어선 우주만유 전체의 표상을 상징하고 있기도 하다.

1) 일원상 진리는 흔적이 없으므로 진리의 상징 자체이다.

☞「어떤 분이 진리를 말하며 일원상을 크게 가리키니까 "그 자리는 일원상이라는 테도 없는 것이다" 하고 발로 지웠다고 한다. 지워버려야 한다. 일원상 진리 자리는 이 사바세계, 우주 만물에 가득 차 있는 것이다. 그런데 일원상 진리는 보이지 않는다. 어디를 보아도 일원상 진리는 없다. 만물이 일원상과 합해서 하나가 되었기 때문이다」(장응철, 『마음소 길들이기』, 동남풍, 2008, pp.164-165).

2) 법신불의 형상을 그려 말하자면 곧 일원상이다.

☞「법신불의 형상을 그려 말하자면 곧 일원상이요, 일원상의 내역을 말하자면 곧 四重恩이니…」(『불교정전』, 제1편 개선론, 제10장 법신불 일원상 조성법).

3) 일원상 상징은 그 형상마저 넘어서는 것으로, 궁극적 진리의 표상
이자 이상사회의 상징이다.

☞「소태산 대종사는 상징을 넘어서는 실상의 세계를 깨닫기 위해
일원상을 화두로 삼고 끊임없이 의미를 추구하라고 말한다(교의품 8).
이와 같은 원상징의 뜻은 동양의 전통적 사유와 흐름을 같이하는 것이
명백하다. 다만 원불교 사상에서 제기된 원상징은 궁극적 진리의 표상
으로서의 의미뿐 아니라 바람직한 이상사회의 상징으로서도 사용되는
점이 특이하다」(김낙필, 「원불교학의 동양해석학적 접근」, 『원불교사상
』 12집, 원불교사상연구원, 1988, p.97).

4) 개체의 극복을 통한 탈자아 및 원융성을 상징한 것이 일원상이다.

☞「정신상태의 질적인 전환은 심리적으로 갈등·상반하는 상태를 극
복할 때 비로소 이루어지는 변증법적인 전환이요, 정신적으로는 자기중
심적인 세계관이 순간에 박살이 나고 탈자기중심의 새로운 세계관의 개
시이며, 구조적으로는 갈등·상반하는 두 개의 대뇌신경의 회로가 형성
했던 세계관이 무너지고, 원융한 대뇌신경 회로가 형성되는 것이라 하
겠다. 그 표상이 원불교의 동그라미이다」(이계학, 「종교와 심성교육」,
1997년도 춘계학술대회《종교와 청소년의 심성교육》, 한국종교교육학
회, 1997년 6월 20-21 원광대학교, p.6).

5) 일원상의 상징은 모든 종교의 근본 원리는 하나이며, 모든 성자의
본의는 같음을 제시한다.

☞「소태산은 그의 깨달음의 주체가 되는 일원의 진리에 근거하여 일
원상이란 상징을 창조하였는데, 일원상의 상징은 모든 종교의 근본 원
리는 하나이며, 모든 성자들의 본의는 같음을 제시하면서 종교와 종파
의 국한과 울을 벗어날 것을 지향하고 있다」(김복인, 「미래의 종교-소
태산의 전망에 근거한 고찰」, 『원불교와 21세기』, 원불교사상연구원,
2002, p.453).

6) 일원상은 불상의 인격적 표상을 넘어서 우주 만유를 상징한다.

☞「일원상은 불상과 같은 인격적 표상이 아니라 인격의 상징적 표상
이라고 할 수 있다. 이는 우주 만유가 구유하여야 할 절대적 신앙의 표
상이 아닐 수 없다」(이을호, 「원불교 교리상의 실학적 과제」, 『원불교사
상』 8집, 원불교사상연구원, 1984, p.263).

10. 일원상과 사은의 관계

일원상은 신앙문으로서 사은의 근거가 되는 바 죄복을 주는 사은에 보은하는 것이 곧 일원상을 신앙하는 길이다. 일원상의 내역은 사은인 바, 사은은 일원상이 지닌 진리의 위력인 것이다. 일원상과 사은은 진리의 양면적이며 상호 인식에 있어서도 양면성을 나타내기 때문이다. 아무튼 법신불 사은, 법신불 일원상이 병칭되고 있는 점에서 일원상과 사은은 상즉 관계로 원불교 신앙의 중심에 있다.

1) 사은의 근거이자 본원이 법신불 일원상이다.

☞「법신불은 만유의 근원이요, 생명의 근원이며, 죄복 권능을 가진 사은이다. 사은의 본원은 법신불이다. 사은 가운데 천지는 無形天, 有形天으로 되어 있는데 무형천은 바로 일원상 자리이다」(박장식, 『평화의 염원』, 원불교출판사, 2005, pp.194-195).

2) 사은은 죄복을 주는 증거가 되므로 일원상은 신앙의 대상이다.

☞「일원상은 곧 청정법신불을 나타낸 바로서 천지 부모 동포가 다 법신불의 화신이요, 법률 또한 법신불의 주신 바이라, 이 천지 부모 동포 법률이 우리에게 죄주고 복주는 증거는 얼마든지 해석하여 가르칠 수가 있으므로 일원상을 신앙의 대상으로 모신 것이니라」(『대종경』, 교의품 9장).

3) 일원상의 내역은 사은이요, 사은은 우주 삼라만상이다.

☞「신앙이라 하는 것은 일원상을 신앙한다는 말인데 일원을 해석하면 곧 사은이요, 사은을 또 분석하면 곧 삼연한 우주 실제로서 천지만물 허공법계가 무비불성이니 우리는 어느 때 어떠한 곳이든지 항상 경외심을 놓지 말고 존엄하신 부처님을 대하듯한 청정한 신념과 경건한 태도로써 천만사물에 응할 것이며…」(소태산, 「일원상과 인간과의 관계」, 『회보』 제46호, 1938년 7・8월).

4) 교리체계의 이해에 있어 일원상과 사은의 관계 정립이 필요한 바, 사은은 일원상이 가진 진리의 위력이다.

☞「신앙의 강령인 사은은 일원상 진리와 어떠한 관계를 가지고 있는가를 살펴보기로 한다. 원불교 교리체계의 이해에 있어서 이러한 이해가 전제되지 않으면 교리의 체계적 정립은 사실상 불가능한 것이다. … 사은은 반드시 일원상이 가진 진리 위력으로 이해하여야 한다」(이성택, 『교리도를 통해본 원불교』, 도서출판 솝리, 2003, pp.56-57).

5) 일원상과 사은은 진리의 양면성이며, 인식론상에 있어서 양면성을 나타내는 표현이다.

☞「법신불 일원상과 사은이라는 두 가지 명칭을 병용하게 된 이유를 좀 더 고찰할 필요가 있다. 그 핵심은 진리의 양면성이다. 양면성이란 서로 다른 이질적인 두 모습을 말하는 것이 아니라 인식에 있어서 편협성을 지양하도록 하기 위한 인식론상의 양면성을 말한다. 그리고 그 양면성이 서로 다르지 않다는 점을 '내역' 이라는 말로 진술하고 있다」(박상권, 「진리 인식에 있어서 합리론과 경험론」, 『원불교학』 제8집, 한국원불교학회, 2002.6, pp.162-163).

11. 일원상과 삼학의 관계

일원의 원리를 견성 양성 솔성에 의해 체받을 수 있도록 밝혔는데, 그 주인공이 되려면 참 일원을 발견하고 참 성품을 지키며 원만한 마음을 실행해야 한다. 이는 인격양성의 표준으로서 일원상 진리의 공원정에 근거한 삼학병진이 필요함을 말하며, 일원상에 귀의하여 절대 인격을 형성하자는 것이다. 따라서 일원상서원문의 주송과 실천을 통해 일원의 체성을 얻도록까지 심신을 원만하게 수호하고, 사리를 원만하게 알며, 심신을 원만하게 사용하는 공부를 해야 한다. 궁극적으로 일원상과 삼학수행의 관계는 불법의 생활화를 지향하는 무시선으로 이어진다.

1) 일원의 진리를 깨달음은 견성, 체성을 지키는 것은 양성, 실행을 얻는 것은 솔성이다.

☞「일원의 원리를 깨닫는 것은 견성이요, 일원의 체성을 지키는 것은 양성이요, 일원과 같이 원만한 실행을 하는 것은 솔성인 바, 우리 공부의 요도인 정신수양 사리연구 작업취사도 이것이요, 옛날 부처님의 말씀하신 계정혜 삼학도 이것으로서, 수양은 定이며 양성이요, 연구는 慧며 견성이요, 취사는 戒며 솔성이라」(『대종경』, 교의품 5장).

2) 일원상의 주인공이 되려면 참 일원을 발견하고, 참 성품을 지키며, 원만한 마음을 실행해야 한다.

☞「우리는 마땅히 저 표준의 일원상을 봉안하고 신앙함으로 인하여 참 일원상을 발견하여야 할 것이며, 일원의 참된 성품을 지키고 일원의 원만한 마음을 실행하여, 일원상의 진리와 우리의 생활이 완전히 합치함으로써 다 같이 한량없는 복락과 한량없는 지혜의 주인공이 되어야

할 것이니라」(『정산종사법어』, 원리편 1장).

3) 인격 성숙을 위한 삼학의 병진은 일원상에 근거한 것이다.

☞「대종사의 삼학사상에 의하면 아무리 천부적인 인성에 일원의 도덕이 내재해 있다 할지라도 정신수양, 사리연구, 작업취사의 삼학병진 수행이 없이는 그것이 자신의 인격으로 개현될 수 없다고 보았다. … 삼학은 일원의 도덕에 근거한 것이며, 바로 자기 자신의 본성인 도덕성에 근거한 것으로 그 도덕성을 원만히 성취하도록 한 것이다」(김경진, 「소태산 대종사 인성론 종합고찰」, 『원불교사상』 17·18 합집, 원불교사상연구원, 1994, p.193).

4) 삼학을 실천하면 일원상과 합일하는 절대적 인격을 형성한다.

☞「삼학을 실천하면 일원상의 진리와 합일하는 절대적 인격을 형성하는 것이다. 이를 불교에서는 성불이라 하고 유교에서는 천인합일이라 하고, 도가에서는 지인이 되는 것이라 한다」(한종만, 「원불교와 불교의 관계」, 《원보》 제46호, 원광대 원불교사상연구원, 1999년 12월, p.19).

5) 일원상 진리의 공원정에 있어 공은 정신수양의 진리적 근거, 원은 사리연구의 근거, 정은 작업취사의 근거가 되고 있다.

☞「일원상 진리의 공은 정신수양의 진리적 근거를 나타내고 있고, 원은 사리연구의 진리적 근거를, 정은 작업취사의 진리적 근거를 나타내고 있다」(김순임, 『양명사상과 원불교』, 원광대학교출판국, 1996, p.362).

6) 일원상의 空 속성에 합일하고, 밝음 및 바름의 속성에 합일하기 위해 삼학공부가 필요하다.

☞「일원상 진리의 빈(空) 속성에 합일하기 위하여 정신수양의 공부를 하자는 것이며, 밝은 속성에 합일하기 위해서 사리연구 공부를 하자는 것이며, 바른 속성에 합일하기 위해서 작업취사의 공부를 하자는 것이다」(이성택, 「원불교 수행론」, 『원불교사상시론』 1집, 수위단회사무처, 1982, pp.32-33).

7) 삼학수행의 원리는 일원상을 체받아서 심신을 수호하고, 사리를 알며, 심신을 사용하는 공부를 해야 하는 것이다.

☞「삼학수행의 원리는 일원을 체받아서 심신을 원만하게 수호하는 공부를 해야 하며, 일원을 체받아서 사리를 원만하게 아는 공부를 해

야 하며, 일원을 체받아서 심신을 원만하게 사용하는 공부를 해야 되는 것이다」(김순금, 「죽음의 원불교적 해석」, 『원불교사상과 종교문화』 36집, 한국원불교학회·원불교사상연구원, 2007.8, p.97).

 8) 일원상과 삼학수행의 관계는 궁극적으로 불법의 **생활화를 지향하는 무시선으로 이어진다.**

　☞「일원상의 진리와 삼학수행에 바탕한 무시무처의 간단없는 선으로 불법의 생활화를 지향하는 입장에서 무시선의 진가는 날로 증대될 것이다」(원영상, 「선사상사에서 본 무시선법의 구조고찰」, 『원불교사상과 종교문화』 42집, 원불교사상연구원·한국원불교학회, 2009.8, p.64).

12. 일원상 봉안의 의의와 과제

　청정 도량에 법신불 일원상을 봉안함으로써 엄숙한 의례집행 속에 심고와 기도를 하고, 행주좌와 어묵동정 간에 수행의 정도를 점검할 수 있다는 점에 봉안의 의의가 있다. 그리하여 일원상을 어디에서나 모시고 살면 결국 생불·활불이 되는 것이며, 앞으로 일원상 봉안과 관련한 규례 제정 및 디자인 개발이 과제이다.

 1) 일원상은 나무나 종이 등에 금이나 먹으로 각자를 하거나 그려서 **벽상에 청결히 봉안한다.**

　☞「법신불 일원상을 숭배하기로 하면 각자의 형편을 따라 다음과 같은 모형으로 나무에 금이나 먹으로 각자를 하든지 그렇지 못하면 비단이나 종이에 그려서 족자를 하든지 하여 벽상에 청결히 봉안하고 심고와 기도를 할 것이니라」(『불교정전』, 제1편 개선론, 제10장 법신불 일원상 조성법).

 2) 법신불 일원상을 따로 봉안하지 않아도 진리는 여여하지만, 대중이 **신앙과 수행의 방로를 쉽게 알 수 있도록 봉안해야 한다.**

　☞「법신불의 실체를 말씀하자면 우주와 만유가 모두 법신불 아님이 없으므로 법신불상을 따로 봉안하지 아니하여도 법신불의 진리는 항상 여여히 있으나, 우리 일반 대중에 있어서는 신앙의 대상이 보이지 아니하면 마음의 귀의처와 수행의 방로를 알기가 어려우며 설령 안다 할지라도 마음 대조에 때때로 그 표준을 잃기 쉬우므로 대종사님은 교당이나 가정을 물론하고 법신불의 모형인 일원상을 봉안하여 행주좌와 어묵동정에 끊임없이 신앙을 올리며 끊임없는 수행을 대조하게 한 것이다」

(『정산종사법설』, 제8편 편편교리 13장).

 3) 일원상을 봉안하는 것은 생불이 되고 활불이 되자는 것이다.

  ☞「봉불이란 교당의 법당이나 가정의 불단에 법신불 일원상을 봉안하는 동시에 우리 각자의 육신 법당에도 자가의 천진불인 심불을 봉안하고 누구나 생불이 되고 활불이 되자는 것이다」(『대산종사법문』 2집, 제9부 행사치사, 동산선원 본관낙성봉불식 치사).

 4) 봉안에 사용되는 일원상의 조성에 대한 적절한 규례의 제시와 창의적 심벌 계발이 요구된다.

  ☞「교단의 심벌마크인 일원상 조성에 관한 적절한 규례가 제시되어 있지 못하다는 점이다. 어느 때 어느 곳에서나 교단의 이미지를 효과 있게 드러낼 수 있는 마크의 다양하고 창의적인 심벌을 계발하였으면 좋겠다」(박용덕, 『천하농판』, 도서출판 동남풍, 1999, p.59).

13. 일원상과 원불교 보물1호

 원불교가 창립된 후 탄생한 최고의 품질이자 보물 1호는 무궁한 묘리를 담고 있는 일원상이라 본다. 소태산 대종사의 대각과 더불어 천하에 천명한 원불교 신앙의 대상이자 수행의 표본이 일원상인 바, 원불교의 제반 교리가 이 일원상에 근거하고 있기 때문이다. 신앙인은 이에 무궁한 묘리를 지닌 일원상을 깨달아 성불제중의 보물로 삼아야 할 것이다.

 1) 원불교의 최고 품질은 법신불 일원상이다.

  ☞「원불교의 최고 품질은 일원상 법신불이며 이의 활용이라 생각한다. 더욱이 간단히 본다면 한국 사회에서의 신뢰감도 아주 큰 자산이라 볼 수 있다」(최상태, 「원불교 교무상의 시대적 모색」, 《원불교교무상의 다각적인 모색》, 원광대 원불교사상연구원, 2003.2.7, p.20).

 2) 원불교의 보물이자 소태산의 제1유산은 일원상 진리이다.

  ☞「대종사님의 유산을 어떻게 관리하고 있는지 잘 챙겨 보아야 하겠다. 대종사님 제일의 유산은 무엇일까? 그것은 물론 일원상의 진리이다」(정진숙, 「대종사님의 유산관리」, 《총부예회보》 제230호, 1997년 6월 22일, p.1).

 3) 소태산이 원기 4년 금산사에 손수 그린 일원상은 교보 1호이다.

  ☞「소태산이 처음으로 그린 금산사 일원상은 한때 이운권이 보관한 적이 있었다. 해방 전 이운권이 원평교무 재임중(원기 29.4~33.4) 송대

마루 출입구 위에 붙어있는 해묵은 일원상 문건을 수거하여 왔다. 敎寶 제1호 문건이라 생각한 이운권은 1948년 4월 감찰원 부원장으로 전임 되어 '송대 일원상'을 사무실 책상 서랍 속에 소중히 보관하였다. 그 러나 6·25 동란으로 총부가 인민군에게 접거당해 송대 일원상은 유실 되고 말았다」(박용덕, 『천하농판』, 도서출판 동남풍, 1999, p.9).

 4) 일원상은 무궁한 묘리와 무궁한 보물과 무궁한 조화를 갖추었다.

☞「땅에 일원상을 그려 보이시며 말씀하시기를 "이것이 곧 큰 우주 의 본가이니 이 가운데에는 무궁한 묘리와 무궁한 보물과 무궁한 조화 가 하나도 빠짐없이 갖추어 있나니라." 음광이 여쭙기를 "어찌하면 그 집에 찾아들어 그 집의 주인이 되겠나이까." 대종사 말씀하시기를 "삼 대력의 열쇠를 얻어야 들어갈 것이요, 그 열쇠는 신분의성으로써 조성 하나니라"」(『대종경』, 불지품 20장).

 5) 만고의 큰 보배인 일원상의 진리를 깨달아 자성의 혜광을 밝혀야 할 것이다.

☞「저 닭도 알을 품고 있을 때 보면 발로써 알을 굴리며 오래오래 계속하여 알 속에서 삐약하고 병아리가 나오게 되는 것과 같이 화두를 드는 것도 이와 같아서, 이번에 들어오고 다음번에 들어오고 하면 어느 날 만고의 大寶이요 시방삼계의 위가 없는 일원상의 진리를 얻을지니, 명심하고 명심하여 하루속히 자성 혜광을 밝히어 중생 제도하는데 힘쓸 지어다」(『정산종사법설』, 제8편 편편교리 30장).

 6) 교단의 자랑으로는 일원상을 신앙의 대상과 수행의 표본으로 모신 점이다.

☞「우리 교단의 자랑 네 가지 : 1) 무궁한 묘리와 무궁한 보물과 무 궁한 조화가 하나도 빠짐없이 다 갖추어 있는 법신불 일원상을 신앙의 대상과 수행의 표본으로 모신 점, 2) 우리 교법은 무상묘의의 원리에 근거하면서도 사사물물의 지류까지 통하게 하여 사통오달로 활용되게 한 점…」(좌산종법사, 「우리 교단의 자랑 네 가지」, 《출가교화단보》 제 115호, 2001년 11월 1일, p.1).

 7) 일원상은 위대한 종합예술이며, 원불교인은 위대한 예술품이 되자 는 것이다.

☞「원불교는 가장 위대한 종합예술인 일원상을 신앙의 대상과 수행 의 표본으로 한다. 원불교인은 일원상의 진리와 합일되는 경지를 가장 훌륭한 인격자로 평가한다. 따라서 가장 훌륭한 원불교인은 가장 위대

한 예술품이 되는 것이다」(손정윤, 「문학·예술사」, 『원불교70년정신사』, 원불교출판사, 1989, p.664).

14. 일원상 신앙의 장점

소태산 대종사는 불교혁신의 차원에서 기복신앙 인격신앙으로 전락할 수 있는 불상숭배의 한계를 극복, 진리신앙 전체신앙 사실신앙으로 유도하였는데, 이는 일원상 신앙의 장점이기도 하다. 일부 기성종교들에 의한 갈등의 독점신앙에 대하여 새 시대의 보편신앙을 도모한 것이 회통의 종교로서 일원상 신앙의 장점이라는 것이다.

 1) 일원상을 표방함은 종파불교가 아니라 새 불법을 지향함이다.

☞「일원상을 표방하면서 이룩한 소태산의 불법의 특징은 무엇인가? 그는 불법의 일부만을 종통으로 하는 종파가 아니라, 하나의 진리를 통하여 일체법을 일원화하는 일원의 불법이다」(한기두, 「불교와 원불교」, 《원보》 제46호, 원광대 원불교사상연구원, 1999년 12월, p.29).

 2) 기복신앙적 불상숭배를 극복하는 것으로서의 일원상 신앙이 원불교 신앙의 장점이다.

☞「장년기는 인간의 생애 중에서 모든 사리 분별이 명확해지고 합리적인 사고가 지배하는 시기이므로 이러한 시기에 들게 된 인류가 불상숭배에 대한 방편의 허구성을 인식하게 되리라는 것이다. … 이는 불상숭배에서 진리 신앙에로 전환하게 될 것을 예상하고 있으며 이의 구체적인 대안으로 일원상 신앙을 제시한다」(한정석, 「원불교 불교관」, 『원불교사상시론』 1집, 수위단회사무처, 1982, p.85).

 3) 서구종교의 대립과 갈등의 이원론적 패러다임에 대한 대안이 일원상 신앙이다.

☞「만유가 한 체성이며 만법이 한 근원이라는 소태산의 가르침과 그에 바탕을 둔 일원사상은 대립과 정복을 전제로 하는 이원론적 패러다임에 대한 대안을 제시해 줄 수 있다」(노길명, 「한국사회에 있어서 원불교의 소명-사회발전을 위한 원불교의 역할과 과제를 중심으로-」, 제23회 원불교사상연구 학술대회 《원불교개교 백주년기획(Ⅰ)》, 원불교사상연구원·한국원불교학회, 2004년 2월 5일, p.12).

 4) 원불교를 창립한 소태산 대종사의 일원상 신앙은 구원의 독짐신앙을 보편신앙으로 유도하였다.

☞「소태산은 혹세무민하고 기인취재하는 미신신앙을 인도정의의 진리신앙으로, 신통묘술과 기도만능의 기복신앙을 사실신앙으로, 구원의 독점주의신앙을 구원의 보편주의신앙으로, 배타적인 편벽신앙을 원융회통적인 원만신앙으로의 종교개혁을 실현하였다」(김수중, 「양명학의 입장에서 본 원불교 정신」, 제18회 원불교사상연구 학술대회《소태산 대종사와 정산종사》, 원광대 원불교사상연구원, 1999년 2월 2일, p.36).

15. 동서의 일원상 주창자

일원상의 유래는 언제부터 시작되었는지 한마디로 말하기 어렵지만 일원상의 호칭이 다양한 형태로 불리어 온 것은 사실이다. 동서 일원상을 주창한 사람들의 예를 본 지면에 다 열거할 수는 없다. 다만 용수는 圓月相을 말했고 승찬대사는 원동태허를 말했다. 혜충국사는 원상을 그려 탐원에게 전했고, 자각선사도 일원상을 말하였으며, 함허는 일원상을 그려 삼교회통을 강조하였다. 중국에 있어 노자의 무극 사상과 주렴계의 태극도설이 등장하였다. 서양의 파르메니데스, 에크하르트, 지웃토, 하비, 니체, 융, 프롬 등은 일원상을 자신의 심오한 학설과 관련하여 언급하였다.

 1) 일원상의 유래는 고래로 엄연히 존재하였으니, 법왕·묘심·열반·심월·금강 등 다양한 형태로 호칭되었다.

☞「고불미생전에도 일원상은 엄존하였고 고불미생후에도 일원상은 여여하여 무시종 관고금의 일원상임을 넉넉히 알 수 있으나, 이러한 일원상을 향하여 기원을 찾으려 하는 것이 어찌 어리석지 아니하랴. 그러나 이 일원상이 제 스스로 일원상이노라 한 바 아니요 사람이 들어서 일원상이라 이름한 이상, 이에 대한 사실이야 말 못할 바 있느냐고 할지나, 이도 역시 그 실은 영산회상에서 꽃가지를 드신 소식부터 가히 일원상의 진리를 보여주심이요, 불문의 茶飯語인 삼매이니 불성이니 법왕이니 진심이니 묘심이니 열반이니 심월이니 금강이니 심지이니 심인이니 하는 등이 다 일원상의 이명이니 실로 어느 때부터 시작되었다고 말하기 극히 어려운 일이다」(『회보』 제54호, 원기24년 5월/원산문집간행위원회 편, 원산 서대원 대봉도 문집『천상락과 인간락』, 원불교출판사, 2000, p.109).

 2) 인도에서는 원을 명상법에서 활용하였으며, 용수는 圓月相, 승찬대

사는 **圓同太虛**라 하였고, 자각선사는 **凝然一相圓**이라 했다.

☞「선종에서 이루어진 일원상을 역사적으로 근원을 소급해 보면 과거사상에서도 이러한 의미를 찾아볼 수 있다. 불타 이전 인도사상에서 심중에 **一尺五~六寸**의 달(○)을 그려 마음을 관함으로써 성품의 원리를 깨치도록 하는 명상법이 있다. 불타는 우주의 실상은 유도 아니요 무도 아니며 비유도 비무도 아닌 **正見**의 세계라고 말하였다. 용수는 게송에서 **身現圓月相 以表諸佛體說法無其形**이라 하였다. 3조 승찬은 **圓同太虛 無欠無餘**라 하였고 혜충은 이 불가설의 진리를 원으로 상징하였으며, 자각선사는 고불미생전 **凝然一相圓**이라 하였다」(류병덕, 『원불교와 한국사회』, 원광대학교출판국, 1978, pp.179-181참조).

3) 일원상은 당나라 때 남양 혜충국사가 원상을 그려 깨달음의 방편으로 삼았고, 제자 탐원에게 전하였다.

☞「일원상은 지금으로부터 약 1,200년전 **支那 唐代**에 나신 남양 혜충국사께서 항상 원상을 그려 학인들로 하여금 도를 깨닫게 하는 수단으로 삼게 하시다가 그 제자 탐원에게 전함이 효시가 되었나니라」(『정산종사법설』, 제9편 불교정전의해 1장).

4) 함허는 일원상을 자주 인용하며 삼교합일의 정신을 강조한다.

☞「함허는 회통 또는 합일의 근거로서 **圓相**을 자주 인용한다. 이 원상은 말로서 표현할 수 없는 우주의 근원을 가리키는 것으로서 3교가 서로 만날 수 있는 근본이라 한다. 선가의 최초 **一句**나 교가의 **最淸淨法界**나 유가의 **統體一太極**, 노자의 **天下母** 등이 다 이 원상의 진리를 가리킴이다」(송천은, 『열린시대의 종교사상』, 원광대학교출판국, 1992, p.169).

5) 주렴계의 태극도설, 퇴·율의 사상은 일원상과 통하는 면이 있다.

☞「송대의 유교철학자 주렴계는 그의 태극도설에서 ‘**無極而太極**’을 일원상으로 표현하였다. 태극도설은 유교의 **學理**를 총괄적으로 표현한 것이며, 주자의 『근사록』이나 『성리대전』 뿐 아니라 퇴계의 성학십도 그리고 율곡의 인심도심 **圖說**에서 언급하고 있다. 주자와 퇴계는 태극도설을 **學問道術**의 연원이라고 하였으며, 진리의 **源頭處**라고 하였다」(류승국, 「유교사상과 원불교」, 『원불교사상』 제5집, 원불교사상연구원, 1981. p.258).

6) 서양의 파르메니데스, 지옷트, 부레이크, 에크하르트 등이 **圓**을 **神**과 관련지어 언급하고 있다.

☞「서양의 자료를 찾아보자. 파르메니데스, 지옷트, 부레이크 등이 일원의 진리와 통하는 사상을 가지고 있었다. 그리고 에크하르트는 圓輪上이 신에서 나온 문이며 신으로 들어가는 문이라고 설명하였다」(원불교사상연구원 편, 『숭산논집』, 원광대학교출판국, 1996, p.36).

 7) 영국의 의학자 하비는 혈액순환의 원리를 밝히고, 우주 순환의 모든 변화가 일원상으로 귀결된다고 하였다.

☞「윌리암 하비는 혈액순환 뿐 아니라 이 우주를 구성하는 원리가 모두 圓운동으로 되어 있고, 이 법칙을 따라 모든 질서와 조화가 이루어진다고 말함으로써 그를 圓의 철학자로까지 말하고 있다. 그는 말하기를, 이 圓은 형이상학적·신적인 것으로서 시작도 없고 끝도 없으며, 생멸도 없고 결함도 없는 가장 완전하고 영원한 것이며, 이것은 우리의 상상이나 이해를 초월한 참으로 숭엄하고 훌륭한 것이라고 보았다. 이 원리에 따라 전체가 움직이게 되는 것이며, 사시의 변천이라든지 일월의 왕래, 주야의 변천, 생물의 생성 발전과 생사의 모든 변화가 이루어진다고 했다. 이도 역시 진리의 극치는 일원상으로밖에 생각할 수 없었다는 근거가 된다」(박길진, 『일원상과 인간의 관계』, 원광대 출판국, 1985, p.59).

 8) 니이체는 순환무궁의 영겁회귀설을 말하였고, 융은 심충심리의 무의식을 圓으로 표현하였으며, 프롬은 마음의 본질을 원이라 했다.

☞「기독교적 직선사관을 부정하고 순환사관의 근거가 되는 영겁회귀설을 주장한 니이체(1844-1900)의 사상이 현대철학의 새 지평으로 인식되었음을 주목할 필요가 있다. 현대의 심리학자 융(1875-1961)은 심충심리의 원형인 무의식의 상징을 원으로 표현할 수밖에 없다고 보았으며, 사회심리학자인 프롬(1900-1980) 또한 마음의 본질을 하나의 원으로 표현하고 이 원의 중심이 바로 자기인 것이며, 자기란 어느 곳에도 정착되지 아니하는 유동적이며 변화되는 존재라 보았다」(원불교학교재연구회 편, 『종교와 원불교』, 원광대학교출판국, 2008, pp.204-205).

16. 일원상 진리의 실천방법

일원상을 진리의 거울로 삼아 자신을 반조하며 사은사요의 신앙문으로서 인생의 요도를 실천하고, 심학팔조의 수행문으로서 공부의 요도를 실천할 때 일원상 진리와 하나 되는 삶을 살아갈 수 있다. 구체적으로 말해서 원만한 일원상처럼 마음을 모나거나 애증이 없이 사용하며, 일원상을 깨달음의 화두로 삼아 연마하자는 것이다. 신앙인으로서 법신불 일원상의 위력을 얻어 보은하고, 일원의 체성에 합하여 자성불을 발견하는 생활이 필요하다.

1) 진리의 거울인 일원상을 반조의 거울로 삼아 우리의 삶을 밝혀나가야 한다.

☞「일원상은 진리의 거울이요, 우리 마음의 거울이니 대종사님과 삼세 제불제성이 늘 비추어 보시는 표준의 거울인 것이다. 그러므로 일원의 거울은 소소영령하고 원만 평등하여 한 티끌도 없는 자리이니 우리는 저 두렷한 일원의 거울에 자신을 늘 반조하는 동시에 영생이 어둡지 않고 만사가 어긋나지 않도록 늘 비추어서 밝혀 나가야 하겠다」(『대산종사법문』 2집, 제9부 행사치사, 동산선원 본관낙성봉불식 치사).

2) 원만한 일원상의 모습처럼 마음을 쓸 때 모나지 않게 하여야 한다.

☞「대종사님은 삐뚤어진 일원상과 둥그신 일원상을 그려놓고 물었다. "어떤 일원상이 좋게 보이느냐?" "저 귀 나고 삐뚤어져 모난 것은 좋지 않습니다." "그렇다. 우리 마음을 쓸 때에도 저 둥근 일원상처럼 쓸지언정 모난 일원상은 되지 않도록 유의하라"」(조전권 설교집 『행복자는 누구인가』, 원불교출판사, 1979, p.165).

3) 극단적 애증의 마음을 없앨 때 일원상 진리의 심경으로 돌아간다.

☞「극단으로 사랑하고 극단으로 미워하는 감정을 쉬어버릴 때 일원의 진리를 엿볼 수 있다. 무의 심경이 되면 마음이 없다는 것이 아니라, 할 필요가 없는 심경이 무이다」(원불교사상연구원 편, 『숭산논집』, 원광대학교출판국, 1996, p.54).

4) 일원상을 대할 때마다 견성 성불하는 화두로 삼아야 할 것이다.

☞「일원상을 대할 때마다 견성 성불하는 화두를 삼을 것(교의품 8장)이라는 말씀이다. 화두로 들어 끊임없이 궁글리게 한 것은 아직도 미진한 인간 이성적 이해의 한계를 극복하는 방법으로서 분석적 이해를 넘어서서 직관적 이해로 나아가게 하는 방법이며, 이는 깨달음이라는 이성적 이해의 절정을 지향하는 방법이다」(박상권, 「진리 인식에 있어서 합리론과 경험론」, 『원불교학』 제8집, 한국원불교학회, 2002.6, pp.164-165).

5) 일원의 위력을 얻어서 감사 보은하는 생활을 한다.

☞「일원의 위력과 천지의 위력 그리고 진공의 위력을 갖고자 서원했고 대허공이 되려고 한다. 이리 되는 길로서 빠른 길과 옳은 길은 바로 일심정력을 얻는데 있다」(1961년 7월 3일 신축일기/동산문집편찬위원회, 동산문집 Ⅱ『진리는 하나 세계도 하나』, 원불교출판사, 1994, p.40).

6) 일원상을 체받아서 자성 삼대력을 발휘하는 생활을 한다.

☞「때로 교단 내외의 신문과 잡지의 인터뷰에 응하여 우리 새 회상의 역사와 인류 구원의 주세불이신 대종사님과 교법을 설명해준다. 핵심은 일원상의 진리를 신앙 수행함으로써 개인 가정 인류사회에 광대무량한 낙원을 이룩하는데 있음을 말한다. 이러한 메시지는 삼대력 공부로 보은불공 잘 하여 제생의세의 대원을 성취하자는데 공감을 얻는다」(박장식, 『평화의 염원』, 원불교출판사, 2005, pp.171-173).

17. 일원상의 연계사상

일원상은 유교의 무극과 태극, 불교의 청정법신불과 空 그리고 혜능의 법보화 삼신불, 도가의 도와 자연, 주역의 圓而神, 기독교의 神論, 현대물리학의 양자이론 등 성자의 정신에서 회통한다고 본다. 성현들의 근본정신에서는 절대 표상에 대한 언어 표현만 다를 뿐 성자혼이 깃든 궁극적 진리는 서로 통하기 때문이다.

1) 일원상은 유가에서는 무극 혹은 태극, 불가에서는 청정법신불, 도가에서는 도라 한다.

☞「일원상은 부처님의 심체를 나타낸 것이므로, 형체라 하는 것은 한 인형에 불과한 것이요, 심체라 하는 것은 광대무량하여 능히 유와 무를 총섭하고 삼세를 관통하였나니, 곧 천지만물의 본원이며 언어도단의 입정처라, 유가에서는 이를 일러 태극 혹은 무극이라 하고, 선가에서는 이를 일러 자연 혹은 도라 하고, 불가에서는 이를 일러 청정법신불이라 하였으나, 원리에 있어서는 모두 같은 바로서 비록 어떠한 방면 어떠한 길을 통한다 할지라도 최후 구경에 들어가서는 다 이 일원의 진리에 돌아가나니, 만일 종교라 이름하여 이러한 진리에 근원을 세운 바가 없다면 그것은 곧 사도라, 그러므로 우리 회상에서는 이 일원상의 진리로써 우리의 현실생활과 연락시키는 표준을 삼았으며, 또는 신앙과 수행의 두 문을 밝히었나니라」(『대종경』, 교의품 3장).

2) 『팔만대장경』, 『금강경』, 『반야심경』의 정수가 空이며, 이것이 곧

일원상의 진리이다.

☞「부처님의 『팔만대장경』 가운데 진리의 정수가 『금강경』에 있고, 『금강경』의 정수는 『반야심경』에 있으며, 『반야심경』의 정수는 ⊙인 것이다. 이 자리를 보면 성품을 본 것이며 또 일원상의 진리를 본 것이다」(『대산종사법문』 3집, 제3편 수행, 113장).

3) 혜능이 밝힌 법보화 삼신 일체 자성불이 법신불 일원상과 통한다.

☞「혜능의 선불교에 따르면 사람의 본성 자체가 법신불이고 온갖 행위로 나타난 다양한 모습의 본성이 화신불이며 참된 슬기로 가득 차 있는 본성이 보신불이다. 이 삼신불은 하나의 본성이 셋으로 나타난 것이므로 이들 셋은 또 하나로 돌아간다. 그러므로 이러한 관계를 혜능은 '一體三身自性佛'(『육조법보단경』 傳香懺悔 第5)이라는 말로 암시하였다. 이 삼신불 가운데서 법신불이 차지하는 미묘한 관계가 우선 일원상의 진리를 엿보게 한다고 볼 수 있다」(최동희, 「소태산의 본체관-圓相을 중심으로-」, 『인류문명과 원불교사상』(下), 원불교출판사, 1991, p.1244).

4) 『주역』의 圓而神은 일원상과 통한다.

☞「『주역』 계사에 보면 蓍(점술법)의 덕은 圓而神이라 하고 卦의 덕은 方以知라고 하여 이성의 경지를 넘어서 영지의 신묘를 圓으로 표현하였다. '圓而神'은 圓佛 사상과 상통한다고 하겠다」(류승국, 「유교사상과 원불교」, 『원불교사상』 제5집, 원불교사상연구원, 1981. p.259).

5) 도교에서 일원상이 상징으로 사용된 것은 『주역참동계』의 출현 이후이다.

☞「도교 사상사에서 도교 수련의 원리나 단계와 관련시켜 일원상의 상징이 사용된 것은 『주역참동계』가 출현한 이후이다. 청대의 모기령에 의하면 원래 『주역참동계』는 水火匡郭圖, 三五至精圖 등이 첨가되어 있었다고 한다」(김낙필, 「도교의 원상징과 무극·태극」, 『원불교학』 창간호, 한국원불교학회, 1996, p.68).

6) 일원상 진리는 성리학적 우주론 및 인성론의 논리체계와 유사하다.

☞「교법이란 곧 그 시대의 사상으로 표현된 것이기 때문에 일원상 진리의 설명 체계는 성리학적 우주론과 인성론의 논리체계와 유사한 일면을 가지고 있다」(신순철, 「정산종사의 유학과 송준필 선생」, 《원보》 제20호, 원불교사상연구원, 1983, p.2).

7) 카프라는 서구 물리학의 양자이론에서 동양사상의 태극·법신과 통

한다고 하였는데 원불교의 일원상도 같은 맥락을 이룬다.

☞「카프라는 그의 저서 물리학의 道에서 동양사상의 핵심인 법신, 空, 梵, 道, 태극 등의 이치를 2,500년이 지난 오늘날 서양 물리학 특히 양자이론이나 場理論에서 하나씩 알아내고 있는듯 하다고 주장하고 있다. 원불교 일원상의 진리나 인과윤회 사상은 개념상 새로운 것이 아니다. 따라서 서양과학이 동양사상의 타당성을 설명하게 되면 원불교 교리는 핵심도 타당함을 설명할 수 있을 것이다」(정유성,「원불교 과학관」,『원불교사상시론』1집, 수위단회사무처, 1982, pp.205-206).

8) 기독교의 神과 원불교의 圓이 진리적인 면에서 회통될 수 있다.

☞「나는 미국에 있으면서 가장 종교의 핵심문제인 神觀에 대해 깊이 생각하지 않을 수 없었다. 요즈음 종교나 학계의 추세로 보아 언젠가는 신관이 정립되리라는 생각이 들며 그 결과는 일원상 진리에 귀일되는 것이 아닌가 생각한다. … 신은 진리적인 면으로 보면 하나의 본체와 현상의 관계로 보아야 한다는 것이다. 이렇게 보면 일원상 진리 내용에 가까이 접근되고 있음을 알 수 있다. 어느 때인가는 신과 일원상 진리가 하나로 이해되는 시대가 오지 않을까 생각하며 더욱 이 회상만난 기쁨이 용솟음친다」(박장식,『평화의 염원』, 원불교출판사, 2005, pp.155-156).

18. 보충해설

일원상은 원불교 신앙의 대상이자 수행의 표본이다. 원불교의 상징체로서 트레이드 마크라 해도 과언이 아니다. 기독교의 십자가, 불교의 卍, 유교의 태극, 도교의 자연 등과 같은 상징체로 보아도 좋다. 이 일원상을 영어로 번역을 해 본다면 고유명사인 관계로 Il Won Sang, Il-Won-Sang, Irwonsang 등 소리 나는 대로 풀어 쓸 수 있다. 다만 이를 해석하는 차원에서 설명을 덧붙인다면 The Sign of Unitary Circle, The figure of One Circle, One Circle Form, Unitary Circular Symbol 등이라고 보아야 할 것이다.

이처럼 ○을 원불교의 제1보물로 소중히 모시고 간직해야 할 바, 소태산 대종사는 원기 20년 중앙총부에 대각전을 준공한 후 일원상을 봉안하면서 원불교 각 교당에서 공식적으로 일원상을 모시는 계기가 되었다. 정산종사는 원기 33년 4월,「원불교 교헌」을 제정 반포하면서 총강 제3조에 "본교는 법신불 일원상을 본존

으로 한다. 일원은 사은의 본원이요, 법보화 3위의 대상이며, 서
가모니불과 소태산 대종사의 정전 심인이심을 신봉하여 진리로써
신봉한다"(『정산종사법어』, 경륜편 5장)라고 하였다. 곧 불교의 본
존은 석가모니불이라면 원불교의 경우 일원상인 것이다.

　　대산종사 역시 기원문 결어에서 일원대도를 一相圓 中道圓 十
方圓으로 설명해 주었다. 시방세계에 두루 편만한 일원대도임을
각인시켜주는 가르침이 아닐 수 없다. 좌산종사도 "진리를 우러
러 믿고 그 실상을 깨달아 불공해 간다"(『교법의 현실구현』, 원불
교출판사, 2007, p.34)라고 하였다. 경산종사는 종법사 직위에 오르
기 전에 『생활속의 금강경』을 역해하면서 다음과 같이 말한다.
"나는 참으로 하잘 것 없는 중생으로 헤매다가 이 법하에 입문
하여 스승님들의 일원상에 대한 간곡한 가르침에 힘입어서 진리
에 대하여 인연을 갖게 되었다"(『생활속의 금강경』, 도서출판 동남
풍, 2000, p.3)고 밝힌다. 이제 우리는 일원상을 이론적으로 정립하
고 그 수월성을 드러내며 삶에서 실천하는 일이 남아있다.

19. 연구과제

　1) 일원상 진리, 신앙, 수행의 관계는?
　2) 일원상 숭배와 불상숭배의 차이점은?
　3) 일원상과 인간과의 관계는?
　4) 일원상과 석가모니불의 관계는?
　5) 일원상을 봉안하지 않은 곳에서는 의식을 어떻게 해야 하는가?
　6) 일원상과 사은·삼학의 관계는?
　7) 진공묘유의 수행문과 인과보응의 신앙문?

20. 고시문제

　1) 인과보응의 신앙문이라 했으니 인과보응과 신앙과 어떠한 연
관 관계가 있는지 설명하시오.
　2) 왜 인과보응의 신앙문이라 하는가?
　3) 인과보응의 신앙을 어떻게 하고 있는가?

4) 진공묘유의 수행문이라 했으니 진공묘유와 수행과 어떠한 관계가 있는지 설명하시오.

5) 일원상을 신앙의 대상으로 하는 이유와 「사은 피은의 강령」을 기초하여 일원상과 사은과의 관계를 설명하시오.

6) 일원(법신불)과 사은과의 관계를 교의품과 『정산종사법어』에 근거하여 논하시오.

7) 일원상의 진리에 근거하여 원불교 신앙에 대하여 논하시오.

8) 일원상의 진리를 서원문과 법어에서는 어떻게 다르게 표현하고 있으며 그 까닭은 무엇인지 쓰시오.

9) 법신불 일원상은 본교 신앙의 대상이고 수행의 표본이다. 이를 교리에 입각하여 그 근거를 설명하라.

10) 법신불 일원상을 신앙의 대상과 수행의 표본으로 한 이유?

11) 법신불 일원상이 신앙 대상이 되는 이유를 자세히 쓰시오.

12) 일원상 진리의 내용과 그 종교적 실천의 길을 논하시오.

13) 「일원상의 진리」 장을 알기 쉽게 풀어 설명하고 본인이 연마해온 방법에 대해서 서술하시오.

14) 사대강령의 원문을 쓰고 일원상 진리와의 관계를 설명하시오.

15) 원불교의 신앙을 『정전』에 근거하여 종합적으로 설명하시오(원리, 방법, 특징을 중심으로).

16) 원불교 수행에 대해 논하시오(원리, 방법, 특징 등).

17) 다음 낱말의 뜻을 『정전』에서 밝힌 대로 쓰시오 : 대소유무.

18) 일원상의 수행에 근거하여 원불교 수행론의 특징에 대하여 논하시오.

19) 일원상 수행의 특이한 점을 밝히시오.

20) 『정전』에 쓰여 있는 다음의 어휘를 설명하시오 : (1) 인과보응의 신앙문, (2) 공적영지의 광명.

21) 체와 용을 O와 X로 표시 : 隱()과 現(), 空寂()과 靈知(), 진공()과 묘유().

22) 일원상의 진리를 알기 쉽게 해명하시오.

23) 일원상의 진리를 어떻게 믿고 신앙하는가?

24) 공적영지의 광명과 진공묘유의 조화를 설명하고 그 관련성을 논하시오.

25) 일원상 신앙의 특징을 논술하시오.

26) 유일신 신앙과 일원상 신앙을 비교하여 논하시오.

27) 진공묘유의 수행은 어떠한 수행이며, 그 수행은 어떻게 해 나가는가?

28) 일원상과 나와의 관계를 간단히 설명하시오.

제1절 일원상의 진리

○ 「일원상의 진리」의 원문

  일원은 우주만유의 본원이며, 제불제성의 심인이며, 일체중생의 본성이며, 대소유무에 분별이 없는 자리며, 생멸거래에 변함이 없는 자리며, 선악업보가 끊어진 자리며, 언어명상이 돈공한 자리로서, 공적영지의 광명을 따라 대소유무에 분별이 나타나서 선악업보에 차별이 생겨나며, 언어명상이 완연하여 시방삼계가 장중에 한 구슬같이 드러나고, 진공묘유의 조화는 우주만유를 통하여 무시광겁에 은현자재하는 것이 곧 일원상의 진리니라(『정전』 제2 교의편, 제1장 일원상, 제1절 일원상의 진리).

1. 일원상 진리의 구조
 1) 일원상 진리의 대의(일원은 우주 만유의 본원이며~일체중생의 본성이며).
 2) 일원상 진리의 진공(대소유무에 분별이 없는~언어명상이 돈공한 자리로서).
 3) 일원상 진리의 묘유(공적영지의 광명을 따라~시방삼계가 장중에 한 구슬같이 드러나고).
 4) 일원상 진리의 조화(진공묘유의 조화는~일원상의 진리니라).

2. 일원상 진리의 개념
  소태산 대종사가 깨달은 일원상은 원불교의 최고 종지로서 진리의 대명사임과 더불어 진리의 형상이다. 일원상 진리란 무엇인가? 일원은 법신불로서 우주만유의 본원이요 제불제성의 심인이며 일체중생의 본성이다. 따라서 우주 만물이 이 일원상의 진리에 귀의하는 바, 일원상 진리의 참 의미는 원불교 교법이 귀의하는 바로서 본원적 진리이며 모든 성자의 뜻이 공감하는 진리이며 만유 조화적 진리인 셈이다.

 1) **일원상의 진리는 원불교의 종지요 소태산의 진리관이다.**

 ☞「일원상의 진리는 원불교의 종지 천명이요 대종사의 진리관이다(如是觀하라)」(신도형, 『교전공부』, 원불교출판사, 1992, p.48).

 2) **일원은 진리의 대명사요 일원상은 진리의 형상이다.**

 ☞「일원은 진리의 대명사요 일원상은 진리의 형모이다. 그러므로 이름은 실상이 아니요, 이름으로 인해서 실상을 알게 된다. 예컨대 사람에게는 각각 이름이 있다. 그러나 그 이름이 실체는 아니로되 그 이름으로 인해서 그 사람을 알게 된다」(이운권, 고산종사문집1 『정전강의』, 원불교출판사, 1992, p.19).

 3) **일원상의 진리는 우주 만유의 본원이면서 생성의 근원이다.**

 ☞「일원상의 진리는 우주 만유의 본원자요, 생성의 근원자로서 만유 생성을 통어하며 무량세계를 전개하고 있으니, 이를 상징하여 일원상이라 하였고 또는 유정중생의 각각 차별을 이루고 있는 본래적 성품으로서, 이가 들어서 불성도 이루고 凡衆도 되나니 이 본래적 심성을 표상하여 일원상이라 하였다」(이은석, 『정전해의』, 원불교출판사, 1985, p.69).

 4) **진리의 상징으로서 일원상은 곧 만물이 귀착하는 근원이다.**

 ☞「많은 종교인들이 오직 이 일원상으로 상징해 왔음을 볼 때 이 일원상의 한 소식으로 모두가 만나기 때문에 일원은 곧 만물의 宗이라고 표현하지 않을 수 없다. 따라서 이 세상은 언젠가는 圓의 세계에로 귀착되지 않을 수 없는 성숙한 세계, 결실의 세계에 이르게 됨을 약속해 주는 의미가 있음을 다시 한 번 새겨볼 필요가 있다」(한기두, 『원불교 정전연구』-교의편-, 원광대학교출판국, 1996, p.79).

 5) **일원상의 진리는 본원적 진리요, 중성이 공감하는 진리이며, 차별과 명상이 나타나는 조화적 진리이다.**

 ☞「일원상의 진리는 본원적 진리요 衆聖이 공감하는 진리며, 본성적 진리요 분별과 거래를 떠난 진리며, 또한 공적영지의 혜광을 지닌 진리며, 그에 의하여 분별과 인과적 차별과 명상과 진공묘유적 조화가 자재하는 진리이다」(서경전, 『교전개론』, 원광대학교출판국, 1991, p.155).

3. 단어해석

일원상 : 원불교 신앙의 대상이자 수행의 표본을 一圓相이라 한다. 일

원은 법신불이니 우주만유의 본원이요 제불제성의 심인이요 일체중생의 본성이라고 『정전』 일원상의 진리에서 밝혔다. 1916년 4월 28일 소태산 대종사의 대각으로 체득된 일원상의 진리는 불생불멸의 이치와 인과보응의 원리가 그 근간을 이루고 있다.

우주만유 : ☞『정전풀이』(상)「교법의 총설」 '우주만유' 참조.

본원 : ☞『정전풀이』(상)「교법의 총설」 '본원' 참조.

제불제성 : ☞『정전풀이』(상)「교법의 총설」 '제불제성' 참조.

심인 : ☞『정전풀이』(상)「교법의 총설」 '심인' 참조.

일체중생 : 우주에 생존하는 유정의 모든 생명체를 말하며, 여기에는 일체생령이나 전 인류, 범부와 중생 등을 통틀어 一切衆生이라 한다.

본성 : 인간이 본래 간직한 자성으로서 타고난 성품을 本性이라 한다. 일원은 일체중생의 본성이라 하며, 성품설로 보면 맹자는 성선설, 순자는 성악설, 소태산은 능선능악 무선무악을 밝히며 지선설을 드러내었다.

대소유무 : 시비이해가 인간사에 관련된다면 대소유무는 우주에 관련된다. 大는 우주의 본체, 小는 우주 천차만별의 세계를 말하며, 有無는 우주의 변화를 지칭한다. 대소유무는 『정전』 일원상 진리와 사리연구의 요지,『대종경』 수행품 23장,『정산종사법어』 경의편 36장 등에 나온다.

생멸거래 : 생명체의 태어남과 멸함, 오고 감을 生滅去來라 한다. 우주와 만유는 성주괴공·생주이멸·흥망성쇠·생로병사로 윤회 순환한다.

선악업보 : 인과보응의 이치에 따라 신구의 3업으로 지은 선행과 악행의 결과에 의해 나타나는 업보를 善惡業報라 한다. 선인선과 악인악과가 이와 관련되는 만큼 선업은 지을지언정 죄업은 짓지 않도록 해야 한다.

언어명상 : 언어문자 및 이름과 형상을 言語名相이라 한다. 이와 달리 언어명상이 끊어진 자리를 언어도단이라 한다. 정산종사는 법어 원리편 1장에서 법신불의 언어명상에 대하여 설명하고 있다.

돈공 : 마음이 텅 비어서 분별 망상이나 사량심이 없는 상태로서 진공의 체성에 합일하는 것을 頓空이라 한다. 공적이나 진공과 같은 언어 명상으로 표현할 수 없는 것이 돈공이다. 소태산은 자성 반조로 죄업이 돈공한 자리를 관한다고 『대종경』 인과품 9장에서 밝혔다.

공적영지 : 空寂이란 텅 비고 고요하여 무어라 형언할 수 없는 진리의

본체라면, 靈知란 신령한 지혜 곧 반야지이며 진리의 분별성을 말한다. 이는 진리의 인식에 있어 체용 양면을 밝히는 것이며, 이에 대하여 진공묘유란 존재의 양태에 있어 체용 양면을 밝히는 것이다. 소태산은 『대종경』수행품 12장에서 禪을 설명하며 공적영지가 드러나도록 했다.

　완연 : 눈에 보이는 것처럼 분명하고 뚜렷한 것을 宛然이라 한다.

　시방삼계 : 十方은 우주의 드넓은 공간으로서 사방·四隅·상하를 통괄적으로 말한다. 그리고 三界는 욕계 색계 무색계를 말한다. 이 삼계는 중생들이 바라본 세계를 3가지로 구체화한 것으로서 욕계란 오욕이 치성한 세계라면, 색계는 오욕을 벗어났지만 아직도 물질적 형체가 남아있으며, 무색계는 욕계나 색계를 벗어난 순수 정신세계 이지만 아직도 존재에 대한 욕망은 있다. 시방삼계는 우주의 가시계와 불가시계 모두를 총괄적으로 말한다. 소태산은 『대종경』요훈품 45장에서 시방삼계를 소유하라 하여 넉넉한 심법을 유도하고 있다.

　장중 : 손바닥 안을 掌中이라 한다. 장중의 한 구슬이라는 것은 시방세계를 손바닥 안에서 훤히 비춰볼 수 있다는 것으로, 손바닥(掌)이란 용어는 수월함의 상징적 표현이다. 정산종사는 법어 경륜편 25장에서 교단 발전은 如反掌이라 하여 손바닥을 뒤집는 것처럼 쉽다고 하였다.

　진공묘유 : 일원상 진리의 텅 빈 본체를 眞空이라 하고, 진공한 가운데 변화무상의 현상 세계를 妙有라 한다. 진공묘유란 존재론적 측면에서 일원상의 체용을 아우르는 것으로 이해되기도 한다. 정산종사는 법어 원리편 2장에서 일원상의 진공묘유 속에 만법이 운행한다고 하였다.

　조화 : 우주 만유를 낳고 죽이는(숙살만물) 힘과 작용을 造化라 한다. 또 천지 만물을 창조 화육하는 것을 조화라 한다. 진공묘유의 조화는 일원상 진리의 체용 작용에 있어 우주 만유를 생성 화육하는 것이다.

　무시광겁 : 처음과 끝이 없이 영원한 세월을 無始曠劫이라 한다. 무시는 무시무종의 오랜 세월이며 광겁은 셀 수 없는 무수한 겁을 말한다.

　은현자재 : 일원상 진리는 隱現自在의 속성을 지니는 바, 숨은 것과 나타나는 것에 자유자재하는 진리이다. 『중용』1장에서는 '莫見乎隱 莫顯乎微' 라 하여 은현자재의 신비함을 설하고 있다.

4. 숙어 · 문제풀이

1) 일원은 우주만유의 본원이란 의미는?

(1) 일원은 본원적으로 접근되는 진리라면 우주 만유는 현상적으로 접근된다.

(2) 우주 만유란 천지만물 허공법계로서 일원상 진리의 화현이다.

(3) 만유가 한 체성이요 만법이 한 근원이라 했는데 이것이 곧 일원의 진리인 것이다.

(4) 생성 변화하는 우주 만유가 일원상에 근본이 된다는 뜻이다.

2) 제불제성의 심인이란 것은?

(1) 일원은 모든 부처와 성자들이 깨달아 공감대를 형성한 마음세계를 말한다.

(2) 제불제성의 마음세계는 일원상 진리와 하나 되는 것이다.

(3) 일원상 진리는 원만구족 지공무사하며, 제불제성의 마음도 원만구족 지공무사하다.

(4) 제불제성의 심인을 깨닫게 되면 심법 사용에 있어 시비이해나 과불급, 희로애락을 초월하게 된다.

3) 일체중생의 본성이란 것은?

(1) 일원은 일체중생의 차별상을 떠난 근본 성품이다.

(2) 일체중생의 본래 성품은 불성을 구유하므로 일원의 진리이다.

(3) 마음이 미하면 중생이지만, 밝으면 일원의 진리와 계합한다.

(4) 일체중생의 본성을 깨달으면 결국 범부와 성자의 차별도 잊는다.

4) 대소유무에 분별이 없는 자리는?

(1) 일원의 진리를 본체적으로 접근하면 대소유무에 분별이 없다.

(2) 분별이 없는 일원의 진리에서 보면 대와 소, 소와 소, 유무간의 분별이 끊어진 하나의 세계이다.

(3) 우주 만유의 본체(대), 차별되는 만상(소), 변화의 세계(유무)가 일원상 진리의 근원 세계에서 고요함 그대로이다.

(4) 우주의 본체적 입장에 계합하면 모든 분별이 사라지며, 허공의 심법을 소유하게 된다.

5) 생멸거래에 변함이 없는 자리는?

(1) 일원의 진리를 본체의 세계로 접근하면 생멸거래에 변함이 없다.

(2) 불법은 諸行無常이므로 생멸거래가 끊어지게 되어 이 육신은 곧 가식임을 알게 된다.

(3) 본체에서 우주의 성주괴공, 만물의 생로병사에 구분이 끊어진다.

(4) 생멸거래에 변함이 없음을 알면 불생불멸의 이치를 깨닫게 되어 결국 생사거래에서 해탈 자재한다.

6) 선악업보가 끊어진 자리는?

(1) 일원의 본체에서는 선악 행동에 의한 윤회 업보가 끊어진다.

(2) 선악의 상대적 개념을 넘어서면 선악업보를 초월하게 된다.

(3) 한 마음의 분별작용이 사라지고 신구의 삼업이 청정하니 선악업보가 멸하게 된다.

(4) 선악업보가 끊어진 자리를 깨달으면 윤회 해탈, 고락을 초월한다.

7) 언어명상이 돈공한 자리는?

(1) 일원의 진리를 문자와 언어로 표현하려고 하면 언어 문자에 가리어 결국 참 일원의 진리를 알 수 없다.

(2) 언어는 실재하는 실체가 아니라 단지 假名이므로 언어로 인해 정의되는 것은 가상의 설명에 불과하다.

(3) 일원상서원문에서 일원은 언어도단의 입정처라고 하였으니, 노자의 道可道 非常道 名可名非常名과 상통한다.

(4) 마음의 사량 분별지로 일원의 참 진리를 설명할 수 없다는 것을 알게 되면 분별없는 일원의 진리를 혜안으로 관조할 따름이다.

8) 공적영지의 광명이란?

(1) 텅 비어 고요한 가운데 신령스런 지혜 광명이 나타남을 말한다.

(2) 천지의 식과 같이 일원의 영지불매에 따라 현상계의 차별 만상이 밝게 드러남이다.

(3) 대소유무의 분별이 나타나고, 선악업보에 차별이 생겨나며, 언어명상이 완연함을 공적영지의 광명이라 한다.

(4) 소소영령한 알음알이가 일원상 진리의 인식론적 접근이다.

9) 대소유무에 분별이 나타나는 것은?

(1) 우주의 대와 소의 세계가 완연히 나타남을 말한다.

(2) 유무의 변화 및 순환작용이 분병하게 드러남이다.

(3) 일원의 진리를 무상으로 보면 성주괴공·생로병사·춘하추동의 세계가 전개된다.

(4) 우주에 있어 대소유무, 인간사에 있어 시비이해가 나타난다.

10) 선악업보에 차별이 생겨나는 것은?

(1) 일원상 진리의 인과보응에 따라 선연선과 악연악과가 나타난다.

(2) 우주의 음양상승에 따라 인간계의 인과보응이 전개된다.

(3) 중생의 심법으로 살다보면 신구의 삼업에 따라 육도 윤회가 전개된다.

(4) 사생의 심신작용에 따라 육도로 변화를 시켜 혹은 진급으로 혹은 강급으로 나아간다.

11) 언어명상이 완연하다는 것은?

(1) 일원의 진리는 체용에서 본다면 언어명상이 돈공하면서도 완연한 세계를 볼 수 있다.

(2) 성품은 언어의 도가 끊어져 말로 표현할 수 없으면 참으로 성품을 본 것이 아니므로, 성품을 말로 표현할 수도 있어야 한다.

(3) 일원의 진리를 묘유의 입장에서 보면 언어표현이 가능한 일이며, 이의 실제가 원불교『정전』과『대종경』의 법설이다.

(4) 이 원상은 눈을 사용할 때, 입 등을 사용할 때 쓰는 것이니 원만구족 지공무사한 것이며, 성자들의 법설도 제도 방편이다.

12) 시방삼계가 장중에 한 구슬같이 드러난다는 것은?

(1) 언어명상이 완연하여 시방삼계 삼라만상이 다 보인다는 뜻이다.

(2) 大包無外 細入無內(휴휴암좌선문)하므로 시방삼계가 막힘없다.

(3) 일원대도의 바른 법이 시방삼계에 한없이 열렸으니, 이른바 백억화신의 여래요 집군성이대성(대종사성비)이라 하였다.

(4) 깨달은 자의 입장에서 보면 시방세계를 자유로 거래하며, 시방이 오가이니 삼계를 손바닥 안에서 들여다 볼 수 있다.

13) 진공묘유의 조화란?

(1) 진공한 가운데(체) 묘하게 작용하는(용) 생명현상을 진공묘유의 조화라 한다.

(2) 허공법계의 텅 빈 가운데 현실세계의 생성작용이 함께 한다.

(3) 진공묘유의 조화란 원불교 수행론에 있어 진공으로 체를 삼고 묘유로 용을 삼는 것을 말한다.

(4) 우주의 형상 없는 세계와 형상 있는 세계가 은현자재하는 것을 말하며, 또한 이는 일원상 진리의 존재론적 접근이다.

14) 무시광겁에 은현자재하는 것은?

(1) 진공묘유의 조화는 우주 만유를 통해 무시광겁에 은현자재한다.

(2) 일원상의 진리는 무시무종이니 무시광겁으로 상존하는 것이다.

(3) 은현자재란 시방삼계·삼천대천세계로부터 구애됨을 벗어난다.

(4) 일원의 진리는 상주불멸로 여여자연하여 무량세계를 건설한다.

5. 관련법문

☞「일원상의 원리는 모든 상대처가 끊어져서 말로써 가히 이르지 못하며 사량으로써 가히 형용하지 못할지라 이는 곧 일원의 진공체요, 그 진공한 중에 또한 영지 불매하여 광명이 시방을 포함하고 조화가 만상을 통하여 자재하나니 이는 곧 일원의 묘유요, 진공과 묘유 그 가운데 또한 만법이 운행하여 생멸거래와 선악과보가 달라져서 드디어 육도 사생으로 승급 강급하나니 이는 곧 일원의 인과인 바, 진공과 묘유와 인과가 서로 떠나지 아니하여 한 가지 일원의 진리가 되나니라. 대종사께서 이 일원상으로써 교리의 근원을 삼아 모든 공부인으로 하여금 이를 신앙케 하고 이를 연구케 하고 이를 수행케 하신 것은 곧 계단을 초월하여 쉽게 대도에 들게 하고 깊은 이치를 드러내어 바로 사물에 활용케 하심이니, 그러므로 진리를 구하는 이가 이 외에 다시 구할 곳이 없고 도를 찾는 이가 이 외에 다시 찾을 길이 없으며 그 밖에 일체 만법이 이 외에 는 다시 한 법도 없나니라」(『정산종사법어』, 원리편 2장).

☞「저 자리(일원상)는 우주만유의 본향이요, 우리 마음의 고향으로 대종사님과 삼세제불이 상주하는 적멸궁전이다. 그러므로 저 일원의 고향은 사량 계교로써는 도저히 도달할 수 없는 자리이니 우리는 저 두렷한 일원의 고향에 늘 돌아가 모든 번뇌 망상과 일체 명상을 다 놓아 버리고 포근히 쉬는 안식처로 활용해야 하겠다」(『대산종사법문』 2집, 제9부 행사치사, 동산선원 본관낙성봉불식 치사).

6. 일원상 진리의 현대적 의의

소태산 대종사는 새 불법을 세상에 천명하면서 전무후무한 교법으로서 일원상 진리를 신앙과 수행에 활용하도록 하였다. 일원상의 진리는 대소유무와 시비이해를 밝히고 인식에 있어서도 체용의 측면을 드러내고 있으며, 인간의 본성을 우주적 본체와 연결시키기도 하였다. 또 일원상 진리는 모든 종교적 진리의 원천으로서 진공 묘유의 조화를 통해 현대인들에게 맑고 밝고 훈훈한 기운을 전하는데 현대적 의의가 있다.

1) 전무후무한 교법으로서 일원상의 진리는 신앙·수행에 **활용토록** 하는 의의를 지닌다.

☞「우리 대종사의 교법처럼 원만한 교법은 전무후무하나니, 그 첫째는 일원상을 진리의 근원과 신앙의 대상과 수행의 표본으로 모시고 일체를 이 일원에 통합하여 신앙과 수행에 직접 활용케 하여 주셨음이요」(『정산종사법어』, 기연편 11장).

2) **일원상 진리의 의의는 대소유무의 양면성 곧 체와 용을 밝히고 있다는 것이다.**

☞「일원은 우주를 통합한 자리이며 대자리이다. 여기서 우리는 통합한 자리만 아는데, 근본은 차별이 끊어진 대자리이지만 대소의 차별과 유무의 변화를 다 알아야 성리의 체와 용을 두루 보게 된다. 게송에 연결하면 천차만별로 나타난 것이 有이고, 구공자리를 아는 것은 성리의 체만 본 것이다. 구족까지도 알아야 한다」(박장식, 『평화의 염원』, 원불교출판사, 2005, p.217).

3) **일원상의 진리는 우주만유의 본원, 제불제성의 심인, 일체중생의 본성이라 하여 인간의 본성을 우주적 본체와 연결시켰다.**

☞「소태산은 인간의 본성을 일원상으로 표현하고 우주만유의 본원이며 제불제성의 심인이며 일체중생의 본성이라 하여 인간의 본성을 우주적 본체와 연결시키는 바탕으로서 불생불멸의 진리를 제시하고 있음을 알 수 있다」(한정석, 「원불교 불교관」, 『원불교사상시론』 1집, 수위단회 사무처, 1982, p.78).

4) **일원상의 진리는 모든 종교의 원천이면서 궁극의 지향점이다.**

☞「모든 부처와 성현들이 증득한 진리는 바로 이 일원의 진리인 바, 이 일원불은 모든 종교의 원천임과 동시에 궁극적 지향점인 것이다」(노대훈, 「원불교의 불타관」, 『원불교사상시론』 제Ⅲ집, 원불교 수위단회,

1998년, p.77).

5) **일원상의 진리는 진공과 묘유의 조화적 작용을 통해 현대인들에게 맑고 밝고 훈훈함을 전한다.**

☞「일원상 진리의 가장 요약된 표현은 돈공, 광명, 조화이며, 또는 공원정이고, 진공의 체, 일원의 묘유, 일원의 인과이다. 일원상 진리에 대한 이러한 표현들은 언어상의 차이일 뿐 내용은 서로 상통하는 맥락을 가지고 있다. 그것은 일원상 진리가 가지고 있는 맑고, 밝고, 바른 세 가지 속성을 말한다」(이성택, 「원불교 수행론」, 『원불교사상시론』 1집, 수위단회사무처, 1982, p.31).

7. 일원상 진리의 과제

일원상의 진리를 깨달음의 안목에서 궁극적 진리를 표현한 절대이성으로 인식하며, 공적영지와 진공묘유의 양면적 관계를 경외심으로 직관하여야 할 것이다. 또한 교학연구에 있어서 너무 이법적·과학적으로 해석하는 것에 치우침을 극복하고 종교적 정서를 담아냄은 물론 한국사상사적 맥락에서 접근할 필요가 있다. 그리고 일원상 진리의 해석에 있어 소태산이 대각한 경지를 이해하고 체계화하는 일이 과제이다. 아울러 일원상의 진리를 연마함에 있어 성리의 깨달음과 관련하여 연마하는 것도 큰 과제로 등장한다.

1) **우주의 진리를 밝힌 일원상의 진리는 인간의 이성이면서도 이를 초월한 절대이성의 차원에서 이해해야 한다.**

☞「우주의 진리를 밝힌 일원상의 진리는 이성이면서 인간 이성의 밖에 있는 이성인 절대이성의 차원으로 이해해야 한다. 이러한 절대이성은 인간중심적 사고의 한계에 머무는 사람은 이해할 수 없다. 전 우주의 존재세계를 관통할 직관 능력을 가진 자만이 이해할 수 있다. 그런 능력자를 우리는 깨달은 자라고 한다」(박상권, 「진리 인식에 있어서 합리론과 경험론」, 『원불교학』 제8집, 한국원불교학회, 2002.6, p.156).

2) **일원상의 진리는 형이상학적 명제로 되어 있어 과학적 엄밀한 해석학과 충돌되는 경우가 있다.**

☞「일원상의 진리는 형이상학적 명제들로 표현되어 있어서 과학적으로 문제가 된다. 과학은 주로 관찰, 분석, 추리의 방법으로 합리성에 근거해서 자연법칙을 발견하고 적용하여 과학적 설명을 하는데 그 목적을

둔다. 원불교는 근본에 중점을 두고 과학은 지엽에 중점을 두는데 전자는 각증이라고 하는 직시적 방법에 의존하기 때문에 후자의 방법으로 미치지 못하는 바가 있다」(정유성, 「원불교 과학관」, 『원불교사상시론』 1집, 수위단회사무처, 1982, p.212).

3) 「일원상의 진리」 장에 본체적 측면에서 '생멸거래에 변함이 없는 자리며' 라 했지만, 현상의 측면에서 '생멸거래에 변함이 있는 자리며' 가 생략된 이유에 대하여 연마해 본다.

☞「한정석 교무의 『정전』 일원상의 진리 본문에 없는 자리에서는 생멸거래에 변함이 없는 자리라고 밝혔는데 왜 있는 자리 언급에서 이 구절이 없는가에 대하여 대소유무에 분별이 나타나서의 유무에 분별 구절에 포함되는 것으로 보아야 한다(원불교신문, 2005.12.30)라고 함에 대하여, 이종진 교무는 유무 구절에 포함되는 것으로 보면 이미 일원상 진리 해석이 틀린 것이 된다(2006.1.13) 했고, 2006년 1월 27일자의 글에서는 성리의 체를 공적한 無자리로 보기 때문에 와지는 일원상 진리 해석의 옹색함이라 하였다. 또한 2월 17일자의 글에서는 생멸거래는 중생의 隨分別 작용이기 때문에 포함되어 해석될 수 없다고 하였는데 필자는 이렇게 보는 데에는 문제가 없지 않다고 보는 것이다. 왜냐하면 없는 자리에서 모든 나타남 즉 현상세계에 나타나는 일체의 변화세계는 예외 없이 공적영지의 광명에 따라 나타나는 것이기 때문에 대소유무에 분별이 나타나서의 구절에 '생멸거래가 있으며' 의 내용이 포함된다 해서 전혀 문제될 것이 없는 것이기 때문이다. … 바로 이 문제에 대한 해답을 상산 박장식 종사의 저술인 『평화의 염원』 생멸거래에 변함이 없는 자리에 대한 해석에서 찾아볼 수 있다(원불교출판사, 2005, p.247). 즉 소태산 대종사는 『불교정전』을 직접 감수할 때에 대소유무에 분별이 나타나는 진리 속에 생멸거래에 변함이 있는 것이 포함되어 있기 때문에 하나로 보고 이 구절을 생략한 것으로 본다고 말한 것이다. 상산종사는 소태산 대종사 재세시 『불교정전』 편수사무의 주무부서인 총무부장직에 있으면서 『불교정전』에 들어갈 내용의 초안을 필사하여 회람하는 등 『불교정전』 편수사업의 실무책임자였기 때문에 필자는 상산종사의 이러한 견해는 대종사의 견해와 다르지 않은 것으로 보는 것이 타당하다고 본다」(김영두, 「원불교학 쟁점의 해석학적 고찰」, 『원불교사상과 종교문화』 39집, 한국원불교학회·원불교사상연구원, 2008.8, pp.66-67).

4) 일원상 진리의 터득은 한국 사상사적 맥락을 파악함으로써 더욱 용

이해진다.

　☞「일원상의 묘리를 터득하기 위하여 다음과 같은 한국사상사적 맥락을 하나로 간추려 보아야 할 것이다. 단군설화의 三一俟理, 화랑도의 현묘지도, 승랑의 二諦合明中道, 원효의 화쟁논리, 의천의 교관겸수, 보조의 정혜쌍수, 서산의 三敎 和會, 율곡의 二而一的 이기관, 다산의 屋極論, 東武의 性命論, 소태산의 일원상」(이을호, 「원불교 교리상의 실학적 과제」, 『원불교사상』 8집, 원불교사상연구원, 1984, p.268).

　5) 일원상 진리의 해석에 있어 소태산이 대각한 경지를 이해하는 일과 일원상의 진리를 체계적으로 정립하는 일이 과제이다.

　☞「소태산 대종사가 제기한 일원상의 진리를 해석하는 데에는 크게 두 가지 방향의 전제가 있어야 한다. 하나는 소태산이 20여성상의 구도 끝에 스스로 대각했다고 하는 체험의 경지를 이해하는 일이며, 다른 하나는 그 궁극적 진리를 학술적·체계적으로 다루기 위하여 기존 선각자들의 사상을 역사적으로 考究하는 일이다」(류병덕, 「圓思想論」, 『원불교사상』 1집, 원불교사상연구원, 1975, p.74).

　6) 일원상 진리의 연마에 있어 성리의 깨달음과 관련하지 않는다면 교리의 독단으로 떨어짐을 상기해야 한다.

　☞「일원상은 수행의 표본이요 신앙의 대상일 뿐만 아니라 성리의 대상 즉 깨달음의 대상이라는 점을 강조할 필요가 있다. 만일 원불교 교리를 해석할 때 성리에 바탕하지 않고 문자의 뜻에 얽매여 말과 글로만 해석하려 한다면 그 번다함이 기성종교에 못지않을 것이며, 그에 따른 폐단은 반드시 교리적 독단과 오만으로 나타나 다른 종교의 역사현상처럼 그 병폐가 심각할 것이라고 생각한다」(김성장, 「신앙대상 호칭문제와 일원상 부처님 봉안 의미」, 『원불교사상과 종교문화』 37집, 원불교사상연구원, 2007.12, p.63).

제2절 일원상의 신앙

○ 「일원상의 신앙」의 원문

일원상의 진리를 우주만유의 본원으로 믿으며, 제불제성의 심인으로 믿으며, 일체중생의 본성으로 믿으며, 대소유무에 분별이 없는 자리로 믿으며, 생멸거래에 변함이 없는 자리로 믿으며, 선악업보가 끊어진 자리로 믿으며, 언어명상이 돈공한 자리로 믿으며, 그 없는 자리에서 공적영지의 광명을 따라 대소유무에 분별이 나타나는 것을 믿으며, 선악업보에 차별이 생겨나는 것을 믿으며, 언어명상이 완연하여 시방삼계가 장중에 한 구슬같이 드러나는 것을 믿으며, 진공묘유의 조화는 우주만유를 통하여 무시광겁에 은현자재하는 것을 믿는 것이 곧 일원상의 신앙이니라(『정전』 제2 교의편, 제1장 일원상, 제2절 일원상의 신앙).

1. 일원상 신앙의 구조

(1) 일원상 신앙의 정의(일원은 우주 만유의 본원으로 믿으며~일체중생의 본성으로 믿으며).

(2) 일원상 신앙의 진공/본체(대소유무에 분별이 없는 자리로 믿으며~언어명상이 돈공한 자리로 믿으며).

(3) 일원상 신앙의 묘유/현상(그 없는 자리에서 공적영지의 광명을 따라~시방삼계가 장중에 한 구슬같이 드러나는 것을 믿으며).

(4) 일원상 신앙의 조화(진공묘유의 조화는~일원상의 신앙이니라).

2. 일원상 신앙의 개념

일원상 신앙이란 일원의 진리를 신앙하는 것이다. 곧 일원을 우주만유의 본원으로 믿으며, 제불제성의 심인으로 믿으며, 일체중생의 본성으로 믿으며, 나아가 일원상 신앙의 체용 양면적 조화를 믿는다. 구체적으로 인과보응의 위력을 믿으면서 신앙인의 귀의감정에 따라 진리의 감응을 얻고 일원의 위력에 합일하고자 함이 일원상 신앙이다. 이 일원상 신앙에는 원불교 신앙의 대상과 방법이 드러나 있으며, 궁극적으로 자·타력 병진신앙 구조로 되어 있다.

(1) 일원상 신앙은 일원의 진리를 신앙하는 것이다.

☞「일원상 신앙절은 일원상 진리의 내용을 밝혀 그 진리를 신앙하라는 내용으로 되어 있다. … '일원상 신앙' 절은 일원상의 신앙 곧 처처불상 신앙의 내용인 것이다. 화엄의 십현문은 사사무애법계 원리의 구체적인 내용을 설명한 것이다」(한정석, 『원불교 정전해의』, 도서출판 동아시아, 1999, p.82).

(2) 일원상 신앙이란 우주 만유의 본원으로 믿고 제불 제성의 심인으로 믿으며, 일체중생의 본성으로 믿는 것이다.

☞「일원상의 진리를 우주 만유의 본원으로 믿으며, 제불 제성의 심인으로 믿으며, 일체 중생의 본성으로 믿으며…」(『정전』, 제2 교의편, 제1 일원상, 제2절 일원상의 신앙).

(3) 진리의 화현되는 원리를 알아서 인과보응을 믿는 것이 일원상 신앙이다.

☞「우리가 신앙생활을 할 때 진리의 체성을 확실히 알고 진리의 화현되는 원리를 확실히 알며 우주만유 개개의 작용에 따라 인과보응이 이루어지는 진리의 조화를 믿는 것이 일원상의 신앙이라 할 수 있다」(안이정, 『원불교교전 해의』, 원불교출판사, 1998, pp.148-149).

(4) 일원상을 신앙의 대상으로 하여 심신을 바치며, 일원의 위력을 얻고 궁극적으로 일원상과 하나가 되는 것이 곧 일원상 신앙이다.

☞「일원상 신앙에 대해서도 진리의 상징인 법신불 일원상을 대상으로 몸과 마음을 오롯이 바치어서 의지하는 생활이나 구원을 받기 위한 생활로 … 신앙의 극치는 곧 신앙의 대상에 합일된 위력을 얻음으로 인해서 진리와 내가 둘이 아니요, 진리가 곧 나이며 내가 곧 진리가 되어서 우주 대자연의 주인이 될 것이다」(이운권, 고산종사문집1 『정전강의』, 원불교출판사, 1992, p.22).

(5) 일원상 신앙은 감응을 얻고 섬기는 체험이며, 신심·신행이 합일되는 것이다.

☞「신앙이란 종교적 차원에서 감이수통하는 것이며 귀의하여 신앙함으로써 감응을 얻고 생활을 통해 경건한 마음 받들고 섬기는 체험이

요 행위이다. … 이와 같이 신앙의 위력을 얻고 보면 은현을 자재하듯이 생사를 자유하고 고락을 자유로 하는 경지에 이르게 되나니, 이런 뜻에서 일원상의 신앙은 곧 일원의 수행과 직결되어 신심이 합일하고 신행이 합일될 때 참으로 원만무애의 경지에 이르게 된다」(이은석, 『정전해의』, 원불교출판사, 1985, p.75).

(6) 일원상 신앙은 원불교 신앙의 대상과 그 방법을 천명한 소태산의 신앙관이다.

☞「일원상의 신앙은 본교 신앙의 대상과 그 방법을 천명함이요 대종사의 신앙관이다」(신도형, 『교전공부』, 원불교출판사, 1992, p.54).

(7) 원불교의 신앙에 있어 일원상 신앙은 자·타력 병진신앙이다.

☞「원불교의 신앙은 어떤 유일 절대의 신앙대상에게 의지하고 귀속되는 것이 아니라 자신에게는 자력이, 우주 만유에게는 타력이 있어 각자의 노력 여하에 따라 무한한 위력과 감응을 얻을 수 있다는 것을 믿는 것이다」(백준흠, 「원불교 신앙강화를 위한 과제」, 『원불교학』 제4집, 한국원불교학회, 1999, p.28).

3. 단어해석

信仰 : 종교의 절대자와 교리를 믿어 우러르는 것을 信仰이라 한다. 원불교는 일원상을 신앙의 대상으로 하는데, 원불교 신앙의 특징으로 진리신앙·사실신앙·전체신앙이 있으며, 원불교 교도들은 유일신교의 타력신앙과 불교의 자력신앙에 대하여 자타력 병진신앙을 도모하고 있다.

믿으며 : 일원상의 진리에서는 '~이며' 로 언급되었다면, 일원상의 신앙에서는 '믿으며' 로 설명되었다. 본 신앙론은 소박한 용어로 믿어 행한다(信行)는 뜻이다. 곧 일원상의 진리는 당위적 정의라면, 일원상의 신앙은 실천적 개념으로 이는 '믿으며' 로 전개하는 것이 자연스럽다. 여기에서 '믿으며' 는 소박한 용어로 '모신다' 는 뜻이다.

4. 숙어·문제풀이

1) 일원상의 진리를 우주 만유의 본원으로 믿는다는 것은?

(1) 일원상 진리를 우주의 본체 그대로임을 믿는다는 뜻이다.

(2) 신앙심의 발로에서 법신불을 우주의 총체적 상징물로 받든다는

것이다.

(3) 신앙의 대상인 일원상을 우주 만유를 통어하는 권능자로 믿고 받든다는 의미이다.

(4) 소태산 대종사가 깨달은 일원상의 진리를 신앙적 종교체험으로 다가서야 할 것이다.

2) 일원상의 진리를 제불제성의 심인으로 믿는다는 것은?

(1) 모든 성자들이 깨달은 일원상 진리의 소식을 내가 깨닫는 표준으로 삼아 믿는다는 것이다.

(2) 제불제성의 심인으로 믿으려면 모든 부처와 성자의 심법을 닮아가야 한다.

(3) 원만구족하고 지공무사한 일원상의 진리를 나의 신앙 표준으로 삼는다는 뜻이다.

(4) 모든 진리에 있어 일원상 신앙이야말로 정법신앙으로서 우리는 이 법신불을 향해 간절한 신앙심으로 다가서야 함을 말한다.

3) 일체중생의 본성으로 믿는다는 것은?

(1) 일원상의 진리를 중생의 차별상으로 계교하지 않고 본연의 신앙심으로 믿는다는 뜻이다.

(2) 일체중생의 본성이란 나의 성품에 불성이 있다는 것을 확신함에서 비롯되며, 이를 신앙행위로 연결시킨다는 것이다.

(3) 법신불 일원상은 신앙의 대상으로서 여여자연한 성품자리로 다가섬으로써 신앙적 체험이 가능하도록 해야 한다.

(4) 일원상 진리의 위력을 얻으려면 사량과 분별을 떠나 일체중생의 본성으로 다가서야 한다.

4) 대소유무에 분별이 없는(나타나는) 자리로 믿는다는 것은?

(1) 법신불 일원상의 진리는 대소유무의 구별이 없는 것을 믿음으로써 차별만상의 분별심을 잊게 된다.

(2) 허공 같은 심법의 소유는 일원상 신앙에 있어 진여의 청정자성을 믿기 때문에 가능한 일이다.

(3) 그러나 일원상의 신앙을 함에 있어 대소유무에 구별이 나타나는 현상의 세계가 처처불임을 믿는 것이 원불교 신앙의 역동성이다.

(4) 일원은 곧 사은이요, 사은은 삼라만상임을 알아 이에 사사불공하는 것이 곧 신앙의 실천이다.

 5) 선악업보가 끊어진(생겨나는) 자리로 믿는다는 것은?

(1) 일원상 진리의 진공에서는 선과 악의 업보가 쉰다는 것을 확고히 믿자는 것이다.

(2) 중생은 신구의 삼업을 짓는 바, 선악업보를 초월하는 것이 일원상 진리의 신앙심 발현이다.

(3) 그러나 선악업보의 차별상이 생겨나는 것은 인과보응의 이치이며, 이에 상생의 선연을 맺는 종교생활이 필요하다.

(4) 삼세를 따라 윤회하는 이치를 알아서 현실의 삶에서 윤회를 극복하는 신앙체험이 요구된다.

 6) 언어명상이 돈공한(완연한) 자리로 믿는다는 것은?

(1) 일원은 언어도단의 입정처임을 알고 항상 서원일념으로 살아가자는 것이다.

(2) 일원상의 진리는 언어와 명상으로 표현하고자 하면 본체의 체성을 설명할 수 없다는 것을 믿자는 의미이다.

(3) 한편 우리가 접하는 현실의 세계를 일원상 진리에서 비추어 보면 언어명상이 완연한 세계로 다가오는 것이 완연하다.

(4) 능이성유상과 능이성무상의 양면적 세계는 일원상의 체용적 접근에서 펼쳐지는 세계로, 일원상 신앙에서 그 양면성을 감안해야 한다.

5. 관련법문

☞「일원상을 신앙의 대상으로 하고 그 진리를 믿어 복락을 구하나니, 일원상의 내역을 말하자면 곧 우주만유로서 천지만물 허공법계가 다 부처 아님이 없나니, 우리는 어느 때 어느 곳이든지 항상 경외심을 놓지 말고 존엄하신 부처님을 대하는 청정한 마음과 경건한 태도로 천만 사물에 응할 것이며, 천만 사물의 당처에 직접 불공하기를 힘써서 현실적으로 복락을 장만할지니, 이를 몰아 말하자면 편협한 신앙을 돌려 원만한 신앙을 만들며, 미신적 신앙을 돌려 사실적 신앙을 하게 한 것이니라」(『대종경』, 교의품 4장).

☞「법신불은 우주만유의 근본이시요 제불제성의 본성이신 바, 제불 제

성께서는 또한 자성을 떠나지 아니하신 어른들이시니, 그러므로 법신불에 대하여 심고를 올리는 것이 곧 제불제성에 대하여 심고 올리는 것이 되며, 또는 신앙하는 도에 있어서도 인격 부처님이 계시므로 법신불의 진리를 알게 되고 법신불의 진리가 있으므로 인격 부처님이 이를 천명하시게 되었으니, 신앙하는 도가 둘이 아니나 구분하여 말하자면 법신불 신앙은 진리적 신앙이요 인격 부처님 신앙은 교법적 신봉이라고 할 것이니라」(『정산종사법어』, 예도편 11장).

6. 일원상 신앙의 현대적 의의

일원상 신앙은 불법을 새롭게 혁신하여 개체불·인격불 신앙을 진리불로서의 법신불 신앙으로 인도하고 있으며, 진리신앙으로서 우주에 가득한 진리불을 지향한다. 그리고 사은의 위력과 더불어 자성불을 발견하여 우리 삶에서 감사 보은하도록 한 것이 그 의의이다. 따라서 일원상 신앙은 개혁과 창조의 표본이므로 원불교 문화로 계승해야 한다.

1) 교조숭배·불상숭배를 넘어서서 유무를 총섭한 일원상 숭배로 돌린 것이 원불교 신앙을 혁신한 큰 의의이다.

☞「소태산 대종사는 부처님의 형체를 나타낸 종래의 불상 숭배를 넘어서서 유무를 총섭하고 삼세를 관통한 心體 일원불을 숭배할 것을 제창하였던 바(교의품 3), 심지어 교조로서의 대종사 자신에 대해서조차 신앙의 대상으로 삼을 수 없다고 한 대종사의 선언에서 원불교 신앙의 일관된 모습을 찾아볼 수 있다」(노권용, 「원불교 신앙론의 과제」, 『원불교학』 창간호, 한국원불교학회, 1996, p.34).

2) 일원상 신앙의 의의는 인과를 주재하는 사은의 내역을 알아 당처에 일일이 불공하는 것이다.

☞「일원상을 신앙하자는 것은 … 죄복 인과를 실지 주재하는 사은의 내역을 알아 각각 그 당처를 따라 실제적 신앙을 세우고 일을 진행하자는 것이요, 곳곳이 부처요 일일이 불공이라는 너른 신앙을 갖자는 것이니, 이는 곧 진리를 사실로 신앙하는 길이라, 능히 자력을 양성하고 타력을 바르게 받아들여 직접 정법수행의 원동력이 되게 하신 것이니라」(『정산종사법어』, 원리편 3장).

3) 일원상 신앙은 유일신앙이 아니라 진리신앙이라는 면에서 의의가 있다.

☞「일원상의 신앙은 태초의 창도적 신앙이 아니라 그 근본을 찾아서 믿는 진리적 신앙이다. 일원상 신앙은 초월적 하나님의 신앙이 아니라 우주에 가득 찬 진리부처님의 신앙이다. 일원상 신앙은 신앙만으로 만족하는 신앙이 아니라 반드시 수행의 뒷받침이 있는 신앙이다. 일원상 신앙은 온 우주에 하나인 진리신앙 즉 우주에는 진리가 하나뿐인 진리를 믿는 것이다」(문집간행위원회, 발타원정진숙종사 문집1 『법을 위해 몸을 잊고』, 원불교출판사, 2004, pp.171-172).

4) 일원상 신앙은 자성불을 발견하여 자성을 떠나지 않는 신앙으로 이어져야 한다.

☞「일원상은 곧 자성이므로 자성을 떠나지 않고 행하는 신앙이라야만 한다. 일원상은 제불조사 범부중생의 성품이라고 표현하였다. 이것은 우리 자성을 일원상으로 보았듯이 분명하다. 일원상의 신앙이 없었으면 한갓 석가모니나 아미타불 등 외적인 불전에 의지하고 만다. 그러나 자성의 진리에 의지하지 않으면 참다운 신앙은 불가능하다」(한기두, 「일원상 신앙의 역사적 의의」, 『원불교사상』 제2집, 원불교사상연구원, 1977, pp.79-80).

5) 일원상 신앙은 보은적 실천으로 나타난다.

☞「원불교는 일원으로 상징되는 진리의 추구를 강력히 표방함으로써 … 보은적 실천의 고취를 통한 방법이 또한 그 하나이다」(윤사순, 「濟度意識에 있어서의 실학적 변용-원불교와 실학」, 『원불교사상』 8집, 원불교사상연구원, 1984, pp.285-287).

6) 일원상 신앙은 개혁과 창조의 표본으로, 이는 원불교 문화의 특성이기도 하다.

☞「일원상 신앙은 개혁에서 한걸음 나아간 창조의 표본이라 볼 수 있다. 이와 같이 병행과 조화성, 융통과 포용성, 개혁과 창조성이 곧 원불교의 특성이요, 따라서 이는 원불교의 문화적 특성이기도 하다」(손정윤, 「문학·예술사」, 『원불교70년정신사』, 원불교출판사, 1989, p.641).

7. 일원상 신앙의 과제

원불교 신앙에 있어서 이법신앙을 강조한 나머지 자칫 합리중심의 기계론적 신앙에 전락하거나 기복신앙이나 인격신앙, 타력신앙, 장엄신앙에 떨어질 수 있는데, 이를 극복하는 것이 일원상 신앙의 과제이다. 그리고 일원상 중심의 신앙이나 사은 중심의 신앙에 치우칠 수 있음을 알고 상호 관계의 재정립이 필요하다. 일원상 신앙은 인식만으로 알기 어려우며, 앞으로 신앙성 강화의 프로그램을 개발하는 것이 과제라 본다.

1) 일원상 신앙에 있어 이법신앙에 치우칠 수도 있다.

☞「현행의 일원상 신앙의 구조가 이법신앙에 치우칠 우려가 없지 않은데 그 일원상 신앙이 정착하기 이전의 신앙형태는 결코 이법신앙에 치우치지 않는다는 점이다. 즉 상당히 풍부한 신앙감과 귀의감을 유발시킬 만한 위력적 요소들이 있다는 것이다」(정순일, 「일원상신앙의 초기 형성과정 연구」, 『원불교학』 창간호, 한국원불교학회, 1996, p.98).

2) 일원상을 합리적 해석 중심으로 나아가면 기계론적 신앙을 넘어서지 못할 수 있다.

☞「일원불에 대한 의미해석과 실천과정에 있어 비교적 합리성과 내재성에 치우치는 경향이 있다. 합리·사실불공을 강조하다보면 무정한 기계론적 법칙주의 신앙을 넘어서지 못할 우려가 있다」(노대훈, 「일원상신앙과 인과문제」, 『원보』 제38호, 원불교사상연구원, 1993, p.19).

3) 원불교 신앙에 있어 인격신앙으로 흐를 수 있는 것을 극복하기 위해 일원상 진리의 신앙이 필요하다.

☞「소태산 탄생 100년 기념행사를 전후한 원기 70년대 중반부터 나타나기 시작했던 소태산 대종사에 대한 인격숭배 현상은, 최근 정산종사 탄생 100년 기념행사를 전후하여 인격숭배의 대상이 정산종사로까지 확대되어 가는 경향이 관찰되고 있다. 역시 정산종사 탄생 100년 기념행사를 거치는 기간에 정산종사에 대한 추원보본의 사상과 업적을 강조하다 보니까 정산종사에 대한 인격을 흠모하고 숭배하는 분위기가 고조된 분위기 속에서 더욱 자연스럽게 정산종사에 대한 숭배로 이어진 것이라 보아야 한다. 특히 일원상과 소태산 대종사와 정산종사와 종법사가 하나라는 법문이 유포되면서 야기된 신앙현상의 혼란이 생긴 것이다」(김성장, 「원불교 신앙현상에 대한 연구」, 『원불교학』 7집, 한국원불교학회, 2001.12, pp.290-291).

4) 신앙과 수행에 있어 자력신앙(수행)과 타력신앙(수행)에 흐를 수 있음을 알고 자타력 병진의 신앙과 수행을 해야 한다.

☞「신앙과 수행, 즉 쉽게 말하면 자력과 타력인데 자력은 타력의 근본이 되고 타력은 자력의 근본이 된다. 신앙 가운데도 수행이 따라야

되고, 수행 가운데도 신앙이 근본이 되어야 한다」(박장식, 『평화의 염원』, 원불교출판사, 2005, p.204).

 5) 등상불의 장엄신앙을 극복하는 것이 과제이다.

 ☞「일원상을 등상불화해서는 안 된다. 이는 진리를 가르치기 위한 지표이며 수행의 표본이다. 일원상을 숭배하는 뜻은 전체를 불상으로 보고 존중히 여기는 데에 있는 것이다. 불상을 대하듯이 존중해야 한다」(원불교사상연구원 편, 『숭산논집』, 원광대학교출판국, 1996, p.43).

 6) 일원상 중심의 신앙 혹 사은 중심의 신앙에 치우칠 수 있음을 알고, 교학에 있어 상호 관계의 재정립이 필요하다.

 ☞「원불교 학계에서 가장 문제로 부각되는 논쟁점 가운데 하나는 바로 일원상과 사은과의 관계이다. 사은을 중심으로 신앙해야 한다고 하는 주장은 대개 일체 만물이 바로 일원상의 진리라고 하는 상즉적인 관점에서 사은신앙을 이야기하는 것이다. … 반면 일원상을 중심으로 신앙해야 한다고 하는 주장은 대개 일원상과 사은과는 분리하여 사은의 본원으로서의 일원상을 중시하면서 법신불로서의 일원상 신앙을 강화시켜 가야 한다는 입장의 주장이다. 이것은 일원상 신앙에 대한 정체를 분명히 한다는 장점이 있는 중요한 신앙의 방법론이다」(원불교사상연구원 편, 『원불교 인물과 사상』(Ⅰ), 원불교사상연구원, 2000, pp.116-117).

 7) 일원상이란 믿음의 문제이므로 인식의 수단만으로 알기 어렵다.

 ☞「일원상이란 어떠한 것일까? 이 물음은 원래 아무도 풀 수 없는 인간의 마지막 수수께끼일지도 모른다. 우리는 여기서 먼저 이 물음에 뜻을 이해하는데 힘을 기울여 보고자 한다. 이 물음의 진정한 해답은 저마다의 참된 믿음의 문제라고 생각되기 때문이다」(최동희, 「소태산의 본체관-圓相을 중심으로-」, 『인류문명과 원불교사상』(下), 원불교출판사, 1991, p.1241).

 8) 오늘날 원불교 신앙성 강화의 프로그램 개발이 아쉬운 상황이다.

 ☞「우리 교단은 새로 입교한 사람으로부터 시작해서 기존 교도들에게 어떠한 신앙교육을 하고 있을까? 또한 대상적 측면에서 볼 때 어린이부터 시작해서 노년층에 이르기까지 누가 무엇으로 어떻게 신앙교육을 하고 있을까? 우리 주변에서 신앙약화 현상이라는 말이라든가 본인이 제기한 신앙현상의 문제들이 거론되는 것은 지극히 당연한 일이라 생각한다」(백준흠, 「원불교 신앙강화를 위한 과제」, 『원불교학』 제4집, 한국원불교학회, 1999, p.27).

제3절 일원상의 수행

○ 「일원상의 수행」의 원문

일원상의 진리를 신앙하는 동시에 수행의 표본을 삼아서 일원상과 같이 원만구족하고 지공무사한 각자의 마음을 알자는 것이며, 또는 일원상과 같이 원만구족하고 지공무사한 각자의 마음을 양성하자는 것이며, 또는 일원상과 같이 원만구족하고 지공무사한 각자의 마음을 사용하자는 것이 곧 일원상의 수행이니라(『정전』 제2 교의편, 제1장 일원상, 제3절 일원상의 수행).

1. 일원상 수행의 구조

1) 일원상 수행의 표본(일원상의 진리를~수행의 표본을 삼아서).

2) 일원상 수행과 慧(일원상과 같이~지공무사한 각자의 마음을 알자는 것이며).

3) 일원상 수행과 定(또는 일원상과 같이~지공무사한 각자의 마음을 양성하자는 것이며).

4) 일원상 수행과 戒(또는 일원상과 같이~지공무사한 각자의 마음을 사용하자는 것이 일원상의 수행이니라).

2. 일원상 수행의 개념

일원상을 수행의 표본으로 삼아 삼대력을 얻음으로써 육근 활용을 통하여 자성을 회복하는 것이 일원상 수행의 기본 개념이다. 그리고 원만한 인격상으로 일원상 수행의 공원정을 통해 외부의 유혹을 극복할 수 있도록 본래의 심성을 활용하여 원만구족 지공무사한 실천을 하는 것이 일원상의 참 수행이다. 곧 일원상 수행은 소태산의 수행관인 셈이다.

1) 일원상을 수행의 표준삼아 자성을 회복하고 활용하는 것이다.

☞「일원상을 일상 수행하는 표준에 상징이 되어서 나의 동정간에, 언제 어느 곳이나 내 마음 가운데서 일원상이 떠나지 아니하여야 할 것

이다. 객관적으로는 일원상의 진리를 표준해서 육근동작을 하여야 할 것이요, 주관적으로는 자신이 소유하고 있는 근본 자성자리를 회복하여 길러서 활용해야 할 것이다」(이운권, 고산종사문집1 『정전강의』, 원불교출판사, 1992, p.23).

2) 일원상의 진리를 본받아 수행하여 원만한 인격을 이루는 것이다.

☞「일원상의 수행은 곧 일원상의 진리를 본받아 그대로 수행하여 진리와 합치된 원만한 인격을 이루는 원만한 수행을 이름이니, 이를 일러 진공묘유의 수행이라 한다」(안이정, 『원불교교전 해의』, 원불교출판사, 1998, p.150).

3) 일원상 진리의 특성인 공원정을 표준삼아 수행한다.

☞「일원상 상징은 일원상 진리의 상징인데 圓의 像이라는 도형을 통해 현대의 문화갈등의 융화에 도움이 될 수 있는 일원상 진리의 3대특성 즉 공원정을 드러낸다」(김성관, 「원불교 일원상 상징의 융화 효능성」, 『원불교학』 제2집, 한국원불교학회, 1997, p.178).

4) 일원상을 수행의 표본으로 삼아 유혹의 경계를 당해 중생마음을 닦아내고, 본래의 심성을 활용한다.

☞「신앙 일변도로 생각하는 종교적 개념을 달리하여 수행의 문을 열어 일원상을 신앙의 대상임과 동시에 수행의 표본으로 하고 그를 바로 심성의 표상이라 하였다. 그리하여 수행이란 심성을 표본으로 삼아 욕심에 때 묻고 경계에 물든 범부 중생의 마음을 닦아내어 본래적 심성을 깨닫고 그대로 활용하는 것이다」(이은석, 『정전해의』, 원불교출판사, 1985, p.79).

5) 일원상 수행은 일원상의 진리를 체받는 것이요, 일원상과 나를 일치시키는 것이다.

☞「일원상을 수행하는 것은 일원상의 진리를 체받아 심신을 수행하는 길이며, 또한 일원상을 내 것 삼는 길이다. 일원상을 내 것 삼는 방법은 먼저 일원상을 깨달아 믿어 행하는 것이 일차적인 공부길이요, 일원상을 표준삼아 자신의 심신작용을 원숙하게 실천하여 내 것 삼는 것이 그 이차적인 공부길이다」(한기두, 『원불교 정전연구』-교의편-, 원광대학교출판국, 1996, p. 101).

6) 일원상 수행은 원불교 수행이며 소태산의 수행관이다.

☞「일원상 수행은 본교 수행의 표본과 그 방법을 천명함이요 대종사의 수행관이다」(신도형, 『교전공부』, 원불교출판사, 1992, p.59).

3. 단어해석

수행 : 원불교의 공부길은 신앙과 수행의 양문이 있다. 신앙문으로는 사은사요, 수행문으로 삼학팔조가 그것이다. 修行이란 문자 그대로 심신을 갈고 닦는 것으로 일원상 진리를 닮아가는 수행의 표본으로 하여 자신 내면에 품부된 자성불을 발현하는 것을 말한다.

표본 : ☞『정전풀이』(상)「교법의 총설」'표본' 참조.

원만구족 : 두루 모남이 없는 것을 圓滿이라 하고 모두 갖춘 것을 具足이라 한다. 따라서 원만구족의 표본은 일원상 진리를 말하며, 참 수도인의 성품도 일원상 진리의 원만구족을 본받아서 인격을 성숙시키라는 것이다. 정산종사는 법어 도운편 33장에서 원만구족하고 지공무사한 대세계주의의 선도자가 되라고 하였다.

지공무사 : 지극히 공변되어 사사로움이 없는 것을 至公無私라 한다. 『정전』「일원상법어」에서 이 원상은 육근을 사용할 때 쓰는 것이니 원만구족한 것이며, 지공무사한 것이라고 하였다.

양성 : 생명체를 길러내고 심성을 단련하는 것을 養成이라 한다. 일원상의 수행을 통해 원만구족하고 지공무사한 마음을 길러내자는 것이다. 또 견성은 사리연구, 솔성은 작업취사라면 양성은 정신수양에 해당한다.

4. 숙어 · 문제풀이

1) **일원상의 진리를 신앙하는 동시에 수행의 표본으로 삼는다는 것은?**

(1) 일원상 진리를 체받는 길에는 신앙문과 수행문이 있다.

(2) 일원상 진리를 신앙하는 것은 사은사요의 실천, 수행하는 것은 삼학팔조의 실천이다.

(3) 일원상은 신앙을 통해 감사생활을 하고, 수행을 통해 인격양성을 한다.

(4) 표본으로 삼는다는 것은 신앙과 수행의 표준이자 근원으로 삼는다는 뜻이다.

2) **일원상과 같이 원만구족하고 지공무사한 각자의 마음을 알자는 것이란?**

(1) 일원상의 진리는 넘치거나 부족함이 없이 두루 포용하므로 원만

구족한 것을 알아야 한다.

(2) 일원상의 진리는 차별이나 편견이 없는 세계에서 인지가 가능하므로 지공무사한 것이다.

(3) 진여자성에 바탕하여 지속적인 지혜 연마를 하게 되면 원만구족하고 지공무사한 일원상의 진리가 체현된다.

(4) 원만구족하고 지공무사한 각자의 마음을 안다는 것은 사리연구로서 견성을 한다는 것이다.

 3) 일원상과 같이 원만구족하고 지공무사한 각자의 마음을 양성하자는 것이란?

(1) 원만구족하고 지공무사한 각자의 마음을 양성한다는 것은 정신수양을 통해서 가능한 일이다.

(2) 정신수양을 하는 목적은 마음이 흩어지거나 치우치지 않고 오롯한 자성을 간직한다는 뜻이다.

(3) 마음이 산란하지 않음으로 인해 원만구족하고 지공무사해지는 것이다.

(4) 진여자성을 양성하는 정신수양의 표본은 일원상인 셈이다.

 4) 일원상과 같이 원만구족하고 지공무사한 각자의 마음을 사용하자는 것이란?

(1) 원만구족하고 지공무사한 각자의 마음을 사용한다는 것은 작업취사로서 솔성을 한다는 것이다.

(2) 마음을 사용하는 것은 용심법으로, 이 용심법을 통해 진급생활을 하는 것이 필요하다.

(3) 방심하며 살아가면 마음 사용이 편벽될 수 있는 바, 일원상을 표준으로 하는 마음 사용이 요구된다.

(4) 궁극적으로 삼학의 병진을 통해서 견성·양성·솔성에 이르러 원만구족하고 지공무사한 일원상의 진리를 닮아가는 것이다.

5. 관련법문

☞「일원상을 수행의 표본으로 하고 그 진리를 체받아서 자기의 인격을 양성하나니 일원상의 진리를 깨달아 천지 만물의 시종본말과 인간의 생로병사와 인과보응의 이치를 걸림 없이 알자는 것이며, 또는 일원과 같

이 마음 가운데에 아무 사심이 없고 애욕과 탐착에 기울고 굽히는 바가 없이 항상 두렷한 성품자리를 양성하자는 것이며, 또는 일원과 같이 모든 경계를 대하여 마음을 쓸 때 희로애락과 원근친소에 끌리지 아니하고 모든 일을 오직 바르고 공변되게 처리하자는 것이니…」(『대종경』, 교의품 5장).

☞「과거에 모든 부처님이 많이 지나가셨으나 우리 대종사의 교법처럼 원만한 교법은 전무 후무하나니, 그 첫째는 일원상을 진리의 근원과 신앙의 대상과 수행의 표본으로 모시고 일체를 이 일원에 통합하여 신앙과 수행에 직접 활용케 하여 주셨음이요, 둘째는 사은의 큰 윤리를 밝히시어 인간과 인간 사이의 윤리 뿐 아니라 천지 부모 동포 법률과 우리 사이의 윤리 인연을 원만하게 통달시켜 주셨음이요」(『정산종사법어』, 기연편 11장).

6. 일원상 수행의 현대적 의의

일원상 수행을 통해 본래의 성품을 수호하여 원만한 인격을 함양함으로써 일상생활에서 맑고 훈훈한 심법을 사용하는 것이 그 의의이다. 이에 일원상을 진공의 체를 삼고 묘유의 용을 삼아서 마음공부의 원리를 현대적 삶에 응용하는 것이 중요하다.

1) 일원상 수행은 본래의 성품을 깨달아 수호하며 잘 운용하자는 것이 그 의의이다.

☞「일원의 수행은 일원의 진리를 그대로 수행하자는 것이니 … 아는 데에만 그칠 것이 아니라 또한 회광반조하여 그 본래 성품올 잘 수호하자는 것이요, 다만 定에만 그칠 것이 아니라 천만 사물을 접응할 때에 또한 일원의 도를 잘 운용하자는 것이니, 이 세 가지 공부는 곧 일원의 체와 용을 아울러 닦는 법이라 할 것이니라」(『정산종사법어』, 원리편 4장).

2) 일원상 수행의 의의는 원만구족 지공무사한 인격의 표준이 된다.

☞「수행의 출발은 우리의 마음이며, 욕심과 어둠에 쌓인 마음이 아닌, 원만구족하고 지공무사한 각자의 마음이 수행의 표준이 된다. 즉 원불교 수행의 표준은 일원상 수행으로 우리의 본래 마음인 맑고 밝고 바른 일원상 마음을 알고 양성하고 행하자는 것이다」(백광문, 「예비전무출신 교육교재 개발」, 《일원문화연구재단 연구발표회 요지》, 일원문화

연구재단, 2005.9.23, p.10).

3) 일원상 수행은 진공을 체로 삼고 묘유를 용으로 삼아 절대와 현실을 병진하자는 것이다.

☞「진리를 원만하게 수행하기 위해서는 진공과 묘유를 함께 하여 절대와 현실을 병진할 때 가능한 것이다. 그러므로 원불교의 수행은 진공으로 체를 삼고 묘유로 용을 삼아서 일원상 진리 전체를 원만하게 수행하는 공부이다」(이성택, 「원불교 수행론」, 『원불교사상시론』 1집, 수위단회사무처, 1982, p.38).

4) 일원상은 성품·본성과 같은 맥락에서 이해되므로 일원상 수행은 마음공부로 직결된다.

☞「우리의 마음이라고 하는 것이 일원상, 성품, 본성과 같은 의미로서의 마음으로 인식이 되고 있기 때문에 원불교에서의 모든 공부와 수행의 방향은 바로 마음공부에로 직결이 된다」(김도공, 「원불교 교의에 나타난 일심사상」, 『원불교사상』 23집, 원불교사상연구원, 1999, p.107).

7. 일원상 수행의 과제

일원의 진리를 깨닫고 수행하기가 쉽지 않음이 일원상 수행의 과제이다. 즉 우리는 일상생활 속에서 수행의 표본인 일원상을 닮아감으로써 깨달음과 실천에 이르러 원만한 인격을 형성하는 것이 과제라는 것이다. 이를 위해서는 일원상을 깨달음의 화두로 삼고 일원의 체성에 합일하는 것이 주요 과제인 셈이다. 또 일원상 수행에는 삼학병진 및 수행과 관련한 삼교 회통적 접근이 필요하다.

1) 도가의 어려운 일로 일원의 진리를 알기 어렵고, 수행하기 어렵고, 깨우쳐주기가 어렵다.

☞「도가에 세 가지 어려운 일이 있으니, 하나는 일원의 절대 자리를 알기가 어렵고, 둘은 일원의 진리를 실행에 부합시켜서 동과 정이 한결같은 수행을 하기가 어렵고, 셋은 일원의 진리를 일반 대중에게 간명하게 깨우쳐 알려 주기가 어렵나니라」(대종경, 부촉품 12장).

2) 우리의 일상생활 속에서 일원상 진리를 찾아 수행해 나가야 한다.

☞「일원상 진리는 어느 특정한 곳에 있지 아니하고 지극히 작은 곳에서 지극히 큰 곳까지 없는 데에서 있는 세계까지 그 이치로 되어 있지 않는 것이 없다. 그러므로 지난날 특별히 하늘나라를 구하고 특별히

수도처를 찾으며 특별한 인연을 찾는 것이 도리어 일원의 진리를 등지기 쉬운 생활임을 반성할 수 있다」(한기두, 「일원상 신앙의 역사적 의의」, 『원불교사상』 제2집, 원불교사상연구원, 1977, p.77).

 3) 일원상 수행에서는 일원의 진리를 구현, 인격 형성이라는 과제를 제시하고 있다.

☞「일원상 수행에서는 이 진리를 신앙하는 동시에 수행의 표본을 삼아서 일원상의 진리와 같은 각자의 인격을 닦아나갈 것을 촉구하고 있다. 이는 일원상의 진리를 종교적 신조로 용인하는 차원을 넘어서 자신을 통해 진리를 구현하도록 하는 실천의 철학에 다름 아니다」(박상권, 「진리 인식에 있어서 합리론과 경험론」, 『원불교학』 제8집, 한국원불교학회, 2002.6, p.156).

 4) 일원상을 수행의 표본 삼고 견성 성불하는 화두로 삼아야 한다.

☞「성리와 의두가 관계가 있다 하여 일원상은 제쳐놓고 '만법귀일 일귀하처' 만을 들고 연마하는 사람도 있다. 이것이 본래부터 전통적으로 내려오는 가장 근본되는 화두가 아닌가 하여 그것만 가지고 연마를 하는 사람도 있고, 천칠백 공안 가운데 하나씩 잡고 화두로 삼아서 공부하려는 모습도 있다」(박장식, 『평화의 염원』, 원불교출판사, 2005, p.211).

 5) 수행자로서 일원의 체성에 합일하는 것이 수행의 과제이다.

☞「일원의 위력을 회복하고 일원의 체성에 합일하는 노력은 수행자의 지상과제이다. 이것은 밖에서 주어지는 것이 아니요, 내부에서의 개현에 의해서 재성취하는 것이다. 그러기 때문에 회복이다」(이현택, 「인성에 관한 연구」, 유저 『원불교 은사상의 연구』, 원광대학교출판국, 1989, p.130).

 6) 일원상의 수행에 있어 삼학병진이 요구되며, 또한 삼교 회통적 접근이 필요하다.

☞「원불교 수행의 가장 정점에는 일원상이 있고, 이 일원상 수행을 하는 데에는 삼학병진이라는 원리가 어느 곳에서라도 살아 있어야 한다. 아울러 수행적으로 삼학병진을 추구하는 입장이 그 수행의 기본 바탕이 되나, 이러한 기본 바탕의 사상적 원리는 유교 불교 도교의 동양적 종교정신의 정수를 삼교 회통적으로 수용하고 있는 사상적 입장에 대한 해석학이 마련되어야 사상적으로 수행 이론적으로 보다 확실하게 자리를 잡을 것으로 판단된다」(김도공, 「원불교 수행론 연구의 현황과 과제」, 『원불교사상과 종교문화』 30집, 원불교사상연구원, 2005.8, p.74).

제4절 일원상서원문

○ 「일원상서원문」의 원문

　일원은 언어도단의 입정처이요, 유무초월의 생사문인 바, 천지 부모 동포 법률의 본원이요, 제불 조사 범부 중생의 성품으로 능이성유상하고 능이성무상하여 유상으로 보면 상주불멸로 여여자연하여 무량세계를 전개하였고, 무상으로 보면 우주의 성주괴공과 만물의 생로병사와 사생의 심신작용을 따라 육도로 변화를 시켜 혹은 진급으로 혹은 강급으로 혹은 은생어해로 혹은 해생어은으로 이와 같이 무량세계를 전개하였나니, 우리 어리석은 중생은 이 법신불 일원상을 체받아서 심신을 원만하게 수호하는 공부를 하며 또는 사리를 원만하게 아는 공부를 하며 또는 심신을 원만하게 사용하는 공부를 지성으로 하여 진급이 되고 은혜는 입을지언정 강급이 되고 해독은 입지 아니하기로써 일원의 위력을 얻도록까지 서원하고 일원의 체성에 합하도록까지 서원함(『정전』 제2 교의편, 제1장 일원상, 제4절 일원상서원문).

1. 일원상서원문의 의미

　일원상서원문은 원기 23년 소태산이 친제한 306자의 경문으로서 일원상 진리에 계합하여 성자가 될 것을 다짐하는 발원문이다. 또한 일원상의 체용 진리를 현실에서 알기 쉽게 밝혀준 경문으로 교리를 집약한 것인 바, 일원의 위력을 얻고 체성에 합하도록 제생의세를 발원, 서원하는 서약문이다. 요컨대 제생의세와 성불제중을 염원하는 법어이다. 일원상서원문에는 일원의 내력과 육도사생의 원리 등이 밝혀져 있으니 천만 법문의 근원이요 제불제성의 도본임을 알아야 한다.

　1) 일원상서원문은 원만구족하고 지공무사한 일원상 진리에 계합하여

성자가 되겠다고 다짐하는 발원문이다.

☞「일원상서원문은 공부인이 일원상 진리의 지공무사한 위력에 힘입어서 언제나 한량이 없는 은혜를 입고, 일원상 진리의 원만구족한 체성에 합일함으로써 자성극락을 건설하여 성불제중하는 대성자가 되겠다고 법신불 사은전에 올리는 발원문이다」(장응철, 『마음달 허공에 뜨다』, 원불교출판사, 2006, p.17).

 2) 일원상의 체용 진리를 현실에서 누구나 쉽게 알 수 있도록 밝혀준 경문이다.

☞「이 일원상서원문은 원기 23년 11월에 소태산 여래가 친히 지어 대중에게 공개한 經文으로서 일원상의 진리를 현실 인간생활에 관련시켜 심오한 진리를 누구나 알기 쉽게 진리의 체와 용을 낱낱이 밝혀 진리 전체를 깨달아 알 수 있도록 상세히 밝혀준 경문이다」(안이정, 『원불교교전 해의』, 원불교출판사, 1998, p.151).

 3) 일원상서원문은 원불교 사상을 집약한 교리의 모체이며, 우주 대자연과 진리의 명상이다.

☞「일원상서원문은 원불교의 근본사상을 집약해서 제시한 교리의 모체이다. 이는 우주 대자연과 진리의 명상이요, 법신불의 상징인 일원상의 내력과 아울러서 한 가지 하겠다는 마음가짐과 한걸음 나아가서 일원상 진리를 자신의 소유로 만들어 대자연과 진리의 주인이 되기를 기원하는 위대한 대경대법임을 알아야 할 것이다」(이운권, 고산종사문집1 『정전강의』, 원불교출판사, 1992, p.24).

 4) 일원상서원문은 법신불의 위력을 얻고 체성에 합하도록 올리는 서약과 원력의 법문이다.

☞「일원상서원문은 일원상의 진리를 신앙하고 수행하여 모든 중생이 법신불의 위력을 얻고 그 본성에 합일하여 성불하도록 지극한 원으로써 법신불께 올리는 서약과 원력의 법문이다」(한정석, 『원불교 정전해의』, 도서출판 동아시아, 1999, p.110).

 5) 일원상서원문은 일원종지를 선포한 교법의 원본이요, 제생의세의 원력을 표현한 법어이다.

☞「일원상서원문은 대종사가 원기 20년대에 모든 교법의 대강을 완정하고 일원종지를 선포하면서 … 교법의 원본으로서만이 아니라 제생의세의 간절한 원력의 뜻으로 결론한 점을 간과할 수 없다」(이은석, 『

정전해의』, 원불교출판사, 1985, p.82).

 6) 일원상서원문은 성불의 서약을 올리는 간절한 발원문이다.

   ☞「(일원상서원문은) 법신불에게 성불(여의자재)의 서약을 올리는 글로서 간절하고 지극한 발원문이요 대종사의 성불 서원문이다」(신도형,『교전공부』, 원불교출판사, 1992, p.66).

 7) 일원상서원문은 일원의 내역과 육도사생의 변화가 설명되어 있다.

   ☞「일원상서원문은 철학적으로 일원의 내역 설명과 육도사생의 도덕 행위와 일원과 같이 되겠다는 종교생활이 적혀 있다」(원불교사상연구원 편,『숭산논집』, 원광대학교출판국, 1996, Pp.59-60).

 8) 일원상서원문은 삼세 제불제성의 도본이요 천만경전의 근원이다.

   ☞「일원상서원문과 교전은 삼세 제불제성의 도본이다. 집을 짓는데도 도본을 내야 집을 지을 수 있듯이 부처를 만들려 해도 도본이 있어야 한다. 그런데 이 일원상서원문은 삼세 제불제성의 도본도 되고 천만경전의 근원이 된다. 어느 경전도 원불님을 토대로 하지 않고는 나오지 못한다. 이것이 무진장한 보배이다」(『대산종사법문』 3집, 제2편 교법, 127.일원상의 진리).

2. 일원상서원문의 대의강령

 1) 일원상의 본체론으로서 일원은 언어도단의 입정처이며 유무초월의 생사문인 바, 천지 부모 동포 법률의 본원이요 제불조사 범부 중생의 성품이라 하였다.

 2) 일원상의 현상론으로서 능이성 유상하고 능이성 무상하여 무량세계를 전개한다고 하였다.

 3) 일원상의 수행론으로서 법신불 일원상을 체받아서 사리를 원만하게 알고 심신을 원만하게 수호하고 사용하는 공부를 지성으로 하자고 하였다.

 4) 성불 서원론으로 진급이 되고 은혜를 입으며 일원의 체성에 합하도록까지 서원한다고 하였다.

3. 일원상서원문의 구조

 1) 일원상의 본체론(일원은 언어도단의 입정처이요~제불 조사 범부

중생의 성품으로).

　2) 일원상의 현상론(능이성유상하고 능이성무상하여~이와 같이 무량 세계를 전개하였나니).

　3) 일원상 수행론(우리 어리석은 중생은~심신을 원만하게 사용하는 공부를 지성으로 하여).

　4) 성불 서원론(진급이 되고 은혜를 입을지언정~서원함).

　　☞「일원상서원문의 구성된 절을 나누어 보면 ① 제1절 3행까지 본체 실상을 밝힌 본체론, ② 제2절 8행까지 현상차별을 밝힌 현상론, ③ 제3절 10행까지 수행활용을 밝힌 도덕론, ④ 제4절 끝까지 합덕서원으로 끝맺는 서원론」(이은석, 『정전해의』, 원불교출판사, 1985, p.89).

　　☞「일원상 서원문의 내용을 본문 중심으로 구분해 보면 ① 일원상의 본체(진리)론 : 일원은~범부 중생의 성품으로, ② 일원상의 현상론 : 능이성유상~육도로 변화를 시켜, ③ 도덕론 : 혹은~무량세계를 전개하였나니, ④ 수행론 : 우리 어리석은~공부를 지성으로 하여, ⑤ 성인론 : 진급이 되고~서원함」(서경전, 『교전개론』, 원광대학교출판국, 1991, p.193).

4. 단어해석

일원상서원문 : 수행인으로서 성불제중의 간절한 염원과 더불어 법신불 일원상을 향한 발원문이자 서약문을 一圓相誓願文이라 한다.

언어도단 : 진리의 본체를 글자나 말로써 형언할 수가 없다는 뜻에서 言語道斷이다. 이와 상대되는 것으로 언어명상을 거론할 수 있다.

입정처 : 진리의 분별없는 경지에 진입한 것을 入定處라 한다. 곧 사량 분별이 끊어진 적멸궁의 경지이다. 소태산에 의하면 일원상은 천지만물의 본원이며 언어도단의 입정처(『대종경』, 교의품 3장)라고 하였다.

유무초월 : 천만분별이 일어나고 온갖 생명체가 생멸작용을 넘어서는 것을 有無超越이라 한다. 곧 일원상의 진리가 현상의 면에서 유무작용으로 생멸 변화하는 문을 유무초월의 생사문이라 한다. 비컨대 언어도단의 입정처는 진여문이라면, 유무초월의 생사문은 생멸문이다. 참고로 진여문과 생멸문은 원효가 「대승기신론」에서 거론한 말이다.

생사문 : 동식물의 변화작용, 그리고 인간의 탄생과 죽음의 문을 生死

門이라 한다. 생명체는 윤회 작용을 통하여 생사문(생멸문)을 드나든다.

천지 부모 동포 법률 : 원불교의 신앙문에 사은이 있는데 사은의 종류는 天地 父母 同胞 法律이다. 일원상 진리를 현상의 세계에서 4가지로 분류하는 것을 사은이라 한다. 천지의 풍운우로 상설, 부모의 생육, 동포의 자리이타, 법률의 보호가 없어서는 살 수 없는 큰 은혜를 입었다.

본원 : ☞『정전풀이』(상) 「교법의 총설」 '본원' 참조.

제불조사 : 모든 부처와 모든 조사를 諸佛祖師라 한다. 삼세의 천여래 만보살이라는 말이 제불조사와 관련된다. 여기에서 조사란 일종일파를 세운 스승으로서 선종의 경우 달마, 신수, 혜능, 남악, 청원 등을 말한다.

범부중생 : 성자·성인과 달리 어리석고 용렬한 사람을 凡夫라 하고, 미혹에서 생존하는 것들을 衆生이라 한다. 이 모두를 합한 범부 중생은 무명으로 인해 미혹에 빠져 번뇌와 업보의 고통을 받는다.

성품 : 인간이 태어나면서 본래 품부 받은 성질을 性稟이라 한다. 수도인은 자성 곧 성품을 회복하여 부처되는 공부를 해야 한다. 범부나 중생은 모두 본래 청정한 성품(불성)을 간직하고 있기 때문이다. 자성 청정한 성품을 기르는 것이 양성으로 정신수양이 이에 관련된다.

유상 : 불변의 진리를 有常이라 한다. 불생불멸·영원불멸한 일원상의 진리는 상주불멸로 여여자연하여 무량세계를 전개한다. 불변의 진리로 보면 유상이요(능이성유상) 변화의 진리로 보면 무상이다(능이성무상).

무상 : 변하는 진리를 無常이라 한다. 우주의 성주괴공과 사시의 춘하추동, 만물의 생로병사 등 일원상의 변화작용으로 보면 무상이다.

상주불멸 : 항상 그대로 있어 영원히 불멸하는 것을 常住不滅이라 한다. 일원상의 진리는 상주불멸하며 우리의 진여자성 또한 상주불멸이다.

여여자연 : 고금을 통해 변함없는 그대로의 모습을 如如自然이라 한다. 일원상의 진리가 불생불멸·인과보응으로 여여자연한 것을 말하며, 정산 종사도 법어 원리편 34장에서 불변의 이치는 여여자연하다고 하였다.

무량세계 : 무량국토·삼천대천세계와 같이 한량없이 많이 전개된 세계를 無量世界라 한다. 시방삼계의 세계라든가 불교의 장엄세계가 이와 관련된다. 무량겁을 통해 무변중생이 무량세계에서 윤회한다.

성주괴공 : 우주의 진화 내지 변화의 주기를 4단계로 언급하는 바, 성

겁·주겁·괴겁·공겁이 이것이다. 본래 우주 불변의 세계에서는 상주불멸의 세계이지만, 변화세계에서 본다면 成住壞空으로 변화한다. 『대종경』변의품 7장에서는 천지가 성주괴공으로 변화함을 밝혔다.

　생로병사 : 우주에 존재하는 유정의 생명체는 변화의 과정을 겪는데 生老病死가 그것이다. 불교에서는 인간의 태어남·늙음·병듦·죽음이 고통의 원인이라며 해탈을 촉구했다. 생로병사를 四相·四苦라고도 한다.

　사생 : 전 생명체를 출생 형태의 네 가지로 언급한 것으로서 태생·난생·습생·화생을 四生이라 한다. 태생은 모태에서 태어나는 것이라면, 난생은 조류나 파충류처럼 알로 태어나는 것을 말한다. 습생이란 습한 곳에서 태어나는 벌레이며, 화생이란 애벌레가 나비로 태어나듯 형태가 변화하여 태어나는 것으로 諸天과 지옥의 中有로서 유정물을 말한다.

　심신작용 : 업을 잉태하는 신구의 3업의 작용을 心身作用이라 한다. 심법사용과 육근작용이 주로 여기에 관련된다.

　육도 : 유정의 모든 생명체가 평소 짓던 선악의 업인을 따라 생사거래를 하면서 여섯 가지 윤회의 틀을 만나는데 이를 六途(六道)라 한다. 이를테면 천상·인도·수라·축생·아귀·지옥이 그것이다. 이는 중생이 윤회 전생하는 범위로서 앞의 3가지를 3선도라 하고 뒤의 3가지를 3악도라 불리기도 한다.

　진급 : 우주의 성주괴공과 인간의 생로병사 과정에서 육도 윤회를 할 때 수라 이하의 급이 인도와 천상으로 나아가는 것은 進級이다. 중생계에서 불보살로, 약자가 강자로 나아가는 것도 진급이다. 이에 공부인에 있어 법위의 강급이 아니라 진급이 필요한데, 부단한 정진 적공을 통해서 악업이 아닌 선업을 쌓아야 가능하다.

　강급 : 진급에 반대되는 용어가 降級으로 육도윤회·법위·명예·인품·문명 등이 향상되지 못하고 하강하는 것을 강급이라 한다. 선연선과를 짓지 못하고 악연악과를 지을 경우 강급으로 떨어져 죄과를 받는다.

　은생어해 : 해로움에서 은혜가 생겨나는 것이 恩生於害로 어떠한 역경·난경에도 이를 극복하고 선업을 쌓아 복락을 짓는 것을 말한다. 은생어해의 害는 부모가 자녀를 가르치기 위해 방편의 벌을 주는 것(害)과 같아서 전화위복 내지 고진감래의 결과를 가져다준다.

해생어은 : 은혜에서 오히려 해가 발생한다는 것이 害生於恩으로 순경이나 안이한 생활을 하면서 죄를 짓는 것을 말한다. 해생어은의 恩은 부모가 자녀를 과잉보호(恩)하여 결국 자력을 상실케 하는 등 부정적 의미를 담고 있다.

법신불 일원상 : ☞『정전풀이』(상) 「교법의 총설」 '법신불 일원상' 참조.

체받아서 : 진리나 성자의 가르침을 표본삼아 몸소 닮아가는 것을 체받는다고 한다. 곧 천지의 도나 부처의 인품을 체받는다고 한다.

원만 : ☞『정전풀이』(상) 「교법의 총설」 '원만' 참조.

수호 : 우리의 심신을 삼독 오욕의 유혹에서 벗어나도록 보호하는 것을 守護라고 한다. 번뇌 망상은 고통의 윤회를 조장하기 때문이다.

지성 : 지극히 정성스럽게 하는 것을 至誠이라 한다. 작심삼일이 아니라 시종일관의 자세로 임하여 진급에 이르도록 하는 마음자세이다.

해독 : 해로움과 독소가 되는 것을 害毒이라 한다. 탐진치의 삼독심은 인간을 고통의 죄업으로 유도하는 것일 따름이다.

위력 : 법신불을 향하여 간절히 기도하는 것은 진리의 威力이 있기 때문이다. 진리의 위력은 고통의 극복과 인품의 향상을 얻도록 기적과도 같은 불가사의한 힘을 준다. 타력을 통한 자력 확충은 위력에 의함이다.

체성 : 일원상 진리의 영원 불변성을 체성이라 하는 바, 이 본질에 합하는 것을 일원의 체성에 합한다고 한다. 일원상을 닮아가도록 삼학 수행을 지속적으로 하면 결국 일원의 體性에 합일하게 된다.

서원 : 중생이 부처 되려는 간절한 여망으로 법신불 일원상을 향해 올리는 맹세나 서약을 誓願이라 한다. 삼독오욕을 극복하고 성불제중을 기어코 이루리라는 다짐이 서원이다. 수도인의 초발심이 誓願에 관련된다.

5. 숙어 · 문제풀이

1) 일원은 언어도단의 입정처이요 유무초월의 생사문이란?

(1) 법신불에 있어 언어도단의 입정처란 진여문이요, 유무초월의 생사문이란 생멸문과도 같다(원효의 「대승기신론」 참조).

(2) 일원상 진리의 체·용 경지가 입정처와 생사문으로 언급된다.

(3) 언어도단의 입정처란 일원의 진리를 말로 표현할 수 없는 것으로 일념미생전의 소식이요, 유무초월의 생사문이란 有라고 할 수 없고 無라고도 할 수 없지만 영지의 작용으로 우주 만유가 드나드는 造化門이다.

(4) 언어도단·유무초월이란 일원상의 본체론을 포괄하는 것이다.

2) 천지 부모 동포 법률의 본원이란?

(1) 일원상의 내역을 말하자면 사은이요, 나아가 우주 만유로서 천지 만물 허공법계가 다 부처 아님이 없다(『대종경』, 교의품 4장 참조).

(2) 법신불 사은에 있어 법신불은 일원으로서 본체라면, 사은이란 일원의 큰 덩치로서 그 현상이며, 동시에 상즉관계로도 볼 수 있다.

(3) 사은의 본원은 곧 우주만유의 본원이라고 할 수 있으며, 일원의 진리가 그 본원으로 자리하여 전체성·근원성·절대성으로 나타난다.

(4) 일원상 아래에 새긴 四恩之本源, 如來之佛性이라는 글을 화두로 삼아볼 일이다.

3) 제불 조사 범부 중생의 성품이란?

(1) 제불 조사 범부 중생의 성품은 일원의 자성불 신앙을 강조한다.

(2) 일원은 부처나 중생 누구라도 차별 없이 부처의 성품이 있음을 밝혀주는 것이다.

(3) 일원은 如來之佛性이요 여래의 圓覺妙心이므로 자신이 곧 여래요 부처임을 발견하자는 것이다.

(4) 일원상 진리의 응화신이 곧 제불 조사 범부 중생이다.

4) 능이성 유상하고 능이성 무상한다는 것은?

(1) 능이성유상과 능이성무상에서 '能以成'이란 타율에 의하지 않고 본래 스스로 자율적으로 되는 것을 의미한다.

(2) 유상의 의미는 불변세계로서 상주불멸로 여여자연하여 무량세계를 전개하는 것이다.

(3) 무상의 의미는 변화세계로서 우주의 성주괴공, 만물의 생로병사, 사생의 심신작용을 따라 육도로 변화시키는 것이다.

(4) 일원상의 무궁한 진리는 유상과 무상의 양면을 갖추어 변·불변을 주재한다.

5) 유상으로 보면 상주불멸로 여여자연하여 무량세계를 전개하는 것은?

(1) 일원상 진리를 본체의 시각에서 보면 상주불멸, 곧 불생불멸의 영원한 세계가 전개되는 것이다.

(2) 일원의 체성에서 보면 불변의 여여자연, 곧 과거 현재 미래 그대로의 무량세계가 전개된다.

(3) 진공과 공적의 경지에서 보면 텅 비어 있는 그대로여서 상주불멸하고 여여자연한 모습 그대로이다.

(4) 무량의 세계는 계한을 넘어선 시방삼세를 언급하는 말이다.

6) 무상으로 보면 우주의 성주괴공과 만물의 생로병사와 사생의 심신작용을 따라 육도로 변화를 시킨다는 것은?

(1) 일원상 진리를 현상의 시각에서 보면 성주괴공과 생로병사, 사생의 심신작용을 따라 육도로 변화되는 것이다.

(2) 일원의 작용에 의해 우주의 순환으로서 성겁·주겁·괴겁·공겁, 만물의 순환으로서 생·로·병·사, 사생의 심신작용으로서 천상·인도·수라·축생·아귀·지옥의 육도 세계가 전개된다.

(3) 묘유와 영지의 경지에서 보면 우주와 인간사의 변화, 사생의 심신작용에 따른 인과의 육도세계가 건설된다.

(4) 일원상 진리의 변화세계를 생생약동으로 언급하는 글이다.

7) 혹은 진급으로 혹은 강급으로, 혹은 은생어해로 혹은 해성어은으로 이와 같이 무량세계를 전개한다는 것은?

(1) 진급으로의 변화는 우주의 변화와 사생의 육도윤회를 함에 있어 상위로 향하며, 강급으로의 변화는 육도의 하위로 퇴굴함을 말한다.

(2) 은생어해는 害에서 恩이 생성되는 바, 예컨대 자녀를 가르침에 있어 책임감을 심어주고 잘못하면 꾸중하여 바르게 성장토록 함이다.

(3) 해생어은은 恩에서 害가 생성되는 바, 이를테면 자녀가 잘못해도 그저 예뻐서 그냥 두니 버릇이 없어진다(『음부경』 恩生于害 害生于恩).

(4) 무량세계의 반전 곧 진급과 강급의 세계, 恩과 害의 변화무쌍한 세계가 전개됨을 말한다.

8) 우리 어리석은 중생은 이 법신불 일원상을 체받는다는 것은?

(1) 어리석은 중생이든, 조사든, 불보살이든 누구나 불성을 구유하여 법신불 일원상을 체받는다는 것으로 이해해야 한다.

(2) 법신불 일원상을 체받는다는 것은 심신의 적공으로 법신불 일원상을 본받고 닮아간다는 뜻이다.

(3) 법신불 일원상을 체받는 이유는 우주만유의 본원이요, 제불제성의 심인이요, 일체중생의 본성이기 때문이다.

(4) 소태산 여래도 일원상서원문을 통해 겸허하게도 '우리 어리석은 중생' 이라 하여 법신불을 향한 부단한 적공을 강조하고 있다.

9) 심신을 원만하게 수호하는 공부를 하며, 사리를 원만하게 아는 공부를 하며, 심신을 원만하게 사용하는 공부를 지성으로 한다는 것은?

(1) 심신을 원만하게 수호하는 정신수양의 표준이 일원상이다.

(2) 사리를 원만하게 아는 사리연구의 표준이 일원상이다.

(3) 심신을 원만하게 사용하는 작업취사의 표준이 일원상이다.

(4) 일원상은 삼학병진 수행의 표본이 된다.

10) 진급이 되고 은혜는 입을지언정, 강급이 되고 해독은 입지 아니한다는 것은?

(1) 법신불 일원상을 체받는 공부를 지성으로 하는 것은 진급이요, 이와 반대되는 행동을 하는 것은 강급이다.

(2) 삼학병진의 수행을 지성으로 하여 진급하자는 것이다.

(3) 진급은 곧 상생의 세계로서 은혜의 길이라면 강급은 상극의 세계로서 해독의 길이므로 육도 윤회에 있어서 진급의 길로 나가야 한다.

(4) 신앙 수행을 돈독히 하여 극락을 수용함이 영원한 진급이다.

11) 일원의 위력을 얻도록까지 서원하고 일원의 체성에 합하도록까지 서원한다는 것은?

(1) 일원의 위력을 얻는다는 것은 사은에 보은함으로써 일원상 진리의 감응을 얻는다는 뜻이다.

(2) 일원의 체성에 합한다는 것은 삼학 수행을 함으로써 일원의 진리를 닮아간다는 의미이다.

(3) 일원의 위력을 얻는다 함은 죄복을 자유로이 함이요, 일원의 체성에 합한다는 것은 육도윤회와 생사해탈에 자재함이다.

(4) 일원의 위력을 얻고 일원의 체성에 합한다는 것은 사은신앙과 삼학수행의 자타력 병진으로써 발원하고 또 서원함을 말한다.

6. 관련법문

☞「불교의 법신불이나 도교의 무위자연이나 유교의 무극이나 천주교의 하나님이 다 진리의 체는 밝혔으나 그 내용에 있어서 논리가 정연하지 못한 감이 있는데 일원상서원문은 전무후무한 원만한 대법이며…」(『한울안 한이치에』, 제3장 일원의 진리86).

☞「일원상 서원문은 심불 전에 불과를 얻으려는 간절하고도 지극한 원으로서 법계에 서약을 올리는 글이다」(『정전대의』-대산종사법문집 1, 6. 일원상서원문).

☞「『정전』과 『대종경』 등 많은 법문 중에 제일 중요한 것이 삼학팔조 사은사요이고 여기서 제일 진수가 일원상서원문이다. 일원상은 사은의 본원이요 여래의 불성으로 우리의 원불님이요 주불이다」(『대산종사법문』 3집, 제2편 교법, 127.일원상의 진리).

7. 일원상서원문의 형성사

주지하듯이 일원상서원문은 소태산 대종사가 원기 23년 『회보』를 통해 발표하였다. 이어서 원기 24년 『근행법』에 심불일원상내역급서원문이라는 이름으로 게재하였으며, 원기 28년 『불교정전』에 내역급이란 용어가 생략되었고, 원기 47년 『정전』에서는 약간의 자구 수정이 있었다.

1) 소태산은 모든 교법을 완정하고 일원종지를 선포한 후, 23년 11월 총부에서 서원문을 친제 발표하였다.

☞「일원상서원문은 대종사가 원기 20년대에 모든 교법의 대강을 완정하고 일원종지를 선포하면서 그 근거를 지어준 원론으로서, 원기 23년 11월에 익산총부에서 친제 발표한 4절 총 306자로 구성된 법문이다」(이은석, 『정전해의』, 원불교출판사, 1985, p.82).

2) 일원상서원문은 소태산이 원기 23년 『회보』 49호를 통해 발표하였고, 교무부 공지사항으로 알리었다.

☞「심불 일원상을 본회의 진리급 신앙의 대상으로 하야 각 지부 출장소는 물론이요, 회원 개인의 가정에도 혹 봉안하야 오든바 금차 심불 일원상을 석판 인쇄로 경조하는 동시에 봉안 방식을 통일키 위하야 봉안식순급 규례를 정하고 종사주께옵서 친히 '심불 일원상내역급서원문' 을 법어로 제정하얏삽기…」(교무부 공지사항, 『회보』 49호, 원기 23년 11월).

3) 원기 24년 11월 『근행법』에 심불일원상내역급서원문을 발표하였다.

☞「대종사의 생존시(원기 20년)에 『조선불교혁신론』의 발행, 같은 해 8월 29일에 『예전』의 발행, 원기 21년(1936) 8월에는 『회원수지』의 발행, 같은 해 12월에는 『약보』의 발행(현 원불교 요람류), 원기 24년 (1939) 11월 일원상서원문, 일상수행의 요법, 천도법문 등을 담은 『근행법』의 발행…」(송천은, 『열린시대의 종교사상』, 원광대출판국, 1992, pp.363-364).

4) 일원상내역급서원문이 『불교정전』(원기 28)에서 '내역급' 이 삭제되었다.

☞「일원은 언어도단의 입정처이요 … 우리 어리석은 중생은 此 法身 佛 일원상을 체받아서 심신을 원만하게 수호하는 공부를 하며, 또는 사리는 원만하게 아는 공부를 하며 또는 심신을 원만하게 사용하는 공부를 지성으로 하여 진급이 되고 은혜는 입을지언정 강급이 되고 해독은 입지 아니하기로써 일원의 위력을 얻도록까지 서원하고 일원의 체성에 합하도록까지 서원함」(『불교정전』, 제2장 일원상, 4.일원상서원문).

5) 『불교정전』의 '此 법신불' 이 원기 47년 『정전』에서는 '이 법신불' 로 자구 수정되었다.

☞「일원은 언어도단의 입정처이요 … 우리 어리석은 중생은 이 법신불 일원상을 체받아서 심신을 원만하게 수호하는 공부를 하며, 또는 사리는 원만하게 아는 공부를 하며 또는 심신을 원만하게 사용하는 공부를 지성으로 하여 진급이 되고 은혜는 입을지언정 강급이 되고 해독은 입지 아니하기로써 일원의 위력을 얻도록까지 서원하고 일원의 체성에 합하도록까지 서원함」(『정전』, 제2 교의편, 제1장 일원상, 제4절 일원상서원문).

8. 서원문과 일원상

일원상서원문은 일원상의 진리를 신앙하고 수행하여 그 위력을 얻고 체성에 합일하도록 법신불께 올리는 서원의 법문이다. 구체적으로 말해서 일원의 진리는 언어의 도가 끊어지고 유무초월한 경지 곧 空사상에서 비롯됨을 알게 해준다. 이에 일원상에서 불변과 변화를 주관하는 것을 깨닫는 것이 필요하다. 곧 일원상서원문은 일원상을 닮아가고자 부단히 적공하고 서약하는 점에서

'일원상'을 향해 맹세하는 주문 형식을 지닌다. 원불교의 경건한 종교의례에서 서원문을 주송하는 것을 원칙으로 하고 있다.

 1) 일원상서원문은 일원의 진리를 신앙하고 수행하여 그 위력을 얻고 체성에 합일하도록 법신불께 올리는 서원의 법문이다.

　☞「일원상서원문은 일원의 진리를 신앙하고 수행하여, 모든 중생이 모두 법신불의 위력을 얻고, 그 체성에 합일하여 성불하도록 지극한 원으로써 법신불께 올리는 서원의 법문이다」(문집간행위원회, 발타원정진숙종사 문집1『법을 위해 몸을 잊고』, 원불교출판사, 2004, p.181).

 2) 일원상서원문에서 일원은 언어의 도가 끊어지고 유무초월의 생사문이라 했다.

　☞「일원상서원문에 일원은 언어도가 끊어진 자리요 유무를 초월한 생사문이라 밝혀 주었다. 이 진리는 원불교인 만이 배워야 할 것이 아니라 전 인류 전 국민 전 교도가 배워야 할 것이고 또 배워서 가르쳐야 하고 그 자리를 깨달아야 된다」(『대산종사법문』4집, 교단의 체제에 관하여).

 3) 일원상서원문은 일원으로 시작하는 바, 이 일원은 초의 의미이다.

　☞「일원상서원문은 소태산 대종사의 주경이다. 이 주경은 일원으로 시작한다. 일원은 곧 공과 같은 의미이다. 원불교 시대에 세상을 주도하는 경은 바로 일원상서원문이다. 일원상서원문이 뜻하고 있는 그 내용을 보면 일원상 기도문이라 해도 이상이 없다」(조정근, 『활불이 되소서』, 원불교출판사, 2005, p.36).

 4) 일원상서원문은 일원의 무상대도를 밝혀 일원상을 닮아가겠다고 맹세함이다.

　☞「일원상서원문은 일원상의 내용을 분명하고 자세하게 설명하고 그 일원상의 진리를 신앙하여 위력을 얻고 일원상의 진리를 삶의 원리로 삼아 생활하겠다는 것을 맹세하고 기원하는 글이다」(오도철 외, 『원불교정전 길라잡이』, 원불교 교화연구소, 2000, p.43).

 5) 일원상서원문은 일원상 진리의 유상과 무상을 설명하고 일원상을 체받아서 수행과 보은의 길을 밝힌 것이다.

　☞「일원상서원문은 먼저 신앙의 대상과 수행의 표본을 밝혔고 일원상 진리를 불변의 유상면과 변화의 무상면으로 보아 그 내용을 설명하였으며, 일원상을 체받아서 삼학의 수행과 보은의 불공길을 밝혀 마침

내 일원상 진리의 위력을 얻고 본래에 합하도록까지 하는 큰 서원의 길을 밝힌 것이다. 일원상서원문은 대종사가 문장도 직접 쓰고 고쳐가면서 지었다고 한다」(한정석, 『원불교 정전해의』, 도서출판 동아시아, 1999, pp.110-111).

6) 일원상서원문이 발표되면서 일원상 신앙의 종교의식이 더욱 엄숙히 진행되었다.

　☞「대종사가 친제한 심불일원상내역급서원문을 배포하였다. 이런 절차를 거치면서 일원상 신앙의 종교적 의식화는 진행되어 갔고 그 뒤 『불교정전』의 저술에서 일원상의 체계적 교리화와 신앙적 의식화·제도화를 확고히 하는 작업이 이루어졌다」(송천은, 『열린시대의 종교사상』, 원광대출판국, 1992, p.359).

9. 일원상서원문의 원리

　일원상 서원문은 지혜를 얻는 원리와 방법이 제시되어 있는 바, 불성을 가진 주체적 자아에 대한 진리체득의 원리가 전개되어 있다. 또한 존재현상의 세계가 차서 있게 배열되어 있는 바, 신앙인이자 수행인으로서 우리가 일원상을 향해 간절히 염원을 올리는 서원의 원리가 작용한다. 곧 일원상서원문에 진급과 강급의 원리가 상존한다는 것이다.

1) 서원문에는 참 지혜를 얻는 원리와 방법이 제시되었다.

　☞「대각의 4단계로써 오늘을 기념하고자 한다. 첫째 단계는 대원경지이니 … 둘째 단계는 평등성지로써 평등하게 보는 지혜이니 … 셋째 단계는 묘관찰지이니 모든 변화를 잘 관찰하는 지혜로서 … 넷째 단계는 성소작지로 대하는 곳마다 지혜를 이루는 것이니 … 이상에서 말한 네 가지 지혜를 얻는 원리와 방법이 바로 일원상서원문이니 우리는 이 공부에 다 같이 정진하여 많은 종사위, 많은 대봉도위, 많은 대호법위가 배출되어 하루속히 세계평화와 낙원세계 건설의 역군이 될 것을 간절히 바라는 바이다」(『대산종사법문』 2집, 제2대 2회말 기념총회 치사).

2) 일원상서원문에 불성을 가진 주체적 자아에 대한 진리체득의 원리가 간직되어 있다.

　☞「일원상서원문에서 "일원의 위력을 얻도록 까지 서원하고 일원의 체성에 합하도록까지 서원함" 이라 하여 불성을 가진 주체적 자아의 진

리체득과 실현을 강조하고 있다」(박광수, 「원불교의 성스러움에 대한 인식과 소태산 대종사의 성적지 실태 및 과제」, 추계학술대회《소태산 대종사 생애의 재조명》, 한국원불교학회, 2003.12.5, p.42).

　3) 일원상서원문에는 존재 세계를 우주, 만물, 사생으로 분류하는 원리가 적용되었다.

　　☞「 "유상으로 보면 상주불멸로 여여자연하여 무량세계를 전개하였고, 무상으로 보면 우주의 성주괴공과 만물의 생로병사와 사생의 심신작용을 따라 육도로 변화를 시켜 혹은 진급으로 혹은 강급으로…" 상기의 내용에서 볼 때 원불교의 사상에서는 세계의 像을 일단 우주, 만물, 사생으로 三分했다. 그런 후 心과 身의 작용을 할 수 있는 존재자로서의 사생(태난습화)을 특히 중요시하여 육도로 세분 설명했고, 식물층과 광물층은 일별하여 만물의 영역에 포함시켰다」(김성관, 「원불교 인간관」, 『원불교사상시론』 1집, 수위단회사무처, 1982, pp.50-51).

　4) 일원상서원문에 신앙인 수행인의 생명인 서원의 원리가 작용한다.

　　☞「소태산 대종사는 일원상서원문을 천명하고 그것을 우리의 서원으로 승화시켜 나가도록 가르쳤다. 평범한 우리의 삶의 현장에서 그대로 나타나도록 한 것이다. … 이러한 일원상 서원은 바로 우리의 서원으로 세워가야 한다. 그러므로 우리 모든 신앙인, 수행인의 서원이다. 우리의 주체성이며 생명성이다」(장연광, 『마음공부의 이론과 실제』, 도서출판 한맘, 2008, pp.48-49).

　5) 일원상서원문은 진급의 원리와 방법을 제시하고 있다.

　　☞「일원상서원문의 내용은 공부를 잘 하면 진급도 되고, 일원의 체성에 합하고 일원의 위력을 얻는다고 하였다. 얼마나 거룩한 경전인지 여러분은 알고 있는가. 일원상서원문만 지성으로 날마다 외워보라. 큰 힘을 얻을 것이다」(심익순, 『이 밖에서 구하지 말게』, 원불교출판사, 2003, p.91).

10. 일원상서원문의 특징

　일원상서원문은 소태산 대종사의 깨달음에서 나온 교리의 핵심적·축약적 서술이다. 그리고 일원상의 진리는 언어도단의 입정처와 유무초월의 생사문이라는 양면에서, 또한 유상과 무상이라는 양면에서 접근된다. 이에 신앙의 대상인 일원상을 향해 서원하며 그 위력과 체성에 다가서도록 하는 특징을 지닌다. 특히 서원문은 소태산의 경륜 속에 견성성불을 발원하고 부촉하는 경문이라는 점이 두드러진다.

1) 소태산 대종사의 교법에 있어 핵심적·축약적 서술은 일원상서원문이다.

☞「소태산은 다양한 방법으로 진리에 대한 이성적 이해를 도모하고자 설파하였고 이를 기술하여 교리로 제정하였다. 소태산의 여러 교설 중 합리적 인식으로 나가는 핵심적 서술은 『정전』 교의편 첫머리에 나오는 일원상의 진리와 일원상서원문이다」(박상권, 「진리 인식에 있어서 합리론과 경험론」, 『원불교학』 제8집, 한국원불교학회, 2002.6, p.164).

2) 일원상서원문은 언어도단의 입정처(본체)에서는 물론 유무초월의 생사문(현상)이라는 면에서 접근된다.

☞「일원상서원문에 있어서 '유무초월의 생사문'은 현실적인 생사가 중심이다. 문이라 하면 근본에서 나오는 것이라 생각할 수 있으나 문은 나오기도 하고 들어가기도 한다. 곧 왔다 갔다 하는 것이다. 생과 사가 왔다 갔다 하는 것이다. 유무초월이라는 것은 유와 무를 초월한 경지가 있는 것이 아니다. 있다고 하자니 없어지고, 없다고 하자니 있어진다. 그래서 있다고도 할 수 없고 없다고도 할 수 없어 '초월'이라고 해 본 것이다」(한종만, 「후천개벽사상」, 제28회 원불교사상연구 학술대회《개교100년과 원불교문화》, 원불교사상연구원·한국원불교학과, 2009.2.3, p.27).

3) 서원문은 '유상으로 보면과 무상으로 보면'이라는 양면적 특징을 지닌다.

☞「일원상서원문의 유상으로 보면, 무상으로 보면 일치한다. 변하는 것으로 보면은 무상으로 보면이며, 불변하는 것으로 보면은 유상으로 보면이다. 일원상서원문의 구조와 공통점이 있어 대종사는 크게 공감을 가졌다. 이 구절의 뜻을 많이 연구하여 보라는 것은 이 구절이 깊은 진리를 밝혔다는 것이며 대종사의 진리표현의 방식과 같다는 것이다」(한종만, 『원불교 대종경 해의』(下), 도서출판 동아시아, 2001, p.168).

4) 수도인으로서의 서원이 일원상서원문 내용의 중심이다.

☞「일원상서원문 밖에서 더 구할 것이 없다. 진리가 이 속에 다 들어 있다. 그래서 우리는 서원이라고 한다. 보통 사람들은 희망 혹은 소

원이라고 하지 서원이라고 않는다. 서원이라는 말은 보살들이 하는 말이다. 그래서 사홍서원이 나오고 그랬다」(심익순, 『이 밖에서 구하지 말게』, 원불교출판사, 2003, p.13).

5) 일원상서원문은 일원상 진리의 위력과 체성에 합하도록 서원하는 것이 특징이다.

☞「일원상서원문은 대종사가 깨친 진리와 이를 체받아서 위력과 체성에 합하도록 서원을 한 글이다」(이은석, 『정전해의』, 원불교출판사, 1985, p.92).

6) 서원문은 소태산의 자비와 경륜을 담은 부촉의 특징을 지닌다.

☞「일원상서원문은 소태산 여래의 즉흥적인 감상에서 나와진 것이 아니요, 구원겁래의 큰 서원을 세우고 깨달은 진리와 밟아온 경륜을 통해 밝혀준 경문으로 후래 대중이 이 길을 밟아 다 같이 견성성불하여 불보살이 되도록 대자비를 베풀어준 부촉의 경문이라 할 수 있다」(안이정, 『원불교교전 해의』, 원불교출판사, 1998, p.152).

11. 일원상서원문과 사은 · 삼학

일원상서원문에서 일원은 천지 부모 동포 법률의 본원이라 했다. 또한 일원상서원문은 일원의 진리, 사은, 삼학의 기본 교리를 집약하고 있다. 나아가 서원문은 심신을 수호하고 사리를 알고 심신을 사용하는 삼학 수행의 표본인 바, 일원의 위력과 체성에 다가선다는 서원문은 사은과 삼학의 밀접한 관계를 말함이다.

1) 일원상서원문에서 일원은 사은의 본원이라고 하였다.

☞「(일원상서원문에서) 일원의 진리는 천지에 바탕해 있고 부모에 바탕해 있으며 동포에 바탕해 있고 법률에 바탕해 있어서 우주만유의 실체인 천지 부모 동포 법률의 본원이 일원의 진리라 한 것이다. 천지 부모는 만유 생성의 질서와 보호로써 생성 변화해가고 있으니 이가 곧 유상 무상의 만유 실체인 것이며, 이 실체가 생성 변화하는 소이연은 바로 일원의 진리라 한 것이다」(이은석, 『정전해의』, 원불교출판사, 1985, p.83).

2) 일원상서원문에는 일원의 진리, 사은, 삼학 등 기본 교리가 집약되어 있다.

☞「일원상서원문은 소태산 대종사가 깨친 일원상의 진리를 모든 원

불교인이 함께 깨치고 일상생활에 활용하며 마침내 일원상의 진리와 내가 합일되도록 진리 앞에 간절히 서원을 올리는 글이다. 원기 23년 11월경 소태산 대종사가 직접 지은 글로서 306자의 짧은 경문이지만, 일원상의 진리, 사은, 삼학 등 원불교의 기본 교리가 집약되어 있다」(손정윤, 『손정윤 강설-일원상서원문』, 원불교출판사, 1989, p.11).

3) 일원상을 체받는 길로서 삼학이 제시되고 있다.

☞「이 법신불 일원상을 체받아서 심신을 원만하게 수호하는 공부를 하며, 또는 사리를 원만하게 아는 공부를 하며 또는 심신을 원만하게 사용하는 공부를 지성으로 하여…」(『정전』, 제2 교의편, 제1장 일원상, 제4절 일원상서원문).

4) 서원문에서 밝힌 바, 일원의 위력을 얻고 체성에 합하는 것은 사은신앙과 삼학수행을 통해 가능한 일이다.

☞「일원상서원문을 외우는 근본 의도는 일원의 위력을 얻고 일원의 체성에 합일하도록 하기 위함이다. 일원의 위력은 신앙적인 면에서 신봉을 정성껏 하고, 일원의 체성은 수행적인 면에서 일원상의 본체에 나가도록 하는 것을 말한다」(서경전, 『교전개론』, 원광대학교출판국, 1991, p.195).

12. 일원상서원문과 독경·주문

일원상서원문을 주송하면 난세를 극복하고 업력을 녹일 수 있는 효력을 얻게 된다. 수도인으로서 절대자의 힘을 얻는 독경이야말로 가장 경건한 법어의 주송이 아닐 수 없다. 각종 의례에서 서원문을 주송하는 바, 굳은 원력으로 서원을 다져야 할 것이다.

1) 성주와 일원상서원문을 주송하면 난세를 극복함은 물론 견성할 수 있다.

☞「대종사님께서는 『정전』에 대소유무의 네 가지로 표준잡아 주었다. 이는 삼세 제불제성께서 밝히지 아니한 것이며 팔만장경이나 백가시서에 밝힌 바가 없는 것을 밝힘이다. 그러므로 이 네 가지의 진리를 알면 견성에 토가 떨어져서 성주의 이치까지 알게 되고 일원상서원문의 진리를 알게 되며 따라서 『교전』의 뜻까지 통달하게 되는 것이다. 대종사님은 "난리가 나서 다 없어진다 하더라도 이 일원상서원문 하나만 남겨두면 다시 법을 펼 수 있다" 고 말하였다」(『대산종사법문』 3집, 제2편 교

법, 113. 진리의 눈을 떠라).

 2) 일원상서원문, 천도법문, 청정주를 주송하면 업력을 녹일 수 있다.

　☞「주문이 아닌 독경도 위력을 낸다. 일원상서원문과 천도법문과 청정주를 주야로 외우면 양잿물에 묵은 때가 빠지듯 날이 다르게 마음 세탁이 된다. 나의 마음을 잡념이나 착념에 빼앗겨 버리지 말고, 주송으로 일념을 계속하여 마침내 일념마저 사라진 무념처에 이르면 능히 업력을 녹일 수 있다」(전이창, 『죽음의 길을 어떻게 잘 다녀올까』, 도서출판 숨리, 1995, p.196).

 3) 독경에는 일원상서원문의 효력이 크다.

　☞「어느 귀신 붙은 여자가 『금강경』을 읽고 『반야심경』을 읽으면서 등을 두드리면 귀신이 잘 한다고 노래 부르듯 하였다. 그런데 그 귀신이 일원상서원문만 읽으면 하지 말라고 했다고 한다. 무서우니까. 그래서 특별 천도재로 그 귀신을 떼었는데 그 뒤부터 일원상서원문만 했다고 한다」(심익순, 『이 밖에서 구하지 말게』, 원불교출판사, 2003, p.90).

 4) 일원상 서원문은 각종 의식행사 때 독경문으로 사용하는 바, 굳은 원력으로 주송해야 할 것이다.

　☞「원불교인은 참다운 수행의 힘을 얻기 위하여 일원상서원문을 아침 저녁 또는 하루에도 여러 번씩 외우고 있으며, 각종 의식행사 때 독경문으로 사용하고 있다. 일원상서원문은 소태산 대종사의 구원겁래의 서원이며, 삼세 제불제성과 모든 수행인의 공동 발원인 동시에 법신불 사은전에 올리는 성불서약이다. 따라서 일원상서원문을 외우는 우리들의 마음자세는 먼저 소태산 대종사와 같은 광대무량한 굳은 원력을 가져야 한다」(손정윤, 『손정윤 강설-일원상서원문』, 원불교출판사, 1989, p.11).

13. 일원상서원문의 실천방법

　일원상서원문을 실천에 옮기는 방법은 크게 일원의 위력을 얻고 일원의 체성에 합하는 것이다. 곧 일원의 위력을 얻음은 사은보은생활에서 가능하고 일원의 체성에 합일함은 삼학실천에서 가능한 일이다. 따라서 일원상서원문을 조석으로 간절히 주송함으로써 서원을 다짐하며 정의를 실행하고 원만한 인격을 함양하여 결국 일원의 위력을 체험할 수 있다.

1) 일원상서원문은 궁극적으로 일원의 위력을 얻고 일원의 체성에 합
함이다.

☞「일원의 위력을 얻도록까지 서원하고 일원의 체성에 합하도록까지 서원
함」(『정전』, 제2 교의편, 제1장 일원상, 제4절 일원상서원문).

2) 일원상서원문의 실천방법으로서 사은 보은이 제시되고 있다.

☞「일원상서원문 실천방법에는 수행의 실천방법만 밝혀주고 신앙의
실천방법은 밝혀주지 않았는가 하는 생각을 할 수 있다. 그러나 삼학수
행으로 체받는 실천방법에서 신앙생활의 의미를 함께 이해해야 한다」
(한정석, 『원불교 정전해의』, 도서출판 동아시아, 1999, pp.111-112).

3) 일원상서원문의 실천방법으로서 삼학 실천이 요구된다.

☞「우리 어리석은 중생은 이 법신불 일원상을 체받아서 심신을 원만
하게 수호하는 공부를 하며, 또는 사리를 원만하게 아는 공부를 하며,
또는 심신을 원만하게 사용하는 공부를 지성으로 하여…」(『정전』, 제2
교의편, 제1장 일원상, 제4절 일원상서원문).

4) 교도로서 서원을 반조하기 위해 날마다 조석으로 외워야 한다.

☞「원불교 교도는 누구나 이 일원상서원문을 조석으로 한 번씩 외우
고 교단의 법요행사를 가질 때나 각자 기도를 드릴 때 반드시 한 번씩
외워 스스로의 서원을 반조하는 동시에 법신불 전에 서원을 올리는 경
문이 된 것이다」(안이정, 『원불교교전 해의』, 원불교출판사, 1998,
p.153).

5) 서원문을 통해 일원의 위력을 얻게 되며, 결국 정의로운 일로 나아
가게 된다.

☞「우리는 날마다 '일원의 위력을 얻도록까지 서원하고 서원함' 이
라고 서원하고 있다. 그 위력을 얻어서 무엇을 하자는 것이냐, 정의로운
일에 헌신하자는 것이다」(조정근, 『일원화를 피우소서』, 원불교출판사,
2005, p.302).

6) 서원문을 간절히 주송하면서 기도하면 원만한 인격을 이루고 위력
을 얻을 수 있다.

☞「(일원상서원문) 간절한 마음으로 반복하여 외우고 기도하면 일원
상과 같이 원만한 인격을 이룰 수 있고 일원상의 위대한 힘을 얻을 수
있다」(오도철 외, 『원불교정전 길라잡이』, 원불교 교화연구소, 2000,
p.43).

14. 일원상서원문의 연계사상

일원상서원문은 원불교 교리가 융해되어 있어서 『음부경』과 『천부경』『팔만대장경』과 통하는 바가 있으며, 독경의 형식에서 『금강경』과 『반야심경』 등의 독경과 그 궤를 같이한다.

1) 『음부경』과 『천부경』의 내용이 일원상서원문과 통한다.

☞「여러분, 대종사는 『음부경』을 읽었는가, 『천부경』을 읽었는가? 그렇게 세세곡절 읽지 않았어도 그 원리가 이 일원상서원문에 전부 다 들어있다」(심익순, 『이 밖에서 구하지 말게』, 원불교출판사, 2003, p.12).

2) 일원상서원문은 『팔만대장경』의 서문과 같다.

☞「누가 일원상서원문을 봉독해 보아라. 이 서원문은 『팔만대장경』의 서문인 동시에 우리 경전의 서문이다. 그러므로 대종사는 "이 서원문만 하나 가지면 다 멸도되어 없어지더라도 다시 회상을 펼 수 있는 경문이다" 고 말하였다」(『대산종사법문』 3집, 제5편 법위 64).

3) 일원상서원문은 불교의 『반야심경』과 같이 교리 전체의 내용을 집약한 경문이다.

☞「일원상서원문은 불교의 『반야심경』과 같이 새 회상 주세불인 소태산 여래가 밝혀준 교리 전체의 내용을 집약한 경문이라 할 수 있다」(안이정, 『원불교교전 해의』, 원불교출판사, 1998, p.152).

15. 보충해설

소태산 대종사는 일원상서원문을 친제한 후 '심불일원상내역급서원문' 이라 하였다. 원기 20년 대각전에 일원상이 봉안되고, 3년이 지나 원기 23년에 발간된 「교무부 공지사항」(『회보』 49호)에서 심불 일원상을 각 지부 출장소는 물론이요 개인의 가정에서 봉안해 오던 바, 봉안방식을 통일하기 위하여 봉안 식순급 규례를 정하고 종사주 친히 '심불 일원상내역급서원문' 을 법어로 제정하였다. 그리하여 종전의 '일원상내역급서원문' 이 『불교정전』 제2편 2장 일원상장에서 '일원상서원문' 으로 개칭되었다.

하여튼 일원상서원문을 주송하면서 우리가 가슴깊이 새겨야 할 문구가 있다. 그것은 "일원의 위력을 얻도록까지 서원하고 일원의 체성에 합하도록까지 서원함" 이다. 이는 서원문이 주송되는 이유와 주송을 통해서 우리가 이르는 경지를 알게 해주기 때문이다. 일원상 진리의 위력을 얻도록 서원하고 체성에 합하도록 서원한다고 했는데, 여기에서 진리의 위력이란 사은신앙의 위력을 얻는 것이요, 체성에 합한다는 것은 삼학수행을 몸소 체질화하는 것이다.

한편 원불교는 일원상서원문 외에 여러 종류의 주문을 동원하여 독경을 한다. 반야심경, 금강경, 영주, 성주, 청정주, 일상수행의 요법 등이 이것이다. 이러한 주송 중에서도 일원상서원문이 그 핵심이다. 따라서 날마다 일원상서원문을 주송하면서 위력을 얻고 체성에 합하도록 생활을 해야 할 것이다. 전이창 교무도 일원상서원문을 주야로 외우면 양잿물에 묵은 때가 빠지듯 날이 다르게 마음 세탁이 된다(『죽음의 길을 어떻게 잘 다녀올까』, 도서출판 숨리, 1995, p.196)고 하였다. 중생의 묵은 업력이 용해되도록 서원문을 주송하고 또 주송하면 그것이 불보살의 길이기도 하다.

16. 연구과제

 1) 일원상서원문이란 무엇인가?
 2) 일원은 언어도단의 입정처이요 유무초월의 생사문이란?
 3) 능이성유상과 능이성무상을 설명하시오.
 4) 일원의 위력을 얻고 일원의 체성에 합한다는 것은?
 5) 원불교의 독경과 주문에 대하여 언급하시오.

17. 고시문제

 1) 일원상의 진리를 서원문과 법어에서는 어떻게 다르게 표현하고 있으며 그 까닭은 무엇인지 쓰시오.
 2) 일원상서원문에서 '육도로 변화를 시켜' 하였는데 무엇이 변화를 시키는가를 자세히 설명.
 3) 유무초월의 생사문을 설명하시오.
 4) 다음 어휘 '능이성유상, 능이성무상' 을 간략하게 설명하시오.

5) 일원상서원문에 대하여 論하시요.

　(1) 법문의 성격

　(2) 내용의 구조

　(3) 신앙 수행과의 관계.

6) 다음 사항을 간단히 해석하시오 : (1) 能以成 無常, (2) 유상과 무상.

7) 다음을 설명하시오 : 은생어해 해생어은.

8) 은생어해 해생어은을 실례를 들어 간략히 설명하시오.

9) 해생어은이란?

10) 은생어해 해생어은이란 무슨 뜻이며 害가 없게 하는 방법을 제시하시오.

11) 『정전』에 쓰여 있는 다음의 어휘를 설명하시오 : 유무초월의 생사문.

12) 체와 용을 O와 X로 표시 : 有常( )과 無常( ).

13) 일원의 위력을 얻고 일원의 체성에 합한 경지를 설명.

14) 일원의 위력을 얻으려면 어떻게 해야 하며 그 체험한 바를 쓰시오.

제5절 일원상법어

○ 「일원상법어」의 원문

○ 이 원상의 진리를 각하면 시방 삼계가 다 오가의 소유인 줄을 알며, 또는 만물이 이름은 각각 다르나 둘이 아닌 줄을 알며, 또는 제불 조사와 범부 중생의 성품인 줄을 알며, 또는 생로병사의 이치가 춘하추동과 같이 되는 줄을 알며, 인과보응의 이치가 음양상승과 같이 되는 줄을 알리로다.

○ 이 원상은 눈을 사용할 때에 쓰는 것이니 원만구족한 것이며 지공무사한 것이로다.

○ 이 원상은 귀를 사용할 때에 쓰는 것이니 원만구족한 것이며 지공무사한 것이로다.

○ 이 원상은 코를 사용할 때에 쓰는 것이니 원만구족한 것이며 지공무사한 것이로다.

○ 이 원상은 입을 사용할 때에 쓰는 것이니 원만구족한 것이며 지공무사한 것이로다.

○ 이 원상은 몸을 사용할 때에 쓰는 것이니 원만구족한 것이며 지공무사한 것이로다.

○ 이 원상은 마음을 사용할 때에 쓰는 것이니 원만구족한 것이며 지공무사한 것이로다(『정전』 제2 교의편, 제1장 일원상, 제5절 일원상법어).

1. 일원상법어의 의미

일원상법어는 소태산 대종사가 일원상 진리의 깨달음을 얻어서 이 깨달음의 경지를 논하고, 깨달은 바를 사용하는 법을 선포한 법어이다. 따라서 우리가 신앙과 수행의 근거인 일원의 진리를 연마하여 육근작용을 할 때 원만구족하고 지공무사하게 행동하여 성불제중을 할 수 있도록 하는 법어가 일원상법어인 셈이다.

1) 일원상법어는 일원상의 중심 법문으로, 소태산이 진리를 깨달은 소식을 밝힌 것이다.

☞「일원상법어는 일원상의 중심 법문이라고 할 수 있다. 『교전』 교의편에 보면 일원상의 진리와 신앙, 그리고 수행을 밝히고 일원상을 발원하는 서원문이 있은 다음 일원상의 시작인 동시에 끝이며 대종사가 일원상의 진리를 깨닫고 난 뒤 만고에 찾기 힘든 진리를 깨달은 소식을 밝힌 것이다」(한기두, 『원불교 정전연구』-교의편-, 원광대학교출판국, 1996, p.131).

2) 일원상법어는 깨달음의 표준, 깨달은 사람의 지혜와 실천에 관련된 법어이다.

☞「일원상법어는 깨달음의 표준, 깨달은 사람의 지혜와 실천을 말하고 있다. 일원상법어를 보면서 각자의 깨달음 지수를 측정해 보라. 일원상법어의 내용을 아는 정도, 그 눈 코 귀 입 몸 마음을 쓰는 것의 원만구족 지공무사한 정도가 바로 그 측정치이다」(오도철 외, 『원불교정전길라잡이』, 원불교 교화연구소, 2000, p.50).

3) 일원상법어는 우주 대자연의 진리를 일원상으로 상징하여 신앙과 수행의 첩경으로 제시한 법어이다.

☞「일원상법어는 우주 대자연의 진리를 일원상으로 상징하여 신앙과 수행의 첩경으로 제시하였으니 이 길을 알아서 몸과 마음을 단련할 때에 그대로 활용의 표준으로 삼아 떠날래야 떠날 수 없는 자기 소유로 만들어 임의로 활용케 하는 법문이다」(이운권, 고산종사문집1 『정전강의』, 원불교출판사, 1992, p.32).

4) 일원종지의 심오한 뜻을 증득하고 심득토록 대 법문을 내린 것이 일원상법어이다.

☞「대종사는 원기 23년에 일원상서원문을 친제, 일원종지를 천하에 선포하고 수년동안 제자들로 하여금 그 뜻을 연마케 하다가 이어서 그 심오한 뜻을 깨달아 얻도록 하고 또한 심득토록 하기 위하여 대 법문을 내리니 이가 곧 일원상법어인 것이다」(이은석, 『정전해의』, 원불교출판사, 1985, p.95).

5) 일원상법어는 넓은 의미에서 작업취사에 해당하며, 성불제중과 관련된다.

☞「일원상법어의 넓은 의미는 작업취사의 공부에 해당한다. 왜 일원상법어를 따로 밝혔는가? 작업취사의 하나는 성불하는데 중심을 두는 것이며, 또 하나는 중생을 제도하는데 중심을 둔다고 생각할 수 있다」(한정석, 『원불교 정전해의』, 도서출판 동아시아, 1999, p.135).

2. 일원상법어의 대의강령

1) 일원상 진리를 깨달으면 시방삼계가 오가의 소유인 줄 안다.
2) 일원의 진리를 깨달으면 우주만유의 본원이요 제불조사의 심인이며 범부중생의 본성인 줄 안다.
3) 일원의 진리를 깨달으면 생로병사의 이치가 춘하추동과 같이 되고, 인과보응의 이치가 음양상승과 같이 되는 줄을 안다.
4) 이 원상은 육근을 사용할 때 쓰는 것이니 원만구족한 것이요 지공무사한 것이다.

3. 일원상법어의 구조

1) 일원상 진리의 오득(이 원상의 진리~지공무사한 것인 줄을 알리로다).
2) 일원상 진리의 활용법(이 원상은~지공무사한 것이로다).

4. 단어해석

일원상법어 : 소태산이 일원상을 깨달은 경지를 一圓相法語로 밝혔다. 또한 그 깨달음은 육근 작용을 통해 나타나고 있는데, 여기에서 원만구족・지공무사의 수행표준을 제시하였다.

원상 : 일원상의 준말을 圓相이라 하며, 『정전』 일원상법어에 6개의 원상을 그려서 육근작용의 표준으로 제시하였다.

각 : 깨달음을 覺이라 하며, 큰 깨달음을 대각이라 한다. '이 원상의 진리를 각하면'은 '일원상의 진리를 깨달으면'으로 이해되며, 일원상의 진리를 깨닫는다는 것은 불생불멸・인과보응의 이치를 깨달음이다.

시방삼계 : ☞『정전풀이』(상) 「일원상, 일원상의 진리」 '시방삼계' 참조.

오가 : 吾家란 용어는 '나'의 의미이다. 한편 吾等(기미독립 선언문)이라는 용어는 '우리들'의 뜻인데, 이처럼 오가·오등은 근대에 국한문 혼용이 유행하던 시대의 용어들이다.

제불조사 : ☞『정전풀이』(상) 「일원상서원문」 '제불조사' 참조.

범부중생 : ☞『정전풀이』(상) 「일원상서원문」 '범부중생' 참조.

성품 : ☞『정전풀이』(상) 「일원상서원문」 '성품' 참조.

생로병사 : ☞『정전풀이』(상) 「일원상서원문」 '생로병사' 참조.

인과보응 : 선한 因을 지으면 선한 果를 받고, 악한 인을 지으면 악한 과를 받는 것이 일원상 진리의 소소영령한 이치인 바, 이를 因果報應이라 한다. 일원상의 진리는 불생불멸의 이치와 인과보응의 원리로 이루어졌다. 소태산은 일체유심조의 이치를 알면 불생불멸과 인과보응의 이치를 알게 된다(『대종경』, 교의품 27장)고 하였다.

음양상승 : 자의적으로 음기운과 양기운이 서로 싸워서 이긴다는 陰陽相勝은 음양의 기운이 서로 교대, 조화를 이루며 생명작용이 전개된다는 것이다. 음양상승이란 유교에서 불교의 인과를 비판하면서 출발했으며, 우주의 생성은 음양 기운의 상호 조화에 기인한다는 뜻이다. 소태산은 유교와 불교 사상을 활용, 인과보응의 이치가 음양상승과 같이 되는 것으로 보았다(『대종경』, 인과품 2장). 인과보응과 음양상승의 관계는 인과의 전개가 음양 두 氣의 상승적 원리와 함께 작용한다는 것이다. 주지하듯이『음부경』에 故陰陽勝과 陰陽相推라는 용어가 나온다.

원만구족 : ☞『정전풀이』(상) 「일원상, 일원상의 수행」 '원만구족' 참조.

지공무사 : ☞『정전풀이』(상) 「일원상, 일원상의 수행」 '지공무사' 참조.

5. 숙어·문제풀이

1) 이 원상의 진리를 각하면 시방삼계가 오가의 소유인 줄 아는 것은?

   (1) 이 원상의 진리를 각한다는 것은 불생불멸과 인과보응의 이치를 깨달음이고, 시방삼계가 오가의 소유라는 것은 十方과 욕계 색계 무색계가 모두 나의 소유로서 자유자재적 부처의 심법을 갖는다는 뜻이다.

(2) 경편철도와 한양공원의 교훈에 의하면, 열차나 공원이 한 부호의 소유물이라 해도, 소태산은 모든 차, 모든 공원을 마음대로 이용한다(『대종경』, 불지품 17장)고 하였다.

(3) 허공법계를 완전히 자기 소유로 이전 증명 낸 사람이 있느냐(『대종경』, 성리품 26장)는 언급처럼 범부와 중생은 형상 있는 것만 자기 소유로 하며, 불보살은 형상 없는 세계를 자기 소유로 한다.

(4) 남중리 소나무 교훈에 의하면 소나무가 교당을 떠나지 않듯이 일원상은 우주 본가로서 시방삼계가 그 속에 들어있다(『대종경』, 불지품 20장).

2) 우주만물이 이름은 각각 다르나 둘이 아니라는 것은?

(1) 중생은 무명에 가리어 만물의 이름이 각각 다른 줄만 알고 하나임을 모르나, 일원의 진리를 깨달으면 만물의 차별상을 초월한다.

(2) 만유가 한 체성이요 만법이 한 근원임을 알면 만물의 차별상이 하나로 통일됨을 알 수 있다.

(3) 시방일가 사생일신·일즉다 다즉일이 되면 우주 만물이 나와 하나가 됨을 알게 된다.

(4) 삼동윤리의 동기연계를 보면 모든 기운이 하나로 연결된다.

3) 제불조사와 범부중생의 성품인 줄을 안다는 것은?

(1) 일원상의 진리를 깨달으면 범부와 중생의 차별상을 극복한다.

(2) 일체생령이 불성을 가지고 있으니 부처와 범부의 성품이다.

(3) 성품이 동하면 능선능악이지만 성품이 정하면 무선무악이다.

(4) 법신불 일원상은 제불제성의 심인이며 일체중생의 본성이다.

4) 생로병사의 이치가 춘하추동과 같이 되는 줄을 안다는 것은?

(1) 유정물의 생로병사 순환이 우주의 춘하추동 순환원리와 같다.

(2) 무상으로 보면 우주의 성주괴공과 만물의 생로병사와 사계의 춘하추동이 순환무궁 변화한다.

(3) 인생이 일생만 있는 줄 아는 것을 벗어나서 삼세를 통해 영생이 있음을 아는 것과 같다.

(4) 생로병사가 춘하추동과 같이 되는 것을 알면 인간사와 우주사에 능통하여 궁극적으로 생사 해탈에 이른다.

5) 인과보응의 이치가 음양상승과 같이 되는 줄을 아는 것은?

(1) 음이 지극하면 양이 나타나듯, 인이 지극하면 과가 나타난다.

(2) 인간의 인과보응이 홀로 되는 것이 아니라 우주의 음양상승과 더불어 진행되는 것이다.

(3) 인과론과 음양론은 우주와 인간의 기운이 상생·순리의 유기적으로 작용함을 설명하고 있다.

(4) 불교는 인과를 주로 밝혔고 유교는 음양론을 주로 밝혔지만, 원불교는 인과와 음양을 연결시키고 인과와 음양의 조화를 강조했다.

6) 이 원상은 눈을 사용할 때 쓰는 것이니 원만구족한 것이며 지공무사하다는 것은?

(1) 일원의 진리는 원만구족하고 지공무사한 것인데, 눈으로 세상을 볼 때에 이 일원의 진리를 그대로 보라는 것이다.

(2) 불교 팔정도의 하나가 正見으로 세상을 착되게 보지 말고 바르게 보라는 것이다.

(3) 중생은 육안으로 세상을 보지만, 수도인의 눈은 성품을 보는 견성의 눈으로서 심안·혜안·법안·불안으로 세상을 보라는 것이다.

(4) 편견·선입견으로 보지 말고 맑은 마음으로 세상을 보아야 한다.

7) 이 원상은 귀를 사용할 때 쓰는 것이니 원만구족한 것이며 지공무사하다는 것은?

(1) 중생들의 번뇌망상과 시비이해를 듣지 말고 바른 스승과 바른 동지의 법음을 들으라는 것이다.

(2) 세상의 소리를 들을 때 觀音보살이 세상의 소리를 바르게 듣는 것처럼 하라는 뜻이다.

(3) 청법의 태도에 있어 주착심으로 듣거나 원근친소에 끌리어 듣지 말고 올바른 소리, 충고하는 소리, 정의의 소리를 듣자는 것이다.

(4) 쇠가 대질리면 쇠소리가 나고, 돌이 대질리면 돌소리가 나며, 삿된 무리가 대질리면 삿된 소리가 나지만, 성인의 소리는 자비의 소리가 들리므로 자비의 귀를 갖자는 것이다(『대종경』, 교단품 5장).

8) 이 원상은 코를 사용할 때 쓰는 것이니 원만구족한 것이며 지공무사하다는 것은?

(1) 세상에는 정의로운 냄새와 악취의 냄새로 나뉘는 바, 아무쪼록 좋은 냄새를 맡자는 것이다.

(2) 조기를 포장한 종이는 비린내가 나고 향을 포장한 종이는 향내가 나듯 수도인의 향기는 법향을 뿜어내야 한다.

(3) 양심이 썩어가는 냄새를 풍기지 말고 양심을 회복하는 향기를 드러내자는 것이다.

(4) 흡입하는 마약이 있을 경우, 마약 중독에 떨어지므로 쾌락의 본능에 탐닉하는 냄새를 추구하지 말아야 한다.

9) 이 원상은 입을 사용할 때 쓰는 것이니 원만구족한 것이며 지공무사하다는 것은?

(1) 구시화복문(『정산종사법어』, 법훈편 39장)이라는 말이 있듯이 입으로 말을 할 때 화를 불러들이기도 하고 복을 불러들이기도 하므로 구업이 청정해야 한다.

(2) 원불교 30계문 중에 언어계율 여섯 가지가 있는 바, 수도인은 말을 할 때 항상 조심해서 해야 한다.

(3) 불법을 말하고, 스승의 가르침을 말로 전하고, 적공하는 동지의 말을 널리 전하는 수도자의 삶이 필요하다.

(4) 음식을 먹는데 있어서도 입을 사용하는 바, 과식하거나 사육 위주로 먹는 경우는 오히려 심신을 해롭게 한다.

10) 이 원상은 몸을 사용할 때 쓰는 것이니 원만구족한 것이며 지공무사하다는 것은?

(1) 육체를 본능의 쾌락추구에 탐닉하지 말자는 것이다.

(2) 육체를 사용함에 있어 정의로운 행동을 하되 불의한 행동을 하지 말도록 바른 취사를 해야 한다.

(3) 육근의 감관작용이 법도에 맞고 보은의 행동으로 이어져야 한다.

(4) 육신의 그릇된 습관에 끌리는 행동을 극복하고, 건강한 육신으로 正行을 지향해야 한다.

11) 이 원상은 마음을 사용할 때 쓰는 것이니 원만구족한 것이며 지공무사하다는 것은?

(1) 마음을 조촐하고 맑게 비추어 통만법명일심으로 살아야 한다.

　　(2) 마음의 스승(心師)을 모시고 살아가는 자세가 필요하다.

　　(3) 영육쌍전의 생활로서 육신을 제어하는 정신력을 가져야 한다.

　　(4) 경계에 끌리지 않도록 심신을 원만하게 수호하는 수양공부가 필요하다.

6. 관련법문

　☞「저 원상은 참 일원을 알리기 위한 표본이라, 비하건대 손가락으로 달을 가리킴에 손가락이 참 달은 아닌 것과 같나니라. 그런즉 공부하는 사람은 마땅히 저 표본의 일원상으로 인하여 참 일원을 발견하여야 할 것이며, 일원의 참된 성품을 지키고, 일원의 원만한 마음을 실행하여야 일원상의 진리와 우리의 생활이 완전히 합치되리라」(『대종경』, 교의품 6장).

　☞「원리에 있어서는 모두 같은 바로서 비록 어떠한 방면 어떠한 길을 통한다 할지라도 최후 구경에 들어가서는 다 이 일원의 진리에 돌아가나니, 만일 종교라 이름하여 이러한 진리에 근원을 세운 바가 없다면 그것은 곧 사도라, 그러므로 우리 회상에서는 이 일원상의 진리로써 우리의 현실생활과 연락시키는 표준을 삼았으며, 또는 신앙과 수행의 두 문을 밝히었나니라」(『대종경』, 교의품 3장).

　☞「경은 과연 어떠한 경인가. 곧 말하자면 『육대요령』, 『수양연구요론』 등 본회 교과서가 그 원경이며 또는 과거 현재를 물론하고, 불성의 말씀하신 법어 등이 다 경전의 종류이다」(『한울안 한이치에』, 독경해액으로 삼가 새해를 축하함).

7. 일원상법어의 형성사

　원불교인의 신행 표준인 일원상법어는 게송을 선포한 후 원기 27년 대종사가 내린 법어이다. 그뒤 원기 28년 『불교정전』에 이어 현 『정전』으로 정착되면서 일부 문구가 수정되었다.

1) 소태산 대종사는 게송을 선포한 다음 일원상법어를 내렸다.

　☞「일원의 위력을 얻고 일원의 체성에 합일하여 불보살이 되기를 법신불 전에 서약하는 일원상서원문을 밝혀주었다. 그리고 그 끝에 이 일원상법어를 내려주었는데, 이 법어는 원기 26년 1월 28일 게송을 선포한 다음 내려준 법어이다」(안이정, 『원불교교전 해의』, 원불교출판사,

1998, p.171).

2) 원기 27년 1월 소태산은 일원상법어를 발표하였다.

☞「원기 27년 1월 경진동선 중에 소태산은 게송, 일원상법어, 새 교
리도와 표어, 사사불공 처처불상을 발표, 『정전』에 편입키로 하였다」(박
용덕, 『천하농판』, 도서출판 동남풍, 1999, pp.168-169).

3) 『불교정전』에서는 '此 원상' 이라는 용어가 현 『정전』에서는 '이
원상' 이라는 용어로 변하는 등 어구가 수정되며 정착되었다.

☞「此 圓相의 진리를 각하면 시방 삼계가 다 오가의 소유인 줄을 알
며, 또는 우주 만물이 이름은 각각 다르나 둘이 아닌 줄을 알며, 또는
제불 조사와 범부 중생의 성품인 줄을 알며, 또는 생로병사의 이치가
춘하추동과 같이 되는 줄을 알며, 인과보응의 이치가 음양상승과 같이
되는 줄을 알며, 또는 원만구족한 것이며 지공무사한 것인 줄을 알리로
다. 此 원상은 눈을 사용할 때 쓰는 것이니 원만구족한 것이며 지공무
사한 것이로다」(『불교정전』, 제2편 교의, 제2장 일원상, 5.일원상법어).

8. 일원상법어와 일원상의 관계

일원상법어는 우주 만유가 하나의 성품임을 밝히고 있는 바, 이에 소
태산 대종사는 법신불 일원상의 진리를 깨닫고 제자들에게 깨달음의 경
지를 밝히어 육근을 통해 잘 활용하도록 하였다. 곧 성자의 깨달은 안
목에서 누구나 일원상과 같이 원만구족 지공무사한 행동을 하라는 뜻이
며, 일원상 진리를 각한 후에 일체 중생을 제도하자는 것이다.

1) 일원상법어는 우주 만유가 하나의 성품임을 밝히고 있는 바, 이는
법신불의 진리에 근거하고 있음을 드러낸다.

☞「일원상법어에서 보면 세계 우주는 하나의 성품이요 법신불의 진
리에 근원했다. 만물들도 하나의 성품이요 법신불의 진리에 근원했다.
범부 중생과 제불 제성도 하나의 성품이요 법신불의 진리에 근원했다」
(송천은, 「일원상 진리」, 창립10주년기념 추계학술회의 《원불교 교의 해
석과 그 적용》, 한국원불교학회, 2005년 11월 25일, p.F).

2) 일원상의 진리를 각하는 표준이자 육근 활용의 표준이다.

☞「일원상의 진리를 각득하는데 가장 바르고 기본적인 표준이며 그
진리를 법 받아 육근에 활용하는 표준이다. 즉 覺行의 표준이다」(신도
형, 『교전공부』, 원불교출판사, 1992, p.72).

3) 일원상법어는 일원상을 자신의 심신작용에 **활용하도록 하는 큰 뜻**
이 담겨 있다.

☞「일원상법어는 일원상을 나의 심신 작용하는데 그대로 법받아서
활용하여야 하는 간곡한 큰 뜻이 잠재하여 있음을 알아야 한다」(이운
권, 고산종사문집1 『정전강의』, 원불교출판사, 1992, p.33).

4) **법어는 원만구족하고 지공무사한 일원상을 체받는 공부로 알고 육
근작용을 잘 하여 공을 쌓으라는 것이다.**

☞「원만구족하고 지공무사한 圓相을 법받는 것을 공부로 알고 공을
쌓으라 하였으니 여섯 개의 작은 원상이 그 가르침인 것이다. 우리의
마음공부란 과거와 같이 막연하게 마음, 마음 할 것이 아니라 바로 그
구체적인 작용으로 눈 귀 코 입 몸 뜻이 육근을 스스로 법받아 규제하
고 조절하고 키워서 이 육근의 작용이 바로 원만구족한 마음으로 지공
무사하게 나투어 활용하라 한 것이다」(이은석, 『정전해의』, 원불교출판
사, 1985, p.97).

5) **일원상법어는 깨친 바의 일원상 진리를 중생제도에 초점을 두었다.**

☞「일원상법어는 깨친 바 일원상의 진리를 중생제도의 면에서 몸과
마음을 활용하는 데에 중점을 둔 법문이다」(한정석, 『원불교 정전해의』,
도서출판 동아시아, 1999, p.135).

9. 일원상법어의 원리

일원상법어는 일원상진리를 깨닫고 보면 하나의 성품 원리임을 발견
하며, 또 원만구족하고 지공무사한 행동을 유도하는 육근활용의 원리를
알게 해준다. 그것은 곧 외경에 나타나는 심신작용을 바르게 처사하는
마음공부의 원리가 된다는 뜻이다. 그리고 깨닫지 못한 자도 누구나 불
성을 간직하고 있다는 불성의 원리를 알아서 일원상을 수행의 표준으로
삼자는 것이다.

1) **일원상의 깨달음과 견성 인가의 표준 및 원리가 된다.**

☞「일원상의 진리와 신앙과 수행이며 서원을 밝히고 그 진리를 깨달
아 수행하는 가장 기준이 되는 법문을 이 일원상법어에 밝혀주었다. 그
러므로 앞으로 대각의 표준을 이것으로써 기준을 삼아야 하며, 깨달은
견성의 인가도 이것으로 표준을 삼아야 될 줄 안다」(안이정, 『원불교교
전 해의』, 원불교출판사, 1998, p.172).

2) 일원상법어는 하나의 성품 원리를 설하고 있다.

☞「(일원상법어에서 보면) 생로병사의 변화도 성품이요 법신불의 진리에 근원했다. 인과보응의 이치도 하나의 성품이요, 하나의 법신불의 진리에 근원했다」(송천은, 「일원상 진리」, 창립10주년기념 추계학술회의 《원불교 교의 해석과 그 적용》, 한국원불교학회, 2005년 11월 25일, p.F).

3) 일원상 진리를 각하여 육근으로 활용하자는 원리이다.

☞「일원상법어 앞의 부분은 대종사가 깨친 일원상 진리의 경지를 밝히고, 뒤의 부분은 원만구족하고 지공무사한 일원상의 진리를 안이비설신의 육근 동작으로 활용하라는 내용이다」(한정석, 『원불교 정전해의』, 도서출판 동아시아, 1999, p.135).

4) 일원상법어는 외경을 통해 나타나는 심신작용을 육근으로 실천하는 마음공부의 원리이다.

☞「소태산은 일원상 진리를 인간을 포함한 모든 존재의 본성 마음으로 파악하고 이러한 진리를 인간의 주체적인 활동으로 다양하게 작용할 수 있도록 제시하였다. 그것이 바로 일원상법어의 교시이다. … 일원상법어는 우리의 육근을 통하여 삶의 장면마다에서 나타나는 외경을 마음으로 작용하여 다시 육근으로 실천하는 마음공부의 원리이다」(장연광, 『마음공부의 이론과 실제』, 도서출판 한맘, 2008, pp.53-55).

5) 일원상법어는 覺을 하지 못한 사람이라도 불성의 원리를 알아서 시방삼계가 오가의 소유임을 알게 해준다.

☞「법어는 진리를 覺한 성자의 언행을 문자화하여 기록하여 놓은 것이다. 설사 일원의 진리를 覺하지 못한 사람이라도 일원의 진리를 신앙하기만 할지라도 어느 정도 시방삼계가 오가의 소유인 줄 알 수 있지 않을까 생각한다」(서경전, 『교전개론』, 원광대학교출판국, 1991, p.195).

10. 일원상법어의 특징

일원상법어의 특징은 '이 원상을 각하면'이라 하여 법신불을 몰록 깨닫는 것과 각증의 방법론이 드러나 있다. 특히 신비나 독단에 떨어지지 않고 일원상을 표준으로 하여 원만구족하고 지공무사한 행동을 함으로써 성자의 인품을 양성하도록 유도하는 점이 두드러진다. 또 일원상법어는 일원상진리의 결론적 성격을 지니며, 천지개벽과 인간개벽의 가치가 스미어 있는 일원상 법어를 체득하는 지혜가 필요한 것이다.

1) 일원상법어는 覺證 위에 진리터득의 방법론적 제시이다.

☞「일원상의 본질 체성을 풀이한 큰 일원상을 그려 보이고 첫 허두에 '이 일원상을 覺하면' 이라 하였는데 이는 일언일구도 감히 허용하지 않는 당처임을 천명함이요, 어느 한쪽이나 한 물건일 수 없는 궁극적이요 전체자임을 밝힘이며, 한갓 상징적인 표상이 아니라 우주와 인생의 생성하는 존재론적 사실임을 입증한 것으로서 覺證 위에 영롱하게 드러나는 경지라 한 것이며, 또한 진리터득의 방법론적 제시라고 할 것이다」(이은석, 『정전해의』, 원불교출판사, 1985, p.95).

2) 일원상법어는 신비나 독단에 떨어지지 않고 일원상을 표준삼고 공부할 수 있도록 인도하는 법어이다.

☞「경전에 모든 법문이 법어 아님이 없거늘 특별히 일원상 법어를 밝혀준 의의는 공부인이 자칫하면 독단에 흘러서 신비한데 떨어지거나 아니면 현실이나 이론에만 치우쳐 일원상을 표준삼고 공부하는 본의를 저버릴 염려가 있기 때문에 가장 바르고 기본적인 각행의 표준으로 제시해준 것 같다」(신도형, 『교전공부』, 원불교출판사, 1992, p.74).

3) 일원상법어의 공부는 점수보다는 돈수라는 면을 강조한다.

☞「일원상법어는 일원상의 진리 그대로 활용하는 것이다. 착실히 닦아가는 것은 점수이고 성품을 그대로 활용하는 것은 돈수이다. 일원상법어는 점수보다는 돈수라는 면을 강조한 것이다」(한정석, 『원불교 정전해의』, 도서출판 동아시아, 1999, p.135).

4) 일원상법어를 법신불의 원만구족하고 지공무사한 언행의 표준으로 삼으면 무한의 가치가 발하도록 한다.

☞「(일원상법어에서 보면) 성품과 법신불의 이름은 다르나 실체는 하나이다. 성품이나 법신불은 본래 원만구족하고 지공무사한 것이므로 이 한 진리의 우주 질서를 따르면 거기서 모든 가치가 발생한다」(송천은, 「일원상 진리」, 창립10주년기념 추계학술회의 《원불교 교의 해석과 그 적용》, 한국원불교학회, 2005년 11월 25일, p.F).

5) 일원상법어는 일원상진리에 대한 결론적 성격을 지닌다.

☞「소태산은 일원상법어 후반부에서 … 사람이 육근을 일원과 같이 원만구족하고 지공무사하게 사용하여야 한다고 하였다. 일원상법어는 일원상진리에 대한 결론적 성격을 지니는 것이기 때문에 소태산 대종사

가 진리의 **활용성**에 대해 얼마나 강조하고 있는지를 살필 수 있다」(박
상권, 「원불교 신앙론」, 『인류문명과 원불교사상』(上), 원불교출판사,
1991, p.227).

6) 일원상법어에는 개벽이라는 역사적 의미가 스며있다.

☞「일원상법어는 다음 세 가지 개벽의 큰 역사를 이룩하게 된다. 첫
째 일원상의 대각을 통해 교단을 창건하게 된 개교정신, 둘째 물질개벽
시대에 물질을 잘 사용하기 위한 정신개벽의 경륜, 셋째 일원상을 대각
하고 심신을 원만구족하고 지공무사하게 사용함, 정각정행 등의 역사적
의미가 담겨있다」(한기두, 『원불교 정전연구』-교의편-, 원광대학교출판국,
1996, p.131).

11. 일원상법어의 실천방법

일원상법어는 원불교 신앙의 대상인 일원상을 깨달음의 표준으로 삼
아 삼학을 병진하는데 도움을 준다. 또 세상을 밝게 밝히도록 안이비설
신의 육근을 일원상과 같이 원만구족하고 지공무사하게 활용해야 한다.
그것은 반야와도 같은 부동심의 함양에서 비롯되기 때문이다.

1) 일원상법어를 통해 확실한 깨달음의 표준을 잡고 삼학을 병진해야 할 것이다.

☞「소태산 여래의 법문을 듣고 수양에만 편중해서는 안 되고 삼학을
병진해야 함을 알게 되었고 그 후 깨닫는다고 하는데 무엇을 어떻게 깨
닫는 것인가? 의심이 생겨 스스로 생각하다가 이 일원상법어의 법문을
받들고 나서 확실한 깨달음의 표준을 잡을 수 있게 되었다」(안이정, 『
원불교교전 해의』, 원불교출판사, 1998, p.173).

2) 일원상법어는 세상을 밝히는 깨달음의 법어로 삼아야 한다.

☞「일원상법어는 마치 진리의 태양이 솟아 밝아오는 것과도 같은 큰
의미를 갖는다. 일원상법어는 일반적으로 대각개교절에 봉독하는 지정
된 법문으로 되어왔다. 이런 점에서 이상에 밝힌 말씀을 더욱 바르게
밝힘으로써 일원상법어가 주는 의미가 세상에 드러나리라」(한기두, 『원
불교 정전연구』-교의편-, 원광대학교출판국, 1996, p.131).

3) 일원상 6개를 표본으로 삼아 육근의 작용으로 본받도록 하였다.

☞「대종사가 일원상을 크게 그림을 그려놓고 일원상 진리를 깨친 내
용이 이러 이러한 것이라고 하였다. 그 다음에는 작은 일원상 6개를 그

려놓고 안이비설신의로 법 받으라 하였다. 큰 일원상을 그린 것은 일원상의 진리가 이러 이러한 것이라고 몰아서 밝히고, 작은 일원상은 눈 코 귀 입 몸 마음 육근으로 작용할 때 일원상을 법 받으라는 내용이다. 직접적으로 본받기 위해서 작은 일원상을 그려놓은 것이다」(한정석, 『원불교 정전해의』, 도서출판 동아시아, 1999, p.136).

4) 일원상 법어의 실천은 육근의 원만구족 지공무사를 지향함인 바, 반야와 같은 부동심을 양성하는 것이 중요하다.

☞「우리가 산다는 것은 자신의 육근 또는 마음이 세상의 여섯 가지 경계에 출입하면서 은혜를 받기도 하고 주기도 하는 과정이다. 문제는 우리 마음이 세상에서 다가오는 흥망성쇠의 경계에 출입하면서 더럽혀지기도 하고, 정 때문에 집착하기도 하고, 경계에 둘러싸여 제 정신을 잃기 쉽다는 것이다. 우리가 반야공부를 하면 이렇게 경계에 물든 것이 담박해지고 걸림이 줄어들고 유혹에 흔들리지 않게 되어 이 모든 것이 점점 줄어들어 결국 부동심이 된다」(장응철 역해, 『자유의 언덕-반야심경 강의』, 도서출판 동남풍, 2000, p.136).

12. 일원상법어의 연계사상

유불도 3교가 일원의 진리에 회통한다는 소태산의 가르침에서 볼 때 일원상법어는 불교의 경전과 교리, 유교의 경전과 교리, 기독교의 경전과 교리 등에서 성자정신으로 회통하고 있다. 일원상법어는 특히 불교 경전의 가르침, 곧 팔정도와 통한다.

1) 일원상법어는 『팔만대장경』, 『사서삼경』, 『신약』 『구약』 등의 내용과 회통한다.

☞「(일원상법어는) 삼세제불 현성이 각기 그 시대와 국토를 따라 천만방편과 언설로써 또한 표상하였다. 그것이 『팔만장경』이요 『사서삼경』이며 『신약』 『구약』이요 동서학설이었으니 어찌 우열심천이 있으리요만, 다만 시대와 국토가 근기를 따라 달리하였을 뿐이다」(이은석, 『정전해의』, 원불교출판사, 1985, p.95).

2) 과거불교에서는 불법의 기준을 諸行無常은 是生滅法이라 하듯, 일원상법어는 같은 맥락에서 이해된다.

☞「과거불교에서는 불법의 기준을 諸行無常是生滅法 生滅滅已寂滅爲樂이라 하여 이 기준에 어긋나면 불법이 아니라 했다. 그러므로 일원상

법어는 우리의 교리이해 여부의 기준이 되고 진리를 깨닫고 깨닫지 못한 것을 판단하고 인증해주는 기준이 된다 할 수 있다」(안이정, 『원불교교전 해의』, 원불교출판사, 1998, p.172).

 3) 『반야심경』과 일원상법어의 육근작용은 상통하는 바가 있다.

　☞「『반야심경』을 처음부터 읽어보면 안이비설신의 육근과 십이인연법으로 해놓은 것이다. 색성향미촉법 하니까 무슨 말인지 모를 것이다. 색은 뭔가? 눈으로 보는 것 아닌가. 성은 귀로 듣는 것이다. 비는 코로 냄새를 맡는 것이다. 이렇게 『반야심경』은 안이비설신의 육근, 십이인연, 사제로 구성되어 있다. 그런데 일원상법어에 보면 우리 대종사는 그 안이비설신의를 일일이 원으로 그려서 눈으로 볼 때도 원만구족하고 지공무사하게 봐라, 코로 냄새를 맡을 때도 원만구족하고 지공무사하게 쓰라고 하였다」(심익순, 『이 밖에서 구하지 말게』, 원불교출판사, 2003, p.13).

 4) 일원상법어는 활용의 면에서 불교의 돈오돈수와 같다.

　☞「일원상법어는 대종사가 원만구족하고 지공무사한 일원상의 진리를 깨쳐서 육근동작에 활용케 하는 법이다. 그러므로 깨친 일원상의 진리를 육근 동작에 그대로 활용하는 돈오돈수라 할 수 있다」(한정석, 『원불교 정전해의』, 도서출판 동아시아, 1999, p.151).

 5) 일원상법어의 원만구족 지공무사는 팔정도와 통하는 면이 있다.

　☞「(8정도) 첫 번째 올바른 견해(正見)는 있는 그대로 보는 것이다. 이로써 자기와 세계의 있는 그대로의 모습, 즉 연기의 도리를 알게 된다. 정견에 기초하여 올바른 사유(正思)가 생긴다. 이에 바탕하여 올바른 말(正語), 올바른 행동(正業), 올바른 생활(正命), 올바른 노력(正精進) 등이 행해지게 된다. 이것들은 일상의 생활이 正見에 기초하여 도리에 맞는 생활이 됨을 말한다. 그렇게 되면 바른 생각(正念)이 확립된다」(정순일, 『인도불교사상사』, 운주사, 2005, p.136).

13. 보충해설

　일원상법어는 '이 원상의 진리를 각하면' 으로 시작한다. 일원상의 진리를 깨닫는다는 것을 전제로 하는 장이 「일원상법어」 장이라 볼 수 있다. 불교의 돈오돈수적 원리가 적용되는 셈이다. 일원상 진리를 깨닫고 보면 시방삼계가 오가의 소유요, 우주만물이 둘이 아니며, 제불조사와 범부중생의 성품이 둘이 아니라는 것이다. 시방일가요 사생일신의 진리를 깨닫는 것이 일원상법어의 요체인 셈이다.

이어서 일원상법어는 육근 각 항목을 사용할 때 쓰는 것이니 원만구족하고 지공무사하다고 하였다. 따라서 일원상법어는 覺과 行으로 이어지는 것이다. 눈을 사용할 때, 귀를 사용할 때, 코를 사용할 때, 입을 사용할 때, 몸을 사용할 때, 마음을 사용할 때 쓰는 것이니 원만구족과 지공무사로 이어져야 함이 설파되고 있다. 어쩌면 『정전』「일원상」장이 일원상법어에서 결론으로 맺어지는 양상이다. 깨달음과 행동을 유도하는 법어가 일원상법어의 핵심이기 때문이다.

하여튼 『정전』 일원상의 진리, 일원상의 신앙, 일원상의 수행, 일원상서원문, 일원상법어를 통해서 우리는 몇 가지 새겨야 할 사항이 있다. 숭산종사는 다음과 같이 일원상법어에 대한 몇 가지의 질문을 던지고 있다. ① 각하면 어떻게 해서 오가의 소유인 줄 아는가? ② 인과보응이 음양상승의 이치와 같이 된다는 것은?(『숭산논집』, 원광대학교출판국, 1996, p.62). 이는 일원상 진리와 관련하여 일상생활의 화두로 새겨볼 사항이라 본다.

14. 연구과제

1) 이 원상의 진리를 각하면 시방삼계가 다 오가의 소유인 줄을 안다는 것은?

2) 우주만물이 이름은 각각 다르나 둘이 아닌 줄을 안다는 것은?

3) 제불조사와 범부중생의 성품인 줄을 안다는 것은?

4) 인과보응의 이치가 음양상승과 같이 되는 줄을 안다는 것은?

5) 원만구족한 것이며 지공무사한 것이라는 의미는?

6) 일원상 진리, 일원상 신앙, 일원상 수행, 일원상서원문이 있는데, 일원상법어를 또 설하게 된 이유는 있는가?

7) 일원상법어를 나의 깨달음과 연결하여 설명하시오.

15. 고시문제

1) 일원상 법어의 내용을 그대로 쓰고 각자 법 받는 표준을 쓰시오.

2) 다음 어휘를 간략하게 설명하시오

(1) 음양상승

(2) 인과보응의 이치가 음양상승과 같이 되는 줄을 알며.

3) 일원상 법어에서 "이 원상의 진리를 각하면 시방세계가 다 오가의 소유인 줄을 알며" 라 하였는데 그와 같이 말씀하신 이유와 이 진리를 체득한 사람의 심경을 서술하시오.

4) 일원상의 진리를 각하면 시방삼계가 다 오가의 소유인 줄 안다 하였으니 그 뜻을 설명하시오.

5) (이 원상의 진리를 각하면) 인과보응의 이치가 음양상승과 같이 된다고 하였으니 이를 설명하시오.

제6절 게 송

○ 「게송」의 원문

유는 무로 무는 유로, 돌고 돌아 지극하면,
유와 무가 구공이나, 구공 역시 구족이라.

1. 게송의 등장배경

주지하듯이 과거 불가의 제불조사들이 설한 게송이 전승되어 왔고, 게송을 통해서 불불계세 성성상전의 소식을 알 수 있게 되었다. 소태산은 제자들에게 단전이 아닌 공전으로 게송을 전하여 법맥을 계승토록 했으며, 교단 만대를 예시함과 더불어 구공과 구족의 삶을 유도하였다.

 1) 소태산은 주산에게 과거 7불의 전법 게송을 해석하라 하였다.

　☞「대종사 선원에서 송도성에게 "과거 七佛의 전법 게송을 해석하라" 하시니, 도성이 칠불의 게송을 차례로 해석하여 제7 서가모니불에 이르러 "법은 본래 無法에 법하였고 무법이란 법도 또한 법이로다. 이제 무법을 부촉할 때에 법을 법하려 하니 일찍이 무엇을 법할꼬" 하거늘, 대종사 "그 새김을 그치라" 하시고 말씀하시기를 "본래에 한 법이라고 이름지을 것도 없지마는 하열한 근기를 위하사 한 법을 일렀으나, 그 한 법도 참 법은 아니니 이 게송의 참 뜻만 깨치면 천만 경전을 다 볼 것이 없으리라"」(『대종경』, 성리품 30장).

 2) 소태산 대종사는 원기 26년 대중들에게 공전으로 게송을 내렸다.

　☞「원기 26년, 소태산 대종사께서 게송, 무시선, 무처선 등의 법문을 내리시니 총부는 온통 법의 희열로 가득 찼다. 이때 정산종사는 총부 교감으로 있으면서 학원생들의 공부심을 진작시키셨는데…」(『정산종사법설』, 제8편 편편교리, 26.불공).

 3) 게송 발표를 통하여 과거 불가의 전법게송 문화를 개혁하였다.

　☞「원기 이십 육년(1941) 일월에 대종사 게송을 내리시고 말씀하시기를 "옛 도인들은 대개 임종 당시에 바쁘게 전법 게송을 전하였으나

나는 미리 그대들에게 이를 전하여 주며, 또는 몇 사람에게만 비밀히 전하였으나 나는 이와 같이 여러 사람에게 고루 전하여 주노라. 그러나 법을 오롯이 받고 못 받는 것은 그대들 각자의 공부에 있나니 각기 정진하여 후일에 유감이 없게 하라”」(『대종경』, 부촉품 2장).

4) 게송을 설하는 것 외에도 많은 제자들에게 법복을 지어주고 성찬도 하는 등 장래 교단사를 부촉하였다.

☞「대종사는 열반을 앞두고 대중들에게 게송을 전함만이 아니었다. 애제자들에게 함께 식사를 하고 고루 법복을 지어 주었다. 옛 스님의 법을 전하는 의식을 대종사는 공개적으로 모든 제자들에게 두루 베풀었다. 이 무렵 대종사는 초창기 회상 창립에 애쓴 남녀 제자들을 불문하고 불러 함께 성찬하는 일이 잦았다. 평소 대종사가 남긴 밥을 나눠먹길 좋아하는 제자들에게 이런 영광이 있을 수 없었다」(박용덕, 『금강산의 주인되라』, 원불교출판사, 2003, p.89).

5) 소태산 대종사의 게송 정신을 정산종사는 삼동윤리로 받들었다.

☞「소태산 대종사는 1941년 1일 4일 게송을 전하였고, 정산종사는 1962년 1월 22일 삼동윤리를 게송으로 전하였다. 불불계세 성성상전이었던 것이다. 과거 도가엔 게송이 단전이었으나, 원불교는 공전으로 게송을 전한다」(류성태, 『대종경풀이(하)』, 원불교출판사, 2008, p.74).

2. 게송의 의미

게송은 진리의 소식과 성자의 심법을 간결한 글귀로 전하는 간결한 법문인 바, 소태산 대종사의 게송은 일원상 진리에 바탕한 우주와 인간의 진리적 접근, 유무순환, 구공과 구족의 원리가 표현되고 있다. 게송이란 고금 불보살이 깨달은 무상의 진리를 시구 형식으로 제자들에게 전하는 법어를 말한다.

1) 게송은 일원상 진리와 소태산의 심법을 송으로 집약한 법문이다.

☞「게송은 일원상의 진리와 대종사의 심법을 송으로 집약하여 천하에 전해주는 법문이다」(신도형, 『교전공부』, 원불교출판사, 1992, p.76).

2) 게송은 우주 본체와 인간 본성에 대한 진리적 해석이다.

☞「게송은 우주 본체의 진리적 해석이다. 또한 自心 본성상의 진리이다」(원불교사상연구원 편, 『숭산논집』, 원광대학교출판국, 1996, p.68).

3) 게송은 진리의 당체요 성리의 진체로서 우주관, 세계관, 진리관, 인

생관의 근거가 된다.

☞「원기 26년 1월, 익산총부에서 전법게송을 내리니 진리의 당체요 성리의 진체라 하고, 이 자리는 사량으로 알려고 하지 말고 관조로써 체득하라 하였다. 그러나 강연히 근원적인 사상을 살펴보면 이는 본교의 우주관이요 세계관이며 진리관이며 인생관의 근거가 된다. 세계와 우주를 어떻게 볼 것이냐, 진리를 어떻게 보느냐, 인생을 어떻게 관찰하겠느냐 이것을 게송으로 나타낸 것이다」(이은석, 『정전해의』, 원불교출판사, 1985, p.100).

4) 게송은 유무순환, 구공, 구족의 진리이다.

☞「대종사의 게송은 다음 3가지의 진리, ① 순환의 진리-유는 무로 무는 유로 돌고 돌아, ② 구공의 진리-지극하면 유와 무가 구공이나, ③ 구족의 진리-구공역시 구족이라로 나누어 볼 수 있다. 이는 상대심을 절대심으로 돌리는 공부이며, 그리고 유무를 동정으로 파악할 수 있다」(서경전, 『교전개론』, 원광대학교출판국, 1991, p.201).

5) 소태산이 28년 동안 설한 무상법문이 게송으로 집약되어 있다.

☞「대종사 28년의 무상 대법문을 요약해서 『교전』의 한 장으로서 게송을 천하에 공포하였다. 고경에 말하기를, 성인이 나기 전에는 도가 하늘에 있다가 성인이 출세한 후에는 도가 성인에게 돌아오며 성인이 떠난 후에는 그 도가 인심에 있다고 하였다. 『교전』에 주세불인 대종사의 이념과 대정신이 들어있음을 알아야 할 것이다」(이운권, 고산종사문집1 『정전강의』, 원불교출판사, 1992, p.36).

6) 게송이란 불보살이 깨달은 소감을 글귀로 표현, 찬미하는 것이다.

☞「게송은 불보살들이 스스로 깨달아 느낀 소감을 글로 표현한 것을 偈라 하고 이 글을 찬미하여 외어 읽는 것을 頌이라 한다. 그러므로 불보살들이 평생을 수행 정진한 끝에 깨달은 것을 글로 엮어 표현한 것을 게송이라 하며 … 또 불교는 참뜻을 간략히 표현한 글귀도 게송이라 하는 경우가 있다」(안이정, 『원불교교전 해의』, 원불교출판사, 1998, pp.211-212).

3. 게송의 대의강령

1) 유는 무로 무는 유로 변화한다.

2) 유와 무가 순환하여 지극한 경지에 이른다.

3) 유와 무의 텅 빈 경지가 된다.
4) 텅 빈 구공 역시 다북 찬 경지이다.

4. 게송의 구조
1) 유무의 변화(유는 무로~무는 유로).
2) 순환의 영속성(돌고 돌아~지극하면).
3) 구공의 정점(유와 무가~구공이나).
4) 구족으로의 귀결(구공 역시~구족이라).

5. 단어해석
게송 : 불보살이 깨달은 진리를 시구 형식으로 전하는 것을 偈頌이라 한다. 소태산은 유무의 순환·구공·구족의 진리를 게송으로 전했다.

유무 : 현상계에 실재하는 것을 有라고 한다. 또한 우리의 생존 내지 소유물을 유라고 하며, 이 有에 상대되는 것을 無라고 한다. 유는 또한 변화세계이며 무는 고정된 실체가 없는 불변의 세계이다. 유는 무로, 무는 유로 순환 변화하는 것이 게송의 진리이다. 『정전』 일원상의 진리와 사리연구의 요지 등에 대소유무가 나오는데, 유무는 우주 만유의 생로병사, 춘하추동 등 변화를 지칭한다.

지극 : 더할 나위 없이 극진한 데까지 이르는 것을 至極이라 한다. 유는 무로, 무는 유로 더할 나위 없이 극진한데 까지 이르는 것을 말한다.

구공 : 유와 무가 함께(俱) 텅 비어 있는 것을 俱空이라 한다. 유와 무가 지극하면 유도 아니요 무도 아닌 모두 텅 빈 상태가 된다. 이는 상대적 유와 무에 집착하지 말라는 의미이다.

구족 : 본체의 측면에서 유와 무가 구공이 되어 텅 비었지만, 현상의 측면에서는 텅 빈 것으로 끝나지 않고 유와 무가 풍요롭게 갖추었다는 것이 具足이며, 유무·변불변을 총섭한다는 의미이다. 소태산은 『대종경』 성리품 31장에서 게송을 내리며 구공·구족을 설했다.

6. 숙어·문제풀이
1) 유는 무로 무는 유로 돌고 돈다는 것은?

(1) 형상이 있는 유는 형상이 없는 무로 순환하고, 형상이 없는 무는 형상이 있는 유로 생생약동하면서 순환한다는 것이다.

(2) 분별이 있는 가운데 분별이 없음을 알고, 분별이 없는 가운데 분별이 있음을 알라는 뜻이다.

(3) 정산종사 역시 법어에서 "有爲爲無爲 無相相固全 忘我眞我現 爲公反自成"(무본편 33장)을 말하여 유위는 무위로, 무상은 유상으로 순환됨을 언급하였다.

(4) 유상으로 보면 본체(불변)의 세계로, 무상으로 보면 현상(변화)의 세계로 전개되므로 어느 하나에 구애되지 말라는 것이다.

 2) 지극하면 유와 무가 구공이라는 것은?

(1) 유는 무로, 무는 유로 순환함에 있어 지극하면 모두 텅 빈다는 것이다.

(2) 유와 무가 돌고 돈다는 것은 일원상의 순환무궁을 언급함이고, 여기에서 지극함은 일원상의 지극함이며, 이는 허공법계의 텅 빔이다.

(3) 색즉시공, 공즉시색의 상즉성에 이어 색과 공이 모두 텅 빈 세계를 언급한 것이다.

(4) 至極과 俱空은 상대적 용어가 아니므로 유무의 개체를 초월한다.

 3) 구공 역시 구족이라는 의미는?

(1) 유와 무가 함께 비어 있으나(俱空) 그렇다고 빈 그대로 있는 것이 아니라 가득 차 있는 것(具足)이니, 지극의 단계가 이와 관련된다.

(2) 구공은 불변의 세계요 구족은 변화의 세계인데, 변·불변이 하나인 것처럼 구공·구족도 하나의 진리이다.

(3) 구공은 본체의 세계라면 구족은 현상의 세계로서 진공묘유의 원리에 따라 구공과 구족은 본체와 현상의 상즉성을 말한다.

(4) 지극하다 하였으나 이 또한 가르치기 위하여 강연히 표현한 말에 불과하며, 구공·구족을 따로 논할 여지가 어디에 있는가(『대종경』, 성리품 31장).

7. 관련법문

☞「원기 26년 1월에 대종사 게송을 내리신 후 말씀하시기를 "유는 변

하는 자리요 무는 불변하는 자리나, 유라고도 할 수 없고 무라고도 할 수 없는 자리가 이 자리며, 돌고 돈다 지극하다 하였으나 이도 또한 가르치기 위하여 강연히 표현한 말에 불과하나니, 구공이다 구족하다를 논할 여지가 어디에 있으리요. 이 자리가 곧 성품의 진체이니 사량으로 이 자리를 알아내려고 말고 관조로써 이 자리를 깨쳐 얻으라"」(『대종경』, 성리품 31장).

☞「원기 26년 1월에 대종사 게송을 내리시고 말씀하시기를 "옛 도인들은 대개 임종 당시에 바쁘게 전법 게송을 전하였으나 나는 미리 그대들에게 이를 전하여 주며, 또는 몇 사람에게만 비밀히 전하였으나 나는 이와 같이 여러 사람에게 고루 전하여 주노라. 그러나 법을 오롯이 받고 못 받는 것은 그대들 각자의 공부에 있나니 각기 정진하여 후일에 유감이 없게 하라"」(『대종경』, 부촉품 2장).

☞「박정훈이 여쭈었다. "의리선, 여래선, 조사선과 우리의 게송과는 어떠한 관계가 있습니까?" " '유는 무로 무는 유로 돌고 돌아' 는 의리선이요, '지극하면 유와 무가 구공이나' 는 여래선이며, '구공 역시 구족이라' 는 조사선이라 할 수 있다"」(『한울안 한이치에』, 제3장 일원의 진리 35).

8. 게송의 형성사

소태산은 열반 2년 전(1941)에 게송을 설하였으며, 게송을 설한 후 제자들에게 부촉하는 법문이 잦아졌다. 게송은 『불교정전』에 처음 나타나며, 이는 「일원상의 유래」 대신에 삽입된 것이다. 현 『정전』에서는 「일원상」 장 후반에 배치시키어 일원상과 밀접한 관계를 갖게 하였다.

1) 열반 2년 전 게송을 설하고, 1년 전부터는 부촉의 법어를 설했다.

☞「대종사는 제자들에게 종종 이런 말을 하였다. "나는 딱 당하여 유언하거나 숨 헐떡거리며 게송을 하지 않는다." 대종사는 한 개인에게 은밀히 법을 주시거나 의발을 전하지 않았다. 열반하기 2년 전인 1941년 1월 28일, 공회당에 대중을 모아놓고 게송을 설하였고, 1년 전부터 200여명의 제자들에게 골고루 새 법복을 주면서 부촉할 일을 유감없이 다 마쳤다」(박용덕, 『금강산의 주인되라』, 원불교출판사, 2003, pp.167-168).

2) 게송은 원불교 초기교서의 『불교정전』에 처음 나타난다.

☞「『불교정전』 제2편 敎義, 제1장 사대강령, 1) 사대강령의 大義, 제

2장 일원상 1) 일원상의 진리, 2) 일원상의 신앙, 3) 일원상의 수행, 4) 일원상서원문, 5) 일원상법어, 6) 일원상의 유래, 제3장 게송」(『불교정전』, 목차).

3) 오늘의 『정전』에서는 게송을 「일원상」 장 후반에 배치시킴으로서 일원상과의 관계를 밀접히 하였다.

☞「후일의 『정전』에서는 일원상을 교의편의 서두에 독립시키면서 제6절에 게송을 배치시킴으로써 일견 게송의 위상을 약화시키는 듯 하였으나 내용상으로는 일원상의 진리와의 관계를 확고히 하고 있다. 이는 게송의 중심 교리로서의 위상이 오히려 강화된 것이라 평가할 수 있다. 따라서 게송을 단순히 게송 또는 소태산의 게송이라 말하기보다는 일원상게송이라 하는 것이 좋지 않을까 생각된다」(정순일, 「삼제원융의 구도로 본 일원상게송」, 『원불교사상』 제20집, 원불교사상연구원, 1996.12, p.248).

9. 게송과 일원상의 관계

교리도를 보면 원불교의 종지로서 상단에 일원상을 그렸고 하단에 게송으로 결론을 맺고 있으니 게송은 일원상의 진리 및 교리 전체를 함축하는 의미를 지니며, 내용에 있어 유무 순환 등을 밝히고 있다. 또한 게송은 일원상 신앙문과 수행문의 양 대문에 속하여 일원상의 전법게송의 성격을 띠면서 일원상 진리의 대 결론에 이르는 궁극의 법어인 셈이다.

1) 게송을 일원상진리 바로 아래에 둔 것은 교리 전체를 포괄, 함축하는 의미를 지닌다.

☞「교리도에서 게송을 일원상진리 바로 아래에 넣은 이유는 게송 그 자체는 교리의 어느 일부분을 설명하는 것이 아니라 교리 전체를 포괄하여 가장 간단명료한 언어로 표현한 것이다. 교리도에 제시된 게송 역시 단순한 전법게송의 의미 차원보다 원불교 진리의 함축적 표현을 나타낸 것이기도 하다」(김인종, 「인명논리와 일원상게송의 순환성 고찰」, 『원불교사상』 제14집, 원불교사상연구원, 1991, p.144).

2) 게송은 일원상 진리를 유무 순환으로 집약하였다.

☞「게송은 일원상 진리의 내용을 몇 구절로 집약하였다. '대소유무에 분별이 없고~언어명상이 돈공하다' 고 한 것은 無의 면으로 본 것이며, '공적영지의 광명을 따라 대소유무에 분별이 나타나서~은현자재한

다’ 는 것은 有의 면으로 말한 것이다. ‘유는 무로, 무는 유로 돌고 돈다’ 는 것은 일원상 진리의 내용 전체를 포함하고 있다. 일원상의 진리절을 볼 때도 유는 무로 무는 유로 돌고 돈다는 순환불궁으로 보아야 할 것이다」(한정석, 『원불교 정전해의』, 도서출판 동아시아, 1999, p.153).

3) 일원상은 신앙문과 수행문으로 나뉘며, 게송은 양 대문에 속한다.

☞「일원상을 중심해서 보면 신앙문과 수행문의 구별을 초월한다. 이렇게 보면 교리도 전체를 일원상의 진리 자체로서 이해할 수도 있다. … 또한 게송을 통해 체성적인 면과 작용적인 면이 신앙문 속에 포함되어 있고 수행문 속에도 포함되어 있으면서 다시 체성과 작용을 하나로 보는 진리관을 제시하고 있다」(서경전, 『교전개론』, 원광대학교출판국, 1991, pp.118-119).

4) 교리도에서는 일원상을 종지로 하여 전법게송을 전하고 있다.

☞「교법의 진수를 집약하여 일목요연하게 도식으로 표현해준 법문으로서, 일원상을 종지로 하여 신앙문과 수행문을 세워 원만한 신앙생활과 원만한 수행길을 밝혀주고, 인생의 요도와 공부의 요도로 나누어 제생의세의 묘방을 제시해 주었으며, 교리의 이념이요 교단의 목표인 사대강령을 드러내고 일원상의 내용과 전법게송을 골자로 하였다」(신도형, 『교전공부』, 원불교출판사, 1992, p.29).

5) 게송은 일원상의 결론에 이르는 법어이다.

☞「 “유는 무로, 무는 유로, 돌고 돌아 지극하면, 유와 무가 구공이나 구공 역시 구족이라.” 이 말씀은 대종사의 최후법문이며 일원상의 결론에 이르게 하는 궁극의 진경을 설명하는 법어이다」(한기두, 『원불교 정전연구』-교의편-, 원광대학교출판국, 1996, p.145).

10. 게송의 원리

게송은 일원상 진리의 본체와 현상의 양면적·상즉적 원리를 밝혔으며, 대소유무의 원리에 따라 진리의 변화작용을 밝혔다. 또한 게송은 유무순환에 따른 은현자재의 원리가 담겨있어 마음공부에 도움이 된다.

1) 게송은 현상과 본체라는 양면적·상즉적 원리를 밝히고 있다.

☞「 “유는 무로 유는 무로 돌고 돌아 지극하면 유와 무가 구공이나 구공 역시 구족이라” 는 게송에서 유무 변환은 만법이 형형색색으로 나

뉘어 있는 현실세계의 차원이다. 일체개공은 한 법도 찾아볼 수 없는 공의 세계이다. 마지막으로 一切皆眞은 다시 만법이 전개되는 현실세계이다」(정순일, 「성리개념의 변화와 그 본질」, 『원불교사상과 종교문화』 35집, 원불교사상연구원, 2007.2, p.134).

 2) 게송의 구조는 대소유무의 원리에 바탕하고 있다.

　☞「구공 역시 구족이라는 표현은 자성의 초한 면인 大와 無에 바탕하면서도 원만구족하고 지공무사한 진리의 작용에 맞게 小와 有의 측면을 강조하는 의미로 보인다」(김영민, 「원불교 性理의 활용방안」, 『원불교사상』 23집, 원불교사상연구원, 1999, p.83).

 3) 게송의 원리는 유에서 무로, 무에서 유로 순환 변화하는 원리이다.

　☞「유무의 변화는 ‘유는 무로 무는 유로 돌고 돌아 지극하면 유와 무가 구공이나 구공 역시 구족이라’ 는 명제에 근원해서 ‘유무 초월한 자리의 심경’ 을 정산종사께서 말씀해 주셨다」(박장식, 『평화의 염원』, 원불교출판사, 2005, p.220).

 4) 게송은 일원상 진리의 유무순환에 따른 은현자재의 원리이다.

　☞「게송은 일원상 진리의 속성인 유무순환의 은현적 원리를 논리적으로 잘 나타내고 있다. 이러한 진리의 은현하는 속성은 어느 무엇에 의하여 이루어지는 것이 아니라 은현하는 속성 그 자체가 스스로 있다는 것 즉 은현자재하는 것이다. 본체나 현상의 실체는 스스로 은현적 속성을 지니고 있다는 것이다」(김인종, 「인명논리와 일원상게송의 순환성 고찰」, 『원불교사상』 제14집, 원불교사상연구원, 1991, p.146).

 5) 게송은 우리의 마음이 공원정에 바탕한 것임을 알아 실천토록 하는 마음공부의 원리를 제시한다.

　☞「대종사님께서 게송에 밝혀주신 바와 같이 우리의 마음은 지극히 공한 것이며, 지극히 원만한 것이며, 지극히 구족한 것이라. 학식상에 걸린 사람, 사업상에 걸린 사람, 이 모든 상이 일체 죄악의 근본이 되고 고의 근본이 되나니라」(『정산종사법설』, 제2편 공도의 주인 7장).

11. 게송의 특징

소태산 대종사의 게송은 열반 이전에 전한 것이라든가, 형식도 단전이 아니라 공전으로 전한 점이 특징이다. 게송의 문구 형식은 일정한 규정이 있어 사구게의 형식을 취한다. 그리고 게송은 우주만유의 연기적 순환의 진리를 전하고 있는 바, 일원상진리 작용의 패러다임으로서 단순 간결한 표현으로 전한 점에서 생활불교의 특징을 드러내고 있다.

1) 과거불교의 열반 당시 전하는 성향과 달리 소태산은 열반 전에 이미 게송을 전하였다.

☞「원기 26년에 게송을 내렸다. 첫째, 임종 전에 게송을 내린 것이다. 대종사가 원기 28년에 열반을 하였으므로 2년 전에 내린 것이다. 불교에서는 전통적으로 게송을 임종 직전에 내렸으나 대종사는 2년 전에 내린 것이다」(한종만, 『원불교 대종경 해의』(下), 도서출판 동아시아, 2001, p.553).

2) 소태산 대종사는 단전이 아니라 공전으로 게송을 전하였다.

☞「옛 도인들은 대개 임종 당시에 바쁘게 전법 게송을 전하였으나 나는 미리 그대들에게 이를 전하여 주며, 또는 몇 사람에게만 비밀히 전하였으나 나는 이와 같이 여러 사람에게 고루 전하여 주노라. 그러나 법을 오롯이 받고 못 받는 것은 그대들 각자의 공부에 있나니 각기 정진하여 후일에 유감이 없게 하라」(『대종경』, 부촉품 2장).

3) 게송의 문구 형식은 일정한 규정을 두는 바 四句偈 형식을 취한다.

☞「게송이란 단어는 게와 송을 합한 것으로 게는 범어 Gata의 음역이라고 한다. 따라서 게송은 같은 의미의 글자를 범어와 한어로 합쳐 만든 단어이다. 게송은 글자 수와 글귀의 수에 일정한 규정을 두고 있는 경우가 보통이다. 대개 3자 내지 8자를 一句로 하여 四句를 하나의 게송으로 하는 것이다. 따라서 게송을 때로는 사구게라고도 한다」(간행위원회 편, 담산이성은정사 유작집 『개벽시대의 종교지성』, 원불교출판사, 1999, p.119).

4) 소태산의 게송은 인연 연기론적 성향이다.

☞「석가모니불이 깨달은 후 말씀하시기를, 이것이 있으므로 저것이 있고 저것이 있으므로 이것이 있다. 이것이 멸하므로 저것이 멸하고 저것이 멸하므로 이것이 멸하는 도이다. 또한 태어나는 모든 것은 결국 소멸한다라는 말씀은 우주의 진리이며 또한 물리학적인 사건이다. 소태산 대종사가 깨친 것을 보면, 유는 무로 무는 유로 돌고 돌아 지극하면 구공이요까지를 보면 우주적 현상 즉 별들의 성주괴공을 말한다」(황근창, 「물리학과 일원상의 진리」, 창립10주년기념 추계학술회의《원불교교의 해석과 그 적용》, 한국원불교학회, 2005년 11월 25일, p.43).

5) 게송은 일원상 진리에 대한 패러다임이자 현실대응의 논리이다.

☞「게송은 일원상 진리에 대한 패러다임이면서 원불교적 논리인 동시에 현실대응의 원리로 원용될 수 있다」(정현인, 「일원상 게송과 三諦圓融」-원불교학과 천태교학과의 만남-, 제15회 원불교사상연구 총발표회 『원불교사상과 사회윤리』, 원불교사상연구원, 1996, p.72).

6) 소태산의 게송은 한글문장으로 단순 간결하여 생활불교의 특징을 지닌다.

☞「단순하고도 간결한 게송에서 우리는 일상적이면서 평이한 생활의 진리를 깨닫게 된다」(이을호, 「원불교 교리상의 실학적 과제」, 『원불교사상』 8집, 원불교사상연구원, 1984, p.265).

12. 게송과 유무변화

게송은 유무가 은현자재하며 무궁한 순환작용을 하면서 상즉적·변증법적 원리에 더하여 만물 창조의 묘리가 나타나고 있다. 따라서 게송을 통해 유무 어디에도 집착하지 않고 수행하면서 중도의 진리를 깨닫는 것이 중요하다.

1) 게송에서 유무 변화는 은현자재의 원리를 제시하고 있다.

☞「게송에는 '유는 무로'는 현상이 본성에 갊아 내재해 있고(은) '무는 유로'는 본체가 현상으로 나타나는(현) 원리를 말한다」(김인종, 「인명논리와 일원상게송의 순환성 고찰」, 『원불교사상』 제14집, 원불교사상연구원, 1991, p.145).

2) 소태산은 게송에서 유와 무를 순환의 도로 보았다.

☞「대종사는 유와 무를 순환의 도로 보았다. 유무초월의 진경을 여실히 직관하여 유와 무가 구공한 체성자리에 귀일케 하고 구공한 체성자리로부터 천지만물 허공법계가 소소영령하게 그대로 완연 잠재하고 있음을 밝히고 체와 용이며 동과 정이 둘이 아니다」(이운권, 고산종사 문집1 『정전강의』, 원불교출판사, 1992, p.36).

3) 게송의 유무는 이원론적 대립이 아니라 상즉적 묘리이다.

☞「게송에서의 유무관은 유무 이원론적 대립의 상호 변화의 像에서 상즉불리하는 묘리 곧 구공 구족의 묘리를 터득 적출한 자라 이르지 않을 수 없다. 이러한 경지를 불가에서는 진공묘유라 이르기도 하지만 이러한 묘유의 경지는 인생론적 구족의 경지에 비하면 지나치게 관념적이라 이르지 않을 수 없다. 그러므로 이러한 인생론적 구족의 경지에 일

원상의 실리적 묘리가 깃들어 있다」(이을호, 「원불교 교리상의 실학적 과제」, 『원불교사상』 8집, 원불교사상연구원, 1984, p.266).

4) 게송은 유무변환, 일체개공, 일체개진이라는 변증법적 성향이다.

☞「만법이 곧 둘이 아닌 것이지만 수도인이 만법과 하나가 정말 둘이 아니기 위해서는 3단계의 변증법적 인식 전환이 필요하다. 유무변환·일체개공·一切皆眞의 단계가 그것이다」(정순일, 「성리개념의 변화와 그 본질」, 『원불교사상과 종교문화』 35집, 원불교사상연구원, 2007.2, p.134).

5) 게송의 유무변화에서 만물 창조의 묘리가 나타난다.

☞「원불교의 창조관은 무엇일까? 일정한 주재자가 없다는 점은 아닐까? 필자가 아직 얕은 배움의 탓일지 모르나 원불교의 창조관은 주재자가 없이 천지가 창조 생성한 데서 오히려 자연의 발전 단계를 보았는지 모른다. 사실 원불교 게송에 나타나듯 유는 무로, 무는 유로, 돌고 도는 지극함이 자연과 천지의 窮道임을 더 가깝게 느끼게 한다」(이동엽, 「원불교의 윤리와 자연법」, 『원불교사상』 4집, 원불교사상연구원, 1980, p.154).

6) 게송은 유무 두 변의 집착을 떠나 중도의 진리를 깨닫자는 것이다.

☞「게송은 불교의 근본적 진리이다. 불타의 覺도 이 연기법이다. 즉 有無二邊의 집착을 떠나 중도의 인연각을 깨달은 것이다」(박길진, 『대종경강의』, 원광대학교출판국, 1980, pp.284-285).

13. 대종사와 역대 종법사의 게송

소태산 대종사의 게송에 이어 정산종사는 열반 직전 삼동윤리를 대산종사에게 설명하라 하였다. 앞으로 삼동윤리를 통해 종교와 세계가 하나로 화합하자는 뜻이다. 이어서 대산종사도 진리는 하나 세계도 하나라는 게송을 설하였고, 좌산종사도 하나송을 설하여 게송의 진수를 전수하였다. 일원주의에 바탕한 불불계세·성성상전의 소식을 게송으로 전하였으니 성자의 가르침을 새기며 살아야 할 것이다.

1) 대종사는 『정전』에서 유무 순환의 게송을 설하였으며, 과거 7불의 게송을 알면 팔만장경을 본 것과 같다고 하였다.

☞「대종사 과거 七佛의 게송 해석함을 들으시며 말씀하시었다. "크나큰 솥의 국물을 다 마셔 보아야 그 솥의 국맛을 아는 것이 아니다.

이 七불의 게송만 철저히 알아 두면 수만 경서의 뜻을 능히 알 수 있으니, 머리 아프고 눈 어지럽게 팔만장경을 다 볼 것이 무엇이리요”」(『대종경선외록』, 13.불조동사장 3).

 2) 정산종사는 삼동윤리를 게송으로 삼게 하다.

　☞「시자가 대중의 뜻을 받아 여쭙기를 “이 삼동윤리의 요지로써 스승님의 게송을 삼으오리까.” 말씀하시기를 “그러하라. 과거에는 천하의 도가 다 나뉘어 있었으나 이제부터는 천하의 도가 모두 합하는 때이니, 대 세계주의인 일원대도로 천하를 한 집안 만드는데 같이 힘쓰라” 하시고 산회하라 하시더니, 이날 오후 송하시기를 “한 울안 한 이치에 한 집안 한 권속이 한 일터 한 일꾼으로 일원세계 건설하자” 하시고 24일 거연히 열반하시니라」(『정산종사법어』, 유촉편 38장).

 3) 대산종사는 게송을 전하며 진리는 하나, 세상은 한 일터라 했으니 일원세계를 개척하는 삶이 요구된다.

　☞「대산종사는 게송으로 ‘無失無得法 求法是失法 法法本來法 無法無非法’ 이라 하고 ‘진리는 하나, 세계도 하나, 인류는 한 가족, 세상은 한 일터, 개척하자 일원세계’ 라 하였다」(안이정, 『원불교교전 해의』, 원불교출판사, 1998, p.214).

 4) 좌산종사도 ‘하나송’ 에서 소태산 대종사를 비롯, 정산종사와 대산종사의 게송을 전수하였다.

　☞「안으로 안으로 하나, 밖으로 밖으로 하나, 영겁 영겁토록 하나, 하나도 없고 없는 하나」(좌산상사법문집 『교법의 현실구현』, 원불교출판사, 2007, 표지뒷면).

14. 게송의 실천방법

　게송은 해석이 능사가 아니라 스스로 연마하고 관조하여 깨달음을 얻고 진리를 체험해야 한다. 따라서 게송의 실천방법은 여러 가지가 있겠지만, 중요한 것은 구공 구족의 경지를 음미하며 난경을 당할 때 심고 및 기도와 더불어 이를 주송해야 할 것이다.

 1) 게송은 해석이 능사가 아니라 스스로 연마하여 참 뜻을 깨닫는 것이 원칙이다.

　☞「게송은 원래 원문을 놓고 각자 스스로 연마하여 그 참 뜻을 깨닫는 것이 원칙이요, 설명하는 것이 아니나 소태산 여래가 그 요지를 밝

혀주었고 설명할 수 있는 데까지는 연마한 것을 말로 할 줄로 알아야 한다」(안이정, 『원불교교전 해의』, 원불교출판사, 1998, p.219).

 2) 게송은 관조로써 대원정각의 안목을 체험하는 공부이다.

　☞「게송은 대원정각의 안목을 관조로서 체험하게 하는 법임을 알면서 이 게송을 새겨야 한다. 유는 변·불변으로, 또 유무는 의리선에서 조사선으로, 유무는 모순 갈등의 세계에서 광대무량한 진경에 이르게 하는 제시어이다」(한기두, 『원불교 정전연구』-교의편-, 원광대학교출판국, 1996, p.147).

 3) 게송의 구공한 경지를 먼저 연마하고 알아야 한다.

　☞「유는 무로 무는 유로 돌고 돌아 지극하면 유와 무가 구공이나 구공 역시 구족이라는 말씀을 알려면 그 구공한 자리를 알아버려야 한다. 음양미분전 소식, 유무초월한 자리를 알아야만 한다」(박장식, 『평화의 염원』, 원불교출판사, 2005, p.222).

 4) 어려운 경계일수록 간절한 마음으로 게송을 주송하도록 노력한다.

　☞「서울에서 몹시 아파 눕지도 못하고 앉지도 못하고 서지도 못하여 대소변을 받아낼 때에 … 우연히 게송 하나가 솟았다. “涵養大圓氣 步步超三界하고 涵養大圓氣 念念度衆生하리라” 하는 서원 하나가 세워졌다. 그 후부터는 생명을 자연에 맡기고 大圓呪로써 힘을 얻었다」(『대산종사법문』 3집, 제3편 수행 74장).

15. 게송의 연계사상

　원불교의 게송은 불교의 제불조사들이 불법을 설한 게송과 교법전승이라는 면에서 상통하고 있다. 한결같이 불법의 심오한 진리를 사자상승으로 전하는 게송을 화두삼아 연마하고 응용할 때 성자들이 전해온 게송의 참 뜻을 알 수 있어 심오한 교법을 전수하게 된다.

 1) 원불교 게송은 불교의 제행무상, 제법무아, 일체개고와 상통한다.

　☞「유는 무로 무는 유로 돌고돌아 지극하면(이는 제행무상 제법무아를 가리키는 말이다) / 유와 무가 구공이나(이는 실체가 없는 것을 말하는 것으로써 유도 없고 무도 없는 중도 연기를 표현한 것이니 ‘이것이 있으니 저것이 있고, 저것이 없으니 이것이 없다’ 는 진리를 표현한 것이다). 구공 역시 구족이라(생성 발전하는 것이기 때문에 구공 역시 구족한 것이다. 유무 二見에 집착해서는 안 된다. 유무에 집착하면 일체

가 皆苦가 된다. 반대로 모든 것이 인연 소생인 것을 알면 일체고가 없어진다)」(원불교사상연구원 편, 『숭산논집』, 원광대학교출판국, 1996, pp.48-49).

2) 대산종사, 十法 게송을 전하였다.

☞「一切唯心造, 二師恩不忘, 三界是吾家, 四生是吾眷, 五慾降魔時, 六途任去來, 七寶非眞寶, 八正道是寶, 九條修行後, 十方全淨土」(『정전대의』-대산종사법문집 1, 37. 십법게송).

3) 주산종사는 고승들의 게송을 『회보』에 소개하기도 하였다.

☞「주산종사가 古德名詩를 『회보』 44-65호(1938-1940)에 연재, 유불선의 시인・선사의 시, 게송 소개함, 소동파, 백낙천, 부설거사, 진묵대사, 서산대사, 나옹대사 참선곡, 목우십도송, 순치황제 출가시 등…」(박용덕, 『천하농판』, 도서출판 동남풍, 1999, p.116).

4) 『화엄경』의 「불승수미정품」에서는 제석천이 부처를 맞이하여 게송을 읊었다.

☞「(화엄경의) '불승수미정품9' 에서는 제석천이 묘승전 위에 사자좌를 놓고 부처를 맞이하여 과거 불소에 모든 선근이 있음을 생각하며 게송을 읊는다. 법장은 이 품의 주제가 住에 있다고 보며, 나무 아래에서 일어나지 않음(樹下不起)에 대하여는 여덟 가지 관점에서 본다」(정순일, 「화엄경의 성립과 구조적 특징」, 『범한철학』 제24집, 범한철학회, 2001년 가을, p.259).

5) 부처가 시방의 불보살들에게 대승의 법을 설한 『대방등대집경』의 게송은 선정의 체험을 강조하였다.

☞「『대방등대집경』에 이르기를 "선정을 옳게 한 이는 진정한 내 아들이다" 라 하고, 게송으로 읊었다. "한적하여 하염없는 부처 경계여 / 거기서 깨끗한 깨달음을 얻는다 / 만일 선정에 머무는 이를 비방한다면 / 그는 바로 부처를 비방함일세"」(경허선사 편, 이철교 역, 「고려국 보조선사 권수정혜결사문」, 『선문촬요』 하권, 민족사, 2005, pp.319-320).

6) 용수의 『대품반야경』의 주석서인 『대지도론』에서도 깨달음의 게송을 전하였다.

☞「『대지도론』에 이르기를 "세상의 예삿일에 있어서도 부지런히 노력하지 않으면 그 일을 이루지 못하거늘, 하물며 위없는 깨달음을 배움에 있어서 선정을 쓰지 않아서야 되겠는가" 라 하고, 게송으로 읊었다.

"선정은 금강의 갑옷이니 / 능히 번뇌의 화살을 막네 / 선정은 지혜를 지키는 창고지기이며 / 온갖 공덕의 복밭이로다. / 분주한 티끌이 하늘의 해를 덮으면 / 큰 비가 그것을 능히 씻고 / 망상의 바람이 마음을 어지럽히면 / 선정이 능히 그것을 없앤다"」(경허선사 편, 이철교 역, 「고려국 보조선사 권수정혜결사문」, 『선문촬요』 하권, 민족사, 2005, pp.318-319).

7) 의상대사의 법성게 4구게는 깨달음의 경지를 천명하고 있다.

☞「法性偈의 "法性圓融無二相 諸法不動本來寂 無名無相絶一切 證知所知非餘境…"(법의 성품 원융하여 두 모양이 본래 없고, 모든 법이 동함 없이 본래부터 고요해라. 이름 없고 형상 없고 온갖 것이 끊였으니, 참 지혜로 알 일일뿐 다른 경계 아니로다)이란 이 四句가 바로 그 깨달음의 경지를 천명하고 있는 것이다」(이기영, 「현대에 있어서의 종교의 진리성」, 『인류문명과 원불교사상』(下), 원불교출판사, 1991, p.1403).

8) 삼삼조사의 게송은 다음과 같다.

☞「마음이 없으니 가히 얻을 것이 없고, 설함에 문득 무명 법이로다. 만약 마음이 마음 아님을 알면 비로소 마음과 마음법을 알리라」(『卅三祖師 偈頌』 第6條 「彌遮迦尊者」, 無心無可得, 說得無名法, 若了心非心, 始解心心法).

9) 대체로 널리 알려진 불교의 게송으로 칠불게, 무상게, 탄불게를 소개하여 본다.

☞「예로부터 유명한 게로서 七佛通誡偈가 있다. 이는 '諸惡莫作 衆善奉行 自淨其意 是諸佛敎'라 하여 과거 일곱 분의 부처가 공통으로 주신 경계의 시구라는 뜻이다. 또 無常偈라는 것이 있다. '諸行無常 是生滅法 生滅滅已 寂滅爲樂'이 그것이다. 또 法身偈라 하여 '諸法從緣生 如來說是因 是法從緣滅 是大沙門說' 등 간략하게 불법을 설명하여 암송하기 쉽게 한 시구들이 있다」(『두산백과사전』의 게송을 참조할 것, http://100.naver.com/100.nhn?docid=8613).

16. 보충해설

게송이란 무엇인가? 과거로부터 제불조사들이 열반을 앞두고 진리를 설하며 제자들에게 전하는 상징적 법어인 것이다. 이 게송은 우주 본체의 소식임과 동시에 自心 본성의 소식이라고 말할 수 있다. 게송은 성자의 깨달음의 소식을 담고 있으며, 게송을 통해서 제불조사들이 사자상승의 돈독한 불법을 전수해 왔다.

소태산 대종사는 이 세상을 떠나기 2년 전에 제자들 앞에서 게송을 설하였다(1941. 1). 유와 무의 순환관계로 일원상 진리의 궁극적 의미를 전하고자 하였다. 그가 전한 게송에서 특히 새겨볼 어구로는 '구공역시 구족이라' 는 표현이다. 이는 텅 빈 자성의 본체를 드러내면서도 진리의 구족한 현상세계를 아울러 드러내고 있다. 따라서 일원상 진리의 구공한 자성을 체로 삼고, 구족한 현상의 세계에서 일원상 진리를 실천해야 할 것이다.

주지하듯이 소태산 대종사의 게송이 정산종사의 삼동윤리로 이어졌다. 대산종사에 의하면 정산종사의 최후 게송으로 "한 울안 한 이치에 한 집안 한 권속이 한 일터 한 일꾼으로 일원세계 건설하자" 하신 말씀이라며, 세계평화를 만들어가는 것(『대산종사법문』 3집, 제1편 신성 91장)이라고 하였다. 좌산종사의 「하나송」 역시 일원주의 정신을 그대로 계승한 게송의 단면이다.

17. 연구과제

 1) 게송의 의미를 쓰시오.
 2) 게송의 원리는?
 3) 원불교 게송의 특징은?
 4) 게송과 일원상의 관계는?
 5) 게송을 체득하는 방법은?

18. 고시문제

 1) 아래의 어휘를 설명하시오 : 구공과 구족.
 2) 체와 용을 O와 X로 표시 : 有()와 無().

제2장 사은

○ 「사은」의 원문

제1절 천지은

1. 천지피은의 강령

우리가 천지에서 입은 은혜를 가장 쉽게 알고자 할진대 먼저 마땅히 천지가 없어도 이 존재를 보전하여 살 수 있을 것인가 하고 생각해 볼 것이니, 그런다면 아무리 천치요 하우자라도 천지 없어서는 살지 못할 것을 다 인증할 것이다. 없어서는 살지 못할 관계가 있다면 그 같이 큰 은혜가 또 어디 있으리요.

대범 천지에는 도와 덕이 있으니, 우주의 대기가 자동적으로 운행하는 것은 천지의 도요, 그 도가 행함에 따라 나타나는 결과는 천지의 덕이라, 천지의 도는 지극히 밝은 것이며, 지극히 정성한 것이며, 지극히 공정한 것이며, 순리자연한 것이며, 광대무량한 것이며, 영원불멸한 것이며, 길흉이 없는 것이며, 응용에 무념한 것이니, 만물은 이 대도가 유행되어 대덕이 나타나는 가운데 그 생명을 지속하며 그 형각을 보존하나니라.

2. 천지피은의 조목

1. 하늘의 공기가 있으므로 우리가 호흡을 통하고 살게 됨이요,

2. 땅의 바탕이 있으므로 우리가 형체를 의지하고 살게 됨이요,

3. 일월의 밝음이 있으므로 우리가 삼라만상을 분별하여 알게 됨이요,

4. 풍운우로의 혜택이 있으므로 만물이 장양되어 그 산물로써 우리가 살게 됨이요,

5. 천지는 생멸이 없으므로 만물이 그 도를 따라 무한한 수를 얻

게 됨이니라.

3. 천지보은의 강령

사람이 천지의 은혜를 갚기로 하면 먼저 마땅히 그 도를 체받아서 실행할 것이니라.

4. 천지보은의 조목

1. 천지의 지극히 밝은 도를 체받아서 천만 사리를 연구하여 걸림 없이 알 것이요,

2. 천지의 지극히 정성한 도를 체받아서 만사를 작용할 때에 간단 없이 시종이 여일하게 그 목적을 달성할 것이요,

3. 천지의 지극히 공정한 도를 체받아서 만사를 작용할 때에 원근 친소와 희로애락에 끌리지 아니하고 오직 중도를 잡을 것이요,

4. 천지의 순리자연한 도를 체받아서 만사를 작용할 때에 합리와 불합리를 분석하여 합리는 취하고 불합리는 버릴 것이요,

5. 천지의 광대무량한 도를 체받아서 편착심을 없이 할 것이요,

6. 천지의 영원불멸한 도를 체받아서 만물의 변태와 인생의 생로 병사에 해탈을 얻을 것이요,

7. 천지의 길흉 없는 도를 체받아서 길한 일을 당할 때에 흉할 일을 발견하고, 흉한 일을 당할 때에 길할 일을 발견하여, 길흉에 끌리지 아니할 것이요,

8. 천지의 응용무념한 도를 체받아서 동정간 무념의 도를 양성할 것이며, 정신 육신 물질로 은혜를 베푼 후 그 관념과 상을 없이 할 것이며, 혹 저 피은자가 배은망덕을 하더라도 전에 은혜 베풀었다는 일로 인하여 더 미워하고 원수를 맺지 아니할 것이니라.

5. 천지배은

천지에 대한 피은 보은 배은을 알지 못하는 것과 설사 안다 할지 라도 보은의 실행이 없는 것이니라.

6. 천지보은의 결과

우리가 천지보은의 조목을 일일이 실행한다면 천지와 내가 둘이

아니요, 내가 곧 천지일 것이며 천지가 곧 나일지니, 저 하늘은 비록 공허하고 땅은 침묵하여 직접 복락은 내리지 않는다 하더라도, 자연 천지같은 위력과 천지같은 수명과 일월같은 밝음을 얻어 인천대중과 세상이 곧 천지같이 우대할 것이니라.

7. 천지배은의 결과

우리가 만일 천지에 배은을 한다면 곧 천벌을 받게 될 것이니, 알기 쉽게 그 내역을 말하자면 천도를 본받지 못함에 따라 응당 사리간에 무식할 것이며, 매사에 정성이 적을 것이며, 매사에 과불급한 일이 많을 것이며, 매사에 불합리한 일이 많을 것이며, 매사에 편착심이 많을 것이며, 만물의 변태와 인간의 생로병사와 길흉화복을 모를 것이며, 덕을 써도 상에 집착하여 안으로 자만하고 밖으로 자랑할 것이니, 이러한 사람의 앞에 어찌 죄해가 없으리요. 천지는 또한 공적하다 하더라도 우연히 돌아오는 고나 자기가 지어서 받는 고는 곧 천지배은에서 받는 죄벌이니라(『정전』 제2 교의편, 제2장 사은, 제1절 천지은).

제2절 부모은

1. 부모피은의 강령

우리가 부모에게서 입은 은혜를 가장 쉽게 알고자 할진대, 먼저 마땅히 부모가 아니어도 이 몸을 세상에 나타내게 되었으며 설사 나타났더라도 자력없는 몸으로서 저절로 장양될 수 있었을 것인가 하고 생각해 볼 것이니, 그런다면 누구나 그렇지 못할 것은 다 인증할 것이다. 부모가 아니면 이 몸을 나타내지 못하고 장양되지 못한다면 그 같이 큰 은혜가 또 어디 있으리요.

대범 사람의 생사라 하는 것은 자연의 공도요 천지의 조화라 할 것이지마는, 무자력할 때에 생육하여 주신 대은과 인도의 대의를 가르쳐 주심은 곧 부모피은이니라.

2. 부모피은의 조목

1. 부모가 있으므로 만사 만리의 근본되는 이 몸을 얻게 됨이요,

2. 모든 사랑을 이에 다하사 온갖 수고를 잊으시고 자력을 얻을 때까지 양육하고 보호하여 주심이요,

3. 사람의 의무와 책임을 가르쳐 인류 사회로 지도하심이니라.

3. 부모보은의 강령

무자력할 때에 피은된 도를 보아서 힘 미치는 대로 무자력한 사람에게 보호를 줄 것이니라.

4. 부모보은의 조목

1. 공부의 요도 삼학팔조와 인생의 요도 사은사요를 빠짐없이 밟을 것이요,

2. 부모가 무자력할 경우에는 힘 미치는 대로 심지의 안락과 육체의 봉양을 드릴 것이요,

3. 부모가 생존하시거나 열반하신 후나 힘 미치는 대로 무자력한 타인의 부모라도 내 부모와 같이 보호할 것이요,

4. 부모가 열반하신 후에는 역사와 영상을 봉안하여 길이 기념할 것이니라.

5. 부모배은

부모에 대한 피은 보은 배은을 알지 못하는 것과 설사 안다 할지라도 보은의 실행이 없는 것이니라.

6. 부모보은의 결과

우리가 부모보은을 한다면 나는 내 부모에게 보은을 하였건마는 세상은 자연히 나를 위하고 귀히 알 것이며, 사람의 자손은 선악간에 그 부모의 행하는 것을 본받아 행하는 것이 피할 수 없는 이치인지라, 나의 자손도 마땅히 나의 보은하는 도를 본받아 나에게 효성할 것은 물론이요, 또는 무자력한 사람들을 보호한 결과 세세생생 거래간에 혹 나의 무자력한 때가 있다 할지라도 항상 중인의 도움을 받을 것이니라.

7. 부모배은의 결과

우리가 만일 부모에게 배은을 한다면 나는 내 부모에게 배은을 하였건마는 세상은 자연히 나를 미워하고 배척할 것이요, 당장 제가 낳은 제 자손도 그것을 본받아 직접 앙화를 끼칠 것은 물론이며, 또는 세세생생 거래간에 혹 나의 무자력한 때가 있다 할지라도 항상 중인의 버림을 받을 것이니라(『정전』 제2 교의편, 제2장 사은, 제2절 부모은).

제3절 동포은

1. 동포피은의 강령

우리가 동포에게서 입은 은혜를 가장 쉽게 알고자 할진대 먼저 마땅히 사람도 없고 금수도 없고 초목도 없는 곳에서 나 혼자라도 살 수 있을 것인가 하고 생각해 볼 것이니, 그런다면 누구나 살지 못할 것은 다 인증할 것이다. 만일 동포의 도움이 없이, 동포의 의지가 없이, 동포의 공급이 없이는 살 수 없다면 그 같이 큰 은혜가 또 어디 있으리요.

대범 이 세상은 사농공상의 네 가지 생활강령이 있고, 사람들은 그 강령 직업 하에서 활동하여, 각자의 소득으로 천만 물질을 서로 교환할 때에 오직 자리이타로써 서로 도움이 되고 피은이 되었나니라.

2. 동포피은의 조목

1. 사는 배우고 연구하여 모든 학술과 정사로 우리를 지도 교육하여 줌이요,
2. 농은 심고 길러서 우리의 의식 원료를 제공하여 줌이요,
3. 공은 각종 물품을 제조하여 우리의 주처와 수용품을 공급하여 줌이요,
4. 상은 천만 물질을 교환하여 우리의 생활에 편리를 도와줌이요,
5. 금수초목까지도 우리에게 도움이 됨이니라.

3. 동포보은의 강령

동포에게 자리이타로 피은이 되었으니 그 은혜를 갚고자 할진대,

사농공상이 천만 학술과 천만 물질을 서로 교환할 때에 그 도를 체받아서 항상 자리이타로써 할 것이니라.

4. 동포보은의 조목

1. 사는 천만 학술로 교화할 때와 모든 정사를 할 때에 항상 공정한 자리에서 자리이타로써 할 것이요,

2. 농은 의식 원료를 제공할 때에 항상 공정한 자리에서 자리이타로써 할 것이요,

3. 공은 주처와 수용품을 공급할 때에 항상 공정한 자리에서 자리이타로써 할 것이요,

4. 상은 천만 물질을 교환할 때에 항상 공정한 자리에서 자리이타로써 할 것이요,

5. 초목금수도 연고 없이는 꺾고 살생하지 말 것이니라.

5. 동포배은

동포에 대한 피은 보은 배은을 알지 못하는 것과 설사 안다 할지라도 보은의 실행이 없는 것이니라.

6. 동포보은의 결과

우리가 동포 보은을 한다면, 자리이타에서 감화를 받은 모든 동포가 서로 사랑하고 즐거워하여, 나 자신도 옹호와 우대를 받을 것이요, 개인과 개인끼리 사랑할 것이요, 가정과 가정끼리 친목할 것이요, 사회와 사회끼리 상통할 것이요, 국가와 국가끼리 평화하여 결국 상상하지 못할 이상의 세계가 될 것이니라.

그러나 만일 전 세계 인류가 다 보은자가 되지 못할 때에, 혹 배은자의 장난으로 인하여 모든 동포가 고해 중에 들게 되면, 구세성자가 자비방편을 베푸사 도덕이나 정치나 혹은 무력으로 배은 중생을 제도하게 되나니라.

7. 동포배은의 결과

우리가 만일 동포에게 배은을 한다면, 모든 동포가 서로 미워하고 싫어하며 서로 원수가 되어 개인과 개인끼리 싸움이요, 가정과 가정

끼리 혐극이요, 사회와 사회끼리 반목이요, 국가와 국가끼리 평화를 보지 못하고 전쟁의 세계가 되고 말 것이니라(『정전』 제2 교의편, 제2장 사은, 제3절 동포은).

제4절 법률은

1. 법률피은의 강령

우리가 법률에서 입은 은혜를 가장 쉽게 알고자 할진대, 개인에 있어서 수신하는 법률과, 가정에 있어서 제가하는 법률과, 사회에 있어서 사회 다스리는 법률과, 국가에 있어서 국가 다스리는 법률과, 세계에 있어서 세계 다스리는 법률이 없고도 안녕질서를 유지하고 살 수 있겠는가 생각해 볼 것이니, 그런다면 누구나 살 수 없다는 것은 다 인증할 것이다. 없어서는 살 수 없다면 그같이 큰 은혜가 또 어디 있으리요.

대범 법률이라 하는 것은 인도 정의의 공정한 법칙을 이름이니, 인도 정의의 공정한 법칙은 개인에 비치면 개인이 도움을 얻을 것이요, 사회에 비치면 사회가 도움을 얻을 것이요, 국가에 비치면 국가가 도움을 얻을 것이요, 세계에 비치면 세계가 도움을 얻을 것이니라.

2. 법률피은의 조목

1. 때를 따라서 성자들이 출현하여 종교와 도덕으로써 우리에게 정로를 밟게 하여 주심이요,

2. 사농공상의 기관을 설치하고 지도 권면에 전력하여, 우리의 생활을 보전시키며, 지식을 함양하게 함이요,

3. 시비이해를 구분하여 불의를 징계하고 정의를 세워 안녕질서를 유지하여 우리로 하여금 평안히 살게 함이니라.

3. 법률보은의 강령

법률에서 금지하는 조건으로 피은이 되었으면 그 도에 순응하고, 권장하는 조건으로 피은이 되었으면 그 도에 순응할 것이니라.

4. 법률보은의 조목

1. 개인에 있어서는 수신하는 법률을 배워 행할 것이요,
2. 가정에 있어서는 가정 다스리는 법률을 배워 행할 것이요,
3. 사회에 있어서는 사회 다스리는 법률을 배워 행할 것이요,
4. 국가에 있어서는 국가 다스리는 법률을 배워 행할 것이요,
5. 세계에 있어서는 세계 다스리는 법률을 배워 행할 것이니라.

5. 법률배은

법률에 대한 피은 보은 배은을 알지 못하는 것과 설사 안다 할지라도 보은의 실행이 없는 것이니라.

6. 법률보은의 결과

우리가 법률 보은을 한다면, 우리 자신도 법률의 보호를 받아, 갈수록 구속은 없어지고 자유를 얻게 될 것이요, 각자의 인격도 향상되며 세상도 질서가 정연하고 사농공상이 더욱 발달하여 다시 없는 안락세계가 될 것이며, 또는 입법 치법의 은혜도 갚음이 될 것이니라.

7. 법률배은의 결과

우리가 만일 법률에 배은을 한다면, 우리 자신도 법률이 용서하지 아니하여, 부자유와 구속을 받게 될 것이요, 각자의 인격도 타락되며 세상도 질서가 문란하여 소란한 수라장이 될 것이니라(『정전』 제2 교의편, 제2장 사은, 제4절 법률은).

1. 사은의 등장배경

잘 알다시피 부파불교 시대부터 은혜에 보은하는 사상이 있었고, 또 불교의 사은설이 전개되었다. 증산교는 육은이 있었으나 이는 신앙의 대상은 아니었다. 이에 소태산은 전래의 기복신앙적 인격신앙이나 사은론에 혁신을 기하여 진리신앙과 사실신앙으로 돌리어 법신불 사은을 신앙의 대상으로 등장시킨 것이다. 이를테면 토속신앙으로 천지신명이란 호칭이 소태산의 구도과정에 나타난 후, 대각 후 산상기도 때 사은이란

312   정전풀이(상)

표현이 나타나고 있음이 주목된다.

 1) 부파불교 시대부터 불교를 대중화하려는 민중들 사이에 은혜에 대한 큰 관심이 있었으며, 이를 지은보은이라 한다.

 ☞「이 사은의 역사를 추구해 보면 이 세상은 우리에게 직접 간접의 은혜로 다북 차 있음을 발견할 것이다. 이 문제는 지난 날 불교의 부파불교 시대 당시부터 불교를 대중화하려는 민중들 사이에서 은혜에 대해 큰 관심을 두고 있었다는 사실로 거슬러 올라간다. 이 세상과 우리가 긍정적 관계를 가졌다는 사실과 또한 은혜로 다북 차 있는 사실을 단적으로 지은보은이라고 밝히고 있다」(『地持經』, 大正藏 30권 911中/한기두, 『원불교 정전연구』-교의편-, 원광대학교출판국, 1996, p.154).

 2) 불교의 사은에도 여러 종류가 있다.

 ☞「고대 불교의 사은사상은 대개 3종이 있다. 일설은 『대승본생심지관경』의 설로서 보은품에 부모은, 중생은, 국왕은, 삼보은을 말하고 있다. 이설은 『정법념처경』 제61과 法苑珠 제50의 모은, 부은, 여래은, 법사은이고, 그 셋은 『지각선사 자행록』과 『석씨요람』 중권에 나타난 사장은, 부모은, 국왕은, 시주은이다. 이 가운데 『심지관경』의 설은 가장 뜻이 넓고 주석이 정밀하다」(송천은, 『종교와 원불교』, 원광대학교출판국, 1979, p.410).

 3) 증산교에서는 6은(천지, 사회, 국가, 부모, 師傳, 직업)을 언급하고 있다.

 ☞「(증산교) 은사상을 간추리면 육대은으로 규정된다(『대순철학』, pp.197-200). 첫째는 천지의 대은이다. 둘째는 사회의 대은이다. 셋째는 국가의 대은이다. 넷째는 부모의 대은이다. 다섯째는 도야 교육의 師傳의 대은이다. 여섯째는 직업의 대은이다」(이현택, 「원불교 은사상과 증산교 보은상생사상의 비교고찰」, 『원불교사상』 제7집, 원불교사상연구원, 1983, pp.174-176참조).

 4) 사은신앙은 현대에 유행하는 일반신앙의 결점을 극복하기 위하여 소태산이 천명한 것이다.

 ☞「전음광은 말한다. "우리의 신앙하는 사은이야말로 현 사회의 일반신앙의 표적에 비교하여 그 우열 고하가 여하한 것은 이 사은을 이해하는 일반 동지에게 일임하는 바이어니와, 생각건대 우리가 신앙하는 이 사은은 현대 유행하는 모든 신앙 가운데서 발견할 수 있는 결점만큼

은 초월하였다고 볼 수 있다"」(『회보』 7호, 1934년 2월분/김성철, 「혜산 전음광의 생애와 사상」, 원불교사상연구원 편, 『원불교 인물과 사상』(Ⅰ), 원불교사상연구원, 2000, p.359).

5) 기존의 사은론과 관련이 있으나 원불교의 사은은 신앙의 대상으로서의 사은이다.

☞「전통불교의 사은에는 여러 가지가 있는데, 그 가운데 중요한 것을 예시해 보면, 예컨대 부모은 중생은 국왕은 삼보은을 가리키기도 하고, 모은 부은 여래은 설법법사은을 가리키기도 한다. 또는 사장은 부모은 국왕은 시주은을 가리키기도 하고, 천하은 국왕은 사존은 부모은을 가리키기도 한다. 원불교가 제시한 천지 부모 동포 법률의 사은은 실은 전통불교의 부모은 중생은 사상을 계승한 것이며, 국왕은 삼보은 시주은을 빼고, 그것을 천지은 법률은으로 보충한 것이다」(방립천, 「사은사상과 세계의 조화」, 『원불교사상과 종교문화』 36집, 원불교사상연구원, 2007.8, pp.5-6).

6) 소태산은 등상불 숭배를 법신불 사은신앙으로 혁신하였다.

☞「『정전』 심고와 기도장의 내용이 조선불교혁신론에서는 '등상불 숭배를 불성 일원상 숭배로' 되어 있다. 불성 일원상 숭배는 바로 사은 신앙의 내용으로 되어 있다. 천지만물 허공법계가 다 부처라는 것은 천지만물 허공법계가 법신불이라는 것이다. 『정산종사법어』 원리편 1장에 법신불의 실체를 말하면 우주만유가 모두 법신불 아님이 없다고 하였다」(한종만, 『원불교 대종경 해의』(上), 도서출판 동아시아, 2001, p.97).

7) 토속신앙으로 천지신명이란 호칭이 소태산의 구도과정에 나타난 후, 대각 후 산상기도 때 사은이란 표현이 나타난다.

☞「기도 대상으로 처음엔 전래 토속신앙을 따라 천지허공-천지신명을 향하다가 기미년 산상기도 때 '사은'에 대한 표현은 소태산이 대각을 한 뒤 자신의 구도 경로를 돌이켜 보고 사은의 도움임을 피력하였고, 자신의 오도를 경축하는 가사 중에 '四重報恩'할 것을 노래하였다」(박용덕, 『천하농판』, 도서출판 동남풍, 1999, p.8).

2. 사은의 의미

사은은 일원상의 진리를 현실에서 실증한 것으로 생명체가 없어서는 살 수 없는 네 가지의 근원적 은혜를 말하며, 또 사은은 실지불공의 대상이자 진리불공의 대상이다. 그리고 사은은 법신불 신앙이자 윤리규범인 바, 천지 부모 동포 법률에 대한 보은의 신앙적 의미를 지닌다.

1) 사은은 일원상 진리를 현실적으로 실증한 내력이다.

☞「사은은 일원상 진리를 현실적으로 실증케 한 내력이라 할 것이요, 시방세계로 개방이 되어가는 사회의 윤리도덕으로 보아야 할 것이다. … 사은사상은 시방세계를 한 울안으로서 윤기 도량으로 삼고 있기 때문에 동체대비의 지친관념과 상생상화의 이타행으로써 무량세계가 전개될 것이다」(이운권, 고산종사문집1 『정전강의』, 원불교출판사, 1992, pp.36-37).

2) 사은은 생존에 절대 필요한 네 가지 은혜로 천명한 대불공법이다.

☞「사은은 일원의 형상 있는 진리를 주체삼아 우주만유가 생성 발전하는데 있어 서로 바탕이 되고 근원이 되며 도움이 되어서 피차가 없어서는 생존할 수 없는 관계를 은으로 천명하여 크게 네 가지로 분류하고 피은과 보은의 도를 밝혀서 세상을 건지는 새 시대윤리의 기본강령으로 전해준 바로서 누구나 무궁한 복전을 개발할 수 있는 대불공법이다」(신도형, 『교전공부』, 원불교출판사, 1992, p.77).

3) 상대적인 은혜가 아니라 근원적 은혜로서 생명의 근거가 되는 은혜가 사은이다.

☞「소태산 대종사는 이 세상을 보는 눈으로써 이 세상에서 무한히 큰 은혜를 내리고 있는 현실에 큰 관심을 두게 한다. 이 세상이 주는 힘은 우리에게 없어서는 살 수 없는 무한한 은혜를 주고 있다는 사실이다. 이런 현상을 은으로 표현하고 있다. 세상에는 주고받는 상대적인 인간관계를 맺는 은혜가 있지만, 근원적으로 없어서는 살 수 없는 은혜가 있다. 이것이 이른바 네 가지 큰 은혜이다」(한기두, 『원불교 정전연구』-교의편-, 원광대학교출판국, 1996, p.154).

4) 실지불공의 당처는 사은이며, 진리불공의 대상이 바로 사은이다.

☞「불공하는 법이 두 가지가 있다. 첫째 사은 당처에 직접 올리는 실지불공이다. 실지불공은 사은의 많은 당처에 올리는 것이다. 세계 인류가 60억이라면 60억의 당처에 올리는 것이다. 자기가 대하는 당처 당처에 올리는 것이다. 둘째 형상 없는 허공법계를 통하여 법신불께 올리는 진리불공이다. … 심고와 기도라는 진리불공을 올리는 신앙의

대상이 바로 사은이다」(한종만, 『원불교 대종경 해의』(上), 도서출판 동아시아, 2001, p.118).

5) 사은은 만유가 생성 변화하는 까닭을 밝힌 신앙의 대상임과 동시에 도덕적 윤리의 규범이다.

☞「사은이란 천지 부모 동포 법률의 사은으로서 만유가 생성하고 있는 까닭을 밝히고 변화하는 이치를 밝히며 서로 관련지어 있는 천륜을 밝힌 것이다. 따라서 사은이란 생성의 근원으로서 종교적 신앙의 대상임과 동시에 생성의 연계관계로서 도덕적 윤리의 규범으로서 두 가지의 뜻을 가지고 있다」(이은석, 『정전해의』, 원불교출판사, 1985, p.102).

6) 천지은은 우주적 진리와 자연의 은혜요, 부모은은 어버이 은혜요, 동포은은 자연과 이웃의 은혜요, 법률은은 질서의 은혜이다.

☞「소태산은 사은을 원불교 신앙의 대상으로 삼았다. 1) 천지은 : 우주적 진리와 자연의 恩, 2) 부모은 : 어버이 은혜), 3) 동포은 : 자연과 이웃의 은, 4) 법률은 : 질서의 은혜」(서경전, 『교전개론』, 원광대학교출판국, 1991, pp.234-239참조).

3. 사은의 대의강령

1) 천지은은 피은의 강령, 피은의 조목, 보은의 강령, 보은의 조목, 배은, 보은의 결과, 배은의 결과로 되어 있다.

2) 부모은은 피은의 강령, 피은의 조목, 보은의 강령, 보은의 조목, 배은, 보은의 결과, 배은의 결과로 되어 있다.

3) 동포은은 피은의 강령, 피은의 조목, 보은의 강령, 보은의 조목, 배은, 보은의 결과, 배은의 결과로 되어 있다.

4) 법률은은 피은의 강령, 피은의 조목, 보은의 강령, 보은의 조목, 배은, 보은의 결과, 배은의 결과로 되어 있다.

4. 사은의 구조

1) 사은피은의 강령
2) 사은피은의 조목
3) 사은보은의 강령
4) 사은보은의 조목

 5) 사은배은
 6) 사은보은의 결과
 7) 사은배은의 결과

5. 단어해석

 1) 천지은

천지은 : 사은의 하나로서 천지가 만유에게 베푼 은혜를 天地恩이라 한다. 이를테면 공기·땅·일월·물 등의 은혜가 이것이다. 천지보은의 방법은 천지의 속성인 8도를 체받아 응용무념의 도를 실천하는 일이다.

보전 : 안전하고 온전하게 보호하는 것을 保全이라 한다. 천지 은혜로 우리의 심신을 온전하게 보전하며 살아간다.

천치 : 정신작용이 불완전한 사람을 天痴라 하며 백치라는 말도 있다.

하우자 : 매우 어리석은 사람을 下愚者라고 한다. 천지가 없으면 우리의 몸을 보전할 수 없다는 것은 천치나 하우자라도 안다는 뜻이다.

대기 : 큰 기틀을 大機라 하며, 우주의 대기란 우주의 큰 기틀이다.

지극 : ☞『정전풀이』(상) 「게송」 '지극' 참조.

순리자연 : 천지의 운행이 순리로 나아가고 인위가 아닌 자연으로 전개되는 것을 順理自然이라 한다. 우주의 성주괴공, 사시의 춘하추동, 인간·만물의 생로병사가 순리자연으로 전개된다.

광대무량 : ☞『정전풀이』(상) 「개교의 동기」 '광대무량' 참조.

영원불멸 : 일원상의 진리는 불생불멸의 이치와 인과보응의 원리를 간직하고 있는 바, 전자의 경우가 永遠不滅인 것이다. 영원불멸의 이치는 무시무종의 법칙에 의해 영혼이나 진리의 불변적 속성을 나타낸다.

길흉 : 길하고 흉한 것을 吉凶이라 하며, 길흉화복이라는 용어가 따라붙는다. 천지팔도의 하나가 길흉 없는 도이다. 『주역』에서는 64괘의 하나하나가 길흉과 관련되어 있으며, 이는 동양의 우환의식에서 비롯된다.

대도 : 일원상의 진리 곧 불생불멸과 인과보응의 이치를 담고 있는 정법을 大道라 한다. 나아가 사은사요와 삼학팔조가 정법 대도인 것이다.

유행 : 세상에 널리 퍼져 행해지는 것을 流行이라 한다.

대덕 : 대도를 실천하여 나타나는 큰 덕을 大德이라 한다. 또 소태산

의 언급처럼 상덕은 덕이라는 상이 없다고 하는데, 이 상덕이 대덕이다.

　형각 : 외형 곧 겉으로 드러난 모습과 형체를 形殼이라 한다.

　삼라만상 : 우주에 전개된 온갖 사물의 존재현상을 森羅萬象이라 한다. 우리 주변에 다양하게 나열된 것도 삼라만상으로서 처처불상이다.

　풍운우로 : 천지은혜 조목으로서 바람, 구름, 비, 이슬이 風雲雨露이다.

　장양 : 길러주는 것을 長養이라 한다. 천지의 은혜로 만물이 장양된다.

　생멸 : 우주 만물과 인간이 태어나고 멸함을 生滅이라 한다. 한 존재로서 살아가는 실체는 생이요, 사라지는 것은 멸이다. 생멸 주기는 일순간이므로 수도인으로서 생멸거래에 초연하는 마음 자세가 필요하다.

　천만사리 : 천가지 만가지의 일과 이치를 千萬事理라 한다. 소태산은 천지의 밝은 도를 체받아서 수많은 사리를 연구하여 걸림이 없도록 하였다.

　간단없이 : 끊임없이 지속하는 것을 間斷없이 한다고 한다.

　시종여일 : 처음과 끝이 한결같다는 것이 始終如一이며, 시종일관도 같은 뜻이다.

　원근친소 : 우리가 대인관계를 하다보면 가까운 인연, 먼 인연, 친한 인연, 소원한 인연 등이 있다. 이 遠近親疎의 인연에 끌리다 보면 친·불친으로 원만한 대인관계를 갖지 못하며 고통의 윤회 업보에 얽매인다.

　희로애락 : 인간은 감정의 동물이라고 한다. 이에 인간의 일상생활에서 나타나는 감정으로서 기쁨과 노여움, 슬픔, 즐거움을 喜怒哀樂이라 한다. 『대종경』 교의품 5장에서는 일원상 수행을 함에 있어 희로애락과 원근친소에 끌리지 말라고 하였다. 『중용』에서도 喜怒哀樂未發謂之中이요 發而皆中節謂之和라고 하여 중화를 지향하고 있다.

　중도 : 지나침과 모자람(과불급)이 없는 것을 中道라 한다. 곧 지극히 공정한 불편불의가 중도이다. 정치적으로 보면 좌와 우 어느 한편에 치우치지 않는 공화정치를 중도라 하며, 유교에서는 시중이 중도이다.

　광대무량 : ☞『정전풀이』(상) 「개교의 동기」 '광대무량' 참조.

　편착심 : 어디에 치우치거나 편착하는 마음을 偏着心이라 한다. 『정산종사법어』 권도편 44장에서는 마음에 과불급 편착심이 있다면 이를 극복하고 불편불의의 중도에 서야 한다고 하였다.

생로병사 : ☞『정전풀이』(상) 「일원상서원문」 '생로병사' 참조.

변태 : 변하여 달라지는 상태를 變態라 한다. 우주 만유가 성장하면서 여러 가지 형태로 변화하는 것을 말한다.

해탈 : 인간에게 구속으로 다가오는 어떠한 속박도 털어내어 자유로운 것을 解脫이라 한다. 속박의 굴레는 윤회의 고통을 야기하는데 이를 극복하여 열반의 경지 혹 자유의 기쁨을 얻는 것이 해탈이다. 수도인의 목표가 삼독오욕, 간교한 지식, 생사의 해탈인 바, 여기에서 반야지가 솟는다. 정산종사는 수양의 표준으로 해탈을 언급하고 있다(『정산종사법어』, 경의편 18장).

응용무념 : 베풀었다는 생각이나 관념이 없는 무념의 상태를 설명할 때 사용되는 應用無念은 천지가 풍운우로를 베풀고도 베풀었다는 상을 가지지 않는다는 뜻이다. 우리가 상대방에게 보시할 때 천지의 응용무념의 도를 본받아야 할 것이다. 달마대사는 '응용무념'을 덕이라 하고, 노자는 '상덕은 덕이라는 상이 없다'(『대종경』, 인도품 17장)고 했다.

피은자 : 사은의 은혜를 입은 자를 被恩者라 한다. 천지로부터 은혜를 받은 사람은 모두가 피은자이므로 사은에 감사생활을 해야 한다.

배은망덕 : 은혜를 입고도 그 은혜를 잊고 원망하거나 배반하는 것을 背恩忘德이라 한다. 사은의 은혜를 입고도 알지 못하여 보은을 하지 않고, 은혜를 베푼 사람을 원수로 아는 경우가 있으니 주의할 일이다.

보은 : 사은으로부터 입은 은혜에 보답하는 것이 報恩이다. 응용무념의 도로서 천지은, 무자력자 보호의 도로서 부모은, 자리이타의 도로서 동포은, 정의실현의 도로서 법률은에 보답하는 것이 참 보은의 길이다.

공허 : 텅 비어 있는 것을 空虛라 한다. 예컨대 하늘이 텅 비어 있는 것을 말하며, 인생이 허무한 것도 공허하다고 말한다.

침묵 : 천지가 고요함을 沈默이라 한다. 땅은 무어라 말없이 고요히 있는 그대로를 상징하며, 인간도 말 없음에 대해 침묵을 지킨다고 한다.

복락 : 행복과 즐거움을 福樂이라 한다. 불생불멸과 인과보응의 이치를 깨달아 적공을 통해 선인선과를 지으면 영생의 복락이 찾아온다. 천지로부터 은혜를 입는 것도 복락이라 하며, 정산종사는 오욕을 분수에 맞게 취하면 복락을 내려준다(『정산종사법어』, 응기편 22장)고 하였다.

위력 : ☞『정전풀이』(상)「일원상서원문」'위력' 참조.

수명 : 사람이나 물건이 존재하는 연한 혹은 목숨을 壽命이라 한다. 천지의 수명은 영원하며, 정산종사는 법어에서 부처의 법통이 이어져 나가는 것을 법의 수명(유촉편 13장)이라고 하였다.

인천대중 : 육도의 인간계와 천상계의 대중을 人天大衆이라 한다. 초기교단에서는 법회에 구름 같은 대중이 몰렸다는 표현을 사용했는데, 인천대중이나 구름 같은 대중은 수많은 청법대중을 상징한다.

천벌 : 하늘로부터 받은 응보, 곧 신구의 삼업으로 삼악도를 범할 경우 인과보응의 이치에 따라 지옥의 과보를 받는 것을 天罰이라 한다.

내역 : 내용을 자세히 밝히는 것을 內譯이라 한다. 소태산은 『대종경』에서 과거 현재 미래를 통하여 복 짓고 복 받는 내역(인과품 29장)에 대하여 자세히 설명하고 있다.

과불급 : 사람의 역량이나 처사가 지나침을 過라 하고 미치지 못함을 不及이라 하는데, 이를 합하여 過不及이라 한다. 『중용』에서는 무과불급을 주장하여 중도의 실천을 강조하고 있다. 불편불의 무과불급한 심법을 소유한 자는 정의행과 성불에 한걸음 다가서게 된다. 정산종사는 자력과 타력의 한쪽에 편중하면 과불급을 면치 못한다(권도편 12장)고 했다.

집착 : 어떠한 대상·도리 등에 대한 애착 탐착으로서 이에 국집하는 것을 執着이라 한다. 희로애락 등에 집착하면 윤회의 고통을 받는 바, 사소한 집착이라도 수도인에게는 열반이나 극락 수용에 장애가 생긴다.

죄해 : 집착이나 자만, 그리고 배은·범죄 행위로 인해 받게 되는 피해를 罪害라 한다. 밖으로부터 죄해가 오는 것은 전생 금생에 스스로 지은 것 때문이라(『정산종사법어』, 응기편 4장)고 하였다.

공적 : 천지 혹 마음이 텅 비어 고요한 것을 空寂이라 한다. 우주 만유의 실체가 없는 것도 공적하다고 하며, 이는 공공적적의 준말이다.

죄벌 : 인과보응에 의해 심신간 죄업을 지으면 법계의 벌을 받는 것을 罪罰이라 한다. 천벌이나 죄해가 이와 관련된다.

2) 부모은

부모은 : 사은의 하나로 부모가 우리에게 베푼 은혜를 父母恩이라 한

다. 곧 우리에게 생명을 선사하고 길러주며 교육시켜준 것이 부모은이다. 이에 부모 보은의 방법은 공부의 요도와 인생의 요도를 두루 밟고 훌륭한 인격자가 되며, 심신간 부모에게 봉양을 올리는 등 무자력자 보호의 도를 실천하는 길이다.

대범 : 발어사로서 '무릇' 의 의미를 지니는 것이 大凡이다.

생사 : 우주 만유의 유정 생명체로서 태어남과 죽음을 生死라 한다. 생사는 고통의 바다로 여겨지기 때문에 生死苦海라고 한다. 일생의 생사만 볼 것이 아니라 영생 생사해탈의 경지가 있음을 알아야 한다.

무자력 : 자력이 서지 않은 것을 無自力이라 한다. 우리는 부모로부터 갓 태어난 유아시절부터 성년이 되기까지 무자력한 상태에서 살아간다.

생육 : 낳아 길러주는 것을 生育이라 한다. 부모는 자녀를 낳아서 길러주는 가장 큰 은혜를 베풀었으므로 부모의 은혜는 한량이 없다.

대은 : 우리가 무자력할 때 낳아 길러준 부모의 하해 같은 은혜를 大恩이라 한다. 널리 보면 일원상의 진리는 정법대도로서 대은이다.

인도 : 인간으로서 지켜야 할 윤리와 도의를 人道라 한다. 부모는 자녀에게 이 인도를 가르쳐 사회의 훌륭한 인재로 성장하도록 독려한다.

대의 : 대략적인 뜻 또는 바르고 큰 의리를 大義라 한다.

만사만리 : 온갖 사리를 萬事萬理라 하며, 천만사리와 유사용어이다. 부모는 우리에게 만사만리의 근본이 되는 이 몸을 선사하였다.

수고 : 근심 걱정으로 애를 태우며 고생하는 것을 愁苦라 한다. 부모의 자녀양육과 사랑은 수고로움 그 자체이다.

양육 : 길러 자라나게 하는 것을 養育이라 한다. 부모가 자녀를 생육하는 것은 가장 큰 은혜로서의 양육인 셈이다.

요도 : 요긴한 도로서 교법 실천에 있어 요긴한 방법을 要道라 한다. 공부·인생의 요도로서 삼학팔조와 사은사요가 교리의 요도에 해당한다.

삼학팔조 : 일원상 수행문으로서 三學八條는 정신수양·사리연구·작업취사의 삼학과 진행4조 신분의성과 사연4조 불신·탐욕·나·우이다.

사은사요 : 일원상 신앙문으로서 사은은 천지은 부모은 동포은 법률은이며, 사요는 자력양성 지자본위 타자녀교육 공도자숭배이다.

심지 : 마음과 의지를 心志라 한다. 부모의 심지를 안락하게 한다고

할 때 사용된다.

안락 : 심신이 편안하고 즐거운 상태를 安樂이라 한다. 곧 사심 잡념과 번뇌 망상이 없는 상태이다.

봉양 : 부모를 받들어 모시는 것을 奉養이라 한다. 봉양에 있어 육신과 정신의 봉양을 아우르는 것이 바람직하다.

열반 : 본래는 입멸·대원적의 경지로서 불처럼 타오르는 번뇌 망상을 불어서 끈다는 뜻이 涅槃이며, 대승불교에서는 상낙아정 4덕을 열반이라 한다. 여기에서는 육신의 죽음이 곧 열반이다.

역사 : 인간 사회의 발전 변천의 과정 또는 그것을 기록한 자취를 歷史라 한다. 학문의 역사가 있고 부모의 일생사로서 개인의 역사가 있다.

영상 : 열반한 부모의 영정을 影像이라 한다. 자녀로서는 부모의 역사와 영정을 추모하는 마음으로 봉안하여야 할 것이다.

봉안 : 부모의 영상을 받들어 모시는 것이 협의의 奉安이며, 법신불 일원상을 불단에 모시는 것이 광의의 奉安이다.

효성 : 심신을 다하여 부모를 효심으로 받드는 정성이 孝誠이다.

세세생생 : 인간이 태어나면 죽고, 또 태어나는 것이 불교의 삼세인과이다. 일생만이 아니라 영생을 두고 생사거래를 하는 세월을 世世生生이라 한다. 『예전』 열반기념제 축원문에서 '생생에 사람의 몸을 잃지 아니하고 세세에 도덕의 인연을 떠나지 아니하오며' 라고 하였다.

중인 : 많은 사람들을 가리켜 대중 혹은 衆人이라 한다.

3) 동포은

동포은 : 사은의 하나로 동포가 우리에게 베푼 은혜를 同胞恩이라 한다. 사농공상과 금수초목의 상생적 은혜를 입은 내역이 동포은인 것이다. 따라서 동포보은의 방법은 자리이타의 도를 실천하는 것이다.

금수초목 : 모든 동물로서 날짐승과 길짐승을 禽獸라 하며, 풀과 나무를 草木이라 한다. 소태산은 인간만이 아니라 금수초목을 동포은의 범주로 설정하였다. 육도에 있어 금수는 축생계에 해당한다. 인간을 금수에 비유하는 것은 동물처럼 행동이 비열하고 야만적일 때이다.

사농공상 : 과거 농경사회나 봉건사회에 있어 직업의 네 가지 부류를

士農工商이라 한다. 근대 이전까지 이것은 직업상의 신분을 가늠하기도 했다. 오늘날의 직업은 2만여 종이 넘어 4가지로 분류하기는 어렵다.

생활강령 : 사농공상과 같이 직업에 의하여 생활을 강령적으로 분류하는 것을 말한다.

천만물질 : 현대 물질문명의 발달로 인해 수용되는 수많은 물질을 千萬物質이라 한다. 농인과 공인은 천만 물질을 만들고 상인은 이를 판매한다.

자리이타 : 남도 이롭게 하고 자신도 이롭게 하는 것을 自利利他라 한다. 사회의 공동체 속에서 함께 잘사는 상생의 전략이 이에 포함된다. 소태산은 동포은에 이어, 마음을 선용하는 용심법을 배워서 자리이타의 마음 조종사가 되라(『대종경』, 교의품 30장)고 하였다.

학술 : 학문이나 그 이론의 분야를 學術이라 한다. 공부인 및 학자들의 학회활동으로서 학술행사가 주로 이와 관련된다.

정사 : 정치에 관련된 일을 政事라 한다. 정치인으로서 하는 역할이 그것이며, 사농공상의 레벨에서 士의 계급이 학술과 정사를 담당했다.

의식원료 : 옷과 식량의 원재료를 衣食原料라 한다. 농부는 농사를 통해 우리에게 의식 원료를 제공해주는 동포로서의 은혜를 베풀고 있다.

주처 : 인간이 머물며 살 수 있는 곳을 住處라 한다. 工人은 기술을 통원하여 우리가 살 건물을 지어주는 동포로서 은혜를 베풀고 있다.

수용품 : 요긴하게 구하여 쓰는 물품을 需用品이라 한다. 工人이 일상생활에 필요한 물품을 만드는 은혜로 인해 우리가 수용품을 활용한다.

공정 : 공평하고 올바른 것을 公正이라 한다. 士는 학술이나 정사를 공정하게 전개하는 은혜를 베푸는 것이다.

연고 : 일의 전개에 있어 합리적이고 객관적인 이유나 까닭을 緣故라 한다. 원불교 30계문에 "연고 없이 살생을 말며" 등 연고조항 7개가 있다. 연고가 필연적으로 있을 때는 대승행으로 다가서자는 것이다.

감화 : 주변의 영향으로 마음이 감동되어 바람직하게 변화되는 것을 感化라 한다. 곧 동포의 자리이타, 교법실천, 적공력에 감화되곤 한다.

옹호 : 부축하여 보호하거나, 두둔하여 편드는 것을 擁護라 한다.

상통 : 서로 길이 열리고 마음이 통하며 함께 하는 것을 相通이라 한

다. 동포은은 개인과 사회 국가가 상통하여 느끼는 은혜이다.

　고해 : 파도가 휘몰아치는 고통의 바다를 苦海라 하며, 이는 고통으로 가득한 사바세계 곧 세속세계를 말한다. 바다를 고통으로 상징하는 것은 넓은 바다에 풍랑이 일고 파도가 많기 때문이며, 세파라고도 한다. 고해에는 인간의 삼독 오욕 칠정으로 번뇌가 들끓는다.

　구세성자 : 救世란 세상을 구원한다는 뜻으로, 말세에 세상을 구원할 주세불이 나타난다는 면에서 救世聖者라 한다. 소태산은 『대종경』 전망품 1장에서 세상이 말세가 되면 구세성자가 출현한다고 했다.

　자비방편 : 대자대비의 방편으로 중생 제도에 있어서 편리한 수단과 방법을 慈悲方便이라 한다. 불타는 임종시 49년간 8만 4천 방편 법어를 설하였으며, 대종사는 『대종경』 수행품 12장에서 선종의 많은 조사가 선에 대한 천만 방편을 열어놓았다" 고 하였으며, 실시품 5장에서 불법의 대의는 모든 방편을 다하여 끝까지 사람을 가르쳐서 선으로 인도하라고 하였다. 정산종사는 소태산 대종사의 무량방편으로 우리 중생이 모두 제도된다고 법어 기연편 13장에 말하고 있다. 또 경의편 46장에서 부처는 천백억 방편으로 중생들을 교화하였다고 한다.

　무력 : 전쟁 등으로 무기를 동원한 힘을 武力이라 한다. 국가법을 어기거나 사회를 어지럽히는 무리에게 무력의 방편을 통해 제어를 가한다.

　배은중생 : 사농공상의 자리이타를 거역하고 동포은에 배은하는 중생들을 背恩衆生이라 한다. 곧 피은에 보은하지 않고 배은하는 자들이다.

　제도 : 건진다는 의미를 지닌 濟度는 배은자 혹 고통받는 중생을 구원한다는 뜻이다. 성불제중에서의 濟衆과 같은 의미로 이해할 수 있다.

　혐극 : 서로가 꺼리어 생기는 간극이나 틈을 嫌隙이라 한다.

　반목 : 서로 질시하고 미워하는 것을 反目이라 한다. 혐극과 반목은 상호 갈등으로 자리이타의 은혜를 저버리는 행위를 말한다.

4) 법률은

　법률은 : 사은의 하나로 법률이 우리에게 베푼 은혜를 法律恩이라 한다. 곧 개인 가정 사회 국가 세계 다스리는 법의 은혜를 입는 것이 법률은이다. 법률 보은의 길은 종교법이나 실정법을 실천에 옮기는 것이다.

수신 : 심신을 연마하고 수행 정진한다는 뜻을 지닌 것이 修身이다. 유교에서는 수신 제가 치국 평천하라고 하여 근본적으로 수신으로부터 모든 공부가 시작됨을 밝히고 있다. 『대종경』 교의품 28장에 학교에서 배우는 과목중 수신하는 과목이 제일 중요하다고 하였다.

제가 : 집안을 교화하여 잘 다스리는 것이 齊家이다. 『대학』 9장에 "治國在齊其家" 라 하여 치국은 제가하는 가운데 있다고 했다.

안녕질서 : 아무런 탈 없이 편안하고 무사한 것을 安寧이라 하고, 순연히 전개되는 차례나 순서를 秩序라 한다. 곧 편안하며 질서 있는 것을 안녕질서라 한다. 준법의식으로 법을 잘 지키면 안녕질서가 이루어진다.

인도정의 : 신비한 미신이 아니라 진리적 종교와 사실적 도덕에 바탕을 둔 정법교리를 人道正義의 교법이라 한다. 소태산은 인도를 중시하고 인도정의의 공정한 법칙과 제도를 만들었다. 정산종사는 법어 응기편 28장에서 신통을 주로 일삼으면 인도정의는 어려워진다고 하였다.

정로 : 인간이 살아나갈 바른 길을 正路라 한다. 성현들은 종교와 도덕으로 우리의 정로를 밝혀주었다고 소태산은 법률은에서 밝혔다.

기관 : 공공기관으로서 역할을 하는 것을 機關이라 한다. 사농공상으로서 국민을 위해 봉공 헌신하는 사회 국가의 기관이 이에 관련된다. 원불교는 교화 교육 자선의 여러 사업을 위해 기관들을 설립하였다. 곧 교육기관, 사업기관, 훈련기관, 문화기관 등을 요처에 설립한 것이다.

지도권면 : 인류를 바른 방향으로 인도하고 격려하는 것을 指導勸勉이라 한다. 지도자로서 중생을 바르게 지도 권면하는 것이 법률은이다.

전력 : 오롯이 힘쓰는 것을 專力이라 한다. 지도자로서 중생을 지도하고 권면하는 것에 전력을 다하자는 것이다.

함양 : 자연스럽게 길러내는 것을 涵養이라 한다. 지식을 함양한다는 것은 성장하면서 학술을 연마하고 법률을 배워가는 것이다.

시비이해 : 세상을 살다보면 상호 是非와 利害에 얽히는 경우가 많다. 따라서 일의 옳고 그름, 이로움과 해로움 등 인간의 일상적 생활 속에서 일어나는 심신작용을 시비이해라 한다. 『정전』 법률피은의 조목과 사리연구의 요지에 시비이해가 나온다. 『정산종사법어』 경의편 36장에도 대소유무의 이치에 따라 시비이해를 건설한다고 하였다.

불의 : 정의에 반대되는 것으로 옳은 일이 아니거나 의리에 벗어난 악행을 不義라 한다. 범법 행위로서 비행이 곧 불의이다.

징계 : 법을 위반하였을 때 제재를 가하는 것을 懲戒라 하며, 잘못을 범한 자에게 허물을 뉘우치도록 나무라는 것도 일종의 징계이다.

평안 : 별 탈이 없어서 평화롭고 편안한 마음상태를 平安이라 한다. 정산종사는 법어에서 팔타원이 도미할 때 '去平安來平安'(응기편 54장)이라 글을 써주면서 멀리 거래함에 있어 평안하도록 하였다.

순응 : 순리에 따르고 잘 적응하는 것을 順應이라 한다. 법률 조항들에 대하여 거역하지 않고 잘 지켜 따르는 것이 곧 순응인 것이다.

구속 : 자유를 억제하고 속박하는 것을 拘束이라 한다. 법규를 잘 준수하면 구속이 없어지고 자유롭게 된다.

정연 : 질서가 정연하고 일에 조리가 있는 것을 整然하다고 한다.

입법 : 법률을 제정하는 것을 立法이라 한다. 국가에는 입법 사법 행정이라는 세 기관이 있다.

치법 : 국가를 바르게 다스리는 법을 治法이라 한다.

타락 : 죄를 범하여 인격이 불신에 떨어지거나 품행이 바르지 못하여 방탕에 떨어지는 것을 墮落이라 한다.

문란 : 도덕이나 법규 질서가 어지럽혀지는 것을 紊亂이라 한다.

수라장 : 질서가 없고 싸움이 번지는 것을 修羅場이라 한다. 원래 아수라왕이 제석천(인드라神)과 싸운 마당을 수라장이라 한다. (아)수라는 印度의 고대에 전투를 일삼는 귀신으로 간주되기도 하였다.

6. 숙어 · 문제풀이

1) 천지은

1) 천지가 없어도 이 존재를 보전하여 살 수 있을 것인가?

(1) 천지인 三才라는 말이 있듯이, 우주를 구성하는 데에는 천지가 있어 인간이 그 가운데 존재하는 것이다.

(2) 천지의 풍운우로, 일월, 땅이 있어야 어떤 생명체든 생명을 보전할 수 있다.

(3) 천지8도를 생각하면 우리는 천지 은혜로 살고 있음을 안다.

(4) 천지는 우리가 살아가는 큰 집과 같아서 하늘은 지붕이요 땅은 안방과 같은 것이다.

2) 천지에 도와 덕이 있다는 것은?

(1) 천지보은의 조목으로 천지 팔도가 있다.

(2) 우주 대기의 자동적 운행에 따른 천지의 도를 행함에 따라 나타나는 결과가 천지의 덕이다.

(3) 천지의 도와 덕은 일원상 진리의 불생불멸과 인과보응의 작용이다.

(4) 천지의 도덕은 넓게 보면 인간의 도덕과 관련되며, 천인합일의 경지에서 이를 생각해 볼 일이다.

3) 천지의 지극히 밝은 도란?

(1) 일월의 밝음이 곧 천지의 지극히 밝은 도이다.

(2) 천지의 識(『대종경』, 변의품 1장)에 따라서 밝은 도는 삼라만상을 분별하여 알게 함이다.

(3) 천지의 지극히 밝은 도가 있어 천만 사리를 연구하여 밝게 아는 것이다.

(4) 일원상 진리의 소소영령·공적영지에 따라서 인과 작용이 천지를 통해 나타나도록 하는 것이 천지의 밝은 도이다.

4) 천지의 지극히 정성한 도란?

(1) 일월이 代明하고 사시가 순환하는 것이 시종여일한 것으로 이를 지극히 정성한 도라고 한다.

(2) 천지의 정성한 도는 팔조의 誠과 같은 것으로 만사를 이루는 원동력이며, 천도교에서 강조하는 성경신의 성과도 관련된다.

(3) 『중용』 20장에 "誠者 天之道也, 誠之者 人之道也"라 했듯이, 정성스러움 그 자체가 천지의 도인 것이다.

(4) 일원상 진리는 무상으로 보면 항상 우주의 성주괴공과 만물의 생로병사로 순환한다고 했으니, 법신불 사은의 하나로 천지은 작용이다.

5) 천지의 지극히 공정한 도란?

(1) 이 원상은 육근을 사용할 때 원만구족한 것이며 지공무사한 것인 바, 천지의 지공무사함이 공정한 도이다.

(2) 일월은 시방세계를 지극히 공정히 비추고, 천지 역시 풍운우로를 공정히 혜시한다.

(3) 천지는 公物이니 희로애락에 끌리지 아니하고 원근친소에 끌리지 않는다.

(4) 천지만물 허공법계가 일원상의 진리인 바, 지극히 공정하다.

6) 천지의 순리자연한 도란?

(1) 우주와 천지의 운행은 성주괴공·춘하추동으로 질서 있게 운행한다.

(2) 우주의 대기는 역리가 아닌 순리로 작용하는 바 이를 무위이화의 도라 한다.

(3) 천지의 순리자연한 도를 체받는 것은 자연의 순리 곧 합리를 취하고 불합리를 버림이다.

(4) 천리에 거역하는 것은 순연한 생명의 도를 벗어나는 행위이다.

7) 천지의 광대무량한 도란?

(1) 천지허공은 텅 비어서 인간의 측정계로 측량할 수 없을 정도로 넓은 것이다.

(2) 천지는 한 없이 넓고 높아서 우주만유 삼라만상을 다 덮어주고 실어준다.

(3) 삼천대천세계가 이 세계 밖에 따로 건립된 것이 아니라 이 세계 안에 분립된 가지가지 세계이다(『대종경』, 변의품 5장).

(4) 일원상의 진리는 대소유무에 분별이 없다고 했듯이 천지도 유무를 총섭하므로 광대무량한 것이다.

8) 천지의 영원불멸한 도란?

(1) 천지 일월의 수명은 영원하며, 세계가 소천소지로 된다고 하여도 일시에 소멸되는 것은 아니다(『대종경』, 변의품 4장).

(2) 우주의 순환불궁에 따라 성주괴공, 춘하추동, 생로병사가 영원히 지속된다.

(3) 천지는 생멸이 없으므로 만물이 그 도를 따라 무한의 수를 얻게 된다(『정전』, 천지피은의 조목 5조).

(4) 일원상 진리의 영원불멸함이 사은의 천지은에도 적용된다.

9) 천지의 길흉이 없는 도란?

(1) 천지는 원근친소가 없으므로 길흉을 작위로 부여하지 않는다.

(2) 천지는 음양의 도에 따라 무위자연으로 되는 것이지 인위적으로 가치 개념을 주도하지 않는다.

(3) 일원상 진리는 길흉을 제멋대로 주재하지 않으며, 이는 천지은에 있어서도 마찬가지이다.

(4) 인간에 있어 길흉의 행위가 있지만 천지는 합리·순리에 따를 뿐이지 길흉이 따로 없다.

10) 천지의 응용에 무념한 도란?

(1) 천지가 은혜를 베풀고 그에 대한 상을 내지 않으므로, 수도인은 이 응용무념의 도에 따라 '응무소주 이생기심' 한다.

(2) 천지팔도 중에서 응용무념의 도가 대표적 성격을 지닌다.

(3) 『불교정전』의 「보은의 대요」를 보면 천지는 응용무념의 도라고 하였으니, 천지는 무위자연으로 베풀 따름이다.

(4) 일원상의 진리는 언어명상이 돈공할 따름인데 천지가 베풀었다는 상이나 관념이 없는 것이다.

11) 천지는 공적하다 하더라도 우연히 돌아오는 고나 자기가 지어서 받는 고는 곧 천지배은에서 받는 죄벌이라는 것은?

(1) 일원은 언어도단이므로 천지허공도 공적하지만 현상계에서 인과보응의 진리가 소소영령하므로 천지에도 인과보응이 역연하다.

(2) 천지팔도를 실행에 옮기지 않으면 결국 일원상의 진리를 속임이자 천지 배은이 되므로 죄와 벌을 받는다.

(3) 중생심으로 허공에 업인을 심고 땅에 인과를 지으니 천지에 거역하며 생활하면 결국 천벌을 받게 된다.

(4) 천지에 있어 순리자연의 도 및 지극히 공정한 도에 따라 인간의 우연한 고나 자업자득의 고가 나타나는 것이다.

2) 부모은

1) 부모가 아니면 이 몸을 나타내지 못하고 장양되지 못한다면 그같이 큰 은혜가 어디에 있겠는가?

(1) 부모는 우리에게 생명을 선사하여 생육하여 주었으므로 가장 큰 은혜의 하나이다.

(2) 우리가 무자력한 상태에서 부모는 헌신적으로 인도하여 주었으니 장양될 수 있었던 것이다.

(3) 우리의 생명체는 일원상 진리가 부모은으로 위력을 나타낸 것이다.

(4) 부모는 나의 생명을, 나는 자손의 생명을 선사하는 至親의 윤리이다.

2) 사람의 생사는 자연의 公道요 천지의 造化라 하지만, 무자력할 때 생육하여 준 대은과 인도의 대의를 가르쳐 줌은 부모 피은이란?

(1) 사람의 생사는 자연의 공도요 천지의 조화라는 것은 우리의 생명체가 불법의 인연연기에 따라 태어난다는 뜻이다.

(2) 우리의 생명체가 부모와 상생의 인연을 통해서 세상에 태어난 것이니 부모의 대자대비에 의함이다.

(3) 부모은으로 인하여 무자력할 때 장양됨은 곧 자녀의 부모봉양이라는 인도적 윤리를 형성한다.

(4) 부모는 자녀교육을 통해 사회 국가의 지도자가 되도록 책임감을 심어준 하해 같은 은혜를 베풀었다.

3) 부모가 있으므로 만사만리의 근본되는 이 몸을 얻는다는 것은?

(1) 부모가 낳아준 육신은 생명체 작용, 곧 육근작용의 기반이다.

(2) 이 몸에서 만사만리가 나오며, 만사만리의 이 몸이 있게 된 근본 원인은 부모이다.

(3) 유교의 오륜 중에서도 부자유친이 근본이듯이 부모는 보은 대상으로서 효성의 당체이다.

(4) 부모가 산고를 겪으며 우리를 낳고 기르고 교육함으로 인해 우리는 심신의 자력을 얻게 된다.

4) 모든 사랑을 이에 다 하사 온갖 수고를 잊으시고 자력을 얻을 때까지 양육하고 보호하여 줌이란?

(1) 부모의 절대적·무조건적 사랑으로 우리는 양육 보호된다.

(2) 자녀는 부모와 삼세 숙겁의 선연으로 세상에 태어나 성장 발전

해 나간다.

(3) 우리가 무자력에서 자력으로 나아갈 수 있도록 뒷받침해 주는 사랑은 부모의 헌신적이고 자비로운 은혜에 기인한다.

(4) 부모는 혈연으로 우리를 길러주고 더구나 불연과 인연을 맺게 함은 더할 수 없는 은혜이다.

5) 사람의 의무와 책임을 가르쳐 인류사회로 지도하심이란?

(1) 부모는 우리를 낳아서 길러주고 교육을 시켜주는데 그 교육의 내용은 인륜도덕이다.

(2) 부모의 한결같은 소망은 자녀가 입신양명하여 인류사회의 큰 일꾼이 되도록 염원함이다.

(3) 모범적 가정의 조건은 자녀에게 과학과 도학을 아울러 가르치며 교육을 받은 후에는 상당한 기간을 국가나 사회나 교단에 봉사하게 할 것이다(『대종경』, 인도품 43장).

(4) 부모의 은혜 중에서 무지한 자녀로 하여금 사회의 의무와 책임감을 심어주는 것이 낳아준 은혜만큼이나 크다.

6) 무자력할 때에 피은된 도를 보아 힘 미치는 대로 무자력한 사람에게 보호를 주는 것이 부모 보은의 강령인 이유는?

(1) 우리가 무자력하게 태어날 때, 길러질 때, 교육받을 때 모든 부모는 우리에게 대보호의 은혜를 베풀었다.

(2) 무자력한 나를 길러준 부모의 은혜를 생각하면 타인의 부모 역시 자녀들에게 절대적 은혜를 베풀었다.

(3) 타인의 무자력한 부모라도 힘 미치는 대로 보호를 해야 하는 것은 삼세를 통한 모든 부모를 나의 부모처럼 섬기자는 뜻이다.

(4) 무자력한 어린이나 병자의 부모에게 보호를 하는 것도 넓은 의미에서 부모보은이 된다.

7) 공부의 요도 삼학팔조와 인생의 요도 사은사요를 빠짐없이 밟는 것이 부모 보은의 조목인 이유는?

(1) 一者出家에 九族이 生天한다는 말이 있듯이, 내가 부처의 지행을 갖추도록 출가함으로써 부모는 물론 전 가족에게 보은이 된다.

(2) 개인으로서 사회에 출세하는 경우도 부모에게 보은이지만, 출

가하여 인류를 위해 희생 봉사하는 것도 부모에게 매우 큰 효도이다.

(3) 원불교인으로서 정법대도를 배워서 공부의 요도와 인생의 요도를 실천할 때 사회의 지도자가 되어 결국 부모은에 보은하는 셈이다.

(4) 삼학팔조와 사은사요를 실천하여 법위가 향상되면 부모를 희사위로 올려드려 부모의 꽃다운 이름을 드러낸다(『대종경』, 변의품 25장).

8) 부모가 무자력할 경우에는 힘 미치는 대로 심지의 안락과 육체의 봉양을 드려야 하는 이유는?

(1) 내가 무자력했을 때 부모는 나에게 자력을 얻도록까지 무한한 희생을 하였으니, 인과의 원리로서 무자력한 부모에 보은해야 한다.

(2) 우리가 자력을 얻고 살다보면 세월이 흘러 부모는 연로하여 무자력하게 되므로 자녀로서 심신간 봉양해 드려야 함이 도리이다.

(3) 출가 그 자체가 부모에게 심지의 안락을 드리는 것이지만 육체봉양의 의무도 고려해야 한다.

(4) 부모는 심지의 자력과 육체의 자력을 우리에게 베풀었으므로 우리는 부모에게 심지의 안락과 육체의 봉양을 올려야 한다.

9) 부모가 생존하시거나 열반하신 후나 힘 미치는 대로 무자력한 타인의 부모라도 내 부모와 같이 보호할 것이란?

(1) 삼세 일체를 놓고 보면 타인의 부모도 나의 부모처럼 생각해야 한다.

(2) 실버시대에 맞게 실버타운이나 양로원 등에 방문하여 나와 남의 부모를 구분 말고 노약자에 보은하는 심경을 갖자는 것이다.

(3) 소태산 대종사는 부모은을 사은의 하나로 설정한 자체가 이 세상의 모든 부모에 공경, 보은해야 함을 설파한 것이다.

(4) 천만 겁을 통하여 정하였던 부모와 정할 부모가 실로 한이 없으니, 이 많은 부모의 은혜를 어찌 현생 부모 한두 분에게만 보은함으로써 다하였다 하리요(『대종경』, 변의품 25장).

10) 부모가 열반하신 후에는 역사와 영상을 봉안하여 길이 기념할 것이란?

(1) 부모가 열반하면 천도재를 통해 왕생극락을 위해 극진히 영로를 밝혀드려야 한다.

(2) 열반한 부모의 역사와 영상을 보전함으로써 후세대들에게 부모의 선행과 업적을 알리고 자발적 보은을 유도하는데 도움이 된다.

(3) 열반한 부모의 역사와 영상을 봉안하는 것 자체가 나를 있게 한 분에게 보은하는 방법으로서 추원보본의 사업이다.

(4) 열반한 부모에게 보은하는 것은 자녀로서 인륜의 실천이다.

11) 우리가 부모에게 배은을 한다면 나는 내 부모에게 배은을 하였지만 세상은 자연히 나를 미워하고 배척하는 이유는?

(1) 우리는 부모의 하해 같은 은혜를 입었으나 부모에게 배은하는 자는 인지상정으로 사회에 불효자로 낙인찍힌다.

(2) 삼세의 부모에게 배은을 하면 사회에서도 상극의 인연이 되어 고통의 윤회를 벗어나지 못한다.

(3) 패가망신이란 말이 있듯이 존속상해 등을 입히면 영생토록 사회의 비판을 받는 것이 실정법의 정서에도 맞다.

(4) 부모의 은혜는 천륜으로 이 천륜을 어기는 자는 법신불로부터 용서받을 수 없는 것이 인과의 진리이다.

3) 동포은

1) 동포에게서 입은 은혜를 알고자 할진대 먼저 사람·금수·초목도 없는 곳에서 나 혼자라도 살 수 있을 것인가를 생각해 보라는 것은?

(1) 인간은 사회적 동물로서 더불어 살아가는 존재이다.

(2) 우주의 한 기운 속에 살아가는 우리는 상생의 관계로서 동기연계의 필연적 관계이다.

(3) 금수초목도 인간의 삶에 필요한 존재인 바, 금수초목이 살 수 없는 곳엔 인간도 살 수 없는 것이다.

(4) 일원상 진리의 한 포태 속에서 법신불의 화신인 유정·무정 모두가 우주의 구성물로서 없어서는 살 수 없는 관계이다.

2) 이 세상은 사농공상의 네 가지 생활강령이 있고, 사람들은 그 강령 직업 하에서 천만물질을 교환할 때 자리이타로 도움이 된다는 것은?

(1) 근대사회까지 직업의 종류는 크게 사농공상으로 구분되어 있었으며, 오늘날은 직업의 종류는 헤아릴 수 없다.

(2) 동포은으로서 중요한 것은 사농공상의 생산품을 서로 교환하며 의식주를 해결하는 은혜를 지닌다.

(3) 오늘날 어느 누구든 의식주를 교환함에 있어 본질적으로 자리이타의 상생적 윤리가 작용한다.

(4) 자리타해의 생활은 사회 공존의 질서를 파괴한다.

3) 초목금수까지도 우리에게 도움이 된다는 것은?

(1) 자타의 국한을 벗어나 시각을 넓혀보면 나의 경계와 타의 구분을 넘어설 수가 있다.

(2) 아상 인상 중생상 수자상마저 넘어서면 인간과 금수초목의 차별 관념도 넘어설 수 있다.

(3) 초목금수도 법신불의 응화신이요 처처불임을 자각하면 모든 것이 나에게는 동포로서 도움이 되는 것이다.

(4) 일원은 우주만유의 본원이라 했듯이, 우주만유(초목금수 포함)가 일원의 진리 속에서 작용하는 것이다.

4) 배은자로 인해 동포가 고해에 들면, 구세성자들이 자비방편을 베풀어 도덕이나 정치·무력으로 배은중생을 제도하게 된다는 것은?

(1) 성자의 중생제도는 본연의 업무로서 온갖 방편을 다 사용한다.

(2) 일원상 진리는 은생어해·해생어은으로 작용하듯이 제도방편으로서 도덕이나 정치·무력 등이 등장할 수 있다.

(3) 성자의 방편은 근기에 따른 방편이며, 중생의 근기에 따른 강·온의 다양한 방편을 활용하여 왔다.

(4) 보은자는 보은자대로, 배은자는 배은자대로 모두가 동포인 바, 소태산은 모두를 포용하여 중생제도에 나서도록 하였다.

5) 사는 천만학술로 교화할 때와 모든 정사를 할 때 항상 공정한 자리에서 자리이타로써 한다는 것은?

(1) 士란 정신적으로 지도하고 활동하는 지도자이자 학문과 정치에 관련된 종사자이므로 자리이타로서 임해야 한다.

(2) 학교 선생이 원근친소에 끌리지 말고 공정하게 학생들을 지도·교육해야 올바른 교육관으로 인해 자리이타의 분위기가 형성된다.

(3) 정치의 지도자가 공정하게 정사에 임해야 국가가 균형적으로 발

전하고 상생의 기운으로 세계 평화에 기여한다.

(4) 도학과 과학의 병행, 정교동심의 정신이 원불교의 자리이타이다.

6) 농은 의식원료를 제공할 때에 항상 공정한 자리에서 자리이타로써 한다는 것은?

(1) 우리가 생존에 절대 필요한 양식을 먹고 살 수 있는 것은 농부가 공정한 자리에서 자리이타로 양식을 제공하기 때문이다.

(2) '농자천하지대본' 이라는 말이 있듯이 원시사회로부터 우리가 생명을 지탱해 온 것은 농부의 부단한 작농 결과이다.

(3) 농업의 위상이 격하되고 농부의 수입이 적어지면 곡식 부족으로 인해 가격폭등과 기아현상이 생기므로 상생의 자리이타가 필수이다.

(4) 농부는 곡식을 마련하여 판매함으로써 공산품을 구입하므로 사농공상은 모두 자리이타 정신의 표본이다.

7) 공은 주처와 수용품을 공급할 때에 항상 공정한 자리에서 자리이타로써 한다는 것은?

(1) 공장을 통해서 나오는 수용품은 누구나 활용할 수 있으므로 자리이타의 산물이다.

(2) 문명의 利器로 인해 편의성을 제공하는 첨단 제품은 공의 공정한 자리에서 자리이타에 의함이다.

(3) 의식주의 삶에 필요한 건축물과 도로망 건설 등은 공의 자리이타 사업에서 비롯된다.

(4) 오늘날 합리적 과학문명의 길을 개척한 것은 工의 역할이 지대하기 때문이다.

8) 상은 천만물질을 교환할 때에 항상 공정한 자리에서 자리이타로써 한다는 것은?

(1) 농부가 생산한 곡식은 상인에 의해 구입 판매되어 우리의 생존을 유지하게 된다.

(2) 공인이 제품을 만들면 상인에게는 판매의 역할이 필요하며 이것은 상생의 자리이타 정신에서 비롯된다.

(3) 천만물질이 쌓여 있다고 해도 상업의 교환과정이 없다면 누구나 수용할 수 없으며, 이에 상인은 이기주의적 독과점을 금해야 한다.

(4) 국가 무역의 덕택으로 세계가 빈곤에서 벗어나 혜택을 누린다.

9) 초목금수도 연고 없이는 꺾고 살생하지 말라는 것은?

(1) 초목금수가 동포의 범주인 것은 공존의 산물이기 때문이다.

(2) 환경보호 차원에서도 초목금수는 약탈 없이 보전돼야 한다.

(3) 초목금수는 인간의 삶에 절대 필요한 산소의 공급과 의식주의 원료가 된다.

(4) 어떠한 생명체라도 꺾거나 살생하면 상극의 원인이 된다.

10) 동포끼리 배은하면 서로 미워하고 싫어하며 원수가 되어 개인 가정 사회 국가가 평화를 보지 못하고 전쟁의 세계가 된다는 것은?

(1) 동기연계로 상생의 윤리관계가 형성된 동포들 사이에 상극이 맺어지면 평화는 깨지고 만다.

(2) 동포가 서로 자리이타로 화합하지 못하면 이기주의가 만연하여 결국 가정 사회 국가의 공동체성을 상실한다.

(3) 동포간의 인종차별, 국가차별, 남녀차별은 결국 세계불행의 씨앗으로 이어진다.

(4) 일원상 진리의 인과는 소소영령하므로 동포간의 상생은 좋은 결실, 상극은 고통의 결과를 초래하게 된다.

4) 법률은

1) 개인은 수신 법률, 가정은 제가 법률, 사회는 사회 법률, 국가는 국가 법률, 세계는 세계 법률이 없고도 안녕질서를 유지할 수 있는가?

(1) 법률은 성격상 개인과 가정의 도덕적 법률과 사회와 국가 세계의 실정법을 말한다. 이 법들을 유기적으로 지켜야 질서를 유지한다.

(2) 만일 법이 지켜지지 않으면 사회의 질서는 파괴되며 인류도 사라진다.

(3) 법이 없으면 약육강식의 동물세상으로 변질되므로 질서 혼란만이 있을 따름이다.

(4) 법이 없는 세상을 가정하면 동물왕국일 것이요, 전쟁터일 것이며, 여기에는 윤리 질서가 실종되고 약육강식만이 만연할 것이다.

2) 법률이란 인도정의의 공정한 법칙을 이른다는 것은?

(1) 법률은 사람으로서 마땅히 실천해야 할 도리이므로 인도정의의 공정한 법칙이다.

(2) 법률이 편파적으로, 지엽적으로 어느 일방에만 유리하게 전개된다면 이미 보편성을 잃고 만다.

(3) 제불제성의 도덕교화와 인간의 시비이해를 판가름하는 법률준수에 의해 모든 인류와 생명체는 공정한 법칙의 은혜를 입는다.

(4) 인도정의의 공정한 법칙이란, 개인에게는 수신, 가정에게는 제가, 사회에는 질서, 국가 세계에는 평화를 가져다주는 것을 말한다.

3) 때를 따라서 성자들이 출현하여 종교와 도덕으로써 우리의 정로를 밝게 하여 주심이란?

(1) 세상을 다스리는 것에는 동남풍과 서북풍이 있으니, 동남풍은 종교와 도덕이며 서북풍은 정치와 법률이다.

(2) 성자들은 종교적 방편으로 세상을 바르게 향도하는데, 이는 종교와 도덕에 의지함이며, 원불교는 정의실행의 도덕을 정도로 삼는다.

(3) 성자들의 출현은 시대를 따라 지도방편이 다르며, 소태산은 진리적 종교의 신앙과 사실적 도덕의 훈련으로 정법도리를 밝혔다.

(4) 불불이 계세하고 성성이 상전하여 말세의 세상을 바룬다.

4) 사농공상의 기관을 설치하고 지도권면에 전력하여 우리의 생활을 보전시키며 지식을 함양하게 함이란?

(1) 사농공상의 전문가를 양성하여 지도 권면한다면 서로 관련된 분야에서 전문 지식을 함양할 수 있다.

(2) 사농공상의 각 기관을 설치한다면 관련 기관의 세부적인 정보와 지식을 갖출 수 있는 하드웨어를 마련할 수 있다.

(3) 근대의 신분·직업의 구분을 사농공상으로 하였으므로 네 가지 분류가 가능했고, 앞으로는 보다 구체적이고 전문적인 기관이 요구된다.

(4) 사회 국가의 기관들은 인류의 문명을 발전시키는 교두보이다.

5) 시비이해를 구분하여 불의를 징계하고 정의를 세워 안녕질서를 유지하여 우리로 하여금 평안히 살게 함이란?

(1) 법률이란 근본적으로 시비이해를 구분하고 불의를 징계하여 안녕질서를 유지하기 위해 필요한 것이다.

(2) 종교적 법률은 진리와 도덕에 바탕하여 시비이해를 판가름하며, 이에 근거하여 안녕질서를 유지하게 된다.

(3) 종교는 물론 정치의 법률은 불의를 징계하고 정의를 세워 사회 국가의 질서를 유지하는 것에 목적이 있다.

(4) 인류가 평안히 살 수 없다면 그것은 시비이해의 가치가 붕괴되어 불의가 난무하여 질서가 파괴되었기 때문이다.

6) 법률에서 금지하는 조건으로 피은이 되었으면 그 도에 순응하고, 권장하는 조건으로 피은이 되었으면 그 도에 순응할 것이란?

(1) 법률은 금지조건이 있고 권장조건이 있는 바, 법위가 향상될수록 자율적 권장조건, 중생일수록 타율적 금지조건이 요구된다.

(2) 교리에 있어 계문은 금지하는 것을 주로 하고, 솔성요론은 권장하는 것을 주로 하여 그 도에 순응하도록 역할을 한다.

(3) 악행은 금지하는 조건일 것이요, 선행은 권장하는 조건일 것인 바, 인과의 원리에 따라 그 도에 순응해야 할 것이다.

(4) 각자의 근기에 따라 권장과 금지를 방편적으로 유도해야 한다.

7) 개인에 있어서 수신하는 법률을 배워 행하라는 것은?

(1) 개인은 심신을 닦아 맑히는 법률(수행법)을 배우고 실행하자는 것이다.

(2) 개인의 인격함양이 곧 도덕성 회복과 법률을 준수함이다.

(3) 일원상 수행의 표본으로서 삼학팔조의 수행이 요구된다.

(4) 최초법어에 나타난 수신의 요법을 배워 실행할 것이다.

8) 가정에 있어서 가정 다스리는 법률을 배워 행하라는 것은?

(1) 家和萬事成이란 말이 있듯이 화합을 중심으로 하여 가정교화를 한다면 가정의 행복과 사회·국가의 안정이 확보된다.

(2) 부모는 상봉하솔의 도로서 자녀를 지도하여야 할 것이다.

(3) 최초법어에 나타난 제가의 요법을 실행해야 한다.

(4) 수제치평에 있어 제가는 치국과 평천하의 교두보인 셈이다.

9) 사회와 국가에 있어서 사회·국가 다스리는 법률을 배워 행하라는 것은?

(1) 종교의 사회에 대한 관심과 사회 교화의 차원에서 공동체적 사

회윤리와 사회규범을 지키도록 해야 한다.

(2) 종교는 동남풍, 정치는 서북풍으로서 상호 역할을 하되 정교동심의 입장에서 국가 발전에 도움을 주어야 한다.

(3) 최초법어의 강자 약자의 진화상 요법과 지도인으로서 준비할 요법을 실행할 것이다.

(4) 종교의 자유도 법률로 안정된 국가가 있어야 가능한 일이다.

10) 세계에 있어서 세계 다스리는 법률을 배워 행하라는 것은?

(1) 세계 평화를 도모하는 법률을 실천하도록 해야 한다.

(2) 국제법과 국제헌장을 인지하여 준수하는 것이 필요하다.

(3) 인류의 인권과 지구촌 윤리의 실천에 앞장선다.

(4) 동척사업의 정신을 통해 세계 시민의 입장에서 살아간다.

11) 우리가 법률 보은을 한다면?

(1) 개인으로서 수신하는 법률을 능히 지킨다면 개인의 구속은 없어지고 자유를 얻게 된다.

(2) 준법의식에 의해 각자의 인격이 향상되며 세상의 질서도 정연해진다.

(3) 사농공상이 더욱 발달하여 안락세계가 될 것이며, 입법·치법의 은혜도 갚게 된다.

(4) 인간이 만물의 영장인 것은 법률을 만들어 동물세계와 다른 상생의 윤리를 지속해 간다는 뜻이다.

12) 법률에 배은을 한다면?

(1) 배은자에게는 법률이 용서하지 않을 것이다.

(2) 범법행위는 사회생활에 있어 부자유와 구속을 면하지 못한다.

(3) 법을 어기는 현상이 벌어지면 각자의 인격도 타락하여 세상의 평화가 사라진다.

(4) 선연선과와 악연악과의 업연은 일원상 진리의 인과보응이다.

7. 관련법문

☞「그대들은 이 혼란한 시기를 당하여 항상 사은의 크고 중하심을 참마음으로 감사하는 동시에 일반 교도에게도 그 인식을 더욱 깊게 하여, 언제나 감사하는 생각을 가지고 그 정신이 온건 착실한 데로 나아가게

할 것이며…」(『대종경』, 교단품 37장).

☞「과거에 모든 부처님이 많이 지나가셨으나 우리 대종사의 교법처럼 원만한 교법은 전무후무하나니 … 사은의 큰 윤리를 밝히시어 인간과 인간 사이의 윤리 뿐 아니라 천지 부모 동포 법률과 우리 사이의 윤리 인연을 원만하게 통달시켜 주셨음이요」(『정산종사법어』, 기연편 11장).

☞「대종사께서는 이 우주의 진리를 드러내시사 우리가 네 가지 큰 은혜를 입고 사는 것을 밝혀 주시었나니, 그대들은 대종사의 상생 대도인 사은의 교리가 만생령을 제도하는 가장 큰 길이며 사중보은의 도리가 이 세상을 평화롭게 하는 가장 큰 원동력임을 깨달을지니라」(『정산종사법어』, 경의편 8장).

8. 천지은의 의의와 특징

1) 천지은의 의의

천지은은 사은의 대표적 은혜로서의 의의를 지니며, 또한 사은에 있어 하감의 항렬이기도 하다. 아울러 천지의 도덕을 밝혀 인도 실천의 근거가 되며, 천지의 방위는 원불교 교화단 구성의 근거가 되기도 한다. 물론 천지은의 의의에 있어 중요한 것은 모든 존재가 생명을 유지할 수 있게 해준다는 것이며, 천지은혜에 보은하는 것이 오늘날 환경보호라는 점에서도 의의가 있다. 하지만 천지에 배은을 하면 천벌을 받는다는 사실 인식도 중요하다.

(1) 天地是大圓이란 싯구가 있듯이, 천지은은 일원과 통하며 사은의 대표적 의미를 지닌다.

☞「원기 2년 소태산 대종사는 시시로 가사와 한시를 읊어 『법의대전』을 편집하였으나 『대종경』 전망품 2장에 한시 11구만이 전하고 있음은 후학으로 아쉬움을 금할 수 없다. 원기 4년 5월 소태산 대종사가 송도군에게 '一圓'으로 시를 짓게 하여 '萬有和爲一 天地是大圓'이라는 한시가 나왔고, 원기 13년 삼산 김기천이 '愛見詩'를 발표하기도 했다」(손정윤, 「문학·예술사」, 『원불교70년정신사』, 원불교출판사, 1989, p.646).

(2) 천지은은 하감지위의 항렬이다.

☞「천지하감지위 부모하감지위는 나의 이상 항렬이요, 동포응감지위는 나와 동등 항렬이니라」(『정산종사법설』, 제9편 불교정전의해, 2.심

고와 기도).

(3) 천지은을 인도의 근원으로 삼아 본받게 하였다.

☞「소태산은 사은 각각에 대해 피은된 내역과 보은의 조목들을 열거하였는데 그 중에서 천지은이 우주론적 존재 양태를 직설적으로 명기한 것이라고 할 수 있다. 천지의 작용이 무작위적이지 않고 도를 행하는 것으로 해석하여 천지팔도를 천명하고 이를 인도의 근원으로 삼아 본받아 실행하게 하였다」(박상권, 「소태산의 종교적 도덕론 연구-『대종경』 인도품을 중심으로-」, 『원불교사상과 종교문화』 29집, 원불교사상연구원, 2005, p.62).

(4) 교화단은 우주(천지)와 연결시켜 조직되었다.

☞「교화단 조직의 원리에서 볼 때 두 가지 특성이 있다. 첫째는 매우 간이한 조직이면서도 그 규모가 대단히 광대하다는 점이다. 둘째는 우주와 연결시키는 조직이라는 점이다. 단을 대표하는 단장은 하늘, 단장을 보좌하는 중앙은 땅을 응한다」(김용은, 「교화단 활성화 방안에 대한 고찰-예비교역자 중심으로-」, 제2회 실천교학 학술발표회 《학술발표요지》, 원불교대학원대학교, 2002.3, p.81).

(5) 천지는 모든 존재가 보전하며 사는 생명의 은혜이다.

☞「마땅히 천지가 없어도 이 존재를 보전하여 살 수 있을 것인가 하고 생각해 볼 것이니, 그런다면 아무리 천치요 하우자라도 천지 없어서는 살지 못할 것은 다 인증할 것이다」(『정전』, 제2장 사은, 제1절 천지은, 1.천지피은의 강령).

(6) 천지은에 보은하는 것은 환경보호에도 관련된다.

☞「과학은 자연의 은혜를 극대화한 점도 있으나 황폐케 하는 면은 개선해서 자연의 덕과 은혜를 오손시키지 않도록 해야 한다. 현대의 환경보호 사상과 원불교의 천지자연의 은혜사상과는 밀접한 관계가 있다」(이인성, 「원불교의 자연관」, 『원불교사상시론』 제Ⅲ집, 원불교 수위단회, 1998년, p.173).

(7) 천지은에 배은을 하면 천벌을 받는다는 것을 알아서 천지 보은을 해야 한다.

☞「우리가 만일 천지에 배은을 한다면 곧 천벌을 받게 될 것이니, 알기 쉽게 그 내역을 말하자면 천도를 본받지 못함에 따라 응당 사리간에 무식할 것이며, 매사에 과불급한 일이 많을 것이며, 매사에 불합리한 일이 많을 것이며, 매사에 편착심이 많을 것이며, 만물의 변태와 인간의

생로병사와 길흉화복을 모를 것이며…」(『정전』, 제2장 사은, 제1절 천지
은, 7.천지배은의 결과).

2) 천지은의 특징

천지를 원불교 신앙의 대상으로 삼는 것 자체가 천지은으로서
의 한 특징이다. 천지은은 모든 존재자에 대한 죄복의 권능을 지
니는 바, 천지가 비록 공허하고 침묵하지만 천지의 식이 있음을
밝힌다. 더불어 천지는 무정한 것이 아니라 우주의 성주괴공으로
변화하듯 순환하는 것이다. 그리고 천지팔도에 보은을 하는 것이
은혜조목이며, 이는 천인합일로 이어진다. 결국 천지은의 큰 특징
은 생명의 은혜를 베풀어도 베풀었다는 상이 없는 응용무념의 도
라는 점이다.

(1) 천지에는 모든 존재자에 대한 죄복 권능을 지닌다.

☞「천지에서 죄 주는 형상을 들어 말한다면, 不意의 수재를 만나
농작물을 버리게 되었다든지 혹은 화재나 風災를 만나 재물이나 人畜의
손해를 보았다든지 그 외에도 우연히 병이 들어 불구자가 되었다든지
하여간 인력으로는 어찌할 수 없는 천재지변을 당하는 것은 천지가 주
는 죄요, 그와 반대로 천지에서 복 주는 형상을 들어 말한다면, 하늘에
서 일월의 광명을 비추어주고 우로의 혜택을 베풀어주는 것이라든지 땅
에서 의식의 원료를 내어주는 것이라든지 그 외에도 우연히 살림살이가
늘어간다든지, 하여간 모든 일이 우연히 잘되는 것은 천지에서 주는 복
이다」(구타원종사 법문집 편집위원회 편, 『인생과 수양』, 원불교출판사, 2007,
p.40).

(2) 천지는 공허하고 침묵하지만 천지의 식이 있다.

☞「하늘은 공허하고 땅은 침묵하며 / 산천초목은 푸르고 / 짐승들
은 산야를 달리며 / 세상의 흥망이 물결치도다. / 여기 그 어느 곳에 道
가 있는가! / 말해보라! / 진실로 도의 정체 묘연하여 / 그 자취를 찾을
수 없고 / 그 모양 또한 볼 수가 없도다. / 그러나 대각자의 가르침을
본받아 / 찾고찾고 또 찾아 심안이 열리면 / 구만리장천 태허 중에 / 일
월은 왕래하고 / 광막한 대지 위에 / 만물들은 모두 자기의 자태를 뽐
내며 / 길고 긴 무궁한 세월 중에 / 세상만사 순리대로 출몰하니 / 모두
도 아님이 없고 덕스럽지 아니함이 없도다. / 그대는 보는가, 여기에 도

가 있도다. / 그대는 알겠는가, 여기에 덕이 있도다」(경산종법사, 「경산
종법사 취임법문」, 원기 91년 11월5일).

(3) 천지는 소천소지 곧 성주괴공으로 변화, 순환하는 특징을
지닌다.

☞「천지에도 성주괴공의 이치가 천만 가지 분야로 운행되어 지금
이 시간에도 이루어지는 부분이 있고 그대로 머물러 있는 부분도 있으
며, 무너지는 부분도 있고 없어지는 부분도 있어서 늘 소천소지가 되고
있나니라」(『대종경』, 변의품 4장).

(4) 천지보은으로는 천지팔도가 있으며, 자연과의 조화에 관련
된다.

☞「천지보은의 조목을 여덟 가지에 이른다. 이것도 한결같이 자연
과의 조화를 가리키는 것으로서 도를 천지의 이치에서 체받는 본분임을
역설한다」(이동엽, 「원불교의 윤리와 자연법」, 『원불교사상』 4집, 원불
교사상연구원, 1980, p.153).

(5) 천지보은은 천지 같은 위력과 수명을 얻는 천인합일의 경
지로도 이해된다.

☞「부처 또는 성인은 우주의 궁극적 진리인 일원상의 진리를 깨닫
고 이와 합치된 실천을 행하는 경지 즉 천인합일의 경지로 설정된다.
… 이러한 천인합일의 인격은 천지같은 위력과 천지같은 수명과 일월같
은 밝음을 얻은 경지로도 묘사되는데(천지보은의 결과) 이는 주역의 천
인합일론과 그대로 상통된다」(김낙필, 「원불교학의 동양해석학적 접근」,
『원불교사상』 12집, 원불교사상연구원, 1988, pp.94-95).

(6) 천지팔도 중 응용무념의 도가 중요하므로 매사 응용무념으
로 보은해야 한다.

☞「천지 대자연의 은혜를 깊이 깨닫고, 그 은혜에 보은 감사하는
생활을 하게 될 때, 축복받는 생활을 하게 된다는 것이니, 천지은에 보
은감사하기 위해서는 천지가 우리에게 행하는 도를 체받아야 된다는 것
이다. (천지 팔도 중) 응용무념의 도가 중요한 것이니, 세상에 은혜를
베풀 때에 은혜를 베푼다는 상마저 놓아버린 채, 무념의 도로써 행하자
는 것이다」(김팔곤, 「사은윤리의 현대적 의의」, 『원불교사상』 제6집, 원
불교사상연구원, 1982, p.19).

9. 부모은의 의의와 특징

1) 부모은의 의의

원불교 신앙의 대상에 부모 조항이 들어있는 것 자체가 부모은의 큰 의의이며, 또 부모가 우리에게 생명을 희사하여 생육하여 준 은혜가 가장 큰 의의일 것이다. 이에 자녀는 부모의 가르침에 따라 사회의 일꾼이 되어야 하며, 성숙한 자녀는 부모은에 보은해야 하는 바, 인생의 요도와 공부의 요도를 밟는 것이 큰 보은이다. 또한 부모은에서는 무자력자 보호의 차원에서 나의 부모만이 아니라 남의 부모도 보은의 대상으로 넓힌 점에서 그 의의가 있다. 부모의 헌신적 자녀교육이 뒤따르며, 자녀 역시 부모에 보은하면 세상의 모든 인연은 상생의 관계가 된다.

(1) 부모은의 가장 큰 의의는 우리를 생육하여 준 은혜이다.

☞「생의 창조자인 부모는 우리를 생육, 애무, 교양, 인도 보호할 뿐만 아니라 至愚도 버리지 않고 흉악도 미워하지 않으며 불구한 자녀들은 더욱 애휼하사 언제나 그 자녀의 행복을 영원 심축하나니 일호의 사가 없고 일말의 거짓이 없는 부모의 그 심경, 그 지성을 다시 한 번 조용히 생각해 본다면 실로 감루와 감격이 없을 수 없다」(구타원종사 법문집 편집위원회 편, 『인생과 수양』, 원불교출판사, 2007, pp.34-35).

(2) 부모 보은으로서 인생의 요도와 공부의 요도를 밟도록 한 것도 큰 의의인 것이다.

☞「부모님은 우리를 낳아서 길러 주시니 우리도 부모님에게 심지의 안락과 육체의 봉양을 드리며, 열반하신 후에는 추원보본의 도를 다하고 언제나 무자력한 노유와 병약자까지 잘 보호할 것이요, 나아가 인생의 요도와 공부의 요도를 밟아서 영원한 대효를 하자」(『정전대의』-대산종사법문 1집, 7. 사은, 2. 보은의 강령).

(3) 원불교에 있어 부모는 개체적 나의 부모만이 아니라 총체적 타인의 부모가 포함된다는 점이 의의이다.

☞「부모는 나라는 존재를 구체적으로 있게 한 대상이므로 부모와 나와의 관계를 은으로 표현하였다. 여기서 말하는 부모는 구체적인 부모를 의미할 수도 있고, 총체적 의미로서의 부모를 의미할 수도 있고, 아주 추상적 개념으로서의 부모를 의미할 수도 있다」(한종만, 「사은신앙에 관한 연구」, 『원불교사상』 제19집, 원불교사상연구원, 1995.12,

p.36).

(4) 고령화 사회에 직면하여 자타의 무자력한 부모에 대한 봉양의 도가 요청되고 있다.

☞「부모은에서는 다가오는 고령화 사회에 대해 경계해 주면서 사회 전체가 내 부모만이 아닌 모든 부모들을 봉양해야 할 필요성을 역설해 주고 있다」(김도훈, 「소태산 대종사의 경제사상과 그 구현방안」, 제23회 원불교사상연구 학술대회 《원불교개교 백주년기획(Ⅰ)》, 원불교사상연구원·한국원불교학회, 2004년 2월 5일, pp.126-127).

(5) 부모은이 소중한 이유는 부모의 헌신적 자녀교육에 있다.

☞「사람의 부모된 이는 부모로서 지킬 바 도가 있나니, 첫째는 어느 방면으로든지 자녀가 자력을 얻을 때까지 양육하고 보호하는데 힘을 다할 것이요, 둘째는 어느 방면으로든지 시기를 잃지 말고 자녀를 교육시키는데 힘을 다 할 것이요, 셋째는 자녀로 하여금 한 가정에 얽매이지 아니하고 널리 공도에 공헌하도록 희사하여 인도 정의를 빠짐없이 밟으며 제도사업에 노력하게 할 것이요, 넷째는 자녀의 효와 불효를 계교하지 말고 오직 의무로써 정성과 사랑을 다할 것이니라」(『정산종사법어』「세전」, 제3장 가정, 3 부모의 도).

(6) 자녀로서 부모에 보은하면 세상이 나를 위하고 자손이 효도하는 등 상생의 관계가 유지된다.

☞「부모는 나의 문제를 비춰주는 은혜로운 거울이다. 부모에게 보은하면 세상이 자연히 나를 위하고 자손이 효도할 것이며 사람들의 도움을 얻는다고 한다. 부모가 어떤 문제를 지니고 있다 해도 이를 원망하지 말고 오직 부모를 공경하고 사랑해야 한다」(권도갑, 『우리시대의 마음공부』, 열음사, 2007, p.121).

2) 부모은의 특징

원불교에서 부모은을 강조하는 이유의 하나는 인류의 도를 실현하기 위함이다. 부모은은 사은의 천지은과 더불어 하감항렬에 속한다. 부모는 무자력한 자녀를 보호하여 주었으므로 나의 부모는 물론 무자력한 남의 부모도 보은의 대상으로 삼았으니 원불교의 부모은은 숭고한 인도적 특징이 있다. 더불어 부모 보은의 길로 부모에게 효도를 다함은 물론 인생의 요도와 공부의 요도를

잘 수행하여 항마위 이상의 법위가 되어서 부모를 희사위로 올려
드리는 것을 더욱 큰 효라 하였다.

  (1) 부모은은 인류으로서 인도를 실천하는 길이다.

  ☞「사람이 인도를 행하기로 하면 한 때도 가히 방심할 수 없나니
부모 자녀 사이나, 스승 제자 사이나, 상하 사이나, 부부 사이나, 붕우
사이나, 일체 동포 사이나, 어느 처지에 있든지 그 챙기는 마음을 놓고
어찌 가히 인도를 다 할 수 있으리요」(『대종경』, 인도품 4장).

  (2) 사은 중 부모은은 천지은과 더불어 하감항렬이다.

  ☞「천지은과 부모은은 위에서 밑으로 조감해서 우리를 살게 해주는
은혜의 부처로서 종적인 관계라 할 수 있으며, 동포은과 법률은은 옆에
서 조감하여 우리를 살게 해주는 은혜의 부처로서 횡적인 관계라 할 수
있다. 그래서 천지 부모는 하감이며 동포 법률은 응감인 것이다」(한종
만, 『원불교 대종경 해의』(上), 도서출판 동아시아, 2001, p.520).

  (3) 부모의 무자력자 보호의 도를 보아서 삼세부모를 포함, 무
자력한 사람을 돕도록 보은의 대상을 확대하였다.

  ☞「선종사님도 항상 말씀하기를, 우리가 무력할 때에 부모님의 보
호로써 성장하게 되었으니 그 부모에게 잘 할 것은 말할 것도 없거니와
만일 남녀노소를 막론하고 무자력자를 보호한다면 곧 삼세 일체부모의
보은을 하게 된다고 하였다」(구타원종사 법문집 편집위원회 편, 『인생과 수
양』, 원불교출판사, 2007, p.34).

  (4) 원불교의 부모은은 나의 부모는 물론 남의 부모까지 봉양
하자는 것인 바, 숭고한 인도적 특징이 있다.

  ☞「부모는 자녀를 양육하고 보호하며 가르치고 도와서 자녀로 하여
금 능력을 얻어 자립할 수 있게 한다. 부모보은이란 무자력할 때에 피
은된 도를 보아서 힘미치는 대로 무자력한 사람을 보호해야 한다는 뜻
이다. 행위의 측면에서 한편으로는 자신의 친부모를 봉양해야 하고, 다
른 한편으로는 힘 미치는 대로 무자력한 타인의 부모라도 내 부모와 같
이 보호해야 한다. 이는 숭고한 인도적 정감을 드러낸다」(방립천, 「사은
사상과 세계의 조화」, 『원불교사상과 종교문화』 36집, 원불교사상연구
원, 2007.8, p.4).

  (5) 자녀의 법위가 향상되면 부모를 희사위로 모시게 되고 열
반 후에는 대재식의 향례를 올리는 보은의 길이 있다.

☞「한 가지 다행한 바는 소자가 아직 여러 대중에게 별다른 이익을 끼친 바가 없사오나 대중이 자연 저를 신앙하며, 따라서 부모님을 추모하여 대희사라는 존호를 올리고 회중에서 매년 열반 기념을 받들게 되었사오니 비록 부모님이 생존하셔서 오늘의 현상을 보시는 것만은 같지 못하다 할지라도 그 많은 대중이 부모님을 위하여 염불을 하여 드린다, 심고를 하여 드린다, 헌공비를 바친다하여 모든 정성을 다하여 드릴 때에 소자의 생각도 半分이나 그 한이 풀어질 듯 하오며 일희일비하여 感淚를 금치 못하겠나이다」(소태산 대종사 親制「희사위 열반 공동기념제사」기념문/원불교신문, 1997년 5월 9일, 2면).

10. 동포은의 의의와 특징

1) 동포은의 의의

동포은은 일상의 사회생활 및 직업활동의 고마움을 느끼게 하는 바, 자리이타의 도를 실천하는데 있어서 큰 의의가 있다. 동포은은 원래 세계은이라 하였으니, 인류가 한 권속으로 살아가는데 있어서 의의가 크다. 더욱이 동포에게 죄복의 권능이 있음을 알아서 사농공상 동포들에게 상생의 선연으로 보은하자는 것이다.

(1) 동포은을 통해 일상의 사회생활과 직업활동의 고마움을 느끼게 한다.

☞「(소태산의 동포은에 의하면) 인간은 사회적 인간이다. 인간이 사회를 떠나서는 생존할 수 없다. 때문에 사람과 사람 사이, 직업과 직업 사이의 관계는 응당 서로 제공하고 서로 사양하고 서로 화목히 지내는 관계이어야 한다」(김경진,「소태산 정신개벽사상과 그 조치 및 현실적 의의」, 원광대 개교60주년국제학술회의『개벽시대 생명·평화의 길』, 원불교사상연구원·한국원불교학회 外, 2006.10.27, p.45).

(2) 동포은은 상부상조 즉 자리이타의 사회를 건설하자는데 의의가 있다.

☞「동포보은은 상부상조 즉 자리이타의 사회를 건설하자는 것으로서 사회구조를 서로가 도움이 되도록 조직하고 운용하는 것이 그 방법이 된다. 만일 동포에 배은한다면 상극의 세계, 투쟁의 세계가 되어 고해로 전락하게 된다」(김기원,「원불교 자유관」,『원불교사상시론』1집, 수위단회사무처, 1982, p.165).

(3) 동포은은 이전에 세계은이라 하였다.

☞「“…세계은덕 입었으니 자비심 잡아들고 일체로 제도하기 법률은덕 입었으니 차제직분 밝혀내어 공덕을 포양하니 제일직분 가졌도다”(권업가). … 이 가사에 보이는 세계은덕은 현재 교리에서는 동포은으로 수정되었으나 보은경축가에서도 세계은덕으로 표현되어 있음으로 보아 사은 교리의 원형이 이 가사에서 나타나고 있는 점에 주목할 필요가 있다」(신순철, 「몽각가와 소태산가사 수록 문헌 연구」, 『원불교사상과 종교문화』 29집, 원불교사상연구원, 2005, p.271).

(4) 동포은은 모든 인류가 한 권속으로 융통하는 것이다.

☞「“개인 가정 사회 국가가 국한을 터서 서로 융통한다”고 하였다. 국한을 터서 한 기운으로 연계된 동포이기 때문이다. 한 기운으로 연계되었기 때문에 세계의 모든 인종과 민족들이 한 권속을 이루어 서로 친선하고 화목하게 되는 것이다. 지금까지는 민족을 중심한 국가 간의 대립이었으나 앞으로는 모든 인류가 한 기운임을 알아서 국가 간의 국한을 터서 세계화가 되는 것이다」(한종만, 『원불교 대종경 해의』(下), 도서출판 동아시아, 2001, p.532).

(5) 동포에게 죄복의 권능이 있음을 알아서 보은 불공하는 생활을 하자는 것이다.

☞「동포가 죄 주는 형상을 들어 말한다면, 사농공상을 물론하고 모든 사람들로 인하여 손해를 보았다든지 혹은 飛禽走獸로 말미암아 낮은 일을 당하는 것은 동포가 주는 죄요, 그와 반대로 동포가 복을 주는 형상을 들어 말하자면 선배가 있어 모든 기술과 학문을 가르쳐주는 것이라든지 농민이 있어 의식재료를 장만해 주는 것이라든지 공장이 있어 각종 물품을 제조하여 주는 것이라든지 그 외에도 牛馬六畜을 키워서 이익과 도움을 받는 것이라든지, 하여간 모든 동포로 말미암아 좋은 일을 당하는 것은 동포가 주는 것이다」(구타원종사 법문집 편집위원회 편, 『인생과 수양』, 원불교출판사, 2007, p.41).

2) 동포은의 특징

원불교 동포은은 사은에 있어 하감의 항렬이 아닌 응감의 항렬(동포·법률)로서 접근된다는 점이 특징이다. 그리고 은혜의 대상이 근본적으로 인간 중심의 사농공상에서 비롯되며, 나아가 그

대상을 인간에 한정하지 않고 금수초목도 같은 동포로 확대하였다는 점도 새겨볼 사항이다. 따라서 동포은은 나와 너만이 아니라 개인을 초월한 사회 국가의 협조적 관계가 요구되는 윤리적 개념으로까지 확대된다. 이에 동포에 배은의 결과를 개인차원과 집단차원으로 나누어 밝히고 있는 점이 특징이다.

(1) 동포은은 사은에 있어 응감의 **항렬**이다.

☞「천지하감지위 부모하감지위라 함은 사은 가운데 천지 부모는 종의 윤리로 모시게 됨으로 하감지위라 하였고, 동포응감지위 법률응감지위라 함은 횡의 윤리로 모시게 됨으로 응감지위로 호칭하게 된 것이니 종과 횡의 시방세계로 통하는 윤리임을 알아야 할 것이다」(이운권, 고산종사문집1 『정전강의』, 원불교출판사, 1992, pp.90-91).

(2) 동포은은 인간 중심 곧 사농공상의 자리이타 정신에 기반한다.

☞「원불교에서 말하는 동포란 유정생명을 대충 가리키는 것이 아니라 인간에 중점을 두는 것으로서, 중점적으로 가리키는 것은 사농공상의 네 집단이며, 다만 초목과 금수를 더불어 언급했을 뿐이다. 이로 인해 보은 수행은 절충적 성격, 현실성, 실행 가능성을 훨씬 강하게 지니게 되었다」(방립천, 「사은사상과 세계의 조화」, 『원불교사상과 종교문화』 36집, 원불교사상연구원, 2007.8, p.7).

(3) 동포은의 범주에 있어 인간만이 아니라 널리 금수초목을 포함하고 있다.

☞「만유는 곧 일원상의 진리에 근본한 동포요, 至親이 됨을 간파할 수 있다. 그러므로 사은 동포은 절에 의하면 "금수초목까지도 우리에게 도움이 됨이라" 라고 동포피은의 조목에서 밝혔고, 동포보은의 조목에서는 "초목금수도 연고 없이는 꺾고 살생하지 말 것이니라" 라고 교시하였다」(김성택, 「원불교의 환경윤리」, 원기 81년도 원불교교수협의회 하계 세미나 《원불교와 환경윤리》, 원불교교수협의회, 1996년 8월 1일, p.4).

(4) 동포은은 개인 중심이 아닌, 대동단결의 정신으로 작용하고 있다.

☞「유산은 '편당 싸움의 작은 나를 버리고 대동단결의 커다란 내가 됨에 따라 민족 분열과 사회 투쟁을 돌이켜서 완전하고 신성한 세상을

이루고 또한 새로운 나는 동포라도 당연히 손을 잡아야만 우리나라는 영원히 발전하여 나아갈 수 있는 토대를 확립하는 길'이라고 밝히었다」(원불교사상연구원 편, 『원불교 인물과 사상』(Ⅰ), 원불교사상연구원, 2000, p.197).

(5) 동포은이란 관계 논리로서 바람직한 사회관 및 국가론이다.

☞「동포은은 요즘의 학문 개념으로 옮길 때 사회관 내지 국가론이 되겠다. 동포피은의 조목과 강령을 분석하면 개인이 사회에서 독립되어 존재할 수 없는 개별성과 특수성을 지적해 준다. 가족과 시민사회가 객관적 보편성으로서 유대를 갖고 존립하는 관계가 곧 동포은이라 할 수 있다」(이동엽, 「원불교의 윤리와 자연법」, 『원불교사상』 4집, 원불교사상연구원, 1980, p.166).

(6) 동포배은의 결과를 개인차원과 집단차원으로 나누어 밝히고 있다.

☞「우리가 만일 동포에게 배은을 한다면, 모든 동포가 서로 미워하고 싫어하며 서로 원수가 되어 개인과 개인끼리 싸움이요, 가정과 가정끼리 혐극이요, 사회와 사회끼리 반목이요, 국가와 국가끼리 평화를 보지 못하고 전쟁의 세계가 되고 말 것이니라」(『정전』, 제2장 사은, 제3절 동포은, 7.동포배은의 결과).

11. 법률은의 의의와 특징

1) 법률은의 의의

원불교의 사은에 있어 천지 부모 동포에 이어 법률을 은혜의 하나로 설정한 것은 인류 생존에 있어 법이 없으면 생명을 존속할 수 없기 때문이다. 법률은은 개인의 수신법을 비롯하여 제가법, 사회, 국가, 세계를 다스리는 모든 법을 포함하고 있다. 즉 윤리 도덕을 비롯하여 사회법까지도 포함하고 있는 것이다. 그리고 법률은은 법률의 중요성을 인식하고 법치 사회를 유도하는데 큰 의의가 있다. 만일 법률은에 배은을 한다면 법률의 용서 받기가 어렵고 부자유와 구속을 면하지 못 한다는 점을 상기할 일이다.

(1) 법률의 보호 아래 안녕질서를 유지하고 살 수 있다는 점에서 법률의 큰 은혜를 입고 있다.

☞「우리가 법률에서 입은 은혜를 가장 쉽게 알고자 할진대, 개인에

있어서 수신하는 법률과, 가정에 있어서 齊家하는 법률과, 사회에 있어서 사회 다스리는 법률과, 국가에 있어서 국가 다스리는 법률과, 세계에 있어서 세계 다스리는 법률이 없고도 안녕질서를 유지하고 살 수 있겠는가 생각해 볼 것이니, 그런다면 누구나 살 수 없다는 것은 다 인증할 것이다. 없어서는 살 수 없다면 그같이 큰 은혜가 또 어디 있으리요」(『정전』, 제2장 사은, 제4절 법률은, 1.법률 피은의 강령).

(2) **교단 최초의 교서 『불법연구회규약』에서는 만민을 교화하는 법률의 은혜로 설명되고 있다.**

☞「우연하신 천지의 은혜신가. 생육하신 부모의 은혜신가. 상조하는 동포의 은혜신가. 만민을 교화하는 법률의 은혜신가」(『불법연구회규약』, 「본회의 취지설명」).

(3) **법률은은 종교와 도덕이 일치해 나아갈 지침이 제시되어 있다.**

☞「법률조목에 따를 것 같으면 종교와 도덕이 일치해 나아갈 지침이 內示되어 있다. 법이란 분명히 유기체에 있어서 신경체제가 수행하는 것과 같은 역할을 한다」(이동엽, 「원불교의 윤리와 자연법」, 『원불교사상』 4집, 원불교사상연구원, 1980, p.168).

(4) **법의 본질을 요해, 법치교단으로 나아가는데 법률은의 의의가 있다.**

☞「우리는 먼저 법의 본질을 이해하고 원불교의 법률관을 정립하는 작업이 선행되어야 법치교단의 정착화를 앞당길 수 있으리라고 본다」(간행위원회 편, 담산이성은정사 유작집 『개벽시대의 종교지성』, 원불교출판사, 1999, p.285).

(5) **법률은은 사회 질서를 유지하기 위해 생겨난 것이다.**

☞「『교헌』은 교단의 중요한 법이다. 규칙은 여러 사람이 살아가는데 질서를 지키기 위하여 생긴 것이다. 법률은은 사회의 질서를 지키기 위하여 생긴 것이다」(한종만, 『원불교 대종경 해의』(下), 도서출판 동아시아, 2001, p.300).

(6) **법률은에 배은하면 법률의 용서를 받을 수 없고 부자유의 구속을 면치 못한다.**

☞「우리가 만일 법률에 배은을 한다면, 우리 자신도 법률이 용서하지 아니하여 부자유와 구속을 받게 될 것이요」(『정전』, 제2장 사은, 제4절

법률은, 7. 법률배은의 결과).

2) 법률은의 특징

법률은이란 일원상 진리의 지공무사함을 적용한 것으로, 이에 보은하는 것은 인도정의의 공정한 법칙에 초점을 두고 있다. 또한 구성체 단위별로 법률의 종류가 구체화되고 있는 점이 특징이다. 그리하여 법률의 은혜는 이 인도정의의 실현에 초점을 두며 질서 확보를 통한 대자유 세계 건설을 도모하고 있다. 이에 법률은의 의의가 실제의 삶에서 충분히 드러나도록 우리는 법률 피은, 보은, 배은의 결과를 환기하자는 것이다.

(1) 법률은은 일원상 진리의 지공무사한 법칙을 적용하는 것을 특징으로 한다.

☞「법률은은 일원상 진리의 지공무사한 법칙을 사회적으로 적용한 것이다. 시비이해를 구분하여 불의를 징계하고 정의를 세워 안녕질서를 유지하여 편안하게 살게 함은 일원상 진리의 지공무사한 법칙을 사회적으로 실현하는 것이다」(한종만, 『사은은 얽혀 있다』, 원불교출판사, 2004, p.45).

(2) 법률보은은 인도정의의 공정한 법률이 실현되는 사회를 이상으로 했다.

☞「법률보은은 인도정의의 공정한 법률이 실현되는 사회를 건설하자는 것으로서 이를 실천한다면 각 개인은 법률의 보호를 받아 자유를 보장받을 것이다. 그러나 배은을 하게 되면 개인이 법률적 구속을 받을 것은 물론이고 사회가 혼란해진다」(김기원, 「원불교 자유관」, 『원불교사상시론』 1집, 수위단회사무처, 1982, p.165).

(3) 법률은에서는 구성체 단위별로 법률의 종류가 세분화된 점이 특징이다.

☞「1) 개인에 있어서는 수신하는 법률을 배워 행할 것이요, 2) 가정에 있어서는 가정 다스리는 법률을 배워 행할 것이요, 3) 사회에 있어서는 사회 다스리는 법률을 배워 행할 것이요, 4) 국가에 있어서는 국가 다스리는 법률을 배워 행할 것이요, 5) 세계에 있어서는 세계 다스리는 법률을 배워 행할 것이니라」(『정전』, 제2장 사은, 제4절 법률은, 4.법률 보은의 조목).

(4) 법률은은 법률을 표준으로 시비를 가려주는 것을 특징으로
한다.

☞「천지에게는 응용무념의 덕으로서 은혜가 되었고 부모에게는 자
력 없을 때 극진히 보호받은 것으로서 은혜가 되었고 동포에게서는 자
리이타로서 은혜가 되었고 법률에게서는 시비 가려주는 것으로서 은혜
를 입게 된 것이다」(청하문총간행회, 『묵산정사문집』, 원불교출판사,
1985, p.166).

(5) 법률은은 정의실현과 더불어 대자유 세계 건설을 목적한다.

☞「법률은에서의 정의 이념은 일반적 정의 이념을 넘어서서 대자유
대해탈을 궁극 지점으로 삼을 뿐만 아니라 대자유세계 건설이라는 사명
의식도 내포되어 있는 것이다」(이현택, 「원불교정의론 고찰」, 『원불교사
상』 4집, 원불교사상연구원, 1980, p.203).

(6) 법률은을 통해 우리는 실제의 삶에서 피은과 보은, 배은의
결과를 환기하자는 것이다.

☞「법에는 피은과 보은에 민감할만한 생활철학이 담겨져 있어야 한
다. 혹자는 법을 행복의 원리로서 비유하는 수도 있지만 그렇게까지는
어렵다 하더라도 법률배은의 결과, 부자유와 인격타락, 세상질서의 문란
등으로 수라장을 면치 못하는 사례는 우리 주변에서 얼마든지 체험하는
비극이다」(이동엽, 「원불교의 윤리와 자연법」, 『원불교사상』 4집, 원불
교사상연구원, 1980, pp.168-169).

12. 사은의 형성사

원불교의 사은사상은 한동안 교리의 변천과정을 거치며 완성을 보는
데, 원기 1, 2년 경 소태산의 경축가 등 가사에 사은이라는 말이 나타난
다. 이어서 원기 5년 사은과 삼학의 교강을 발표하였고, 원기 9년 『불법
연구회창립총회 창립취지』에 사은이 나타나며, 원기 12년 『취지규약서』
와 14년 『월말통신』에 사은이 보인다. 이어서 원기 17년 『육대요령』에
사은의 피은 보은 배은이 밝혀져 있고, 원기 20년 대각전에 사은위패로
법신불을 모시었으며, 원기 28년 『불교정전』에 이어 오늘의 『정전』에
사은사상이 정착된 것이다.

1) 원기 1, 2년경 「경축가」 등 가사에 四重恩德이라는 표현을 하였다.

☞「대종사 대각하고 원기 1, 2년경에 대각의 기쁨을 읊은 노래 경축

가 가운데 '사중은덕' 으로 '천지은덕 부모은덕 세계은덕 법률은덕' 이
라는 표현이 나온다. 세계은덕은 나중에 동포은덕으로 바뀐다」(박용덕,
「대종사의 공동체 정신2」, 《원광》 제373호, 월간원광사, 2005.9, p.93).

2) 대각 후 작성한 가사 「권업가」에서도 사은의 은덕을 말했다.

☞「권업가의 내용을 구체적으로 인용하면 "지중하다 나의책임 천지
은덕 입었으니 도덕을 강영하기, 부모은덕 입었으니 지체를 봉양하기,
세계은덕 입었으니 자비심 잡아들고 일체로 제도하기, 법률은덕 입었으
니 차제직분 밝혀내어 공덕을 포양하니 제일직분 가졌도다」(신순철, 「
몽각가와 소태산가사 수록 문헌 연구」, 『원불교사상과 종교문화』 29집,
원불교사상연구원, 2005, p.271).

**3) 원기 5년 4월에 처음으로 교강을 발표하였는데, 사은과 삼학 등이
그것이다.**

☞「(원기 5년) 4월에 대종사께서 처음으로 본회 교강을 발표하시니
가로되, 인생의 요도 사은사요와 공부의 요도 삼강령 팔조목인 바, 사은
은 천지 부모 동포 법률의 피은 보은 배은을 말씀한 것이요」(정산종사,
『불법연구회창건사』 제1편 1회 12년, 제14장 「대종사의 봉래산 수양과
본회의 準備工作-원기 5년/박정훈 편저, 『한울안 한이치에』, 원불교출판
사, 1982, p.226).

4) 원기 9년, 「불법연구회창립총회 창립취지」에 사은이 나타난다.

☞「우연하신 천지의 은혜신가, 생육하신 부모의 은혜신가, 상조하는
동포의 은혜신가, 만민을 교화하는 법률의 은혜신가, 이제 순서 있는 교
육이 생겨나서 상당한 교육자로 모든 법을 유지케 하며, 종교 도학으로
도 유무식 귀천 차별 없이 융통하는 모든 교화가 방방곡곡에 생겨나서
모든 사람을 화하게 하며…」(『불법연구회 창립총회 창립취지』/박정훈, 『
정산종사전』, 원불교출판사, 2002, pp.184-185).

**5) 원기 12년 『취지규약서』에 사은이 나오고, 14년 사은의 교리가 공
식 성립되어 『월말통신』에 사은사요의 교강이 밝혀졌다.**

☞「사은은 원기 12년 『취지규약서』에 "우연하신 천지의 은혜신가,
생육하신 부모의 은혜신가, 상조하는 동포의 은혜신가, 만민을 교화하는
법률의 은혜신가" 라고 사은의 의미가 최초로 문헌에 나타나 있으며,
원기 14년 10월 『월말통신』(제20호)에 교법 제정안으로서 사은사요의
교강이 밝혀지며 피은 보은 배은의 강령이 나타난다」(유정엽, 「사은신
앙의 고찰」, 『원불교사상』 25집, 원불교사상연구원, 2001.11, p.198).

6) 원기 17년 『육대요령』의 사은 목차를 보면 각 사은에 대한 의두해석을 덧붙이고 있다.

☞「『육대요령』 목차 : 제1장 인생의 요도 사은의 내역 1) 천지-천지피은의 강령, 피은의 조목, 천지보은의 강령, 보은의 조목, 천지의 배은, 右에 의한 의두해석, 2) 부모-부모피은의 강령, 피은의 조목, 부모보은의 강령, 보은의 조목, 부모의 배은, 右에 의한 의두해석, 3) 동포-동포피은의 강령, 피은의 조목, 동포보은의 강령, 보은의 조목, 부모의 배은, 右에 의한 의두해석, 4) 법률-법률피은의 강령, 피은의 조목, 법률보은의 강령, 보은의 조목, 법률의 배은, 右에 의한 의두해석」(『육대요령』).

7) 원기 20년 대각전에 사은위패를 모시고, 원기 21년 주산은 '오 사은이시여' 라는 글을 발표한다.

☞「원기 20년 김기천은 사은찬송가를 짓고 있다. … 같은 해 5, 6월호의 『회보』에는 이공주의 대각전 기념식이라는 제목의 가사가 발표되고 있는데 여기에서는 대각전의 준공시에 사은위패를 모셨음을 말하고 있다. … 이상의 내용이 일원상과 연결된 사은의 교리적 결정이라 한다면 원기 21년에 실린 송도성의 '오 사은이시여' 는 사은의 신앙적 정화라 할만하다. 이로써 사은은 타력적 신앙의 원천으로서 자리를 굳건히 하였다」(정순일, 「사은신앙의 형성사적 연구」, 『원불교사상』 21집, 원불교사상연구원, 1997.12, p.355-359).

8) 원기 24년 『근행법』 등에 양대은이 일시 등장, 일제 강압의 황도불교화라는 수난을 무사히 넘기기도 하였다.

☞「일제가 황국불교화를 요구하였을 때 원불교는 핵심교리인 사은 외에 양대은이라 하여 황은과 불은을 넣는 한편, 사대강령의 무아봉공을 盡忠報國으로 바꿈으로써 일제와의 마찰을 피하려 했었다」(노길명, 「한국사회에 있어서 원불교의 소명-사회발전을 위한 원불교의 역할과 과제를 중심으로-」, 제23회 원불교사상연구 학술대회《원불교개교 백주년기획(Ⅰ)》, 원불교사상연구원·한국원불교학회, 2004년 2월 5일, p.5).

9) 원기 28년 『불교정전』의 법신불 일원상에서 현 『정전』의 법신불 사은으로 개칭되었다.

☞「심고와 기도를 올릴 때에는 "천지하감지위, 부모하감지위, 동포응감지위, 법률응감지위, 피은자 아무는 법신불 사은 전에 고백하옵나이다" 하고 앞에 말한 범위 안에서 각자의 소회를 따라 심고와 기도를

하되 상대처가 있는 경우에는 묵상 심고와 실지기도와 설명기도를 다 할 수 있고, 상대처가 없는 경우에는 묵상심고와 설명기도만 하는 것이니…」(『정전』, 제3 수행편, 제9장 심고와 기도).

13. 사은과 일원상의 관계

일견 일원은 대자리, 사은은 소자리를 응하여 언급한 것으로, 일원상은 진리신앙이라면 사은은 사실신앙에 관련된다고 볼 수 있다. 이 일원상과 사은의 관계는 상즉관계와 체용관계로 이해됨과 동시에 삼라만상은 사은의 내역이요, 사은은 일원의 내역이자 당위적 보은의 대상이다. 곧 사은이란 일원상 진리의 외적인 위력이며, 또 사은을 일원의 네 가지 위력으로 밝힌 것이다. 교단사에 있어 초창기에는 일원상 하단에 사은의 본원이란 족자를 만들어 걸기도 하였으며, 오늘날 법신불 사은이란 호칭으로 정착된 것이다.

1) **일원상은 大, 사은은 小를 응하여 건설된 법이다.**

☞「우리의 법으로 말씀하면 일원상의 종지는 대자리를 응하여 건설된 법이요, 사은의 내역들은 소자리를 응하여 건설된 법이요」(『정산종사법어』, 경의편 36장).

2) **일원상은 진리신앙이요 사은은 사실신앙에 관련된다.**

☞「일원상을 절대적인 진리신앙의 대상으로 믿고 숭배하는 동시에 사은을 사실신앙의 강령으로 하여 우주만유 개개를 불상(처처불상)으로 여겨 그 당체에 맞게 일일이 불공함(사사불공)으로써 참된 복락을 누리며 나아가 영원한 복락을 누리자는 것이니, 이것이 곧 우리의 신앙이다」(안이정, 『원불교교전 해의』, 원불교출판사, 1998, p.224).

3) **일원상과 사은은 상즉적 관계로서 일원즉 사은, 사은즉 일원이다.**

☞「일원상의 진리는 절대적이고 사은과 우주 만유는 상대적이라는 생각은 부분의 종합이 전체라는 관점에서 나온 것이다. 화엄철학은 털 만개 중 한 개가 바로 사자의 전체이다. 이 말은 부분 그 자체가 전체이다」(한정석, 『원불교 정전해의』, 도서출판 동아시아, 1999, p.158).

4) **사은은 일원상 진리의 내역이며 당위성을 시사해주고 있다.**

☞「없어서는 살 수 없는 관계를 恩으로 개념화하고 이러한 관계의 원리가 곧 일원상 진리의 내역이라고 한 것은 진리에 대한 합리적 이해의 극치이며, 이에 대한 보은의 당위성은 사은을 진리 인식의 수단이나

도구가 아닌 인간 이성이 추구해야 할 궁극적 목적임을 시사해주고 있다」(박상권, 「진리 인식에 있어서 합리론과 경험론」, 『원불교학』 제8집, 한국원불교학회, 2002.6, p.166).

5) **사은이란 일원상 진리의 외적인 위력이며, 이에 사은을 일원의 네 가지 위력으로 밝힌 것이다.**

☞「사은이란 일원상 진리의 외적인 위력의 성격적인 분류이다. 이러한 면에서 일원상 진리와 사은은 서로 다른 것이 아니다. 일원상 진리가 위력적이라는 외적인 표현을 통해서 나타날 때 그것을 사은이라고 말한다. 대자연의 이법인 일원상 진리를 인간의 입장에서 볼 때 네 가지 위력으로 느낄 수 있으며, 그러한 위력을 대종사는 사은 즉 천지은 부모은 동포은 법률은 등으로 말씀해준 것이다」(이성택, 『교리도를 통해본 원불교』, 도서출판 숨리, 2003, pp.78-79).

6) **일원상의 묘유적 작용으로서 구체적 현상을 초점으로 하는 것이 사은이다.**

☞「타력적 신앙의 하나로서 제기되는 사은신앙은 원불교 신앙의 특징적 측면을 두드러지게 나타내고 있는 바, 그것은 일원불의 묘유적 작용으로서의 구체적 현상을 초점으로 하여 신앙하는 것이다」(노대훈, 「원불교의 불타관」, 『원불교사상시론』 제Ⅲ집, 원불교 수위단회, 1998년, p.79).

7) **교단 초기에 일원상 아래 사은지본원이란 족자를 만들어 걸었다.**

☞「주산은 일원상 도형하에 '如來之自性 四恩之本源' 이란 족자를 만들어 공회당에 걸었고 사은신앙을 강조하였다. 회보에 발표한 '오, 사은이시여' 는 교단 최초의 기원시로 널리 애송되고 있다」(박용덕, 선진열전 1-『오, 사은이시여 나에게 힘을 주소서』, 원불교출판사, 1993, p.132).

14. 사은의 원리

사은의 원리는 원불교 신앙의 대상으로서 없어서는 살 수 없는 생명의 원리가 작용한다. 또 선인선과의 인과 원리가 그 중심이며, 그로 인한 불보살과 중생의 죄복의 결실로 이어진다. 이어서 사은은 종적 윤리로 하감, 횡적 윤리로 응감의 원리로 되어있다. 그리고 사은의 신앙행위는 구체적으로 처처불상과 사사불공의 원리에 의해 드러나는 바, 지은

보은의 정신에 따라 은혜 입은 내역을 알아 사은, 곧 삼라만상을 향해 보답하는 당위적 원리가 작용한다.

1) 사은은 없어서는 살 수 없는 생명 존속의 원리가 작용한다.

☞「소태산은 인간 주체의 역사 발전 원리로서 상생과 조화의 관계를 들었다. 역사적 세계의 모든 존재자는 서로 없어서는 살 수 없는 유기적 관계 속에서 생존이 영위되고 있음을 소태산은 사은의 교리로서 설명하였다」(신명국, 「소태산 역사의식」, 『원불교사상시론』 제Ⅱ집, 수위단회 사무처, 1993년, p.127).

2) 인과의 원리가 사은신앙의 중심 원리이다.

☞「합리적이고 사실적인 실지불공 내지 사실불공을 강조하는 사은신앙에 있어서 인과진리는 절대 불가결의 요소로 중시되어야 한다고 보나, 그렇다고 하여 모든 신앙적 의미를 인과진리 일변도로 환원시켜 설명한다면, 그것은 자칫 무정한 기계론적 법칙주의 신앙을 넘어서지 못할 염려가 있다」(노권용, 「원불교 신앙론의 과제」, 『원불교학』 창간호, 한국원불교학회, 1996, p.40).

3) 사은신앙은 불보살과 범부의 심법작용에 따라 죄복의 원리로 그 영향을 미친다.

☞「사은이 모두 우리의 복전이로되, 불보살들은 국한 없는 세계의 공변된 밭에 세세생생 교화의 종자를 심으시어 사생의 자부요 삼계의 도사가 되시나, 범부들은 국한 있는 사사로운 밭에 이욕의 종자를 심어 평생 골몰하되 마침내 별 공효가 남지 않으며, 불보살들은 형상 없는 마음밭 농사에 세세생생 공을 들이시어 미래 세상 영원히 무루의 복과 무량한 혜를 얻으시나, 범부들은 재색명리 등 형상 있는 듯하나 떠날 때에는 허망하나니라」(『정산종사법어』, 무본편 54장).

4) 사은은 종적 윤리로 하감이 있고, 횡적 윤리로 응감이 있다.

☞「천지하감지위 부모하감지위라 함은 사은 가운데 천지 부모는 종의 윤리로 모시게 됨으로 하감지위라 하였고, 동포응감지위 법률응감지위라 함은 횡의 윤리로 모시게 됨으로 응감지위로 호칭하게 된 것이니 종과 횡의 시방세계로 통하는 윤리임을 알아야 할 것이다」(이운권, 고산종사문집1 『정전강의』, 원불교출판사, 1992, pp.90-91).

5) 사은의 구체적 감응원리는 처처불상 사사불공에 의해 실현된다.

☞「사은신앙은 나아가 천지만물을 모두 부처로 보고 모든 대상에게

경외심으로 대하라는 처처불상, 사사불공 사상으로도 표현된다」(김낙필,
「원불교의 환경윤리」, 종교단체 환경지침서 I『환경, 더불어 살기』, 종교단체 환
경정책실천협의회, 2006, p.254).

6) 사은에는 지은보은의 당위적 원리가 원리가 작용한다.

　☞「모든 존재자는 피은에 대한 홍은을 知恩해야 하는 것은 당위적이
다. 왜냐하면 不報恩者 뿐 아니라 不知恩者도 역시 배은의 범주에 속하
기 때문이다. 사은의 홍은을 떠나서는 어떠한 존재도 생존 불가능할 뿐
만 아니라, 모든 존재는 사은의 은혜 속에서 살아가는 것이다. 서로 은
혜됨을 발견해야 한다」(이현택, 「원불교 은사상」, 박길진박사 고희기념
『한국근대종교사상사』, 원광대학교출판국, 1984, p.1109).

15. 사은의 특징

　사은은 원불교 신앙의 대상으로서 법신불 일원상과 상즉성을 지니고
있으며(법신불 사은), 생명체가 존재하는 필연의 존재법칙이자 인류도
덕의 근거가 되며, 사실불공과 실지불공 등 보은 불공의 특징을 지닌다.
덧붙여 사은은 상의상자적 연기법으로서 인류 공존과 더불어 현실의 이
상사회 건설에 바탕이 된다.

1) 사은은 일원즉 사은이라 하여 법신불과 상즉성을 지닌다.

　☞「사은은 천지은 부모은 동포은 법률은 네 가지 은혜로써 우주의
원리는 우리에게 은으로써 나타난다. 그러므로 일원즉 사은이다. 은은
한편으로 仁愛라 할 수도 있는데 인애의 감정은 모든 덕을 겸비한 감정
이며 심리학자가 지적한 바와 같이 하나의 감정이 아니라 情의 체계이
며 중추인 것이다」(원불교사상연구원 편, 『숭산논집』, 원광대학교출판
국, 1996, p.69).

2) 사은은 존재법칙이자 인생의 요도로서 인도의 근거가 된다.

　☞「대소유무로 벌여있는 우주 만유의 존재구조와 존재양상 그것이
곧 엄연한 진리이며, 이를 종합적으로 층층 다층적 '은적 관계'의 존
재 법칙이라 정의하였다. 다시 이를 크게 범주화하여 사은으로 정립하
였으니 사은이 곧 일원의 진리이며, 존재법칙이며, 인도의 근거인 것이
다」(박상권, 「소태산의 종교적 도덕론 연구-『대종경』인도품을 중심으
로-」, 『원불교사상과 종교문화』29집, 원불교사상연구원, 2005, p.62).

3) 사은신앙은 실지불공과 사실불공의 특징을 지닌다.

☞「원불교에서는 사은을 중심으로 일원불의 무량은혜를 강조함과 동시에 그 사은에 대한 보은행위로서, 비진리적이고 비합리적인 경향으로 기울기 쉬운 기복신앙적 불공과는 달리, 진리적이고 합리적이며 사실적인 실지불공 내지 사실불공을 강조하고 있음은 원불교 신앙관의 독창적 측면이라 했다」(노대훈, 「원불교의 불타관」, 『원불교사상시론』 제Ⅲ집, 원불교 수위단회, 1998년, p.90).

4) 사은에 대한 지은보은이 곧 불공이다.

☞「사은에 보은하는 것이 곧 불공이라 하여 사은의 은혜를 알아 보은하면 그것이 곧 불공이 된다 하였다. 그런데 이 사은은 신앙하는 측면에서 보면 사실신앙의 대상이 되고, 윤리적 측면에서 보면 천하윤리의 기본강령이 된다. 왜냐하면 천하 인류가 이러한 윤리 도덕을 가지고 살아야 하기 때문이다」(안이정, 『원불교교전 해의』, 원불교출판사, 1998, p.223).

5) 원불교의 사은은 상의상자적 인연 연기법의 특징을 지닌다.

☞「원불교 교의의 핵심은 상의상자의 연기법을 체득하는데 있지만 그 상의상자의 관계를 사은에 의하여 파악함으로써 그 신앙대상을 사은으로 삼고, 따라서 불공의 대상으로 삼게 된 것이다」(홍윤식, 「진리적 종교로서의 원불교의 역사적 위치」, 류병덕 박사 화갑기념 『한국철학종교사상사』, 원광대 종교문제연구소, 1990, p.1074).

6) 사은사상의 특징은 현대종교가 이룬 이론적 공헌으로서 인류의 공존과 사회발전에 도움이 된다는 점이다.

☞「원불교의 사은사상은 현대종교가 이룬 일종의 이론적 공헌으로서 인류의 조화로운 공존과 사회의 건전한 발전에 도움이 된다는 점에서 적극적인 사회적 가치를 지닌다」(방립천, 「사은사상과 세계의 조화」, 『원불교사상과 종교문화』 36집, 원불교사상연구원, 2007.8, p.8).

7) 원불교 사은에는 이상세계 건설의 실학적 현실성이 나타난다.

☞「원불교의 사은은 천지 부모뿐만이 아니라 동포 법률이라는 地上 세계에 깊이 뿌리를 내리고 있다는 사실을 우리는 주목해야 할는지 모른다. 왜냐하면 이는 곧바로 현실세계 안에서의 이상적 생활철학이요 동시에 원불교 이상국가론의 주축이 아닐 수 없기 때문이다. 여기서 우리는 원불교의 강렬한 실학적 현실성을 느끼는 것이다」(이을호, 「원불교 교리상의 실학적 과제」, 『원불교사상』 8집, 원불교사상연구원, 1984, p.274).

16. 사은 보은의 대요

원불교 신앙의 대상으로서 사은에 보은하는 길은 크게 네 가지가 있는 바, 천지은의 응용무념의 도, 부모은의 무자력자 보호의 도, 동포은의 자리이타의 도, 법률은의 불의를 징계하고 정의를 세우는 도가 그것이다. 그중에서도 응용무념의 도와 무자력자 보호의 도를 새겨볼만하다. 이는 천지·부모에 대한 보은으로 유교의 윤리적 이념을 넘어서고 있기 때문이다. 이에 성직 수행의 기도를 통해 천지은 부모은 동포은 법률은에 대한 보은의 대요를 항상 새기는 것이 필요하다. 아무튼 보은의 대요를 상기하는 보은행은 당위적 의무로 자리하고 있는 것이다.

1) 『불교정전』 교리도에 사은 보은의 대요가 밝혀져 있다.

☞ 「『불교정전』에는 (교리도에) 사요 대신 보은의 대요가 밝혀져 있다. 응용무념의 도, 무자력자 보호의 도, 자리이타의 도, 불의를 징계하고 정의를 세우는 도라 하여 보은의 핵심적인 내용으로 되어 있다. 원기 47년에 『원불교 교전』을 간행하면서 기본적인 교리 체계가 사은사요 삼학팔조이므로 보은의 대요를 빼고 사요를 넣은 것이다」(한정석, 『원불교 정전해의』, 도서출판 동아시아, 1999, p.47).

2) 사은 실천의 요지로는 천지의 응용무념, 부모의 무자력자 보호, 동포의 자리이타, 법률의 법규준수이다.

☞ 「1) 천지는 만물에게 응용무념으로 덕을 입혀주신 대시주이니 우리도 그 도를 체받아서 무념보시를 하면 보은이 되는 동시에 우리가 곧 천지와 합일하여 덕화가 만방에 미칠 것이다. 2) 부모는 우리가 무자력할 때에 자력을 얻게 하여 주신 대자비불이니 우리도 그 도를 체받아서 무자력한 약자를 보호하면 보은이 되는 동시에 우리가 곧 사생의 부모가 되며 삼세의 대효가 될 것이다. 3) 동포는 우리에게 자리이타로써 대협동이 되었으니 우리도 그 도를 체받아서 서로 돕고 북돋우면 보은이 되는 동시에 내가 곧 사생의 지친이 되며 일체 동포는 자연 공생공영할 것이다. 4) 법률은 우리에게 지공무사한 법도로써 질서를 유지하여 편안히 살게 하여 주니 우리도 그 도를 체받아서 법규를 잘 지키면 보은이 되는 동시에 우리가 곧 세계의 법주가 되며 대자유세계가 될 것이다」(『정전대의』-대산종사법문집 1, 7. 사은, 5) 사은실천의 요지).

3) 사은은 모든 은혜의 근본이 되며, 사은의 강령을 보면 응용무념의 덕, 무자력할 때 보호, 자리이타의 은혜, 시비 가려주는 은혜가 있다.

☞「모든 은혜의 근본 시조가 되는 사은 즉 천지 부모 동포 법률을 제창하고 이어서 피은 보은 배은의 조목과 결과까지 자상히 밝혀 놓았으니 사은을 강령적으로 간단히 분석한다면 천지에게는 응용무념의 덕으로서 은혜가 되었고, 부모에게는 자력 없을 때 극진히 보호받은 것으로서 은혜가 되었고, 동포에게서는 자리이타로서 은혜가 되었고, 법률에게서는 시비 가려주는 것으로서 은혜를 입게 된 것이다」(청하문총간행회, 『묵산정사문집』, 원불교출판사, 1985, p.166).

4) 보은의 대요 중에서도 천지은의 응용무념의 도, 부모은의 무자력자 보호의 도는 동양의 윤리적 이념을 넘어서고 있다.

☞「보은의 대요는 천지는 응용무념의 도, 부모는 무자력자 보호의 도, 동포는 자리이타의 도, 법률은 불의는 제거하고 정의는 세우는 도이다. 좌산 종법사는 이 내용을 『대종경』에 넣어야 할 대목인데 빠져 있다고 하였다. 이 가운데 천지8도의 대표인 응용무념의 도와 부모은의 무자력자 보호의 도가 큰 의의가 있다. 단순히 유교적 이념의 효를 말씀하시지 않으셨다」(박장식, 『평화의 염원』, 원불교출판사, 2005, pp.199-200).

5) 성직 수행의 기도를 통해 천지은 부모은 동포은 법률은에 대한 보은의 대요를 항상 새긴다.

☞「매일 새벽 교도들의 천일 기도단의 뒤에 참석, 동산은 그들 모르게 불전에 4배를 3차례 하면서 이렇게 기원하였다. 1차 4배 : 천지하감지위, 천지께서는 응용무념의 크옵신 도와 위력을 불제자 병은에게 크게 베풀어 주옵소서. 부모하감지위, 삼세 부모님께옵서는 그 크옵신 무자력자 보호의 도와 위력을 불제자 병은에게 크게 베풀어 주옵소서. 동포응감지위, 동포께서는 응감하셔서 자리이타의 도와 위력을 불제자 병은에게 크게 베풀어 주시옵소서. 법률응감지위, 법률께서는 응감하셔서 그 공정한 도와 위력을 불제자 병은에게 크게 베풀어 주옵소서. 2차 4배 : 사은께서 베풀어주시는 그 도와 위력을 성심을 다해서 받드는데 노력하겠나이다. 3차4배 : 그 도와 위력을 일상생활에 당하는 곳과 때에 베풀고 실천하는데 진실되이 노력하겠나이다」(동산문집편찬위원회, 동산문집 1 『동산에 달오르면』, 원불교출판사, 1994, pp.60-61).

6) 우리는 사은의 공물로 태어났으니 보은의 대요를 알아서 사은에 보은하는 것은 당위적 의무이다.

☞「소태산 대종사는 세계의 眞相을 은으로 파악하고 사은을 천명하

여 인류도덕의 새로운 기강을 마련하였다. 사은이 근본적이고 존재론
적인 생존은이므로 인간은 자기 개인적 개인이 아닌 공물이다. 그러므
로 나를 존재케 한 무한의 사은에의 보은은 당위적 의무이다」(김순임,
「소태산의 인간관 연구(2)」, 『원불교사상』 5집, 원불교사상연구원,
1981, pp.71-72).

17. 사은과 삼학의 관계

원불교 교리의 대강령으로서 사은과 삼학의 관계를 보면, 인생의 요
도는 사은이며 공부의 요도는 삼학이다. 또한 사은은 타력신앙이라면
삼학은 자력신앙으로 볼 수 있다. 그리고 사은은 대타관계라면 삼학은
자기완성의 길이며, 사은은 세계평화의 원리라면 삼학은 만생령 부활의
원리라는 면에서 상보적 관계가 있다.

 1) 원불교의 만고 대법으로 사은과 삼학이 있다.

☞「김대거와 시자에게 말씀하시기를 "이 시대는 개벽시대요 교역시
대라, 모든 것이 교역되고 융통되나니, 우리의 『정전』 가운데 그 범위
가 혹 지역이나 종파에 국한된 듯 해석될 부분은 이 시기에 잘 정리하
여 대종사의 근본 성지를 남음 없이 드러내고 주세 경전의 존엄에 조금
도 손됨이 없게 하라. 그 대체는 이미 다 정해 있으니, 더 드러낼 데는
드러내고 그대로 둘 데는 두되, 사은 사요와 삼학 팔조만 잘 드러나면
만고 대법이니라"」(『정산종사법어』, 유촉편 2장).

 2) 사은사요는 인생의 요도요 삼학팔조는 공부의 요도이다.

☞「과거의 浩繁한 전통과 의식을 일체 소탕하여 버리고 가장 간단한
인생의 요도인 사은사요와 공부의 요도인 삼강령 팔조목과 재가응용주
의사항과 재가공부인이 교무부에 와서 하는 책임 6조와 기타 계문 솔성
요론 등을 제정하였나니…」(서대원, 「종사주의 수양을 드리기 위하여」,
『월말통신』 제30호, 1929.7).

 3) 사은은 타력신앙에 관련된다면 삼학은 자력신앙으로 볼 수 있다.

☞「원불교 신앙에는 자력신앙과 타력신앙으로 나누어 설명하고 있
다. 그렇다면 사은이 신앙의 대상이라면 엄밀히 말하면 타력신앙의 대
상이요, 자력신앙의 대상은 될 수 없다는 사실을 알아야 한다. 왜냐하면
자신할만한 자력의 신앙은 사은이 아니라 삼학공부의 바탕인 성리를
깨닫는 것이 곧 자신할만한 자력의 신앙이 되어야 하기 때문이다」(최광

선 정리, 「교리테마토론-일원과 사은의 관계」, 《원보》 제46호, 원광대 원불교사상연구원, 1999년 12월, p.83).

4) 삼학은 자기를 완성하고, 사은은 대타관계를 잘 하는 것이다.

☞「우리의 도덕은 무엇인가? 삼학팔조와 사은사요이다. 도덕은 자기를 완성해서 대타관계를 원만히 잘 해 나가는 것을 말한다. 삼학으로 자기를 완성하고, 사은사요의 실천으로 대타관계를 잘 하는 것이다」(박길진, 『대종경강의』, 원광대학교출판국, 1980, pp.175-176.

5) 삼학은 만생령 부활의 원리요, 사은은 세계 평화의 원리이다.

☞「대산종사는 우리 교법에 대하여 선언하기를 "대종사의 일원대도는 천하의 대도요 만고의 대법으로 삼학팔조는 만생령 부활의 원리요 대도이며, 사은보은은 세계 평화의 원리요 대도이며, 사요 실천은 세계 균등의 원리요 대도라" 고 하였다」(좌산 종법사, 「원기85년 대각개교절 경축사-법문공부」, 《원광》 309호, 월간원광사, 2000년 5월, pp.25-26).

18. 사은의 실천방법

우리 육신은 사은의 공물임을 깨닫고 사은의 위력을 얻고 법신불을 친히 모시며 사심 잡념을 제거하는데 노력해야 한다. 그리고 사은에 보은 감사생활을 하며 심고와 기도생활을 일관하는 것이 필요하다. 나아가 사은의 은혜를 자각하는 지은보은으로 우주 만유와 더불어 심화 기화 인화의 생활이 요구된다. 궁극적으로 법신불 사은신앙 체험에 철저해야 하는 것이다. 돈독한 신앙심의 발현은 현재의 삶에서 기쁨 충만으로 부처의 삶을 살아가는 길이기 때문이다.

1) 이 몸의 형성이 사은의 공물임을 자각한다.

☞「학인이 묻기를 "어찌하면 공심이 양성되오리까." 답하시기를 "이 몸이 사은의 공물임을 알 것이요, 그러므로 보은은 의무임을 알 것이요, 인생의 참 가치는 利他에 있음을 알 것이요, 自利의 결과와 공익의 결과를 철저히 자각할 것이니라" 」(『정산종사법어』, 응기편 27장).

2) 사은의 위력을 얻도록 법신불을 친히 모시며 사심잡념을 제거한다.

☞「제군은 그동안 심불 일원상 즉 사은의 위력을 배웠고 따라서 신앙하고 숭배하였다. 그러면 오늘부터라도 집에 가거든 그 일원상 원형을 조그마하게 하나씩 만들어서 몸에다 지니든지 벽에다 붙이든지 하고 행주좌와 어묵동정 간에 오직 일원의 그 공한 자리만을 생각하여 사심

잡념을 떼어 버리라」(이공주 수필법설, 「일원상을 모본하라」, 『회보』 제
40호, 1937년 12월).

 3) 사은의 광대한 은혜를 생각하여 원망심을 극복하고 보은 감사생활
을 해야 한다.

  ☞「보은이라 함은 이미 은혜 입은 줄을 알았거든 반드시 보답하라
함이니, 사은의 보은도리를 배워 일일이 실행할지니라. 강령으로 말하자
면 사은으로 인하여 혹 해를 보고 고를 당할지라도 먼저 사은의 광대한
은혜를 생각하여 조금이라도 원망을 하지 아니하고 오직 감사한 점으로
만 돌려 항상 평화로운 심경으로 보은 감사의 생활을 하라는 것이니라」
(『정산종사법설』, 제9편 불교정전의해 3장).

 4) 사은의 은혜를 실감하며 심고와 기도생활로 일관해야 한다.

  ☞「평소 우리가 법신불은 참으로 우주만유의 본원이요 일체 중생의
성품임을 알고 그 은혜와 위력을 실감하면서 심고와 기도를 드렸던가.
우리는 사은이 우리에게 죄복을 주는 당처요, 우리가 사은에 대한 피은
보은의 도리를 다하고 못하는 데서 복과 죄가 온다는 이치를 느끼면서
심고와 기도를 드렸던가」(박장식, 『평화의 염원』, 원불교출판사, 2005,
pp.148-149).

 5) 사은의 음조임을 알아 상생으로 인화·기화가 되어야 한다.

  ☞「우리는 일생동안 善因緣으로 돌리기 위하여 인화·기화가 되어야
한다. 소태산은 스스로 깨달은 순간 ‘사은의 음조’ 임을 체험했으며, 정
산종사는 영기질 법문으로 기철학을 제시했다. 이 우주 생성의 기가 인
과법칙에 따라 회귀함을 가르친 것이 사은이요, 지은 보은행이기 때문
이다」(류병덕, 「21C의 원불교를 진단한다」, 제21회 원불교사상연구 학
술대회 《21세기와 원불교》, 원불교사상연구원, 2002.1, p.16).

 6) 사은의 피은, 보은, 배은을 가르쳐 보은세계 건설에 앞장서야 한다.

  ☞「전 세계 인류에게 사은의 피은, 보은, 배은을 깨우치고 가르쳐 지
은보은의 생활로 보은의 세계 건설에 일심 합력하도록 하는 것이다」(최
영돈, 「결복기 교운을 열어갈 교무상」, 《원불교교무상의 다각적인 모
색》, 원광대 원불교사상연구원, 2003.2.7, p.4).

 7) 사은에 보은하는 길은 현재의 삶에서 부처의 삶을 나투는 것이다.

  ☞「소태산은 모든 것은 은혜로움이라고 하였다. 은혜로움이란 무엇
인가. 그것은 삶에 있어서 모든 것이 본래 그 자리에서 온전하게 기쁨
을 준다는 뜻이다. 다시 말하면, 현재의 삶에서 부처의 삶을 나투라는

메시지가 은혜사상인 것이다」(정은광, 『마음을 소유하지 마라』, 동남풍, 2007, p.126).

19. 법신불 사은의 호칭

원불교 신앙대상의 호칭은 교단역사가 흘러오면서 다양하게 변천해온 것이 사실이지만, 오늘날 진리불공과 사실불공을 아우르기 위해 법신불 사은이라 호칭되고 있다. 주지하듯이 법신불을 사은의 실체와 동일시하기 위해 법신불 사은이라는 호칭이 일반화되었는데, 양자의 상즉성을 강조하는 견해라든가, 사은을 중심으로 하자거나 일원상을 중심으로 하자는 등의 논쟁이 있어왔다. 이에 따라 개개물물도 신앙의 대상이 될 수 있느냐, 그렇지 않느냐하는 논쟁이 파생되기도 하였다. 사은이란 호칭이 현 『정전』으로 정비되면서 법신불 사은으로 바뀌었다는 점에서 교학의 쟁점이 되어왔던 것도 사실이며, 그러한 일련의 과정 속에서 사은은 신앙강령이므로 신앙호칭과 혼용되어서는 안 된다는 지적도 있었다. 원불교 신앙호칭의 방향은 교리적 모순이 없어야 하지만 대중성을 지니고, 영성적 신앙체험을 유도하는 방향이면 좋을 것이다. 사실 원불교의 시대성·대중성을 살리는 일원불(원불님)이라 부르자는 견해가 있다.

 1) 진리적 불공과 현실적 불공을 아울러 할 수 있도록 법신불 사은이라 호칭한다.

　☞「불교의 청정법신 비로자나불, 원만보신 노사나불, 백억화신 석가모니불 중 진리의 근본자리인 법신불과 사은을 함께 하여 진리적 불공과 현실적 불공을 아울러 할 수 있도록 법신불 사은이라 호칭하는 것이다. 신앙문과 수행문이라 되어 있어서 따로 생각하기 쉬우나 하나임을 알아야 한다」(박장식, 『평화의 염원』, 원불교출판사, 2005, p.194).

 2) 법신불을 사은의 실체로 동일시하고, 법신불의 묘리는 천지 부모 동포 법률을 통해서 생성 변화하므로 법신불 사은이라 했다.

　☞「법신불을 사은의 실체로 동일시하여 신앙의 대상으로 삼은 점이라 할 것이다. 종래의 상징적 혹은 추상적 관념적인 대상이 아니라 똑똑히 존재하고 생성하고 변화하고 있는 실체 즉 천지와 부모와 동포 법률로 한 점이다. 법신불의 묘리는 바로 천지 부모 동포 법률을 통해서 만유가 각각 생성 변화케 하고 있기 때문이다」(이은석, 『정전해의』, 원

불교출판사, 1985, pp.109-110).

3) 사은의 본원이 일원상인 동시에 일원상의 내역이 사은이라는 점에서 법신불 사은인 것이다.

☞「신앙의 문에 들어가서는 당연히 법신불 사은이라고 하는 신앙의 당처를 발견해야 한다. 그 이유로써 사은이 법신불 일원상과 사은이 즉 통으로 관련되어 있기 때문이다. 즉 사은의 본원이 일원상인 동시에 일원상의 내역이 사은이라는 사실을 바르게 알아야 한다. 또한 사은의 내역은 삼라만상으로 일원상이 사은을 떠나 있어서 안 되고 사은과 삼라만상이 또한 일원상을 떠나서 존재할 수 없음을 의미한다」(한기두, 「법신불 사은에 대한 고찰」, 『원불교사상』 20집, 원불교사상연구원, 1996.12, p.282).

4) 사은을 중심으로 하거나 일원상을 중심으로 하자는 견해가 있다.

☞「현재 원불교 학계에서 가장 문제로 부각되는 논쟁점 가운데 하나는 바로 일원상과 사은과의 관계이다. 사은을 중심으로 신앙해야 한다고 하는 주장은 대개 일체 만물이 바로 일원상의 진리라고 하는 상즉적인 관점에서 사은신앙을 이야기하는 것이다. 이 신앙 방법의 장점은 처처불상과 사사불공의 원리를 제공한다는 의미에서 중요한 신앙 방법론이다. 반면 일원상을 중심으로 신앙해야 한다고 하는 주장은 대개 일원상과 사은과는 분리하여 사은의 본원으로서의 일원상을 중시하면서 법신불로서의 일원상 신앙을 강화시켜 가야 한다는 입장의 주장이다」(원불교사상연구원 편, 『원불교 인물과 사상』(Ⅰ), 원불교사상연구원, 2000, pp.116-117).

5) 일원즉 사은이므로 개개물물도 신앙의 대상이 될 수 있느냐는 문제가 제기되어 왔다.

☞「신앙문에 관한 연구 중 그동안 쟁점이 되어오고 있는 과제는 일원상서원문에 대한 해석과 일원즉 사은이므로 개개물물도 신앙의 대상이 될 수 있다는 주장과, 이와는 달리 일원즉 사은이라 할지라도 개개물물까지 신앙의 대상이 될 수 있다고 말해서는 안 된다는 즉, 공식적인 신앙의 대상이 될 수 있다고 말해서는 안 된다는, 즉 공식적인 신앙 대상의 범위에 대한 서로 다른 해석이 있어 왔고, 또한 호칭에 대한 논쟁도 제기되어 왔다」(김영두, 「원불교학 쟁점의 해석학적 고찰」, 『원불교사상과 종교문화』 39집, 한국원불교학회·원불교사상연구원, 2008.8, p.64).

6) 사은이란 호칭이 현 『정전』으로 정비되면서 법신불 사은으로 바뀌었다.

☞「원기 47년 『원불교 교전』으로 정비가 되면서 '심고와 기도' 장은 커다란 변환을 하게 된다. 물론 그 내용이나 문맥은 그 전과 크게 달라지지 않았다. 그런데 그 호칭에서 사은이 법신불 사은으로 바뀌었다는 점이 매우 주목되는 점이다. 사실 오늘날 원불교 신앙의 다양한 접근의 가능성이 여기에서 비롯되었다고 해도 과언이 아닐 중요한 문제가 시작된 것이다」(정순일, 「일원상 신앙 성립사의 제문제」, 제21회 원불교사상연구 학술대회 《21세기와 원불교》, 원불교사상연구원, 2002.1, p.100).

7) 사은은 신앙강령인데 신앙호칭과 혼용되고 있다는 주장도 있다.

☞「사은이란 말은 '천지 부모 동포 법률의 사은과 수양 연구 취사의 삼학으로써 신앙과 수행의 강령을 정하였으며' 라 한 것을 볼 때 사은이란 말은 분명히 신앙의 강령이라 밝혀져 있는데도 신앙 대상의 호칭과 함께 혼용되고 있다」(손정윤, 「문학·예술사」, 『원불교70년정신사』, 원불교출판사, 1989, p.643).

8) 신앙호칭의 방향은 대중성을 지닌 신앙호칭, 영성적 신앙체험을 유도하는 신앙호칭이어야 한다.

☞「원불교 신앙호칭의 바람직한 방향과 그 창출은 앞으로 지속적인 노력이 필요하다. 대중성과 단순성을 지닌 신앙호칭, 시대와 국가 정서를 대변할 수 있는 신앙호칭, 영성적 신앙체험을 유도하는 신앙호칭, 신앙대상의 일체성을 지닌 신앙호칭…」(류성태, 「원불교 신앙호칭에 있어 신앙성 강화모색, 『원불교사상과 종교문화』 36집, 2007.8, p.82).

9) 원불교의 시대성·대중성을 살리는 일원불(원불님)이나 부처님이라 부르자는 견해도 있다.

☞「나는 우리의 신앙적 호칭이 신앙의 대상과 수행의 표본인 일원상과 직결되고 우리 원불교의 이미지를 강하게 나타내며 쉽게 대중에게 전달될 수 있는 호칭, 일반이나 어린이들도 보고 느끼고 알 수 있는 별칭 약칭의 호칭이 필요함에 대하여 공감한다. 더욱 그러한 명칭의 대안이 있는데 전통적 단일호칭만 고집하는 것은 시대성·대중성을 상실한 고착된 생각과 감각이라고 생각한다. 다른 종교도 역사 발전의 과정에서 신앙의 대상이나 교조에 대하여 여러 가지 명칭이 주어졌으나 점차 주로 부르는 명칭이 자연스럽게 형성되었다고 본다. 나는 그 대안으로 그간 제기된 일원불, 원불님을 제시하고자 한다」(김인철, 「교단의 정체

성과 신앙의 호칭문제」, 제28회 원불교사상연구 학술대회《개교100년과 원불교문화》, 원불교사상연구원·한국원불교학과, 2009.2.3, pp.29-30).

20. 사은의 연계사상

원불교의 사은신앙에서는 불교의 법신, 유교의 태극, 도교의 자연, 기독교의 신 등 우주의 원리와 섭리를 恩으로 파악한 것이다. 곧 이러한 은으로서의 사은신앙은 오늘날 일원상과 병칭하여 법신불(일원상) 사은으로 호칭되고 있으며, 이 사은은 불교의 사은, 증산교의 육은과 보은사상이라는 측면에서 회통된다. 유교의 윤리에 있어서도 부모 효도라든가 중국 장재의 '백성은 나의 동포요, 만물은 나의 친구' 라는 언급이 사은사상과 통한다. 그리고 사은은 민족문화에 근거를 둔 표현이며, 천지은은 개화기 천재개벽의 변혁 이념을 수용하고 있음과 더불어 기독교 창조론의 신관과 통하는 면이 있다.

1) 원불교는 사은신앙에서 불교의 법신, 유교의 태극, 도교의 자연, 기독교의 신 등의 우주적 원리와 섭리를 恩으로 파악한 것이다.

☞「소태산의 은사상은 종교적 의미와 윤리적 의미를 함께 갖는다. … 불교에서 말하는 법신 또는 진여의 이법, 유교에서 말하는 천도 또는 태극의 이법, 노장에서 말하는 도 또는 자연의 이법, 기독교에서 말하는 神 등의 모든 우주적 원리와 섭리를 은으로 파악하는 것이다. 원불교에서 말하는 일원상 진리도 이러한 모든 종교의 궁극적 진리를 뜻한 것이지만 동일한 진리를 또 다른 표현인 恩으로 파악하는 데에 소태산 대종사의 특별한 뜻이 있는 것이다」(한종만, 「원불교의 기본사상」, 『원불교사상』 5집, 원불교사상연구원, 1981, pp.273-274).

2) 과거 불교의 사은에는 부모은, 중생은, 국왕은, 삼보은이 있었다.

☞「불교에서 말하는 사은은 중기 대승불교의 『심지관경』에 부모은, 중생은, 국왕은, 삼보은의 사은이 설해지며, 중국 도성의 『석씨요람』에 부모은, 사장은, 국왕은, 시주은의 사은이 설해지고 있다」(『대승본생심지관경』 卷3, 보은품, 大正 3·297.a/道誠集, 『석씨요람』 卷中, 恩孝, 大正 54.289.c). 이렇게 한국과 중국에서 사은이 강조되는 것은 봉건적 상황 속에서 불교가 정착하기 위해 상황에 따라 특히 국왕은과 부모은이 강조되었다는 것이다」(유정엽, 「사은신앙의 고찰」, 『원불교사상』 25집, 원불교사상연구원, 2001.11, p.209).

3) 사은의 가치는 유교의 윤리의식과 상통한다.

☞「원불교의 교육관 및 사은관 등에 일관하여 흐르는 가정 사회 국가생활의 중요시 경향이라든가, 특히 사은관에서 효에 해당하는 부모은이 별도로 강조되고 있는 사실들은 유교 윤리의식의 영향을 입증하는 보충적 자료에 해당할 것이다」(윤사순, 「制度意識에 있어서의 실학적 변용-원불교와 실학」, 『원불교사상』, 제8집, 원불교사상연구원, 1984, p.291).

4) 증산교에서는 육은을 밝혀 사은의 감은사상과 통한다.

☞「원불교 교리상의 사은설을 주목하지 않을 수 없다. 感恩 정신은 원불교뿐만이 아니라 유·불·기 나아가서는 증산교(六恩 : 천지은, 사회은, 국가은, 부모은, 師傳은, 직업은)에 있어서도 중요한 교리의 一項으로 내세우고 있다」(『대순철학』, pp.197-200참조/이을호, 「원불교 교리상의 실학적 과제」, 『원불교사상』 8집, 원불교사상연구원, 1984, p.273 참조).

5) 유교의 仁과 예절이 사은과 통한다.

☞「유학에서는 친애를 통하여 조상을 받들고 조상을 섬기는 혈연적 사랑이 일가친척을 화목하게 하고 나아가 사회와 국가에 미루어 나가는 것이며, 천지 만물의 화육을 돕는, 仁의 경지를 이룩하는 것이다. 이는 부모와 동포, 나아가 천지의 은혜에 보답하고자 하는 것이다. 다만 종교적으로 본다면 이를 실현하는 방법이 필요하였기 때문에 법률은을 포함하는 것이요 법률은이란 예법의 실현을 통한 수행정신이라 할 것이다」(오종일, 「정산종사의 유교인식과 종교적 승화」, 제19회 원불교사상연구 학술대회《정산종사의 신앙과 수행》, 원광대 원불교사상연구원, 2000년 1월 28일, p.13).

6) 유교의 장재는 백성은 나의 동포요 만물은 나의 친구라 하여 원불교의 사은(천지은·동포은)과 통하는 면이 있다.

☞「중국 송대 사상가 장재는 『서명』에서 '백성은 나의 동포요, 만물은 나의 친구'라고 말했다. 그는 천지는 인간의 부모이고, 천지의 형체는 바로 인간의 신체이며, 천지의 성은 곧 인간의 본성이라고 생각했다. 인간과 만물은 모두 천지의 자녀이기에 백성은 형제로 간주해야 하고 만물은 친구로 간주해야 한다. 장재의 '백성은 동포, 만물은 친구'라는 사상은 원불교의 천지은·동포은 사상과 서로 통하는 면이 있다」(방립천, 「사은사상과 세계의 조화」, 『원불교사상과 종교문화』 36집, 원불교

사상연구원, 2007.8, pp.7-8).

7) 사은은 근대 민족문화에 근거를 둔 표현이며, 개화기 천지개벽의 변혁 이념을 수용하고 있다.

☞「사은이 일원상 진리의 표현이고 전통적 불교의 佛性의 현현으로 말하고 있지만, 사요와 마찬가지로 사은도 민족문화에 근거를 둔 강력한 민족적 표현이다. 천지은이 생존의 본원을 말하고 있겠으나 그 표현 양식은 동양 전통에 깊은 뿌리를 두고 있으며 개화기 당시의 천지개벽이라는 변혁 이념을 수용하는 개념이다. 우리를 생성시키고 당시의 여건에서 변혁을 주도하는 천지개벽의 천지를 은혜의 당체로 받아들이고 그것에 감사를 돌리라는 해석은 지극히 민족문화적 표현이다. 부모은이거나 동포은, 법률은 유교적 윤리에 기반을 둔 것으로 사은을 유교적 시원을 지니는 것으로 해석할 수도 있으나 앞서 지적했듯이 환원론이거나 시원성에 대한 위험에 빠지지 않는 한 이 개념들은 지극히 민족주의적인 정치적인 고안물인 것이 분명하다. 곧 근대 민족문화의 하나의 주조물일 수가 있다」(이민용, 「원불교와 불교의 근대성 각성」, 제28회 원불교사상연구 학술대회《개교100년과 원불교문화》, 원불교사상연구원·한국원불교학과, 2009.2.3, p.22).

8) 사은의 천지은은 기독교의 창조론을 연상한다.

☞「『원불교 교전』 제2장에 의하면 사은이 실려 있고 그중 제1절이 천지은이다. 기독교로 말하면 창조론에 해당한다고 볼 수 있다. 그 속에 담긴 내용은 그냥 있는 자연의 존재가 아니라 의미가 있는 자연 존재의 조화이다」(이동엽, 「원불교의 윤리와 자연법」, 『원불교사상』 4집, 원불교사상연구원, 1980, p.152).

21. 보충해설

원불교의 사은으로는 천지은 부모은 동포은 법률은이 있는데, 불교와 증산교의 사은·육은도 있다. 불교에서 말하는 사은에 대하여 정산종사는 다음과 같이 말한다. "지은보은은 곧 齊家의 요체로서 과거에 사중은이라 하여 국왕은 부모은 시주은 사장은이 있었나니라. 그러나 본교에서는 천지 부모 동포 법률에 대한 사중은을 밝히었나니, 어떠한 일이든지 자기가 맡은 바 직분으로 은혜를 알아 보은감사에 성심성의로 힘쓰자는 것이니라" (『정산종사법설』, 제9편 불교정전 의해, 3.사대강령).

　앞에서 언급하였듯이 강증산 역시 六大恩을 밝혔는데 천지은, 사회은, 국가은, 부모은, 師傳은, 직업은이 그것이다(『대순철학』, pp.197-200). 같은 맥락에서 원불교의 사은은 이웃종교의 경우와 달리 법신불 일원상과 연계되어 신앙의 대상으로 나타난다는 점이다. 이와 같이 사은이 신앙대상으로 중시되고 있다는 면에서 그 의미에 있어 차이가 크다고 하겠다.

　사은은 원기 19년 소태산의 분부에 의해 예회의 식순에 '사은전 심고'가 편입되면서부터 보편화된 신앙의식으로 발전했다. 따라서 사은이 의식에서도 신앙의 대상으로 강하게 부각된 것이다. 모든 의식에서 호칭되는 법신불 사은이 오늘의 공식 신앙호칭인 바, 법신불은 본체계를 말함이요 사은은 현상계를 말한다고 볼 수 있다. 이에 법신불 사은이라는 호칭은 본체와 현상을 함께 한 신앙호칭인 셈이다.

　이 사은 호칭을 통해 그 의의를 새겨보면 "감사생활만 하는 이는 늘 사은의 도움을 받게 되고, 원망생활만 하는 이는 늘 미물에게서도 해독을 받으리라"(『정산종사법어』, 법훈편 59장)는 법어의 가르침이다. 사은의 은혜에 감사한 마음을 신앙심으로 유도하자는 것이다. 대산종사는 사은이란 세계를 구원할 길이자 뜨거운 情誼이며 대자대비(『정전대의-대산종사법문집』 1, 7.사은)라고 하였다. 이는 사은에 대한 지고의 존칭 표현이라 본다.

　어떻든 사은에 대한 간절한 자세로 다가서는 시구가 있다. "오 사은이시여. 거룩하신 사은이시여 / 나에게 힘을 주소서. 꿋꿋하고 根氣있는 힘을 주소서 / 아무러한 홀림에도 넘어가지 아니하고 / 어떠한 고난이라도 이겨갈만한 꿋꿋하고 근기있는 그 힘을 / 자아를 완성하고 사회를 개조함에는 오직 그 힘이 필요하오니 / 아무리 미소한 저에게라도 사은께서 그 힘만 밀어주신다면…"(주산종사, 나의 기원, 1936, 『회보』 24호). 교단 초기, 청년 주산종사의 타오르는 신앙 열정이 사은을 향해 표출되고 있다.

22. 연구과제

 1) 일원상과 사은신앙의 관계는?

 2) 사은과 삼학의 관계는?

 3) 사은과 사요의 관계는?

 4) 법신불 사은이라는 신앙대상의 호칭에 대하여 논하시오.

 5) 사은신앙의 특징은?

 6) 천지은으로서 천지팔도에 대하여 쓰시오.

 7) 사은 보은의 대요를 설명하시오.

23. 고시문제

 1) 일원상을 신앙의 대상으로 하는 이유와 「사은 피은의 강령」을 기초하여 일원상과 사은과의 관계를 설명하시오.

 2) 일원(법신불)과 사은과의 관계를 교의품과 『정산종사법어』에 근거하여 논하시오.

 3) 사은보은의 강령을 간단히 설명하시오.

 4) 사은이 나에게 큰 은혜가 된 점과 사은에 보은하는 요령을 밝히시오.

 5) 천지8도를 요약하고 이를 배은하면 어떠한 죄벌이 있게 되는가 『정전』 원문에 근거하여 요점만 적으시오.

 6) 『정전』 천지은 편에서 '우리가 천지에게 입은 은혜를 생각하면 천치와 하우자라도 천지 없어서는 살지 못할 것을 다 인증할 것' 이라고 하였습니다. 아래 천지은의 여덟 가지와 관련하여 『정전』이 밝히고 있는 보은의 내역을 간략히 기술하시오.

   (1) 지극히 밝은 도, (2) 지극히 정성한 도, (3) 지극히 공정한 도, (4) 순리자연한 도, (5) 광대무량한 도, (6) 영원불멸한 도, (7) 길흉이 없는 도, (8) 응용무념한 도.

 7) 천지 보은의 조목(8가지)을 밝히시오.

 8) 천지에 보은하면 그 결과가 어찌되며 배은하면 그 결과가 어찌되는지 요약하시오.

 9) 천지피은의 강령에서 밝힌 천지의 도와 덕을 쓰시오.

10) 부모보은의 조목을 쓰시오.

11) 종래에는 부모에게 보은하는 방법이 그 부모에게 심지의 안락과 육체의 봉양을 드리는 것으로 알고 있는데 힘미치는 대로 무자력자를 보호하라는 이유.

12) 법률피은의 강령과 조목에서 밝혀주신 법률은의 요지를 서술하고 국가법이 은혜롭지 못할 때 그 보은의 방법에 대하여 논하시오.

13) 법률에 대한 피은 보은 배은을 알지 못하는 것이 법률 배은이 되는 이유를 밝히시오.

14) 원불교 은사상의 내용과 그 종교적 의의?

15) 다음 어휘를 간략하게 설명하시오 : 응용무념한 도.

16) 다음 사항을 간단히 해석하시오 : 응용무념.

17) 다음 낱말의 뜻을 『정전』에서 밝힌 대로 쓰십시오 : 법률.

18) 다음을 설명하시오 : 보은즉불공 불공즉보은.

19) 은의 신앙적 의미를 논하시오.

20) 원불교의 신앙을 『정전』에 근거하여 종합적으로 설명하시오 (원리, 방법, 특징을 중심으로).

21) 『정전』에 쓰여 있는 다음의 어휘를 설명하시오 : 인과보응의 신앙문.

22) 원불교의 효도관을 쓰시오.

제3장 사요

○ 「사요」의 원문

제1절 자력양성

1. 자력양성의 강령

자력이 없는 어린이가 되든지, 노혼한 늙은이가 되든지, 어찌할 수 없는 병든 이가 되든지 하면이어니와, 그렇지 아니한 바에는 자력을 공부삼아 양성하여 사람으로서 면할 수 없는 자기의 의무와 책임을 다하는 동시에, 힘 미치는 대로는 자력 없는 사람에게 보호를 주자는 것이니라.

2. 과거의 타력생활 조목

1. 부모 형제 부부 자녀 친척 중에 혹 자기 이상의 생활을 하는 사람이 있으면 그에 의지하여 놀고 살자는 것이며, 또는 의뢰를 구하여도 들어주지 아니하면 동거하자는 것이며, 또는 타인에게 빚을 쓰고 갚지 아니하면 일족이 전부 그 빚을 갚다가 서로 못살게 되었음이요,

2. 여자는 어려서는 부모에게, 결혼 후에는 남편에게, 늙어서는 자녀에게 의지하였으며, 또는 권리도 동일하지 못하여 남자와 같이 교육도 받지 못하였으며, 또는 사교의 권리도 얻지 못하였으며, 또는 재산에 대한 상속권도 얻지 못하였으며, 또는 자기의 심신이지마는 일동일정에 구속을 면하지 못하게 되었음이니라.

3. 자력자로서 타력자에게 권장할 조목

1. 자력있는 사람이 부당한 의뢰를 구할 때에는 그 의뢰를 받아주지 아니할 것이요,

2. 부모로서 자녀에게 재산을 분급하여 줄 때에는, 장자나 차자나 여자를 막론하고 그 재산을 받아 유지 못할 사람 외에는 다 같이 분급하여 줄 것이요,

3. 결혼 후 물질적 생활을 각자 자립적으로 할 것이며, 또는 서로 사랑에만 그칠 것이 아니라 각자의 의무와 책임을 주로 할 것이요,

4. 기타 모든 일을 경우와 법에 따라 처리하되 과거와 같이 남녀를 차별할 것이 아니라 일에 따라 대우하여 줄 것이니라.

4. 자력양성의 조목

1. 남녀를 물론하고 어리고 늙고 병들고 하여 어찌할 수 없는 의뢰면이어니와, 그렇지 아니한 바에는 과거와 같이 의뢰생활을 하지 아니할 것이요,

2. 여자도 인류 사회에 활동할 만한 교육을 남자와 같이 받을 것이요,

3. 남녀가 다 같이 직업에 근실하여 생활에 자유를 얻을 것이며, 가정이나 국가에 대한 의무와 책임을 동등하게 이행할 것이요,

4. 차자도 부모의 생전 사후를 과거 장자의 예로써 받들 것이니라 (『정전』 제2 교의편, 제3장 사요, 제1절 자력양성).

제2절 지자본위

1. 지자본위의 강령

지자는 우자를 가르치고 우자는 지자에게 배우는 것이 원칙적으로 당연한 일이니, 어떠한 처지에 있든지 배울 것을 구할 때에는 불합리한 차별제도에 끌릴 것이 아니라 오직 구하는 사람의 목적만 달성하자는 것이니라.

2. 과거 불합리한 차별제도의 조목

1. 반상의 차별이요,

2. 적서의 차별이요,

3. 노소의 차별이요,

4. 남녀의 차별이요,

5. 종족의 차별이니라.

3. 지자본위의 조목

1. 솔성의 도와 인사의 덕행이 자기 이상이 되고 보면 스승으로 알 것이요,

2. 모든 정사를 하는 것이 자기 이상이 되고 보면 스승으로 알 것이요,

3. 생활에 대한 지식이 자기 이상이 되고 보면 스승으로 알 것이요,

4. 학문과 기술이 자기 이상이 되고 보면 스승으로 알 것이요,

5. 기타 모든 상식이 자기 이상이 되고 보면 스승으로 알 것이니라.

이상의 모든 조목에 해당하는 사람을 근본적으로 차별 있게 할 것이 아니라, 구하는 때에 있어서 하자는 것이니라(『정전』 제2 교의편, 제3장 사요, 제2절 지자본위).

제3절 타자녀교육

1. 타자녀교육의 강령

교육의 기관이 편소하거나 그 정신이 자타의 국한을 벗어나지 못하고 보면 세상의 문명이 지체되므로, 교육의 기관을 확장하고 자타의 국한을 벗어나, 모든 후진을 두루 교육함으로써 세상의 문명을 촉진시키고 일체 동포가 다 같이 낙원의 생활을 하자는 것이니라.

2. 과거 교육의 결함조목

1. 정부나 사회에서 교육에 대한 적극적 성의와 권장이 없었음이요,

2. 교육의 제도가 여자나 하천한 사람은 교육받을 생의도 못하게 되었음이요,

3. 개인에 있어서도 교육을 받은 사람으로서 그 혜택을 널리 나타내는 사람이 적었음이요,

4. 언론과 통신기관이 불편한데 따라 교육에 대한 의견교환이 적

었음이요,

5. 교육의 정신이 자타의 국한을 벗어나지 못한데 따라, 유산자가 혹 자손이 없을 때에는 없는 자손만 구하다가 이루지 못하면 가르치지 못하였고, 무산자는 혹 자손 교육에 성의는 있으나 물질적 능력이 없어서 가르치지 못하였음이니라.

3. 타자녀교육의 조목

1. 교육의 결함조목이 없어지는 기회를 만난 우리는, 자녀가 있거나 없거나 타자녀라도 내 자녀와 같이 교육하기 위하여, 모든 교육기관에 힘 미치는 대로 조력도 하며, 몇 사람이든지 자기가 낳은 셈치고 교육할 것이요,

2. 국가나 사회에서도 교육기관을 널리 설치하고 적극적으로 교육을 실시할 것이요,

3. 교단에서나 사회·국가·세계에서 타자녀 교육의 조목을 실행하는 사람에게는 각각 그 공적을 따라 표창도 하고 대우도 하여 줄 것이니라(『정전』 제2 교의편, 제3장 사요, 제3절 타자녀교육).

제4절 공도자숭배

1. 공도자숭배의 강령

세계에서 공도자숭배를 극진히 하면 세계를 위하는 공도자가 많이 날 것이요, 국가에서 공도자숭배를 극진히 하면 국가를 위하는 공도자가 많이 날 것이요, 사회나 종교계에서 공도자 숭배를 극진히 하면 사회나 종교를 위하는 공도자가 많이 날 것이니, 우리는 세계나 국가나 사회나 교단을 위하여 여러 방면으로 공헌한 사람들을 그 공적에 따라 자녀가 부모에게 하는 도리로써 숭배하자는 것이며, 우리 각자도 그 공도정신을 체받아서 공도를 위하여 활동하자는 것이니라.

2. 과거 공도사업의 결함조목

1. 생활의 강령이요 공익의 기초인 사·농·공·상의 전문교육이 적었음이요,

2. 사·농·공·상의 시설기관이 적었음이요,

3. 종교의 교리와 제도가 대중적이 되지 못하였음이요,

4. 정부나 사회에서 공도자의 표창이 적었음이요,

5. 모든 교육이 자력을 얻지 못하고 타력을 벗어나지 못하였음이요,

6. 타인을 해하여서까지 자기를 유익하게 하려는 마음과, 또는 원·근·친·소에 끌리는 마음이 심하였음이요,

7. 견문과 상식이 적었음이요,

8. 가정에 헌신하여 가정적으로 숭배함을 받는 것과, 공도에 헌신하여 공중적으로 숭배함을 받는 것이 무엇인지 아는 사람이 적었음이니라.

　3. 공도자숭배의 조목

1. 공도사업의 결함조목이 없어지는 기회를 만난 우리는 가정 사업과 공도사업을 구분하여, 같은 사업이면 자타의 국한을 벗어나 공도사업을 할 것이요,

2. 대중을 위하여 공도에 헌신한 사람은 그 노력한 공적에 따라 노쇠하면 봉양하고, 열반 후에는 상주가 되어 상장을 부담하며, 영상과 역사를 보관하여 길이 기념할 것이니라(『정전』 제2 교의편, 제3장 사요, 제4절 공도자숭배).

1. 사요의 등장배경

　사요는 원불교 신앙문에 속하는 바, 원불교가 출현할 당시의 시폐와 후진성을 극복하고 평등사회를 추구하고자 네 가지 사회 불공법이 등장하였다. 당시의 시폐로는 타력생활, 배울 줄 모르는 병, 가르칠 줄 모르는 병, 공도를 존중할 줄 모르는 병이 있었다. 이것이 원불교 사요가 등장한 직접적인 배경이다.

1) 구한말 유교의 봉건질서에서 생긴 시폐를 극복하고자 사요를 구상하게 된 것이다.

　☞「유교의 봉건적 윤리질서 사회에서 생겼던 流弊 현상은 심각성을 가져왔던 것이 사실이다. 소태산은 사요에서 이러한 유교적 봉건사회

질서에서 야기된 병폐와 불합리성을 지적하고 그 시정을 통하여 평등 사회 건설의 방향을 교리로 설정하였다」(이현택, 「소태산의 유교수용과 유교사상」, 『원불교사상』 12집, 원불교사상연구원, 1988, p.127).

 2) 사요는 당시 한국사회의 후진성을 극복, 근대화 방향을 축구하고 있다.

　☞「사요에서는 당시 한국사회의 후진성을 초래하고 있는 타력생활, 허례적인 지식존중, 참 교육의 부족, 공도정신의 부족 등을 예리하게 지적하면서 한국사회를 근대화시키기 위해 필요한 모든 방편들이 펼쳐지고 있다」(김도훈, 「소태산 대종사의 경제사상과 그 구현방안」, 제23회 원불교사상연구 학술대회《원불교개교 백주년기획(Ⅰ)》, 원불교사상연구원·한국원불교학회, 2004년 2월 5일, p.127).

 3) 소태산 대종사는 현대 사회의 문제점들을 네 가지로 밝혀 치유하는 방법론을 밝혔다.

　☞「사회의 문제에 대한 해답은 대종사가 사요로 밝혔다. 이 문제는 오늘날 어쩐지 맞지 않은 것 같다는 생각을 하는 사람도 있으나 우리는 사요 실천의 정신이 지금처럼 적절한 때가 없다고 보아진다. … ① 우리 사회는 일하기 싫어하는 사람이 급증했으며, ② 명예욕이 가득 차서 자기 스승을 찾을 줄 모르는 병이 생겼으며, ③ 남을 가르치는 마음의 여유가 생기지 못했고, ④ 자기 이익만을 챙길 뿐 공중을 위한 봉사심이 점점 줄어든 것 등이 현실의 문제로 되어졌다」(한기두, 『원불교 정전 연구』-교의편-, 원광대학교출판국, 1996, p. 218).

 4) 구한말 급변하는 사회상황에서 원불교 사요는 그 등장에 의의가 있었다.

　☞「한국의 개신교는 1884년 갑신정변을 계기로 의료기관인 광혜원의 설치 허가를 받는 것을 계기로 배재학당 이화학당 등 교육기관을 설치하게 된다. 1910년 한일합방 시기에는 벌써 796개의 미션계 학교가 서울과 지방에 설치되었다. 1890년대는 동학 신원운동과 청일전쟁이 일어났던 시기였으며 이때에 기독교인들은 1900년을 전후로 하여 만민공동회 황성신문 황성기독청년회를 조직하고 한국의 근대화와 민주주의 사상을 도입하게 된다. 1919년 3·1독립선언을 전후한 시기에는 부녀계몽운동 청소년운동 농촌계몽운동 물산장려운동 도박금주운동 마약퇴치운동 국채보상운동이 전국적으로 전개되었다. 이러한 기독교의 사회운동에 비하면 원불교의 사요운동은 프로그램이나 규모면에서 대단히 미

약한 것이었다」(심대섭, 「원불교 사요의 기본성격과 현대적 조명」, 『원불교학』 제3집, 한국원불교학회, 1998, pp.155-156).

2. 사요의 의미

사요는 사은과 더불어 신앙문에 속하는 바, 과거의 병든 사회를 진단하고 열악한 사회의 현실을 치료하고 인류를 구원하는 교법이다. 그리하여 불합리한 제도를 개선함으로써 다 같이 잘사는 지상낙원, 전반세계, 평등세상을 열어감으로써 인권평등, 지식평등, 교육평등, 생활평등으로 이어진다. 요컨대 사요는 원불교의 네 가지 사회불공의 방법이다.

1) 사요는 원불교 신앙문에 속하며 세상을 고르는 처방이다.

☞「(사요는) 일원상 진리에 보은하며 세상을 구원하는 약방문이기 때문에 인과보응의 신앙문에 넣어야 한다. 삼학은 자기수행이지마는 사요는 세상을 고르는 처방이다」(박길진, 『대종경강의』, 원광대학교출판국, 1980, p.65).

2) 사요는 한국사회를 모델로 하여 병든 사회의 진단과 처방을 통한 인류구원 사업이다.

☞「은혜롭고 광대무량한 낙원세계 건설을 위한 한국적 진단과 처방이라는 특수성이 바로 사요이며 한국사회를 모델로 하여 형성된 민족구원 사업이 바로 사요이다. 사요는 자유와 평등의 문제와 밀접한 관련을 지닌다」(박병수, 「원불교 사요의 민족적 적용에 관한 고찰」, 『원불교사상』 19집, 원불교사상연구원, 1995.12, p.305).

3) 사요는 열악한 현실을 극복하고 병든 세상을 치료하는 길이다.

☞「사요는 이 세상의 열악한 현실을 극복하는 평등사상이요, 아울러 병든 세상을 치료하는 가장 일차적인 약방문이며 또한 중요한 메시지임에 틀림이 없다」(한기두, 『원불교 정전연구』-교의편-, 원광대학교출판국, 1996, p. 218).

4) 과거의 불합리한 제도를 합리적으로 개선, 전환시키는 것이 사요의 의미이다.

☞「과거의 불합리한 제도와 방법을 합리적으로 개선하여 전환시키려함에 사요의 중요한 의미가 있다. 참다운 평등은 각자 각자의 책임을 다하는 데서 이루어지는 것이니 구별과 평등을 다 밝히는 동시에 원만한 마음, 원만한 제도를 마련하여 참다운 평등을 세워가야 한다」(서경

전, 『교전개론』, 원광대학교출판국, 1991, p.245).

5) 사요는 온 세계를 지상낙원으로 건설하려는 데에 목적이 있다.

☞「사요는 온 세계를 지상낙원으로 건설하려는 데에 그 목적이 있는 것이니, 지상낙원이 되기로 하면 제반과 환경을 조성하는 인간 실상이 결함이 없는 원만한 사회 판도가 마련되어야 한다」(이운권, 고산종사문집1 『정전강의』, 원불교출판사, 1992, p.48).

6) 사요는 세상을 골라서 전반세계를 만드는 교법이다.

☞「사요 : 세상을 고르는 길 = 평등세계 = 전반세계」(『정전대의』-대산종사법문 1집, 8.사요).

7) 사요는 인권평등 지식평등 교육평등 생활평등을 지향한다.

☞「대산종사의 교리실천도에 의하여 말하면 전 인류가 다 같이 평등하게 잘 살기로 하면 세상이 골라져야 하고 … 사람사람이 자력을 세우게 되면 인권평등이 되고, 사람사람이 배워 알게 되면 지식평등이 되고, 사람사람이 남을 위하여 가르치게 되면 교육평등이 되고, 사람사람이 남을 위해 봉공하게 되면 생활평등이 되어 자연히 다 같이 영원히 평화와 안락을 누리며 잘 살게 될 것이다」(안이정, 『원불교교전 해의』, 원불교출판사, 1998, p.265).

8) 사요는 사회불공으로서 사회를 바르고 고르게 발전시키는 네 가지 방법이다.

☞「사요란 인간 사회를 바르고 고르게 발전시키기 위한 4가지 덕목을 말한다. 즉 모든 인간이 본래 갖고 있는 존귀함을 드러냄으로써 자기만 위하는 이기적인 마음에서 벗어나 서로를 위하고 살려주는 맑고 밝고 훈훈한 사회 풍토를 만들자는 것이다」(오도철 외, 『원불교정전 길라잡이』, 원불교 교화연구소, 2000, p.96).

3. 사요의 대의강령

1) 자력양성은 그 강령과 타력생활의 조목 그리고 타력자에게 권장할 조목과 자력양성의 조목이 열거되고 있다.

2) 지자본위는 그 강령과 과거 불합리한 차별제도의 조목, 지자본위의 조목이 거론되고 있다.

3) 타자녀교육은 그 강령과 과거교육의 결함조목, 타자녀교육의 조목이 전개되고 있다.

4) 공도자숭배는 그 강령과 과거 공도사업의 결함조목, 공도자숭배의 조목이 제시되고 있다.

4. 사요의 구조

 1) 자력양성
   (1) 자력양성의 강령
   (2) 과거의 타력생활 조목
   (3) 자력자로서 타력자에게 권장할 조목
   (4) 자력양성의 조목
 2) 지자본위
   (1) 지자본위의 강령
   (2) 과거 불합리한 차별제도의 조목
   (3) 지자본위의 조목
 3) 타자녀교육
   (1) 타자녀교육의 강령
   (2) 과거 교육의 결함조목
   (3) 타자녀교육의 조목
 4) 공도자숭배
   (1) 공도자숭배의 강령
   (2) 과거 공도사업의 결함조목
   (3) 공도자숭배의 조목

5. 단어해석

 1) 자력양성

 자력양성 : 사요의 첫 번째 항목으로 어린이, 노혼한 늙은이, 병약자 이외는 책임과 의무를 다하기 위해 자력을 공부삼아 양성하자는 것이 自力養成이다.

 노혼 : 나이가 들어 늙어감에 따라 정신이 혼미해지는 것이 老昏이다.

 타력생활 : 자력으로 살아가지 않고 남에게 의존하며 살아가는 것을 他力生活이라 한다. 예컨대 어려서는 부모에게, 결혼 후에 남편에게, 늙

어서는 자녀에게 의뢰하며 살아가는 것이 타력생활의 모습이다.

의뢰 : 자력에 의하지 않고 타력에 의존하는 것을 依賴라 한다. 소태산 대종사에 의하면, 세상에는 여섯 가지의 병이 들었다며 그중 하나가 의뢰병에 걸렸다(『대종경』, 교의품 34장)고 하였다.

상속권 : 자녀가 부모로부터 재산을 유산으로 물려받는 것을 상속이라 하며 그 권한을 相續權이라 한다. 소태산은 여자의 경우 부모로부터 상속권도 받지 못하는 불합리한 경우가 있었음을 당시의 시폐로 지적했다.

분급 : 소유한 것을 자기 몫으로 나눠주는 것을 分給이라 한다. 부모가 자녀들에게 유산을 분급하여 주는 경우가 이와 관련된다.

장자 : 큰 아들을 長子, 둘째 아들을 차자라 하며, 여자의 경우 장녀 차녀라고 한다. 고금 유산분급에 있어 장자와 차자 사이, 특히 여자의 차별조항이 많았던 것이 사실이다.

근실 : 부지런하고 착실한 것을 勤實하다고 한다. 소태산은 남녀 모두가 직업에 근실하여 자력을 양성해야 한다고 하였다.

2) 지자본위

지자본위 : 나이나 성별·계급에 구애되지 말고 솔성이나 덕행, 학술이나 상식 등에 있어 나보다 앞서는 사람을 대우하고 그를 스승으로 받드는 것을 智者本位라 한다. 사요의 지자본위는 지자가 우자를 가르치고 우자는 지자에게 배우는 자세를 통해 지식의 평등을 지향하자는 것이다.

우자 : 지자에 상대되는 말로서 솔성과 덕행·지식 등에서 부족하여 어리석은 사람을 愚者라 한다. 우자는 지자가 되도록 분발해야 한다.

반상 : 봉건시대의 사회적 차별조항으로 양반과 상민이라는 班常의 차별이 존재하였다. 오늘날은 인권 존중의 민주화에 따라 조선시대의 반상차별이 없어진 대신 빈부차별·남녀차별 등이 여전히 존재한다.

적서 : 정부인과 첩에서 태어난 자녀가 적자와 서자이며, 이를 줄여서 嫡庶라 한다. 소태산은 과거의 폐단으로 반상·적서·노소 차별을 불합리한 차별조항으로 보았다.

종족 : 같은 종류에 있는 생명체의 족속 및 민족을 種族이라 한다. 인간의 경우 황인종 흑인종 백인종 사이에 종족의 차별이 있어왔다.

솔성 : 진여자성을 회복하는 것이라든가, 청정 성품을 바르게 거느리는 것을 率性이라 한다. 솔성의 도는 『정전』 지자본위 1조, 솔성요론 16조가 대표적으로 거론된다. 『중용』에 '率性之謂道' 라는 말이 있다.

인사 덕행 : 모든 인간사를 행할 때 덕행으로 하라는 것이 人事의 德行이다. 남녀, 지위, 적서, 종족의 차별조항을 극복하여 인사의 덕행이 나보다 나으면 스승으로 알아야 한다는 것이 지자본위의 본의이다.

정사 : ☞『정전풀이』(상) 「사은, 동포은」 '정사' 참조.

상식 : 일반인이 대체로 아는 학문이나 지식, 견문, 보편적 앎을 常識이라 한다. 상식이 자기 이상이면 누구나 스승으로 알아야 할 것이다.

3) 타자녀교육

타자녀교육 : 내 자녀의 교육에 더하여 여력이 있으면 비록 남의 자녀에게라도 교육의 기회를 주어 물심양면으로 협력하는 것을 他子女敎育이라 한다. 경제적으로 넉넉하지 못한 남의 자녀들이 교육받을 혜택을 주자는 것이다. 인류애의 정신으로 타자녀들에게도 부모의 심경이 되어 장학사업을 한다면 그 사회는 교육평등의 전반세계가 된다.

편소 : 규모가 협소한 것을 褊小라 하며, 한편으로 치우쳐 있고 적은 것을 偏小라 한다. 『정전』에 나온 전자는 교육을 시키는 기관의 규모가 적은 경우를 말한다면, 후자는 교육기관이 일방에 치우쳐 있거나 협소한 것을 말한다.

국한 : 일의 상황이나 사물의 범주를 한편에 치우치거나 한정시키는 것을 局限이라 한다. 자타의 국한된 교육기관을 극복하자는 것이다.

문명 : 세상에 물질이 발달하고 지혜가 열리어 생활이 풍요로워지는 것을 文明이라 한다. 발달되는 문명에는 물질문명과 정신문명이 있다.

지체 : 문명의 발달이나 일의 일정이 늦거나 정체됨을 遲滯라 한다.

후진 : 뒤늦게 태어나거나, 뒤를 이어 살아가는 사람들을 후배 혹 後進이라 한다. 교단적으로 보면 교단 창립에 있어 초창기 구인이 선진이요, 그 뒤를 이어서 교단을 이끌어오는 오늘의 재가 출가는 後進이다.

하천 : 봉건사회의 천민처럼 신분이 낮은 자들을 下賤 계급이라 한다.

생의 : 뜻을 드러내거나 생각을 나타내는 것을 生意라 한다. 예컨대

교육받을 생의도 못 내었다는 것은 교육받을 생각조차 못했다는 것이다.

　통신기관 : 우편이나 전신, 전화 등으로 상호 소식을 전하는 것을 通信이라 하며 이를 담당하는 機關을 통신기관이라 한다.

　유산자 : 무산자에 상대되는 개념으로 有産者는 재산과 생산성이 있는 사람을 말한다. 프롤레타리아에 대한 유산 부르주아 계급이 이것이다. 정산종사는 「건국론」에서 유산급 처지에 있어서는 과거의 독선주의를 청산하고, 무산급 처지에 있어서는 마음을 안정하고 각각 산업에 근무하며 유산자에 대해 적대하는 생각을 두지 말라 했다.

　무산자 : 유산자에 상대되는 개념으로 無産者는 재산이나 생산성이 없는 사람을 말한다. 프롤레타리아 계급이 이것이며, 초기교단의 구성원들은 사유재산이 거의 없어서 무산자라는 용어를 사용한 적이 있다.

　교육기관 : 교육담당 및 시설 기관을 敎育機關이라 하며, 유치원~대학교의 관련기관을 말한다. 타자녀교육의 확대와 편의를 위해 교육기관에 협력하자는 것이다.

　조력 : 힘을 공유하는 의도에서 도와주는 것을 助力이라 한다. 타자녀교육을 위한 장학사업에의 동참은 일종의 조력이다.

　공적 : 개인 사업이나 공익을 위해 쌓은 공로를 功績이라 하는 바, 타자녀 교육을 위해 헌신한 사람들의 공로가 여기에 해당한다.

　표창 : 선행이나 공적을 이룬 사람들을 세상에 드러내어 상장이나 상품을 주고 기리는 것을 表彰이라 한다. 이를테면 교육에 공적을 쌓은 자에게 표창을 하면 타자녀교육의 분위기는 자연스럽게 확산될 것이다.

4) 공도자숭배

　공도자숭배 : 국가와 세계의 공익을 위해 희생 봉사한 사람들을 대우하고 숭배하는 것이 公道者崇拜이다. 병든 세상은 개인주의·이기주의가 만연하므로 공익 가치를 우선으로 하자는 것이며, 공도자숭배를 잘하면 자연 공도자가 많이 생겨난다는 사요 정신의 하나이다. 이에 소태산은 공익심 없는 사람을 공익심 있는 사람으로 돌리자고 하였다. 정산종사도 법어에서 지공무사한 공도자가 되라(공도편 14장)고 하였다. 오늘날 국가에서 유공자·공훈자를 선정하여 기리는 것이 좋은 예이다.

극진 : 심신작용이 지극하여 더 이상 나갈 수 없음을 極盡이라 한다.

공헌 : 사회와 국가를 위해 크게 이바지하는 것을 貢獻이라 한다.

공도정신 : 개인보다는 공익을 우선시하는 정신을 公道精神이라 한다. 이타적 대승행으로 사사를 극복, 아사법생·법생아생의 정신으로 공도를 위하면 결국 자신도 공도자로 숭배 받는 것이 인과의 이치이다. 개인사업도 좋지만 공도사업에 헌신하는 불보살의 자비심이 공도정신이다.

강령 : ☞『정전풀이』(상) 「교법의 총설」 '강령' 참조.

공익 : 개인의 사리사욕이 아니라 공중의 이익을 公益이라 한다. 교화, 교육, 자선사업이 공익사업으로 이는 자리이타의 정신의 표출이다.

사농공상 : ☞『정전풀이』(상) 「사은, 동포은」 '사농공상' 참조.

전문교육 : 초등~고등학교의 일반적이고 보편적이 교육이 아니라 실업학교나 대학교에서 개인의 소질과 전공에 따라, 또 희망직종에 맞게 시행하는 전문적인 교육을 專門敎育이라 한다. 종교 신앙인들에게는 과학이 아니라 마음공부를 전공으로 하는 도학이 전문교육이다.

원근친소 : ☞『정전풀이』(상) 「사은, 천지은」 '원근친소' 참조.

견문 : 보고 듣고 하는 것 또는 그로 인해 얻은 지식을 見聞이라 한다. 일상생활이나 교육현장에서 보고 듣는 것이 견문이다. 소태산은 서울에서 개최된 박람회를 언급하면서 견문을 소통하여 민지의 발달에 도움이 되는 것(『대종경』, 불지품 19장)이라 하였다.

봉양 : ☞『정전풀이』(상) 「사은, 부모은」 '봉양' 참조.

열반 : ☞『정전풀이』(상) 「사은, 부모은」 '열반' 참조.

상주 : 상을 당하였을 때 주인 되는 사람을 喪主라 한다. 부모가 상을 당하였을 때 장자나 장손이 상주가 되어 조문객을 맞이한다.

상장 : 상례와 장례를 합하여 喪葬이라 한다. 장례식은 물론 발인식, 입관식, 천도재 등의 각종 의식이 이에 해당한다.

영상 : ☞『정전풀이』(상) 「사은, 부모은」 '영상' 참조.

기념 : 가치가 있는 행사나 거룩한 일 등에 대하여 기리며 추념하는 것을 紀念이라 한다. 예컨대 공도자가 열반하면 그의 공로를 지속적으로 기리고 추모하자는 것이다.

6. 숙어 · 문제풀이

1) 자력양성

1) 자력이 없는 이란 누구인가?

(1) 어린아이로서 부모의 보호를 받아야 할 처지에 있는 자이다.

(2) 노약자로서 젊은이의 가호를 받아야 할 사람이다.

(3) 심신간 불편한 사람으로서 사회의 보호가 필요한 사람이다.

(4) 무식하고 천한 사람으로서 지도자의 인도가 필요한 사람이다.

2) **사람으로서 면할 수 없는 자기의 의무와 책임을 다한다는 것은?**

(1) 개인으로서, 가정 일원으로서의 기본 윤리와 도덕을 지킨다.

(2) 사회를 위해 지켜야 할 사회적 의무와 책임을 다한다.

(3) 국가의 구성원으로서 국방, 교육, 납세, 근로의 의무를 다한다.

(4) 세계 평화를 위한 종교간 대화, 국제법 준수, 인류헌장 등을 지켜 도의적 책임을 다한다.

3) **자기 이상의 생활을 하는 사람이 있으면 그에 의지하여 놀고 살며, 의뢰를 들어주지 않으면 동거하자는 것이란?**

(1) 자력을 갖지 않고 타력에 의존하고자 하는 사람은 자력을 키우려 하지 않고 남에게 의존하며 살려고 한다.

(2) 자력 없는 아내가 자력을 가진 남편, 아니면 자력 없는 남편이 자력 가진 아내에게 의존하며 살려고 하는 성향이 있어왔다.

(3) 과거 무자력한 자에 있어 타력에 의존하려는 성향은 주로 여자들이었다.

(4) 무자력한 경우란 정신의 자주력, 육신의 자활력, 경제의 자립력이 없는 경우이다.

4) **여자는 재산에 대한 상속권도 얻지 못하고 자기의 심신이지만 일동일정에 구속을 면하지 못하였다는 것은?**

(1) 과거에는 부모가 자녀에게 상속할 때 남녀차별로 인해 여자라는 신분에 의해 상속권을 주지 않았다.

(2) 여자가 결혼하면 출가외인이 되고, 미망인이 되어도 재혼을 하는데 장애가 많았으며, 외출도 자유롭지 못하여 독수공방을 하였다.

(3) 여자의 경우 어려서는 부모에게, 성인이 되어서는 남편에게, 늙

어서는 자녀에게 의뢰하는 경우가 많았다.

(4) 근대까지 어린이 노인과 더불어 여자들의 경우 사회 제도적으로 약자편에 있어왔다.

5) 자력 있는 사람이 부당한 의뢰를 할 때에는 어떻게 해야 하는가?

(1) 부당한 의뢰를 할 경우 이를 과감히 뿌리치지 못하면 의뢰자의 자력마저 빼앗게 된다.

(2) 육신이 성한 사람이 걸식할 경우는 부당한 의뢰요, 자력없는 장애인이 부득이 의뢰하는 것은 부당한 의뢰가 아니다.

(3) 부당한 의뢰는 선인선과 악인악과의 인과를 모르는 행위이니, 공정한 인과를 깨닫게 해야 한다.

(4) 사회적 제도를 통해 부당한 의뢰생활을 없도록 선도해야 한다.

6) 여자도 인류사회에 활동할만한 교육을 남자와 같이 받을 것이란?

(1) 자력양성은 원래 남녀권리동일이란 용어였으니 여자의 무자력에 대한 환기 법문이었다.

(2) 과거에는 남성 우월주의에서 남녀차별이 심하였지만, 오늘날 단지 여성이라는 이유로 교육에 대한 차별은 사라져가고 있다.

(3) 사회적 활동에 있어 남녀평등을 지향하는 것이 민주사회인 만큼 여자에게 불리한 차별조건은 앞으로도 철폐되어야 한다.

(4) 불성에 있어 남자와 여자의 구분이 없으므로 종교 교육은 물론 사회교육도 모두 평등하게 받을 권리가 있다.

7) 차자도 부모의 생전 사후를 과거 장자의 예로써 받들 것이란?

(1) 장자 중심의 재산 상속과 제사 주관 등이 있어왔지만 모든 것을 장자 위주로 하지 말고 상황 따라 차자도 담당해야 하며, 장녀나 차녀의 경우도 이에 대하여 방관해서는 안 된다.

(2) 반드시 장자가 부모를 봉양해야 한다는 낡은 관념을 타파하고 장자·차자를 물론하고 여건이 갖추어지면 누구나 봉양해야 한다.

(3) 먼저 태어난 장자라고 해서 반드시 부모의 생전 사후를 모시고 흠양하는 것은 사리에 맞지 않으며, 비합리적인 사회의 관습이 된다.

(4) 오늘날 남녀의 구별 없이 한두 자녀만 낳는 상황에서 장자 차자의 구별은 사라져가고 있는 편이다.

2) 지자본위

1) 지자는 우자를 가르치고 우자는 지자에게 배우는 것이 원칙적으로 당연하다는 것은?

(1) 내가 지자가 된 것은 우자였을 때 지자로부터 교육을 받았기 때문이다.

(2) 우자는 만물의 영장으로서 지자로부터 배우는 것이 당연한 일이며, 지자가 되면 또 우자를 가르쳐야 한다.

(3) 앞으로의 세상은 진급기요 상생기로서 배움을 통해 상생의 기운을 얻게 되며, 세상에서 배움의 가치보다 큰 것은 거의 없다.

(4) 지식평등이 되려면 솔성의 도와 인사덕행의 지도자로서 배움의 기회를 놓지 말고, 또 우자를 가르칠 줄 아는 사람이 되어야 한다.

2) 어떠한 처지에 있든지 배울 것을 구할 때 과거 불합리한 차별제도에 끌릴 것이 아니라는 것은?

(1) 과거엔 人智가 미개하였지만 앞으로는 사농공상 등 어떤 처지에 있든지 직업에 구애되지 말고 배워야 한다.

(2) 과거의 양반·적서·종족의 신분차이로 인해 배우지 못하는 경우가 있어왔지만, 이러한 신분이 사라진지 오래이다.

(3) 여자·노소라는 사회적 인습으로 인해 배움의 길이 막혀온 과거 차별조항을 거울삼아 더욱 배움의 길을 만들어 나가야 한다.

(4) 배움의 평등사회가 된 현대에 있어 제도적으로 배움의 기회는 마련되어 있지만, 나태심으로 배우려 하지 않는 자들이 있다.

3) 솔성의 도와 인사의 덕행이란?

(1) 마음의 원리를 파악하고 성품을 거느리는 방법을 인지하는 것이 솔성의 도이다.

(2) 사람으로서 일상사에 접하는 일을 인사라고 하며, 인사의 덕행은 人事에서 은혜를 베푸는 행위이다.

(3) 솔성의 도와 인사의 덕행은 품격을 갖춘 지도자인 바, 소태산은 이를 지자로 보아 우자들로 하여금 스승으로 받들도록 하였다.

(4) 일상수행의 요법과 솔성요론 등을 실천하는 일이 중요하다.

4) 모든 정사를 하는 것이 자기 이상이 되면 스승으로 알라는 것은?

(1) 입법·치법 활동에 대한 식견이 자기 이상인 사람을 만날 경우 그를 스승으로 알아서 배워 활용하라는 것이다.

(2) 政事에 대한 안목이 넓은 것은 인간의 시비이해나 행위의 지공무사 등에 탁월함을 지닌 사람으로서, 우자는 스승에게 배워야 한다.

(3) 정교동심의 차원에서 정치에 대한 무관심을 극복하고 국가사·개인사·사회사 등에 대한 폭넓은 지혜를 함양해야 할 것이다.

(4) 정치인이 아니라 해도 평소 정치와 법에 관심을 갖고 현실감각을 키워가는 일이 필요하다.

5) 생활에 대한 지식이 자기 이상이 되면 스승으로 알라는 것은?

(1) 일상생활에 있어 배울 것이 있으면 그를 스승으로 삼는다.

(2) 직장에서 나보다 지식이 많으면 그를 스승으로 삼는다.

(3) 의식주의 삶에서 나보다 지식이 많으면 그를 스승 삼는다.

(4) 평상의 견문을 넓히는 것으로 생활의 지식을 확대한다.

6) 학문과 기술이 자기 이상이 되면 스승으로 알 것이란?

(1) 학교에서 학문을 스승에게 배우자는 것이다.

(2) 신지식과 학술정보를 많이 간직한 분을 스승 삼는다.

(3) 산업 기술에 있어 노하우가 많은 분을 스승 삼는다.

(4) 신앙불교, 학자불교, 실행불교를 다 갖춘 불법이 참 불법이다(『정산종사법어』, 법훈편 13장).

7) 기타 모든 상식이 자기 이상이 되면 스승으로 알라는 것은?

(1) 솔성의 도와 인사의 덕행, 생활, 학문과 기술 등 모든 지식이 나보다 나으면 스승으로 알고 배우자는 것이다.

(2) 특별하게 정해지진 않았으나 인간으로서 알아야 할 기본 지식을 일반상식이라 하는 바, 일반상식이 나보다 앞서면 스승으로 알고 배우자는 것이다.

(3) 도덕의 스승, 정사의 스승, 학술의 스승, 상식의 스승, 기타 모든 스승에게 널리 배우면 무량한 지혜와 지식을 함양할 수 있고 서로 쉬지 않고 진화 발전할 수 있다(『대산종사법문』 2집, 원기 65년 연두법설).

(4) 상식이 없으면 인격이 격하됨을 아는 것이 중요하다.

3) 타자녀교육

1) 교육의 기관이 편소하거나 그 정신이 자타의 국한을 벗어나지 못하면 어떻게 되는가?

(1) 세상의 문명이 지체되어 미개한 사회가 지속된다.

(2) 배워야 할 교육기관이 없으니 문맹자가 많아질 것이다.

(3) 교육기관이 한곳에 치우쳐 있으면 교육의 혜택을 받는 자와 못 받는 자의 차등이 빚어진다.

(4) 교육은 나만의 문제가 아니라 우리 모두의 문제이므로 지도자들의 열린 교육관이 필요하다.

2) 정부나 사회에서 교육에 대한 적극적 성의와 권장이 없었다는 것은?

(1) 후진국의 사회는 교육에 대한 성의와 권장이 부족한 사회이다.

(2) 구한말의 소통 부족과 국가의 불안한 상황에서 우리나라는 교육에 대한 적극적 권장이 부족하여 시대적으로 암울한 시기였다.

(3) 고금을 막론하고 방심하면 교육에 대한 관심도가 떨어질 수 있음을 정부와 사회 지도자에게 경고하는 법어이다.

(4) 교육의 불평등은 개인의 문제가 아니라 사회 제도상의 문제로 더욱 크게 다가온다.

3) 교육의 제도가 여자와 하천한 사람은 교육받을 생의도 못하게 되었다는 것은?

(1) 지난 세기, 우리나라의 경우 유교의 가부장적 제도로 인해 여자들은 교육을 받을 생각을 내기가 쉽지 않았다.

(2) 과거 반상, 적서의 신분제도에 따른 천민 계급은 교육에 대한 개념조차 없었다.

(3) 빈부의 차이가 있을 경우, 역시 가난한 사람은 교육받을 만큼 경제적 여유가 없었다.

(4) 후진국은 여전히 여자와 하천한 사람이 교육을 받지 못하고 있으므로 사요의 타자녀 교육 가치가 부각되어야 한다.

4) 개인에 있어 교육받은 사람으로서 그 혜택을 널리 나타내는 사람이 적었다는 것은?

(1) 공익심 부족으로 교육받은 공덕이 개인에 그치기도 하였고, 지자본위 사회가 되지 못해 교육받은 공덕을 충분히 발휘하지 못했다는 것이다.

(2) 한국의 상황에서도 일부 지식인은 자기 자녀교육에만 관심을 기울이고 타자녀의 교육에 관심을 갖지 않았다.

(3) 개인으로서 교육받은 사람이라도 주변의 교육환경이 불비한 경우 그 혜택을 베푸는데 한계가 있다.

(4) 평등교육의 가치를 모르는 폐쇄적 사고는 자타의 울을 벗어나지 못한다.

5) 언론과 통신기관이 불편한데 따라 교육에 대한 의견교환이 적었다는 것은?

(1) 과거엔 언론이나 출판 잡지 등을 출판하는 기관이 적고 이를 구독할 기회가 부족하였다.

(2) 교육의 문제점과 한계를 비판할 매스미디어의 부족으로 교육이 정체되어온 것도 사실이다.

(3) 교육의 긍정적 가치와 효능에 대한 사회적 공감대 형성이 필요하며, 주요 형성매체는 오늘날 언론과 통신기관이다.

(4) 오늘날처럼 시공을 넘나드는 인터넷이 없는 상황에서 소통의 한계 때문에 의견교환이 적었던 것은 당연한 일이다.

6) 교육의 정신이 자타의 국한을 벗어나지 못함에 따라 유산자와 무산자의 교육에 차등이 있었다는 것은?

(1) 유산자는 교육비를 마련할 수 있었지만 무산자는 교육비 마련이 어려워 자녀교육에 차등이 있었다.

(2) 자타의 국한을 벗어나지 못한 것은 내 자녀 남의 자녀를 구분하여 교육을 내 자녀에게 한정하였던 경우를 말한다.

(3) 자타의 국한과 유산자·무산자의 차등에 따라 나타나는 약자는 교육받을 기회를 누리지 못하였다.

(4) 자타의 국한을 벗어난 교육의 여부에 따라 개방의 선진국과 폐쇄의 후진국으로 구분된다.

7) 자녀가 있거나 없거나 교육기관에 힘 미치는 대로 조력하며, 사정

이 허락하는 대로 몇 사람이든지 자기가 낳은 셈치고 교육할 것이란?

(1) 내 자녀가 있더라도 남의 자녀에게 장학금을 보조함으로써 타자녀의 교육에 앞장선다.

(2) 타자녀의 교육은 장학사업을 통해 교육의 여건을 개선한다.

(3) 교육평등의 정신은 내자녀와 남의 자녀에게 공히 교육의 서비스를 제공하는 것이다.

(4) 삼세를 통해 남의 자녀를 내 자녀처럼 여기는 시방오가의 정신을 실천에 옮긴다.

8) 국가나 사회에서도 교육기관을 널리 설치하여 적극적으로 교육을 실시하라는 것은?

(1) 국가나 사회에서 교육기관을 설치하는 것은 교육의 하드웨어를 마련하는 일이므로 매우 소중한 것이다.

(2) 교육시설이 구비되어야 교육여건이 좋아져 교육받을 기회가 많아진다.

(3) 교육기관의 설치뿐만 아니라 국가의 의무교육 기간을 연장하여 누구나 교육의 혜택을 받을 수 있도록 해야 한다.

(4) 교육기관의 설치는 물론 역량이 있는 자들의 전문교육 및 해외유학도 권장할 필요가 있다.

9) 교단·사회·국가에서 타자녀교육의 조목을 실행하는 사람에게 표창도 하고 대우도 하라는 것은?

(1) 타자녀교육의 조목을 실행하는 자에게 사회 국가에서 표창하고 대우하면 그만큼 권면의 분위기가 형성된다는 것이다.

(2) 타자녀교육에 앞장서는 자는 교육의 공로자이다.

(3) 타자녀교육의 혜택을 받은 자는 훗날 장학사업자에게 감사를 표한다.

(4) 표창이나 대우를 염두에 두지 않고 응용무념으로 타자녀교육의 조목을 실행하는 자는 법신불의 음조를 받는다.

4) 공도자숭배

1) 공도자숭배를 극진히 하면 공도자가 많이 난다는 것은?

(1) 사회·국가·세계에서 공도자를 숭배하여 사회·국가·세계의 공도자가 많이 나오면 이들에게 각종 혜택이 부여되어야 한다.

(2) 공도자숭배는 공익을 추구하는 자리이타의 정신으로 확산된다.

(3) 공도자숭배는 곧 무아봉공 정신의 발현으로 이어진다.

(4) 공도자숭배는 부모숭배의 정신과 통한다.

2) **생활의 강령이요 공익의 기초인 사농공상의 전문교육이 적었고, 사농공상의 시설기관이 적었다는 것은?**

(1) 사농공상 등의 각 분야에 대한 전문교육이 결핍하여 공도사업에 결함이 있었다.

(2) 설사 전문교육이 있다고 해도 사농공상의 시설기관이 적으면 공도사업에 결함이 있는 것이다.

(3) 공도사업을 할 전문 인재와 공익기관이 많아질수록 사회불공이 잘되는 선진사회이며, 이에 반하면 후진사회이다.

(4) 전문교육과 시설기관이 생활의 기반이요 공익의 기초라는 인식이 중요하다.

3) **종교의 교리와 제도가 대중적이지 못하여 공도사업에 결함조목이 되는 것은?**

(1) 종교는 사회불공을 통해 공도사업에 앞장서는데, 교리와 제도가 보편적이지 못하다면 사회불공에 있어 결함조목이 된다.

(2) 출세간적이라든가, 지나치게 세간적이어서 대중적이지 못한 종교 교리와 제도는 공도사업에서도 한계를 드러낼 수밖에 없다.

(3) 종교의 교리가 지나치게 배타적이라든가, 자기 우월주의에 빠진 상태에서 공도사업을 한다면 참다운 공도사업이 아니다.

(4) 도가에서도 과거의 인습에 집착된 점이 많아서 대중적 교리가 되지 못하고 타력적 교화에만 그쳤다(『정산종사법어』, 경의편 12장).

4) **정부나 사회에서 공도자의 표창이 적었다는 것은?**

(1) 사회의 무지로 공도사업의 중요성을 알지 못하여 공도자의 표창이 적었거나, 표창이 있었더라도 일회적이거나 형식적인 경우이다.

(2) 사업을 하는 당사자에 있어서는 마땅히 무념으로 하여야

무루의 복이 쌓이려니와 공덕을 존숭하고 표창할 처지에서는 또한 분명하여야 한다(『대종경』, 교단품 35장).

(3) 공도자의 표창은 공익사업에 대한 또 다른 동기부여인 바, 이러한 표창 기회가 적었으니 공익을 위한 동기의 결핍으로 이어졌다.

(4) 공도자의 표창은 교화의 방편인 바, 방편을 잘 활용하지 못하는 것은 공도사업에 결함을 가져다준다.

5) 모든 교육이 자력을 얻지 못하고 타력을 벗어나지 못하여 공도사업에 결함조목이 된 이유는?

(1) 교육을 통해서 공도사업의 중요성이 알려지는데 자력 없는 교육은 이를 기대할 수 없다.

(2) 과거 일반 가정에서는 교육보다 운명과 미신, 풍수·예언 등에 의해 모든 성취 여부를 돌리었다.

(3) 모든 교육이 타율·타력에 의지하면 공도사업의 지속성 결여와 전문 능력을 가진 공도자 배출도 어렵다(『정산종사법어』, 경의편 12장).

(4) 정부의 부당한 강압이 심하므로 민중이 합심하여 무슨 일을 개척하거나 건설할 정신을 기르고 펼 수 없었다.

6) 타인을 해하여 자신을 유익하게 하고, 원근친소에 끌리는 마음이 심하였다는 것은?

(1) 개인의 이기주의가 만연하여 이타주의적 공도사업에 관심이 적었다는 것이다.

(2) 각자 원근친소에 끌려 대중적 공익을 위한 사업에 소홀하였다.

(3) 공도사업은 공심의 발로가 중요한데, 이 공심을 가로막는 것은 소승적 자기중심의 사고에 기인하는 것이다.

(4) 소태산은 당시 사회의 병맥 중에서 공익심 없는 병(『대종경』, 교의품 34장)을 언급하였다.

7) 공도사업의 결함조목으로 견문과 상식이 적었다는 것은?

(1) 국가와 세계에 공도사업을 한 사례의 견문이 없었기 때문에 이에 대한 관심도가 부족하였다.

(2) 공도사업을 하면 인과의 법칙에 따라 선연선과 악연악과라는 종교 일반의 기본상식을 모르는 경우가 많았다.

(3) 견문을 소통하면 民智가 발달되지만(『대종경』, 불지품 19장), 견문이 막히면 민지가 어두워 공도사업은 지체된다.

(4) 그간 견문과 상식의 가치가 공도사업에 얼마나 중요한지를 모르는 경우가 많았다.

8) 가정사업과 공도사업을 구분하여 같은 사업이면 자타의 국한을 벗어나 공도사업을 하라는 것은?

(1) 자타의 국한을 벗어나느냐의 여부에 따라 공도사업의 발전과 후퇴의 갈림길이 나타난다.

(2) 큰 이익을 구하는 사람은 먼저 공심을 양성하게 된다(『대종경』, 요훈품 42장).

(3) 공도사업 자체가 인류를 위하는 제생의세의 사업이다.

(4) 가정사업은 개인사업이라면 공도사업은 공익사업인 만큼 공익의 의미를 더 부여하라는 뜻이다.

9) 공도사업의 결함조목이 없어지는 기회를 만난 우리는 자타의 국한을 벗어나 공도사업을 하라는 것은?

(1) 선천시대는 개인중심의 사회였다면 후천시대는 공도 중심의 사회인 바, 원불교 역할의 방향성을 알리는 법문이 이것이다.

(2) 개벽의 시대에는 남에게 못 베풀어 한이요, 자타의 국한을 못 벗어나 한이니 이러한 시대야 말로 상생의 시대요 진급의 시대이다.

(3) 시방일가요 사생일신이라는 사고는 곧 자타의 국한을 벗어나는 길이요, 공도사업의 길이다.

(4) 공도자숭배의 실행은 자타 국한을 벗어나는 생활평등을 이룩하는 것이다.

10) 공도에 헌신한 사람은 그 공적에 따라 봉양하고, 열반 후 상주가 되어 상장을 부담하며 영상과 역사를 보관하여 기념하라는 것은?

(1) 공도헌신자를 숭배 봉양하고 보은하며 열반 후에도 부모와 같이 모셔야 한다.

(2) 투철한 국가관에 의해 애국애족을 한 공도자에게는 국가에서 기념비를 세워서 공도자 숭배의 정신을 앙양해야 한다.

(3) 화려하고 웅장한 영정각을 지어서 공도자들의 영정과 역

사를 봉안하면 사방에서 관람인이 많이 와서 어떠한 귀인이라도 예배할 것이다(『대종경』, 전망품 25장).

　　(4) 공도자는 물론 그의 직계자녀에게도 국가적 혜택을 주어 자손들에게도 삶의 부담을 덜어주어야 하며, 자녀교육에 있어 공도자숭배의 가치관을 심어주어 공중에 대한 경외심을 갖게 한다.

7. 관련법문

☞「지식 있는 사람에게는 지식 사용하는 방식을, 권리 있는 사람에게는 권리 사용하는 방식을, 물질 있는 사람에게는 물질 사용하는 방식을, 원망 생활하는 사람에게는 감사 생활하는 방식을, 복 없는 사람에게는 복 짓는 방식을, 타력 생활하는 사람에게는 자력 생활하는 방식을, 배울 줄 모르는 사람에게는 배우는 방식을, 가르칠 줄 모르는 사람에게는 가르치는 방식을, 공익심 없는 사람에게는 공익심이 생겨나는 방식을 가르쳐 준다」(『대종경』, 교의품 29장).

☞「자력양성은 자력과 타력을 병행하되 자력을 본위로 하자는 것이 그 주지요, 지자본위는 지와 우가 근본적으로 차별이 없으나 지자가 선도하게 하자는 것이 그 주지요, 타자녀교육은 자기 자녀 타자녀를 막론하고 국한 없이 가르쳐서 교육을 융통시키자는 것이 그 주지요, 공도자숭배는 공과 사를 결함 없이 쌍전하되 공도를 우선으로 하자는 것이 그 주지니라」(『정산종사법어』, 경의편 9장).

☞「사요는 이 사회를 혼자서 은혜로 돌릴 수 없는 것이니 그 조직과 제도와 방편을 통해 恩誼가 충만하고 골라지는 세계로 돌리자는 것이다. 과거의 모든 불합리한 구조나 제도 등을 현재와 미래를 통하여 합리적이고 평등하게 하자는 것이다. 이렇게 하면 인류는 자연히 싸울 것이 없어진다」(『대산종사법문』 3집, 제2편 교법, 36. 평화세계 건설의 근본).

8. 자력양성의 의의

자력양성의 출발은 원래 부부의 불평등, 남녀의 불평등에서 출발하여 부부, 인류 등 모두의 불평등을 극복하고자 함에 있다. 다시 말해서 자력양성은 서로 의뢰하는 병을 극복하고 자력을 양성하여 자주와 자립의 인권평등을 이룩하고자 하는데 의의가 크다는 것이다. 따라서 원불교는 세계 보편종교로서 자주와 자립의 가치를 강조하고 있다. 이에 자력양성의 의의는 생활, 정신, 사업 등에서 자력을 길러 스스로 주인이 되자는 것이다. 이를 위해서 자력양성의 방법을 구체적으로 전개할 필요가 있다.

1) 자력양성은 부부권리동일에서 남녀권리동일로, 남녀권리동일에서 자력양성으로 변천과정을 겪었다.

☞「남녀권리동일의 변천과정 : 남녀권리동일의 내용은 초기 교서에서 원불교 교전으로 넘어오면서 변화의 과정을 겪었다. ▷1920년(원기 5)에 부안 봉래산에서 새 교강 삼강령 팔조목을 발표하였는데 당시의 교리 내용은 문서화되지 않았다. 이때 제목은 남녀권리동일이었다고 기록되어 있지만 부부권리동일이 뒤이어 나온 제목이므로 부부권리동일이었을 가능성이 더 많다. 1932년의 『보경육대요령』에서는 부부권리동일이 남녀권리동일로 바뀌었다. 부부가 남녀로 바뀌었고 부부관계에서 남녀관계로 범위가 확대되었으며 남녀 불평등한 상황과 개선의 방법에 대해 보다 구체적으로 언급하고 있다. 1939년 불법연구회 『근행법』에서는 남녀권리동일이 자력양성으로 제목이 바뀌었고, 범위는 남녀관계에서 모든 인간관계로 확대되었다. 남녀평등에 대한 구체적인 언급이 일반적인 서술로 바뀌면서 무자력자에 대한 보호가 첨가되고 남녀의 관계에 대한 구체적인 언급은 줄었다」(장오성, 「여성 교역자 제도의 문제점 및 개선방안」, 《수위단 상임위원회 전문위원 연구발표요지》, 수위단회 사무처, 2005.10.10, p.59).

2) 많은 종교들이 여성을 경계하는 경우가 있었으나 소태산은 남녀권리동일을 주창하여 여성의 자력생활을 강조한다.

☞「세계적인 대 종교가의 교리상에서 여자를 낮춰 보거나 경계하는 경우를 찾아볼 수 있다. 그러나 다행히 원불교의 소태산 대종사는 남녀권리동일을 주창하였다. 이러한 점은 실제로 원불교 교리상에서 교리로써 제시한 점에서 찾아볼 수 있으며, 또한 교단의 제도상에서도 그대로 활용되고 있음을 찾아볼 수 있다」(전팔근, 「원불교의 여성관」, 『원불교사상』 2집, 원불교사상연구원, 1977, p.135).

3) 자력양성은 의뢰생활의 병증을 치료하기 위함이다.

☞「의뢰생활하는 병에 있어서는 남녀권리동일이라는 과목을 내어 남녀에게 교육도 같이 시키고 의무책임도 같이 지우며 지위와 권리도 같

이 주어서 피차에 의뢰심을 철폐시키고 남자는 여자 아니라도 살만하고 여자는 남자 아니라도 살만한 자력을 장려한다면 이에 따라 의뢰생활하는 병이 완치될 것이며…」(청하문총간행회, 『묵산정사문집』, 원불교출판사, 1985, pp.166-167).

 4) 자력양성은 자력을 양성하여 인권평등을 이룩하자는 것이다.

　☞「자력양성은 부당한 의뢰생활을 버리고 개인의 자력을 양성함으로써 인권평등을 이룩하자는 것이므로 자유 실현의 직접적 바탕이 된다」(김기원, 「원불교 자유관」, 『원불교사상시론』 1집, 수위단회사무처, 1982, p.165).

 5) 원불교는 세계 보편종교로서 자주와 자립의 자력양성을 강조하였다.

　☞「동학과 대종교는 민족종교적인 경향이 강하고 증산교, 원불교 특히 원불교는 세계보편 사상의 경향이 강한 것으로 나타나 있다. 그러나 원불교는 자주·자립(자력양성)을 강조하는 입장에서 하나의 전통을 수립해왔다」(송천은, 『열린시대의 종교사상』, 원광대학교출판국, 1992, p.502).

 6) 자력양성은 생활, 정신, 사업 등에서 스스로 주인이 되어 자력을 키워나가는데 의의가 있다.

　☞「자력양성의 뜻은 먼저 생활방면에 자력을 본위하여 사람으로서 면할 수 없는 의무와 책임을 같이 지키자는 것이요, 정신방면에 있어서도 자력신앙을 근본으로 하여 모든 신앙을 자기가 주인이 되어 믿자는 것이다. 모든 사업을 자기가 주인이 되어 정성을 바쳐서 그일 그일에 자력과 타력을 병진하되 자력을 근본으로 실행하자는 것이라 하였다」(이광정, 『주세불의 자비경륜』, 원불교출판사, 1994, pp.92-93).

 7) 자력양성의 조목과 개선항목은 다음과 같다.

　☞「자력양성 : 1) 과거 조선인의 의뢰생활 ① 부모 형제 부부 자녀 친척이 자기 이상이 되면 의뢰한다. ② 여자는 三從之禮라 해서 권리가 동일하지 못하고 교육을 받지 못했다. 즉 구속과 속박생활을 벗어날 수가 없었다. 2) 개선 조목 ① 의뢰를 받아주지 말라. ② 교육을 같이 시키라. ③ 재산의 공급을 같이 하라. ④ 여자도 물질적 자유를 주라. 직업에 근실하라」(원불교사상연구원 편, 『숭산논집』, 원광대학교출판국, 1996, p.74).

9. 지자본위의 의의

지자본위는 지자를 본위로 하는 사회를 만들어 우리 모두가 지자가 되는 것이다. 곧 과거 차별조항으로 배움의 기회가 적었던 사람들이 배움의 기회를 얻어서 지식과 기술을 배워 성숙한 사회를 유도하고자 하는 것이 큰 의의이다. 그리고 지자본위는 무지무식을 극복하고 지혜로움을 키워 능력을 마음껏 발휘하는 제도인 바, 솔성의 도, 인사의 덕행, 정사, 생활, 학문과 기술, 상식이 자기 이상이 되면 스승을 삼자는 것에 의의가 있다.

1) 지자본위는 지자를 본위 삼는 사회를 만들자는 것이다.

☞「지혜로운 자를 본위로 하는 지자본위의 원리에 바탕해서 소태산은 자신의 사회에서 일어나고 있는 다양한 종류의 사회적 종교적 차별에 대해 투쟁하였으며, 모든 인간의 근본적인 존엄성을 함축적으로 인정하였다」(한스 킹, 「새 세계질서를 위한 지구윤리」, 정산탄백 기념 국제학술대회 『미래사회와 종교』, 원광대학교, 2000. 9, p.11).

2) 지자본위는 과거 배움의 기회가 적은 여자들에게 배움의 중요성을 일깨워주고 있다.

☞「동선 해제를 마치고 2월 10일부터 식당에 근무하게 되었다. 대종사님 말씀하기를 "여자로서 여자의 할 일은 다 배워서 잘 알아야 남을 가르칠 수가 있다. 모르면 남을 가르칠 수 없다" 고 하였다. 나는 잘 하지는 못 해도 열심히 정성껏 했다」(양도신, 『대종사님 은혜속에』, 원불교출판사, 1991, p.297).

3) 지자본위는 모든 차별조항을 극복하고 지자의 능력을 우선하는 제도이다.

☞「지자본위는 혼탁한 세상을 바루기 위한 구체적인 실천 강령인 바, 이는 현대사회에서 거대 조직일수록 나타나는 고질적인 병폐를 치료하고자 내세우는 처방전격인 팀제에서 가장 중요하게 여기는 대목이다. 바꿔 말하면 팀제는 지연·학연 등의 인연관계 또는 연령이나 선후배 관계 등을 배제하고 능력을 우선하는 대표적인 지자본위 제도인 것이다」(박명제, 『남바우-법음과 메아리』, 원불교남중교당, 2000년, p.19).

4) 지자본위의 정신은 지식과 기술을 진취적으로 배워가는 실학정신과 일치한다.

☞「사요의 지자본위 조목에 나온 지식의 대상은 솔성의 도와 인사의

덕행, 모든 정사, 그리고 생활에 대한 지식, 학문과 기술, 기타 모든 상식으로 되어 있다. 이는 광범위한 지식과 기술을 개방적 진취적으로 배워나감을 말하는 것으로서 실학정신과 일치하는 것이다」(송천은, 『일원문화산고』, 원불교출판사, 1994, p.153).

 5) 지자본위는 무지무식을 극복하고 자만자족을 주의할 일이다.

 ☞「재능 가진 동무들아 輕慢之心 주의하라 / 재능 있고 경만하면 狼狽事가 오나니라 / 학식 가진 동무들아 自足之心 조심하라 / 자족지심 있고보면 무식퇴화 되나니…」(정산종사, 「원각가」, 『월말통신』 38호, 원기 17년 7월/박정훈 편저, 『한울안 한이치에』, 원불교출판사, 1982, p.292).

 6) 지자본위는 배울 줄 모르는 병을 치유하는 것이다.

 ☞「배울 줄 모르는 병에 있어서는 지우차별이라는 과목을 내어 지나간 세상에 불합리한 차별제도를 철폐시키고 이제는 백정이나 匠人이라도 지식만 충분하면 써주고 선생으로 대우하자는 것이니, 이와 같이 하고보면 여러 사람이 서로 배우는 성심이 장려됨에 따라서 배울 줄 모르는 병이 완치될 것이며…」(청하문총간행회, 『묵산정사문집』, 원불교출판사, 1985, p.167).

 7) 지자본위의 참 의의는 솔성의 도와 덕행, 학문과 기술, 상식 등에 있어 나보다 나은 사람을 스승으로 삼는 것에 달려있다.

 ☞「1. 솔성의 도와 인사의 덕행이 자기 이상이 되고 보면 스승으로 알 것이요, 2. 모든 정사를 하는 것이 자기 이상이 되고 보면 스승으로 알 것이요, 3. 생활에 대한 지식이 자기 이상이 되고 보면 스승으로 알 것이요, 4. 학문과 기술이 자기 이상이 되고 보면 스승으로 알 것이요, 5. 기타 모든 상식이 자기 이상이 되고 보면 스승으로 알 것이니라」(『정전』, 제3장 사요, 제2절 지자본위, 3. 지자본위의 조목).

10. 타자녀교육의 의의

 타자녀교육은 자녀교육에 있어 자타관념을 벗어남에 의의가 있으며, 또한 사회의 풍조에 있어서 가르칠 줄 모르는 병에서 벗어나자는데 의의가 있다. 그리고 타자녀교육은 지식의 확대, 교육을 통한 문명사회 건설, 교육의 자유의식과 공익정신의 앙양에 그 의의가 있다.

1) 남의 자녀도 내자녀처럼 교육을 시켜 세계의 영재를 양성하는 것이 그 의의이다.

　☞「가르칠 줄 모르는 병에 있어서는 무자녀자 타자녀교육이라는 과목을 내어 자기 지식있는 대로는 그 은택을 널리 드러내며 자녀 없는 사람은 없는 자녀만 구하려고 급급할 것이 아니라 타자녀라도 자기가 출생한 폭만 잡고 힘미치는 대로 책임지고 하나든지 둘이든지 교양하며 또는 하나도 가르치지 못하게 되면 모든 교육기관에 보조하여 문맹을 퇴치시키는 동시에 전 세계에 영재를 많이 장려함에 따라서 가르칠 줄 모르는 병이 완치될 것이며…」(청하문총간행회, 『묵산정사문집』, 원불교출판사, 1985, p.167).

2) 사요의 타자녀교육은 가르칠 줄 모르는 사회현상에 대한 위기의식의 반영이다.

　☞「사회의 문제에 대한 해답은 대종사가 사요로 밝혔다. … 남을 가르치는 마음의 여유가 생기지 못했고, 자기 이익만을 챙길 뿐 공중을 위한 봉사심이 점점 줄어든 것 등이 현실의 문제로 되어졌다」(한기두, 『원불교 정전연구』-교의편-, 원광대학교출판국, 1996, p.218).

3) 타자녀교육은 지식향상과 보급을 강조하는 것이다.

　☞「타자녀교육의 정신도 지식 향상과 그 보급을 강조한 것이며, 해박한 지식을 구했던 실학의 이념에 상합한다. 물론 사농공상에 필요한 전문적 지식이나 과학 지식의 보급도 포함하고 있다」(송천은, 『일원문화산고』, 원불교출판사, 1994, p.153).

4) 타자녀교육은 교육을 통한 사회문명을 촉진하는 것이다.

　☞「소태산 대종사의 교육 중시와 교육 대흥에 관한 사상은 사요의 타자녀교육에 집중적으로 나타나 있다. 이 절에서 그는 교육을 잘 꾸려 나가면 사회문명을 촉진하게 되고 생기발랄한 안락세계를 건설할 수 있다고 명확히 밝혔다」(김경진, 「소태산 정신개벽사상과 그 조치 및 현실적 의의」, 원광대 개교60주년국제학술회의 『개벽시대 생명·평화의 길』, 원불교사상연구원·한국원불교학회 外, 2006.10.27, p.46).

5) 타자녀교육은 교육을 통한 개인의 자유의식을 일깨워준다.

　☞「타자녀교육은 특히 교육을 통해 개인의 자유의식을 일깨워 주자는 것이며 공도자숭배는 이기적 방종이 아닌 진정한 자유의 실현자를 숭배하자는 것이다」(김기원, 「원불교 자유관」, 『원불교사상시론』 1집, 수위단회사무처, 1982, p.165).

6) 타자녀교육은 사회의 공익정신을 앙양함이다.

☞「원불교에 있어서의 생산성은 경제적 豊餘를 추구하지만 그것은 도리어 타자녀교육 등 공익에로의 환원에서 보람을 되찾으려고 한다. 여기에 산업을 장려하여 근로정신을 함양하는 원불교가 다른 기성종교와는 달리 오히려 근세실학과 맥을 통할 수 있는 일면이 깃들어 있다고 보아야 할는지 모른다」(이을호, 「원불교 교리상의 실학적 과제」, 『원불교사상』 8집, 원불교사상연구원, 1984, p.277).

11. 공도자숭배의 의의

공도자 숭배는 이기주의적 사회를 극복하고 이타주의적 사회를 도모함이며, 이를 위해서 사회에 공도자가 많이 배출되도록 제도적으로 공도자를 숭배하자는 것이다. 따라서 공도자 숭배를 통해 많은 공도자가 출현하여 사회 발전을 도모하고 공익의 가치를 키우며, 공익심 없는 풍조를 없애는 것이 큰 의의일 것이다.

1) 공도자숭배는 공도자가 배출되는 사회를 만들자는 것이다.

☞「공도자 숭배정신으로 공도자가 배출된다」(좌산상사법문집 『교법의 현실구현』, 원불교출판사, 2007, p.200).

2) 현실 개선에 공로가 있는 사람을 제도적으로, 정신적으로 공도자를 숭배하자는 것이다.

☞「공도자숭배는 현실 개선에 헌신한 공로자에 대한 숭배를 제도적으로 뒷받침하고 정신적으로 앙양하자는 것이다」(송천은, 『일원문화산고』, 원불교출판사, 1994, p.153).

3) 다방면에 공도자를 장려함으로써 사회의 불평등 구조를 자발적으로 극복하도록 함이 공도자 숭배의 정신이다.

☞「대종사는 보다 적극적으로 불평등 구조를 없애는 자발적 양식으로 공도자 숭배를 강조한 것이다. 다방면에 걸친 공도자를 장려함으로써 구조적 불평등 구조를 성원들의 자발적 노력에 의해 없애려고 한 것이다. 경제적 자력이 많은 사람, 지적 능력이 많은 사람, 교육할 수 있도록 능력이 많은 사람으로 하여금 부족한 사람들을 이끌어 주도록 한 것이다」(한종만, 『원불교 대종경 해의』(下), 도서출판 동아시아, 2001, pp.540-541).

4) 공도자숭배를 통해 이기주의가 극복되고, 공익의 가치가 실

현되는 상생의 시대를 열어가자는 것이다.

☞「상생 조화의 시대에는 인간의 이기주의가 극복되어 이타주의 공도주의가 실현되는 시기라 규정할 수 있다」(신명국, 「소태산 역사의식」, 『원불교사상시론』 제Ⅱ집, 수위단회 사무처, 1993년, p.116).

5) 공도자숭배는 사회에 공익심 없는 병을 치유하는데 큰 의의가 있다.

☞「공익심 없는 병에 있어서는 공도헌신자이부사지라는 과목을 내어 정신 육신 물질 3방면으로 모든 대중을 위하여 노력한 사람은 일시적 신문이나 잡지에 표창만 하고 말 것이 아니라 공중을 위하여 노력한 사람은 그 공적에 등급을 따라서 생전 사후를 생부모와 같이 섬기자는 것이니, 이는 곧 나를 희생하여 남을 유익주는 자비심을 장려하는 것으로써 이와 같이 한다면 공익심 없는 병도 완치될 것이다」(청하문총간행회, 『묵산정사문집』, 원불교출판사, 1985, p.167).

6) 공도자숭배는 원불교 출현 당시 공익심 없는 한국사회를 치유하려는 적극적 자세에서 출발한다.

☞「일정 통치하에서 원불교가 발판을 굳히는 단계에서 그처럼 온건한 자세로 고수하는 것이 안전하였을 것이다. 그러나 한국사상을 창조하는 중요한 시기에 와서 원불교는 과거와 다른 적극적인 자세와 공도자 정신을 발휘할 때가 온 것 같다」(한승조, 「한국정신사의 맥락에서 본 원불교」, 『원불교사상』 4집, 원불교사상연구원, 1980, p.63).

12. 사요의 형성사

소태산 대종사는 대각을 이룬 후 현 사회를 보신 첫 감상에서 사요정신이 나타나며, 원기 5년 4월 처음으로 교강을 발표하였다. 원기 12년 『수양연구요론』의 서문에 인생의 요도라는 용어가 나타나지만 본 요도와 일치하는 사은 사요의 용어는 후대에 나타난다. 뒤이어 원기 13년 사요 용어가 등장하고, 원기 14년 교무부 사업보고서에 사요가 체계화된다. 그리고 초기교서 『육대요령』에 사요의 명칭이 『불교정전』에서 새롭게 간결화되는 등 교서의 변천과정을 따라 사요의 용어도 변화되었으며, 오늘의 『정전』에서 사요가 정착되었다.

1) 원기 1년 소태산은 현 사회를 보신 첫 감상에서 사요정신이 나타나며, 이어 원기 5년 4월에 처음으로 원불교 교강을 발표하였다.

☞「(원기 5년) … 4월에 대종사께서 처음으로 본회 교강을 발표하시니 가로되, 인생의 요도 사은사요와 공부의 요도 삼강령 팔조목인 바…」(정산종사, 『불법연구회창건사』 제1편 1회 12년, 제14장 「대종사의 봉래산 수양과 본회의 準備工作-원기 5년」(박정훈 편저, 『한울안 한이치에』, 원불교출판사, 1982, p.226).

2) 원기 12년 『수양연구요론』 서문에 인생의 요도라는 용어가 나타나지만 본 요도와 일치하는 사은 사요의 용어는 후대에 나타난다.

☞「 "인생의 요도는 수양에 있고 수양의 목적은 연구에 있고 연구의 목적은 혜복을 구함에 있다." …『수양연구요론』(원기 12년) 서문에서 알 수 있듯이 '인생의 요도' 라는 용어는 있으나 후대의 교단에서 이에 상응하여 항상 언급되는 공부의 요도는 보이지 않는다. 따라서 사은사요는 훨씬 후대에 인생의 요도라는 교리체계로 형성되는 것이다」(김탁, 「원불교 사요교리의 체계화 과정」, 『인류문명과 원불교사상』(上), 원불교출판사, 1991, p.264).

3) 원기 13년 무렵 사요가 나타나며, 원기 14년 교무부 사업보고서에 사요의 항목들이 체계화된다.

☞「원불교 교리의 형성과정을 시기적으로 구분해보면 1923년(원기 8) 무렵에 심학팔조와 계문, 솔성요론이 확정되었으며 다음 단계로 사은사요가 형성되는데 그 시기는 1928년(원기 13) 무렵이다. 이러한 추정의 근거는 불법연구회 1929년도(원기 14) 『사업보고서』 가운데 처음으로 훈강, 교강, 법강이라는 명칭으로 삼학, 사은, 사요를 체계적으로 설명하는 교재 보고서가 등장하기 때문이다. 특히 사요에 관한 사항은 이때 처음으로 나타난다」(신순철, 「몽각가와 소태산가사 수록 문헌 연구」, 『원불교사상과 종교문화』 29집, 원불교사상연구원, 2005, p.289).

4) 원기 17년 조선사회의 차별제도와 결함조목을 개선하려고 사요를 인생의 요도로써 확정하였다.

☞「소태산 대종사는 원기 9년인 1924년에 전북 익산으로 총부기지를 옮기고 8년째인 1932년에 원불교 교리서의 기초가 된 『육대요령』을 발간하였다. 여기에서 공부의 요도 삼학팔조와 인생의 요도 사은사요의 교리체계가 확정 발표되었으며, 사요는 남녀권리동일 지우차별 무자녀 자타자녀교양 공도헌신자이부사지로서 조선사회의 차별제도와 결함조목들을 개선하려고 하였다」(심대섭, 「원불교 사요의 기본성격과 현대적 조명」, 『원불교학』 제3집, 한국원불교학회, 1998, p.155).

5) 『육대요령』에서는 인생의 요도 사요의 내역을 밝혀 조목화하였다.

☞「<남녀권리동일의 강령> 사람으로서 면할 수 없는 의무와 책임을 남녀가 같이 하자는 것이며, 남자는 여자로 인하고 여자는 남자로 인하여 자기의 이상과 포부를 실현치 못한다는 怨心이 없도록 하자는 것이니라. <과거 조선여자의 생활조목> 1) 자기를 낳아주신 부모에게 자녀의 도리를 다하지 못하였음이요, 2) 자기가 낳아 준 자녀에게도 차별적 대우를 받게 되었음이요, 3) 사람인 이상에는 반드시 받아야 할 교육을 받지 못하였음이요, 4) 사람인 이상에는 인류 사회를 면치 못하는 것인데, 사교의 권리를 얻지 못하였음이요, 5) 사람인 이상에는 반드시 수용하여야 할 재산의 권리가 없었음이요, 6) 그 외에도 자기의 심신이지마는 일동일정에 구속과 압박을 면치 못하였음이니라. <남자로서 남녀권리동일 권장의 조목> 1) 결혼 후 부부간 물질적 생활을 각자이 할 것이요, 2) 여자로서 아래에 기록한 남녀권리동일 준비의 조목이 충실하여 남자에 승할 시는 그 지도를 받을 것이요, 3) 기타 모든 일을 경위에 따라 처결하되 과거와 같이 여자라고 구별할 것이 아니라 남자와 같이 취급하여 줄 것이니라. <여자로서 남녀권리동일 준비의 조목> 1) 인류 사회에 활동할 만한 교육을 남자와 같이 받을 것이요, 2) 직업에 근실하여 생활의 자유를 얻을 것이요, 3) 생부모의 생전 사후를 과거 장자의 예로써 같이 할 것이요, 4) 남자의 독특한 사랑과 의뢰를 구하지 말 것이요, 5) 위에 기록한 준비조목 4조가 충분치 못하여 남자에 미급한 시는 그 지도를 받을 것이니라. … <과거 조선 차별제도의 조목> 1) 반상의 차별이요, 2) 적서의 차별이요, 3) 노소의 차별이요, 4) 남녀의 차별이니라. <지우차별의 조목> 1) 솔성의 도와 인사의 덕행이 자기의 이상이 되고 보면 스승으로 알 것이요, 2) 모든 정치를 하는 것이 자기의 이상이 되고 보면 스승으로 알 것이요, 3) 생활에 대한 지식이 자기의 이상이 되고 보면 스승으로 알 것이요, 4) 학문과 기술이 자기의 이상이 되고 보면 스승으로 알 것이요, 5) 기타 모든 상식이 자기의 이상이 되고 보면 스승으로 알 것이요, 6) 위에 기록한 지우차별 조목에 해당한 자를 근본적으로 차별 있게 할 것이 아니라, 구하는 때에 있어서 하자는 것이니라. <무자녀자 타자녀교양의 강령> 과거의 교육기관이 너무나 편소하여 교육의 문명이 지체되었으므로 교육의 국한을 널리 하여 광막한 세상에 교육의 문명을 촉진하고, 모든 동포로 하여금 한 가지 낙원에 가도록 하자는 것이니라. <과거 조선교육의 결함조목> 1) 정부

에서 인민에게 대하여 적극적 교육을 시키지 못하였음이요, 2) 각 사회에서도 교육에 대한 적극적 성의와 권장이 없었음이요 … 8) 無産한 사람은 혹 자손교육에 성의는 있으나 자손이 많아서 먹이고 입히는데 따라 교육할 능력이 없었음이니라. <무자녀자 타자녀교양의 조목> 1) 위와 같은 교육의 결함조목이 없어지는 기회를 만난 우리는, 생자녀가 없다고 없는 자녀만 구할 것이 아니라, 타자녀라도 내 자녀와 같이 교양하기 위하여 인재 양성하는 공익기관에 힘에 미치는 대로는 조력할 것이요, 2) 인재양성을 맡은 책임자는 본 회원의 자녀內 제일 합격자로 선택하여 본회 평의원회의 가결을 얻어 교양할 것이니라. <공도 헌신자 以父事之의 강령> 가정에 헌신하여 가정적으로 父事함을 받는 사람은 많이 있으나, 자타의 국한을 벗어나서 대중을 위하여 대중적으로 父事함을 받는 사람은 적은데 따라 공익기관이 희소하였고, 공익기관이 희소한데 따라 약소 대중이 기거동작의 방향로를 모르고 도로에서 방황하는 이때에 공익기관을 확장하여 약소 대중의 전로를 개척하자는 것이니라. <과거 조선 공익기관의 결함조목> 1) 생활의 강령이고 공익의 기초인 사농공상의 전문교육이 희소하였음이요, 2) 이에 따라 사농공상의 시설기관이 희소하였음이요, 3) 정부나 사회에서 공도 헌신자의 표창이 희소하였음이요, 4) 교육의 문명이 자력을 얻지 못하였으며 타력을 벗어나지 못하였음이요…」(『육대요령』, 제1장 인생의 요도 사은사요, 사요의 내역).

 6) 『불교정전』에서는 부부권리동일이 자력양성으로, 지우차별이 지자본위 등으로 용어가 수정되었다.

　☞「『불교정전』은 『육대요령』에서 밝힌 바와 같이 항목이 구분되고 내용이 정리되었다. 부부권리동일을 자력양성으로, 지우차별을 지자본위로, 무자녀자 타자녀교양을 타자녀교육으로, 공도헌신자이부사지를 공도자숭배로 수정하였다. 사요 중 자력양성에서는 남녀권리동일 관련 내용은 삭제되고 전면 내용수정…」(박용덕, 『천하농판』, 도서출판 동남풍, 1999, p.65).

13. 사요와 일원상의 관계

　일원상의 신앙문에 속하는 사요는 일원상 진리를 신앙하는 특수한 방법으로서의 인간불공·사회불공이다. 곧 일원의 평등한 진리를 실현하여 전반세계를 건설하는 대불공법이다. 법신불 일원상의 증득에 있어 공부의 요도와 인생의 요도를 실천해야 하며, 사요는 곧 일원상 증득에 있어 인생의 요도에 속한다. 그리고 일원을 종지로 한 사요는 다만 시대의 변천을 따라 융통적으로 변용될 수 있다.

 1) 사요는 인간불공·사회불공의 방법으로서 일원상 진리를 신앙하는 특수한 방법이다.

　☞「사요는 인간불에 올리는 불공의 방법이므로 일원상 진리를 신앙하는 특수한 방법이라고 하겠다. 이러한 불공 측면에서 사요는 신앙문 교리로서 확고한 위치를 차지한다. … 사요불공의 또 다른 특징은 집단불공 내지는 사회불공 방법인 점이다. 그동안 사요를 막연히 사회불공 방법이라고 하여 왔는데, 사요가 인간불공 방법이라는 전제가 없는 한 사회불공은 사실상 성립되지 않는다. 불공의 주체자는 항상 인간이기 마련이다」(이성택, 『교리도를 통해본 원불교』, 도서출판 솔리, 2003, pp.86-87).

 2) 사요는 일원의 원만 평등한 진리에 바탕하여 다 같이 향상 발전할 수 있는 대불공법이다.

　☞「일원의 원만 평등한 진리에 바탕하여 인류사회에 원만 평등한 전반세계를 건설하고자 자력양성, 지자본위, 타자녀교육, 공도자숭배의 네 가지 긴요한 길을 밝혀 고루 다 같이 향상 발전할 수 있는 인류 상호간의 대불공법으로 정해준 것이다」(신도형, 『교전공부』, 원불교출판사, 1992, pp.143-144).

 3) 사요는 일원의 공평한 진리에 근거, 결함 없는 전반세상을 건설하고자 함이다.

　☞「사요는 인권, 지력, 교육, 생활 등 차별의 결함되고 불완전한 세상을 일원의 평등진리에 근거하여 결함 없는 완전한 세상을 실현시키자는 것이다」(한정석, 『원불교 정전해의』, 도서출판 동아시아, 1999, p.217).

 4) 일원상의 증득에는 공부·인생의 요도를 실천해야 하며, 사요는 곧 인생의 요도에 속한다.

　☞「불타는 고뇌 후 법신불을 증득했다. 그러한 뜻을 이어서 공부의 요도 삼학팔조와 인생의 요도 사은사요로 생활하는 것이 참다운 종교생활이다. 이것을 모르고 등상불이나 하나님에게 죄복을 비는 종교 형태가 되었다. 대종사는 종교와 도덕의 본원을 천명하였다」(원불교사상

연구원 편, 『숭산논집』, 원광대학교출판국, 1996, p.48).

5) 일원을 종지로 한 삼학팔조와 사은 등은 변경할 수 없으나 그 밖의 세목이나 제도는 시대를 따라 변경할 수 있다.

☞「나의 교법 가운데 일원을 종지로 한 교리의 대강령인 삼학 팔조와 사은 등은 어느 시대 어느 국가를 막론하고 다시 변경할 수 없으나, 그 밖의 세목이나 제도는 그 시대와 그 국가에 적당하도록 혹 변경할 수도 있나니라」(『대종경』, 부촉품 16장).

14. 사은과 사요의 관계

사은과 사요는 일원상의 신앙문에 속하며 교리의 혁신성일 지닌다. 상호관계를 논하면 사은은 세계평화의 원리요, 사요는 세계균등의 원리이며, 사은은 세상을 건지는 양방이요 사요는 평등세계를 건설하는 묘방이다. 그리고 사은은 상생의 세계를 건설하고 사요는 원만한 세계를 건설하며, 사은은 보은의 도라면 사요는 구원의 도인 셈이다. 또한 사은은 내 육신이라면, 사요는 육근활용으로 상징할 수 있으며 액운이나 원망심을 푸는 인생의 요도이며 신앙적 실천의 길이 된다.

1) 일원상을 종지로 한 삼학팔조와 사은사요는 교리의 혁신성을 띤다.

☞「원불교 교리의 주체가 되는 일원상 진리를 종지로 한 삼학팔조와 사은사요는 기성종교의 교리에 비해서 혁신적인 것이다. 신앙의 대상과 수행의 표본을 교조가 깨달은 일원상 진리로 한 것이라든가, 수행의 방법으로서 삼학을 제정한 것이라든지, 신앙의 강령으로서 사은을 제정한 것 등 모두가 그러하다」(이화택, 「사회불공 방법으로서의 사요의 연구」, 『원불교사상』 7집, 원불교사상연구원, 1983, p.27).

2) 사은은 세계평화의 원리요, 사요는 세계균등의 원리이다.

☞「대산종사는 우리 교법에 대하여 선언하기를 "대종사의 일원대도는 천하의 대도요 만고의 대법으로, 삼학 팔조는 만생령 부활의 원리요 대도이며, 사은보은은 세계 평화의 원리요 대도이며, 사요 실천은 세계균등의 원리요 대도라" 고 하였다」(좌산 종법사, 「원기85년 대각개교절 경축사-법문공부」, 《원광》 309호, 월간원광사, 2000년 5월, pp.25-26).

3) 사은은 세상을 건지는 양방이요, 사요는 평등의 육도세계를 건설하는 묘방이다.

☞「사은은 우주만유가 생성 발전하는 기본적인 원리에 근거하여 밝

허준 새 시대의 우주적인 윤리로서 세상을 건지는 良方이요 만유를 상대로 하는 대불공법이라면, 사요는 일원의 원만 평등한 진리에 근거하여 육도세계를 건설하는 妙方이요 인류를 상대로 하는 대불공법이다」(신도형,『교전공부』, 원불교출판사, 1992, p.144).

4) 사은은 **상생의 세계를, 사요는 원만 평등세계를 건설하는데 초점을 둔다.**

☞「사은에 대한 지은보은으로서 원망과 상극의 세계를 감사와 상생의 세계로 돌리고 사요로서 원만 평등한 세계를 건설하려는 것이다」(정유성,「원불교 과학관」,『원불교사상시론』1집, 수위단회사무처, 1982, p.202).

5) 사은은 **보은의 도를 말하는 것이라면 사요는 세상 구원의 도이다.**

☞「사은은 천지은 부모은 동포은 법률은으로서 그 피은 보은 배은을 말씀하신 것이요, 사요는 그 후 수차 연마하여 완정하신 바 남녀권리동일, 지우차별, 무자녀자타자녀교양, 공도헌신자이부사지이니 이는 인생의 마땅히 행할 바 도로서 세상을 구원할 요법이 되고…」(이공전,「봉래제법과 익산총부 건설」,『원불교칠십년정신사』, 성업봉찬회, 1989, p.169.

6) 사은은 **자신의 분화신이라면 사요는 육근동작의 터전이다.**

☞「자신을 사은의 분화신으로 인정할 때에 사요는 나의 육근동작에 결함이 없는 활동의 터전이 될 것이다」(이운권, 고산종사문집1『정전강의』, 원불교출판사, 1992, pp.48-49).

7) 사은은 **천지의 액을 풀며, 사요는 사람의 원망을 푸는데 관련된다.**

☞「『육대요령』 중 사은편만 잘 읽는다 할지라도 능히 천지의 액을 풀며, 부모의 액을 풀며, 동포의 액을 풀며, 법률의 액을 풀어서 그 주위에는 조금도 재난이 있지 아니할지며, 사요편만 잘 읽는다 하여도 모든 사람의 怨結된 바가 부지중 소멸되어 일체의 해원이 절로 될지며…」(『한울안 한이치에』, 독경해액으로 삼가 새해를 축하함).

15. 사요의 원리

사요는 교육과 공익 등의 가치를 통해 낙원사회를 건설하는 불공법인바, 개인의 자각과 사회 개혁의 원리가 여기에 기반이 되고 있다. 이를 테면 자력양성 지자본위 타자녀교육 공도자숭배에 인류와 사회 개혁의 원리가 작용한다. 따라서 사요는 인간불공은 물론 사회불공, 나아가 전반세계 건설의 원리가 된다. 곧 사요는 인류 모두가 평등하게 살 수 있는 신앙 실천의 원리이다.

1) 보호, 교육, 공익의 원리 등이 사요에 깃들어 있다.

☞「사요는 자력양성으로 무자력자 보호하고, 지자본위로 배움과 가르침의 은혜가 충만되고, 타자녀교육으로 천하가 밝아지고, 공도자숭배 정신으로 공도자가 배출된다」(좌산상사법문집『교법의 현실구현』, 원불교출판사, 2007, p.200).

2) 사요는 낙원 건설의 원리가 된다.

☞「유산은 사요의 적극적 구현을 통해 광대무량한 낙원세계의 건설을 목적하였는데, 36년 동안 아픈 가슴을 움켜쥐고 하소할 곳도, 지도받을 곳도 없이 눈앞에 부모를 생이별하는 자녀, 자녀를 빼앗긴 부모, 형을 잃은 아우, 남편을 잃은 아내 등 이같이 피눈물을 머금고 남북으로 갈리고 동서로 쫓겨다니던 우리가 천만다행으로 평화의 해방을 맞이하여 …」(원불교사상연구원 편, 『원불교 인물과 사상』(Ⅰ), 원불교사상연구원, 2000, p.193).

3) 사요의 원리는 자각의 도덕적인 면과 개혁의 사회적인 면이 있다.

☞「사요는 두 가지 원리가 있다. 하나는 인간의 자각을 촉구하는 종교 도덕적인 면과 또 하나는 사회 제도를 개혁하는 사회학적인 면이 있다. 종교 도덕가에서 개인이 착하면 사회가 올바르게 된다고 주장해 왔으나 역사를 보면 그렇지 못한 면이 있다. 따라서 인간의 자각적인 면과 사회 제도적인 면이 아울러져야 한다는 것이 원불교 사상의 특징이다」(한종만, 『원불교 대종경 해의』(上), 도서출판 동아시아, 2001, p.387).

4) 사요는 인간불공 및 사회불공의 원리이다.

☞「사요는 그 불공의 대상을 인간불에 두고 있는 인간불공이며, 인간불공의 역할을 극대화시키는 역할불공이며, 불공의 주체자인 인간이 동일한 인간을 대상으로 올리는 사회불공이다. 사요는 사실불공의 한 방법으로 인간불에 대한 불공임을 전제하지 아니하면 사회불공이라는 이론이 성립할 수 없다」(이화택, 「사회불공 방법으로서의 사요의 연구」, 『원불교사상』 7집, 원불교사상연구원, 1983, p.31).

5) 사요는 인류가 평등하게 살 수 있는 신앙 실천의 원리이다.

☞「사요는 일원의 진리에 바탕하여 인류로 하여금 평등하게 잘 살 수 있는 길로 인도하기 위한 방법이 된다. 『교전』교리도에 의하면 이 사요가 신앙문에 들어있는데 그것은 사은의 피은에 대한 사회적 보은의 길이요, 또한 인류와 사회를 향한 대불공법이기 때문이다」(박광수 외2인, 『클릭 원불교』, 도서출판 동남풍, 2000, p.110).

16. 사요의 특징

사요는 원불교의 교법에 있어 사회발전과 사회혁신, 사회정의 실현이라는 특징을 지닌다. 또한 사요는 초기교단의 혁신정신이 깃들어 있으며, 세상을 구원하고 세상문명을 촉진시키는 길로서 평등사회와 자유세계 및 공동체사회 구현에 초점이 맞추어져 있다.

1) 사요는 사회개조 및 사회정의 실현이라는 특징을 지닌다.

☞「사요를 사회개조의 원리로써 사회정의 실현법으로 보는 견해가 있다. 이에 비해 불공의 신앙적인 측면을 강조하는 연구도 있고 평등사회를 이룩하고 사회개혁의 방법으로 보기도 한다」(김귀성, 「원불교의 교육평등관-사요의 교육평등을 중심으로」, 『원불교사상』 13집, 원불교사상연구원, 1990, p.109).

2) 사요의 각 항목은 초기교단의 혁신정신이 깃들어 있다.

☞「사요를 보면 남녀권리동일, 지우차별, 무자녀자타자녀교양, 공도헌신자이부사지로 되어 있다. 원불교 대종사는 교단 초창기에 이미 여자도 남자와 같이 권리를 부여하고 부여된 권리를 수용할 힘을 갖추어야 함을 역설한다」(한명희, 「한국근대여성운동의 측면에서 본 원불교」, 『정신개벽』 제1집, 신룡교학회, 1982, p.47).

3) 세상을 구원할 요법인 사요의 실천은 곧 인생의 요도를 실천하는 것이다.

☞「사요는 남녀권리동일, 자우차별, 무자녀자 타자녀교양, 공도헌신자 이부사지를 말한 것이니, 이는 곧 인생의 마땅히 행할 도로써 세상을 구원할 요법이 되고…」(정산종사, 『불법연구회창건사』 제1편 1회 12년, 제14장 대종사의 봉래산 수양과 본회의 準備工作-원기 5년/박정훈 편저, 『한울안 한이치에』, 원불교출판사, 1982, p.226).

4) 사요는 평등사회로의 개혁이라는 특징을 지닌다.

☞「원불교의 사회개혁은 다른 운동과는 달리 진리를 신앙하는 행위

인 집단불공 사회불공을 통해서 봉건사회의 차별을 타파하고 평등사회로의 개혁을 시도하고 있다는 점이다. 사요에 나타난 이러한 사회개혁은 원불교 사상의 반봉건적 개혁의지를 충분히 엿볼 수 있다」(이성택, 「민족주의와 원불교사상」, 『원불교사상』 12집, 원불교사상연구원, 1988, pp.52-53).

5) 사요는 평등사회와 자유세계를 지향한다.

☞「사요의 이념에는 평등사회의 실현 외에도 자유세계를 실현한다는 이념도 포함되어 있음을 간과할 수 없다」(김기원, 「원불교 자유관」, 『원불교사상시론』 1집, 수위단회사무처, 1982, p.161).

6) 사요는 세상문명을 촉진시키는 길로서 공동체 정신이 잘 나타나 있는 교리이다.

☞「공동체 정신이 가장 잘 나타나 있는 것이 사요정신이다. 각자 맡은 바 직업에 근실하여 생활의 자유를 얻는 한편 사회에 의무와 책임을 다할 것이며, 재가출가, 남녀, 직종, 직위에 근본적으로 차별 있게 할 것이 아니라 오직 구하는 사람의 목적만 달하도록 하며, 자타 국한을 벗어나 두루 교육시켜 세상문명을 촉진시키자는 것, 이것이 전반세계요 대종사께서 공동체를 구현하고자 했던 세계이다」(박용덕, 「대종사의 공동체 정신2」, 《원광》 제373호, 월간원광사, 2005.9, p.90).

17. 사요가 신앙문인 이유

원불교 사요가 신앙문에 속하는 이유는 사은신앙이 사요를 통해 실천되기 때문이다. 아울러 사요는 인간이해와 사회개조의 불공법으로서 구체적 보은의 방법이므로 신앙의 방법론에 속한다. 따라서 우리가 사요를 통해 일원상에 보은하는 길을 모색할 때 법신불사은 신앙의 실천은 적극성을 지닌다.

1) 사요가 신앙문인 이유는 사은이 사요를 통해 실천되기 때문이다.

☞「사요가 어찌하여 신앙문에 속하는가. 사요는 인류 상호간 인간관계에서 서로 도와 보은하며 불공하여 사회 공동의 복리를 위하고 평등세계를 구현시키는 적극적인 신앙생활의 덕목이 되기 때문이다. 그러므로 사은 신앙이 사요의 실천을 통하여 신앙의 효과와 가치를 드러낸다는 점에서 중대한 관계가 있다고 본다」(안이정, 『원불교교전 해의』, 원불교출판사, 1998, p.265).

2) 사요는 일원상 신앙에 바탕한 인간이해와 사회개선을 도모하므로 신앙문에 속한다.

☞「삼학 수행과 사은 신앙이 일원상 진리의 근원으로 회귀(수행) 또는 귀의하는 것이라면 사요의 실천은 일원의 진리에 바탕한 인간의 이해와 사회 개선을 도모하는 일이다」(심대섭, 「원불교 사요의 기본성격과 현대적 조명」, 『원불교학』 제3집, 한국원불교학회, 1998, p.168).

3) 사요는 신앙의 행위인 바, 사회개조를 위한 신앙이다.

☞「사요를 신앙문에 넣은 이유는 사요를 하나의 신앙행위로 생각한다. … 사요에서 아무리 좋은 사회를 만들고 좋은 사회로 개조된다 하더라도 그 근거를 진리적 종교의 신앙과 사실적 도덕에 바탕하지 아니하면 대종사가 제시한 낙원세계와 제생의세의 본래 목적을 달성할 수 없다고 본 것이다」(이은석, 『정전해의』, 원불교출판사, 1985, p.132).

4) 사요는 신앙의 방법으로서 불공법이므로 신앙문에 속한다.

☞「사요가 신앙문에 속하는 이유를 밝히는 것보다 먼저 사요가 인생의 요도이기 때문에 편의상 사은편에 넣은 것으로 아는 것이 가할 것이며, 굳이 신앙으로 설명하자면 신앙의 방법은 곧 불공법이기 때문에 사요는 인류 상호간의 불공법인 점에서 신앙문에 속해도 무방할 것이다」(신도형, 『교전공부』, 원불교출판사, 1992, p.144).

5) 사요는 보은의 구체적 방법이므로 신앙문에 속한다.

☞「사요는 보은의 구체적인 방법이므로 신앙생활의 방법이다. 사요는 동포보은의 방법이 중심이 된다. 사요는 두 가지 핵심적인 원리가 있다. 하나는 나 자신의 자각을 촉구하는 면이 있고, 또 하나는 사회 제도의 개혁이라는 면이 있다」(한정석, 『원불교 정전해의』, 도서출판 동아시아, 1999, p.218).

18. 사요의 시대적 변용

소태산 대종사는 일원상, 사은, 삼학 등은 변경될 수 없으나 그 밖의 세목은 변경될 수 있다고 하였는데, 그 세목에 속하는 것이 사요이다. 이에 사요의 교리적 위상이 흔들릴 수 있으나 시공의 변통에 따른 사회 처방책이라는 점을 고려한다면 사요는 시대를 따라 변경될 수 있다는 가설이 성립된다. 물론 사요의 근본정신은 사회 개혁과 인간불공이라는 측면에서 변화될 수 없는 것이다.

1) 사요는 교리의 세목으로서 시대와 국가를 따라 변경할 수 있다.

☞「나의 교법 가운데 일원을 종지로 한 교리의 대강령인 삼학 팔조와 사은 등은 어느 시대 어느 국가를 막론하고 다시 변경할 수 없으나, 그 밖의 세목이나 제도는 그 시대와 그 국가에 적당하도록 혹 변경할 수도 있나니라」(『대종경』, 부촉품 16장).

2) 사요의 변경 가능성은 교리해석상 문제점으로 제기되고 있으며, 이에 대한 해법이 요구된다.

☞「이 법문(부촉품 16장)에 의하면 사요는 시대나 국가에 따라서 변경될 수 있는 가능성을 예시하고 있다. 그것은 변경할 수 없는 교리의 내용에서 사요가 제외되어 있다는 점이다. 사요의 변경 가능성은 사실 교리 해석상 많은 문제가 제기되고 있으며, 그것의 실천에서도 마찬가지이다. 따라서 우리는 지금까지의 연구에서 이 부분에 대한 확실한 해답을 얻어내지 못한 것이 사요에 대한 기본적인 문제점의 핵심이다」(이성택, 『강자약자 어떻게 진화할 것인가』, 도서출판 원화, 1991, pp.101-102).

3) 교리의 세목과 제도는 변경할 수 있다는 법어는 사요의 정당성에 의혹이 생길 수 있으나, 시대에 따른 구원책임을 상기할 일이다.

☞「소태산 대종사가 "나의 교법가운데 … 세목이나 제도는 그 시대와 국가에 적당하도록 혹 변경할 수 도 있다"(『대종경』, 부촉품 16장)는 점에 이르러 사요의 교리상의 위치와 정당성에 혹 의혹이 생길 수도 있다는 것이다. 그러나 대종사의 교리 입안준칙이 일차적으로 한민족과 한국사회를 조망해 본 결과 도출된 것이기 때문에, 일단은 한국사회를 겨냥하여 나와진 사요나 병든 사회와 그 치료법 등의 전반적인 내용은 민족 구원의 의지를 내포하고 있다고 해도 과언은 아닐 것이다」(박병수, 「원불교 사요의 민족적 적용에 관한 고찰」, 『원불교사상』 19집, 원불교사상연구원, 1995.12, pp.304-305).

4) 사회 병폐가 치유되면 시대에 맞게 변화 가능한 것이 사요이다.

☞「사요는 사회의 병폐를 고치기 위해서 제정된 교리이며 병폐가 치유되면 시대에 맞게 얼마든지 변화 가능한 교리이므로 양성평등의 세상이 완전히 실현되기 전까지는 남녀권리동일의 구체적인 실천방안은 그대로 존속되거나 더 세밀하게 프로그램화되어 불평등을 개선해 가는 것이 바람직하였을 것으로 본다」(장오성, 「여성 교역자 제도의 문제점 및 개선방안」, 《수위단 상임위원회 전문위원 연구발표요지》, 수위단회 사

무처, 2005.10.10, p.62).

5) 사요를 교리도에서 **빼야** 한다는 견해가 있으나 보은행위이므로 당연히 인과보응의 신앙문에 있어야 한다.

☞「사요를 교리도에서 **빼야** 한다고 하는 사람도 있으나 그렇지 않다. 일원상 진리에 보은하며 세상을 구원하는 약방문이기 때문에 인과보응의 신앙문에 넣어야 한다. 삼학은 자기수행이지마는 사요는 세상을 고르는 처방이다」(박길진, 『대종경강의』, 원광대 출판국, 1980, p.65).

6) 사요가 시공을 **따라** 변경될 수 있지만 근본정신은 **변할 수 없다.**

☞「시공을 통해서 볼 때에 고금의 풍속이 다르고 동서의 인심이 같지 아니하다 할지라도 사요에 대한 근본정신만은 변함이 없이 혁신을 기본삼아 중추가 되어야 한다」(이운권, 고산종사문집1 『정전강의』, 원불교출판사, 1992, p.48).

19. 사요의 실천방법

사은신앙의 실천방법이기도 한 사요의 네 항목을 구체적으로 우리의 삶에서 실현하여 일원의 위력을 얻어야 할 것이다. 곧 일상수행의 요법 (6~9조)을 실천하며, 사회의 고통을 소홀할 수 없는 교화명령으로 삼고, 사요 실현을 의식주의 풍요 획득과 연결하자는 것이다. 어떻든 사요는 개인 및 국가가 문명사회를 이루도록 지속적으로 실천할 때 그 가치가 발현된다. 여기에는 교단의 각종 제도 속에서 사요 실현의 구체적 방안들이 요구된다.

1) 사요 네 항목을 우리의 삶에서 구체적으로 실천에 **옮겨야** 한다.

☞「석두거사의 제자가 되고부터 서중안은 사요정신에 입각하여 그 실현에 비상한 노력을 하였다. 남녀권리동일 정신에 입각하여 소실에게 재산을 나눠주어 각자 독립시켜 나가살게 하였다. 또 타자녀교육 이념에 입각하여 김제지역 불우소년 20여명에게 학자금을 대어 소학교에 보내었다」(박용덕, 선진열전 1-『오, 사은이시여 나에게 힘을 주소서』, 원불교출판사, 1993, p.323).

2) 사요 곧 자력양성 지자본위 타자녀교육 공도자숭배를 실천하여 참**자유를** 얻는 것이다.

☞「사요의 실천은 개인적으로는 자유를 누릴 수 있는 능력을 양성하는 것이며 사회적으로는 부당한 사회구조의 개선을 의미한다. 자력양성

은 부당한 의뢰생활을 버리고 개인의 자력을 양성함으로써 인권평등을 이룩하자는 것이므로 자유 실현의 직접적 바탕이 된다. 지자본위는 부당한 차별제도를 고치고 모든 사람이 지자를 본위로 하는 사회를 이룩하자는 것이므로 부당한 차별제도를 극복하고 개인의 자유로운 뜻이 실현되는 사회를 이룩하는 바탕이 된다. 타자녀교육은 특히 교육을 통해 개인의 자유의식을 일깨워 주자는 것이며, 공도자숭배는 이기적 방종이 아닌 진정한 자유의 실현자를 숭배하자는 것이다」(김기원, 「원불교 자유관」, 『원불교사상시론』 1집, 수위단회사무처, 1982, p.165).

3) 일상수행의 요법(6-9조)을 조석으로 외우면서 사요를 실천한다.

☞「(일상수행의 요법) 제4조는 공부의 요도 팔조에 해당되고, 제5조는 사은, 그리고 6조부터 9조까지는 인생의 요도 사요에 해당한다. 이렇게 일상수행의 요법 하나만에도 일원상 진리와 삼학팔조, 사은사요가 모두 담겨 있는 것이다」(백낙청/박혜명 대담, 「특별 인터뷰-희망의 21세기, 어떻게 맞이할까?」, 《원광》 303호, 월간원광사, 1999년 11월, p.35).

4) 사요 실천은 곧 사회의 고통을 소홀히 할 수 없는 교화명령으로 자리한다.

☞「소태산 대종사가 밝힌 평등사회 건설을 위한 사요의 가르침은 원불교가 사회에 대한 적극적인 관심은 물론 사회의 부조리와 민중의 아픔에 소홀할 수 없는 교화명령으로 자리하고 있다」(박희종, 「원불교 실천교학의 정립 방향」, 『원불교사상과 종교문화』 31집, 원불교사상연구원, 2005.12, p.255).

5) 사요에 소태산의 경제사상이 구체화되고 있으니, 사요의 실천은 의식주 풍요에 기여한다.

☞「사요 부분은 대종사의 경제사상이 한층 구체화되고 있는 부분이며 사요 전체가 현대 경제에도 적용될 수 있을 정도의 높은 경제적 경륜이 펼쳐지고 있다고 해도 과언이 아닐 정도이다」(김도훈, 「소태산 대종사의 경제사상과 그 구현방안」, 제23회 원불교사상연구 학술대회《원불교개교 백주년기획(Ⅰ)》, 원불교사상연구원·한국원불교학회, 2004년 2월 5일, p.127).

6) 사요의 각 항목을 개인과 국가가 부단히 실천하도록 해야 한다.

☞「사요를 실천하기 위하여 다음 몇 가지 요건이 필요함을 밝혀본다. 사요의 정신은 첫째 평등이념의 실천이요, 둘째 개명하는 문명사회의 구현이며, 셋째 인간사회의 균등한 문명을 이루게 하기 위함이며, 넷

째 공가는 곧 큰집 살림하는 길임을 알아 큰집 살림하는 길을 개척하자는 것이다」(한기두, 『원불교 정전연구』-교의편-, 원광대학교출판국, 1996, p. 220).

7) 사요의 실현을 구체화하기 위해 사요위원회의 구성을 통한 매년 사회변화를 진단하자는 의견도 있다.

☞「사요를 만고불역의 경전논리로 받들려는 분위기가 계속하는 한 사회개선의 의지는 약화될 수밖에 없다. 필자의 소견으로는 수위단회와 교정원의 중간 수준에 '사요위원회'를 구성할 필요가 있다. 위원회의 구성과 임무에 관한 사항은 별도의 기회에 제시하기로 하고 그 골격만을 말한다면 교단과 사회변화의 중립에 서서 적어도 매 3년마다 새로운 사회교화의 교시를 준비토록 하자는 것이다」(심대섭, 「원불교 사사상과 시민윤리-사요 위원회의 구성을 제의함」, 『원불교사상』 제20집, 원불교사상연구원, 1996.12, p.93).

20. 사요와 사회정의 실현

사요를 실천하는 길은 사회불공의 차원으로까지 크게 열어가는 것이며, 원불교 신앙문의 활로를 개척함이요, 나아가 사회정의를 실현에 옮김으로써 사회 국가에 공헌하는 계기가 된다. 이처럼 사요를 실천하여 병든 사회라든가 불합리한 차별제도를 치유함으로써 정의사회가 건설되도록 지속적인 신앙실천이 요구된다.

1) 사요의 실천은 사회 불공의 차원으로, 사회개혁을 해야 한다.

☞「원불교는 … 사회불공을 통해서 봉건사회의 차별을 타파하고 평등사회로의 개혁을 시도하고 있다는 점이다. 4요에 나타난 이러한 사회개혁은 원불교 사상의 반봉건적 개혁의지를 충분히 엿볼 수 있다」(이성택, 「민족주의와 원불교사상」, 『원불교사상』 12집, 원불교사상연구원, 1988, pp.52-53).

2) 정의를 죽기로써 행하는 사회정의 실천이 사요의 실천법이다.

☞「대종사는 정의는 죽기로써 행하고 불의는 죽기로써 하지 말라고 함으로써 … 가장 철저하고 강력한 사회정의의 이념을 제시하였다고 볼 수 있다. 또한 사요의 평등이념과 강약진화상 요법 등에서 보여지는 사회개조의 의지는 원불교의 사회정의 실천의 중요한 특징이라고 볼 수 있다」(신일교, 「원불교 정의 개념에 대한 일고찰」, 『정신개벽』 제2집,

신룡교학회, 1983, pp.17-18).

3) 원불교가 한국사회에 공헌할 수 있는 것은 사요실천이다.

☞「원불교가 한국사회에 공헌할 수 있는 몇 가지 예를 든다면 ① 일치운동과 화합운동, ② 감사와 신바람 운동, ③ 자력양성, 지자본위, 타자녀교육, 공동자숭배 등의 사요 정신, ④ 이소성대 정신(작은 것이 아름답다는 것과 상응하는 정신), ⑤ 근검저축, 이소성대, 일심합력, 무아봉공 등의 창립정신을 들 수 있다」(송천은, 『일원문화산고』, 원불교출판사, 1994, p.170).

4) 사요는 병든 사회를 치료해서 완전한 정의 사회를 추구한다.

☞「사요는 병든 사회의 원리를 밝힌 뜻에서 사요를 받아들였고, 병든 사회를 치료해서 완전한 사회건설, 원만한 사회로써 은혜의 관계이다」(이은석, 『정전해의』, 원불교출판사, 1985, p.136).

5) 사요는 불합리한 차별제도의 극복을 위해 인류가 언제나 실천해야 하는 것이다.

☞「사요의 의미를 이해하는데 있어 과거 불합리한 차별제도의 조목을 보면 사요는 어느 정도 실현된 것 같으나 사요 각각의 강령을 중심해서 보면 인류가 이 세계에서 살고 있는 한 언제나 실천해야 되는 영원한 미래성의 의미를 갖는다」(한정석, 『원불교 정전해의』, 도서출판 동아시아, 1999, p.217).

21. 사요의 연계사상

원불교의 사요는 평등사회 건설을 위한 것으로 불교의 四相 극복, 예수 박애정신의 실현 등과 의미가 통한다. 사요는 또한 유교의 숭문사상과 의례정신, 실학구현 등과도 관련이 있다. 그러나 세상을 균등하게 개조하려는 사요는 근대에 일어났던 공산주의 혁명과는 질적으로 다르다. 환기컨대 원불교 사요는 구한말 한국사회에 전개된 민족·인권운동, 교육사업과도 연계된다.

1) 석가는 四性과 四相 극복을, 예수는 박애정신을, 소태산은 사요를 제시하여 낙원건설을 지향하였다.

☞「석가는 四性(계급)과 四相으로 나타난 내외의 차별을 일소하여 평등의 원리를 제시하였고, 예수는 박애정신을, 그리고 대종사는 물질을 사용하여야 할 사람의 정신은 점점 미약하고, 사람이 사용하여야 할 물

질의 세력은 날로 융성하여 쇠약한 그 정신을 항복받아 물질의 지배를 받게 된다고 현대 병맥을 진단하여 낙원세계, 평등세계로 인도하는 방법으로서 사요를 제시하였다」(서경전, 『교전개론』, 원광대학교출판국, 1991, p.246).

2) 사요는 유교의 숭문사상과 의례정신과 부합하는 측면이 있다.

☞「사요에서는 대체로 종래 유교사회의 전통적 의식과 인습을 비판한 대목이 많지만, 제2절 지자본위, 제3절 공도자숭배 등에서는 역시 유교적 색채를 볼 수 있다. 지자본위는 그 말 자체가 유교적 崇文사상을 연상시키는 것이지만 도덕, 정치, 생활지식, 학문, 기술, 상식에서 우월한 자를 스승으로 알도록 한 것으로 보아 학자를 우대하던 유교사회의 기풍을 엿볼 수 있다. 공도자숭배의 조목에서 특히 공도에 헌신한 사람을 위해 영상과 역사를 보관하여 길이 기념할 것이란 것은 원불교의 사당(영모전) 건립취지인 바, 이는 성균관 향교 서원 등에서 사당을 세우고 선현을 기념하는 유교적 의식과 부합한다」(원불교 교화연구회, 『한국근대사에서 본 원불교』, 도서출판 원화, 1991, pp.120-121).

3) 사요는 유교의 실학정신과 통하는 면이 있다.

☞「사요는 자력양성 지자본위 타자녀교육 공도자숭배를 말하는 것이다. 여기서 엘리트 중심사상과 덕육 사상을 강조한 점으로 자력양성의 실학정신을 포함하여 유교사상의 진수가 이 속에 담겨져 있다고 볼 수 있다」(한승조, 「한국정신사의 맥락에서 본 원불교」, 『원불교사상』 4집, 원불교사상연구원, 1980, p.53).

4) 세상을 균등하게 개조하려는 사요는 근대 공산주의의 혁명과는 질적으로 다르다.

☞「소태산의 네 가지 사회진단은 자력양성 지자본위 타자녀교육 공도자숭배 등으로 교리체계 속에서 부각시켰다. 즉 사요실천으로 소태산은 사회개조 운동을 제기했던 것이다. 이 같은 관점에서 볼 때, 그는 결코 공산주의 혁명가들처럼 학문이나 지식을 무시한다거나 무조건 가진 자에 반항하려는 태도가 아니었다」(류병덕, 「21C와 대종경 해석의 몇 가지 과제」, 『원불교사상』 제24집, 원불교사상연구원, 2000.12, p.197).

5) 사요는 해방이후 한국사회에 전개된 인권·민족운동이나, 교육사업 등과 관련된다.

☞「(해방이후 한국사회에서) 사요의 자력양성은 인권·민족운동과 관련되고, 지자본위 타자녀교육은 교육사업에 포함되며, 공도자숭배나

자선사업은 사회사업에 분속시켜 파악할 수 있다」(박병수, 「원불교 사요의 민족적 적용에 관한 고찰」, 『원불교사상』 19집, 원불교사상연구원, 1995.12, p.306).

22. 보충해설

사요는 사회균등을 이루는 항목으로 네 가지가 있다. 사요는 원래 남녀권리동일, 자우차별, 무자녀자 타자녀교양, 공도헌신자이부사지라는 용어라 하였으나 후에 자력양성, 지자본위, 타자녀교육, 공도자숭배로 완정되었다. 이러한 사요 중에는 두 가지의 궁금증이 있는데, 그것은 무엇인가. 이를테면 첫째 사요는 왜 신앙문에 속하는가, 둘째 사요의 항목이 변경될 수 있는 것인가에 대한 것이다.

우선 사요가 신앙문에 속하는 이유는 사요가 사회불공이라는 점 때문이다. 원불교 교리에 있어 불공은 원래 신앙문에 속하며, 불공에 있어 그 대상은 사회를 중심으로 하고 있다는 것이다. 따라서 사요를 통해서 사회평등을 지향하므로 사회불공으로써 무자력자를 불공하고, 지자를 불공하며, 교육자와 공도자를 불공하는 것이 사회균등의 측면에서 불공에 속하는 것이다. 또한 사요는 사은보은의 방법이기도 하다.

다음으로 사요의 항목이 시대를 따라 혹 변경될 수 있다는 것은 다음의 법문에 기인한다. "나의 교법 가운데 … 세목이나 제도는 그 시대와 그 국가에 적당하도록 혹 변경할 수도 있나니라"(『대종경』, 부촉품 16장). 일원상과 사은·삼학은 변경할 수 없지만 사요는 변경할 수 있다는 뜻이다. 사요는 전반사회를 건설하는 사회개혁이자 사회불공법이므로 설사 시대를 따라 세목이 변경될 수 있어도 사요의 본래 정신만은 변할 수 없다.

23. 연구과제

1) 사요의 특징은 무엇인가?
2) 사요의 항목은 시대의 변천을 따라 바꿀 수 있는가?

3) 사은과 사요의 관계 및 사요가 신앙문인 이유는?

4) 사요의 정신은 변할 수 없다는 뜻은?

24. 고시문제

1) 사요의 강령을 각각 『정전』에 근거하여 쓰시오.

2) 『정전』 중 다음 항목의 원문을 쓰시오 : (1)지자본위, (2) 공도자숭배.

3) 사요가 공통적으로 관련 있는 세 가지 점을 설명하시오.

4) 사요의 근본사상을 밝히시오.

5) 사요의 근본이념으로써 한국사회만의 병점을 고친다는 편협이 있다는 것을 해명.

6) 교리도상 사요가 신앙문에 들어있는 까닭을 설명.

7) 자력양성을 설명.

8) 『정전』 사요 「자력양성」에서 과거 여성들이 사회의 관습을 따라 정당한 인권을 갖지 못하고 차별받았던 타력생활 조목을 『정전』 원문에 기초하여 4가지 이상 기술하시오.

9) 인권평등을 위한 방법을 쓰시오.

10) 균등사회를 이루는 것과 평등사회를 이룩하기 위해서는 우리 교리 중 어느 법으로 가능한지 각각 자세히 밝히시오.

11) 사요의 공도자숭배 중에서 과거 공도사업의 결함조목 가운데 "모든 교육이 자력을 얻지 못하고 타력을 벗어나지 못하였다"는 말씀에 대하여 그와 같이 판단된 배경을 약술하시오.

12) 공도자숭배에서 '과거 공도사업 결함조목' 5가지 이상을 쓰시오.

제4장 삼학

○ 「삼학」의 원문

제1절 정신수양

1. 정신수양의 요지

정신이라 함은 마음이 두렷하고 고요하여 분별성과 주착심이 없는 경지를 이름이요, 수양이라 함은 안으로 분별성과 주착심을 없이하며 밖으로 산란하게 하는 경계에 끌리지 아니하여 두렷하고 고요한 정신을 양성함을 이름이니라.

2. 정신수양의 목적

유정물은 배우지 아니하되 근본적으로 알아지는 것과 하고자 하는 욕심이 있는데, 최령한 사람은 보고 듣고 배우고 하여 아는 것과 하고자 하는 것이 다른 동물의 몇 배 이상이 되므로 그 아는 것과 하고자 하는 것을 취하자면 예의염치와 공정한 법칙은 생각할 여유도 없이 자기에게 있는 권리와 기능과 무력을 다하여 욕심만 채우려 하다가 결국은 가패신망도 하며, 번민망상과 분심초려로 자포자기의 염세증도 나며, 혹은 신경쇠약자도 되며, 혹은 실신자도 되며, 혹은 극도에 들어가 자살하는 사람까지도 있게 되나니, 그런 고로 천지만엽으로 벌여가는 이 욕심을 제거하고 온전한 정신을 얻어 자주력을 양성하기 위하여 수양을 하자는 것이니라.

3. 정신수양의 결과

우리가 정신수양 공부를 오래오래 계속하면 정신이 철석같이 견고하여, 천만 경계를 응용할 때에 마음에 자주의 힘이 생겨 결국 수양력을 얻을 것이니라(『정전』 제2 교의편, 제4장 삼학, 제1절 정신수양).

제2절 사리연구

1. 사리연구의 요지

事라 함은 인간의 시·비·이·해를 이름이요, 理라 함은 곧 천조의 대소유무를 이름이니, 대라 함은 우주만유의 본체를 이름이요, 소라 함은 만상이 형형색색으로 구별되어 있음을 이름이요, 유무라 함은 천지의 춘·하·추·동 사시순환과 풍·운·우·로·상설과 만물의 생·로·병·사와 흥·망·성·쇠의 변태를 이름이며, 연구라 함은 사리를 연마하고 궁구함을 이름이니라.

2. 사리연구의 목적

이 세상은 대소유무의 이치로서 건설되고 시비이해의 일로써 운전해 가나니, 세상이 넓은 만큼 이치의 종류도 수가 없고, 인간이 많은 만큼 일의 종류도 한이 없나니라. 그러나 우리에게 우연히 돌아오는 고락이나 우리가 지어서 받는 고락은 각자의 육근을 운용하여 일을 짓는 결과이니, 우리가 일의 시·비·이·해를 모르고 자행자지 한다면 찰나찰나로 육근을 동작하는 바가 모두 죄고로 화하여 전정 고해가 한이 없을 것이요, 이치의 대소유무를 모르고 산다면 우연히 돌아오는 고락의 원인을 모를 것이며, 생각이 단축하고 마음이 편협하여 생·로·병·사와 인과보응의 이치를 모를 것이며, 사실과 허위를 분간하지 못하여 항상 허망하고 요행한데 떨어져, 결국은 패가망신의 지경에 이르게 될지니, 우리는 천조의 난측한 이치와 인간의 다단한 일을 미리 연구하였다가 실생활에 다달아 밝게 분석하고 빠르게 판단하여 알자는 것이니라.

3. 사리연구의 결과

우리가 사리연구 공부를 오래오래 계속하면, 천만사리를 분석하고 판단하는데 걸림 없이 아는 지혜의 힘이 생겨 결국 연구력을 얻을 것이니라(『정전』 제2 교의편, 제4장 삼학, 제2절 사리연구).

제3절 작업취사

1. 작업취사의 요지

작업이라 함은 무슨 일에나 안·이·비·설·신·의 육근을 작용함을 이름이요, 취사라 함은 정의는 취하고 불의는 버림을 이름이니라.

2. 작업취사의 목적

정신을 수양하여 수양력을 얻었고 사리를 연구하여 연구력을 얻었다 하더라도, 실제 일을 작용하는데 있어 실행을 하지 못하면 수양과 연구가 수포로 돌아갈 뿐이요 실 효과를 얻기가 어렵나니, 예를 들면 줄기와 가지와 꽃과 잎은 좋은 나무에 결실이 없는 것과 같다 할 것이니라.

대범 우리 인류가 선이 좋은 줄은 알되 선을 행하지 못하며, 악이 그른 줄 알되 악을 끊지 못하여 평탄한 낙원을 버리고 험악한 고해로 들어가는 까닭은 그 무엇인가. 그것은 일에 당하여 시비를 몰라서 실행이 없거나, 설사 시비는 안다 할지라도 불같이 일어나는 욕심을 제어하지 못하거나, 철석같이 굳은 습관에 끌리거나하여 악은 버리고 선은 취하는 실행이 없는 까닭이니, 우리는 정의어든 기어이 취하고 불의어든 기어이 버리는 실행공부를 하여, 싫어하는 고해는 피하고 바라는 낙원을 맞아 오자는 것이니라.

3. 작업취사의 결과

우리가 작업취사 공부를 오래오래 계속하면, 모든 일을 응용할 때에 정의는 용맹 있게 취하고, 불의는 용맹 있게 버리는 실행의 힘을 얻어 결국 취사력을 얻을 것이니라(『정전』 제2 교의편, 제4장 삼학, 제3절 작업취사).

1. 삼학의 등장배경

삼학은 불교에서 이미 수행법으로 거론되어 왔으나 전통불교의 삼학은 출세간주의와 관련되어 일면을 강조하는 점이 없지 않았다. 이에 원불교는 불교혁신의 과제를 안고 대승과 소승을 겸한 생활불교로서 현실성을 지닌 보편적 대중교화를 지향하며 삼학 병진법을 등장시켰다.

1) 불타 당시의 삼학은 수행방법을 37가지로 해서 깨달음을 지향한다.

☞「부처 당시 삼학은 계정혜로써 37助道品을 총지해서 말하자면 계정혜 삼학이라고 『아함경』에 밝히고 있다. 37조도품은 옛날 불교에서 수행하는 방법을 37가지로 해서 도를 도와주는 품이다. 부처 당시 초기에는 공부체계가 세워지지 않았다. 그때그때 상황에 따라서 수행방법을 설하였기에 수행방법이 없었던 것이 대승불교에 와서 비로소 체계가 세워졌는데 그때도 역시 삼학을 계정혜로 한 것이 아니라 모든 수행의 강령을 총지해서 삼학이라 한 것이다」(이은석, 『정전해의』, 원불교출판사, 1985, p.155).

2) 전통불교의 수행은 종파의 입장에 따라 삼학의 일면을 강조한 성향이 적지 않았다.

☞「불타 당시의 수행법은 삼학을 통하여 원만하게 가르쳐 왔다. 그러나 오늘날에는 각각 그 종파의 입장에 따라 염불만 고양하는 염불종이나 정토종이 있으며, 혹은 불립문자 가운데 좌선으로만 일관하는 선종이 있으며, 교학상의 제 경전을 중심으로 하는 교종, 계율종만을 숭상하는 율종 등 다양한 종파가 있다」(한기두, 「불교와 원불교」, 《원보》 제46호, 원광대 원불교사상연구원, 1999년 12월, p.27).

3) 소태산은 수행 방향의 설정에 있어 불교의 대승·소승의 계정혜 삼학에 근거하고 있다.

☞「소태산은 대승사상에서 제기된 수행의 새로운 방향을 불타의 근본정신에 비추어 충분히 수용하면서 아울러 소승을 무시하지 아니하고 수행에 대한 진지한 자세를 함께 수용하며 그 근원은 계정혜 삼학에서 출발함을 알 수 있다」(한정석, 「원불교 불교관」, 『원불교사상시론』 1집, 수위단회사무처, 1982, p.81).

4) 불법의 생활화를 위해 삼학으로서 훈련의 요도를 정하고자 하였다.

☞「『근행법』 <불교 대중화의 대요>의 내용이 불법의 생활화를 하기 위한 내용으로 되어 있다. : 1. 道場은 신자의 집중지에 置하고 일상생활에 접근케 함, 2. 불조 정전의 심인을 체로 하고 계정혜 삼학으로서 훈련의 요도를 정함, 3. 교과서로 사용하는 경전은 평이한 문자와 통속어로써 편찬함」(『근행법』 4장, 원기 28년 간).

5) 소태산은 도교나 불교의 출세간적 성향을 극복, 현실에 삼학의 적용을 도모하고 있다.

☞「(소태산은) 도가에 대해서도 불교와 마찬가지로 현실을 떠난 심전계발에만 힘쓰는 것을 개혁하려 하였다. 물론 심전계발이 중요한 일이긴 하지만 이것도 역시 수양, 연구, 취사의 삼학에 의해 적용되어야 함을 역설하고 있다」(이은봉, 「미래종교에 대한 원불교적 대응」, 제18회 원불교사상연구 학술대회《소태산 대종사와 정산종사》, 원광대 원불교사상연구원, 1999년 2월 2일, pp.27-28).

2. 삼학의 의미

삼학은 일원의 체성에 합일하여 원만구족 지공무사함을 얻는 공부법으로 일체생령을 구제하고 삼위일체가 되어 지상낙원을 건설하는 동력이 된다. 또한 삼대력의 양성을 통해 자성불을 발견하는 길이므로 삼학은 원불교 수행의 요체이자 인격함양의 길이다. 이에 삼학의 각항을 실천하여 애착을 초월하고 무명을 극복하며 선업을 닦는 공부길이다.

1) 삼학은 일원의 체성에 합일하는 공부길이다.

☞「삼학수행은 과거 천성 만성의 닦아온 공부길이요 불보살의 인격을 이루어서 일원의 위력을 얻고 일원의 체성에 합일하는 가장 올바른 공부길이라 할 수 있다. 수행의 강령으로서의 삼학은 정신수양 사리연구 작업취사이다」(안이정, 『원불교교전 해의』, 원불교출판사, 1998, p.279).

2) 삼학은 일원의 진리에 근거하여 원만구족하고 지공무사함을 얻는 공부법이다.

☞「삼학은 원만구족하고 지공무사한 제불제성의 심인이요 범부중생의 본성인 일원상의 진리에 근거하여 원만구족하고 지공무사한 수양력, 연구력, 취사력을 얻어나가는 공부길로서 필경 일원의 진리에 완전 합일 회복하는 동시에 일체생령을 구제하는 길이다」(신도형, 『교전공부』, 원불교출판사, 1992, p.178).

3) 삼학은 일체 생령을 건지는 길이다.

☞「삼학은 일체생령을 건지는 길이다」(『정전대의』-대산종사법문 1집, 9.삼학병진, 4.삼학병진 하는 법).

4) 삼학의 공부법은 삼위일체가 되어 지상낙원을 건설하는 동력이다.

☞「삼학의 공부 방법은 三이 곧 一이 되고 一이 곧 三이 되는 여월래야 여월 수 없는 삼위일체가 되는 원만 무결한 공부의 방법임을 알아서 안으로 밝히고 밖으로 쌓아올리어 일원의 진리를 나의 소유로 만들어서 지상낙원을 건설하는 원동력이 됨을 알아야 한다」(이운권, 고산종사문집1 『정전강의』, 원불교출판사, 1992, p.52).

5) 삼학 수행을 통한 삼대력은 본래 갖추어 있던 자성불의 발현이다.

☞「삼학 수행을 하면 그 결과로서 삼대력을 얻는다. 삼대력은 없던 것이 새롭게 만들어지는 것이 아니라 본래 갖추어 있던 것을 발현시키는 것이다」(한정석, 『원불교 정전해의』, 도서출판 동아시아, 1999, p.240).

6) 삼학은 원불교 수행의 요체이자 인격완성의 골격이다.

☞「삼학은 원불교 수행의 요체이며 인격완성의 골격이다. 여기에는 정신수양 사리연구 작업취사 세 가지가 있다」(서경전, 『교전개론』, 원광대학교출판국, 1991, p.265).

7) 삼학은 애착을 초월하고 무명을 벗어나며 선업을 실현하는 길이다.

☞「정신수양은 마음의 자주력을 얻기 위한 공부로서 죄고의 주요 원인이 되는 애착을 초월하는 공부이다. … 사리연구는 인간사와 우주의 진리에 대한 연구를 통해 죄업의 근원인 無明을 벗어나는 공부이다. … 작업취사는 구속을 불러오는 죄업을 짓지 않고 선업 즉 자기 실현의 행을 하는 공부이다」(김기원, 「원불교 자유관」, 『원불교사상시론』 1집, 수위단회사무처, 1982, p.163).

3. 삼학의 대의강령

1) 정신수양의 요지가 설명되고, 정신수양의 목적과 정신수양의 결과가 설명되고 있다.

2) 사리연구의 요지가 설명되고, 사리연구의 목적과 사리연구의 결과가 설명된다.

3) 작업취사의 요지가 설명되고, 작업취사의 목적과 작업취사의 결과가 설명된다.

4. 삼학의 구조

1) 정신수양

　(1) 정신수양의 요지
　(2) 정신수양의 목적
　(3) 정신수양의 결과
2) 사리연구
　(1) 사리연구의 요지
　(2) 사리연구의 목적
　(3) 사리연구의 결과
3) 작업취사
　(1) 작업취사의 요지
　(2) 작업취사의 목적
　(3) 작업취사의 결과

5. 단어해석

1) 정신수양

정신수양 : 삼학의 첫째 항목으로 인간으로서 어떤 경계에도 흔들리지 않도록 정신세력의 확충을 통해 수양력을 기르는 공부가 精神修養이다. 소태산은 마음이 두렷하고 고요하여 분별성과 주착심이 없는 경지를 정신이라 하였다. 또 안으로 분별성과 주착심을 없애고 밖으로 산란한 경계에 끌리지 않도록 두렷하고 고요한 정신을 양성하는 것을 수양이라 하였다.

분별성 : 일의 전개나 사리간 변별하고 분간하는 성질을 分別性이라 한다. 즉 사심 잡념이 발동하여 계교심으로 온갖 번뇌를 일으키고 시비이해를 따지며 마음을 산란하게 하는 것이다.

주착심 : 어느 하나에 치우치고 고집에 국한되어 보편성을 잃고 편착하는 마음을 主着心이라 한다. 삼독 오욕에 구애되고 원근친소에 치우치는 것이 중생의 마음이며, 정신수양은 분별성과 주착심을 없애는 공부이다.

경지 : 심신이 어느 단계에 도달한 상태를 境地라 한다. 그리고 일정한 자신의 특성과 분야 및 체계로 이루어진 독자적인 지경, 환경과 처지를 境地라 한다. 예컨대 깨달음의 심오한 경지가 이와 관련된다.

산란 : 흩어지고 어지러워지는 것을 散亂이라 한다. 마음이 산란하다는

것은 마음이 이리저리 흩어져 집중할 수 없는 것을 말한다. 물리에서는 파동이나 입자선이 물체와 충돌하여 각 방향으로 흩어지는 현상이다.

유정물 : 욕심과 마음이 있는 중생으로서 동물의 총칭을 有情物이라 한다. 이에 대해 무정물 곧 非情(비유정물)은 식물·산천·대지를 말하는데, 『성유식론술기』 1권에서는 유정·비정을 아우르는 말이라 했다.

최령 : 인간은 이성적 동물로서 만물의 영장이라 하는데 이러한 인간을 最靈하다고 한다. 인간이 만물 가운데 가장 영장적인 존재임을 표명한 것은 『순자』 王制편이다. 정산종사는 법어 무본편 48장에서 수도인은 법도에 따라 최령의 가치를 소중히 삼는다고 했다.

예의염치 : 예절바름과 부끄러운 태도를 禮儀 廉恥라 한다. 유가에서는 禮·義·廉·恥를 각각 풀어 해석하는 경향이 있다. 소태산은 『대종경』 요훈품 38장에서 제도하기 어려운 사람으로 모든 일에 염치가 없는 사람이라고 했다. 정산종사는 법어 원리편 52장에서 사람의 도리와 예의염치를 알지 못하고 자행자지하는 사람은 어찌될 것인가에 대하여 학림 경강시간에 주의를 주었다.

가패신망 : 가산을 없애고 몸을 망치는 행위를 家敗身亡이라 한다. 패가망신도 이와 같은 뜻이다.

번민망상 : 마음이 번거롭고 답답함을 煩悶이라 하고 터무니없는 삿된 생각을 妄想이라 한다. 중생들은 번민망상으로 윤회의 지옥생활을 한다.

분심초려 : 분한 마음을 忿心이라 하고, 마음을 애태우는 것을 焦慮라 한다. 마음이 분하고 억울하여 애를 태우는 것을 분심초려라 한다.

염세증 : 세상을 비관하고 인생을 괴롭게 여기는 증상을 厭世症이라 한다. 이는 실연이나 사업실패로 인해 삶에 대한 우울증상으로 나타난다. 부정적 비관주의자들이 주로 염세주의에 떨어진다. 염세주의란 '최악(最惡)' 을 뜻하는 라틴어 'pessimum' 에서 유래한 말이기도 하다.

신경쇠약자 : 내외의 자극에 대하여 보통 사람과 달리 신경이 과민하게 반응하여 초조해지거나 피로해지기 쉬운 사람을 神經衰弱者라 한다.

실진자 : 정신 이상이 생겨 실성한 사람을 失眞者라 한다.

극도 : 더할 수 없는 궁극의 정도를 極度라 한다.

천지만엽 : 천 가지 만 잎사귀가 있는 무성한 나무를 언급할 때 千枝萬

葉이라 하는 바, 여기에서는 마음작용이 복잡다단하게 전개되는 상황을 말한다. 예컨대 욕심이 천지만엽으로 커져가는 것이 이것이다.

온전 : 허점이 없으며 평온하고 전일한 상태를 穩全이라 한다.

자주력 : 남의 보호나 간섭을 받지 않고 독립적으로 하는 힘을 自主力이라 한다. 정신수양을 온전히 하면 굳건한 자주력을 얻는다.

철석 : 쇠와 돌을 鐵石이라 하며, 이는 굳고 단단함을 비유한 말이다.

견고 : 굳세고 단단하며 확고함을 堅固하다고 한다.

수양력 : 정신을 온전히 수양하여 얻은 마음의 힘을 修養力이라 한다. 삼학 중에서 정신수양을 통해 얻은 定力이 이것이다. 수양력이란 철주의 중심이 되고 석벽의 외면이 되는 자주의 힘이다.

2) 사리연구

사리연구 : 삼학의 두 번째 항목이 사리연구이다. 소태산은 인간의 시비이해를 事라 하고 천조의 대소유무를 理라 하며, 연구란 사리를 연마하고 궁구함을 이른다고 하였다. 이 사리연구를 통해 진리와 현상에 밝아져서 지식과 지혜를 갖추게 된다.

시비이해 : ☞『정전풀이』(상)「사은, 법률은」'시비이해' 참조.

천조 : 하늘의 造化, 천지자연의 조화를 天造라 한다. 곧 천조는 천지가 만물을 창조하는 것과 같은 뜻이다.

대소유무 : ☞『정전풀이』(상)「일원상, 일원상의 진리」'대소유무' 참조.

우주만유 : ☞『정전풀이』(상)「교법의 총설」'우주만유' 참조.

본체 : 우주만유의 현상에 대한 本體는 우주의 궁극적 실체나 일원상 진리의 본원을 말한다. 사리연구에서는 대소유무의 大를 우주만유의 본체라고 하였다. 본체·현상의 체용에 있어 체에 해당하기도 한다.

만상 : 형상이 있는 온갖 물건을 萬象이라 한다. 이를테면 우주에 전개되어 있는 실상들로서 삼라만상이 이것이다.

형형색색 : 모양과 빛깔의 가지각색을 形形色色이라 한다.

춘하추동 : 사계절의 순환으로서 사시순환을 春夏秋冬이라 한다. 이를테면 생명체가 싹이 트는 봄, 무성해지는 여름, 결실을 맺는 가을, 동면

기의 겨울로서 춘하추동이 이와 관련된다. 소태산은 춘하추동 사시의 변천이 차서를 잃지 아니함과 같이 모든 일에 그 순서를 찾아서 하는 것(『대종경』, 인도품 9장)을 언급하고 있다.

풍운우로상설 : 우주 대자연의 기후작용에 관련되는 것을 風雲雨露霜雪이라 한다. 곧 바람, 구름, 비, 이슬, 서리, 눈 등이 이것이다.

생로병사 : ☞『정전풀이』(상) 「일원상서원문」 '생로병사' 참조.

흥망성쇠 : 흥하고 망하고 성하고 쇠하는 모습들을 興亡盛衰라 한다. 요컨대 우주의 대소유무에 있어 有無란 천지의 춘하추동과 풍운우로상설과 만물의 생로병사와 흥망성쇠의 변태를 이름이라 하였다.

변태 : ☞『정전풀이』(상) 「사은, 천지은」 '변태' 참조.

고락 : 괴로움과 즐거움을 고락이라 한다. 곧 삼독오욕·윤회 등에 의해 나타나는 고통이 苦이고, 이와 달리 해탈의 기쁨이 樂이다. 소태산은 「고락에 대한 법문」을 밝혀 정당한 고락을 누리도록 했다.

육근 : 인간의 기본적인 감관작용의 요소로서 육식(안식·이식·비식·설식·신식·의식)을 일으켜 육경(색성향미촉법)을 인식하는 여섯 가지의 근원을 六根이라 한다. 이를테면 안이비설신의를 말한다.

운용 : 인간의 감관작용을 움직여 활용하는 것을 運用이라 한다.

자행자지 : 자기 멋대로 하는 행동으로서, 아무런 원칙이나 규제도 없이 제멋대로 하는 행동을 自行自止라 한다. 이러한 행동은 결국 악도 윤회를 벗어나지 못하는데, 사회에서 죄악을 짓는 경우가 많기 때문이다.

찰나 : 시간의 최소단위로서 지극히 순간적인 것을 刹那라 한다. 범어로는 '크샤나'로서 순간의 음역이다. 『아비달마 대비바사론』 136권에서 120의 찰나를 1달찰나(一怛刹那 : 순간의 시간, 약 1.6초)라 한다.

죄고 : 우리의 무분별한 행동이 악연이나 범법으로 이어지면 결국 죄과를 받고 고통을 겪는 것을 罪苦라 한다. 중생으로서 무명 번뇌 등으로 인한 강급의 악도 윤회에 떨어질 때 죄고를 겪는다.

전정고해 : 앞길을 前程이라 하고 고통스러운 바다를 苦海라 하는 바, 전정고해란 바로 앞에 또는 앞으로 고통이 많아진다는 것을 뜻한다.

단촉 : 앞으로 다가올 기간이 촉박한 것을 短促이라 한다. 또 생각이 단촉하다는 것은 숙고하지 않고 즉흥적으로 어림해버리는 경우이다.

편협 : 심법이나 도량이 좁고 협소한 것을 偏狹이라 한다.

인과보응 : ☞『정전풀이』(상) 「일원상법어」 '인과보응' 참조.

요행 : 부정적 용어로 뜻밖에 얻는 행운이나 복을 僥倖이라 한다.

패가망신 : ☞『정전풀이』(상) 「삼학, 정신수양」 '가패신망' 참조.

지경 : 어떠한 상황이나 처지를 地境이라 한다.

난측 : 헤아려 알기 어려운 것을 難測이라 한다. 이를테면 천조의 난측한 이치를 말한다. 대소유무의 묘한 이치를 헤아리기 어렵기 때문이다.

다단 : 일이 복잡하거나 여러 갈래가 되어 얽히기 쉬움을 多端이라 한다. 이를테면 인간사의 시비이해가 복잡다단한 경우를 말한다.

천만사리 : ☞『정전풀이』(상) 「사은, 천지은」 '천만사리' 참조.

연구력 : 사리를 연마함으로써 얻는 힘을 研究力이라 한다. 천조의 대소유무와 인간의 시비이해를 연마하면 무명이 사라지고 견성을 쉽게 할 수 있다. 이에 정신수양이 定力이라면 사리연구는 慧力으로 이어진다.

3) 작업취사

작업취사 : 삼학의 세 번째 항목이 作業取捨이며, 정의실행이라 풀어 말할 수 있다. 육근을 작용함에 있어 취사선택을 잘하여 정의는 취하고 불의는 버리는 행위가 이와 관련된다. 계행청정이 작업취사이기도 하다. 정신수양, 사리연구는 결국 작업취사로 이어질 때 공부의 실효과를 거둘 수 있다.

안이비설신의 : 육근을 眼耳鼻舌身意라고 한다. 육근은 『정전』「삼학, 사리연구」의 '육근' 참조.

정의 : 올바름·진리·공명정대와 관련되는 것을 正義라 한다. 종교적으로 사도나 미신·권모술수를 벗어난 정법대도가 정의인 것이다.

수포 : 헛된 결과를 水泡라 한다. 물거품이 본래의 뜻이며, 결실을 맺지 못할 때 수포로 돌아간다는 말을 사용하곤 한다.

실효과 : 실생활이 실제의 생활이라면 實效果는 실제의 효과이다.

평탄 : 지면이 평평한 것, 또는 마음이 안온한 것을 平坦이라 한다. 아울러 일이 험악하지 않고 순조롭게 전개되는 것도 평탄이다.

낙원 : ☞『정전풀이』(상) 「개교의 동기」 '낙원' 참조.

고해 : ☞『정전풀이』(상) 「사은, 동포은」 '고해' 참조.

욕심 : 우리가 물질세계에 대하여 소유하고자 하는 욕망이 나타나는데 이를 慾心이라 한다. 욕심이 지나치면 탐욕이라 하는 바, 탐욕에 끌려 사는 세상이 고해이며, 고통을 야기하는 욕심의 종류로는 오욕이 있다.

제어 : 통제하여 조정하는 것을 制御라 한다.

습관 : 인간이 일생을 살아가면서 오랫동안 익혀온 버릇을 習慣이라 한다. 습관은 자칫 타락의 업을 지을 수 있기 때문에 개선의 대상이다.

실행공부 : 구습이나 불의는 죽기로 하지 않겠다는 실천의지의 발로에서 나온 공부를 實行工夫라 한다. 곧 작업취사가 실행공부의 축이다.

용맹 : 날래고 사나움을 勇猛이라 한다. 비컨대 실천의지를 용맹 있게 전개한다는 것은 행위의 우유부단함을 극복하자는 뜻이다. 자신의 발원에 대하여 용맹 정진한다는 용어를 사용하기도 했다.

취사력 : 수양력·연구력을 갖춤은 물론 取捨力을 갖추는 것은 삼대력이 확보되는 것이다. 아는 것을 실행하려면 부단한 적공의 힘이 요구되는 만큼 지행합일의 측면에서 취사력은 인격함양의 힘이다.

6. 숙어 · 문제풀이

1) 정신수양

1) 두렷하고 고요하여 분별성과 주착심이 없다는 것은?

(1) 마음이 분별망상으로 계교 사량하는 것을 벗어나 온갖 고통을 겪지 않음을 말한다.

(2) 마음이 천지만엽으로 흩어져서 편착되거나 요란하지 않음을 말한다.

(3) 정신수양은 분별 주착을 없애는 것으로서 修其妄念·養其眞性이 되어 진여자성이 나타난다.

(4) 정신수양의 궁극적 경지는 두렷하고 고요하여 분별 주착이 없음을 말하며, 이를 위해 염불 좌선 등이 필요하다.

2) 유정물은 배우지 아니하되 근본적으로 알아지는 것과 하고자 하는 욕심이 있다는 것은?

(1) 유정물이란 情識이 있는 동물로서 본능적 욕심이 작용한다.

(2) 인간 역시 탄생하면서부터 육근이 작용하여 육경을 대할 때 육식이 나타난다.

(3) 생명현상이란 유전인자에 있어 잠재적으로 앎과 행동을 간직하고 있어 작용하는 것이며, 이는 생명체로서의 기본 활력이다.

(4) 유정물로서 인간이 누리는 인간락이라 함은 곧 형상 있는 세간의 오욕락을 이름이다(『대종경』, 불지품 15장).

3) **최령한 사람은 보고 듣고 배우고 하여 아는 것과 하고자 하는 것이 다른 동물의 몇 배 이상이라는 것은?**

(1) 인간은 만물의 영장으로서 영성을 키워가는 바, 이를 최령한 존재(『대종경』, 변의품 19장)라 한다.

(2) 보고 듣고 배운다는 것은 이성적 존재로서 견문을 넓혀간다는 것으로 이는 오로지 인간만이 가능한 일이다.

(3) 사람이 만물 가운데 가장 영특하지만 교육의 힘이 아니면 능히 최령의 자격을 이루지 못할 것(『정산종사법어』, 세전, 제2장 교육)이라 했다.

(4) 인간은 최령한 능력을 구비한 존재이므로 여타 생명체에 비해 인지력과 판단력이 뛰어나지만 이를 잘못 이용해서는 안 된다.

4) **예의염치와 공정한 법칙은 생각할 여유도 없이 욕심만 채우려다 가패신망을 하고, 번민망상과 분심초려로 자포자기, 신경쇠약, 실진, 자살에 이른다는 것은?**

(1) 타락한 중생은 도박·술·이성에 정신이 빼앗겨 가정이 파산됨은 물론 자신도 패가망신하는 경우가 흔하다.

(2) 예의염치와 법칙은 이성적 인간으로서 지켜야 할 기본사항인데, 욕심에 매달리면 본능적 행동이 유발되어 가패신망일 따름이다.

(3) 고요히 맑혀야 할 마음이 번민과 근심에 사로잡힌다면 정신력이 약해져 건전한 심신을 잃고 만다.

(4) 매사에 예의염치도 없어지고 천지만엽으로 벌여가는 욕심에 매달리다 보면 온전한 정신은 사라져 결국 가패신망에 이른다.

5) **정신수양을 오래 하면 정신이 철석같이 견고하여 천만경계를 응용할 때에 마음에 자주력이 생긴다는 것은?**

(1) 분별성과 주착심이 사라지면 정신이 철석같이 견고해진다.

(2) 어떠한 순역 경계에도 흔들리지 않으면 부동심을 이룬다.

(3) 오욕과 삼독심을 제거하고 보면 마음에 자주력이 생긴다.

(4) 염불 좌선으로 선정의 깊은 경지에 이르면 心力이 발하여 생사의 자유와 고락을 초월하게 된다.

2) 사리연구

1) 事는 인간의 시비이해이며, 理는 곧 천조의 대소유무라는 것은?

(1) 사리연구에 있어 事와 理의 의미를 강령적으로 밝힌 것으로, 우주사와 인간사를 통해서 연구력을 기르자는 것이다.

(2) 事는 인간의 시비이해로서, 시비는 옳고 그름을 말하고 이해는 이롭고 해로움을 말한다. 곧 인간은 시비이해 속에서 살아가는 것이다.

(3) 理는 천조의 대소유무로서, 대는 우주 만유의 본체이고, 소는 만상의 형형색색이며, 유무는 천지의 춘하추동과 풍운우로상설, 만물의 생로병사와 흥망성쇠 등 변화되는 양상을 말한다.

(4) 원불교의 사리연구는 우주사와 인간사라는 천인합일 내지 천인통찰적 연마론이다.

2) 만상이 형형색색으로 구별되어 있고, 천지의 변태란?

(1) 우주 만유의 본체가 大라 하면, 小는 그 작용으로서 대소는 곧 체용관계를 지닌다.

(2) 小는 만상이 형형색색으로 구별되어 있는 것으로 우주 만유의 현상세계를 말한다.

(3) 천지의 변태란 천지의 춘하추동과 풍운우로상설, 만물의 생로병사와 흥망성쇠 등 변화되는 양상을 말한다.

(4) 만상이 형형색색으로 구별되어 천지 변화가 자연스럽게 일어나는데, 이는 일원상 진리의 '무상으로 보면' 을 말한다.

3) 세상이 넓은 만큼 이치의 종류도 수가 없고, 인간이 많은 만큼 일의 종류도 한이 없다는 것은?

(1) 우주 만유의 이치가 대소유무의 이치로 건설되기 때문에 이치의 종류는 한이 없는 것이다.

(2) 인간은 시비이해로서 일을 전개하므로 일의 종류는 한이 없다.

(3) 따라서 대소유무와 시비이해를 전개함에 있어 일과 이치의 종류가 많은 만큼 이에 대하여 다양한 연구가 절실하다.

(4) 사리연구의 요지에 있어 理란 천조의 대소유무를 이른다고 했으니, 이치의 종류가 많고 일의 종류도 한이 없음을 말한다.

4) 우연히 돌아오는 고락과 지어서 받는 고락은 각자의 육근을 운용하여 일을 짓는 결과란?

(1) 우연히 돌아오는 고락은 육근작용을 따라 나도 모르게 우연히 나타나는 고락이다.

(2) 비록 우연한 일이지만 뜻하지 않는 인과에 의해 나타난 것으로, 그렇다고 필연의 고락과 크게 떨어져 있는 것은 아니다.

(3) 필연적인 인과 작용에 의하여 육근을 운용하여 받는 고락이 지어서 받는 고락이다.

(4) 소태산은 고락의 여러 종류를 밝혔는데, 이의 대표적 고락으로는 우연히 돌아오는 고락이요, 지어서 받는 고락이다.

5) 일의 시비이해를 모르고 자행자지한다면?

(1) 우리의 육근작용이 전개되는 이치를 몰라서 결국 죄고를 쌓아서 패가망신하게 된다.

(2) 일의 전개에 있어 이익과 손해될 상황파악이 어두워져서 매사에 실패가 뒤따른다.

(3) 일을 처리하고 나서 옳고 그름을 파악하지 못하므로 지속적인 악업의 윤회를 짓는다.

(4) 자행자지를 하지 않는다는 것은 일의 시비이해를 잘 판단하기 때문에 가능한 일이다.

6) 우주의 대소유무를 모르고 산다면?

(1) 우연히 돌아오는 고락의 이치를 모르고 생각들이 단촉해진다.

(2) 우주만유가 형형색색으로 변화되는 원리를 모르므로 성품의 원리 파악이 어려워진다.

(3) 진리에 눈이 어두워져서 불생불멸의 진리와 인과보응의 이치를 모르며 산다.

(4) 대소유무와 시비이해의 파악은 감각감상과 심신작용처리건을 기재하는 일기공부로 심화할 수 있다.

7) 천조의 난측한 이치와 인간의 다단한 일을 미리 연구하는 것은?

(1) 우주의 대소유무를 연구함으로써 우주의 체용진리에 밝아진다.

(2) 인간의 시비이해를 연구함으로써 판단의 지혜가 확충된다.

(3) 난측한 이치를 파악하고, 다단한 일을 알게 됨으로써 사리에 막힘이 없다.

(4) 경전연마, 의두와 성리이해 등으로 인하여 사리에 지혜롭다.

8) 우리가 사리연구를 오래오래 계속하면?

(1) 진리의 허실 진위를 파악함으로써 지혜광명을 얻게 된다.

(2) 우리의 현실적 삶에 있어서도 밝고 빠른 판단력을 갖게 된다.

(3) 이치와 일에 있어 이무애 사무애의 경지에 이르게 된다.

(4) 불생불멸과 인과보응의 이치를 깨달아 대각에 이른다.

3) 작업취사

1) 작업이란 안이비설신의 육근 작용이요, 취사란 정의는 취하고 불의는 버림이란?

(1) 작업이라 함은 우리의 심신작용이 육근을 통해서 발현되는 것으로, 원만구족하고 지공무사한 행동을 하는 것이 작업취사이다.

(2) 취사는 취할 것은 취하고 버릴 것은 버리는 것인데, 취할 것은 정의이며, 버릴 것은 불의라는 것이다.

(3) 작업취사는 본능에 끌리는 부당한 욕심을 절제하고 복덕을 쌓는 선행을 도모하는 것이다.

(4) 이 원상은 육근을 사용할 때 쓰는 것이니 원만구족하고 지공무사한 것이며, 작업취사의 궁극 목적이 이것이다.

2) 정신수양과 사리연구를 했어도, 실제 일을 작용하는데 있어 실행을 하지 못하면 수양과 연구가 수포에 돌아간다는 것은?

(1) 나무의 줄기와 잎사귀가 무성해도 결실이 없는 나무는 쓸모가 없는 원리와 같다.

(2) 수양과 연구를 잘 하더라도 취사의 행동에서 좋은 결실을 얻지

못할 경우 바람직하지 못한 삶이 되는 것이다.

(3) 원만한 인격은 삼학병진을 통해서 얻어지는데, 일면적 수행 곧 편벽된 수행은 곤란한 일이다.

(4) 지행합일이 되지 않는 것은 앎과 실행의 불일치 때문이다.

3) 인류가 선이 좋은 줄은 알되 선을 행하지 못하고, 악은 그른 줄 알되 악을 끊지 못한다는 것은?

(1) 중생은 무명에 가리어 살기 때문에 선악을 변별하기 어렵다.

(2) 전생 습관에 끌려 살거나 현생의 안이한 생활 때문에 악을 끊지 못한다.

(3) 일을 당하여 시비를 몰라 실행이 없고, 시비를 알아도 불같이 일어나는 욕심 때문에 악을 범한다.

(4) 고통의 윤회가 뒤따르는 것은 악을 그칠 줄 모르기 때문으로, 권선징악의 사회적 교육풍토가 요구되는 것이다.

4) 정의어든 기어이 취하고 불의어든 기어이 버리는 실행공부를 하려면?

(1) 온전한 생각으로 취사를 하되, 정의와 불의가 미칠 인과적 결과를 항상 염두에 두어야 한다.

(2) 강한 결단력이 정의와 불의의 취사에 대한 비장한 마음인 바, 실행의 힘은 용장한 결단심에서 추진되는 것이다.

(3) 육근 작용에 있어 정의는 죽기로써 취하고 불의는 버리는 것은 언제나 수행해야 할 무시선의 강령이기도 하다.

(4) 정의와 불의에 대한 바른 선택의 실행공부는 작업취사의 목적이기도 하다.

5) 우리가 작업취사를 오래오래 계속하면?

(1) 선행을 지속해서 쌓으면 상생의 선연으로 복락을 수용한다.

(2) 동정간 중정의 취사력을 얻어 성불제중의 큰 힘을 얻게 된다.

(3) 모든 일을 응용할 때 정의는 용맹 있게 취하고 불의는 용맹 있게 버리는 것은 실행의 힘이 있기 때문이다.

(4) 삼학 중에서도 행동으로 이어지는 적공의 결실은 작업취사를 통해서 가능한 일이다.

7. 관련법문

☞「우리 공부의 삼학은 우리의 정신을 단련하여 원만한 인격을 이루는 데에 가장 필요한 법이며 잠간도 떠날 수 없는 법이니, 예를 들면 육신에 대한 의식주 3건과 다름이 없다 하노라. … 우리의 정신에는 수양 연구 취사의 세 가지 힘이 있어야 살 수 있나니, 만일 한 가지라도 부족하다면 모든 일을 원만히 이룰 수 없나니라」(『대종경』, 교의품 18장).

☞「우리가 경전으로 배울 때에는 삼학이 비록 과목은 각각 다르나, 실지로 공부를 해나가는 데에는 서로 떠날 수 없는 연관이 있어서 마치 쇠스랑의 세 발과도 같나니, 수양을 하는 데에도 연구 취사의 합력이 있어야 할 것이요, 연구를 하는 데에도 수양 취사의 합력이 있어야 할 것이요, 취사를 하는 데에도 수양 연구의 합력이 있어야 하나니라」(『대종경』, 교의품 21장).

☞「수양은 망념을 닦고 진성을 기름이 그 대지요, 연구는 지혜를 연마하며 본원을 궁구함이 그 대지요, 취사는 중정을 취하고 사곡을 버림이 그 대지니라」(『정산종사법어』, 경의편 19장).

8. 정신수양의 의의와 특징

1) 정신수양의 의의

원불교의 수양론으로서 정신수양은 분별성과 주착심을 없애고 진여자성을 나타내는 공부법으로서 경계에 당하여 나타나는 욕심을 제거하고 온전한 정신을 양성하는 것이 그 의의이다. 정신을 수양하지 않으면 번민, 자포자기, 신경쇠약 등에 의해 고통을 받으므로 이의 극복을 위한 마음의 자주력을 얻는 것이 요구된다. 그리고 정신수양은 마음공부 곧 정신개벽에 큰 의미를 두고 있으며, 이를 위해 염불과 좌선 등의 수행이 필요하다. 곧 삼학 병진 속에서 정신수양이 그 근간이 되는 것을 아는 것이 중요하다.

(1) 정신수양의 의의는 분별성과 주착심을 없애어 진성을 나타냄이다.

☞「정신수양의 의의는 분별과 주착심이 없는 자리를 양성하고 지키자는 것이다. 이를 위하여 분별성과 주착성을 없애고 산란한 경계를 멀리한다. 즉 천지만엽을 하나로 모으고 타는 불을 꺼서 진성을 밝히는데 있다」(원불교사상연구원 편, 『숭산논집』, 원광대학교출판국, 1996, p.76).

(2) 천지만엽으로 나아가는 욕심을 제거하고 온전한 정신을 얻고자 하는 것이 정신수양의 의의이다.

☞「인간의 마음이란 원래 요란함이 없이 고요하고 맑은 것이다. 요란함이 없는 고요하고 맑은 마음이 경계를 따라서 요란해지기도 하며, 원래 또 인간은 하고자 하는 욕심이 다른 동물의 몇 배가 되기 때문에 요란해지기도 한다. 그러므로 천지만엽으로 나가는 욕심을 제거하고 온전한 정신을 얻기 위해서 정신수양이 필요하다」(이성택, 「원불교 수행론」, 『원불교사상시론』 1집, 수위단회사무처, 1982, p.33).

(3) 모든 욕심을 제거하고 근본정신을 회복하는 것이 정신수양이며, 이를 통해 번민망상, 분심초려, 자포자기, 신경쇠약 등도 예방할 수 있다.

☞「예의와 염치도 망각하고 저에게 있는 권리와 기능과 무력을 다하여 시시각각으로 일어나는 그 욕심만 채우려 하다가 뜻대로 아니되면 번민망상과 분심초려와 자포자기의 염세증도 내고 혹은 신경이 극도로 쇠약해져서 失盡, 자살하는 자 등 가패신망은 고사하고 사회 국가를 어지럽게 하는 자 그 수가 많나니 이 어찌 두려워할 바 아니겠는가. 과연 우리가 그 모든 욕심을 제거하고 근본정신을 회복하자면 무엇보다도 먼저 수양의 필요성을 절실히 느끼게 되는 것이다」(구타원종사 법문집 편집위원회 편, 『인생과 수양』, 원불교출판사, 2007, p.23).

(4) 정신수양은 천만경계에 응용할 수 있는 마음의 자주력을 얻는데 그 의의가 있다.

☞「우리가 정신수양 공부를 오래오래 계속하면 정신이 철석같이 견고하여, 천만경계를 응용할 때에 마음에 자주의 힘이 생겨 결국 수양력을 얻을 것이니라」(『정전』, 제4장 삼학, 제1절 정신수양, 3. 정신수양의 결과).

(5) 정신수양의 의의는 정신개벽에 있다.

☞「원불교 사상에 접근하는 방법의 하나로서 중심 개념을 분석하는 길이 있다. 여기서는 정신개벽, 정신수양 등 핵심 사상을 표현하는데 사용된 정신의 의미를 검토하기로 한다. 정신개벽은 원불교의 창교이념이며 정신수양은 실천수행론의 기본을 형성하는 중요 이념이기 때문이다」(김낙필, 「정신 개념의 연원과 특성」, 『원불교수행론 연구』, 원광대출판국, 1996, p.93).

(6) 정신수양은 염불과 좌선, 무시선을 통해 전개되는 바, 동정간 불리자성의 일심공부이다.

☞「정신수양의 방법으로 소태산은 훈련법에서 정시에는 염불과 좌선, 동시에는 그일 그일에 일심양성을 강조하고 있으며, 정산종사도 염불과 좌선과 무시선·무처선을 정신수양의 방법으로 들면서 그 요를 동정간에 자성을 떠나지 않는 일심공부라 하고 있다」(박병수, 「정신수양의 기론적 접근」, 『원불교수행론 연구』, 원광대출판국, 1996, pp.144-145).

(7) 삼학을 병진하되 정신수양의 가치가 그 근간이 된다.

☞「궁극적으로 수행과 신앙이 둘이 아니나 수행이 근본되어야 하며, 수행에 있어 삼학은 병진되어야 하나 현대사회와 현재의 교단상황은 정신수양의 가치를 더욱 필요로 한다」(유용진 외 編, 『원불교 개교 100주년을 연다』, 원불교신문사, 2006, p.191).

2) 정신수양의 특징

정신수양은 삼학 공부에 있어 첫 출발점이 되며, 아울러 정에 치우친 편벽 수행이 아니라 동정간 불리자성, 곧 내정정 외정정의 공부법이 그 특징이다. 곧 불교의 定 중심에서 극복하여 온전한 생각으로 취사를 하는 삼대력 양성을 근본 목적으로 하고 있다. 그리고 정신수양은 심성수양과 기질수양을 아우르는 특징이 있으며, 죄악을 극복하고 복락을 이루는 근간이 된다. 이에 유교의 현실 중시의 극기복례, 부동심에 견줄만한 수양법인 것이다.

(1) 삼학 공부는 정신수양에서 출발하며, 뒤이어 사리연구와 작업취사로 이어진다.

☞「구하는 정신을 개벽시킨다는 것은 사리연구를 통해 순리와 합리를 체득시키고 정신수양을 통해 물질에 끌리지 않는 주체를 확립시키며 작업취사를 통해 정당한 보은행을 함으로써 정당하게 구하자는 것으로, 즉 삼학공부로 요약된다」(김낙필, 「정신 개념의 연원과 특성」, 『원불교수행론 연구』, 원광대출판국, 1996, pp.100-101).

(2) 정신수양은 맑은 정신을 체험하되 거기에 집착하면 안 되며, 허령에 낙 붙이는 것도 금한다.

☞「정신수양을 통해서 싱그러운 정신의 경지를 체험도 해야 하지만

거기에 집착하면 안 된다. 허령에 낙을 붙이면 큰 진리를 깨닫지 못하는 것이다. 대종사도 대각하기 전 연화봉에 있을 때는 허령이 솟아나는 시기이다. 허령을 극복하면서 대각을 이룬 것이다. 그것이 대종사의 위대한 점이다. 정산종사도 원불교에 오기 전에 이미 영통을 하였다. 화해리에서 이적을 나타냈었다. 그래서 정산종사를 토굴 속에 가두었다. 허령에 낙을 붙이면 큰 진리를 깨닫지 못하고 사도에 떨어져 아수라가 되기 쉽다」(한종만, 『원불교 대종경 해의』(上), 도서출판 동아시아, 2001, p.263).

(3) 정신수양은 불교의 定과 달리 동정간 자성을 떠나지 않는 일심공부이다.

☞「수양은 불교 계정혜 삼학의 定과는 달리 선정에 치중한 정이 아니라 동정간 자성을 떠나지 않는 일심공부인데, 이것이 정신수양을 단적으로 밝히고 있는 표현이라 보아진다」(박병수, 「정신수양의 기론적 접근」, 『원불교수행론 연구』, 원광대출판국, 1996, pp.118-119).

(4) 정신수양은 조용한 수양에 치우치는 것이 아니라 내정정 외정정의 큰 공부법이다.

☞「보통 사람들은 항상 조용히 앉아서 좌선하고 염불하고 경전이나 읽는 것만 공부로 알고 실지생활에 단련하는 공부가 있는 것은 알지 못하나니, 어찌 내정정 외정정의 큰 공부법을 알았다 하리요. 무릇 큰 공부는 먼저 자성의 원리를 연구하여 원래 착이 없는 그 자리를 알고 실생활에 나아가서는 착이 없는 행을 하는 것이니, 이 길을 잡은 사람은 가히 날을 기약하고 큰 실력을 얻으리라」(『대종경』, 수행품 9장).

(5) 정신수양은 심성수양에 치우침이 아니라 기질수양도 아우르는 특징을 지닌다.

☞「심성수양에 있어서도 동할 때와 정할 때가 있다. 정할 때는 염불 좌선을 중심으로 하고, 일이 있을 때는 그일 그일에 일심을 놓지 않는 것이 중심이다. 그런데 그냥 ‘수양’ 하면 단지 앉아서 定 공부 하는 것만을 우리가 수양으로 알기 쉬운데, 이렇게 군인들이 실지 경계에서 마음에 부동심 되는 단련을 하는 것도 정신수양의 중요한 과목이 되었다. 또는 등산해서 호연지기를 양성한다는 것도 기질수양의 대표적인 것이 될 것이다. 수양하면 염불 좌선만 생각할 수 있는데, 기질적 수양도 대단히 중요하다는 양면을 다 밝혀 준 것이다」(박장식, 『평화의 염원』, 원불교출판사, 2005, pp.204-205).

(6) 정신수양은 죄의 뿌리를 뽑고 복락의 싹을 길러내는 근간으로서의 수행법이다.

☞「우리 마음은 복락과 지혜와 기타 모든 것의 원천이요 근본이다. 석가모니불은 일체유심조라 일체가 다 마음의 짓는 바라고 가르쳐 주었다. 이러한 마음의 원리를 깨달으면 수양공부를 아니할 수 없다. 해도 되고 안 해도 되는 장신구가 아니다. 종교인들만이 해야 하는 골동품이나 사치품도 아니다. 모든 사람들은 바른 종교에 신앙의 뿌리를 박고 정신을 수양하는 공부를 해야 한다. 이 공부를 통해서 마음 관리를 잘 해 나가야 한다. 그래서 죄의 뿌리를 뽑아 없애고 복락의 싹을 길러내는 수양공부를 하지 않으면 안 된다」(이광정, 『주세불의 자비경륜』, 원불교출판사, 1994, p.110).

(7) 정신수양은 유교의 존심양성, 부동심과 극기복례에 견줄만한 것이다.

☞「'삼학' 장의 정신수양은 다음과 같이 설명하고 있다. "정신이란 마음이 두렷하고 고요하여 분별성과 주착심이 없는 경지를 이름이요, 수양이란 안으로 분별성과 주착심은 없이 하여…" 라 하였으니 이는 유가에 있어서의 존심 양성과 부동심과 극기복례의 경지에 해당한다고 해야 할는지 모른다. 어쩌면 불가의 청정심도 이에 해당한다고 해야 할 것이다. 모든 물욕과 집착에서 떠난 맑은 경지를 이르고 있음이 분명하다」(이을호, 「원불교 교리상의 실학적 과제」, 『원불교사상』 8집, 원불교사상연구원, 1984, p.271).

9. 사리연구의 의의와 특징

1) 사리연구의 의의

사리연구는 삼대력을 양성하는 조항의 하나이지만, 무엇보다 일원상 진리를 깨닫는 것에 의의가 있다. 그리고 우주의 대소유무 이치와 인간의 시비이해를 깨달아 지혜광명을 얻도록 해주는 점이 사리연구가 필요한 이유이다. 더욱이 중생으로서 무명을 벗어나 어리석음을 깨닫게 하는 것이라든가, 교리의 전반을 연마하고 언제나 지속적으로 공부하는 것이 사리연구의 의의이다.

(1) 사리연구의 핵심은 일원상 진리를 깨닫도록 연마하고 궁구함이다.

☞「소태산은 일원상의 진리를 알아 수행함에 있어 천만 사리를 분석하고 판단하는데 걸림 없이 아는 지혜 갖추기를 목적으로 사리연구라는 수행법을 제시하였는데 여기서 '事라 함은 인간의 시비이해를 이름이요, 理라 함은 곧 天造의 대소유무를 이름한다' 고 하여 이들을 연마하고 궁구하는 것이 사리연구라고 하였다」(박상권, 「진리 인식에 있어서 합리론과 경험론」, 『원불교학』 제8집, 한국원불교학회, 2002.6, pp.157-158).

(2) 사리연구의 의의는 대소유무의 이치와 시비이해의 일 등을 연구하고 분석해서 해결하자는데 있다.

☞「원불교 『정전』 정기훈련법에서 격물의 대상은 대소유무의 이치, 시비이해의 일, 불조의 화두, 우주 만유의 본래 이치, 우리의 자성 원리로써 정주학 양명학 자연과학에서 모든 대상을 다 포함하며, 格의 내용도 연구해서 알고 분석해서 알고 해결해서 알라 하였으니 정주학 양명학 자연과학의 모든 방법을 다 포함하고 있다」(최영돈, 「자연과학의 발전과 원불교학 연구의 과제」, 한국원불교학회보 제10호 《원불교학 연구의 당면과제》, 한국원불교학회, 2002.12.6, p.80).

(3) 사리연구는 무명을 타파하여 불생불멸과 인과보응의 이치를 깨닫게 해준다.

☞「무명을 타파함으로써 스스로 구속의 길로 들어가지 않는 지혜의 힘이 얻어지게 되며 특히 본래 자유로운 인간의 본성을 깨닫게 된다. 이와 더불어 불생불멸과 인과보응의 이치를 깨달아 천업을 돌파할 수 있게 된다. 상생과 恩의 세계를 이룩할 수 있는 지혜도 사리연구를 통한 大我의 자각에 기인한다」(김기원, 「원불교 자유관」, 『원불교사상시론』 1집, 수위단회사무처, 1982, p.163).

(4) 사리연구는 소박한 의미에서 어리석은 마음을 벗어나 밝고 지혜로운 연구력을 얻게 해준다.

☞「사람의 마음이란 본래 어리석음이 없이 밝아서 일과 이치를 바르게 분석할 수 있다. 그러므로 어둡고 어리석은 마음은 인간의 본래 마음이 아니므로 수행자는 사리연구 공부를 통해서 계속 궁구하고 연마하면 밝은 마음을 회복하여 연구력을 얻게 된다」(이성택, 「원불교 수행론」, 『원불교사상시론』 1집, 수위단회사무처, 1982, p.34).

(5) 사리연구는 본성을 깨우치고, 삼학수행의 방법, 고락의 원인 등 교리의 전반을 깨닫도록 하는데 의의가 크다.

☞「(사리) 연구의 의의 : 1) 모든 사리를 배워 알아야 한다. 2) 본성을 깨우쳐 알아야 한다. 3) 도덕적인 수양의 방법을 알아야 한다. 4) 인간의 고락 차별의 원인을 알아야 한다. 5) 천지 변화의 이치를 알아야 한다. 6) 지혜를 계속해서 알아야 한다」(원불교사상연구원 편, 『숭산논집』, 원광대학교출판국, 1996, p.78).

(6) 경계를 당하여 어두우면 안 되므로 24시간 간단없이 공부해야 한다.

☞「경을 많이 읽고 법회에 빠지지 않는다 해도 실천이 미흡하고 사리를 당하여 어두우면 안 된다. 원불교인은 24시간 간단없이 공부해야 한다」(박길진, 『대종경강의』, 원광대학교출판국, 1980, p.89).

2) 사리연구의 특징

원불교 사리연구는 과학을 배타하지 않고 시대에 맞는 학문을 섭렵하는 것이며, 생활 속의 지식 곧 생활지를 중시한다. 원불교 사상의 특징으로 거론되는 것은 전반적 지식의 습득으로 호학에 있으며, 동정간 연구력 얻는 빠른 방법을 제시하면서도 이를 실천에 옮기는 지행일치를 강조하는 성향이다. 이처럼 사리연구는 진리의 파악 내지 합리적 지식의 습득이라는 면에 초점이 있다.

(1) 원불교는 과학을 배타하지 않고 시대를 따라 학문을 연마하여 사리연구에 매진하도록 하였다.

☞「원불교는 과학에 배타적이거나 독선적이 아니고 ‘시대를 따라 학업에 종사하여 모든 학문을 준비할 것’을 전제하고 사리를 연구하여 천만 사리를 분석하고 비판하는데 걸림이 없이 아는 지혜의 힘을 얻도록 하고 있다」(정유성, 「원불교 과학관」, 『원불교사상시론』 1집, 수위단회사무처, 1982, p.202).

(2) 사리연구는 생활속의 지식 곧 현실지를 매우 중시한다.

☞「『교전』 지자본위 조목이나 삼학조목에서 배움 또는 연구를 말할 때 現實知도 매우 중시하고 있음을 알 수 있다. 행위 그 자체를 선으로 보는 행동선(取捨禪)의 방향도 실학적 선의 성격을 잘 드러낸다」(송천은, 『일원문화산고』, 원불교출판사, 1994, pp.150-151).

(3) 원불교 사상의 특성은 주지주의 곧 전반 교육을 통한 호학의 성향이 강하다.

☞「원불교에서는 主知의 경향이 두드러진다. … 삼학 중 사리연구에 다른 어느 것 못지않은 비중을 둔다. … 과학교육으로서의 학술교육, 도덕훈련으로서의 정신교육, 가정 사회 국가에 걸친 예의교육, 근면을 토대로 한 생산작업 지향의 근로교육 등의 교육이 바로 그것이다」(윤사순, 「濟度意識에 있어서의 실학적 변용-원불교와 실학」, 『원불교사상』 8집, 원불교사상연구원, 1984, p.287).

(4) 소태산은 동하고 정하는 두 사이에 연구력 얻는 빠른 방법 다섯 가지를 밝혔다.

☞「동하고 정하는 두 사이에 연구력 얻는 빠른 방법은, 첫째는 인간만사를 작용할 때에 그일 그일에 알음알이를 얻도록 힘쓸 것이요, 둘째는 스승이나 동지로 더불어 의견 교환하기를 힘쓸 것이요, 셋째는 보고 듣고 생각하는 중에 의심나는 곳이 생기면 연구하는 순서를 따라 그 의심을 해결하도록 힘쓸 것이요, 넷째는 우리의 경전 연습하기를 힘쓸 것이요, 다섯째는 우리의 경전연습을 다 마친 뒤에는 과거 모든 도학가의 경전을 참고하여 지견을 넓힐 것이니라」(『대종경』, 수행품 2장).

(5) 원불교 사리연구의 특징으로는 배운 지식을 현장에서 실천함으로써 지행합일을 도모하는 것이다.

☞「배움에 세 가지가 있나니, 하나는 밖으로 모든 학문을 듣고 배워 알아 감이요, 둘은 안으로 연마하고 궁구하여 자각으로 지견을 기르는 것이요, 셋은 배우고 깨친 바를 실지에 베풀어서 지행이 일치하게 하는 것인 바, 세 가지 중에 실지공부가 가장 중요하나니라」(『정산종사법어』, 근실편 15장).

(6) 사리연구는 격물치지에 비견되며, 이는 합리적 지식습득의 길이다.

☞「원불교의 사리연구는 유가에 있어서의 격물치지와 같이 사리 판단을 위한 과학적 태도와 같은 것이라 할 수 있다. 이는 곧 합리적인 지식의 습득이 아닐 수 없다」(이을호, 「원불교 교리상의 실학적 과제」, 『원불교사상』 8집, 원불교사상연구원, 1984, p.272).

10. 작업취사의 의의와 특징

1) 작업취사의 의의

작업취사의 의의는 일원상 수행을 표준하여 행실을 바르게 하여 궁극적으로는 낙원세계를 건설하는 것에 있는 바, 이를 위해서는 정의를 실행하는 인격함양과 상생의 선업을 짓는 것이 요구된다. 또한 작업취사의 표준은 중정으로 하며, 희로애락과 원근친소에 끌리지 않는 공변된 행동이 작업취사의 의의인 것이다.

(1) 일원상의 공정한 진리에 따라 선악이 없고 그름이 없는 본래 마음을 활용하는 것이 작업취사의 의의이다.

☞「작업취사는 선악이 없고 그름이 없는 본래 마음을 활용하기 위하여 안으로 계율을 지키고 밖으로 정의를 행하는 공부이다. 일원상의 진리는 지극히 공정한 바른 법칙이며 인간의 마음도 지극히 바른 공정성을 가지고 있다. 이러한 진리의 공정성을 인간이 활용할 때 수행자는 일상생활이 법도에 맞는 정의행을 나투게 된다」(이성택, 「원불교 수행론」, 『원불교사상시론』 1집, 수위단회사무처, 1982, p.34).

(2) 작업취사의 의의는 모든 행실을 바루어 궁극적으로 낙원을 건설하는 것이다.

☞「작업취사의 의의 1) 정의는 취하고 불의는 捨한다. 2) 악은 제거하고 선심을 양성한다. 3) 사람의 의무를 다해서 한다. 4) 사람다운 행실을 하도록 한다. 5) 衆善을 봉행, 6) 낙원건설」(원불교사상연구원 편, 『숭산논집』, 원광대학교출판국, 1996, p.80).

(3) 옳은 일은 죽기로써 하고 그른 일은 죽기로써 하지 않아서 원만한 인격을 양성하는 것이 작업취사의 의의이다.

☞「옳다고 생각하는 일이면 죽어도 하고 옳지 않다고 생각하는 일이면 죽어도 하지 아니하여 모든 실행처에 용맹 있게 나아가는 취사의 위력을 얻게 하여 원만구족한 대 인격을 완성하여 세계 公務에 출역케 하려는 것이 아니냐」(『월보』 43호, 원기 17년 12월/주산종사추모사업회 편, 『마음은 스승님께 몸은 세상에』, 원불교출판사, 2007, pp.251-252).

(4) 구속을 불러오는 죄업을 짓지 않고 선업을 짓고자 하는 것이 작업취사의 본연이다.

☞「작업취사는 구속을 불러오는 죄업을 짓지 않고 선업 즉 자기 실현의 행을 하는 공부이다」(김기원, 「원불교 자유관」, 『원불교사상시론』 1집, 수위단회사무처, 1982, p.163).

(5) 작업취사의 표준은 중정을 취하고 사곡을 버림이다.

☞「수양은 망념을 닦고 진성을 기름(修其妄念 養其眞性)이 그 대지

요, 연구는 지혜를 연마하며 본원을 궁구함(硏其智慧 究其本源)이 그 대지요, 취사는 중정을 취하고 사곡을 버림(取其中正 捨其邪曲)이 그 대지니라」(『정산종사법어』, 경의편 19장).

(6) 작업취사의 의의는 희로애락이나 원근친소에 끌리지 않고 일을 공변되게 처리함이다.

☞「작업취사는 희로애락과 원근친소에 끌리지 아니하고 모든 일을 오직 바르고 공변되게 처리하자는 것이다」(한종만, 『원불교 대종경 해의』(上), 도서출판 동아시아, 2001, pp.100-101).

2) 작업취사의 특징

작업취사는 삼학의 세 번째에 해당하며 취사의 실천력을 얻고자하는 것이다. 따라서 소태산은 삼학을 병진하되 수양 연구 취사에 있어 취사력을 매우 중시하고 있다. 아울러 작업취사는 생활불교의 혁신적 의지를 담고 세간생활에서 교리를 실천하는 것에 초점을 맞추었다. 그리고 작업취사에서는 항상 떳떳한 길을 가는 도덕성 함양이 요구되며, 개인의 수행차원을 넘어서 교단적·공동체적 도덕의식에 의한 정의행이 권면되고 있다.

(1) 소태산은 수양력, 연구력, 취사력 중에서 취사력을 가장 중시하였다.

☞「초기교단 당시에는 3개월씩 선을 나고 나면 시험을 보시곤 했다. 수양 연구 취사의 3과로 나누어 보았는데, 점수로 따지면 7급이 제일 끝이고 특급이 제일 앞이었다. 그런데 대종사는 취사급을 제일 중요하게 생각하였다. 모든 것이 취사하는데 전부 달렸다 하고 "수양을 하는 것도, 연구를 하는 것도 취사를 하기 위함이다" 하며 특히 취사과목을 중요하게 인식시켜 주었다」(편집자, 「훈타원 양도신 원로교무-일심 공부의 주인공」, 《원광》 298호, 월간원광사, 1999년 6월, p.32).

(2) 작업취사는 계율, 인과, 보은의 생활로서 불교를 혁신한 내용을 삼학의 취사과목에 연결시킨 것이다.

☞「서품 19장에 "모든 계율과 과보받는 내역과 사은의 도를 단련하여 세간생활에 적절한 작업취사 과목을 정한다" 고 하였다. 즉 이 세가지로 작업취사의 대의를 세워놓은 것을 알아야 한다. 이는 불교를 혁신한 내용들을 삼학 중 취사과목에 연결시킨 것이다」(박장식, 『평화의 염

원』, 원불교출판사, 2005, p.209).

(3) 작업취사는 실천을 중시하는 생활불교의 면모를 드러낸다.

☞「작업취사를 삼학 중의 한 주요부문으로 넣은 것이 실행불교의 의도에서인 만큼, 그것 역시 실제 실천 중시의 경향임은 더 말할 나위 없다」(윤사순, 「濟度意識에 있어서의 실학적 변용-원불교와 실학」, 『원불교사상』 8집, 원불교사상연구원, 1984, p.289).

(4) 세간 생활에서 실천력이 없는 사람은 경계에 끌리고 만다.

☞「작업취사에 있어서 실행에 실천력이 없는 사람은 조그마한 경계만 당하여도 이기지 못하여 그 경계의 바람에 날리게 되나니라」(『정산종사법설』, 제2편 공도의 주인 51장).

(5) 작업취사는 떳떳한 길을 걷는 것으로 이는 도덕성이다.

☞「작업취사는 육근작용을 이른다. 이는 사상 삼대력 연마의 결론이라 할 것이다. 사람이 떳떳하게 걸어야 할 길이다. 이는 흔히 도덕으로 말해진다」(원불교사상연구원 편, 『숭산논집』, 원광대학교출판국, 1996, p.79).

(6) 작업취사는 개인적 수행차원도 있으나, 조직이나 구조적인 정의실현의 차원도 있다.

☞「오늘날 원불교 교단에 있어서 정의행 즉 작업취사의 기준이 마땅히 해야 될 일을 얼마나 하고 있느냐는 문제보다는 하지 않아야 될 금지조항을 얼마나 준수하고 있느냐 하는 문제에 비중을 크게 두고 있으며, 인격 평가도 그러한 차원에서 벗어나지 못하고 있다. 따라서 아직까지 원불교 정의 개념에 대한 인식은 개인 수행적 차원을 크게 넘어서지 못했다고 볼 수 있다」(신일교, 「원불교 정의 개념에 대한 一考察」, 『정신개벽』 제2집, 신룡교학회, 1983, p.17).

11. 삼학의 형성사

원불교 삼학은 소태산의 대각 후 천명한 것으로 그의 친저 가사에 삼학을 암시하는 글이 등장한다. 원기 5년에는 봉래정사에서 교강을 발표하며 삼학을 천명했으며, 원기 10년 학력고시법에서 삼학을 고시하였다. 원기 12년 『불법연구회규약』과 『수양연구요론』에 삼학을 게재하였고, 원기 17년 『육대요령』에 삼학 등 교리의 기본골격이 성립되었다. 원기 21년 『불법연구회 회원수지』에서 삼학을 언급했고, 원기 24년 『불법연구회 근행법』의 일상수행의 요법이 삼학과 관련되어 있으며, 원기 28년 『불교정전』에 이어 현『정전』에서 삼학의 체계화가 이루어졌다.

 1) 삼학의 형성은 원기 1년 대각 후 천명한 수신의 요법에 기반한다.

　☞「삼학교리 형성의 기원은 원기 1년(1916) 대종사 대각 후 최초법어의 수신의 요법에 근거를 두고 있다. 수신의 요법 2-4조에 삼학에 대한 말이 있다」(서경전,『교전개론』, 원광대학교출판국, 1991, p.265).

 2) 원기 5년 소태산은 봉래산 실상초당에서 교강으로 삼학팔조와 사은 사요를 천명하였다.

　☞「원기 5년 경신 4월에 소태산 대종사는 (봉래산) 실상초당에서 처음으로 새 회상의 교강을 발표하니 곧 인생의 요도 사은 사요와 공부의 요도 삼강령 팔조목이었다. 교강 선포에 관한『교사』의 기록은 다음과 같다. "…삼강령은 정신수양 사리연구 작업취사니 이는 곧 공부인의 마땅히 밟을 도로서 부처님의 말씀하신 계정혜를 단련하여 생령을 제도하는 요법이 되며…" 」(이공전, 「봉래제법과 익산총부 건설」,『원불교70년 정신사』, 성업봉찬회, 1989, p.169).

 3) 원기 10년 학력고시법에 수양·연구·취사의 고시과목을 발표했다.

　☞「정산종사는 대종사의 명을 받들어 학력고시, 학위등급, 사업고시법을 기안하였던 바, 대종사는 이를 감정하시어 1925년 8월에 학력고시법을 먼저 발표하였다. 고시과목은 수양 연구 취사 3과로 나누고 그 과목 내에는 갑·을·병·정·무의 5개 반을 두어 공부인의 3과에 대한 실력을 개별고시한 후, 그 실력을 따라 班別을 정하게 하였다」(박정훈,『정산종사전』, 원불교출판사, 2002, p.198).

 4) 원기 12년 간행한『불법연구회규약』과『수양연구요론』에서 삼학에 대하여 언급하였다.

　☞「(규약) "본회의 유래는…불법을 연구하온 바 정신수양하시기를 주장하며, 사리연구하시기를 주장하시며, 모든 일에 취사하시기를 주장하시며 신분의성으로 진행력을 삼고 불신 탐욕 나 우로 사연건을 하여 일없는 데에 이르고 보면 연구와 수양을 놓지 아니하시며 일 있는 데를 당하고 보면 취사를 놓지 아니하시며…"『규약』취지설명 "또는 수양력이 충분치 못함인지 분수 지키는데 안정한 태도가 적으며, 또는 연구력이 완실치 못함인지 사실을 놓고 허위에 끌리는 바가 많으며, 응용하는데 주의력이 적어서 그러하는지 실행하는 바가 드무니 교육을 받지 못

하는 청년이여, 변경할 수 없는 우리 古人은 화피초목 뇌급만방 이 시대에 자행자지 유랑세월로 무료도일하지 말고 수양하여 부처님의 이르신 생명의 생사 없다는 이치와 복족혜족이라 하는 이치와 꿈되고 樂되는 이치를 역력히 연구하여 우리의 기거동작 용용할 때 취사하기를 단련하여 실행을 얻은 후에 수양의 안정하는 일과 연구의 진리 얻는 일과 취사의 실행얻는 일을…"『규약』 제1장 총회 제2조 "본회는 정신을 수양하며 사리를 연구하며 작업을 취사하기 위하여 신분의성을 세우고 불신 탐욕 나 우를 제거하기를 목적함."『불법연구회 규약』 제3 연구의 강령 "정신수양 사리연구 작업취사. 정신을 수양하면 마음이 편안하여 일이 없어지고 심령이 밝아진다 하니 연구할 사. 사리를 연구하면 일과 이치가 밝아진다 하니 연구할 사. 작업을 취사하면 넉넉하고 급함이 곳을 얻어 골라 맞으며 시비이해가 밝아지며 세세생생 그침이 없는 부귀빈천이 드러난다 하니 연구할 사"」(『불법연구회규약』 참조/박용덕, 『천하농판』, 도서출판 동남풍, 1999, pp.66-67).

5) 원기 17년 『육대요령』을 보면 삼학 팔조 등을 중심으로 교리의 기본 골격이 확립되었다.

☞「1932년(원기 17)의 『보경 육대요령』에서 삼학팔조와 사은사요를 중심으로 하는 교리의 기본 골격이 확립되었다. 이같은 사실을 근거로 원불교 교리의 형성과정을 시기적으로 구분해보면 1923년 무렵에 삼학 팔조와 계문, 솔성요론이 확정되었으며 … 이러한 추정의 근거는 불법연구회 1929년도(원기14) 『사업보고서』 가운데 처음으로 훈강, 교강, 법강이라는 명칭으로 삼학, 사은, 사요를 체계적으로 설명하는 교재 보고서가 등장하기 때문이다」(신순철, 「몽각가와 소태산가사 수록 문헌 연구」, 『원불교사상과 종교문화』 29집, 원불교사상연구원, 2005, p.289).

6) 원기 21년 『불법연구회 회원수지』에 공부의 요도 삼강령 팔조목이 등장한다.

☞「정신수양을 간단히 들어 말하자면, 家中에서 모든 살림을 하다가 한가한 때가 있어 염불이나 좌선을 많이 하고 보면 하는 그대로 정신이 차차 온전하여 일심이 되어지나니 이것은 내정정 공부라 하는 것이요, 일이 있어서 모든 정사를 하여나갈 때에는 원근친소나 희로애락에 바른 마음을 끌리지 아니하고 오직 공정하게 하는 것이 일심을 여의지 않는 공부며 외정정 공부라 하나니, 이것은 곧 외수양 내수양이요, 일심을 조성하는 방법이니라. …」(『불법연구회 회원수지』, 「공부의 요도 삼강령

팔조목).

7) 원기 24년 『불법연구회 근행법』에 일상수행의 요법과 관련한 삼학의 계정혜를 밝히고 있다.

☞「『불법연구회 근행법』(원기 24년)을 보면 현 『정전』의 일상수행의 요법 9조가 명시되어 있는데 1~4조는 공부의 요도 삼강령 팔조목으로, 5~9조는 인생의 요도 사은사요로 구분해 놓았다. 이 가운데에서 인생의 요도 삼강령 팔조목의 1~3조가 삼학의 내용에 해당되는데 … 정신수양을 정, 사리연구를 혜, 작업취사를 계로 표현함으로써 처음으로 계정혜 삼학이 등장하게 된다」(백준흠, 「원불교삼학수행의 실천방법」, 『정신개벽』 제14집, 신룡교학회, 1995, p.150).

8) 원기 28년 『불교정전』에서는 삼학을 불교의 계정혜와 연결시켰는데 현 『정전』에서 삭제되었다.

☞「『불교정전』의 「삼학」 장에서 삼학을 불교의 계정혜와 연결시키는 것이 『정전』에서 삭제되었고, 제3 수행편 염불법 좌선법 무시선법 참회문에 수록되었던 불교적인 인용구 역시 삭제되었다. 『육대요령』에서 밝혀진 원불교의 기본교리로 환원된 것이다」(고시용, 「정전의 결집과 교리의 체계화」, 『원불교학』 제9집, 한국원불교학회, 2003.6, p.276).

12. 삼학과 일원상의 관계

삼학은 일원상의 진리를 체득하고 자기 체질화를 지향하는 공부법으로 진공묘유의 수행문에 속하며, 일원상의 자력신앙으로서 자성불 삼대력을 얻는 것이다. 아울러 일원상의 공원정에 근거하여 삼학 수행론이 전개되었으니 삼학 수행과 일원상 수행은 같은 맥락에서 이해된다.

1) 삼학은 일원의 힘을 체득하는 내면적 본질이다.

☞「일원은 만유실재로서 만유생성의 힘이요 삼학은 그 힘을 체득하는 방법이다. 그러므로 삼학을 단련하여 힘을 얻으면 만유를 任而用之 한다. 그러기에 사은은 일원상의 외적 본질이라면, 삼학은 일원상의 내면적 본질이라 할 것이다」(이은석, 『정전해의』, 원불교출판사, 1985, p.152).

2) 삼학은 일원상의 진리를 자기 소유로 만들어가는 공부법이다.

☞「삼학은 일원상의 진리를 요리하는 유일무이한 방법이다. 일원상의 진리를 자기의 소유로 만들어가는 공부법이니 삼학의 공부법이 아니

면 일원상의 진리를 능히 활용할 수 있는 주인이 될 수 없을 것이다」(이운권, 고산종사문집1 『정전강의』, 원불교출판사, 1992, p.52).

 3) 삼학은 일원상을 본받는 것으로 진공묘유의 수행이다.

☞「삼학은 법신불 일원상을 수행의 표본으로 그 진리를 본받아 수행하는 길을 밝힌 것으로서 이를 진공묘유의 수행이라 한다」(안이정, 『원불교교전 해의』, 원불교출판사, 1998, p.277).

 4) 일원불의 자력신앙으로서 자성불 삼대력 신앙을 고려해야 한다.

☞「일원불의 자력적 신앙으로서 제기되는 자성불 삼대력 신앙 또한 주목하지 않을 수 없는 바, 여기에도 세 가지 특징적 의미가 있다. 첫째 자성불에의 확신과 자각이다. … 둘째 이와 같은 자아실현의 방법으로서 일원불에 바탕한 삼학수행의 인격으로서 인격완성이다」(노권용, 「원불교 신앙론의 과제」, 『원불교학』 창간호, 한국원불교학회, 1996, pp.28-29).

 5) 일원상의 공원정에 근거하여 삼학 수행론을 전개했다.

☞「소태산은 유불선 3교를 연구해서 그를 종합하여 삼학의 교리를 형성한 것은 아니다. 일원상 진리를 공원정으로 보고 이에 근거하여 삼학의 수행론을 전개한 것이다」(한종만, 「원불교와 불교의 관계」, 《원보》 제46호, 원광대 원불교사상연구원, 1999년 12월, p.20).

 6) 삼학 수행과 일원상 수행이 궁극적으로 다르지 않다.

☞「각산의 수행은 철저하게 일원상 수행이었다. … 각산은 삼학 수행과 일원상 수행이 다르지 않지만 본질에 충실하기 위해 삼학으로 나누기 이전의 일원상을 수행의 표본으로 하는데 역점을 둔 것으로 보인다」(박광수, 「각산 신도형의 생애와 사상」, 원불교사상연구원 편, 『원불교 인물과 사상』(Ⅱ), 원불교사상연구원, 2001, p.213).

13. 삼학의 원리

삼학은 인격함양의 원리, 곧 원불교 마음공부의 원리이다. 아울러 편벽수행이 아닌 삼학병진의 원리에 근거하여 정신의 의식주와 육신의 의식주로서 영육을 아우르는 바, 삼학 수행은 궁극적으로 일원상 진리의 진공묘유 수행의 원리에 비롯된다.

 1) 삼학은 인격함양 및 심성 개조의 원리이다.

☞「심성 개조의 원리로서 삼학 수행과 일상적인 훈련의 덕목 내지는

방법으로서의 일상수행의 요법, 정기 및 상시훈련법 등 모두가 인격 개조를 목표로 하고 있다」(한창민, 「원불교 사회관」, 『원불교사상시론』 제Ⅲ집, 원불교 수위단회, 1998년, p.218).

2) 삼학병진은 마음공부의 원리에 기반하고 있다.

☞「아직까지 마음공부에 대한 정의가 확정되지 못한 이때에 필자는 마음공부란 삼학을 병진하는 동정일여의 무시선 공부라고 정의하고자 한다」(최경도, 「교당의 교화 프로그램 개발-인구 50만명 이상 도시 중심으로-」, 《일원문화연구재단 연구발표회 요지》, 일원문화연구재단, 2005.9.23, p.28).

3) 편벽 수행이 아닌 병진의 원리이다.

☞「삼학병진이 선의 본의이다. 계 중심론, 선정 중심론, 지혜 중심론 등은 그 일면을 강조하기 위한 것이다. 잘된 선이란 사심잡념에 끌리지 않고 사리를 잘 이해하고 불의 정의를 알아 실천해야 한다. 만일 한 가지만 한다면 참다운 선이 아니다. 처음에는 다 아우르던 것이 중간에 오다가 편파적으로 흐르게 된 것이다」(원불교사상연구원 편, 『숭산논집』, 원광대학교출판국, 1996, p.263).

4) 삼학은 육신의 의식주를 구하듯 정신의 의식주를 구하는 원리이다.

☞「보통 사람들은 의식주를 구하는 데만 힘을 쓰고 의식주를 나오게 하는 원리를 찾지 않는다. 정신의 삼대력의 힘을 소홀히 하는 것이다. 종교적인 정신생활에 관심을 갖는 사람이 적다. 정신적인 힘을 얻어서 의식주 생활을 해야겠다고 자각하는 사람이 드물다. 삼학공부 하는 것이 바로 의식주 생활을 하는 것이며 의식주 생활하는 것이 바로 삼학공부를 하는 것이다」(한종만, 『원불교 대종경 해의』(上), 도서출판 동아시아, 2001, p.127).

5) 삼학은 진공과 묘유를 아우르는 수행의 원리이다.

☞「원불교의 수행은 진공의 수행만도 아니요, 묘유의 수행만도 아닌 진공과 묘유를 함께 수행한다. 그러므로 진공묘유의 수행은 空에도 떨어지지 아니하고 有에도 떨어지지 아니하는 진공을 체로 삼고 묘유를 용삼는 수행이란 것이며, 이것이 바로 삼학병진의 수행이다」(이성택, 「원불교 수행론」, 『원불교사상시론』 1집, 수위단회사무처, 1982, p.38).

14. 삼학의 특징

원불교 삼학은 병진수행이면서도 솔성을 중시한 수행이 그 특징이다.

아울러 삼학은 일원상의 자성불 삼대력을 발현하는 동정간불리선의 修
己에 초점을 맞추고 있다. 더욱이 삼학은 사회에 정의실현이라는 실제
적 수행법의 특징으로서 인격함양의 보물로서 그 역할은 지대하다.

 1) 삼학은 셋이면서 하나인 병진수행의 특성을 지닌다.

　☞「삼학 수행은 종합적인 수행법이며 진리와 인성을 원만하게 계발
하는 법이다. 따라서 삼학은 병진되어야만이 그 효력을 십분 발휘할 수
있으며 하나면서 셋이요, 셋이면서 하나인 것이다」(이성택, 「원불교 수
행론」, 『원불교사상시론』 1집, 수위단회사무처, 1982, p.35).

 2) 불교의 견성과 달리 원불교의 삼학은 솔성에 그 중심이 있다.

　☞「불교에도 계정혜 삼학이 있으나 이를 수행함도 계를 지켜서 청정
한 선정에 들고 선정을 닦아서 무루혜를 얻는 것이기 때문에 결국은 전
미개오의 길을 밝혔다 할 수 있으며, 더욱 불교는 미한 중생을 悟라는
覺의 경지에 인도하려는 것이므로 견성에 주체를 두었다」(한종만, 「원
불교와 불교의 관계」, 《원보》 제46호, 원광대 원불교사상연구원, 1999년
12월, p.19).

 3) 원불교 삼학은 일원상의 자성불 신앙의 발현이라는 점이 특징이다.

　☞「수행적 측면에 역점을 둔 원불교의 '자성불·삼대력' 의 설명은
선종 사상과도 매우 흡사한 것이라고 보겠으나, 선종이 비교적 第一義
초의 입장에서 실존적 자성 회복에 역점을 두고 있다면, 원불교에서는
원만구족하고 지공무사한 자성불을 인간의 실제적 사회생활 속에서 실
천적으로 전개해 가는, 이른바 동정간불리자성의 생활선적, 생활불교적
경향을 띠고 있다고 본다」(노대훈, 「원불교의 불타관」, 『원불교사상시론
』 제Ⅲ집, 원불교 수위단회, 1998년, pp.85-86).

 4) 원불교 삼학은 본질적으로 修己의 학이다.

　☞「원불교 교리상의 三學이야말로 맑은 정신(정신수양)과 높은 지식
(사리연구)과 정의(작업취사)를 우리들에게 교시해준 修己之學이라 일
러야 할는지 모른다」(이을호, 「원불교 교리상의 실학적 과제」, 『원불교
사상』 제8집, 원불교사상연구원, 1984, p.272).

 5) 삼학의 최종 목표가 정의 실현을 중심으로 되어 있다.

　☞「원불교 삼학의 최종 목표가 작업취사 즉 정의실현으로 제시되어
있으며, 삼학의 실현 방법에서는 가정과 사회생활 속에서 실천되어야
함이 강조되는 것이 그 입장을 드러낸다」(김낙필, 「근세성리학과 원불

교」, 『정신개벽』1집, 신룡교학회, 1982, p.11).

6) 인생에서 가장 소중한 寶庫의 열쇠는 삼대력이다.

☞「우리 우치 鈍根者로서 어찌 그 호대한 의지를 다 알아 보고의 진리와 열쇠를 발견하리요. 그러므로 유아 종사주께서는 그를 유감으로 생각하고 본회를 창설하시와 누구에게든지 보고의 열쇠를 가장 알기 쉽게 가르쳐 주셨나니, 그는 곧 본회의 교강에 실려 있는 계정혜 삼학이요, 환언하면 수양 연구 취사의 삼대력이다」(『회보』 54호, 회설/구타원종사 법문집 편집위원회 편, 『인생과 수양』, 원불교출판사, 2007, p.52).

15. 원불교 수행법과 삼학병진

원불교의 수행법은 편벽수행을 금하고 인도상의 요법에 주체를 삼음으로써 현실의 실제생활에서 단련하는 공부법이다. 교법을 이해하고 설명하는데 그치지 말고 실지 삼학을 병진해야 한다. 아울러 동정간 물셀틈 없는 훈련법과도 같이 동정간불리선이 바로 삼학병진이며, 이는 무시선의 수행과 직결되어 있다.

1) 소태산은 편벽 수행을 가장 금기시하며 삼학 병진을 강조했다.

☞「대종사는 삼학 편수함을 특히 금하였으니 우리는 삼대력 중에서 모자라는 점을 스스로 살펴보기도 하고 동지들의 의견도 들어서 삼학을 병진하여 원만한 수행을 하여야 할 것이다」(『정전대의』-대산종사법문 1집, 9.삼학병진, 4.삼학병진 하는 법).

2) 삼학 병진은 인도상의 요법을 주체로 하고 있다.

☞「대종사는 종래의 편벽된 수행을 돌려 인도상 요법을 주체로 하여 사농공상의 생활 속에서 닦을 수 있는 원만한 삼학병진의 대도를 밝히었으며, 정신수양 공부로 좌선만 집중하는 것도 경계하였는데 하물며 우리 선법까지 놓고 다른 수련법으로 정신수양의 요체를 삼는 것은 크게 경계하지 않을 수 없다」(교정원장·감찰원장, 「외부 수련에 대한 교단의 입장」, 《공문-원교교 210-30》, 원불교교화부, 1998년 3월 2일, p.1).

3) 원불교 수행법으로서의 삼학은 현실의 실제생활에서 단련하는 공부법이다.

☞「현실에서 활용을 통해 실제로 의미가 드러나야 한다는 것이다. 자신의 수도와 함께 중생제도의 실적으로 수도의 공효가 발현되기를 기

대하는 것이다. 이러한 입장은 삼학의 공부방법에도 영향을 미쳐 '세상
의 천만 경계에 항상 삼학의 대중을 놓지 말아야 할 것'이라고 강조하
고, 이러한 실제 생활에서의 대중을 통해 공부가 단련됨으로써 그 공부
의 성취가 완벽하리라고 생각하였다」(이성전, 「율곡의 수위론과 원불교
의 삼학」, 『원불교학』 제6집, 한국원불교학회, 2001.6, p.69).

 4) 소태산은 제자들에게 교법을 너무 해석적으로 다가서는 것보다는
삼학을 실천하라고 했다.

　☞「내가 이 회상을 연지 28년에 법을 너무 해석적으로만 설하여 준
관계로 상근기는 염려 없으나, 중·하근기는 쉽게 알고 구미호가 되어
참 도를 얻기 어렵게 된 듯하니 이것이 실로 걱정되는 바라, 이 후부터
는 일반적으로 해석에만 치우치지 말고 삼학을 병진하는 데에 노력하도
록 하여야 하리라」(『대종경』, 부촉품 9장).

 5) 삼학 병진은 동정간 불리선의 공부법이다.

　☞「해외에서 여러 가지 어려운 상황에 처하고 보니 내 일은 내 스스
로 해야 하는 상황 속에서 자연히 자력이 길러졌다. 이것이 실질적으로
자신 수행이 되고 이러한 가운데 삼학병진의 공부가 있다는 것을 절실
하게 느꼈다. 대종사는 삼학병진을 일심·알음알이·실행이라는 쉬운
말로 동정간 공부요령을 잡고 할 수 있도록 해 주었다」(박장식, 『평화의
염원』, 원불교출판사, 2005, p.154).

 6) 삼학 병진이란 무시선 무처선을 하는 것이다.

　☞「원불교의 좌선법은 장시간 앉아서 선만 하는 것을 존중하지 않고
삼학을 병행하면서 일상적인 생활과 함께 진행되는 무시선을 강조한다」
(송천은, 「원불교의 성리인식」, 류병덕 박사 화갑기념 『한국철학종교사
상사』, 원광대 종교문제연구소, 1990, p.1133).

16. 삼학의 필요성

　삼학이 우리의 삶에서 필요한 이유는 항해하는 배에 지남침과 기관수
와 같아 수행의 방향타가 되기 때문이다. 또 인격함양을 통한 국가세계
의 불국토 건설을 위해서 지속적인 삼학수행이 필요하다. 그리고 삼학
수행은 현실 경계를 능히 극복하는데 도움이 되며, 난세의 인류를 구원
하고 물질을 선용하는 데에 필요한 것이다.

 1) 삼학은 배를 운행하는데 필요한 지남침과 기관수 같다.

☞「공부하는 사람은 세상의 천만 경계에 항상 삼학의 대중을 놓지 말아야 할 것이니, 삼학을 비유하여 말하자면 배를 운전하는데 지남침 같고 기관수 같은지라, 지남침과 기관수가 없으면 그 배가 능히 바다를 건너지 못할 것이요, 삼학의 대중이 없으면 사람이 능히 세상을 잘 살아 나가기가 어렵나니라」(『대종경』, 교의품 22장).

 2) 인격 함양과 불국토 건설에 삼학 수행은 필요하다.

☞「삼학의 수행법으로써 큰 인격을 이루어 불지에 오르고 사회를 개혁하여 불국토를 만들 수 있다는 확신 … 이러한 믿음은 수행의 원동력이 아닐 수 없다」(이성택, 「원불교 수행론」, 『원불교사상시론』 1집, 수위단회사무처, 1982, pp.35-36).

 3) 삼학수행은 다 되었다고 해서 그만 두는 것이 아니라 지속적으로 필요하다.

☞「삼학공부가 다 되면 그 뒤에는 하지 아니해도 되는가? 그렇지 않다. 소동파가 불인선사와의 문답에서 관음보살은 수행이 다 되었으니 염주를 가질 필요가 없지 않느냐고 하니, 불인선사가 답하기를 수행은 계속해야 하므로 염주를 갖는다고 했다」(박길진, 『대종경강의』, 원광대학교출판국, 1980, pp.35-36).

 4) 삼대력이 없으면 수도인으로서 작은 경계하나도 이기지 못한다.

☞「수도인이 작은 먼지나 약한 나뭇잎처럼 삼대력을 얻지 못하여 정신수양에 있어서 마음이 중후하지 못하고 경박하다거나, 사리연구에 있어서 마음이 밝지 못하고 어둡다거나, 작업취사에 있어서 실행에 실천력이 없는 사람은 조그마한 경계만 당하여도 이기지 못하여 그 경계의 바람에 날리게 된다」(김영신, 「정산종사법문수필-참 마음을 지키자」, 《원광》 307호, 월간원광사, 2000년 3월, p.65).

 5) 어지러운 세상을 구제하기 위해 삼학 수행이 필요하다.

☞「어지러운 세상을 바로잡기로 하면 사람 사람이 일심과 알음알이와 실행력을 양성해야 할 것이며, 원망할 일이 생길 때 감사한 일을 발견하여 서로 화해하는 길을 열도록 하여야 할 것이며, 대중을 위해서는 자기의 희생까지라도 아끼지 아니하는 무아봉공의 정신을 함양시켜야 할 것이다. 그런데 그렇게 하는 데에는 무엇보다도 종교의 신앙에 근본한 도덕적 훈련이 필요하며 종교라도 가장 진리적이고 시대적인 종교와 도덕이라도 가장 사실적이고 대중적인 도덕이 간절히 요청되고 있는 것이다」(이공전, 「사설-신간에 際하여」, 『원광』 창간호, 원기 34년 7월).

6) 삼학 공부가 없으면 물질을 선용할 수가 없다.

☞「설사 적은 물질로도 보은 감사의 생활을 할 수 있으나, 하지만 아무리 평등을 부르짖되 마음에 삼학의 공부가 없으면 정의의 물질을 이용할 수 없으며 따라서 취할 수도 없나니라」(『정산종사법설』, 제4편 하나의 세계 11장).

17. 삼학의 실천방법

삼학의 실천법은 세 가지 방법, 곧 정신수양의 방법(염불, 좌선)을 실행에 옮기고 사리연구의 방법(경전, 성리)을 실천하며, 작업취사의 방법(주의, 조행)을 실행에 옮기는 것이 그 핵심이다. 아울러 일원상 수행을 근간으로 하여 참 성품을 회복하는 일이 필요하며, 이에는 누구나 불성이 있음을 알아야 한다. 삼학수행은 오늘날 교화 대불공이라는 실천으로 이어져야 한다.

1) 일심으로 임하고 알음알이를 찾아가며 정의를 실행한다.

☞「그일 그일을 일심으로 하면 수양력이 쌓이고, 일마다 연마하여 알음알이를 찾아가면 연구력이 쌓이고, 대소사간 정의만을 실행해 가면 취사력이 쌓인다」(좌산상사법문집 『교법의 현실구현』, 원불교출판사, 2007, p.158).

2) 염불 좌선으로 定을, 경전 성리 등으로 慧를, 주의 조행 등으로 戒를 실천한다.

☞「진세에서 애착 탐착에 요란해진 마음을 염불 좌선 등으로써 수양을 하여 자성에 定을 얻게 하고, 사리 간에 앎이 없어서 어리석던 마음을 법설 경전 성리 등으로써 연구의 자료를 삼아 자성의 慧를 얻게 하며, 자행자지로 악행하던 마음을 정기일기와 주의 조행 등으로써 취사 공부를 익혀서 자성의 계를 얻게 하였나니…」(『회보』 54호, 회설/구타원 종사 법문집 편집위원회 편, 『인생과 수양』, 원불교출판사, 2007, p.52).

3) 일원상을 근간으로 수행의 강령을 잡아가야 한다.

☞「삼학이란 말은 수행의 강령이라 한다면 무엇을 수행하는가. 일원상 수행에서 닦아내는 것이 修요 써보는 것이 行이다. 그러면 무엇을 닦고 무엇을 써보는가. 유교에서는 인성 곧 사람의 성품으로 인성문제를 가장 중점하였고, 불교에서는 마음 즉 즉심시불이라 마음을 아는 것을 견성으로 마음을 중시했다. 『대종경』에 성리 성품을 논하지 않는 종

교는 사교사도라 했다」(이은석, 『정전해의』, 원불교출판사, 1985, p.160).

4) 삼학수행의 방법으로 본래의 성품을 회복하는 길이다.

☞「완전한 성품을 회복하는 것을 復性이라 한다. 불교 도가 유교의 성리학, 원불교 사상은 기본적으로 복성 사상이다. 곧 성품을 회복하는 입장이다. 원시유교는 복성 사상이 아니라는 해석도 있다. 원만구족하고 지공무사한 성품을 회복하는 것이 삼학수행이다」(한종만, 「원불교의 삼학수행과 사회생활」, 『원불교사상』 제20집, 원불교사상연구원, 1996.12, p.126).

5) 우리 모두에게 불성이 있음을 알고 적공하는 것이 삼학수행이다.

☞「우리 마음에는 모두 다 씨앗이 들어있다. 아름답고 바른 꽃과 열매를 맺을 참 마음의 씨앗이…. 삼학은 우리 마음마다 들어있는 부처의 씨앗을 발견하여서 그것을 어떻게 가꾸는지 그 방법을 알아가고, 그 씨앗이 성냄의 폭풍우에 다치고 미움의 가뭄에 마르지 않도록 잘 보호하여서 정의롭고 아름다운 꽃과 열매를 피우는 길이다」(오도철 외, 『원불교정전 길라잡이』, 원불교 교화연구소, 2000, p.121).

6) 삼학을 실천함으로써 교화 대불공으로 이어져야 한다.

☞「정신수양의 수행적 삶과 사리연구의 지혜로운 삶과 작업취사의 의로운 삶을 체험할 수 있을 때 교화가 잘 되어가고 있다고 할 수 있을 것이다」(김용은, 「교화단 활성화 방안에 대한 고찰-예비교역자 중심으로-」, 제2회 실천교학 학술발표회《학술발표요지》, 원불교대학원대학교, 2002.3, pp.79-80).

18. 삼학수행의 결과

삼학수행의 위력으로 정의를 실천하는 행동인이 되고, 고락을 초월하여 극락을 수용하는 결과를 가져다주는 바, 이는 인작이 아닌 천작의 수용인 것이다. 그리고 삼학수행의 결과는 나무가 결실을 얻음과 같으므로 매사에 맑고 밝고 훈훈한 바람을 불리는 인품이 형성된다.

1) 삼학 수행의 위력으로 옳은 일이면 죽어도 행하는 힘을 얻는다.

☞「성문에서 가르치는 근본정신이라 하는 것은 적어도 너(도성)로 하여금 삼대강령의 정법에 질박아서 너의 정신을 네 자유로 쓸만한 수양의 위력이 있으며, 이치의 대소유무와 일의 시비이해에 정견 明解할 만한 연구의 위력을 얻으며, 옳다고 생각하는 일이면 죽어도 하고 옳지

않다고 생각하는 일이면 죽어도 하지 아니하여 모든 실행처에 용맹 있게 나아가는 취사의 위력을 얻게 하여 원만구족한 대 인격을 완성하여 세계 公務에 출역케 하려는 것이 아니냐」(『월보』 43호, 원기 17년 12월, /주산종사추모사업회 편, 『마음은 스승님께 몸은 세상에』, 원불교출판사, 2007, pp.251-252).

2) 삼학수행은 결과적으로 고락을 초월하여 극락을 수용함이다.

☞「수양의 안정얻는 일과 연구의 진리얻는 일과 취사의 실행얻는 일, 곧 수양력과 연구력과 취사력은 모두가 괴로운 고를 버리고 즐거운 낙을 얻어서 영원한 낙을 수용하자는 것이 삼학수행의 목적이라고 밝히고 있는 것이다. 이렇게 보면 수양력 연구력 취사력이라는 삼대력도 결국은 고락을 초월한 극락의 수용에 있다고 할 것이다」(한종만, 「원불교 삼학수행과 고락의 문제」, 『원불교사상』 제17·18집, 원불교사상연구원, 1994.12, pp.385-386).

3) 삼학 수행은 궁극적으로 천작(하늘의 벼슬)을 수용함이다.

☞「사람이 세상에 살아가자면 두 가지가 있나니, 하나는 天爵이요 또 하나는 人爵이라. … 삼강령 중에서도 정신수양을 잘 하여 일심을 얻어도 천작이요, 사리연구 공부를 해서 대소유무나 시비이해를 알아도 천작이요, 작업취사 공부를 해서 불의와 정의를 분석하여 판단력이 있는 것도 천작이라」(『정산종사법설』, 제3편 도덕천하 41장).

4) 삼학 수행의 결과는 나무뿌리가 튼튼하고 줄기가 곧으며 열매의 결실을 얻음과도 같다.

☞「정신수양이 나무뿌리와 같은 것이라면 사리연구는 나무줄기나 잎과 꽃과도 같은 것이요, 작업취사는 나무의 결실과도 같은 것이라고 하여 정신수양과 사리연구가 작업취사를 바르게 하는 길이라고 밝히고 있다」(한기두, 『원불교 정전연구』-교의편-, 원광대학교출판국, 1996, p.251).

5) 삼학 수행의 결과는 맑고 밝고 훈훈한 인품의 형성이다.

☞「맑고 밝고 훈훈하다는 것도 삼학과 연결되어 있다. '맑고'는 정신수양을 하여 청정하여짐을 말하고, '밝고'는 사리를 연구하여 지혜가 밝아짐을 말하며, '훈훈하다'는 것은 안으로 계행을 지켜 양심이 훈훈하고 밖으로는 보은하는 것을 의미한다. 제 사리만 취하고는 세상을 훈훈하게 할 수 없다. 그 내용을 알고 훈훈하다고 해야지 그렇지 않으면 교리와 상관없는 다른 법으로 알게 된다」(박장식, 『평화의 염원』, 원불교출판사, 2005, p.209).

19. 삼학과 팔조의 관계

  사은사요와 비견할 교리적 위상으로 삼학팔조가 있는데, 이는 신앙론·인생의 요도에 비견할 수행론·공부의 요도에 해당한다. 그런데 삼학과 팔조의 관계는 삼학 수행을 보다 구체적으로 실천에 옮기는 것으로서 특히 팔조의 진행4조는 삼학수행을 권면하는 원동력이다. 또한 사연4조는 삼학공부에서 극복해야 할 방해장벽이다. 하여튼 삼학은 공부의 기본 정신자세라면 진행4조는 이 삼학 실천의 원동력이다.

 1) 사은사요는 신앙론이며, 삼학팔조는 수행론이다.

  ☞「일원상은 진리론이고, 사은사요는 신앙론이며, 삼학팔조는 수행론에 해당한다」(고시용, 「정전의 결집과 교리의 체계화」, 『원불교학』 제9집, 한국원불교학회, 2003.6, p.275).

 2) 교리적 위상에 있어 사은사요와 삼학팔조는 대등하게 거론된다.

  ☞「사은사요 이 도리는 濟世劑되고 3강8조 이 도법은 治身劑되니, 진세오욕 파탈하고 청정계 들어 3개월의 전문훈련 결제를 하네」(삼산종사, 「결제가」, 1933. 8. 『회보』1호).

 3) 정법대도로서 인생과 공부의 요도는 사은사요와 삼학 팔조이다.

  ☞「우리의 명예가 세상에 드러나고 안 드러나는 것은 도무지 관계하지 말고 오직 본회의 교리인 공부의 요도 삼강령팔조목으로써 공부하고 인생의 요도 사은사요를 실천하여 우리의 명예가 세상에 드러날 그 일만 할 따름이요」(『회보』 25호, 회설/구타원종사 법문집 편집위원회 편, 『인생과 수양』, 원불교출판사, 2007, p.45).

 4) 삼강령 공부법은 진행4조로서 신분의성이 철저할 때 가능하다.

  ☞「이날(원기 20년 11월 6일)부터 나는 동선에 입선했다. 입선하게 된 기쁨은 비할 데 없이 컸다. 禪中에 오전 시간에는 언제나 대종사님이 법설을 많이 해주었다. 내가 그 많은 법설 중에 제일 크게 느꼈던 것은 부처를 이루려면 동정간에 삼강령 공부를 잘 해서 삼대력을 얻어야 한다. 이 삼강령 공부법은 유무식에도 관계가 없고 남녀노소에도 빈부귀천에도 관계가 없고 오직 원이 지극하고 신이 독실하고 분과 의와 성이 철저한 사람은 다 성불할 수 있고 성불을 하면 사은의 보은자가 된다는 법설이었다. 나는 이 법설을 받들고 내심에 "오! 되었다" 라고 결심하였다」(양도신, 『대종사님 은혜속에』, 원불교출판사, 1991, p.293).

 5) 삼학공부에 있어 극복해야 할 방해장벽으로 사연4조가 있다.

☞「삼학공부를 방해하는 장벽으로서 불신, 탐욕, 나, 우인 바 삼대력을 不進시키는 요인이 된다. 삼대력을 말살하는 요인…」(신도형, 『교전공부』, 원불교출판사, 1992, p.206).

6) 삼학은 일하고 공부하는 기본 정신의 자세라면 진행4조는 삼학의 원동력이다.

☞「삼학은 일하고 공부하는 기본정신 자세라면 진행 4조는 그 마음의 원동력을 촉진하는 역할을 하는 것이다. 따라서 직장에서 기업인으로서 현재에 만족하지 않고 개혁하고 창조하는 중요한 원동력이기도 하다」(조정제, 「원불교의 경제관에 대한 소고」, 『원불교사상』 4집, 원불교사상연구원, 1980, p.214).

20. 불교와 원불교의 삼학

불교와 원불교의 삼학은 心學이라는 면에서 통하지만, 실천방법에 있어 불교의 경우 다소 출세간적이며 원불교의 경우 병진수행이자 생활불교의 특색을 지닌다. 특히 삼학의 전개 순서에 있어 불교는 계정혜이지만 원불교는 정혜계로서 불법활용의 경계 속에서 마음공부를 강조하는 점에서 차이가 있다. 또한 원불교의 삼학은 수행의 폭이 넓고 실천적이라는 교판적 접근이 가능하다.

1) 재래종교와 달리 병행 겸전의 삼학이 원불교의 삼학이다.

☞「삼학의 관계를 『잡아함경』에서는 耕作, 灌漑, 播種에 비유해서 셋이 겸해야 목적을 달성한다고 하였다. 매사에 삼학을 들여대서 해야 한다. 한가지 한가지 일에 삼학을 활용해야 한다. 이렇게 공부법이 환하고 재래불교와는 다른 삼학 공부법이다」(박길진, 『대종경강의』, 원광대학교출판국, 1980, pp.51-52).

2) 소승불교의 삼학이 다소 출세간적임에 비해 원불교의 삼학은 세간에서 실천할 수 있는 강점을 지닌다.

☞「불타가 제시한 구체적인 수행방법의 내용은 계정혜 삼학이었으며 삼학의 실천방향은 중도적이었다. 그러나 소승불교 시대에 들어와 불타가 제시한 수행이 형식적이고 출세간적인 방향으로 치우쳐 개인 구원적인 것에 그치고 말게 되었다. … 소태산은 불교 수행의 근간을 계정혜 삼학으로 파악하고 있다. 그러나 소태산은 정신수양, 사리연구, 작업취사라는 더욱 발전된 개념의 삼학을 제시한다」(한정석, 「원불교 불교관」,

『원불교사상시론』 1집, 수위단회사무처, 1982, pp.80-81).

3) 삼학의 순서는 계정혜(불교)와 정혜계(원불교)로 전개되어 후자의 경우 불법활용의 취사에 초점이 주어지고 있다.

☞「삼학의 순서에 있어서 불교의 삼학은 계정혜이고 원불교의 삼학은 수양(정) 연구(혜) 취사(계)이다. 이러한 순서 차이에서 나타나는 면은 불교는 깨달음(혜)에 중점을 두고 있으며 원불교는 현실적 불법활용(취사)에 중점이 주어지고 있다. 그렇지만 양교는 꼭 삼학의 차이점만 밝히기 보다는 삼학의 근본 의도는 같기에 삼학병진에 주의해야 한다. 결국 원불교 삼학은 경계 속에서 응용하도록 하고 있는 점이 특기할만하다」(서경전, 『교전개론』, 원광대학교출판국, 1991, p.266).

4) 『육조단경』의 삼학은 본래 자성청정을 중심하였지만, 원불교의 삼학은 경계에 능히 대응할 마음공부를 강조했다.

☞「『육조단경』에 보면 계정혜 삼학을 밝혔지만 삼학이 자성 속에 본래 이루어진 삼학으로 되어 있음을 분명히 하였다. 즉 우리의 심지가 본래 그르지 않으므로 자성의 계요, 심지가 본래 요란하지 않으므로 자성의 정이며, 심지가 본래 어리석지 않으므로 자성의 혜라 한 것이 그것이다. 그러나 원불교에서는 이를 두 가지로 수정했다. 첫째 심지는 원래 요란하지 아니하고 어리석지 아니하며 그르지 아니한 것을 일러 자성의 정혜계라고 순서를 바꾼 일이라 하겠으며, 둘째 심지의 본래에 요란하고 어리석으며 그르지 아니한 상태를 인정하면서도 경계를 따라 어리석어지며 그르게 되는 것임을 밝힌 점이다」(한기두, 『원불교 정전연구』-교의편-, 원광대학교출판국, 1996, p.256).

5) 원불교의 삼학은 불교의 경우보다 수행의 폭이 넓고 실천적이다.

☞「원불교에서는 이 삼학의 목적을 달성키 위해 이에 관련된 교육을 매우 강조한다. … 이 모든 교육이 사리연구를 바탕으로한 위에서 정신수양 작업취사 등과 유기적으로 행해지도록 역설함으로써 그 수행의 폭이 종래의 불교보다 넓고 그 실천적 성향이 보다 더 강화된다」(윤사순, 「制度意識에 있어서의 실학적 변용-원불교와 실학」, 『원불교사상』, 제8집, 원불교사상연구원, 1984, p.287).

21. 삼학의 교리적 위상

교리적 위상에 있어 삼학은 일원상 진리의 수행문에 속하는 것으로 공부의 요도이다. 이에 삼학수행을 통해서 일원상의 원만함을 닮게 되므로 일원상서원문에서 공부의 표준으로 등장한다. 그리고 삼학은 일상수행의 요법 1~3조에 해당하며, 무시선법이나 원불교 훈련법에도 동정간 수행법의 근간이 된다. 삼학의 여러 호칭을 보면 교리에서 융통적으로 용해되고 있는 것이다.

1) 삼학은 일원상 진리의 수행문으로서 공부의 요도에 속한다.

☞「교리방면에 있어서도 재래불교의 계정혜의 교리를 응용하여 공부의 요도 삼강령을 정하였나니…」(『회보』51호, 1939년 신년호/김성철, 「혜산 전음광의 생애와 사상」, 원불교사상연구원 편, 『원불교 인물과 사상』(Ⅰ), 원불교사상연구원, 2000, p.366).

2) 일원상서원문에 밝혀져 있듯이 심신을 원만하게 수호하고, 사리를 원만하게 알며, 심신을 원만하게 사용하는 것이 삼학이다.

☞「삼학은 일원상서원문에서 심신을 원만하게 수호, 사리를 원만하게 알고, 심신을 원만하게 사용하는 것이다」(이은석, 『정전해의』, 원불교출판사, 1985, p.159).

3) 일상수행의 요법 1-3조(요란함, 어리석음, 그름)는 삼학과 관련되어 있다.

☞「삼학에서는 정신수양을 예로 들어볼 때, 두렷하고 고요한 정신을 양성함이 그 요지이나, 일상수행의 요법에서는 없는 자리, 경계를 따라 있는 자리, 그리고 정에 돌아가는 자리의 변증법적 구조로 되어 있다. 이를 보면 삼학이 원리적인 면이 강하다면, 일상수행의 요법은 현실 생활 속에서 실제적인 수행을 하는데 있어서 효과적인 접근방법을 제시한 것이라 보겠다」(정순일, 「일상수행의 요법 주석상의 제문제」, 『원불교사상과 종교문화』29집, 원불교사상연구원, 2005, p.94).

4) 삼학수행은 교리상에 있어 무시선 무처선으로 전개된다.

☞「무시선 무처선 : 어느 때 어느 곳에서나 동정간 정신을 성성적적 적적성성하게 하고 한결되게 하여 여의자재하게 만드는 산 선법이다. 定力을 얻을 때까지 마음을 멈추자(수호=검문소 설치). 慧力을 얻을 때까지 생각을 궁글리자(사색=탁마한 광석). 戒力을 얻을 때까지 취사하자(실천=부도 안 난 수표). 삼대력을 얻어 나가는데 일분 일각도 간단없이 일심으로 공부할 수 있는 바르고 빠른 길이다」(『정전대의』-대산종사 법문집 1, 4. 표어해의, 3. 무시선 무처선).

5) 상시응용주의사항과 교당내왕시주의사항에 삼학과 관련한 훈련 조목들이 있다.

☞「상시응용주의사항과 삼학과의 관계 5조는 수양이며, 2~4는 연구이며, 1조는 취사이며, 6조는 삼학의 대조이다. … 상시응용주의사항과 동과 정 3~5조는 정할 때 공부이며 1, 2, 6조는 동할 때 공부이다. … 상시응용주의사항 6조는 생활 속의 공부이고 교당내왕시주의사항 6조는 상시응용주의사항을 도와주고 알려주는 공부이다」(한종만, 『원불교대종경 해의』(上), 도서출판 동아시아, 2001, pp.523-524).

6) 삼학의 여러 호칭을 교리적 용어로 접근하면 다양하게 나타난다.

☞「『교전』에서 삼학의 기초를 다양하게 응용하여 부르는 것을 제시해 보기로 하자. ① 수양 연구 취사, ② 자성의 정혜계, ③ 정신의 의식주, ④ 공원정, ⑤ 심신을 원만하게 수호하는 공부, 사리를 원만하게 아는 공부, 심신을 원만하게 사용하는 공부, ⑥ 응용할 때 온전한 생각으로 취사하는 공부, ⑦ 견성 양성 솔성, ⑧ 일심 알음알이 실행, ⑨ 유도 불도 선도, ⑩ 정신 정각 정행, ⑪ 견성 항마 성불, ⑫ 만덕 만능 만지, ⑬ 해탈 대각 중정. 이상으로 다양하게 응용되어 왔음을 찾아볼 수 있다」(한기두, 『원불교 정전연구』-교의편-, 원광대학교출판국, 1996, p.250).

22. 삼학의 연계사상

원불교의 삼학은 불교의 계정혜와 관련이 있으며, 유교의 수제치평과 이용후생 및 실학, 도가의 심재 좌망 무위자연과 그 맥락이 통한다. 이에 과거의 유불도는 각각 그 분야를 중심으로 했지만 원불교 삼학은 이를 교판적으로 접근하여 삼교를 통합 활용하는 병진 수행이 강조된다.

1) 불교의 삼학이 중국에 와서 육조대사 때 구체화되며, 계는 방어, 정은 增靜, 혜는 觀道였다.

☞「(불타 당시의) 삼학이 중국에 와서 육조대사 때 3학이 구체화된 것이다. 계정혜로써 계는 防禦요, 정의 增靜이며 혜는 觀道이다. 이를 통하여 四科를 증득한다 하였다. 고로 이는 수행자의 수행하는 포괄적인 분류로서 당시 37조도품에서 총지이다」(이은석, 『정전해의』, 원불교출판사, 1985, p.155).

2) 三學은 유교의 정덕, 이용, 후생의 三事와 상통한다.

☞「법신불 일원상의 진리의 추상성과 의식주의 현실태와의 관계를

정신수양 사리연구 작업취사의 삼학으로 영육쌍전하게 하는 것은 재래의 기성종교나 철학과 다른 점이며, 이는 유교의 正德(인간윤리), 利用(과학기술), 厚生(사회보장)의 三事를 정치의 요도로 삼는 것과 상통한다」(류승국, 「유교사상과 원불교」, 『원불교사상』 제5집, 원불교사상연구원, 1981. p.258).

3) 원불교 삼학은 근세 유교의 실학과 회통적 접근이 가능하다.

☞「우리는 삼학 정신에서 과학적 합리성과 시비 선택의 비판정신이 깊숙이 깃들어 있음을 볼 수가 있다. 이는 곧 근세 실학정신과도 맥을 통하는 자로서 홍이섭은 정약용 연구의 논술과정에서 특히 과학적 실증과 비판정신이 한국실학의 특징임을 밝힌 바 있고, 천관우씨 또한 그의 유형원 연구에서 한국실학의 개념을 자유성 과학성 현실성에서 찾으려 했던 것을 상기한다면 원불교의 삼학정신이야말로 근세 한국실학에의 접근이 시도되었던 자로 평가하지 않을 수 없다」(이을호, 「원불교 교리상의 실학적 과제」, 『원불교사상』 8집, 원불교사상연구원, 1984, p.273).

4) 삼학은 유교의 격물 치지 정심 성의 수제치평과 통한다.

☞「원불교는 매우 민주적 성격을 갖추고 있는 것도 주목할만한 일이라 하겠다. 삼학은 정신수양 사리연구 작업취사를 말하는 것인데, 이것은 불교의 정혜계의 원리를 구체화한 말이다. 이것은 또 유교의 격물치지 성심 정의 수신 제가 치국 평천하와 상통하는 개념이다」(한승조, 「한국정신사의 맥락에서 본 원불교」, 『원불교사상』 4집, 원불교사상연구원, 1980, p.53).

5) 삼학은 도가에 있어 장자의 경우 심재 좌망 무위자연 등과 통한다.

☞「삼학을 회통적인 면에서 보면 유교와 노장 사상과 관련이 된다. 유교는 수신 제가 치국 평천하라는 취사를 기본으로 하고 성리학에서의 거경은 수양이며 궁리는 연구이다. 장자의 심재 좌망은 수양이며 계교 사량을 버리고 참다운 지혜를 얻으라는 것은 연구이며 무위자연의 행을 하라는 것은 취사이다」(한종만, 「원불교와 불교의 관계」, 《원보》 제46호, 원광대 원불교사상연구원, 1999년 12월, p.21).

6) 유불도의 일면적 수행을 통합하여 수양 연구 취사로 일원화하였다.

☞「불가에서는 우주만유의 형상 없는 것을 주체삼아서 생멸 없는 진리와 인과보응의 이치를 가르쳐 전미개오의 길을 주로 밝히셨고, 유가에서는 우주 만유의 형상 있는 것을 주체삼아서 삼강오륜과 인의예지를 가르쳐 수제치평의 길을 주로 밝히셨으며, 선가에서는 우주자연의 도를

주체삼아서 양성하는 방법을 가르쳐 청정무위의 길을 주로 밝히셨나니, 이 세 가지 길이 그 주체는 비록 다를지라도 세상을 바르게 하고 생령을 이롭게 하는 것은 다 같은 것이니라. 그러나 과거에는 유불선 3교가 각각 그 분야만의 교화를 주로 하여 왔지마는, 앞으로는 그 일부만 가지고는 널리 세상을 구원하지 못할 것이므로 우리는 이 모든 교리를 통합하여 수양 연구 취사의 일원화…」(『대종경』, 교의품 1장).

23. 보충해설

삼학이라는 용어는 이미 불교에 나타나 있다. 육조 혜능은 心地無亂 自性定, 心地無痴 自性慧, 心地無非 自性戒라 하여 정혜계를 언급하고 있다. 또한 불교의 『익진기』에서 말하였다. "선정과 지혜라는 두 단어는 바로 三學의 준말이니, 갖추어 말하면 계율과 선정과 지혜이다"(보조선사 정혜결사문). 그런데 불교의 삼학은 순서상 계정혜를 중심으로 한다면 원불교는 정혜계를 중심으로 하고 있다. 또 『정전』 삼학에서 요지, 목적, 결과라는 세 가지 틀을 가지고 정신수양, 사리연구, 작업취사를 설명하고 있으며, 이는 인격양성을 목표로 하는 일원상 수행에 직결되는 것이다.

이처럼 소중한 수행으로서 삼학을 상징적으로 접근한 글이 있어 소개하여 본다. 유허일 선진은 삼학에 대한 독특한 비유를 하기도 한다. "염불, 좌선으로 정신을 통일하여 수양域에 다가 安宅을 짓고, 대소유무와 시비이해에서 사리를 분석하여 연구臺에다가 무대를 세우고, 進善退惡으로 효과를 실현시켜 취사域에서 결실을 거두게 되면 우리의 참 사람 되자는 목적이며 성공이다"(『월보』 47호). 삼학 수행의 중요성을 상징적으로 드러내고 있다고 보며, 그 핵심은 참 사람이 되자는 것이다.

사람의 인품은 삼학을 통해 얻어지는 삼대력의 소유 여부에 달려 있다. 대산종사는 말하였다. "솥은 밥을 삶아내고 법은 대도인을 삶고 삼학은 세계인을 삶는다. 삼학 솥은 무량수를 무한히 삶을 수 있다"(1964년 법설/이병은, 『대산종사법문과 일화』, 194쪽). 이러한 상징의 비유법을 통해 삼학수행의 당위성을 드러내며, 무량한 심법을 소유한 수도인의 도량을 키워내도록 하고 있다.

24. 연구과제

 1) 삼학의 개념과 병진의 필요성은?

 2) 원불교와 불교 삼학의 동이점은?

 3) 삼학과 팔조의 관계는?

 4) 삼학 각 조항의 의미와 목적을 원문에 바탕하여 쓰시오.

25. 고시문제

 1) 삼학수행의 목적을 각각 『정전』에 근거하여 쓰시오.

 2) 삼대력 하나하나의 강령은?

 3) 삼대력 얻는 방법을 쓰시오.

 4) 삼학병진의 공부법을 서술하시오.

 5) 삼학병진의 필요성과 각자 공부표준을 열거하시오.

 6) 동정간 삼학병진하는 공부법을 쓰시오.

 7) 수양이란?

 8) 사리연구의 목적을 밝히시오.

 9) 사리연구의 요지를 쓰시오.

 10) 교리도의 내용을 설명하고, 왜 사은사요를 인과보응의 신앙문으로, 삼학팔조를 진공묘유의 수행문으로 하였는지 밝히시오.

 11) 다음 낱말의 뜻을 『정전』에서 밝힌 대로 쓰십시오 : (1) 작업, (2) 배은, (3) 수양.

 12) 아래의 어휘를 설명하시오 : (1) 분별성과 주착심, (2) 천조의 대소유무, (3) 대소유무.

 13) 이 세상은 대소유무의 이치로써 건설되고 시비이해의 일로써 운전해 간다 했으니 그 실례를 들어 설명하시오.

 14) 선을 행하고 악을 끊어야 할 줄 알면서도 실행하지 못하는 이유 세 가지를 밝히시오.

 15) 우리가 왜 삼학을 공부해야 하는가를 『정전』에 밝힌 정신수양, 사리연구, 작업취사의 목적을 들어 설명하고, 아울러 병진의 필요성도 함께 기술하시오.

제5장 팔조

○ 「팔조」의 원문

제1절 진행4조

1. 신
신이라 함은 믿음을 이름이니, 만사를 이루려 할 때에 마음을 정하는 원동력이니라.

2. 분
분이라 함은 용장한 전진심을 이름이니, 만사를 이루려 할 때 권면하고 촉진하는 원동력이니라.

3. 의
의라 함은 일과 이치에 모르는 것을 발견하여 알고자 함을 이름이니, 만사를 이루려 할 때 모르는 것을 알아내는 원동력이니라.

4. 성
성이라 함은 간단없는 마음을 이름이니, 만사를 이루려 할 때에 그 목적을 달하게 하는 원동력이니라(『정전』 제2 교의편, 제5장 팔조, 제1절 진행4조).

제2절 사연4조

1. 불신
불신이라 함은 신의 반대로 믿지 아니함을 이름이니, 만사를 이루려 할 때에 결정을 얻지 못하게 하는 것이니라.

2. 탐욕

탐욕이라 함은 모든 일을 상도에 벗어나서 과히 취함을 이름이니라.

3. 나

나라 함은 만사를 이루려 할 때에 하기 싫어함을 이름이니라.

4. 우

우라 함은 대소유무와 시비이해를 전연 알지 못하고 자행자지함을 이름이니라(『정전』 제2 교의편, 제5장 팔조, 제2절 사연4조).

1. 팔조의 등장배경

삼학의 원동력으로서 팔조는 불교의 간화선과 관련이 있다. 소태산은 대각을 이룬 후 불교의 여러 경전을 열람하던 중 8조의 근거가 되는『선요』를 열람하였다. 또 초기교서에 활용된『수심정경』의「명입문요법」에 팔조에 대한 언급이 있는 바, 『선요』의 세 가지에 더하여 성을 덧붙인 것이 진행4조에 해당한다.

1) 팔조(신분의성)는 불교의 간화선에서 유래하였으며, 이를 소태산은 삼학의 마음공부에 활용하였다.

☞「원래의 신분의성은 불교의 간화선에서 나온 것인데 특히 간화선에서 신분의성으로 공안을 놓고 선을 터득해가는 사람에게 4가지가 있어야 한다. 먼저 신이 있어야 하고 분심 의심 정성이 있어야 한다. 옛 경전에 大信之下에 必有大忿하고, 大忿之下에 必有大疑하고, 大疑之下에 必有大誠한다. 그래서 대종사는 삼학공부를 하는데 마음공부를 촉진하는 방법과 더 나아가 모든 일을 처리할 때 4가지로 공을 들여야 한다 하였다」(이은석, 『정전해의』, 원불교출판사, 1985, p.177).

2) 소태산은 대각을 이룬 직후 불교 경전들을 열람하였으며, 팔조와 관련이 있는 『선요』 등도 참조하였다.

☞「소태산은 대각을 이룬 후에 자신의 깨달은 경지를 알아보기 위해 동서양의 여러 경전을 열람하였다. 당시 열람한 경전 중에 불서로『금강경』, 『선요』, 『불교대전』, 『팔상록』 등이 있었음을 볼 때 교법의 제정 과정에서 불교적인 내용이 참고되었음을 알 수 있다. 팔조에 관해서는

특히 『선요』가 그러하다. 고봉선사는 『선요』에서 참선하는데 있어 세 가지가 요긴하다고 하면서 하나는 대신근이요, 둘은 대 憤志요, 셋은 대 疑情이라고 하였다」(박상권, 「팔조에 대한 연구」, 『원불교사상』 제26집, 원불교사상연구원, 2002, pp.13-14).

3) 팔조는 『수심정경』의 「명입문요법」에 대체적 내용이 나타난다.

☞「『수심정경』의 내용은 원불교의 정신수양과 상당한 관련성을 지닌다. 『수심정경』의 제4장 明入門要法에서 팔조의 대체적 내용이 나타나 있으며, 수양의 정의와 방법에 관한 주목할만한 자료들이 『수심정경』의 도처에서 거론되고 있기 때문이다. 특히 단전주선이 『수심정경』의 내용에 포함되어 있다. 이를 고려하면 정신수양의 개념과 방법에 끼친 도교의 영향을 간접적으로 확인할 수 있다」(김낙필, 「정신 개념의 연원과 특성」, 『원불교수행론 연구』, 원광대출판국, 1996, p.106).

4) 팔조는 초기교단의 참고서였던 『수심정경』에 바탕하고, 진행4조의 경우 『선요』의 3요를 더하여 성을 덧붙였다.

☞「신분의성과 불신 탐욕 나 우 등으로 팔조를 설정한 것은 초기교단의 참고서였던 『수심정경』에 바탕하고 있는 것으로 생각된다. 진행 4조의 경우 『수심정경』에서는 『선요』의 3요를 들고 여기에 성을 덧붙이고 있다. 『수심정경』은 어떠한 경로를 통하여 이러한 구도를 수용하고 있는지 구체적으로 알기는 어렵다」(정순일, 「일상수행의 요법 주석상의 제문제」, 『원불교사상과 종교문화』 29집, 원불교사상연구원, 2005, p.99).

2. 팔조의 의미

팔조는 원불교의 수행법으로서 삼학을 추진시키는 원동력이며, 항목으로 진행4조와 사연4조를 합해 팔조라 한다. 팔조는 우리의 체질개선에 대한 구체적 방법임과 동시에 인간의 의무를 수행해야 하는 기본 덕목인 것이다. 특히 진행4조의 전진을 통해서 사연4조를 극복해 가는 방법을 보면 팔조가 순역 추진에 있어 삼학의 추진 동력임에 틀림없다.

1) 삼학의 원동력을 진행4조라 하고, 장벽을 사연4조라 한다.

☞「삼학공부는 추진의 원동력인 진행4조와 방해하는 장벽인 사연4조를 밝혀 누구나 바로 삼대력을 얻을 수 있도록 그 힘과 주의를 준 것이다. 삼학은 길이요 수레라면 진행건은 동력이며 사연건은 그 동력을 방해하는 장벽이요 그 길의 위험표식이다」(신도형, 『교전공부』, 원

불교출판사, 1992, p.198).

2) 팔조는 제생의세의 공부강령이며, 만사만리를 촉진하는 원동력이다.

☞「팔조는 濟生을 하는 공부의 강령인 동시에 삼학을 촉진하고 진행시키는 덕목으로서 진행4조와 사연4조를 설하였으나 나아가 완전한 생활을 진행시키는 덕목이 되는 바, 이는 만사만리를 지어나가는데 진행 촉진시키는 원동력이 되는 것이다」(이은석, 『정전해의』, 원불교출판사, 1985, p.177).

3) 수도인으로서 체질 개선의 8가지 방법이 팔조이다.

☞「원불교에서는 수도인이 삼학의 공부로 성불하고 삼학으로 사업에 성공하는 기초가 되게 하는 체질개선의 길로서 실천해야 할 진행4조와 버려야 할 사연4조를 합한 팔조를 밝히고 있다. 따라서 삼학만으로는 자칫하면 병든 삼학이 되어질 수 있기 때문에 우리는 여기에서 팔조를 연마하는 것이 삼학공부 못지않게 중요한 과제이다」(한기두, 『원불교 정전연구』-교의편-, 원광대학교출판국, 1996, p.289).

4) 진행4조는 인간의 의무를 수행해야 하는 기본덕목이다.

☞「진행4조인 신분의성은 인간으로 태어나 인간다움을 실현해야 할 인간의 의무를 수행하는 기본덕목이다. 각 항목마다 만사를 이루려 할 때라는 조건을 붙인 것은 하고자 하는 본능의 욕구와 인간으로서 행해야 할 의무를 망라한 모든 인간의 행위에 이 4조의 덕목이 적용되어야 함을 의미한다. … 사연4조인 불신 탐욕 나 우는 진행4조를 힘써 행할 때 극복될 수 있다」(박상권, 「팔조에 대한 연구」, 『원불교사상』 제26집, 원불교사상연구원, 2002, pp.32-34).

5) 신으로 불신을, 분발로 탐욕을, 의심으로 우치를, 정성으로 나태를 물리치는 공부가 팔조이다.

☞「신으로써 불신을 물리치고, 분발심으로 탐욕심을 물리치고, 의심으로 우치한 마음을 물리치고, 원을 향한 정성심으로 나태심을 물리쳐서 큰 소원을 이루자는 것이니, 즉 큰 신심으로 큰 분발심을 일으키고, 큰 분발심으로 큰 의심을 일으키고, 큰 의심으로 큰 정성심을 일으켜서 큰 원을 성취하도록 하자는 것이 곧 팔조의 공부가 된다」(안이정, 『원불교교전 해의』, 원불교출판사, 1998, pp.296-297).

6) 팔조는 성품을 적극적으로 발현하는 진행4조와 이와 달리 검은 구름 같은 사연4조를 말한다.

☞「팔조는 진행4조와 사연4조로 구성되어 있다. 진행4조는 삼학공부

를 진행시키는 힘으로 추어잡는 조목이며 사연4조는 삼학공부를 방해하는 마장으로 제거하는 조목이다. … 성품은 지극히 맑고 지극히 밝고 지극히 강한 힘이다. 태양 광명보다 강한 성품을 적극적으로 발현시키는 것이 진행해야 할 4가지 조목이라면 태양 광명을 잠시 가리우는 검은 구름을 걷어내는 것은 버려야 할 4가지 조목인 것이다」(한정석, 『원불교 정전해의』, 도서출판 동아시아, 1999, p.288).

3. 팔조의 대의강령

 1) 진행4조로는 신, 분, 의, 성이 있다.
 2) 사연4조로는 불신, 탐욕, 나, 우가 있다.

4. 팔조의 구조

 1) 진행4조
 2) 사연4조

5. 단어해석

 팔조 : 삼학 수행의 원동력을 八條라 하는 바, 여기에는 두 가지 다른 성향이 있으니 신분의성과 불신·탐욕·나·우가 이것이다. 즉 팔조는 인격 수행의 길로서 적극적·긍정적 실천방법으로서 진행4조가 있고, 극복되어야 할 사연4조가 있다.

 진행사조 : 팔조에 있어서 삼학수행을 위해 적극적으로 실천해야 할 조항들로 進行四條가 있다. 이를테면 신분의성이 그것이다.

 신 : 소태산은 信이란 믿음을 이름이니, 만사를 이루려할 때에 마음을 정하는 원동력이라 했다. 교리에 대한 신성, 의두를 해결하는 힘, 계율 지키는 근본이 信인 바, 신에 있어 미신이 아닌 정신이 중요하다. 주지하듯이 신은 원불교 8조 중에 가장 으뜸이 되는 조항이다.

 원동력 : 인간으로서 무엇인가를 추진케 하는 근원적인 힘을 原動力이라 한다. 종교인으로서 불보살에 오를 수 있는 원동력은 信인 바, 이 신에는 신심·신뢰·신성·신의 등 관련용어들이 있다.

 분 : 『정전』에서 忿이란 용장한 전진심을 이름이니, 만사를 이루려 할 때에 권면하고 촉진하는 원동력이라 하였다. 忿을 奮(분발)으로 대신해야

한다는 견해도 있으나, 恔에는 奮의 의미도 들어 있다.

용장 : 용기가 있고 굳센 것을 勇壯이라 한다. 용맹 정진하는 수도자의 자세가 곧 용장이라 풀이할 수 있다.

의 : 疑는 일과 이치에 모르는 것을 발견하여 알고자 함을 이름이니, 만사를 이루려할 때 모르는 것을 알아내는 원동력이라고 『정전』에서 밝히고 있다. 주요 교리에 의심을 걸고 연마하는 의두·성리가 그것이다.

성 : 誠은 간단없는 마음을 이름이니, 만사를 이루려 할 때 그 목적을 달하게 하는 원동력이라고 소태산은 말한다. 정성스러움 자체가 성으로서 『중용』 20장에서 "誠者는 天之道也요 誠之者는 人之道也라" 하였다.

간단없는 : 조금도 쉼이 없이 지속하는 것을 '間斷없는'이라고 한다.

사연사조 : 팔조의 진행4조와 달리 삼학수행에 있어서 극복되어야 할 4가지 조항을 捨捐四條라 한다. 예컨대 불신·탐욕·나·우가 이것이다.

불신 : 不信은 信과 반대되는 개념으로 신뢰를 받지 못함이니, 만사를 이루려할 때 결정하지 못하는 것을 말한다. 상호 인간관계에서 불신이 쌓이면 신뢰를 얻지 못한다. 종교적으로 부처나 스승을 향해 신성을 드러내지 않는 것은 중근기로서 일종의 불신이 작용하기 때문이다.

탐욕 : 모든 일을 상도에 벗어나 과히 취하려는 것을 貪慾이라 한다. 삼독심의 하나가 탐욕으로, 욕심을 제어할 줄 알아야 수도인으로서 적공할 수 있다. 소태산은 물질소유의 작은 욕심을 버리고 성불제중의 큰 욕심을 발하라 했다. 지나친 욕심은 만족을 모르므로 고통을 가져다준다.

상도 : 어떠한 상황에서도 변함이 없는 떳떳한 도리를 常道라 한다.

나 : 만사를 이루려할 때 하기 싫어하는 나태를 懶라 한다. 행동이나 성격 따위가 느리고 게으르기 때문이다.

우 : 대소유무와 시비이해를 전혀 알지 못하고 자행자지하는 것을 愚라 한다. 자신의 언행을 함부로 하여 슬기롭지 못하고 우매하기 때문이다.

대소유무 : ☞『정전풀이』(상) 「일원상, 일원상의 진리」'대소유무' 참조.

시비이해 : ☞『정전풀이』(상) 「사은, 법률은」'시비이해' 참조.

자행자지 : ☞『정전풀이』(상) 「삼학, 사리연구」'자행자지' 참조.

6. 숙어 · 문제풀이

1) 신이라 함은 믿음을 이름이니, 만사를 이루려 할 때 마음을 정하는 원동력이란?

(1) 신이 만사를 이루는 원동력이란 성공과 성취의 확신에 대한 믿음에서 비롯되기 때문이다.

(2) 하고자 하는 일이 반신반의로 임하면 일의 성취가 쉽지 않음은 당연한 일이다.

(3) 신은 법을 담는 그릇이 되고, 의두를 해결하는 원동력이 되며, 계율을 지키는 근본이 된다(『대종경』, 신성품 7장).

(4) 성불제중에 대한 서원 일념도 信에서 비롯되는 바, 원불교 교법이 대도정법임을 믿고 수행 적공하는데 신은 중요한 역할을 한다.

2) 분이라 함은 용장한 전진심을 이름이니, 만사를 이루려 할 때 권면하고 촉진하는 원동력이란?

(1) 분은 분발심으로서 역경·난경을 접할 때 감당하기 어려움을 느끼면 쉽게 포기하는데, 매사에 극기하고 인욕하는 용기의 추진력이다.

(2) 분은 신념에 찬 의욕으로서 능동적으로 해낼 수 있는 의지인 바, 만사 성취의 원동력이다.

(3) 분은 어설픈 의욕이 아니라 어떠한 상황이 주어지더라도 죽기로써 하려는 당찬 의욕이자 정진을 지속시키는 원동력이다.

(4) 분에는 정분과 객분이 있는 바, 객기로 부당한 일에 접하는 객분을 버리고 정의로움을 추구하는 정분이 요구된다.

3) 의라 함은 일과 이치에 모르는 것을 발견하여 알고자 함을 이름이니, 만사를 이루려 할 때에 모르는 것을 알아내는 원동력이란?

(1) 우주의 대소유무와 인간의 시비이해에 대한 경이로움을 갖고 이를 알아내려는 것이 의이다.

(2) 성리와 화두 연마를 통해서 무명을 극복하고 본연 성품의 깨달음을 얻어나가는 힘이 의에서 비롯된다.

(3) 문제의식을 가지고 진리를 연마하다 보면 의단이 형성되며, 그 의단이 곧 지혜광명으로 이어진다.

(4) 의두가 잘 걸리지 않는 사람은 깨달음에 대한 열망의 부족, 즉

의두 성리 연마의 관심 부족임을 알아야 한다.

 4) **성이라 함은 간단없는 마음을 이름이니 만사를 이루려 할 때에 그 목적을 달하게 하는 원동력이란?**

　(1) 시종일관 한결같은 마음으로 일을 전개하여 만사 성취로 이어지는 것을 성이라 한다.

　(2) 정성의 유무는 나 자신과 관련되느냐의 여부에 관계된다(『대종경』, 수행품 5장).

　(3) 천지팔도의 하나가 지극히 정성한 도로서 우리는 이 지극히 정성한 도에 보은하며 살아가는 자세가 필요하다.

　(4) 토끼와 거북의 경주에서 거북이 결국 승리한 교훈은 끝까지 포기하지 않은 정성심의 결과이다.

 5) **불신이라 함은 신의 반대로 믿지 아니함을 이름이니 만사를 이루려 할 때에 결정을 얻지 못하게 하는 것이란?**

　(1) 반신반의하여 결국 믿지 못하는 마음이 불신으로, 매사의 성취가 어려워진다.

　(2) 지나친 자신감으로 남을 업신여기면 불신감이 생겨나며, 그로인해 대인관계에 있어 불신만이 싹튼다.

　(3) 진리와 스승과 교단과 법을 불신하면 영원히 고통의 윤회를 벗어나지 못하며 구원의 길도 멀어진다.

　(4) 불신병에 잘 걸리는 사람은 중근기병으로 고통받는 사람이다.

 6) **탐욕이라 함은 모든 일을 상도에 벗어나서 과히 취함을 이름이란?**

　(1) 삼독심 중에서 탐심이 제일먼저 나오는 바, 탐욕은 일종의 毒心이다.

　(2) 필요 이상으로 과히 취하려는 것을 탐욕이라 하는 바, 이는 죄업의 근본이 된다.

　(3) 빨리 이루려는 욕속심도 탐욕이니, 매사에 이소성대의 정신이 필요하다.

　(4) 희로애락의 오욕 칠정이 탐욕의 경계이므로 주의할 일이다.

 7) **나라 함은 만사를 이루려 할 때에 하기 싫어함을 이름이란?**

　(1) 심신의 나약함에 의해 전진심이 결여된 것이 나태이다.

(2) 오늘 할 일을 내일로 미루거나 중도에 그만 두는 게으름이 나태이다.

(3) 신·분·의·성이 사라지는 퇴굴심이 나태이다.

(4) 나태는 무기력으로 이어져 분발심과 멀어지고 만다.

8) 우라 함은 대소유무와 시비이해를 전연 알지 못하고 자행자지함을 이름이란?

(1) 사양지심, 곧 예의염치가 없는 것이 우이다.

(2) 생각과 행동을 제멋대로 하고, 옳고 그름을 판단하지 못함이 우이다.

(3) 대소유무·인과보응의 이치를 파악하지 못하고 진리에 어두워져 부끄러운 줄 모르는 것이 우이다.

(4) 일상수행의 요법을 외우는 뜻은 심지에 요란함·어리석음(우)·그름이 있었는가를 반조하기 위함이다(『대종경』, 수행품 1장).

7. 관련법문

☞「한번 뛰어서 불지에 오르는 도인도 있나니 그는 다생겁래에 많이 닦아온 최상의 근기요 중하의 근기는 오랜 시일을 두고 공을 쌓고 노력하여야 되나니, 그 순서는 첫째 큰 원이 있은 뒤에 큰 信이 나고, 큰 신이 난 뒤에 큰 忿이 나고, 큰 분이 난 뒤에 큰 의심이 나고, 큰 의심이 있는 뒤에 큰 정성이 나고, 큰 정성이 난 뒤에 크게 깨달음이 있으며, 깨달아 아는 것도 한 번에 끝나는 것이 아니라 천통만통이 있나니라」(『대종경』, 수행품 43장).

☞「대종사 하루는 조송광과 전음광을 데리시고 교외 남중리에 산책하시는데 … 땅에 일원상을 그려 보이시며 말씀하시기를 "이것이 곧 큰 우주의 본가이니 이 가운데에는 무궁한 묘리와 무궁한 보물과 무궁한 조화가 하나도 빠짐없이 갖추어 있나니라." 음광이 여쭙기를 "어찌하면 그 집에 찾아들어 그 집의 주인이 되겠나이까." 대종사 말씀하시기를 "삼대력의 열쇠를 얻어야 들어갈 것이요, 그 열쇠는 신분의성으로써 조성하나니라"」(『대종경』, 불지품 20장).

☞「큰 원을 발하라. 사를 경영하고 저만 이롭게 함은 이슬 같고 연기 같으니, 부처 되어 중생 건지려 함이 모든 원의 머리니라. 큰 믿음을 세우라. 묘함이 다른 묘함이 없고 보배가 다른 보배가 없으며, 철주의 중

심이요 석벽의 외면이니라. 큰 분을 일으키라. 이익을 한 근원에 끊으면 그 공이 백배요, 세 번 주야를 반복하면 그 공이 만 배라 하였나니라. 큰 의심을 품으라. 큰 믿음 아래 큰 의심이 있나니, 일심 이르는 곳에 금석도 뚫리리라. 큰 정성으로 행하라. 진실되어 거짓 없으면 안과 밖이 둘이 아니요, 시종이 한결 같으면 천지로 공이 같으리라. 일원대도 운전하여 무량중생 제도하고 영겁 고를 해탈하라」(『정산종사법어』, 응기편 6장).

8. 팔조의 형성사

팔조로서 진행4조는 불교의 『선요』 3가지의 영향을 받았으며, 원기 5년 교강을 발표할 때 팔조도 발표되었다. 원기 12년 초기교서인 『불법연구회규약』에서 진행건과 사연건을 합해 팔조를 게재하였으며, 뒤이어 『수양연구요론』에서도 팔조를 밝혔다. 『육대요령』에서는 팔조를 대지, 요지, 목적으로 체계화하고 있으며, 『불교정전』과 『정전』으로 이어지면서 어구 및 목차 순서가 다소 변경되면서 정착되었다.

1) 진행4조는 『선요』의 신, 분, 의의 영향을 받아 성을 덧붙이고 있다.

☞「원불교의 팔조 중에서 진행4조는 과거 불가의 교법을 발전적으로 계승하고 있다. 고봉의 『선요』에는 간화선을 하는데 신, 분, 의가 필요하다고 강조하였고, 서산의 『선가구감』에도 고봉의 의견을 인용하여 간화선을 하는데 신, 분, 의가 필요하다고 강조한다. 과거불교의 신, 분, 의의 법은 신 후에 분, 분 후에 의라는 진행과정으로 보고 '의'에 최종적 가치를 부여하는 식이었다. 그런데 원불교에서는 여기에 '성'을 덧붙이고 있는데, 신분의의 구도와 같이 이해하여 '분 후에 성'이 오는 것으로 해석하고 있다」(정순일, 「일상수행의 요법 주석상의 제문제」, 『원불교사상과 종교문화』 29집, 원불교사상연구원, 2005, p.99).

2) 8조에 있어 진행4조의 형성은 『선요』에 관련되며, 사연4조의 형성은 『수심정경』 류의 문헌에 나오는 서봉도사의 언급과 관련되어 있다.

☞「8조는 신분의성의 진행4조와 불신 탐욕 나 우의 사연4조로 구성되어 있다. 『선요』에 신분의 3조와 誠이 거론되어 있다. 소태산이 대각 후 참고로 열람한 재래종교의 경서 중에 『선요』가 이미 들어 있어서 쉽게 『선요』의 신분의성이라는 진행4조에 공감을 표했을 것으로 추론할 수 있다. 나아가 『수심정경』 류의 문헌에도 『선요』가 인용되면서 신

분의성의 중요성을 강조하고 있다. 그런데 불신 탐욕 나 우라는 사연4 조는 『선요』에는 언급이 없으나 『수심정경』 류의 문헌에는 서봉도사의 말을 인거하면서 직접적으로 나타나 있다. 이로 미루어 볼 때 8조는 『선요』의 신분의성은 물론이지만 『수심정경』 류의 8조가 보다 가깝게 소태산의 8조 교리형성에 영향을 미쳤다」(박병수, 「송정산의 수심정경 연구」, 『원불교사상』 21집, 원불교사상연구원, 1997, pp.446-447).

3) 『창건사』를 보면 알 수 있듯이, 원기 5년 사은사요와 삼강령 팔조 목을 제정 발표하였다.

☞「(원기 5년) 4월에 대종사께서 처음으로 본회 교강을 발표하시니 가로되, 인생의 요도 사은사요와 공부의 요도 삼강령 팔조목인 바 … 8 조목은 신분의성 4조로써 진행력을 삼고 불신 탐욕 나 우로서 捨捐件을 하나니, 이는 곧 삼강령 공부를 운동하는 요법이 되는 바, 그 강령이 심히 간명하고 교의가 심히 원만하여 일반 신자로 하여금 조금도 미혹과 편벽이 끌리지 아니하고 바로 대도에 들게 하는 본회의 元定 교법이시라」(정산종사, 『불법연구회창건사』 제1편 1회 12년, 제14장 「대종사의 봉래산 수양과 본회의 準備工作-원기 5년).

4) 원기 12년, 『불법연구회규약』 「본회의 유래」에서 팔조를 명시했고, 同書 「본회의 규약」 총칙 2조에서 삼학을 위해 팔조를 실천한다 했다.

☞「 "신분의성으로 진행력을 삼고 불신 탐욕 나 우로 사연건을 하여 일없는 데에 이르고 보면 연구와 수양을 놓지 아니하시며 일 있는 데를 당하고 보면 취사를 놓지 아니하시며…" (『불법연구회규약』, 본회의 유래). "본회는 정신을 수양하며 사리를 연구하며 작업을 취사하기 위하여 신분의성을 세우고 불신 탐욕 나 우를 제거하기를 목적함" 」(『불법연구회규약』, 본회의 규약, 제1장 총칙 제2조).

5) 『규약』보다 2개월 늦게 발행된 『수양연구요론』에서는 연구의 진행 요건과 연구의 사연조건으로 게재되었다.

☞「<제4 연구의 진행요건> 신분의성. 信이라 하는 것은 선악간 마음을 定한다 하니 信의 결과를 연구할 사. 忿이라 하는 것은 선악간 마음을 일어내어 모든 일을 권면한다 하니 분의 결과를 연구할 사. 의심이라 하는 것은 무식의 주인이니 의심이 나고 보면 즉시에 알아보라 하였으니 의심의 결과를 연구할 사. 정성이라 하는 것은 일을 이루는 땅에 간단이 없는 마음이니 정성의 결과를 연구할 사. <제5 연구의 사연조건> 불신 탐욕 나 우. 不信이라 하는 것은 무슨 일이든지 立志 못한

가운데 불신이 되나니, 불신의 본말을 연구할 사. 탐욕이라 하는 것은 무슨 일이든지 과하고 보면 탐욕이라 하나니, 탐욕의 본말을 연구할 사. 나라 하는 것은 무슨 일이든지 이루는 땅에 일을 挽執하는 것이 나가 되나니, 나의 본말을 연구할 사. 우라 하는 것은 사람 망하는 바탕이니, 우의 본말을 연구할 사」(『수양연구요론』, 제4 연구의 진행요건~제5 연구의 사연조건).

6) 원기 13년 『교무부사업보고서』의 2항에 교육의 조건으로 8조가 언급되고, 『육대요령』에는 『수양연구요론』과 다르게 정리되었다.

☞「원기 13년도 『교무부 사업보고서』 —항 삼강령의 총론에서 구체적으로 설명되었고, 2항 교육의 조건으로 8조가 설명되었다. … 『육대요령』에서는 삼강령의 내용을 각각 그 대지, 요지, 목적을 들어 구체적으로 체계화시켰다. 팔조는 『수양연구요론』의 내용과 다르게 정리되었다」(박용덕, 『천하농판』, 도서출판 동남풍, 1999, pp.65-67).

7) 『불교정전』 7장의 팔조는 현 『정전』의 5장으로 변경되고, 각 조항의 마무리에 마침표가 아니라 쉼표(~이요,)로 전개되고 있다.

☞「제1절 진행4조 : 1. 신이라 함은 믿음을 이름이니, 만사를 이루려 할 때 마음을 정하는 원동력이요, 2. 분이라 함은 용장한 전진심을 이름이니, 만사를 이루려 할 때 권면하고 촉진하는 원동력이요, 3. 의라 함은 일과 이치에 모르는 것을 발견하여 알고자 함을 이름이니, 만사를 이루려 할 때 모르는 것을 알아내는 원동력이요, 4. 성이라 함은 간단없는 마음을 이름이니, 만사를 이루려 할 때 그 목적을 달하게 하는 원동력이니라. 제2절 사연4조 : 1. 불신이라 함은 신의 반대로 믿지 아니함을 이름이니, 만사를 이루려 할 때 결정을 얻지 못하게 하는 것이요, 2. 탐욕이라 함은 모든 일을 상도에 벗어나서 과히 취함을 이름이요, 3. 나라 함은 만사를 이루려 할 때 하기 싫어함을 이름이요, 4. 우라 함은 대소유무와 시비이해를 전연 알지 못하고 자행자지함을 이름이니라」(『불교정전』, 제5장 팔조).

9. 팔조의 교리적 접근

팔조를 교리와 연계하여 살펴본다면 곧 팔조는 일원의 체성에 합하는 길이며, 삼학수행의 원동력이면서도 일상수행의 요법, 솔성요론, 계문 등의 실천과도 관련되어 있다.

1) 삼대력을 얻어 일원의 체성에 합하기로 하면 8조로 추진해야 한다.

☞「일원의 진리에 계합이 되는 힘은 곧 삼대력에 있는 것이니 삼대력을 얻어 일원의 체성에 합하기로 하면 신분의성으로 추진하는 원동력과 불신 탐욕 나 우로 퇴보케 하는 장애물을 제거하는 사연조목으로 힘을 다하여야 할 것이다. 신으로서 확고부동한 기반을 굳게 다지며, 분으로 용맹 정진하는 실천력과 의로서 日日新 日又新하는 관찰력이며, 성으로 일사불란하게 시종일관하는 추진력으로 삼학의 공부 방법을 밀어주고 당겨주어야 한다」(이운권, 고산종사문집1 『정전강의』, 원불교출판사, 1992, p.58).

2) 팔조는 삼강령 공부를 진작시키는 요법이다.

☞「8조목은 신분의성 4조로써 진행력을 삼고 불신 탐욕 나 우로서 사연건을 하나니, 이는 곧 삼강령 공부를 운동하는 요법이 되는 바…」(정산종사, 『불법연구회창건사』 제1편 1회 12년, 제14장 「대종사의 봉래산 수양과 본회의 準備工作-원기 5년/박정훈 편저, 『한울안 한이치에』, 원불교출판사, 1982, p.226).

3) 일상수행의 요법 제4조는 팔조에 해당한다.

☞「(일상수행의 요법) 제4조는 공부의 요도 팔조에 해당되고, 제5조는 사은, 그리고 6조부터 9조까지는 인생의 요도 四要에 해당한다. 이렇게 일상수행의 요법 하나만에도 일원상 진리와 삼학팔조, 사은사요가 모두 담겨 있는 것이다」(백낙청/박혜명 대담, 「특별 인터뷰-희망의 21세기, 어떻게 맞이할까?」, 《원광》 303호, 월간원광사, 1999년 11월, p.35).

4) 수행자로서 진행4조는 솔성요론과 관련되고, 사연4조는 계문과 관련된다.

☞「팔조는 수행자가 견지해야 할 구체적인 요목으로 솔성요론, 계문과 밀접한 관계가 있다. 솔성요론은 수행자에게 권장하는 요목이며, 계문은 금기 억제할 요목이다. 이처럼 개연적 성격만 보아도 진행4조는 솔성요론과 관계된 것이며, 사연4조는 계문과 관계된 것임을 알 수 있다」(박상권, 「팔조에 대한 연구」, 『원불교사상』 제26집, 원불교사상연구원, 2002, p.20).

10. 진행4조의 의의

진행4조는 적극적인 삼학의 실천법으로서 삼대력을 얻는 원동력이자

세간생활의 성공을 이루는 방법으로서 생활불교를 지향한다. 특히 팔조는 오늘날 자본주의 사회에서 사업성취의 길이기도 하며, 성불은 물론 제중의 교화발전에 있어 큰 의의를 지닌다.

1) 삼학을 증장시키는 저력이요 촉진제로서 의의를 지닌다.

☞「진행4조는 삼학공부를 진행하는 원동력으로서 신분의성인 바, 삼대력을 증장시키는 저력이다. 삼대력을 얻어 나가는 촉진제요 밑바닥의 힘이다」(신도형, 『교전공부』, 원불교출판사, 1992, pp.198-198).

2) 전통불교의 신·분·의는 간화선에 국한되지만, 진행4조는 성을 더하여 생활불교적인 면을 드러낸다.

☞「선가의 신·분·의 법문은 주로 간화선에 국한되나, 진행 4조는 현실생활 모두에 적용되는 법문으로 확대되는 특징을 지닌다는 점이다. 과거의 신·분·의 법은 간화선에 긴요한 법문이나 진행 4조는 간화선의 범주에서 벗어나 현실 속에서 생활의 개선, 처처불상의 실현, 그리고 무시선의 실행 등에 연결하여 적용할 수 있는 요긴한 법이다. 그중에서 커다란 역할을 하는 것이 誠인 것이다」(정순일, 「일상수행의 요법 주석상의 제문제」, 『원불교사상과 종교문화』 29집, 원불교사상연구원, 2005, p.100).

3) 신분의성은 현대 신용사회에서 진보할 수 있는 정신적 원동력이다.

☞「신분의성은 현대 신용사회에서 치열한 내외 경쟁을 물리치고 항상 꾸준한 진보로 선도하여 적정 이윤을 보장해주는 진취적인 기업가의 정신적 원동력이 되는 것이다」(조정제, 「원불교의 경제관에 대한 소고」, 『원불교사상』 4집, 원불교사상연구원, 1980, p.214).

4) 팔조의 진행4조는 성불제중의 과업을 함께 하고 있다.

☞「진행4조는 자기만을 성불키 위한, 목적 성취시키기 위한 공부가 아니다. 일체중생으로 하여금 그와 같은 목적 달성의 길로 인도하는 것도 중요하다. 그래서 일체중생과 함께 하겠다는 네 가지 소원, 즉 신분의성이 바로 진행4조를 공부하는 중요한 과업이다. 그리하여 진행4조 신분의성을 공부함에 있어 자타력 병진의 방법과 일체중생과 함께 하겠다는 의지가 합해져 나갈 때 진행4조의 길은 진작될 것이다」(서경전, 『교전개론』, 원광대학교출판국, 1991, p.282).

5) 교화 성장의 해법을 진행4조로 풀어나갈 수 있다.

☞「우리 교화침체의 원인은 이제까지 많이 논의가 되었으나 바꾸어

생각해 보면 무엇으로 교화를 성장시킬 것인지에 대한 논의는 활발하지 못했던 것 같다. 8조 중 진행4조는 만사를 이루는 원동력으로 되어 있다. 거기에 정산종사가 해준 삼학공부의 결과가 만사성공이라 하였으니 문제의 해법은 여기에 있을 것이라 생각한다」(최경도, 「교당의 교화 프로그램 개발-인구 50만명 이상 도시 중심으로-」, 《일원문화연구재단 연구발표회 요지》, 일원문화연구재단, 2005.9.23, p.30).

11. 사연4조의 의의

　팔조 중에서 사연4조는 진행4조의 반면교사의 역할을 하므로 삼학공부의 방해 요인을 발견, 이를 극복하는 수련을 자발적으로 또는 자기반성적으로 하게 하는데 그 의의가 있다. 굳이 사연사조가 존재하는 의의가 이것이다.

　1) 신분의성을 운전함에 있어 불신 탐욕 나와 우는 반면교사의 역할을 한다.

　　☞「신과 분과 의와 성을 운전함에 따라 불신과 탐욕과 나와 우가 소멸되어 대도의 성공을 볼 수 있고, 원망생활을 감사생활로 돌림에 따라 숙세에 맺혔던 원수가 점점 풀어지고 동시에 복덕이 유여하고, 타력생활을 자력생활로 돌림에 따라 숙세에 쌓였던 빚이 점점 갚아지고 동시에 복록이 저축되고…」(『정산종사법어』, 권도편 30장).

　2) 삼학공부를 방해하는 것이 무엇인가를 환기시키는 교훈이다.

　　☞「삼학공부를 방해하는 장벽으로서 불신 탐욕 나 우인 바, 삼대력을 不進시키는 요인이 된다. 삼대력을 말살하는 요인…」(신도형, 『교전공부』, 원불교출판사, 1992, p.206).

　3) 원불교는 사연4조를 제거하며 수련을 하는 곳이다.

　　☞「기자는 직업적 육감에 "좀 이상한 곳이로구나" 하고 먼저 사무실로 들어가서 "신문사에서 왔습니다" 하고 來意를 말하였더니 … 이름은 박창기라고 하여 매우 똑똑해 보인다. 기자는 요 어린 설법사를 단단히 뿌리를 빼놓을 작정을 하고 "불법연구회란 뭣하는 곳이오?" 좀 실례인 듯하나 그의 痛處를 쏘았다. 이 청년 나이는 어리나 말은 청산유수다. "종사님이 불교에 대오각성을 하시고 불법의 진리를 선양하여 불신탐욕을 제하고 정신수양을 하여…"」(1937년 조선일보 자매지인 월간 『朝光』 6월호 유사종교 소굴 탐방기/박용덕, 『천하농판』, 도서출판 동남풍,

1999, p.262).

4) 사연4조는 자기 의지로 취사토록 하여 자력수행을 유도한다.

☞「불신 탐욕 나 우에 대해서는 그 본말을 연구하도록 하여 타당성과 필요성을 인식한 후 자기 의지로 취하여 실행하고 버리는 자력수행을 하게 한 것이다」(박상권, 「팔조에 대한 연구」, 『원불교사상』 제26집, 원불교사상연구원, 2002, p.12).

12. 팔조와 일원상의 관계

일원상의 자타력 병진신앙에 있어 사은사요가 타력신앙에 해당된다면 삼학팔조는 자력신앙에 해당된다는 점에서 상호 관련이 있다. 그리고 일원의 체성에 합하도록 하려면 삼학팔조의 실천이 필요한 것도 사실이다. 나아가 팔조는 일원상의 속성과 동일하지만 인성에 의해 제정된 교리로서 진행4조는 인성의 긍정적 속성, 사연4조는 인성의 부정적 속성에 의해 제정된 점이 특징이다.

1) 일원상의 자타력 병진신앙에 있어 사은사요가 타력신앙이라면 삼학팔조는 자력신앙이다.

☞「사은사요가 타력신앙이라면 삼학팔조는 자력신앙이다. 수행은 본래 삼대력이 구족해 있다는 자력신앙에서 출발을 해야 한다」(한정석, 『원불교 정전해의』, 도서출판 동아시아, 1999, p.289).

2) 삼대력을 얻도록 일원의 체성에 합하기로 하면 팔조의 실천이 필요하다.

☞「일원의 진리에 계합이 되는 힘은 곧 삼대력에 있는 것이니 삼대력을 얻어 일원의 체성에 합하기로 하면 신분의성으로 추진하는 원동력과 불신 탐욕 나 우로 퇴보케 하는 장애물을 제거하는 사연조목으로 힘을 다하여야 할 것이다」(이운권, 고산종사문집1 『정전강의』, 원불교출판사, 1992, p.58).

3) 팔조는 일원상 속성과 동일하지만 인성에 의해 제정된 교리로 진행4조는 인성의 긍정적 속성, 사연4조는 부정적 속성에 의해 제정되었다.

☞「삼학이 일원상 진리 속성에 의한 수행강령이라면 팔조는 일원상 진리의 속성과 동일하기는 하지만 인간의 속성에 의하여 제정된 교리이다. 일원상 진리가 보편성을 가지고 있다면 인간의 성격은 보편성 그대로가 아닌 자의식이라는 특수성을 소유하고 있다. … 팔조 교리

중 진행4조는 인성의 긍정적 측면에 따라 바르게 발현되는 것이라면
사연4조는 인성의 부정적 방향으로 발현될 가능성에 따라 제정된 교리
이다. 그러므로 진행4조는 인격을 긍정적으로 형성하는 요소라고 한다
면 사연4조는 인성의 부정적 요소로 파악할 수 있다」(이성택, 『교리도
를 통해본 원불교』, 도서출판 숩리, 2003, pp.107-108).

13. 팔조의 원리

팔조는 삼학을 구체적으로 실천하는 방법으로서 진행과 사연이라는
인성의 양면적 원리가 바탕에 깔려 있으므로 삼학의 추진과 역추진의
원리가 작용하고 있다. 이는 긍정적인 진행방향과 부정적인 극복방향을
아우르는 것으로 볼 수 있다. 환기할 바, 팔조의 진행4조는 상의상자적
관계이면서, 신분의성 앞에 願의 원리가 작용하고 있다.

 **1) 팔조가 진행4조와 사연4조로 전개되는 것은 인성의 양면적 원리에
기인한다.**

☞「팔조에서 진행4조와 사연4조를 제시한 것은 인성의 양면성 때문
이다. 그것은 인성이 현실세계에 작용할 때는 반드시 양면성을 가지고
있다. 이러한 인성의 양면성을 심리학자 칼융은 원인과 목적, 승화와 억
압, 물질적 에너지와 정신적 에너지, 열성기능과 우성기능, 외향성과 내
향성 등의 양면성으로 표현하고 있다. 이러한 입장은 인성에는 서로 반
대로 작용하는 요소들이 있음을 지적하는 것이다. 그러므로 팔조가 진
행4조와 사연4조로 구성된 것은 인성의 기본적 성질 기초를 두고 있는
것이다」(이성택, 「원불교 수행론」, 『원불교사상시론』 1집, 수위단회사무
처, 1982, p.35).

 2) 진행4조는 삼학 추진의 원리요, 사연4조는 삼학 역추진의 원리이다.

☞「8조는 모두가 마음에서 나오는 여덟 가지 마음이다. 그러므로 그
근본은 하나라고 할 수 있다. 그러나 신분의성으로 정진하면 불신, 탐
욕, 나, 우는 자연히 제거되는 원리를 지니고 있다. 따라서 진행4조는
삼학공부를 조정하는 추진력이요, 사연4조는 삼학공부를 방해하는 역추
진력이라 할 수 있다」(정순일, 「일상수행의 요법 주석상의 제문제」, 『원
불교사상과 종교문화』 29집, 원불교사상연구원, 2005, pp.100-101).

 3) 방향설정에 따른 진행과 퇴진의 원리가 조화롭게 전개되고 있다.

☞「방향은 행방을 따라 달라지는 것이다. 동방을 향해 전진한다면

자연 서방은 멀어지는 것이요, 서방을 향해 전진하면 동방이 또한 멀어지는 것이 진리이다. 이와 같이 진행조건으로 전진하면 사연조건은 멀어질 것이요, 반대로 사연조건에 수반이 된다면 진행조건이 후퇴가 될 것이니 진행조목으로 삼대력을 얻어 진리와 더불어 일체가 되어야 한다」(이운권, 고산종사문집1 『정전강의』, 원불교출판사, 1992, p.59).

4) 팔조는 신분의성의 상의상자적 원리가 작용하고 있다.

☞「도가의 공부는 재질이 있고 없는 것이 중요한 것이 아니라 신분의성으로 정진하는 것이 중요하다. 여기의 信은 자력신이다. 나에게 불성이 갖추어진 것을 믿고 성불할 수 있다는 것을 믿는 것이다. 신을 바탕으로 분발심과 의두 연마와 정성이 생기는 것이다. 분발심이 잘 나지 않는 것은 믿음이 부족하기 때문이다. 신이 일어난 후에 신에 바탕하여 분발심이 일어나고 이치와 일을 깨치는 의두 연마와 끝까지 수행하는 정성이 나오는 것이다」(한종만, 『원불교 대종경 해의』(下), 도서출판 동아시아, 2001, pp.212-213).

5) 신분의성 앞에 독실한 願의 원리가 있다.

☞「원기 20년 11월에 내가 총부에 왔다. 그리고 11월 6일부터 동선에 입선하게 되었다. 오전 시간에는 대종사님께서 법설을 해주었는데, 제일 감명 깊었던 법문은 동정간 삼대력 얻는 공부법이었다. 이 공부법은 유무식 남녀노소를 막론하고 願과 신만 독실하고 분, 의, 성이 철저한 사람은 모두 성불할 수 있고 사은의 보은자가 된다는 내용이었다」(편집자, 「훈타원 양도신 원로교무-일심공부의 주인공」, 《원광》 298호, 월간원광사, 1999년 6월, p.29).

14. 팔조의 특징

팔조는 사람의 근기에 따라 상황에 따라 전진적 진행4조와 극복대상의 사연4조로 접근하게 되어 있다. 또한 『수심정경』에서 밝힌 수양 중심의 팔조가 아니라 삼대력 중심의 팔조라는 점이 특징이다. 그리고 팔조는 간명하여 쉽게 실천에 옮길 수 있는 항목으로 순서를 따라 사실적이고 합리적 수행법이라는 점이 부각된다.

1) 진행4조와 사연4조는 사람의 근기와 상황에 따라 공부할 수 있게 배려하고 있다.

☞「진행 4조와 사연 4조는 제로섬 게임의 교리이므로 개인의 성향이

나 공부의 정도에 따라 어떠한 상황에서도 공부가 될 수 있도록 배려한 것이다. 예를 들어 사람 혹은 상황을 따라서 어떤 경우는 신을 세우는 법이 좋을 수도 있고, 불신을 없애는 방법이 효과적일 수도 있기 때문이다」(정순일, 「일상수행의 요법 주석상의 제문제」, 『원불교사상과 종교문화』 29집, 원불교사상연구원, 2005, p.102).

2) 『수심정경』의 팔조는 정신수양을 중심으로 **밝혔다면, 원불교의 팔조는 삼대력을 중심으로 밝힌 것이며 만사 성공법으로까지 확대된다.**

☞「『수심정경』에 팔조가 밝혀져 있다. 이 문헌은 정신수양을 중심으로 밝힌 것이다. 진행4조를 定靜之要法이라 하여 정신수양의 방법으로 밝혔으며 사연4조를 영보국을 지키는데 침입해서는 안 될 방해로운 것으로 설명하였다. 원불교에서의 진행4조는 수양 연구 취사의 삼학수행을 진행시키는 방법이며, 사연4조는 삼학수행을 방해하는 것이다. 팔조의 의미를 넓게 보면 만사를 이루려 할 때라 되어 있으므로 진행4조는 모든 일을 할 때의 진행방법이며, 사연4조는 모든 일을 할 때의 제거방법인 것이다」(한정석, 『원불교 정전해의』, 도서출판 동아시아, 1999, p.297).

3) 팔조목은 강령이 간명하여 바로 대도에 들게 하는 특징을 지닌다.

☞「원기 5년 경신 4월에 소태산 대종사는 (봉래산) 실상초당에서 처음으로 새 회상의 교강을 발표하니 곧 인생의 요도 사은 사요와 공부의 요도 삼강령 팔조목이었다. 교강 선포에 관한 『교사』의 기록은 다음과 같다. "…팔조목은 신분의성과 불신 탐욕 나 우니 신분의성 4조로는 진행건을 삼고 불신 탐욕 나 우 4조로는 사연건을 삼아 3강령 공부를 운용하는 묘법이 되는 바, 그 강령이 간명하고 교의가 원만하여 모든 신자로 하여금 조금도 미혹과 편벽에 끌리지 아니하고 바로 대도에 들게 하는 새 회상의 기본교리이다"」(이공전, 「봉래제법과 익산총부 건설」, 『원불교칠십년정신사』, 성업봉찬회, 1989, p.169).

4) 무조건 적공만 하라는 것이 아니라 순서를 따라, 사실적이고 합리적인 수행법으로 팔조를 제시하였다.

☞「수행을 함에 있어 무조건 적공만 하는 것이 아니라 순서를 따라 적절한 방법을 써야 하며, 그러한 방법이 왜 타당한가를 연구하도록 한 점에서 매우 사실적이고 합리적인 수행법으로 팔조를 제시한 것이라 할 수 있다」(박상권, 「팔조에 대한 연구」, 『원불교사상』 제26집, 원불교사상연구원, 2002, pp.11-12).

15. 팔조의 실천방법

팔조의 실천방법으로는 먼저 성불제중을 염원하는 간절한 서원이 필요하며, 이어서 구체적 실천방법으로서 진행4조의 실천으로 솔성요론과 사연4조로 계문을 준수하는 유기체적 교리실천이 요구된다. 그리고 팔조에 있어 공부심에 의해 신분의성의 실천과 불신 탐욕 나태 우치의 극복, 나아가 변함없는 일과준수가 필요하다. 이 모두는 정진 적공의 부단한 힘에 의해 가능한 것이다. 즉 오늘날 유행하는 선과 명상에 팔조가 적용될 수 있다고 본다.

1) 투철한 서원으로 신분의성을 가동하면 결국 성불제중에 이른다.

☞「성불제중 하겠다는 투철한 서원으로 출발하여 신분의성을 가동시키면 수행문에 일단 입문한 것이다. 천리 길도 길을 나선 사람은 결국 도착하기 마련이다」(좌산상사법문집 『교법의 현실구현』, 원불교출판사, 2007, p.214).

2) 팔조의 진행4조는 솔성요론, 사연4조는 계문을 준수함과 밀접한 관계를 지닌다.

☞「계문은 금지해야 할 요소로서 항상 자신의 수행에 대조하게 하며, 솔성요론은 적극적으로 실행해야 할 요건으로서 역시 수행에 대조하게 한 교리이다. 이들의 관계는 팔조 각 개념을 어떻게 하느냐에 따라 밀접한 관계, 소원한 관계, 무관함으로 구분할 수 있지만 밀접한 관계로 보이는 것을…」(박상권, 「팔조에 대한 연구」, 『원불교사상』 제26집, 원불교사상연구원, 2002, p.21).

3) 공부심을 갖고 일과에서 진행4조와 사연4조를 실천한다.

☞「우리들의 목적은 부처될 공부를 하는 것이고 부처님 사업을 하는 것이다. 이 두 목적을 이루기 위해 첫째 최초 서원을 시종 한결같이 챙기자. 둘째 신분의성으로 공부심을 꾸준히 챙기자, 셋째 일과를 챙기자」(황영규, 「존심과 방심」, 《총부예회보》, 1999년 3월 14일, p.1).

4) 불신, 탐욕, 나약, 우치를 철저히 퇴치해야 할 것이다.

☞「만사에 결정하지 못하는 부동된 마음 곧 불신, 부당한 세욕에 사로잡혀 소탐대실의 육도에 이탈되어가는 탐욕, 무기력 무희망으로 생동하는 잃어버리게 하는 나약한 마음, 下愚不離의 자행자지하는 마음(愚), 이상의 4대 사연조목을 퇴치하여야 할 것이다」(이운권, 고산종사문집1 『정전강의』, 원불교출판사, 1992, p.58).

5) 정진 기도하며 진행4조 사연4조를 실행에 옮긴다.

☞「법신불 사은님! 저희들이 언제나 경계에 속지 않고 육신과 정신을 법으로 질 박아서 나쁜 습관을 제거하고 정당한 법으로 단련하여 기질변화가 분명히 되기까지, 신분의성으로 정진할 수 있도록 이끌어 주옵소서」(박종락, 『목탁소리』, 원광문화사, 1999, p.11).

6) 팔조는 선과 명상에서 적용될 수 있다.

☞「공부에 발동을 걸려면 믿음과 분발, 의심과 정성이 필요하다. … 이것은 비단 禪뿐만 아니라 모든 명상법에 적용되는 금과옥조이다. 나아가 어떤 일에도 들이대기만 하면 반드시 성공하는 덕목이다」(문향허, 『깨달음으로 가는 바른길』, 배문사, 2007, p.132).

16. 팔조의 연계사상

원불교의 팔조는 불교 『선요』에서 밝힌 내용과 상통하며, 용어상 유교의 팔조목과 유사하다. 그리고 팔조는 불교의 신, 분, 의에 더하여 유교의 덕목 성을 더함으로써 3교회통적 모습으로 다가선다. 나아가 삼학은 불교, 팔조는 『수심정경』과 관련되며, 삼강령 팔조목은 『대학』을 체계화한 용어와 유사한 양상을 지닌다.

1) 불교 『선요』의 신분의가 교리 용어로 유입되고 있다.

☞「『정정요론』 내용 중, 『禪要』의 신분의성이 사연사조로, 『태상통고경』의 거진출진 등이 교리 용어로 유입되는 등 『수양연구요론』의 발간은 초기 교리형성에 상당한 영향을 미쳤다」(박용덕, 『천하농판』, 도서출판 동남풍, 1999, p.117).

2) 삼강령 팔조목은 유교의 격물 치지 정심 성의 수제치평과 통한다.

☞「원불교는 매우 민주적 성격을 갖추고 있는 것도 주목할만한 일이라 하겠다. 삼학은 정신수양 사리연구 작업취사를 말하는 것인데, 이것은 불교의 정혜계의 원리를 구체화한 말이다. 이것은 또 유교의 격물치지 성심 정의 수신 제가 치국 평천하와 상통하는 개념이다」(한승조, 「한국정신사의 맥락에서 본 원불교」, 『원불교사상』 4집, 원불교사상연구원, 1980, p.53).

3) 팔조는 불교의 신, 분, 의에 더하여 유교의 덕목인 誠을 더하여 3교회통적 접근으로 다가선 것이다.

☞「(팔조의) 誠은 유교에서 중시하는 덕목인 점으로 보아 3교를 회

통하여 새 교법을 천명하는 과정에서 불교(선요)의 신, 분, 의와 유교의 성을 한데 묶어 팔조의 진행요건으로 삼은 것으로 보인다」(박상권, 「팔조에 대한 연구」, 『원불교사상』 제26집, 원불교사상연구원, 2002, p.15).

4) 삼강령은 불교, 팔조목은 『수심정경』의 내용과 통하며, 삼강령 팔조목이란 용어는 주자가 『대학』의 요지를 체계화한 것과 관련된다.

☞「원래 삼강령 팔조목이란 『대학장구』에서 주자가 『대학』의 요지를 정리 체계화하여 사용한 것이며, 조선시대 유학자들에게는 상식화된 용어이다. 물론 원불교 삼강령 팔조목은 내용과 성격에 있어서 『대학』의 그것과는 전혀 다른 것이다. 즉 삼강령은 불교의 삼학과 일치하고, 팔조목은 증산교 계통의 『수심정경』에서 도입한 것으로 알려져 있다」(원불교 교화연구회, 『한국 근대사에서 본 원불교』, 도서출판 원화, 1991, p.119).

17. 보충해설

팔조는 원불교의 교리 전반에서 살펴본다면 일원상의 수행론에 속해 있으며 삼학을 촉진하는 방법이 되고 있다. 따라서 사은사요가 신앙문으로 언급된다면, 삼학팔조는 수행문으로 언급된다. 대산종사는 "전 생령이 구원을 받는 방법으로는 삼학팔조요, 세계 평화의 근본으로는 사은에 대한 보은불공 생활이요, 온 인류가 서로 잘 사는 묘방으로는 사요의 실현이다" (『정전대의』-대산종사법문집 1, 11. 일상수행의 요법)라고 하였다.

주지하듯이 삼학의 촉진제 역할을 하는 팔조는 『수심정경』에 언급되고 있다. 여기에서는 참 도를 보배에 비유하여 그 보배를 잘 지켜 활용하기 위해 보배를 쌓아놓은 영보국에 "탐욕자, 懶·愚者와 不信者가 와서 이르면 곧 너희는 각각 지켜서 막고, 어떠한 사람이든지 정성스럽고 믿음이 전일한 자가 와서 이르면 곧 문을 열어드려서 빈집의 주인을 삼아 무궁한 재보를 사용토록 하라" (『明入門 要法』 2)고 하였다. 곧 사연4조를 언급하면서 진행4조를 재보로 여기라는 의미이다.

하여튼 도가 공동체에서 강조되는 信으로부터 출발하여, 분발심을 갖고 분발하고, 의두 연마로 의단을 키우며, 정성으로 매사를 이룬다는 것이 진행4조이다. 사연4조는 불신을 극복하고, 탐욕

을 절제하며, 나태를 버리고 어리석음도 없애라는 것이다. 진행4
조를 잘하면 사연4조는 자연스럽게 없어질 것이니, 전자는 긍정
적 측면을 밝힌 것이라면 후자는 부정적 장애를 극복하라는 점에
그 초점이 있다. 작용과 반작용의 원리가 이와 관련된다고 본다.

18. 연구과제

 1) 팔조의 교리적 위상과 그 원리는?
 2) 팔조의 형성사에 대하여 논하시오.
 3) 팔조란 무엇인가?
 4) 진행4조와 사연4조로 나뉜 이유는?
 5) 팔조와 삼학의 관계는?
 6) 팔조는 삼학을 실천하는데 도움을 주는 보조항목에 불과한가?

19. 고시문제

 1) 신분의성의 추진에 대한 각자 경험을 쓰시오.
 2) 다음 낱말 뜻을 『정전』에 밝힌 대로 쓰시오 : (1) 忿, (2)
愚.

제6장 인생의 요도와 공부의 요도

○ 「인생의 요도와 공부의 요도」의 원문

사은 사요는 인생의 요도요, 삼학 팔조는 공부의 요도인 바, 인생의 요도는 공부의 요도가 아니면 사람이 능히 그 길을 밟지 못할 것이요, 공부의 요도는 인생의 요도가 아니면 사람이 능히 그 공부한 효력을 다 발휘하지 못 할지라, 이에 한 예를 들어 그 관계를 말한다면, 공부의 요도는 의사가 환자를 치료하는 의술과 같고, 인생의 요도는 환자를 치료하는 약재와 같나니라(『정전』 제2 교의편, 제6장 인생의 요도와 공부의 요도).

1. 인생의 요도와 공부의 요도의 등장배경

인생의 요도와 공부의 요도는 전통불교의 교법을 혁신하고자 하는 뜻에서 소태산이 천명한 삼학팔조와 사은사요이다. 과거의 불법은 번다하여 생활불교로 발전하는데 애로가 있음을 알고 불교혁신의 의지에서 양대 요도가 등장한 것이다. 양대 요도의 출현 배경에는 불법연구회의 목적과 관련되어 있다.

1) 전통종교가 기복신앙에 기울자, 소태산은 대도정법으로 인생의 요도와 공부의 요도를 천명하였다.

☞「불타는 고뇌 후 법신불을 증득했다. 그러한 뜻을 이어서 공부의 요도 삼학팔조와 인생의 요도 사은사요로 생활하는 것이 참다운 종교생활이다. 이것을 모르고 등상불이나 하나님에게 죄복을 비는 종교 형태가 되었다. 대종사는 종교와 도덕의 본원을 천명하였다」(원불교사상연구원 편, 『숭산논집』, 원광대학교출판국, 1996, p.48).

2) 과거 번다한 형식과 교리를 극복하고, 간이한 교리강령으로 인생의 요도와 공부의 요도를 설파하지 않을 수 없었다.

☞「과거의 浩繁한 전통과 의식을 일체 소탕하여 버리고 가장 간단한

인생의 요도인 사은사요와 공부의 요도인 삼강령 팔조목과 재가응용주의사항(상시응용주의사항)과 재가공부인이 교무부에 와서 하는 책임 6조(교당내왕시 주의사항)와 기타 계문 솔성요론 등을 제정하였나니…」(서대원, 「종사주의 수양을 드리기 위하여」, 『월말통신』 30호, 1929.7).

3) 양대 요도의 출현 배경으로는 불법연구회의 목적과 관련되어 있다.

☞『『육조대사 전기』가 처음 연재될 무렵에는 『회보』의 모두에 '개교표어' 혹은 '요언'이라는 이름의 경구들이 연재되고 있었다. 그러다가 원기 23년(1938)년 5월에 발간된 『회보』 제44호에 처음으로 '본회의 목적'이라는 제하에 일상수행의 요법의 전신이라 할 만한 것이 출현한다. 이때는 공부요도와 인생요도로 나누어 9조가 배당되고 있는데…」(정순일, 「일상수행의 요법 주석상의 제문제」, 『원불교사상과 종교문화』 29집, 원불교사상연구원, 2005, pp.96-97).

2. 인생의 요도와 공부의 요도의 의미

인생의 요도와 공부의 요도는 일원상 진리의 신앙과 수행의 양대문에 속하는 것으로 상관적 관계를 지닌다. 전자는 사은사요를 실천하는 것이요 후자는 삼학팔조를 실천하는 것이다. 양대 요도를 실천함으로써 평등세상과 인격함양 곧 심신을 자유로이 하여 자아완성과 세계평화를 도모하는 것이 인생의 요도요 공부의 요도이다. 이에 인생의 요도 사은사요는 처처불상 사사불공으로 완성되고, 공부의 요도 삼학팔조는 무시선 무처선으로 완성되므로 양대 요도의 의미가 확연해진다.

1) 인생의 요도와 공부의 요도는 신앙과 수행이요, 윤리와 도덕이며 실재와 작용이다.

☞「인생의 요도와 공부의 요도는 종교적으로는 신앙과 수행이요, 도덕적으로는 윤리와 도덕이며, 철학적으로는 실재와 작용이다」(이은석, 『정전해의』, 원불교출판사, 1985, p.183).

2) 도에 의해 덕이 나타나듯 둘이면서 하나요, 하나이면서 둘의 관계가 인생의 요도요 공부의 요도이다.

☞「인생의 요도는 공부의 요도가 아니면 실효를 거둘 수가 없을 것이요, 공부의 요도는 인생의 요도로서 결실을 얻게 되는 것이니 도로 인해서 덕이 나타나고, 체로 인해서 활용하게 되고 因으로부터 결과를 얻게 되는 것으로, 나누어 볼 수 없는 하나이면서 둘이요 둘이면서 하

나로 연관이 되어 있는 것이다」(이운권, 고산종사문집1 『정전강의』, 원불교출판사, 1992, pp.59-60).

3) 사은 사요가 인생의 요도요, 삼학 팔조가 공부의 요도로서 평등세상과 인격완성을 도모하는 것이다.

☞「인생의 요도는 사은 사요를 말한다. 사은에 보은하고 사요를 실천해서 평화롭고 평등한 세상을 만드는 것이다. 공부의 요도는 삼학 팔조를 말한다. 수양 연구 취사의 삼학수행을 철저히 해서 절대적 인격을 완성하는 것이다」(한정석, 『원불교 정전해의』, 도서출판 동아시아, 1999, p.298).

4) 인생으로서 마땅히 걸어가야 할 길은 인생의 요도이고, 심신을 자유로이 하는 것은 공부의 요도이다.

☞「우리는 이 인생으로서 마땅히 걸어가야 할 길을 걸어 바른 길을 개척하는 것을 한 마디로 인생의 요도를 실현하는 사람이라 할 것이요, 만약 이것을 모르고 살게 되면 살았으되 산 보람을 다하지 못하는 사람이라 할 것이다. 공부의 요도란 인간이 살아가는 가운데 마음을 마음대로 하여 심신을 자유로이 하는 길을 말한다」(한기두, 『원불교 정전연구』-교의편-, 원광대학교출판국, 1996, p.316).

5) 자아완성과 세계정화에 초점을 둔 것이 공부의 요도와 인생의 요도이다.

☞「자아완성(성불)에 중점을 두는 마음공부길인 삼학팔조와, 세계정화(제중)에 중점을 두는 윤리실천의 길인 사은사요를 공부의 요도와 인생의 요도로 하여 그 관계를 밝혀준 것이다」(신도형, 『교전공부』, 원불교출판사, 1992, pp.209-210).

6) 무시선 무처선의 생활은 공부의 요도가 되고, 처처불상 사사불공의 생활은 인생의 요도가 된다.

☞「진공묘유의 수행으로 삼학 팔조의 공부를 하여 삼대력을 얻어 무시선 무처선의 생활을 하는 것은 공부의 요도가 되고, 진리에 바탕한 신앙문으로 사은사요를 실천하여 처처불상 사사불공의 신앙생활을 하는 것은 인생의 요도가 된다. 이 두 가지 도리는 인생이면 누구나 알아 행해야 하기 때문에 要道라 한 것이라 생각된다」(안이정, 『원불교교전 해의』, 원불교출판사, 1998, p.302).

3. 인생의 요도와 공부의 요도의 대의강령
 1) 사은 사요는 인생의 요도이며, 삼학 팔조는 공부의 요도이다.
 2) 인생의 요도와 공부의 요도는 상호 관련성이 크다.
 3) 공부의 요도는 의술과 같다면 인생의 요도는 약재와 같다.

4. 인생의 요도와 공부의 요도의 구조
 1) 인생의 요도와 공부의 요도의 대의
 2) 인생의 요도와 공부의 요도의 상관성
 3) 인생의 요도와 공부의 요도의 역할

5. 단어해석
요도 : ☞『정전풀이』(상) 「사은, 부모은」 '요도' 참조.
인생의 요도 : 일원상 신앙문의 사은사요를 인생의 요도라 한다. 『대종경』교의품 29장과 변의품 25장에 인생의 요도와 관련한 법어가 나온다.
공부의 요도 : 일원상 수행문의 삼학팔조를 공부의 요도라 한다. 『대종경』 변의품 25장에 공부의 요도와 관련한 법어가 나온다.
의술 : 어의로는 의학이나 병 치료와 관련한 기술을 醫術이라 한다. 원불교에서는 이를 공부의 요도(삼학팔조)와 비교하고 있다.
약재 : 병을 치료하는 의약의 재료를 藥材라 한다. 원불교에서는 이를 인생의 요도(사은사요)와 비교하고 있다.

6. 숙어 · 문제풀이
 1) 사은사요는 인생의 요도요, 삼학팔조는 공부의 요도라는 것은?
　(1) 일원상 진리에 이르는 길을 신앙문과 수행문으로 나누어 사은사요와 삼학팔조라 한다.
　(2) 사은사요는 신앙문으로서 인생의 요도가 되며, 삼학팔조는 수행문으로서 공부의 요도가 되는 것이다.
　(3) 인생의 요도는 돈독한 신앙의 길이며, 공부의 요도란 적공 수행의 길이다.
　(4) 요도란 인간으로서 성불제중에 있어 반드시 실천에 옮겨야 할

도라는 뜻으로 인생의 요도와 공부의 요도가 이것이다.

2) 인생의 요도는 공부의 요도가 아니면 사람이 능히 그 길을 밟지 못한다는 것은?

(1) 일원상 진리에는 인생의 요도와 공부의 요도가 있으므로 상호 밀접한 관계 속에 있다.

(2) 우리가 신앙문을 통해서 종교적 구원의 세계에 들어갈 수 있으며, 수행문을 통해서 인격 양성이 가능한 일이다.

(3) 사은사요를 통한 감사생활에는 삼학팔조를 통한 적공생활이 뒷받침 되어야 한다.

(4) 인생의 요도에서 신봉되는 법신불 신앙에 의존한다고 해도 자성불을 발현하는 공부의 요도가 필요한 것이다.

3) 공부의 요도는 인생의 요도가 아니면 사람이 능히 그 공부한 효력을 다 발휘하지 못한다는 것은?

(1) 원불교의 교법은 공부의 요도와 인생의 요도를 병행하는 것이 특징이므로 인생의 요도가 없는 공부의 요도는 있을 수 없다.

(2) 아무리 공부의 요도를 잘 밟는다 해도 인생의 요도가 뒤따르지 않으면 낙원세상을 이루어갈 수가 없다.

(3) 삼학수행을 통한 삼대력을 양성한다 해도, 사은사요의 신앙생활이 뒷받침 되지 않으면 공효가 개인에 그친다.

(4) 자성불 발현을 한다고 해도, 법신불의 타력에 의존할 필요가 항존하는 것이다.

4) 공부의 요도는 의사가 환자를 치료하는 의술과 같고, 인생의 요도는 환자를 치료하는 약재와 같다는 것은?

(1) 일원상 진리의 양대문인 삼학팔조는 의술이요, 사은사요는 약재가 되므로 상호 불가분의 관계이다.

(2) 아무리 의술이 뛰어나더라도 약재가 부족하면 환자의 치료는 어렵다.

(3) 사은사요의 약재가 아무리 풍요롭게 갖추어져 있다고 해도 삼학팔조의 의술이 함께 해야 환자의 치유로서 종교성을 지닌다.

(4) 일원종지와 사은사요 삼학팔조는 누구나 알아야 하고 다

실행할 수 있으므로 천하의 큰 도가 된다(『대종경』, 교의품 2장).

7. 관련법문

☞「한 제자 여쭙기를 "부모 보은의 조목에 '공부의 요도와 인생의 요도를 유루 없이 밟으라' 하셨사오니 그것이 어찌 부모보은이 되나이까." 대종사 말씀하시기를 "공부의 요도를 지내고 나면 부처님의 지견을 얻을 것이요, 인생의 요도를 밟고 나면 부처님의 실행을 얻을지니, 자녀된 자로서 부처님의 지행을 얻어 부처님의 사업을 이룬다면 그 꽃다운 이름이 너른 세상에 드러나서 자연 부모의 은혜까지 드러나게 될 것이라"」(『대종경』, 변의품 25장).

☞「원기 33년 4월, 원불교 교헌을 제정 반포하시니, 총강 제1조에 "원불교는 우주의 원리요 제불의 심인인 즉 일원의 대도에 근본하여 정신 정각 정행을 종지로 한다" 하시고, 제2조에 "본교는 인생의 요도 사은 사요와 공부의 요도 삼학 팔조로써 전 세계를 불은화하고 일체 대중을 선법화하여 제생의세하기로 목적한다" 하시고…」(『정산종사법어』, 경륜편 5장).

☞「원기 5년부터는 변산 봉래정사에서 4년간 수양을 하시는 一方 과거 편협한 모든 교법을 통합하셨나니 만법의 주종이 되는 일원종지를 밝히신 아래 공부의 요도로는 유불선과 각 종교의 정수가 통합된 3학 8조의 원만한 수행길을 마련하였고, 인생의 요도로는 우주와 인간의 모든 윤리가 두루 통하게 된 사은사요의 대 윤리를 제정하시어 교리의 강령을 세우셨다」(『정전대의』-대산종사법문 1집, 5.원불교, 2)대종사님의 십상, 8.봉래제법상).

8. 인생의 요도와 공부의 요도의 형성사

원기 5년 인생의 요도와 공부의 요도를 본회의 교강으로 발표한 이래, 원기 23년 『회보』에 「본회의 목적」이라는 제목이 출현하여 인생의 요도와 공부의 요도로 나뉘게 되었다. 뒤이어 『육대요령』과 『불교정전』으로 전개되면서 양대 요도가 체계화되는 과정을 밟았다.

1) 『불법연구회창건사』를 보면, 원기 5년 4월 인생의 요도와 공부의 요도로서 본회 교강을 발표하였다.

☞「(원기 5년) … 4월에 대종사께서 처음으로 본회 교강을 발표하시

니 가로되, 인생의 요도 사은 사요와 공부의 요도 삼강령 팔조목인 바, 사은은 천지 부모 동포 법률의 피은 보은 배은을 말씀한 것이요, 사요는 남녀권리동일, 자우차별, 무자녀자 타자녀교양, 공도헌신자 이부사지를 말씀한 것이니, 이는 곧 인생의 마땅히 행할 도로써 세상을 구원할 요법이 되고, 삼강령은 부처님의 말씀하신 계정혜를 단련하기 위하여 정신수양 사리연구 작업취사를 말씀한 것이니, 이는 곧 공부인의 마땅히 밟을 도로서 생령을 제도하는 요법이 되며…」(정산종사, 『불법연구회창건사』 제1편 1회 12년, 제14장 「대종사의 봉래산 수양과 본회의 準備工作-원기 5년).

 2)   원기 23년 발간된 『회보』에 「본회의 목적」이라는 제목이 출현하며, 이때 공부의 요도와 인생의 요도로 나뉘었다.

   ☞「원기 23년(1938)년 5월에 발간된 『회보』 제44호에 처음으로 '본회의 목적' 이라는 제하에 일상수행의 요법의 전신이라 할 만한 것이 출현한다. 이때는 공부요도와 인생요도로 나누어 9조가 배당되고 있는데 이때의 특징은 1조 "잡념을 제거하고 일심을 양성하자" 2조 "모르는 것을 제거하고 아는 것을 양성하자" 3조 "이론만 하지 말고 실행을 양성하자" 등으로 되어 있다는 점이다. 이것이 8개월 후인 『회보』 제52호에 이르러서는 '본회의 목적' 이 '본회의 교강' 이라는 이름으로 바뀌고 그 내용도 현행 일상수행의 요법 형태로 정비된다」(정순일, 「일상수행의 요법 주석상의 제문제」, 『원불교사상과 종교문화』 29집, 원불교사상연구원, 2005, pp.96-97).

 3) 『육대요령』과 『불교정전』에서 오늘의 양대 요도로 정착되었다.

   ☞「인생의 요도와 공부의 요도 형성과정은 <창건사> 14장의 원기 5년도 항에 양대 교강으로 소개하였고, 『육대요령』에서 '인생의 요도와 공부의 요도의 관계' 라 하여 정식 체계화하였으며, 『불교정전』『육대요령』 내용 그대로 편입하였다」(박용덕, 『천하농판』, 도서출판 동남풍, 1999, p.68).

9. 양대 요도와 일원상의 관계

 일원상의 종지 아래 인생의 요도와 공부의 요도를 두었으며, 이 일원의 진리를 체받기 위해서는 양대 요도를 아울러 실천해야 한다. 그리하여 도덕생활 및 정신생활을 도모함으로써 법신불 사은의 위력과 삼대력을 얻는다. 또 인생의 요도인 일원의 위력과 공부의 요도인 일원의 체성에 합하는 것이 인격함양의 양대 요도로서 불가분리의 상즉관계임을 드러낸다.

 1) 일원상의 종지 밑에 인생의 요도와 공부의 요도를 두어 대 도덕을 밝혔다.

   ☞「우리 대종사님은 유시로부터 우주의 현상에 의심을 품고 천하를 위해서 걱정하다가 병진 4월에 대각을 이루사 일원의 종지 밑에 인생의 요도 사은사요와 공부의 요도 삼학팔조를 천명하여 전무후무한 대도덕으로써 불일을 다시 밝히었고 법륜을 거듭 굴려준 연유이요」(『대산종사법문』 2집, 제3부 종법사취임법설 「전체공전의 대법통).

 2) 일원상의 진리에 계합하는 것이 인생의 요도(의약)와 공부의 요도(의술)이다.

   ☞「일원의 진리를 체받아서 보은 감사의 고마운 마음과 의리를 주로 개혁하는 혁신의 정신으로써 결함이 없는 원만한 사회를 건설하려는 인생의 요도 사은사요와 일원상의 진리에 계합함을 표준으로 수행하는 공부의 요도 삼학팔조와의 관계는 육신의 병을 치료하는 의약과 의술과 같을 것이다」(이운권, 고산종사문집1 『정전강의』, 원불교출판사, 1992, p.59).

 3) 인생의 요도와 공부의 요도를 통해 도덕생활 및 정신생활을 하여 일원상을 닮아가게 된다.

   ☞「인생의 요도로 도덕생활을 이루고 공부의 요도로 정신생활을 이루는 이 두 가지의 원만한 화합이 마침내 일원상을 닮아가는 중요한 과제가 될 것이요, 이로서 소태산 대종사가 이 땅에 와서 우리에게 내린 메시지는 더욱 깊이 새겨질 것이다」(한기두, 『원불교 정전연구』-교의편-, 원광대학교출판국, 1996, p.318).

 4) 일원상 진리의 양대 요도를 실천하여 삼학의 삼대력을 얻고, 사은의 위력을 얻는다.

   ☞「일원의 도를 보아서 삼대력을 얻고 인생의 도를 보아서 유루없이 실천하면 그뿐이다. 왜 이제야 알게 되었는가 원망스럽기도 하다. 대기는 만성이라 하니 大成될 것을 원할 것이요 다른 생각은 일체 말라. … 사은이시여 감응하소서」(신축일기, 1961년 7월 8일/동산문집편찬위원회, 동산문집 1 『동산에 달오르면』, 원불교출판사, 1994, p.54).

 5) 일원상의 진리를 근간으로 인생의 요도와 공부의 요도의 관계가 불가분리임을 밝히고 있다.

 ☞「일원상의 진리를 근간으로 한 교리를 인생의 요도와 공부의 요도로 크게 나누어 서로 불가분리의 관계에 있음을 밝혀준 것이다」(신도형, 『교전공부』, 원불교출판사, 1992, p.210).

10. 인생의 요도와 공부의 요도의 원리

 인생의 요도와 공부의 요도는 원불교 교강의 기본원리이며, 이를 실행에 옮길 때 결실로 이어지는 복혜의 원리가 된다. 그리고 삼학팔조와 사은사요 병행의 원리이며, 이를 포괄하면 소태산 대종사의 포부와 경륜이 담긴 제생의세의 원리이기도 하다.

 1) 원불교 교강의 기본 원리가 된다.

 ☞「『보경 육대요령』은 원기 28년 『불교정전』이 발행되기까지 11년간 중심 교서로 사용되었다. 『보경 육대요령』은 교리의 강령을 ① 인생의 요도 사은사요, ② 공부의 요도 삼학팔조, ③ 훈련, ④ 학력고시, ⑤ 학위등급, ⑥ 사업고시 등 6장으로 분류하여 이후 원불교 교리의 기본강령이 되었다」(박용덕, 『천하농판』, 도서출판 동남풍, 1999, p.160).

 2) 복과 혜를 아울러 갖추도록 하는 원리이다.

 ☞「인생에 있어서 오복을 갖추면 행복의 표상이 되고 밝은 지혜를 갖추면 존경을 받는다. 결국 우리가 구하는 복과 지혜는 두 가지 길을 통해 얻게 되는데, 그것이 바로 인생의 요도와 공부의 요도 두 가지 길이다」(이원조, 『마음소 길들이기』, 한국방송출판, 2002, p.64).

 3) 삼학팔조와 사은사요를 아울러 공부하는 병행의 원리이다.

 ☞「대종사가 28년 동안 설한 법문을 놓고 보면 인생의 요도 사은사요와 공부의 요도 삼학팔조 이외에 다른 것이 없다. 그러므로 삼대력을 병진하여야 한다. 만일 삼학 중 어느 한편에 경중을 두는 것은 대종사의 정신에 어긋나는 일이다」(박장식, 『평화의 염원』, 원불교출판사, 2005, p.169).

 4) 양대 요도는 소태산 대종사의 포부와 경륜, 곧 중생 구제의 원리가 된다.

 ☞「인생의 요도와 공부의 요도는 소태산 여래가 구세의 뜻을 품고 중생 구제를 위하여 그 교의를 『정전』에 법으로 밝혀주고 끝 부문에 이

를 인생의 요도와 공부의 요도로 귀결시켜 그 관계를 밝히고, 새 회상 주세불의 구세이념과 그 목적을 결론지어 이 장에 밝혀준 것이라 할 수 있다」(안이정, 『원불교교전 해의』, 원불교출판사, 1998, p.305).

11. 인생의 요도와 공부의 요도의 특징

인생의 요도와 공부의 요도는 초기교서의 핵심교리로 출발하여 원불교 교리 전체를 집약한 것이다. 양대 요도의 실천은 법신불 사은에 보은하고 삼학을 수행하는 자타력 병진의 특징을 지닌다. 따라서 양대 요도는 아울러 실천해야 하는 점을 주의할 필요가 있다.

1) 『불교정전』에 밝혀진 교리의 핵심강령, 즉 교강으로 인생의 요도와 공부의 요도가 드러나 있다.

☞「『불교정전』은 다음과 같은 특징이 있다. 1) 불교를 가르치는데 바르게 속히 들어가는 법을 쓴 책이다. 2) 인생의 요도, 공부의 요도, 윤리, 도덕, 철학이 쓰여 있다. 3) 『팔만대장경』을 몰아 말하면 이 『정전』 한 권에 들어 있다. 4) 어려운 한문도 아니고 실로 누구든지 쉽게 알 수 있는 『정전』이다」(원불교사상연구원 편, 『숭산논집』, 원광대학교 출판국, 1996, p.34).

2) 원불교의 교리 전체가 양대 요도에 집약되어 있다.

☞「교리 전체가 인생의 요도와 공부의 요도로써 집약되어 있음을 알아야 한다」(이운권, 고산종사문집1 『정전강의』, 원불교출판사, 1992, p.60).

3) 인생의 요도를 실천하는 것은 사은에 대한 보은행이다.

☞「사은 사요의 인생의 요도의 실천 역시 자유 실현의 필수적 방법이다. 사은에 대한 보은행을 통해 우주 만물은 모두 개인을 보호하고 옹호하는 세계로 될 것이나 배은행을 하게 되면 모두 개인을 구속하는 결과를 가져온다. 그러므로 사소한 대상이라도 부처를 대하는 심경으로 불공해야 한다는 것이다」(김기원, 「원불교 자유관」, 『원불교사상시론』 1집, 수위단회사무처, 1982, p.164).

4) 공부의 요도를 실천하는 것은 삼학수행이다.

☞「(불법연구회탐방기) 공부요도의 실천적 방법으로서 정기선원과 상시훈련을 설치하여 전자는 수양 연구에 그 중심을 두어 양자 상호작용하여서 완전훈련을 기하고, 수양측으로 각종의 계율을 엄수함. 이상에

서 불법연구회는 여하한 유래로 어떠한 내용으로 하며 그의 실천은 어떻게 하는가를 개괄적으로 논하였거니와 지면관계로 이만 그친다」(「조광」지 1937년 10월/박용덕, 『천하농판』, 도서출판 동남풍, 1999, p.270).

 5) 인생의 요도와 공부의 요도가 병진, 실천되는 특징을 지닌다.

　☞「인생의 요도와 공부의 요도, 나와 너의 관계가 둘 같지만 근본은 하나임을 명심해야 한다. 우리가 그것을 철두철미하게 느껴야 하는데 그것이 가장 어려운 일이다」(박장식, 『평화의 염원』, 원불교출판사, 2005, p.169).

12. 인생의 요도와 공부의 요도의 관계

　일원상 진리의 신앙문과 수행문에 들어가는 공부법으로서 인생의 요도와 공부의 요도가 있는 바, 양대 요도는 어느 하나라도 없어서는 안 될 유기체적 관계이다. 따라서 양대 요도를 비유하면 약재와 의술의 관계이다. 이에 양대 요도의 실천으로 불법과 생활, 영과 육, 동과 정, 혜와 복을 얻게 되므로 양자는 곧 동전의 양면과 같은 관계성을 지닌다.

 1) 양대 요도는 신앙문과 수행문으로 들어가는 길로서 인생길과 공부길이다.

　☞「교리체계 속에 신앙문·수행문을 함께 설정하고, 인생길·공부길을 모두 갖추어 대도로 다듬어서, 영육을 쌍전하고 이사를 병행하며, 신앙 수행 생활을 일체화시켜서 물샐 틈 없는 교법으로 사반공배의 길을 거두게 한…」(좌산종법사, 「우리 교단의 자랑 네 가지」, 《출가교화단보》 제115호, 2001년 11월 1일, p.1).

 2) 공부의 요도를 갖추지 못하면 인생의 요도를 실현시킬 수 없고, 인생의 요도를 갖추지 못하면 공부의 요도를 실현시킬 수 없다.

　☞「수양력, 연구력, 취사력이라는 삼대력을 갖추지 못하면 사은에 보은하고 사요를 실천하는 인생의 요도를 실현시킬 수 없는 것이며, 또한 사은 사요의 길이 없으면 삼학 수행으로 삼대력을 갖추었다 하더라도 그 효력을 발휘할 수 없는 것이다」(한정석, 『원불교 정전해의』, 도서출판 동아시아, 1999, p.298).

 3) 공부의 요도와 인생의 요도는 의술과 약재의 역할을 한다.

　☞「인생의 요도는 공부의 요도가 아니면 사람이 능히 그 길을 잡지 못할 것이요, 공부의 요도는 인생의 요도가 아니면 사람이 능히 그 공

부한 효력을 다 발휘하지 못할 것이라. 이에 대하여 예를 들어 주되 공부의 요도는 의사가 환자를 치료하는 의술과 같고 인생의 요도는 환자를 치료하는 약재와 같다 하였다」(안이정, 『원불교교전 해의』, 원불교출판사, 1998, p.302).

4) 불법과 생활, 영육, 내외, 동정, 혜복의 관계가 공부의 요도와 인생의 요도이다.

☞「공부의 요도-인생의 요도는 불법-생활, 영-육, 내-외, 동-정, 혜-복, 의술-약재의 관계이다」(이은석, 『정전해의』, 원불교출판사, 1985, p.183).

5) 삶 자체가 인생이라면 어떻게 사는가는 공부이므로 이 둘은 동전의 양면과 같다.

☞「사람들은 흔히 인생을 길에 비유한다. 태어나서 자라서 죽을 때까지 어느 길로 어떻게 갔느냐에 따라 그 사람을 평가한다. 살아있음 자체가 인생이라면 어떻게 살았는지 그 내용은 공부에 달려있다. 따라서 이 둘은 떨어질 수 없는 동전의 앞면과 뒷면과 같은 관계이다」(오도철 외, 『원불교정전 길라잡이』, 원불교 교화연구소, 2000, p.144).

13. 인생의 요도 · 공부의 요도의 연계사상

인생의 요도와 공부의 요도는 일원의 진리를 근간으로 한 원불교의 기본 교강으로서 동양사상의 태극 음양 팔조목 등의 진리와 통한다. 아울러 양대 요도는 불교의 무아론에 대한 생활불교적 성격을 지닌다.

1) 동양사상으로서 태극·음양의 진리와 통하는 일원대도는 인생의 요도와 공부의 요도를 갖추었다.

☞「성현도 청탁을 포용하여 만중생을 다 감싸주고 둘러 준다. 도의 근원인 山水는 山太極 水太極으로 山山水水 곧 삼라만상, 천지 만물이다. 천지 만물은 음양 이치로 조화 운행된다. 음양이 도덕이다. 성현들은 樂山樂水하신다. 물을 좋아하고 산을 좋아하지만 도덕이 나온다. 도덕은 일원대도로 공부의 요도 삼학팔조, 인생의 요도 사은사요로서 두 가지 큰 길이다」(『대산종사법문』 5집, 28.한시/『대종경』 전망품 2장).

2) 석가모니는 無我의 법을 설하였고, 소태산은 인생의 요도와 공부의 요도를 설하였다.

☞「일찍이 서가모니불은 "무아의 법을 통달한 이에게는 여래께서 참

다운 보살이라 이름한다" 하였고, 소태산 원각성존은 만고대법의 교리를 기초하면서 신앙과 수행의 두 맥락을 통해 인생의 요도와 공부의 요도를 강령적으로 천명해주었다」(좌산종법사, 원기 91년도 대각개교절 법문-무아정신).

 3) 유교의 팔조목이 인생의 요도와 공부의 요도와 상통하고 있다.

   ☞「대학의 팔조목에 보면 격물, 치지, 성의, 정심은 공부의 요도로서 이 공부의 요도를 바탕으로 하여 수신, 제가, 치국, 평천하는 인생의 요도를 실천하도록 하고 있다. 그러나 이것을 원불교에서는 공부의 요도를 밟은 다음 인생의 요도를 실천하는 순차적인 방법을 밟는 것이 아니라 서로 상보적인 안목에서 공부의 요도와 인생의 요도를 아울러 행하도록 하였다」(한기두, 『원불교 정전연구』-교의편-, 원광대학교출판국, 1996, p.317).

14. 보충해설

원불교는 일원상을 중심으로 한 인생의 요도와 공부의 요도 양 대문이 있다. 건물로 말하면 정문과 후문 두 개의 문이 있듯이, 원불교의 건물 모습이 일원상 형상이라면 이 일원상에 들어가는 문이 인생의 요도와 공부의 요도인 것이다. 곧 인생의 요도란 사은사요를 말하며 공부의 요도는 삼학팔조를 말한다.

하지만 이 양대문은 서로 별립해 있는 것은 아니다. 인생의 요도는 공부의 요도가 아니면 사람이 그 길을 밟지 못하고, 공부의 요도는 인생의 요도가 아니면 그 공부한 효력을 다 발휘하지 못할 것이라고 소태산은 밝히고 있기 때문이다. 공부의 요도는 의사가 환자를 치료하는 의술과 같고, 인생의 요도는 환자를 치료하는 약재와 같다는 뜻이다. 따라서 인생의 요도와 공부의 요도는 불가분리로서 상호 밀접하게 연결되어 있다.

이에 좌산종사도 우리 교단의 자랑 네 가지 중의 하나가 교리 체계 속에 신앙문·수행문을 함께 설정하고, 인생길·공부길을 모두 갖추어 사반공배의 길을 거두게 한 점(『출가교화단보』 제115 호, 2001년 11월 1일, p.1)이라 했다. 다시 말해서 원불교의 자랑거리이자 보배는 인생의 요도(사은사요)와 공부의 요도(삼학팔조) 양대문이 있어 상호 호혜적 관계가 된다는 것이다.

15. 연구과제
 1) 인생의 요도란 무엇인가?
 2) 공부의 요도란 무엇인가?
 3) 인생의 요도와 공부의 요도의 관계는?
 4) 인생의 요도는 약재와 같고 공부의 요도는 의술과 같다는 뜻은?
 5) 인생의 요도와 공부의 요도의 특징과 원리는?
 6) 인생의 요도와 공부의 요도를 나의 삶에서 실천에 옮기는 길은?

제7장 사대강령

○ 「사대강령」의 원문

사대강령은 곧 정각정행 지은보은 불법활용 무아봉공이니, 정각정행은 일원의 진리 곧 불조 정전의 심인을 오득하여 그 진리를 체받아서 안이비설신의 육근을 작용할 때에 불편불의하고 과불급이 없는 원만행을 하자는 것이며,

지은보은은 우리가 천지와 부모와 동포와 법률에서 은혜입은 내역을 깊이 느끼고 알아서 그 피은의 도를 체받아 보은행을 하는 동시에, 원망할 일이 있더라도 먼저 모든 은혜의 소종래를 발견하여 원망할 일을 감사함으로써 그 은혜를 보답하자는 것이며,

불법활용은 재래와 같이 불제자로서 불법에 끌려 세상일을 못할 것이 아니라 불제자가 됨으로써 세상일을 더 잘하자는 것이니, 다시 말하면 불제자가 됨으로써 세상에 무용한 사람이 될 것이 아니라 그 불법을 활용함으로써 개인 가정 사회 국가에 도움을 주는 유용한 사람이 되자는 것이며,

무아봉공은 개인이나 자기 가족만을 위하려는 사상과 자유방종하는 행동을 버리고, 오직 이타적 대승행으로써 일체중생을 제도하는 데 성심성의를 다 하자는 것이니라(『정전』 제2 교의편, 제7장 사대강령).

1. 사대강령의 등장배경

사대강령은 원불교의 실천목표가 무엇인가를 알리기 위함이요, 소태산 대종사의 포부와 경륜이 무엇인가를 포괄적으로 알리기 위하여 등장한 법어이다. 특히 사대강령은 원기 26년경 일제식민지 하에서 천명된 것으로 일부 용어가 일제 강점의 과도기를 거치면서 다소 변화되었다.

1) 원기 26년경, 원불교의 기본 교리와 교단의 목표를 외부에 알리기

위하여 등장한 것이 사대강령이다.

☞「불교의 기본교리는 사제 십이인연 팔정도이다. 이 내용을 외부 사상가들에게 인식시키기 위하여 집약한 것이다. 삼법인이다. 이와 같이 사대강령도 원불교 기본교리의 내용을 외부에 인식시키기 위하여 집약한 것이다. 사대강령은 원기 26년경에 형성되었다. 왜냐하면 조선 총독부가 한국의 신흥종교가 독립운동을 한다고 생각했다. 그래서 불법연구회의 간판을 떼려고 생각했다. 그때 총독부에서 대종사에게 원불교의 교리와 목적이 무엇인가라고 물을 때 사은사요와 삼학팔조라고 하니 이해를 못해서 정각정행하고, 지은보은하고, 불교보급하고, 진충보국을 한다고 하니 그들이 괜찮다 생각하고 불법연구회 간판을 떼지 않고 올라갔다. 당시 불교연맹에서 각각의 교단의 목적을 밝히라고 할 때 사대강령으로 불법연구회의 목적을 정했다」(한정석, 『원불교 정전해의』, 도서출판 동아시아, 1999, p.300).

2) 소태산 대종사의 경륜이 무엇인가를 알리고자 함으로써 형성된 법문이 사대강령이다.

☞「원기 26년경 『정전』 편찬하는 것을 감시하러 나온 日人이 원불교가 불교를 표방하고 있지만 당신이 하고 있는 것이 무엇이냐라는 물음에 즉석에 나온 법문이며, 따라서 원불교 교리의 사은사요 삼학팔조를 다시 한번 줄여서 표준잡은 것이요, 그것이 『불교정전』이 나올 때는 용어가 불교보급, 진충보국 등의 용어로 나왔고 나중에 『정전』 편찬 시 앞의 삼학 사은과 중복되어서 『정전』 마지막 편에 넣은 것이다」(이은석, 『정전해의』, 원불교출판사, 1985, p.184).

3) 사대강령 조항이 변화한 것은 해방 후의 일이며, 이때를 기점으로 진충보국이 무아봉공으로, 불교보급이 불법활용으로 바뀌었다.

☞「『불교정전』의 본래 내용과는 약간 달리 변화하게 된 때가 『불교정전』이 발간된 2년 후(1945)에 이루어졌다. 이때가 1945년 대한민국의 해방을 맞은 때이다. … 이때에 사대강령 각 조항 중에서 진충보국이 무아봉공으로 바뀌어 이 조항은 오늘날과 똑 같이 되었다. 진충보국이란 조항은 교단이 다소 압제받은 상태에서 나온 말로서 풀이할 수가 있다. 왜냐하면 이 용어는 다분히 국가에 충성을 강요하는 듯한 뜻으로 사용되기 때문이기도 하다. 이보다 한 걸음 나와 무아봉공이란 말로 바뀌게 된 것은 해방을 맞이하면서였다는 점도 주목될 일이다」(서경전, 『교전개론』, 원광대학교출판국, 1991, pp.298-299).

4) 사대강령은 일제 압제하에 형성되었으며, 교리 상에서도 어중간하
여 크게 강조되지 않았다.

☞「사대강령도 일제와 연결된 어쩔 수 없는 상황 속에서 진충보국
등의 이념을 내세우다 보니 생긴 교리인 느낌이 강하다. 따라서 사대강
령의 경우 교리상에서의 위치도 어중간하고 그 후에 크게 강조되지 않
았다」(정순일, 제93차 원불교사상연구원 월례발표회 발표요지 「원불교
학 탐구방향에 관한 一제언」, 원불교사상연구원, 1996년 3월 28일, p.3).

2. 사대강령의 의미

사대강령이란 교리의 핵심이며, 교단의 목표라 할 수 있다. 이는 달리
말해서 일원종지를 표본으로 공부하는 표준이자 보은하는 표준이기도
하다. 또 사대강령은 교단이 해결해야 할 과제이면서 교도가 실천해야
할 강령으로서 각 항목의 강령적 의미를 보면 공부강령, 실천강령, 수행
강령, 활동강령인 것이다.

1) 교리 전반을 요약한 교리의 핵심이요 줄거리가 사대강령이다.

☞「사대강령은 교리 전부를 통해서 교리의 핵심이 되고 줄거리가 될
수 있는 요령을 갖추려 사대강령으로 밝혀주었다. 원불교 교리의 내용
과 사상을 요약하여 네 가지 강령으로 밝혀준 것이 곧 사대강령이다」
(안이정, 『원불교교전 해의』, 원불교출판사, 1998, p.306).

2) 교리의 四大이념이자 교단의 四大목표가 사대강령이다.

☞「교리의 四大이념이요 교단의 四大목표라 할 수 있는 바 정각정
행, 지은보은, 불법활용, 무아봉공이다. 교리에 근거한 교단의 목표를 크
게 네 가지로 밝혀준 것이다」(신도형, 『교전공부』, 원불교출판사, 1992,
p.212).

3) 우리가 공부하고 보은하는 표준이 사대강령이다.

☞「우리가 공부하는 길과 영생에 보은하는 표준과 세상에 실현해야
하는 길을 보다 참신하게 밝힌 사상이 정각정행 지은보은 불법활용 무
아봉공의 사대강령이다」(한기두, 『원불교 정전연구』-교의편-, 원광대학교출판
국, 1996, p. 322).

4) 사대강령은 교단이 해결할 과제이자 교도가 실천해야 할 강령이다.

☞「사대강령은 어디까지나 교리 전반을 통한 이념과 정신을 기저로
하여 교단이 해야 할 과제를 행동화하는 강령이요 교인으로 하여금 교

단을 통해 또 적게는 개인이 실천해야 할 강령이요 표준이며 지침이라 할 것이다」(이은석, 『정전해의』, 원불교출판사, 1985, p.185).
 5) 공부강령, 실천강령, 수행강령, 활동강령이 사대강령이다.
　☞「정각정행은 自家완성의 인격도야하는 공부강령이요, 지은보은은 보은감사로 淨化社會의 실천강령이요, 불법활용은 상생상화의 動靜無間으로 낙원건설의 수행강령이요, 무아봉공은 大我육성으로 천직수행의 활동강령이다」(이운권, 고산종사문집1 『정전강의』, 원불교출판사, 1992, p.60).

3. 사대강령의 대의강령
 1) 사대강령으로 정각정행 지은보은 불법활용 무아봉공이 있다.
 2) 정각정행은 일원의 진리를 오득하여 원만행을 하는 것이다.
 3) 지은보은은 사은의 은혜 내역을 알아서 보은하는 것이다.
 4) 불법활용은 불법을 활용하여 사회 국가에 유용한 사람이 되자는 것이다.
 5) 무아봉공은 이타적 대승행으로 중생제도에 성의를 다함이다.

4. 사대강령의 구조
 1) 사대강령의 대의(사대강령은~무아봉공이니).
 2) 정각정행의 의미(정각정행은~원만행을 하자는 것이며).
 3) 지은보은의 의미(지은보은은~보답하자는 것이며).
 4) 불법활용의 의미(불법활용은~되자는 것이며).
 5) 무아봉공의 의미(무아봉공은~다 하자는 것이니라).

5. 단어해석
 사대강령 : 원불교의 교리를 네 가지로 집약한 대강령이자 교단의 목표가 四大綱領이다. 여기에는 정각정행·지은보은·불법활용·무아봉공이 있다. 사대강령은 『불교정전』에 처음으로 등장하며, 또 교리도 상에서 보면 거북의 네 발과 유사하여 손발처럼 사대강령은 실천을 유도한다.
 정각정행 : 불생불멸과 인과보응의 일원상 진리를 깨달아 육근작용을 불편불의하고 과불급이 없도록 원만하게 하자는 것이 正覺正行이다.

불조정전 : 부처와 조사들이 제자나 후진들에게 대도정법을 바르게 전해주는 것을 佛祖正傳이라 한다.

심인 : ☞『정전풀이』(상) 「교법의 총설」 '심인' 참조.

오득 : 일원상 진리를 깨달아 체득하는 것을 悟得이라 한다. 견성성불이 오득과 관련된다. 진리를 오득하면 제생의세를 하자는 것이다.

안이비설신의 : ☞『정전풀이』(상) 「삼학, 작업취사」 '안이비설신의' 참조.

불편불의 : 어느 한편에 치우치거나 의지하지 않는 것을 不偏不倚라 한다. 과불급이 없는 중도의 행위가 곧 불편불의이며, 수도인은 이러한 중도의 원만행을 통해서 자신의 육근작용을 바르게 한다.『정산종사법어』권도편 44장에 마음이 불편불의한 중도에 서도록 하였다.

과불급 : 역량이나 처사가 지나침을 過라 하고 미치지 못함을 不及이라 하는데, 이를 합하여 과불급이라 한다. 유교의『중용』에서는 無過不及을 주장하여 중도의 실천을 강조하고 있다. 불편불의와 무과불급의 심법을 소유한 자는 정의의 실천자요 성불에 다가서게 된다. 그러나 타력에 매달리거나 자력에만 매달림은 과불급이다(『정산종사법어』, 권도편 12장).

원만행 : 조금이라도 부족하거나 모난 것이 없는 행동을 圓滿行이라 한다. 일원상 진리의 지공무사와 원만구족을 닮아가는 행동이 이것이다.

지은보은 : 은혜를 잘 알아서(知恩) 감사한 마음으로 報恩하는 것을 지은보은이라 한다. 사은의 각 보은방법을 알아서 실천하자는 것이다.

불법활용 : 불법에 끌려 세상일을 못할 것이 아니라 불제자가 됨으로써 세상일을 더 잘하자는 것이니, 佛法을 活用하여 세상에 유용한 사람이 되자는 뜻이다. 불법시생활도 불법활용과 같은 맥락이다.

무아봉공 : 개인이나 한 가족만을 위하지 않고 자행자지를 극복하여 오직 이타적 대승행으로 일체중생을 제도하는데 성심성의를 다하는 것이 無我奉公이다. 곧 무아의 심경에서 큰 나를 발견하여 교단과 사회·인류에 봉공하는 것이 무아봉공으로, 이는 교단 창립정신의 하나이다.

내역 : ☞『정전풀이』(상) 「사은, 천지은」 '내역' 참조.

피은 : 보은이 은혜를 갚는 것이라면 被恩은 은혜를 입는 것을 말한다. 사은 곧 천지 부모 동포 법률로부터 입은 은혜가 사은피은이다.

보은행 : 사은으로부터 입은 은혜에 대하여 보은하는 것을 報恩行이라 한다. 이는 천지보은, 부모보은, 동포보은, 법률보은의 행위로서 원불교의 법신불사은 신앙에 있어 보은 실천을 하는 것과 관련된다.

소종래 : 지내온 내력이 所從來이다. 다시 말해서 은혜의 소종래란 은혜를 입게 된 과정을 의미하는 것이다.

원망 : 모든 결과의 잘못을 상대의 탓으로 돌려 불평하는 것이 怨望이다. 「일상수행의 요법」에서 원망생활을 감사생활로 돌리라 하였다.

불제자 : 부처의 제자를 佛弟子라 하며 불법을 믿는 교도·신도 모두가 불제자인 것이다. 불제자는 불법을 신봉하고 불법을 생활화해야 한다.

무용 : 아무 쓸모가 없는 것을 無用이라 하며, 이의 상대용어는 유용·유익이다. 무용한 사람이 되지 말고 유익한 사람이 되자는 것이다.

자유방종 : 개인이나 가족만을 위해 살고, 방심·방일로써 자유를 남용하여 제멋대로 자행자지하는 무절제의 삶을 自由放縱이라 한다.

이타적 대승행 : 『정전』에서는 개인이나 자기 가족만을 위하려는 자유방종의 상대적 개념으로 利他的 大乘行이란 용어를 사용하고 있다. 따라서 자기중심이 아니라 타인을 위하는 행동이라던가, 소승적 행위가 아니라 대승적 행위가 이타적 대승행이다. 정산종사는 법어 공도편 45장에서 모든 동지와 함께 한결같은 대승 공부를 하라고 하였다.

제도 : ☞『정전풀이』(상)「사은, 동포은」'제도' 참조.

성심성의 : 정성스런 마음과 정성스런 뜻을 誠心誠意라 한다.

6. 숙어 · 문제풀이

1) 정각정행은 일원의 진리 곧 불조 正傳의 心印을 오득한다는 것은?

(1) 일원의 진리를 바르게 깨달아 바른 행동으로 옮기는 것이 정각정행으로, 정법대도를 깨달아 실천함이다.

(2) 불조 정전의 심인이란 제불 조사들이 깨달은 바의 정법을 바르게 전하는 자성을 말한다.

(3) 정각은 유식학의 사지설 곧 대원경지·평등성지·묘관찰지·성소작지로 이어지며, 대산종사는 이를 대각의 4단계라 하였다(『대산종사 법문』 2집, 제2대 2회말 기념총회 치사).

(4) 정행은 요란하지 않고, 어리석지 않으며, 그르지 않은 자성을 요달하여 지공무사한 행동을 하는 것으로 성자들의 심법과 하나됨이다.

2) 안이비설신의 육근을 작용할 때 불편불의하고 과불급이 없는 원만행을 하자는 것은?

(1) 정각정행을 통해서 육근작용 하나하나가 정법에 맞게 생활을 한다는 것이다.

(2) 정각과 정행에 있어 正은 불편불의하고 무과불급을 말한다.

(3) 불편불의하고 무과불급한 행동은 중도행인 바, 치우침이 없어서 원만구족하고 삿됨이 없어서 지공무사한 것이다.

(4) 이 원상은 육근을 사용할 때 쓰는 것이니 원만구족하고 지공무사한 것(『정전』, 일원상법어)이라 밝히고 있다.

3) 지은보은은 우리가 천지와 부모와 동포와 법률에서 은혜 입은 내역을 깊이 느끼고 안다는 것은?

(1) 지은보은은 사은으로부터 은혜 입은 것에 대해 깊이 인지하고, 없어서는 살 수 없는 은혜에 감사함으로 보은하라는 것이다.

(2) 일원의 내역은 사은으로 이어지고, 사은은 삼라만상으로 이어지는 바, 우리가 생명을 유지 존속하는 것은 이러한 내역 속에 있다.

(3) 모든 생명체는 사은의 공물임을 알 때 보은하고자 하는 마음이 발하며, 이에 지은보은은 우리가 사은의 공물임을 알라는 것이다.

(4) 사은에 보은하는 길은 응용무념, 무자력자보호, 자리이타, 정의 실행의 도를 실천하는 것이다.

4) 그 피은의 도를 체받아서 보은행을 하는 동시에 원망할 일이 있더라도 먼저 모든 은혜의 소종래를 발견하여 원망할 일을 감사하는 것은?

(1) 사은 피은의 원인을 알지 못하면 원망할 일이 자주 발생한다.

(2) 죄복은 내가 짓고 받는다는 인과의 이치를 알아서 怨心을 갖지 말고 선연선과의 삶을 살도록 한다.

(3) 원망심을 감사심으로 돌리는 일이란 어렵지만 은생어해 해생어은의 원리를 깨달을 때 가능한 일이다.

(4) 일상수행의 요법으로 원망생활을 감사생활로 돌리어 보은생활을 하도록 한다.

5) 불법활용은 재래와 같이 불제자로서 불법에 끌려 세상일을 못할 것이 아니라 불제자가 됨으로써 세상일을 더 잘하자는 것이란?

(1) 불교의 승려생활은 출세간적인 성향으로, 세속생활과 멀어지는 상황으로 이어지므로 사회 구원이 요원하였다.

(2) 형이상학적 불법의 이론, 공리공론의 불법에서 과감히 벗어나 우리의 실제 삶에 도움이 되는 불법활용이어야 한다.

(3) 불생불멸과 인과보응의 이치를 깨달아 처처불상을 발견하고 사사불공하는 생활이 불법활용이다.

(4) 불법시생활 생활시불법이란 교리 표어는 불법활용과 상통한다.

6) 무아봉공은 개인이나 자기 가족만을 위하려는 사상과 자유 방종하는 행동을 버리고 이타적 대승행을 하라는 것은?

(1) 개인의 이기주의가 만연하다는 것은 자유방종의 생활이므로 시방일가 사생일신이라는 大我를 발견해야 한다.

(2) 자유방종의 행동을 버리려면 자기중심적인 사고나 개인 이기주의를 버려야 한다.

(3) 우리가 사은의 공물임을 알 때 이타적 대승행에 따라 정신·육신·물질로 낯없이 봉공한다.

(4) 정각정행, 지은보은, 불법활용은 궁극적으로 무아봉공으로 나아가자는 것이다.

7. 관련법문

☞「우리 사대강령에 무아봉공은 고금 좌우를 통한 도덕 정치의 근본이니, 진정한 주의자는 무아의 이치를 철저히 깨쳐서 사심 없이 봉공하는 이요 명예나 권력에 추세하여 망동하는 이는 한 국가의 건설에 주인이 될 수 없나니라」(『정산종사법어』, 국운편 27장).

☞「본 회에서 일반회원을 지도함에 있어서 이 사대강령으로써 목표를 삼나니, 회원된 자는 누구를 물론하고 이 사대강령을 배워 솔선실행을 하며 후진에게도 이로써 지도·교화할 것이니라」(『정산종사법설』, 제9편 불교정전의해, 3. 사대강령).

☞「사대강령은 교리의 네 가지 줄거리요, 교단의 네 가지 큰 목표이다」(『정전대의』-대산종사법문 1집, 10. 사대강령).

8. 사대강령의 형성사

원기 26년경 내방객과 문답과정에서 형성된 교리가 사대강령으로『근행법』목차에 사대강령이 나타나 있다. 뒤이어 사대강령은『불교정전』의 앞장에서 현『정전』의 뒷장으로 바뀌었고 다소의 문구도 바뀌었다. 사대강령은 교리 형성사에서 소태산이 가장 늦게 천명한 교리이다.

1) 소태산이 내방객과의 문답과정에서 형성된 교리가 사대강령이다.

☞「(사대강령) 원기 26년경『정전』편찬하는 것을 감시하러 나온 일인이 "원불교가 불교를 표방하고 있지만 당신이 하고 있는 것이 무엇인가" 라는 물음에 즉석에 나온 법문이며, 따라서 원불교 교리의 사은사요 삼학팔조를 다시 한번 줄여서 표준잡은 것이요, 그것이『불교정전』에 나올 때는 용어가 불교보급, 진충보국 등의 용어로 나왔고 나중에『정전』편찬 시 앞의 삼학 사은과 중복되어서『정전』마지막 편에 넣은 것이다」(이은석,『정전해의』, 원불교출판사, 1985, p.184).

2)『근행법』의 목차에 다음과 같이 사대강령이 나타나 있다.

☞「『근행법』제1편 : 법신불 일원상 / 본회 사대강령 / 표어 / 교리도, 1. 불교정전 序 / 2. 연혁 / 3. 본회 창립동기 / 4. 교지 / 5. 교리 / 6. 教式 / 7. 소의경전 / 8. 불교 대중화의 요지 / 9. 사대강령이 있다」(박용덕,『천하농판』, 도서출판 동남풍, 1999, pp.173-174).

3) 사대강령은『불교정전』의 제2 교의편 제일 앞장에 있었으나, 교단의 목표라는 성격으로 현『정전』에서는 교의편 제일 뒷장으로 옮겼다.

☞「『불교정전』제2편 교의 제일 앞장의 사대강령은 교리의 내용적 집약이며 교단의 목표라는 성격을 띠고 있기 때문에『정전』제2 교의편 제일 뒷장으로 옮겼다. 원불교의 기본교리는 일원상과 사은사요 삼학팔조라는 것을 뚜렷하게 드러내려는 의지가 담겨져 있는 것이다」(고시용,「정전의 결집과 교리의 체계화」,『원불교학』제9집, 한국원불교학회, 2003.6, pp.275-276).

4)『불교정전』초판에는 진충보국이라 했고, 그 다음에 무아봉공으로 바뀌었으며(1945), 현『정전』에는 불교보급이 불법활용으로 바뀌었다.

☞「원기 47년에『정전』과『대종경』을 합간할 때에 교의편 맨 뒤로 사대강령을 옮겼다.『불교정전』초판은 진충보국이라고 나왔는데 그 다음에 진충보국이 무아봉공으로 바뀌었다.『불교정전』의 편찬작업에 참여했던 상산종사에 의하면 진충보국을 일본사람들은 천황에게 하는 것

이라 생각했지만, 대종사는 朱子가 忠을 盡己之心으로 해석했다고 하면
서 충성이라는 것은 임금에게만 하는 것이 忠이 아니라 모든 사람들에
게 자기의 정성을 다하는 것이 충이라는 의미로 해석했다는 것이다」(한
정석,『원불교 정전해의』, 도서출판 동아시아, 1999, p.301).

5) 사대강령은 소태산이 가장 늦게 제정한 교리이다.

☞「교리의 제정이 가장 늦게 제정된 것으로 밝혀지는 이 사대강령은
우리의 교법을 현실에 실천하는 기준이다. 이는 교법 전반을 현실에 드
러내어 이 세상에 실적을 내는 기본강령이다. 이런 점에서 사대강령은
원불교의 근본 사상을 간략히 요약하여 현실에 실천하는 강령이라고 보
아진다」(한기두,『원불교 정전연구』-교의편-, 원광대학교출판국, 1996, p.322).

9. 사대강령과 일원상의 관계

일원상은 우주의 그물코라면 사대강령은 제생의세의 벼릿줄이며, 이
에 일원의 진리를 깨닫고 무아의 심경에서 보은하는 것이 사대강령이
다. 또한 일원상의 신앙문과 수행문 곧 사은사요·삼학팔조를 실천 강
령화한 것이 사대강령이다. 곧 일원상 진리를 신앙하고 수행하는 결과
를 강령적으로 표현하면 사대강령이 되는 셈이다.

1) 일원상은 그물의 그물코라면, 사대강령은 제생의세의 벼릿줄이다.

☞「일원상은 그물 줄에 꿰는 그물코이다. 우리의 목적은 제생의세가
목적인데 사대강령은 그 벼릿줄로서 제생의세하는 길이다. 불교보급과
무아봉공이 들어야 비로소 적극성을 띠고 산 도덕과 종교가 된다. 이것
이 없으면 소극적이 되기 쉽다」(원불교사상연구원 편,『숭산논집』, 원광
대학교출판국, 1996, p.47).

2) 일원의 진리를 깨치고 이를 실현하자는 것이 사대강령이다.

☞「사대강령이란 내가 깨친 진리가 일원상의 진리이고 모든 사람이
일원상의 진리를 체받아서 그러한 행동을 하자는 것인데 바로 그것이
정각정행이다. 일원의 진리를 바로 깨치고 바르게 쓰자는 것이 목적이
고 … 우리는 그 은혜를 갚아서 보은행을 해서 원망하지 말고 감사한
마음으로 다른 사람을 위하는 것이라서 정각정행 지은보은이라 하고,
이와 같은 것은 곧 불교를 통해서(지금은 불법활용이지만)『불교정전』
에는 불교보급이다. 곧 불교를 통해서 정각정행 지은보은하자는 것이고
마지막에 가서 결론은 곧 정각정행 지은보은 불교보급이 곧 진충보국

(무아봉공)이 나라를 위해서 충성을 하자는 것이다」(이은석, 『정전해의』, 원불교출판사, 1985, pp.184-185).

3) 일원의 진리를 깨닫고 활용하여 무아의 심경에서 보은하자는 것이 곧 사대강령이다.

☞「정각정행은 삼학의 수행방법으로서 일원의 진리를 바르게 알아서 수행 실천케 함이니 일원의 도를 관해서 일원의 도를 그대로 행함이다. 지은보은이라 함은 실제적으로 인과법칙이 소연한 사은으로부터 피은된 도를 관해서 보은행위로 음덕이 쌓여 고마운 결실을 얻게 됨이다. 불법활용은 심신동작하는 데에 일원의 진리를 활용해서 수제치평함에 헌성함이다. 무아봉공은 색신 위주의 소아를 놓고 정신 위주의 대아로 일원가족을 형성하자는 것이다」(이운권, 고산종사문집1 『정전강의』, 원불교출판사, 1992, p.60).

4) 일원상의 신앙문·수행문 곧 사은사요와 삼학팔조를 강령화한 것이 사대강령이다.

☞「원불교 교리의 기본강령은 일원상과 삼학팔조와 사은사요이다. 수행문인 삼학팔조를 정각정행으로 집약하고 신앙문인 사은사요를 지은보은으로 집약하였다」(한정석, 『원불교 정전해의』, 도서출판 동아시아, 1999, p.300).

5) 일원상 진리의 신앙·수행 결과를 강령화하면 사대강령이라 한다.

☞「원불교 교법은 하나하나가 모두 실천으로 나타나도록 짜여 있으나 사대강령은 그러한 교법을 다시 한 번 통합하여 실천하는 강령을 제시하고 있다. 일원상 진리를 신앙하고 수행한 결과는 여러 가지로 표현될 것이나 강령적인 내용으로 종합하면 사대강령이라는 것이다」(이성택, 『교리도를 통해본 원불교』, 도서출판 솝리, 2003, p.131).

10. 정각정행의 의의

정각정행은 수행의 요체로서 바른 깨달음을 통해서 바른 행동으로 나아가는 것으로, 일원의 진리를 오득하고 치우침 없이 활용하는 것에 그 의의가 있다. 그리고 대소유무의 이치와 시비이해의 일을 정확히 알아서 육근작용을 바르게 하는 것 역시 정각정행의 의의인 것이다. 또한 정각정행은 사람답게 사는 길로서 그 연원적 의의를 보면 소태산의 깨달음이 불타의 正覺과 일치하여 불법을 주체로 한 것이다. 이에 부처의 경지 곧 성불제중에 있어 정각정행은 필요불가결한 것이다.

1) 바르게 깨달아서 바르게 실행하는 것이 정각정행의 의의이다.

☞「정각정행 : 바르게 알아서 바른 실행을 하자. 정각 = 견성 = 無亂, 無痴, 無非하고, 원만평등한 자성을 알아야 佛日이 增輝되고, 정행 = 원만행(항마) = 무란, 무치, 무비의 지공무사한 행이 되며, 법륜이 상전된다. 바르게 깨달아야 바른 행이 나오며 원만구족하고 지공무사한 인격을 이룬다」(『정전대의』-대산종사법문 1집, 10.사대강령).

2) 정각은 일원의 진리를 오득함이요, 정행은 일원의 진리를 체받아 불편불의와 과불급하지 않는 원만행을 하자는 것이다.

☞「정각정행은 곧 수행의 요체로서 정각은 일원의 진리인 불조의 정전심인을 오득함을 말하나니라. … 정행은 일원의 진리를 체받아서 육근을 작용할 때 증애에 치우치지 않으며, 희로에 끌리지 않으며, 불편불의와 과불급하지 않으며, 권리 명예 재물 지위 기세를 떠나 원만행을 이름하나니라」(『정산종사법설』, 제9편 불교정전 의해, 사대강령).

3) 정각정행은 대소유무의 이치(天造)와 시비이해의 일(人事)을 정확히 알아서 육근작용을 바르게 하는 것이다.

☞「정각정행 : 1) 사리간에 올바르게 알아서 올바르게 실행하는 것, 2) 일원의 진리를 바르게 깨달아서 심신을 바르고 원만하게 사용하는 것, 3) 천조의 대소유무의 이치와 인간의 시비이해의 일을 정확히 알아서 육근작용을 바르게 하는 것」(신도형, 『교전공부』, 원불교출판사, 1992, p.212).

4) 정각정행은 사람이 사람답게 사는 방법에서 그 의의가 나타난다.

☞「무엇이 사람이 사람답게 사는 것인가. 제일 중요한 것은 … 원불교 교리 가운데 정각정행이라는 말씀이 있지 않은가? 진리를 올바로 깨닫고 올바로 실천하는 것이 정각정행이라고 생각하지만 결국 이것이 사람이 사람답게 사는 방법의 핵심이 아닌가 하는 생각이다」(김수환 추기경, 「참으로 사람답게 종교답게」, 『한국의 지성과 원불교』(오선명 정리), 월간원광사, 1999, p.87).

5) 소태산의 정각정행은 자수자각에 의함이지만 불타의 깨달음과 상통하는 면에 그 의의가 있다.

☞「소태산이 기존 불교의 어느 종파에서 공부했다거나 현실적으로 불교와 연원된 사실이 없음에도 불교가 아닌 불법이라고 표현된 점에

주의해야 한다. 그것은 곧바로 소태산 자신의 깨달음의 경지와 불타의 正覺에의 경지에 일치함을 잘 드러낸 것이다」(류병덕, 「21C의 원불교를 진단한다」, 제21회 원불교사상연구 학술대회《21세기와 원불교》, 원불교사상연구원, 2002.1, p.8).

6) 정각을 하고 정행을 해야 부처님과 파수공행을 하게 된다.

☞「정각을 해야 한다. 無字, 즉 본래 마음이 없는 그 자리를 사무쳐서 알아야 한다. 휴휴암, 빈 방을 하나 장만하여 괴롭고 힘들면 그 방에 들어가 쉬어야 한다. 이 자리를 모르면 부처님과 파수공행할 수 없다」(장응철 역해, 『자유의 언덕-반야심경 강의』, 도서출판 동남풍, 2000, p.114).

11. 지은보은의 의의

지은보은의 의의는 사은사요의 신앙문을 집약한 것으로 인과를 깨달아 보은함으로써 완전한 인격자가 되자는 것에서 출발한다. 곧 사은에 피은됨을 알아 보은하고 감사생활을 하는 것에 의의가 있다. 그리고 사은의 은혜 내역을 인지하여 깨달음을 향해 지속적으로 수행하는 것이 지은보은의 의의이다. 나아가 지은보은은 제생의세의 길인 바, 제가와 치국·평천하의 길이기도 하다.

1) 지은보은은 사은사요의 신앙문을 집약한 것이다.

☞「지은보은은 사은사요의 신앙문의 내용을 집약한 것으로 사은에서 은혜입은 은혜의 내용을 깊이 느끼고 아는 것이 지은이며, 사은에 대한 보은으로 불공을 하는 것이 보은이다」(원불교사상연구원 편, 『원불교 인물과 사상』(Ⅰ), 원불교사상연구원, 2000, pp.192-193).

2) 지은보은의 의의는 인과를 깨달아 보은함으로써 완전한 인격자가 되자는 것이다.

☞「지은보은의 교육은 곧 인과보응의 교육이며 이는 또한 자신과 우주 만물과의 관계에 대한 깨달음의 교육으로써 완전한 지은은 보은을 하지 않을 수 없게 되며, 보은을 하지 않고서는 견딜 수 없는 지은자는 완전한 인격을 갖춘 각자의 경지일 것이다」(한길량, 『새 시대의 원불교 교육론』, 원광대학교출판국, 2000, p.189).

3) 사은의 피은됨을 알아 응용무념·무자력자보호·자리이타·정의실현으로써 보은을 하는 것이다.

☞「지은보은 : 四重恩을 발견해서 크게 보답하자. 1) 천지의 피은됨을 알아서 배은은 하지 않고 보은을 하되 그 강령으로서는 응용무념의 도를 체받아 실행하는 것, 2) 부모의 피은됨을 알아서 배은은 하지 않고 보은을 하되 그 강령으로서는 무자력자 보호의 도를 체받아 실행하는 것, 3) 동포의 피은됨을 알아서 배은은 하지 않고 보은을 하되 그 강령으로서는 자리이타의 도를 체받아 실행하는 것, 4) 법률(입법, 치법)의 피은됨을 알아서 배은은 하지 않고 보은을 하되 그 강령으로서는 불의를 제거하고 정의를 세우는 도를 체받아 실행하는 것. 피은됨을 참으로 느끼고 확실히 알아야 보은행이 나오고 사은과 윤기가 통하는 동시에 합덕이 된다」(『정전대의』-대산종사법문 1집, 10.사대강령).

4) 사은을 인식하는 순간부터 知恩이요, 깨달음을 지속하기 위해 수행하는 것이 報恩이다.

☞「知恩의 자세는 천지 부모 동포 법률의 보호 아래 하나의 인연이 맺어졌을 때 그것이 곧 나라는 존재임을 인식하는 순간부터 전개된다. 그 사람은 이 전환된 깨달음을 지속하기 위하여 다시 수행해야 한다. 이것이 바로 報恩 실천행이다. 그 사람은 다시 지은보은으로 새롭게 전개되는 세계 안에서 항상 감사하고 즐겁게 영원한 가치를 창조할 수 있다」(류병덕, 『탈종교시대의 종교』, 원광대학교출판국, 1982, p.364).

5) 지은보은은 사은에 대한 보은으로서 재생의세의 길이다.

☞「濟生의 도는 수양 연구 취사의 삼학공부로서 해탈, 대각, 중정의 삼대력을 얻자는 것이며, 醫世의 도는 사은에 대한 지은보은으로서 원망과 상극의 세계를 감사와 상생의 세계로 돌리고 사요로서 원만 평등한 세계를 건설하려는 것이다」(정유성, 「원불교 과학관」, 『원불교사상시론』 1집, 수위단회사무처, 1982, p.202).

6) 지은보은은 齊家의 요체로서 사은에 보은 감사하자는 것이다.

☞「지은보은은 곧 齊家의 요체로서 과거에 사중은이라 하여 국왕은 부모은 시주은 사장은이 있었나니라. 그러나 본교에서는 천지 부모 동포 법률에 대한 사중은을 밝히었나니, 어떠한 일이든지 자기가 맡은 바 직분으로 은혜를 알아 보은감사에 성심성의로 힘쓰자는 것이니라. 하지만 누구나 다 은혜를 입었으나 그 은혜입은 것을 알기 어렵고, 설사 안다 할지라도 그 은혜를 갚기가 어렵나니라」(『정산종사법설』, 제9편 불교정전 의해, 사대강령).

12. 불법활용의 의의

불법활용은 일원상 진리의 불생불멸과 인과보응의 이치를 현실에서 적용시키며, 불법과 생활을 둘로 보지 않고 불법을 실제의 삶에서 실천에 옮기고자 하는 것이 참 의의이다. 이념의 불법으로 남는 것이 아니라 생활의 불법으로 응용될 때 불법의 진정한 가치가 발현되기 때문이다. 따라서 일을 당하여 경계마다 불법을 환기하며 살아가는 것이 불법활용의 진정한 의의이다. 곧 불법활용은 경전에 있는 불법 해석에 그치는 것이 아니라 삶의 현장에서 구현되는 것에 큰 의미가 있다. 무엇보다도 불법활용의 표준에 있어 주의해야 할 사항으로 불법의 본의와 동떨어진 형식, 공리공론, 신비주의를 벗어나는 일이다.

1) 불법을 활용하여 불생불멸과 인과보응의 이치에 맞게 살아간다.

☞「불법을 잘 알아서 널리 활용하자. 불법을 믿고 수행함으로써 1) 생멸 없는 영생의 진리를 깨쳐서 생사에 해탈할 것이요, 2) 제가 짓고 제가 받는 인과의 진리를 깨쳐서 스스로 악을 제거하고, 선을 실행하여 세상에 유용한 사람이 될 것이다. 불법을 잘 살려 써야 대중의 종교, 생활의 종교, 시대의 종교가 되고 불법을 널리 활용해야 크게 살아나는 것이다」(『정전대의』-대산종사법문 1집, 10.사대강령).

2) 불법활용은 생활과 불법을 둘로 보지 않는 것이다.

☞「불법활용은 곧 생활과 불법을 둘로 보지 않는 것이니, 재래불교는 출세간주의로 세간의 모든 것에 간섭하지 않는 것으로 교법이 제정되어 아무런 하는 일 없이 앉아서 화두만을 들고 세상일은 일체 모른 체 하였나니라. 그러므로 자연 人事의 의무도, 자녀교육도 모르고 살았나니라」(『정산종사법설』, 제9편 불교정전의해, 사대강령).

3) 불법을 활용하여 생활의 향상을 도모할지언정 불법에 사로잡히어 일생을 헛되이 보내지 말아야 한다.

☞「대종사 여러 사람에게 말씀하시기를 "너희들이 구하는 부와 복은 불법을 활용하여 생활의 향상을 도모할지언정 무위의 불법에 사로잡히어 일생을 헛되이 보낼 것이리오. 대개 불법이란 세상을 건질 대도이어늘 도리어 세속을 꺼리고 싫어하여 서로 피해 산을 찾고 물을 찾아 혹은 염불하고, 혹은 간경하며, 혹은 좌선하는 등으로 일생을 보내면서 마침내 제중의 실적이 없다면 모두 불법의 포로이니 이런 사람들은 자기에게도 도움이 없고 세상에도 아무런 도움이 없나니라"」(주산종사 수

필, 소태산대종사 법설집 『법해적적』/『대종경』 수행품 51장).

4) 일을 당하여 법문을 상기하고 실천하는 것이 불법활용이다.

☞「법문을 다 외우기는 어렵겠지만 정말로 꼭 실천해야 할 중요한 법문은 마음속 깊이 반드시 외워두고 일을 당하여 그 일을 처리할 때마다 법문을 상기하여 실천하는데 도움될 수 있도록 하는 것이 불법을 실생활에 활용하는데 참으로 중요한 일이 될 것이다」(장응철 역해, 『생활 속의 금강경』, 도서출판 동남풍, 2000, pp.10-11).

5) 불법활용은 경전해석에 그침이 아니라 삶속에 구현됨이다.

☞「경전해석과 관련시켜 볼 때 생활화란 경전 이해를 통한 진리의 발견이 인간 삶속에서 구현되어야 그 의미를 지닌다는 관점으로 풀이할 수 있다. … 즉 개인 가정 사회 국가의 모든 삶의 장에서 활용되도록 해야 교법의 존재의의가 있다는 것이다. 이러한 입장은 불법을 위한 불법이 아니라 삶을 위한 불법이어야 한다는 불법활용의 정신이 추구하는 바이기도 하다」(김낙필, 「원불교학의 동양해석학적 접근」, 『원불교사상』 12집, 원불교사상연구원, 1988, p.102).

6) 불법활용의 표준에 있어 주의할 사항으로 형식이나 공리공론, 신비함을 벗어나는 일이다.

☞「불법활용의 표준과 그 길을 실례를 들어 설명하면 불법을 체받아 실행함으로써 세상에 유용한 사람이 되어 불법을 살리고 스스로의 생활을 빛내는 것이니 1) 형식에 끌리거나 법에 얽매여 세상일을 못한다든지, 2) 공리공론에 치우쳐 실행이 없이 남의 잘하는 것만을 바란다든지, 3) 신기한데 떨어지거나 소승에 치우쳐 불법의 대의와 그 목적을 망각하는 일이 없어야 한다」(신도형, 『교전공부』, 원불교출판사, 1992, p.217).

13. 무아봉공의 의의

무아봉공은 개인 위주의 삶이 아니라 나를 없애고 인류와 세계를 위해 심신을 바치는 것에 숭고한 의의가 있다. 소태산 대종사와 구인선진이 물려준 창립정신이 이와 관련된다. 따라서 해방을 맞아 전재동포구호사업의 희생정신처럼 시방일가의 대세계주의 정신으로 살아가는 것이 무아봉공의 참 의의이다. 무아봉공의 심경은 공중의 법규를 지키고 자리이타를 하며, 공을 위해 낮없이 심신을 활용하는데 그 의미가 크다.

1) 무아봉공은 나를 없애고 세계를 위해 몸을 바치는 것이다.

☞「무아봉공은 나를 없애고 公을 받드는 부처님 가르침의 정수요, 원불교의 공도 정신이니라. 부처님은 대자대비하신 무아봉공의 화신이셨나니 곧 나를 잊어야 세계 인류를 위하는데 몸을 바치게 되나니라. 공자님의 인의나 부처님의 자비나, 예수님의 박애가 나를 없애고 공을 받드는데 다 같은 뜻이니라」(『정산종사법설』, 제9편 불교정전 의해, 사대강령).

2) 무아봉공이란 개인만을 위한 것이 아니라 인류를 위한 보은 봉공의 행위로 나타남이다.

☞「수행의 결과는 반드시 개인을 위해서만 사용되고 쓰여질 수 없는 것이다. 만일 수행이 개인의 구제나 안심입명만을 위한 것이라면 그것은 큰 가치가 없는 것이다. 그러므로 수행은 반드시 신앙적인 면으로 볼 때 보은의 행위가 되는 것이며, 활용적인 측면에서 볼 때 봉공의 방법이 되는 것이다. 이러한 수행의 관점은 사대강령의 결과를 무아봉공이라고 한 데서도 발견된다」(이성택,「원불교 수행론」,『원불교사상시론』1집, 수위단회사무처, 1982, p.40).

3) 무아봉공은 초기교단의 창립정신 중 한 조목이었다.

☞「창립정신은 방언과 법인을 비롯하여 평지조산의 교단 창립사에 맥맥히 흐르고 있었던 정신으로 절대신봉 일심합력 근검저축 이소성대 무아봉공 등의 정신이다」(좌산상사법문집『교법의 현실구현』, 원불교출판사, 2007, p.104).

4) 해방을 맞아서 전개한 전재동포 구호사업이 무아봉공의 표본이다.

☞「주산종사께 또 감명 깊은 일은 원기 30년 8·15 해방되던 해 전재동포구호사업을 하기 위하여 종사님께서 친히 저희들을 이끌고 서울역전 전재동포 원불교 구호소에서 8개월(8월에서 다음해 3월까지)간을 모시고 구호사업을 할 당시에 무아봉공의 정신을 받든 일이다. 주로 만주 등지에서 내려오는 전재동포들을 우리 구호소에 수용하여 급식과 숙소를 나누고 준비해 주면서 그곳에서 우리 구호의 정신과 동포애를 발현한 그 일은 지금도 잊혀지지 않는다」(이중정,「주산종사님을 추모하며」, 주산종사추모사업회 편,『민중의 활불 주산종사』, 원불교출판사, 2007, pp.110-111).

5) 시방이 일가이니 무아로서 봉공해야 세계주의가 실현된다.

☞「시방이 일가이니 무아로써 봉공하자. 처지와 형편에 따라서 1)

가정에 당하면 가정에 봉공, 2) 사회에 당하면 사회에 봉공, 3) 국가에 당하면 국가에 봉공, 4) 세계에 당하면 세계에 봉공. 나를 없애야 참 봉공이 되고 참된 세계주의가 실현된다. 공사의 표준생활 : 빙공영사인가, 선공후사인가, 지공무사인가」(『정전대의』-대산종사법문 1집, 10.사대강령).

6) 무아봉공의 심경은 공중의 법규를 지키고 자리이타를 하며, 매사 공을 위해 낯없는 심경에서 심신을 활용하는 것이다.

☞「무아봉공의 구체적인 실례와 그 심경은 1) 공중의 생명은 규칙에 있으니 법규를 잘 지켜라. 2) 공중은 개인의 집합체이니 개인의 수행을 잘 하라. 3) 자리이타와 자해이타의 생활을 하라. 4) 한 물건도 버리지 않고 일분일각도 私邪에 흐름이 없게 한다. 5) 한 생각 낼 때는 오직 세계를 위하는 마음으로 살고 일이 없으면 오직 태허에 합일하는 생활이 되게 하라. 6) 잠을 자는 것도, 밥을 먹는 것도, 일을 하는 것도, 옷 입는 것도, 공부하는 것도, 사업하는 것도, 돈을 버는 것도, 돈을 쓰는 것도 오직 공을 위하는 마음으로 뭉쳐라, 7) 정신, 육신, 물질 간에 오직 힘 미치는대로 공중을 위해 알뜰하게 바칠 뿐이요 추호도 바라는 마음이 없는 것이다」(신도형, 『교전공부』, 원불교출판사, 1992, p.219).

14. 사대강령의 원리

사대강령은 교리도의 네 모퉁이에 놓여 있어 신앙과 수행의 강령적 원리가 된다. 그리고 교법을 현실에서 실천하는 원리가 되며, 교단의 행동강령으로서 사회참여의 원리가 된다. 구체적으로 사대강령의 각 조항을 보면 정각정행은 진리, 지은보은은 情誼사회, 불법활용은 불국, 무아봉공은 세계주의 건설의 원리가 된다.

1) 원불교 신앙과 수행의 원리로서 실천강령이 사대강령이다.

☞「사대강령 중 정각정행과 불법활용은 수행문으로 공부의 요도인 삼학팔조를 수행하는 수행의 강령이 되고, 지은보은과 무아봉공은 신앙문으로 인생의 요도 사은사요를 실천하는 신앙의 강령이 된다」(안이정, 『원불교교전 해의』, 원불교출판사, 1998, pp.306-307).

2) 교법을 현실에서 실천하는 원리가 사대강령이다.

☞「사대강령은 원불교의 교법을 현실 속에 실천해야 하는 가장 넓고 국한 없는 세상에 시행해야 할 강령으로, 현실 속에 가장 원만하게 실

천하는 길을 강령으로 밝힌 법문이다」(한기두, 『원불교 정전연구』-교의편-,
원광대학교출판국, 1996, p. 322).

3) 사대강령은 개인과 교단의 행동강령으로서 사회참여의 원리이다.

☞「사대강령은 대종사의 개교한 교단의 행동강령이요 개인에 있어서
는 교인으로서 당연히 해야 할 행동강령이다. 그러므로 28년간 설한 교
법이 對社會하여 행동화할 때의 강령이기에 모든 교법의 정신이 底流하
고 있는 실천강령이다」(이은석, 『정전해의』, 원불교출판사, 1985, p.184).

4) 정각정행은 진리, 지은보은은 情誼 사회, 불법활용은 불국세계, 무아봉공은 세계주의를 건설하는 원리이다.

☞「정각정행은 진리의 세계를 실현, 지은보은은 情誼의 세계를 실현,
불법활용은 불국세계를 건설, 무아봉공은 대세계주의를 실현하는 원리
이다」(신도형, 『교전공부』, 원불교출판사, 1992, p.220참조).

15. 사대강령의 특징

교리도에 있어 사대강령은 거북이 네발 형상을 지닌 교리실천의 상징
성을 지닌다. 여기에 원불교의 기본 교리와 교단 목표가 집약되어 있는
바, 정각정행과 지은보은은 신앙문·수행문의 관문이고, 무아봉공·불법
활용은 그 결과라는 특징을 지닌다. 또한 사대강령은 인류 구원의 강령
적 특징을 지니며, 각 항목들은 단계적·보완적으로 연계되어 있다.

1) 사대강령은 거북이 네 발 모습으로 교리실천의 상징성을 지닌다.

☞「(교리도에) 거북이 네 발의 위치와 같이 위, 아래, 좌우에는 사대
강령이 담겨져 있다. 동양에서 거북이는 신령스러운 동물의 하나이고,
오랜 수명을 가진 것으로 유명하다. 교리도도 이러한 거북이 모습을 통
해 원불교 교법의 위대함과 그 위대함이 오래오래 계속된다는 뜻을 추
측해볼 수 있다」(박혜훈, 『낱말로 배우는 원불교』, 원불교출판사, 2008,
pp.77-78).

2) 사대강령은 원불교의 기본교리와 목표를 집약한 총론이다.

☞「『정전』 교의편은 원불교의 교리를 진리론, 신앙론, 수행론으로 밝
히어 종합하고 있다. 즉 일원상은 진리론이고, 사은사요는 신앙론이며,
삼학팔조는 수행론에 해당한다. 아울러 사대강령은 원불교의 기본교리
와 목표를 집약한 종합론이다」(고시용, 「정전의 결집과 교리의 체계화」,
『원불교학』 제9집, 한국원불교학회, 2003.6, p.275).

3) 정각정행과 지은보은은 수행·신앙문의 관문이고, 불법활용과 무아봉공은 그 결과이다.

☞「대종사님께서 계미 1월에 새 교리도를 초안하시고, 평소 늘 자비하시던 그 성안에 기쁨을 감추지 못하시며 "마치 하도낙서의 고사에 거북이가 八卦를 지고 나온 것 같다" 고 하셨다. 오른쪽에는 진공묘유의 수행문, 왼쪽에는 인과보응의 신앙문, 가운데는 일원상의 내역을 넣었다. 일원상의 내역 중 '청정법신 비로자나불' 이란 말을 쓰셨는데, 이는 불교에 연원을 대고 있다는 말씀이다. 정각정행과 지은보은을 하면 당연히 불교보급이 되고 무아봉공이 되므로 위의 정각정행과 지은보은은 수행 신앙의 관문이고, 아래의 불교보급과 무아봉공은 그 결과이다」(박장식,『평화의 염원』, 원불교출판사, 2005, p.197).

4) 사대강령은 국가와 인류 구원의 길로서 희생적 봉공을 지향한다.

☞「유산은 애국에 대한 남다른 생각을 늘 가지고 있었으며, 사대강령을 통해 국민지도의 이념을 제시하면서 무아봉공이라 하는 것은 개인적 사리사욕을 버리고 오로지 국가 사회를 위하고 정의 인도를 주장으로 희생적 봉공행(『원광』 5호)이라 규정했다」(원불교사상연구원 편, 『원불교 인물과 사상』(Ⅰ), 원불교사상연구원, 2000, pp.196-197).

5) 사대강령은 단계적·상호 보완적으로 구성되어 있다.

☞「사대강령은 논리정연하게 됨과 아울러 순서 있게 단계적으로 되어 있다는 것이다. 정각정행을 통하여 지은보은하고, 그리하여 불법이 활용되며 나아가 만생령에게 무아봉공을 하게 된다는 것이다. 또한 사대강령은 상보적 관계로 구성되어 있다. 네 가지의 조항 중 어느 한 조항도 따로 떼어놓고 생각할 수가 없다. 불법활용은 무아봉공과 관련되면서 정각정행은 지은보은과도 관련된다」(서경전,『교전개론』, 원광대학교출판국, 1991, p.299).

16. 사대강령의 연계사상

사대강령은 이웃종교의 교리실천 강령과 연계할 수 있는 바, 원시불교의 사법인과 통하는 바가 있다. 먼저 정각정행은 유교의 중도와 통하는 바가 있으며, 지은보은은 기독교의 천당 및 불교의 극락을 누리는 생활로 이어진다. 불법활용은 불법의 삼신불, 사제, 십이인연, 팔정도 육바라밀의 활용과 통하는 바가 있고, 무아봉공은 제종교의 성자들이 희생적 삶으로 남긴 성자혼의 생활과 연계되고 있다.

 1) 원시불교의 四法印과 사대강령이 통하는 바가 있다.

  ☞「원시불교 시대의 교단에서는 제행무상, 제법무아, 열반적정, 일체개고라는 四法印의 준칙이 있어서 승가는 물론이요, 일반 신자들에게도 이 사법인에 적합한 생활을 하도록 지도하며, 이 네 항목을 실행하고 못하는 것으로써 불교도와 外道를 峻別하였음과 같이 본 회의 사대강령도 마찬가지이니라」(『정산종사법설』, 제9편 불교정전의해, 3.사대강령).

 2) 사대강령의 정각정행은 유교의 중도행과 통하는 바가 있다.

  ☞「정각정행은 일원상의 진리를 바르게 깨쳐서 행하는 것이기 때문에 그 결과로 원만행이라 했다. 우리가 어떠한 경계에 처하든지 마음을 원만하게 써라. … 그것을 좀 구체적으로 해서 불편불의, 무과불급이란 유가의 말씀으로 불편불의하다한 말인데 … 과하지도 불급하지도 않는 자리는 유교·불교에서 그랬듯이 중도이다」(이은석, 『정전해의』, 원불교출판사, 1985, p.185).

 3) 지은보은의 생활태도는 기독교의 천당, 불교의 극락 체험과 통한다.

  ☞「은혜로운 힘을 솟구어내는 비방은 무엇일까. 종교적 체험에 의해서 달성될 것이다. 그러한 체험에 의해서 달성된 세계가 천당이요 극락일 것이다. 이러한 체험자의 행위 표준은 지은보은의 생활태도로 나타난다」(류병덕, 『탈종교시대의 종교』, 원광대학교출판국, 1982, p.363).

 4) 사대강령의 불법활용은 삼신불, 사제, 십이인연, 팔정도, 육바라밀의 활용과 원리적으로 크게 다를 것이 없다.

  ☞「삼학을 일상생활에 들이대서 온전한 생각으로 취사하여 매사를 원만히 잘 처리하는 것은 불법활용이다. 그러므로 이 불법을 알아 일상생활에 물쓰듯 활용되어야 하며, 몸에 수족 쓰듯이 활용되어야 한다. 과거불교에서는 삼신불을 신앙하는 한편 사제, 십이인연, 팔정도, 육바라밀을 불법으로 밝혀 신앙과 수행을 하게 하였고, 원불교에서는 일원상의 진리를 종지로 사은사요 삼학팔조를 불법으로 밝혀 신앙과 수행을 하게 하였을 뿐 그 불법의 원리며 취지와 목적은 다를 바 없다」(안이정, 『원불교교전 해의』, 원불교출판사, 1998, p.324).

 5) 사대강령의 무아봉공은 석가모니가 무아에 통달한 여래는 참 보살이라 언급한 것과 통한다.

  ☞「일찍이 서가모니불은 "무아의 법을 통달한 이에게는 여래께서 참

다운 보살이라 이름한다” 하였고, 소태산 원각성존은 만고대법의 교리를 기초하면서 신앙과 수행의 두 맥락을 통해 인생의 요도와 공부의 요도를 강령적으로 천명해주었다. 이를 다시 일상수행의 요법 9조와 사대강령으로 더위잡게 해 주고 그 결론을 무아봉공 또는 공익심으로 정리해주었다」(원기 91년 좌산종법사의 대각개교절 법문, 「무아정신」).

17. 보충해설

 교리도를 보면 거북이 형상을 하고 있으며, 그중에서도 거북이의 네발과 같은 형상을 하고 있는 것이 사대강령이다. 이를테면 정각정행 지은보은 불법활용 무아봉공이 그것이다. 거북이 사지로서의 상징성은 영원한 교운에 따라 교리를 실천에 옮기도록 하는 행동강령과도 같은 의미를 지닌다. 원불교 교리를 집약하여 실천에 옮기도록 하는 것이 곧 사대강령이기 때문이다.

 같은 맥락에서 좌산종법사도 “원불교 교리정신을 알기 쉽게 설명해 주십시요” 라는 기자의 질문에 “원불교의 정신은 ‘물질 개벽에 상응하는 정신개벽을 통해 이 땅에 현실낙원을 건설하자’는 것이다. 이를 위해 정각정행, 지은보은, 불법활용, 무아봉공하라는 네 가지 강령이 있다” (동아일보 인터뷰, 1998.4.28)라고 83회 대각개교절에서 답하였다. 이 땅에 현실낙원을 건설하기 위한 실천강령이 곧 사대강령이라는 것이다.

 사대강령 중에서도 무아봉공이라는 항목이 있다. 사대강령의 각 항목이 네 번째의 무아봉공에 귀결된다는 것으로, 종교 본연의 목적은 국가와 세계를 향해 무아봉공의 자세로 임한다면 사회 선도의 역할을 분명히 하는 셈이다. 원불교가 출현한 창립의 정신도 무아봉공을 벗어나 있지 않다. 정각정행이나 지은보은, 불법활용이 무아봉공 정신으로 귀결되는 것이 사대강령이기 때문이다. 아무튼 사대강령은 원불교 교리형성 과정 중 후반기에 제정되었으며, 원불교 전체 교법의 결론적 의미도 있다.

18. 연구과제
 1) 사대강령의 의미에 대하여 쓰시오.

2) 사대강령의 교리적 위상을 언급하시오.

3) 정각정행을 하는 방법은?

4) 지은보은의 의미는?

5) 불법활용은 어떻게 하는가 자신의 수행과 관련해서 언급하시오.

6) 무아봉공의 의의는?

19. 고시문제

1) 사대강령의 원문을 쓰고 일원상 진리와의 관계를 설명하시오.

2) 원불교 교법 전체에 비춰 본 사대강령의 함의?

3) 교의편 끝장에 사대강령을 말씀하여 주신 의의를 밝히시오.

4) 정각정행을 간략하게 설명하시오.

5) 무아봉공 낱말의 뜻을 『정전』에서 밝힌 대로 쓰십시오.

6) 『정전』 중 다음 항목의 원문을 쓰시오 : 지은보은.

7) 불법활용하는 법에 대하여 설명하시오.

8) 보은즉 불공을 설명하시오.

9) 정각정행 지은보은 불법활용 무아봉공 각각의 의의를 밝히고 일상생활 가운데 실천하는 방법을 제시하시오.

◇ 부 록

1. 대종경풀이(상) 목차

대종경풀이(하) 목차

정산종사법어풀이(1) 목차

머리말
제 1 기연편

제 2 예도편

제 6 경의편

정산종사법어풀이(2) 목차

정산종사법어풀이(3)

정전풀이 상권

··

2009년(원기 94) 9월 1일 초판 1쇄 인쇄
2011년(원기 96) 3월 1일 재판 1쇄 인쇄

지은이/류 성 태
펴낸이/김 영 식
발행처/원불교출판사
인 쇄/원 광 사
출판등록/1967. 7. 1(제7호)
570-754 전라북도 익산시 신용동 344-2
Tel : (063)850-3324

··

※지은이와의 협의에 따라 인지는 생략합니다.
정가 19,000원